经典历史教育
理论与方法译丛
孟钟捷 主编

Nationalizing the Past
Historians as Nation Builders in Modern Europe

Edited by
Stefan Berger and Chris Lorenz

把过去
民族化

作为现代欧洲民族建构者的
历史学家们

［德］斯特凡·贝格尔 ［荷］克里斯·劳伦茨 编

孟钟捷 陆英浩 译

上海三联书店

First published 2010 by
PALGRAVE MACMILLAN

那些不想谈论各民族漫长而血腥历史的人，
也应对欧洲保持沉默。

《书写民族：19—20 世纪欧洲的民族史学与民族国家的形成》

总编：斯特凡·贝格尔（Stefan Berger，1964—   ）、克里斯托夫·康拉德（Christoph Conrad，1965—   ）与盖伊·P. 马夏尔（Guy P. Marchal，1938—2020）

民族历史形成了欧洲人集体记忆的一个重要部分，民族纽带一直是、并将继续是最强大的忠诚纽带之一。这一新系列是欧洲科学基金会（European Science Foundation）于 2003 年至 2008 年间资助的一项五年期研究项目的主要成果。该项目题为"再现过去：19—20 世纪欧洲民族历史的书写"（Representations of the Past：The Writing of National Histories in 19th and 20th Century Europe，以下简称"NHIST"）。

本系列作为一个跨民族的比较研究项目，将探讨民族历史的结构和运作方式；增进我们对欧洲民族叙事多样性的理解；开启欧洲民族国家间的理解性对话。特别是，这些著述将汇集西欧和东欧的历史，以试图弥合欧洲大陆因冷战长期分裂而形成的历史鸿沟。

该系列将对比社会行动者和机构的作用，以及不同叙述层级在以民族构成的史学之中的重要性。它试图组织比较关于过去的史学和其他表达方式，从而得出在特定历史文化中不同表达形式的效率之结论。它致力于不同民族历史文化之间的比较，以便将它们之间的各种竞争、互动、交流、误解和冲突纳入考量中。

该系列将聚焦于：第一，促生民族历史并自身被民族历史理念所影响的机构、网络和共同体；第二，民族历史的建构、削弱和重建，以及它们与其他构成不同形式历史书写的宏大叙事（阶级、人种、宗教和性别）之间的关系；第三，民族历史及其与区域历史、欧洲历史和世界历史的关系；第四，领土重叠与边界争议及其对民族历史书写的影响。

包括以下作品：

伊拉里亚·波尔恰尼（Ilaria Porciani，1952— ）与卢茨·拉斐尔（Lutz Raphael，1955— ）编

第一册：《欧洲史学地图集：制造一种职业》（*Atlas of European History：The Making of a Profession*，1800—2005）

伊拉里亚·波尔恰尼与约·托勒贝克（Jo Tollebeek，1960— ）编

第二册：《制定标准：民族史学的机构、网络与共同体》（*Setting the Standards：Institutions，Networks and Communities of National Historiography*）

斯特凡·贝格尔与克里斯·劳伦茨（Chriz Lorenz）编

第三册：《有争议的民族：民族史上的种族、阶级、宗教与性别》（*The Contested Nation：Ethnicity，Class，Religion and Gender in National Histories*）

斯特凡·贝格尔与克里斯·劳伦茨编

第四册：《把过去民族化：作为现代欧洲民族建构者的历史学家》（*Nationalizing the Past：Historians as Nation Builders in Modern Europe*）

马蒂亚斯·米德尔（Matthias Middell，1961— ）与路易·罗拉（Lluis Roura）编

第五册：《民族历史书写面临的跨民族挑战》（*Transnational Challenges to National History Writing*）

蒂博尔·弗兰克（Tibor Frank，1948— ）与弗朗克·哈德勒尔（Frank Hadler，1962— ）编

第六册：《争议领土与共同过去：近代欧洲重叠的民族历史》（*Disputed Territories and Shared Pasts：Overlapping National Histories in Modern Europe*）

R. J. W. 埃文斯（R. J. W. Evans，1943— ）与盖伊·P. 马夏尔编

第七册：《现代欧洲国家对中世纪的利用：历史、民族地位与寻找

起源》(*The Uses of the Middle Ages in Modern European States*)

斯特凡·贝格尔与克里斯托夫·康拉德编

第八册:《作为历史的民族:现代欧洲的民族认同与历史文化》(*The Nation As History:National Identities and Historical Cultures in Modern Europe*)

目 录

前 言

本书是来自不同民族史学传统的许多学者真正合作努力的成果。在 2006 年和 2007 年的两年进程里，学者们两度（在曼彻斯特和布拉格）开会讨论他们贡献给本书的作品，并在每次会议后都对它进行了修订和完善。作为编者，笔者首先非常感谢我们的撰稿人，感谢他们的耐心，感谢他们投入用以完成本书的时间和精力。笔者也感谢克里斯蒂娜·贝格尔（Kristina Berger）编撰了索引。此外，笔者还要感谢迈克尔·斯特朗（Michael Strang）和他在帕尔格雷夫·麦克米伦出版社（Palgrave MacMillan）的团队对本书及 NHIST 系列许多其他作品的关照。NHIST 是欧洲科学基金会一个五年期项目的缩写。该项目题为"再现过去：19—20 世纪欧洲民族历史的书写"（Representations of the Past：The Writing of National Histories in 19th and 20th Century Europe，2003—2008，关于该项目细节，参见 www.uni-leipzig.de/zhsesf）。项目执行小组的成员们密切合作，规划与执行了该项目。笔者要感谢伊拉里亚·波尔恰尼、卢茨·拉斐尔、约·托勒贝克、马蒂亚斯·米德尔、路易·罗拉、弗朗克·哈德勒尔与蒂博尔·弗兰克多年来的投入、合作与友谊。笔者也感谢欧洲科学基金会及其对该项目的慷慨支持。最后不能不提的是，笔者也想感谢弗赖堡高等研究院（Freiburg Institute of Advanced Studies）分别在 2008 年 9 月与 2009 年 10 月为两位编者提供了一个非常亲切和舒适的居所。这也有助于本书的完成。一如往常，这本书留下的任何缺陷都仅由编者负责。

斯特凡·贝格尔于迪斯利（Disley）

克里斯·劳伦茨于弗赖堡（Freiburg）

作者简介[①]

罗伯特・奥尔德里奇（Robert Aldrich，1954— ）是悉尼大学（University of Sydney）欧洲史教授。他著有数本关于殖民历史的书，包括 *Vestiges of the Colonial Empire in France：Monuments，Museums and Colonial Memories*（Palgrave MacMillan，2005）；他是 *Age of Empires*（Thames & Hudson，2007）一书的编者。目前，他正在为阿什盖特出版社（Ashgate）完成一项关于"省、民族、帝国：近代法国的区域主义、民族主义和殖民主义"（Province，Nation，Empire：Regionalism，Nationalism and Colonialism in Modern France）之研究。

莫妮卡・巴尔（Monika Baár）是罗莎琳德・富兰克林学者（Rosalind Franklin Fellow）与格罗宁根大学（University of Groningen）历史学系高级讲师。她最近出版发表的作品有 *Historians and Nationalism：East-Central Europe in the Nineteenth Century*（Oxford University Press，2010）与 'Abraham Viskaski, the Patriarch of the Ruritanian Nation：An Attempt at Counterfactual History'，发表于 *Storia della Storiografia*（2008：2）。

---

① 该书英文版出版于 2010 年，以下简介中的最近均指相对于原版出版时间而言。——译者注

斯特凡·贝格尔是曼彻斯特大学（University of Manchester）现代德国史与比较欧洲史教授，他同时也是曼彻斯特让-莫内卓越研究中心（Manchester Jean-Monnet Centre of Excellence）的主任。他最近出版的著作有 *Friendly Enemies：Britain and the GDR，1949—1990*（与Norman LaPorte 合著）（Berghahn Books，2010）；*Kaliningrad in Europa：Nachbarschaftliche Perspektiven nach dem Ende des Kalten Krieges*（Harrossowitz，2010）；以及 *The Contested Nation：Ethnicity，Class，Religion and Gender in National Histories*（与Chris Lorenz 共同编辑）（Palgrave MacMillan，2008）。

马克·卡巴尔（Marc Caball）是爱尔兰都柏林大学人文学院（UCD Humanities Institute of Ireland）院长以及都柏林大学研究生院艺术与凯尔特系（UCD Graduate School in Arts and Celtic Studies）主任。他是欧洲科学技术研究合作组织（European Cooperation in Science and Technology，简称COST）个人、文化、社会和健康领域委员会（Domain Committee for Individuals，Cultures，Societies and Health）现任主席。他出版了大量关于现代早期爱尔兰文化史的著作。其中最近发表的有'Cultures in conflict in late sixteenth-century Kerry：The parallel worlds of a Tudor intellectual and Gaelic poets'，发表于 *Irish Historical Studies*（2009：144），还有'Gaelic and Protestant：A case study in early modern self-fashioning，1567—1608'，发表于 *Proceedings of the Royal Irish Academy*（2010：110C）。

扬·埃克尔（Jan Eckel，1973— ）是德国弗赖堡大学（University of Freiburg）历史学系助理教授。最近发表的作品包括 *Geist der Zeit. Deutsche Geisteswissenschaften seit 1870*（Vandenhoeck & Ruprecht，2008）；*Neue Zugänge zur Geschichte der Geschichtswissenschaft*

（与 Thomas Etzemüller 共同编写）（Wallstein，2007）；'Utopie der xii Moral，Kalkül der Macht. Menschenrechte in der globalen Politik seit 1945'，发表于 *Archiv für Sozialgeschichte* 49，2009，437—484。

安格利卡·埃普勒（Angelika Epple，1966—　）是比勒费尔德大学（University of Bielefeld）历史学系教授。她最近出版的著作有 *Gendering Historiography：Beyond National Canons*（Campus 2009）（与 Angelika Schaser 共同编写）；*Das Unternehmen Stollwerk. Eine Mikrogeschichte der Globalisierung*（Campus 2010）。

雨果·弗雷（Hugo Frey）是英国奇切斯特大学（University of Chichester）历史学系主任。他出版过关于法国历史多个方面的著作，包括电影、视觉文化、新闻和历史书写。最近的作品发表于 'Yale French Studies'（no. 114 'Writing and the Image Today'，2008）。2004年，曼彻斯特大学出版社出版了其专著 *Louis Malle*。他最新发表的文章是对一个现代保守知识分子网站的详细分析。该文发表于 Ralph Sarkonak（ed.）*Les Spirales du sens chez Renaud Camus*（Rodopi，2009）。

艾菲·加济（Effi Gazi，1966—　）是希腊色萨利大学（University of Thessaly）历史学、考古学和社会人类学系的助理教授。她出版了 *Scientific National History：The Greek Case in Comparative Perspective*（Frankfurt and New York，2000）；以及 *The Second Life of the Three Hierarchs：A Genealogy of the 'Helleno-Christian Civilization'*（in Greek）（Athens，2004）。她的研究兴趣包括史学史和史学理论、思想文化史以及民族主义史和政治宗教史。

约尔格·哈克曼（Jörg Hackmann，1962— ）是波兰什切青大学（University of Szczeci）德国学术交流中心（Deutscher Akademischer Austauschdienst，以下简称 DAAD）阿尔弗雷德·德布林（Alfred Döblin）东欧史教授。他最近出版的作品包括：*Zivilgesellschaft in Osteuropa*（与 Klaus Roth 合编）（Oldenbourg，2010）；*Contested and Shared Places of Memory：History and Politics in North Eastern Europe*（与 Marko Lehti 合编）（Routledge，2010）；*Die Ordnung des Raums. Mentale Karten in der Ostseeregion*（与 Norbert Götz 和 Jan Hecker-Stampehl 合编）（Berliner Wissenschaftsverlag，2006）。

约翰·L.哈维（John L. Harvey）是位于明尼苏达州（Minnesota）中部的圣克劳德州立大学（St. Cloud State University）欧洲史副教授。他的研究兴趣是比较史学和跨民族思想史。他著有关于年鉴学派（Annales）、伯纳德·费伊（Bernard Faÿ）职业生涯、德国保守主义史学的跨大西洋主义与欧洲历史书写在现代美国大学的发展之研究的多部专著。

扬·伊弗森（Jan Ifversen）是奥胡斯大学（Aarhus University）历史与地区研究系主任。他用丹麦语写作了两部书，*Om magt demokratiog diskurs* 两卷（Aarhus University，1997），以及 *Hjem til Europa*（Gyldendal，1992）（与 Anne Knudsen 共同写作），还有几篇关于欧洲历史、欧洲身份和欧洲概念的英文文章。

斯特凡·约尔丹（Stefan Jordan）是慕尼黑巴伐利亚科学人文学院（Bavarian Academy of Sciences and Humanities）历史委员会的终身研究员。他的主要兴趣是史学理论和史学史以及文化研究。他主要出版的作品有：*Deutschsprachige Geschichtstheorie in der ersten Hälfte des*

19. Jahrhunderts，1999；*Einführung in das Studium der Geschichtswissenschaft*，2005；以及 *Theorien und Methoden der Geschichtswissenschaft*，2009。

阿帕德·冯·克利莫（Árpád v. Klimó，1964—　）是匹兹堡大学 DAAD 德国史和欧洲史客座教授。他的研究聚焦于 19 世纪和 20 世纪匈牙利、德国和意大利的民族主义、历史学及天主教的历史。其主要出版作品包括以下图书：*Ungarn seit 1945.*（UTB/Vandenhoeck & Ruprecht，2006）；*Nation，Konfession，Geschichte. Zur nationalen Geschichtskultur Ungarns im europäischen Kontext*（*1860—1948*）（Oldenbourg，2003）；他与 Malte Rolf 合编了 *Rausch und Diktatur*（Campus，2006）；与 Jan C. Behrends 和 Patrice Poutrus 合编了 *Antiamerikanismus im 20. Jahrhundert*（Dietz，2005）。

帕维尔·克拉日（Pavel Kolář，1974—　）是佛罗伦萨欧洲大学学院（European University Institute in Florence）中欧与东欧史教授，也是布拉格当代历史研究所（Institute of Contemporary History）与波茨坦当代历史研究中心（Centre of Contemporary History）的联合项目"作为意义世界的社会主义专政"（Sozialistische Diktatur als Sinnwelt）研究小组的领导者。他著有 *Geschichtswissenschaft in Zentraleuropa：Die Universitäten Prag，Wien und Berlin um 1900*（Leipzig，2008）。他目前正在完成一本关于 1956 年至 1968 年间捷克斯洛伐克、波兰和民主德国的共产党干部历史想象的专著。

戴维·拉文（David Laven）是曼彻斯特大学意大利历史和文化研究高级讲师。他著有 *Venice and Venetia under the Habsburgs 1815—1835*（Oxford University Press，2002），目前正在撰写一篇关于 19 世纪威尼

斯共和国历史学家如何将威尼斯和意大利身份认同概念化的研究论文。他关于 1700—1870 年间意大利的史书将很快出版。

　　乔普·雷尔森（Joep Leerssen，1955—　）是阿姆斯特丹大学（University of Amsterdam）欧洲研究教授，也是连锁民族主义研究平台（Study Platform on Interlocking Nationalisms，简称 SPIN）的负责人。他最近的作品有 *National Thought in Europe*（2nd edn Amsterdam University Press，2008）；*Imagology：The Cultural Construction and Literary Representation of National Characters*（与 Manfred Beller 合编）（Rodopi 2007）；*Editing the Nation's Memory：Textual Scholarship and Nation-Building in 19th-Century Europe*（与 Dirk van Hulle 合编）（Rodopi，2009）；以及 Free Access to the Past：Romanticism，Cultural Heritage and the Nation（与 L. Jensen and M. Mathijsen 合编）（Brill，2010）。

　　克里斯·劳伦茨目前是德国弗赖堡高等研究院（Freiburg Institute of Advanced Studies）高级研究员。他最近出版的书有 *Przekraczanie Granic：Esejez filozofii historii i teorii historiografii*（Wydawnictwo Poznañskie 2009）；*The Contested Nation：Ethnicity，Class，Religion and Gender in National Histories*（与 Stefan Berger 合编）（Palgrave MacMillan，2008）；以及 *If you're so smart why aren't you rich？Universiteit，market & management*（编者兼合著者）（Boom Publishers Amsterdam，2008）。

　　玛丽娜·洛斯科托娃（Marina Loskoutova）是俄罗斯科学院（Russian Academy of Sciences）科技史研究所（Institute for the History of Science and Technology）圣彼得堡分所研究员。她编写了两卷关于口述

史的书（俄文版）：*ПаМяТЬ о блокаде. СВидеТелЬсТВа очеВидцеВ и исТорическое созНаНие обЩесТВа. МаТериалЫ и исследоВаНия*（Moscow，2006）；*ХресТоМаТия по усТНой исТории*（St. Petersburg，2003）。她还发表了关于俄罗斯帝国晚期地方身份认同、教育和公共科学的论文。

安德鲁·迈科克（Andrew Mycock）是哈德斯菲尔德大学（University of Huddersfield）政治学高级讲师。他的主要研究和教学兴趣集中于后帝国时代的公民身份和民族认同（特别是在英国和俄罗斯联邦），以及公民身份和历史教育项目的影响。他发表了许多关于"不列颠性政策"以及公民身份和历史教育作用的文章。他的第一本专著 *Post-Imperial Citizenship and Education：Britain and Russia* 将由帕尔格雷夫出版社于 2010 年出版。

佐泽-马诺埃尔·努涅斯（Xosé-Manoel Núñez，1966—　 ）是圣地亚哥联合大学（University of Santiago de Compostela）现代史教授。他的作品侧重于民族主义运动和民族与地区认同的比较历史，以及对西班牙到拉丁美洲的海外移民之研究、对现代战争和 20 世纪战争与战争经历的研究。他最近的著作有*¡Fuera el invasor! Nacionalismo y movilicación bélica en la guerra civil española 1936—1939*（Madrid，2006）；*Imperios de Muerte. La guerra germano soviética 1941—1945*（Madrid，2007）；以及 *Internacionalitzant el nacionalisme. El catalanisme polític i la qüestió de les minories nacionals a Europa*（1914—1936）（Valencia，2010）。

xv

伊洛娜·皮卡宁（Ilona Pikkanen）正在坦佩雷大学（University of Tampere）（历史与哲学系）准备她关于 19 世纪和 20 世纪初芬兰语戏剧

及其史学的博士论文。她目前一直致力于以下研究项目：书写民族——
19 世纪与 20 世纪的性别、史学和民族身份认同（通力基金会）和从微
观历史角度看芬兰歌剧公司（1873—1879 年）：表演实践、多重叙事和
复调声音（芬兰学院）。

彼得·舍特勒尔（Peter Schöttler，1950—　）是巴黎国家科学研
究中心（Centre National de la Recherche Scientifique）的研究主任，柏
林自由大学（Free University of Berlin）现代史教授。他出版了关于法
国和德国历史与史学史的著作。最近作品有：*Geschichtsschreibung als
Legitimationswissenschaft 1918—1945*（编者）（Suhrkamp-Verlag，1997）；
Marc Bloch—Historiker und Widerstandskämpfer（编者）（Campus-
Verlag，1999）；*Siegfried Kracauer，penseur de l'histoire*（与 Philippe
Despoix 合编）（Edition Maison des Sciences de l'Homme，2006）。

斯图尔特·沃德（Stuart Ward）是哥本哈根大学（University of
Copenhagen）英国、德国和罗马研究学院教授。他撰写并编辑了一系列
关于帝国衰落的政治和社会影响之书籍和论文，包括 *British Culture
and the End of Empire*（编者）（Manchester，2001）；*Australia and
the British Embrace：The Demise of the Imperial Ideal*（Melbourne，
2001）；*Australia's Empire*（与 Deryck M. Schreuder 合编）（Oxford，
2008）；以及 *The Unknown Nation：Australia After Empire*（与 James
Curran 合著）（Melbourne，2010）。

吉纳维芙·沃兰（Geneviève Warland，1964—　）接受了成为历史
学家和哲学家的教育，目前在圣路易斯大学（Saint Louis University）
（布鲁塞尔）担任哲学助教。她正在完成关于 20 世纪之交欧洲通过历史
话语形成民族身份认同之进程的博士论文。她曾为多本书贡献文章，如

M. Beyen，G. Draye 与 H. Roland（编辑）*Deutschlandbilder in Belgien 1830—1940*（Münster：Waxmann，2010）；A. Laserra，N. Leclercq 与 M. Quaghebeur（编辑）*Mémoires et antimémoires littéraires du XXe siècle. La première guerre mondiale*，Colloque de Cerisy-la-Salle 2005（Bruxelles：Peter Lang，2008）。

托马斯·韦尔斯科普（Thomas Welskopp，1961—2021）是比勒菲尔德大学现代社会史教授。在 2008 和 2009 学年，他是慕尼黑历史学院（Historisches Kolleg）研究员，而在 2003 和 2004 学年，他是加利福尼亚州斯坦福大学行为科学高级研究中心的研究员。他是 *Das Banner der* xvi *Brüderlichkeit. Die deutsche Sozialdemokratie vom Vormärz bis zum Sozialistengesetz*（J. H. W. Dietz，2000）以及 *Arbeit und Macht im Hüttenwerk. Die deutsche und amerikanische Eisen-und Stahlindustrie von den 1860er bis zu den 1930er Jahren*（J. H. W. Dietz，1994）的作者；也是（与 Thomas Mergel 一起）*Geschichte zwischen Kultur und Gesellschaft. Beiträge zur Theoriedebatte*（C. H. Beck，1997）的共同编者。他最近出版的一部书是 *Amerikas große Ernüchterung. Die Vereinigten Staaten in der Zeit der Prohibition*，*1919—1933*（Schöningh，2010）。

序言

斯特凡·贝格尔与克里斯·劳伦茨①

1

"上帝存在于细节之中。"

　　　　——居斯塔夫·福楼拜（Gustave Flaubert，1821—1880）②

"魔鬼也在。"

　　　　　　　　　　　　　　　　　　　　　　——无名氏

　　虽然"微观研究"（micro-studies）这一概念缺乏一种明确含义，但其基本理念是：某些现象最好能在微观层面上进行研究，即在此层面上，通过揭示其细节来显露本质。这种理念为历史编纂学的学生所熟悉，因为至少在过去的两个世纪里，历史最终由人类细节所决定的直觉已得到阐述和捍卫。自 19 世纪早期浪漫主义以其对天才的崇拜心理影响了几代历史学家以来，对细节的崇拜一直同个体行动问题、选择自由存在的想法联系在一起。人们认同，历史的进程是偶然的，而非由超乎个体的结构和实体所预先决定。1670 年，布莱兹·帕斯卡尔（Blaise Pascal，1623—1662）③在其《思想录》（*Pensées*）中就曾表达过该理念的范例："如果克利奥帕特拉（Cleopatra，公元前 69—公元前 30）④的鼻

---

① 笔者想要感谢弗赖堡高等研究院（Freiburg Institute for Advanced Studies），因为它为两位笔者提供了分别在 2008 年 9 月和 2009 年 10 月停留于此并为本书定稿的机会。
② 法国小说家。——译者注
③ 法国数学家、物理学家与哲学家。——译者注
④ 即克利奥帕特拉七世，著名的埃及艳后，曾为恺撒和安东尼生下子嗣。——译者注

子再短一点，整个地球的面貌就不一样了"，因为如果克利奥帕特拉没有那么诱人，她就无法让尤利乌斯·恺撒（Julius Caesar，公元前 100—公元前 44）和马克·安东尼（Marc Anthony，公元前 83—公元前 30）为她尽心尽力。因此，对个体和细节的崇拜在历史上是同步的，就像对普遍性和超个体的崇拜一样，已经牢固地联系在一起。

2　　这两种联系，或者说亲和力（Wahlverwandschaften），都存在于历史书写中的原因并不难理解。人们也不难理解为什么对细节和个体的崇拜在直觉上是如此合理。这种合理性坚固地建立在特定"伟大"个体对塑造历史进程的表层作用基础之上（像克利奥帕特拉和拿破仑［Napoleon，1769—1821］）。以阿道夫·希特勒（Adolf Hitler，1889—1945）在第二次世界大战和犹太大屠杀（Holocaust）中的作用为例。如果希特勒在第一次世界大战中阵亡，他肯定不可能成为纳粹德国的领袖，也不可能发动第二次世界大战和犹太大屠杀。同样的论点也适用于希特勒1930 年夏天从一场车祸中"侥幸脱险"，当时他坐在"必死座位"上而他的车被一辆货运卡车撞上，或者也适用于 1940 年 11 月 8 日他在慕尼黑逃脱了格奥尔格·埃尔瑟（Georg Elser，1903—1945）的炸弹袭击企图。①沿着这条思路继续下去：没有希特勒，就没有二战，随之而来的冷战就不会发生，德国也不会分裂为民主德国（GDR）和联邦德国（FRG）。如此，我们也不会在 1990 年目睹两德统一。因此，总而言之，似乎有充分的理由认为，如果上述有关希特勒的"细节"有所不同，那么整个 20 世纪看起来将与实际情况大不一样。因此，对细节的崇拜与历史上的反事实问题密不可分。②

---

① 参见 H. A. Turner, *Hitler's Thirty Days to Power* (New York, 1996)。亦可参见 D. Lindenfeld 与 H. Turner 在下文中的讨论 'Forum on Structure and Agency in Historical Causation', *History and Theory* 38：3 (1999), pp. 281—306。格奥尔格·埃尔瑟刺杀希特勒，应在 1939 年 11 月 8 日，此处原文有误。——译者注

② 例如 A. Demandt, *History that Never Happened. A Treatise on the Question 'What Would Have Happened If* (Jefferson, 1993)；N. Ferguson, *Virtual History：Alternatives and Counterfactuals* (New York, 1997)。

现在，怀疑论者当然可以表示反对，因为那些与希特勒有关的"细
节"实际上没有成为现实，因此其后果只是一个"推测"的问题。对于
相当多的"经验主义"历史学家而言，这种反对意见已经成为问题的终
结，尽管反事实推理显然是基本的"史学操作"（用米歇尔·德赛都
[Michel de Certeau，1925—1986]①的话来说）之基础，就像表达因果
关系的论点那样。②然而，我们撇开反事实在历史推理中的作用不谈，而
是根据一段坚实的"真实"历史，来说明支持"细节"在根本上也是重
要的。这一历史涉及 18 世纪所谓的"西里西亚系列战争"。这些战争使
普鲁士崛起为欧洲新兴大国，因此它们是德意志帝国在 19 世纪后半叶
和 20 世纪上半叶崛起为主要大国的关键先决条件。这段历史又是如何
发展的？

在 1740 年至 1742 年的"第一次西里西亚战争"期间，弗里德里希　3
大王（Frederick the Great，1712—1786）③治下的普鲁士成功征服了哈
布斯堡帝国（Habsburg Empire）最富有且人口最多的省份：西里西亚
(Silesia)。普鲁士通过这次征服，不仅使其人口增加了一倍，而且极大
地提高了经济潜力，从而使自己成为一个新兴大国。哈布斯堡王朝女王
玛丽娅·特蕾莎（Maria Theresa，1717—1780）当然对丧失西里西亚的
结果感到非常沮丧，并试图在"第二次西里西亚战争"（1744—1745）
期间夺回西里西亚。但是，由于种种原因，这次努力完全失败了。尽管
西里西亚由于《亚琛和约》（*Peace Treaty of Aachen*）在 1748 年正式
成为普鲁士的一部分，但哈布斯堡帝国仍继续努力，旨在光复这个失去
的重要省份。1756 年，它出人意料地与传统劲敌及欧洲主要竞争对手法

①　法国哲学家、历史学家。——译者注
②　关于最近的论点，参见 J. L. Gaddis, *The Landscape of History: How Historians Map the Past* (Oxford, 2002), pp. 91—111 ('Causation, Contingency, and Counterfactuals')。基本的反事实论点是这样的：当一个历史学家把某件事物（一个行为、一个人、一种情况环境）称为一个事件的"原因"时，他或她认为如果这个"原因"不存在的话，这个事件会与实际发生的不同。
③　即普鲁士国王弗里德里希二世，旧译腓特烈大帝。——译者注

国缔结了为达成此目的之联盟。

在著名的"联盟颠倒"中，哈布斯堡帝国不仅与法国结盟，还与俄罗斯、瑞典和萨克森（Saxony）结盟，共同对抗新贵普鲁士。如果我们考虑到普鲁士的三个邻国敌人都比它更大，那么普鲁士胜利的机会看起来极其渺茫。由于英格兰将法兰西视为其主要竞争对手（同时在欧洲内外，尤其在印度和北美），它与普鲁士及一些较小的德意志邦国结盟。当这两个联盟在战场上发生冲突时，"第三次西里西亚战争"（1756—1753，以"七年战争"之称谓更为知名）开始了。因为这场战争是在三个大洲进行的——后来西班牙和葡萄牙也加入了对立双方的联盟，这场冲突通常被视为真正的第一次世界大战。虽然法国在印度和北美对抗英国时都遭受了重大挫败——这结束了那里的法兰西殖民帝国——但普鲁士却在对哈布斯堡、瑞典，尤其是对俄罗斯军队的作战中遭遇决定性败局。俄军甚至成功地占领了柯尼斯堡（Königsberg）几年，并短时间进驻柏林。然而，当弗里德里希大王再也没有丝毫希望恢复普鲁士原状（status quo ante）时，出乎意料的情况发生了。1762 年，他的"私敌"俄罗斯女沙皇伊丽莎白一世（Elisabeth the First，1709—1762）去世。她的继任者是彼得三世（Peter the Third，1728—1762），而他碰巧是普鲁士的崇拜者。彼得生于基尔（Kiel），是荷尔施泰因-戈托普公爵（Duke of Holstein-Gottorp）卡尔·弗里德里希（Karl Friedrich，1700—1739）和彼得大帝（Peter the Great，1672—1725）的女儿安娜·彼得罗夫娜（Anna Petrovna，1708—1728）之子。严格来说，彼得三世在德意志土地上长大。这就解释了他的普鲁士癖。彼得一成为新沙皇，就让俄罗斯立即退出它与普鲁士的战争，并几乎不要任何回报。他在短暂的统治期间（彼得在登基同年被暗杀，这次暗杀可能得到继承其皇位的妻子叶卡捷琳娜［Catherine，1729—1796］之支持），甚至与普鲁士结成了反对丹麦的同盟，以便把石勒苏益格（Schleswig）重新纳入他的荷尔施泰因-戈托普公爵领地。由于俄国出人意料地从战争中退出，弗里德里希大王便可以重新组织他的军队及其战役。当这场战争在 1763 年以《巴黎条约》（*Treaty of Paris*）和《胡贝图斯堡条约》（*Treaty of Hubertusberg*）结束时，普鲁士将西里西亚控制在 1756 年前的边界内。因此，由于纯粹的偶然性——两个人类小细节：1762 年俄国伊丽莎白女沙皇的死和亲普鲁士的彼得三世的即位——普鲁士在一场对抗三个邻国的灾难性战争中，经历了一系列毁灭性失败后，奇迹般地幸存下来。由于同样的偶然性，普鲁士有时间挽回并巩固其作为 18 世纪欧洲新兴大国的地位。接着在拿破仑战争中，普鲁士与英俄两国重新结盟，随后得以发展成为德意志最强大的邦国，并在与丹麦（1864）、哈布斯堡帝国（1866）和法国（1870—1871）的战争中清算旧账后，在建立德意志帝国上发挥了决定性作用。因此，我们通过更仔细的分析，可以发现自 1762 年以来，德国和欧洲的历史进程都受到了一些偶然细节的制约。关于德国历史和欧洲历史上偶然性细节的作用之论述就到此为止。

目前的这本《把过去民族化》（*Nationalizing the Past*）包含了一系列关于历史书写的"细节"历史。毫无疑问，读者可以单独阅读本书，虽然从历史观点来看，它是稍早的一册《有争议的民族：民族史上的种族、阶级、宗教与性别》（*The Contested Nation：Ethnicity，Class，Religion and Gender in National Histories*）（Basingstoke，2008，后文均简称《有争议的民族》）之延续。这种连续性既存在于它的主题（19—20 世纪的民族历史书写以及它和种族、宗教、阶级和性别概念的关系），也表现为编者和一部分作者是相同的这一点中。尽管两本书存在这些连续性，即便它们共属相同的历史项目，但《把过去民族化》仍是一本完全不同的书，追求完全不同的目标。首先，《把过去民族化》的目标与《有争议的民族》有着本质不同。《有争议的民族》旨在"绘制"或"综合"19—20 世纪欧洲民族史学的景观，而《把过去民族化》的对象包括**个别**民族历史学家和民族历史的**特定**"学派"。《有争议的民族》力图广泛综合相对于种族、宗教、阶级和性别的"民族"表达，而《把过去民族化》旨在于比较性框架内深入分析个别案例中的表达性或叙述性策略。

第二个区别与第一个直接相关：《把过去民族化》在方法上与《有争议的民族》存在根本性差异。与《有争议的民族》所使用的综合宏观方法（重点放在"大图景"与长期史学发展和趋势上）不同，《把过去民族化》关注个案研究或微观研究的叙事策略。从这一朴素意义而言，《把过去民族化》是一个试图呈现微观历史的集合，尽管它们是一种新颖的（因为明确的比较性）微观研究。与"正常"类型的微观研究不同，《把过去民族化》包含的微观研究在其组织上具有明显的国际比较性。这种比较性是《把过去民族化》与《有争议的民族》所共享的一个特征，也是 NHIST 项目的独特之处。为了阐明本书的背景，笔者现在将首先阐明微观史学和微观研究的概念。

5

微观史学与微观研究：一种概念史

正如卡洛・金茨堡①（Carlo Ginzburg，1939—　，无疑他是一位在实践和理论上对微观史学贡献最大的历史学家）所指出的那样，微观史学中的前缀"微观"指的是一种"缩小的尺度"，其含义仅与相对的"宏观"有关。②这条提示表明了"微观史学"这一概念产生的背景。虽然金茨堡将"微观史学"一词的起源追溯到 1959 年美国学者乔治・斯图尔特（George Stewart，1895—1980）的一份出版物上，但他非常清楚一个事实，即作为一个史学项目的微观史学出现必须定位到 20 世纪 70 年代，即年鉴学派式的"结构性"定量史学的霸权时代。③微观史学

①　意大利历史学家。——译者注

②　金茨堡通过将 The Cheese and the Worms: The Cosmos of a Sixteenth-Century Miller（Baltimore，1976）变成一本世界畅销书和在像 Clues, Myths and the Historical Method（Baltimore，1989）这样的出版物上对该书进行理论分析，实现了这一理念。

③　C. Ginzburg, 'Microhistory: Two or Three Things That I Know about It', *Critical Inquiry* 20（1993），p. 11.

的意义在于，它是年鉴学派历史学家主要预设下的一次明显突破。年鉴学派的预设认为，只有当个别事件构成了一个普遍且重复系列的一部分时，它才有意义——微观史学显然与年鉴学派史学系列相反，它试图代表书写历史的另一种视角。微观史学"揭示了人们对 20 世纪 50 年代中期至 70 年代中期主导国际史学界的宏观且定量模式的［……］不满"。①

微观史学方法拒绝将个体事件包含在一般宏观社会结构之下，也拒绝将个体事件纳入现代主义目的论体系之中——尤其是以启蒙运动和现代化理论的所有变体为代表，其中包括马克思主义版本（将历史概念化为"正在形成的无阶级社会"）和民族中心版本（将历史概念化为"正在形成的民族"）。因此，微观史学也是 20 世纪 70 年代反现代主义的"自下而上"历史研究方法的一部分，而这种方法常常被置于"历史人类学"的标签之下。②这种"自下而上"的方法也解释了：为什么微观史学中的核心人物不是属于上层文化的"伟大男人们"或"伟大女人们"（如克利奥帕特拉、伊丽莎白一世或希特勒），而是属于大众文化的个体，如卡洛·金茨堡的磨坊主梅尼科（Menochio）③和娜塔莉·泽蒙·戴维斯（Natalie Zemon Davis，1928—2023)④的农民马丁·盖尔（Martin Guerre）。⑤

这并不意味着微观史学否定个体事件的结构性制约——实际上正相反。它坚决反对在认知方面进行缩减："只选择那些重复的、因此能够

6

---

① Ginzburg, 'Microhistory', p. 12.

② 在德国，日常生活史（Alltagsgeschichte）与历史人类学（historische Antropologie）可以被视为相关的史学思潮。Hans Medick 曾经把它们描述为微观史学的"姐妹"。参见 H. Medick, 'Mikro-Historie', in W. Schulze（ed.），*Sozialgeschichte*，*Alltagsgeschichte*，*Mikro-Historie. Eine Diskussion*（Göttingen，1994），pp. 40—53。

③ 出自金茨堡的《奶酪与蛆虫》一书，此书已译为中文出版，参见卡洛·金茨堡：《奶酪与蛆虫：一个 16 世纪磨坊主的宇宙》，鲁伊（译），南宁：广西师范大学出版社，2021 年。——译者注

④ 美国社会文化史学家。——译者注

⑤ N. Zemon Davis, *The Return of Martin Guerre*（Cambridge，MA，1983）. 该书已被译为中文，参见娜塔莉·泽蒙·戴维斯：《马丁·盖尔归来》，刘永华（译），北京：北京大学出版社，2009 年。——译者注

系列化的事件来作为认知对象，意味着在认知方面付出了非常高的代价。"①这也不意味着微观历史学家将微观史学视为"唯一正确的历史研究方法"。②金茨堡只想明确地恢复历史上那些无法被概括、系列化和量化的事物的认知价值。此时，我们可以找到金茨堡后来系统区分"伽利略范式"（Galilean Paradigm）知识（例如定量和归纳性的物理科学）以及"线索范式"知识（例如猎人、侦探、精神分析学家与艺术鉴赏家的"直觉性"知识特征）的根源。因此，金茨堡"线索范式"的"英雄们"是夏洛克·福尔摩斯（Sherlock Holmes）③、西格蒙德·弗洛伊德（Sigmund Freud，1856—1939）④和阿比·瓦尔堡（Aby Warburg，1866—1929）。⑤

金茨堡的微观史学明确宣称，历史上的异常、偏离和反常的事物，有一种认知上的"剩余价值"——尽管他同时承认"某些现象只能通过宏观的视角来把握"。⑥然而，这里并非要评估微观历史学家及其众多理论家关于所有主张的有效性之辩论⑦——例如微观史学使我们能够分析

---

①　Ginzburg, 'Microhistory', p. 21. 亦可参见第34页，在那里，金茨堡溯及既往，将其个人对微观史学的贡献置于上下文背景中加以考虑："令我惊讶的是，我在不知不觉中发现，我从未读过的书、我不认识的事件和人对我来说是多么重要，［……］这个'我'是通透的。"Matti Peltonen 还强调，微观史学中，微观层面和宏观层面的区别，不应由（个人）自由和（社会与经济的）决定因素之间的区别来确定，就像通常浪漫主义的历史主义中那样。参见M. Peltonen, 'Clues, Margins, and Monads: The Micro-Macro Link in Historical Research', *History and Theory* 40 (2001), pp. 347—359。

②　金茨堡他自己曾认为其后来的著作 *Extacies*: *Deciphering the Witches Sabbath* (Baltimore, 1989) 是宏观方法的产物。

③　英国小说家阿瑟·柯南·道尔笔下的神探。——译者注

④　奥地利心理学家、精神病医师，心理学精神分析学派的创始人。——译者注

⑤　C. Ginzburg, *Clues*, *Myths and the Historical Method* (Baltimore, 1989). 阿比·瓦尔堡即 Aby Moritz Warburg，德国艺术史学家和文化理论家。他试图将自然科学的研究方法引入人文科学，为艺术史研究引入了一种新方法——图像学。——译者注

⑥　Ginzburg, 'Microhistory', 27. 金茨堡仍然是矛盾的。

⑦　笔者仅为 Frank Ankersmit 对微观史学的后现代解释与金茨堡本人对这种解释的强烈反对之间的显著冲突破例。参见 Ginzburg, 'Microhistory', pp. 31—33. 关于对辩论的概述，参见 J. Schlumbohm (ed.), *Mikrogeschichte*, *Makrogeschichte. Komplementär oder inkommensurabel?* (Göttingen, 1998); Peltonen, 'Clues, Margins and Monads'; Sigurdur Magnusson, 'The Singularization of History: Social history and microhistory within the postmodern state of knowledge', in R. W. Burns (ed.), *Historiography*: *Politics*, vol. 5 (New York, 2006), pp. 222—260; T. Molho, 'Carlo Ginzburg: Reflections on the intellectual cosmos of a 20th-century historian', *History of European Ideas* 30 (2004), pp. 121—148。

"典型例外"或"异常的正常"之主张。因此，对于一个案例研究来说，它要求一种特殊的代表性形式，而这种形式不能简化为代表性的统计概念。笔者与皮尔·弗里斯（Peer Vries，1953— ）①和托尼·莫尔霍（Tony Molho，1939— ）②一样，认为在金茨堡的微观史学中，个体与全体之间的关系最终仍未得到解决。③因此，本书中的作品不属于"典型"或"例外"。

笔者也将绕过微观史学的先驱者，如列夫·托尔斯泰（Leo Tolstoy，1828—1910）④、瓦尔特·本雅明（Walter Benjamin，1892—1940）⑤、西奥多·阿多诺（Theodor Adorno，1903—1969）⑥与西格弗里德·克拉考尔（Siegfried Kracauer，1899—1966）。⑦笔者与莫尔霍一样，赞成如下结论：金茨堡的微观史学项目最好被解释为在历史中"拯救"个体的一种努力，并为他/她的认识论价值加以辩护——反对将其简化为系列、结构和数字。从 20 世纪 80 年代起，这一项目也发展成为对受到后现代主义者攻击的历史真实和历史真相概念所进行的道德辩护。于金茨堡而言，历史真实和历史真相不仅构成了认识论价值，而且也代表了道德价值，因为将它们否定或相对化，便意味着对犹太大屠杀和大屠杀幸存者的否定或相对化。⑧

尽管本书对特定叙事策略的关注并不适用微观史学项目本身，但它

---

① 荷兰历史学家。——译者注

② 希腊历史学家。——译者注

③ Peer Vries, *Vertellers op drift. Een verhandeling over de nieuwe verhalende geschiedenis* (Hilversum, 1990); Molho, 'Carlo Ginzburg', esp. pp. 135—140.

④ 即 Lev Nikolayevich Tolstoy, 俄罗斯作家，著有《战争与和平》《安娜·卡列尼娜》等。——译者注

⑤ 德国哲学家、散文家，对历史唯物主义思想有着巨大贡献。——译者注

⑥ 德国哲学家、社会学家、心理学家、音乐家与作曲家，以其社会批判理论而闻名。——译者注

⑦ 尤其参见 Ginzburg, 'Microhistory'; Schlumbohm, 'Mikrogeschichte, Makrogeschichte. Zur Eröffnung einer Debatte', in Schlumbohm (ed.), *Mikrogeschichte*, *Makrogeschichte*, 7—33; Peltonen, 'Clues, Margins and Monads'; and Molho, 'Carlo Ginzburg'. 克拉考尔是德国作家、记者、社会学家与电影理论家，以主张现实主义是电影最重要的功能而闻名。——译者注

⑧ 尤其参见 Carlo Ginzburg, *History*, *Rhetoric and Proof* (London, 1999); Molho, 'Carlo Ginzburg', esp. pp. 135—140。

与金茨堡对微观史学建构特征的特别强调有关。微观史学"接受了（所有证据的零碎特征之）局限性，同时探索了它们的认知论含义，并将其转化为叙事元素。"①它是"基于这样一种明确的意识，即研究展开的所有阶段都是**构建的**而非**给定的**：对象的识别及其重要性；透过详尽阐述类别来分析它，将之作为证据的标准；通过文体与叙述形式，将结果传递给读者"。然而，这种对历史知识构成要素的意识，并不像之前所预示的那样，导致了"一切皆有可能"的后现代怀疑主义：对于金茨堡来说，（意大利）微观史学的独特品质可以在"这种认知打赌"中找到。②

　　虽然本书明确的比较性组织方式不符合微观史学对特殊性的关注，但这里也可以建立起联系，因为与弗兰克·安可施密特（Frank Ank-ersmit，1945—　）③称微观史学是一种特别后现代的历史书写形式相反，金茨堡否认了这一点，并强调指出了微观史学中背景的重要性和（显性或隐性）比较的"不可避免"。④笔者同意他的观点，尽管在微观史学中，显性比较确实非常罕见，因此我们只需要处理隐性比较的问题。⑤关于微观史学的概念就到此为止。

　　微观研究的概念有着不同的谱系，并起源于不同的背景。社会学家欧文·戈夫曼（Ervin Goffman，1922—1982）在其著作《公共关系——公共秩序的微观研究》（*Relations in Public—Microstudies of the Public Order*）中引入了这一术语。该概念表示"由面对面互动产生并由共同混合规范组织的活动领域——一个包含婚礼、家庭聚餐、主持会议、强迫游行、服务遭遇、排队、人群和情侣的领域"。这些"微观研究"（基于行动者的角度）被认为是"微观社会学"（micro-sociology）的研究

---

① Ginzburg, 'Microhistory', p. 28.

② Ginzburg, 'Microhistory', p. 32. 对于一般的建构主义论点，参见 C. Lorenz, *Die Konstruktion der Vergangenheit* (Cologne, 1997)。

③ 荷兰历史学家。——译者注

④ Ginzburg, 'Microhistory', p. 33.

⑤ 在《奶酪与蛆虫》（*The Cheese and the Worms*）中，金茨堡只有在最后一章将他的主人公梅尼科与其他三位磨坊主作了比较。

对象，而相反的"宏观社会学"（macro-sociology）是对"社会结构"或"社会系统"的研究（基于观察者的角度）。这种区别与结构史和微观史的区别是平行的，并且早于皮埃尔·布尔迪厄（Pierre Bourdieu，1930—2002）①、于尔根·哈贝马斯（Jürgen Habermas，1929—　）②和安东尼·吉登斯（Anthony Giddens，1938—　）③后来在社会科学中试图"克服"有关"实践""交往行为"和"结构化"的理论中所涉及的微观—宏观问题。④

　　从 20 世纪 70 年代开始，"微观研究"这一概念在科学史、技术史和医学史上拥有了新含义。⑤正如微观史学概念的情况一样，科学史上的微观研究思想与现代性的批判相联系——特别是对革新论和目的论的批判，尤其是对单一"科学方法"的批判。这种批判既是认识论上的，也是政治上的——这是对占据主流地位的"价值中立"（value-free）科学与科学知识的社会力量宏大叙事之挑战。⑥这一批判源于托马斯·库恩（Thomas Kuhn，1922—1996）⑦对传统科学哲学的根本性历史攻击（在其实证主义和波普尔主义⑧的变体中），并随着跟从库恩轨迹的"新科学社会学"⑨而获得动力。⑩微观研究聚焦于单个案例，尤其是单个争议。他们将"知识的生产"分析为一种实践活动，即"科学行动者"彼此之

9

---

　　①　法国社会学家、人类学家与哲学家。——译者注
　　②　德国哲学家与社会学家。——译者注
　　③　英国社会学家。——译者注
　　④　A. Harrington (ed.), *Modern Social Theory* (Oxford, 2004).
　　⑤　参见 Soraya de Chadarevian, 'Microstudies versus big picture accounts?', *Studies in History and Philosophy of Biological and Biomedical Sciences* 40 (2009), pp. 13—19。
　　⑥　De Chadarevian, 'Microstudies', pp. 14—15. Molho, 'Carlo Ginzburg', 也强调了金茨堡的微观史学思想是由认识论和伦理议程共同推动的。
　　⑦　美国哲学家，以其《科学革命的结构》一书而闻名，他在该书中提出了"范式"这一概念。——译者注
　　⑧　由 20 世纪奥地利学术理论家、哲学家波普尔提出，常称为证伪主义。——译者注
　　⑨　即科学知识社会学（The sociology of scientific knowledge），诞生于 20 世纪 60 年代末 70 年代初。它将科学作为一种社会活动进行研究，特别是研究"科学的社会条件和影响"。——译者注
　　⑩　起点当然是 T. Kuhn, *The Structure of Scientific Revolutions* (Chicago, 1962)，受到了像 S. Woolgar, D. Bloor, S. Shapin 与 B. Latour 等科学社会学家与人类学家的追随。

间及其与所涉领域相关的其他行动者（通常在实验室环境中）进行不断的面对面（重新）磋商之进程。因此，科学史上的微观研究也常常被贴上"科学人类学"的标签。与微观史学一样，微观研究也基于这样一种理念，即只有自下而上和近距离的视角才能揭示知识创造过程的必要细节。此外，微观研究还与微观史学相同的是，它"主张科学事实的普遍性不是给定的，而是生产出来的"。①由于历史知识的生产通常是从一个男人或一个女人的工作开始的——这与实验室等社会背景形成对比，最早的"磋商行动者"通常是与同一主题相关的其他文本。因此本书特别强调史学作品的互文性。

毫不奇怪，在微观研究的背景下，正如笔者在前文中讨论微观史学时便已观察到的那样，个案和总体情况之间的关系问题业已浮出水面——"综合"和比较的问题，因为只有在比较的基础上，才能确立个案的特殊性和一般性。这里也提出了"规模问题"："我们可以区分'微观研究'旨在适用于整体的两种不同方式，即首先牵涉到普遍，其次通过起到典型范例的作用。第一种方法与微观研究传统产生共鸣，而第二种方法具有一种认识论方法的特点，且该方法利用历史案例研究来解释调查实践的更普遍特征。"②

最后，笔者认同约翰·刘易斯·加迪斯（John Lewis Gaddis，1941—　）③最近提出的观点，即历史学家基本上可以自由地选择他们的主题及其时空尺度："历史学家具有选择性、同时性和变化尺度的能力：他们可以从纷乱的事件中选择他们认为真正重要的事物；他们可以同时出现在好几个时空中；他们可以在宏观和微观的分析层次之间拉近或拉远距离。"④没有任何时间尺度或空间尺度是得到特别优待的，因为所有有关过去的"绘制"同研究者提出的问题以及由此解决问题的路径相

①　De Chadarevian，'Microstudies'，p. 14.
②　De Chadarevian，'Microstudies'，p. 16.
③　美国历史学家。——译者注
④　Gaddis，*Landscape of History*，p. 22.

关。这意味着只有"我们的表达模式决定了我们所表达的一切"。①因此，无论是地方层面（与金茨堡同步）还是全球层面，都不具备先验（a priori）特权。作者们通过对"地方"案例的比较，在《有争议的民族》中的综合组织方式之后，试图在本书中采取一种"中间航线"。有关《把过去民族化》一书概念背景的叙述就到此为止。

本书的结构

本书分析了 18—20 世纪欧洲一些最重要的民族历史学家。所有章节都是比较性的，它们同时涉及西欧和东欧。在本书中，论文寻求回答的关键问题基于《有争议的民族》一书的核心主题。此外，它们基于这样一种假设，即在此情况下，有关民族史书叙事框架的问题，只能以微观研究的形式，通过必要的细节来得到研究：

● 哪些叙述策略促成了民族史书的成功？

● "事实"与叙述性地组织这些"事实"的可能性之间的关系是什么？

● 民族史书的开端和结束是如何决定其叙事结构的？

● 在民族史书中，民族与宗教、种族、阶级和性别等宏大叙事之间的关系是什么？

● 多民族帝国的经历对民族史书的建构有何影响？

● 战争、极权独裁和帝国沦丧的痛苦经历对民族叙事有何影响？

● 1945 年以后民族历史衰落了吗？或者，20 世纪 80 年代以后民族历史复兴了吗？

● 神话对欧洲历史叙事的建构有何贡献？

---

① Gaddis, *Landscape of History*，pp. 29，33："世上没有一张唯一正确的地图。地图的形式反映了其用途。"

本书可分为五个部分。在序言之后，由四章组成的第一部分讨论了与所有针对民族主义史学的微观史学研究相关的主要理论框架。扬·埃克尔（Jan Eckel）首先言简意赅地总结了 20 世纪 60 年代以来历史书写中的"叙述性辩论"。他通过追溯从结构主义历史叙事构想（罗兰·巴特 [R. Barthes，1915—1980]①）到分析性辩论（A. C. 丹托 [A. C. Danto，1924—2013]②），再到海登·怀特（Hayden White，1928—2018）③和保罗·利科（Paul Ricoeur，1913—2005）④的文本理论，探讨叙事法如何从总体上影响我们对历史的理解，尤其是对民族历史的理解。埃克尔得出结论，认为作者的存在、时间的叙述顺序和情节结构是建构历史叙述的重要手段。在埃克尔章节的第二部分，他以魏玛共和国（Weimar Republic）的史学例子作为基础，分析了卡尔·迪特利希·埃尔德曼（Karl Dietrich Erdmann，1910—1990）的《魏玛共和国》（*Die Weimarer Republik*）、德特勒弗·波凯尔特（Detlev Peukert，1950—1990）的《魏玛共和国》（*Die Weimarer Republik*）和海因里希·奥古斯特·温克勒（Heinrich August Winkler，1938—　）的《魏玛，1918—1933 年》（*Weimar 1918—1933*）、理查德·贝塞尔（Richard Bessel，1948—　）⑤的《第一次世界大战后的德国》（*Germany after the First World War*），这四种不同的叙述故事情节构建了四种截然不同的德国过去与现在之间的联系。

如果说埃克尔在第一章中直面叙事性的课题，那么克里斯·劳伦茨（Chris Lorenz）的下一章分析了有关比较方法的一些问题。正如他提醒我们的那样，这些问题一直是把历史与民族的固定关系加以相对化、并予以克服的核心努力。正如劳伦茨在比较魁北克（Quebec）

① 法国哲学家与文学理论家。——译者注
② 即 Arthur Coleman Danto，美国艺术评论家与哲学家。——译者注
③ 美国历史学家。——译者注
④ 法国哲学家。——译者注
⑤ 前三人均为联邦德国历史学家，贝塞尔为英国历史学家。——译者注

史学史和德国史学史中所阐述的那样，比较性史学史既要考虑代表性间的比较，也要考虑民族间的比较。为了确定不同民族史书中的异同点，比较必须在同一民族的不同表现形式和其他民族的表现形式两个层面上进行。劳伦茨认为，魁北克史学和德国史学由一种强烈的特殊意识联系起来。在两案例中，这种意识都与民族历史上的灾难经历相关。在此，劳伦茨还辨识出与"超越灾难"的历史意识有关的"常态"民族叙事。此外，社会框架和政治框架在很大程度上决定了民族史的框架——这使得我们有必要分析历史学家的"比较政治策略"，包括其所涉及的隐性和显性"对比案例"。劳伦茨在这里找到了民族历史书写里一种不可避免的现在主义（presentism）形式。

我们只有通过关注这些历史在不同叙述中得以建构的不同方式，以及历史学家含蓄选择时空准则的不同方式，才能理解民族史学。任何对民族历史和民族史学的理解，都涉及这样的双重比较，而历史学家只能在他对这种比较的强调中选择显性或隐性之方法。本书中的论文试图通过迈出比较民族史书的第一步，开启在通往比较史学这一艰难目标道路上的征程。

前两章论述了民族历史书写中有关叙述与比较的基本问题。第三章触及了关于民族史学家更为具体但极为普遍的问题：他们如何建构叙事的开端、中间部分和结尾？毕竟，民族史学家通常热衷于将"他们"民族的起源追溯到时间的迷雾之中，但他们越接近迷雾，就越难以区分神话和历史上可被证实的事实。同时，民族史书的现在主义往往表现为一种特定的目的论，而这种目的论不是在现在就是在将来告终或落幕。因此，民族史书罕有开放式结尾。民族史书的开头和结尾又在很大程度上决定了中间的叙事结构——在叙述中强调什么，减弱什么，以及历史时间是如何减慢或加速的。乔普·雷尔森（Joep Leerssen）在第三章中便指出了一些民族之间的根本区别。其中一部分民族被认为自古以来就有着连续的历史，而另一些民族则由于诸如征服和迁徙而呈现出不连续的历史。例如，在德国，民族鼓吹者基于种族和定居地，构建了不中断的连续性之概念。许多其他民族在建构一条非常重要的连续线时也容纳了明显的断裂印痕。例如，比利时被认为是十字路口的一个汇合点，在那里，社会生活而非种族起源是团结一致的基础。而爱尔兰历史学家寻找本地真实性的努力不亚于他们的德国同行，但最终许多爱尔兰历史学家接受了其历史是移民史的观念。尽管如此，他们还是区分了神话中的人和第一批定居者。这些定居者已有史料存世，他们即是凯尔特人。凯尔特人是历史的一部分，而其他人则是神话的一部分。史料考证对于区分历史和神话至关重要——至少在理论上的确如此。因此，科学的民族史之书写行为本身就允许连续性的构建之举。

本书第一部分的第四章也是该部分最后一章。它是唯一一个将本书对19—20世纪史学的关注追溯到18世纪的章节。安格利卡·埃普勒（Angelika Epple）对英德两国（地区）启蒙运动的史学构想进行了比较。她认为，18世纪的英国史学比同时期的德意志史学拥有更高的"文学性"。这种叙述历史的更强能力，意味着前者更面向市场。这种普及程度确保了作者们可以通过写史而谋生。与此同时，像大卫·休谟（David Hume，1711—1776）和凯瑟琳·麦考莱（Catherine Macauley，1731—1791）①等作者虽然坚持客观性、公正性和因果关系的观点（因果关系是叙事构成的结构工具；因果解释是历史进步的基础），但他们对叙事性的遵循（尤其是对叙事构成中统一理念的遵循）常常使自己与那些"专业"价值观发生冲突。尽管休谟和麦考莱对民族过去有着截然不同的解释，但他们的认识论却非常相似。相比之下，以历史学家约翰·克里斯托弗·加特勒尔（Johann Christoph Gatterer，1727—1799）和奥古斯特·路德维希·施勒策尔（August Ludwig Schlözer，1735—1809）

---

① 两人均为英国历史学家，麦考莱的姓应为Macaulay，原文有误。——译者注

为代表的德意志哥廷根学派（Göttingen school）则更为严格地遵循这些专业标准。这使得德意志史学看起来更为先进，但这必然导致叙述质量的丧失，并意味着德意志史学对大众阅读的吸引力降低了。在德意志，通俗历史学家和专业历史学家之间划清界限的时间比英国早得多，而且这些界限成为了硬边界。在德意志土地上，业余爱好者和妇女被排除在"专业"之外的程度远甚于英国。

随后的三个部分是关于民族宏大叙事与其潜在"他者"（宗教、种族/人种和阶级）关系的比较性微观研究。吉纳维芙·沃兰（Geneviève Warland）在第五章中对 P. J. 布洛克（P. J. Block，1855—1929）、卡尔·兰普莱希特（Karl Lamprecht，1856—1915）、厄内斯特·拉维斯（Ernest Lavisse，1842—1922）与亨利·皮朗（Henri Pirenne，1862—1935）①所著民族史书中对 16—17 世纪宗教战争的表现进行了引人入胜的比较。这四位历史学家都有着自由民族主义背景，但他们相对有组织的宗教机构而言，也持有特殊的立场，而这一点影响了他们对宗教战争的描述。沃兰认为，国家和宗教之间的关系是四位历史学家所关注的中心，而他们几乎不关心神学。这些民族史书的叙事化赋予了宗教宽容以价值，并将其与民族史书中宗教分裂的负面影响并置。他们把宗教与被视为核心民族价值观的事物（例如法国的自由与平等，比利时的世界主义）相联系。在宗教政策方面，其他民族被消极地用来与本民族对比：对于布洛克而言，"他者"是法国，尤其是美第奇家族的凯瑟琳（Catherine of Medici，1519—1589）②。于皮朗而言，"他者"是"加尔文宗"，他拒斥加尔文宗，并认为它是一种野蛮形式的宗教。拉维斯将新教与德意志暴力相联系，并认为法国胡格诺派教徒是民族叛徒，因为他们帮助德意志变得强大。兰普莱希特强调荷兰人和德国人的文化共同体，以及

---

① 布洛克为荷兰历史学家，兰普莱希特为德国历史学家，拉维斯为法国历史学家，皮朗为比利时历史学家。——译者注

② 法国王后，亨利二世的妻子。——译者注

加尔文宗与路德宗之间的对立。他本人表现出对路德宗的强烈偏爱之情。总体而言，这里讨论的民族史书非常关注宗教战争，因为他们使用关于这些战争的叙述，以显示支撑其民族史书的有关自由主义的关键价值观。

如果说"宗教战争"位于民族史书建构的中心，那么可以说"异端"也是如此。随着 19 世纪民族被神圣化，持不同意见的宗教人物也被置于新的民族主义背景下，并经常被誉为"民族英雄"。在第六章中，莫妮卡·巴尔（Monika Baár）对比了两个突出的例子。在这两个例子里，异端者被民族宏大叙事所凸显，并成为民族主义的标志性人物。儒勒·米什莱（Jules Michelet，1798—1874）[1]在其影响深远的法国史书中对圣女贞德（Joan of Arc，约 1412—1431）的论述和弗兰蒂泽克·帕拉茨基（František Palacký，1798—1876）[2]在其同样影响深远的捷克史书中对约翰·胡斯（John Hus，约 1372—1415）的论述，都显示了异端者作为民族英雄在法捷两国民族宏大叙事中的重要性。两位作者让一种模式成为正典，而这种模式可在整个从 19 世纪到今天的法捷两国民族史书中被追踪到。两位作者在分别描绘贞德与胡斯的对手时，都用否定性的措辞来描绘民族的"他者"——英格兰与德意志，并突出了本民族英雄的特殊品质。总而言之，这两个异端英雄事迹的叙事设定符合两位历史学家的目的，因为他们的英雄代表了历史学家对各自民族特定的政治和道德愿景。在此方面，他们对贞德和胡斯的刻画完全是现在主义的——这是埃克尔和劳伦茨在前两章所分析的历史书写的一个基本特征。作为批判性的"科学"历史学家，两位作者都热衷于揭穿有关贞德和胡斯这两个历史人物的一些神话。然而，与此同时，两人也促成了这些人物在法捷两国土地上所谓"民族先贤祠"的神话化。在民族历史书

---

[1]　法国历史学家。——译者注
[2]　捷克历史学家。——译者注

写中，神话化与去神话化存在着密切关联。[1]

现在主义也是英国新教作者和爱尔兰天主教作者试图利用历史来达到在爱尔兰实现身份同一性目的的一个突出特点。在第七章中，马克·卡巴尔（Marc Caball）对比了三位 19 世纪爱尔兰历史学家的作品——詹姆斯·奥格拉迪（James O'Grady，1846—1928）、理查德·巴格韦尔（Richard Bagwell，1840—1918）和亚历山大·马丁·苏利文（Alexander Martin Sullivan，1829—1884）。卡巴尔特别考察了他们对都铎（Tudor）王朝在爱尔兰的征服及其对 16—17 世纪早期宗教改革引入之描绘。三位历史学家都强调这一时期是爱尔兰历史上的关键时代。卡巴尔对比了同时期历史叙事建构的各种方式。奥格拉迪与巴格韦尔大体上是联合派（Unionist）[2]，有着英裔爱尔兰新教背景，但他们对待该话题的态度却截然不同。奥格拉迪在书写一部民粹主义和浪漫主义的史书，而这部史书的灵感来自吟游诗人的传统。他想突出早期爱尔兰文明的成就。可以说，他是个文化民族主义者，反对天主教政治民族主义。相比之下，巴格韦尔则停滞于科学史学家的身份，并因此突出了其公正和客观的立场。这也使他对伊丽莎白一世政府及其推行宗教改革的企图提出了严厉批评。巴格韦尔认为，如果她允许这两种信仰共存，那么爱尔兰未来的许多问题就可能得以避免。他严厉批评在外地主制（absentee landlordism）[3]，并热衷于强调盎格鲁—爱尔兰历史中可能使天主教和新教部分人口实现和解的因素。苏利文是这里探讨的第三位历史学家。他来自爱尔兰天主教民族主义传统。他描述了爱尔兰人对抗英格兰奴役的

---

① 参见 C. Lorenz, 'Drawing the Line: "Scientific" History Between Myth-Making and Myth-Breaking', in S. Berger, L. Eriksonas and A. Mycock (eds), *Narrating the Nation: Representations in History*, *Media and the Arts* (Oxford, 2008), pp. 35—55; S. Berger, 'On the Role of Myths and History in the Construction of National Identity in Modern Europe', *European History Quarterly* 39: 3 (2009), pp. 490—502.

② 主张爱尔兰留在英帝国内部、并与英格兰联合的一派。——译者注

③ 亦称为不在地主制，指在爱尔兰拥有土地，但长期居于大不列颠岛的爱尔兰大地主，他们任命代理人来管理自己的土地。——译者注

史诗般斗争。他是爱尔兰天主教文化民族主义的普及者，培养了爱尔兰人比英格兰人道德优越的意识。自始至终，他强调爱尔兰民族主义和罗马天主教之间的合作关系。总体而言，卡巴尔的文章在很大程度上摧毁了人们挥之不去的观念，即 19 世纪爱尔兰史学所拥有的一种宿命论底色。这种宿命论曾认为，爱尔兰史学既缺乏科学性，又缺乏史诗般的宽度。

15　　下一部分是关于民族和种族/人种之间的相互关系，从约尔格·哈克曼（Jörg Hackmann）在第八章对爱沙尼亚（Estonia）、德国和俄罗斯关于爱沙尼亚的历史叙事之概述开始。他特别讨论了汉斯·克鲁斯（Hans Kruus，1891—1976）、易厄·詹森（Ea Jansen，1921—2005）与马尔特·拉尔（Mart Laar，1960—　）的作品，并将他们与波罗的海德裔作者，如莱茵哈德·维特拉姆（Reinhard Wittram，1901—1973）以及以伊瑞·萨玛林（Iurii Samarin，1819—1976）①为代表的俄罗斯/苏联视角进行了比较。克鲁斯强调爱沙尼亚性的建构性，并热衷于为爱沙尼亚公民的民族认同之出现作出贡献。他书写的内容反对爱沙尼亚保守的种族性民族建设者，但也反对波罗的海德意志史学，尤其是维特拉姆的作品。后者与一战后的"族民史"（Volksgeschichte）密切相关。克鲁斯坚定认为，波罗的海德意志人在为波罗的海各国宣传德意志民族身份认同时上错了船。因此，他提议，在波罗的海各国的德意志人口（他们是德意志身份的文化土壤［Kulturboden］）中，采取强有力的民族定位。伊瑞·萨玛林和苏俄观点试图合并俄罗斯和波罗的海民族身份认同，强调两者之间的"自然"联系，从而证明爱沙尼亚并入苏联之举是正当的。他们的共同敌人是波罗的海各国的德意志贵族。在苏维埃治下的爱沙尼亚，易厄·詹森在许多方面继承了克鲁斯的研究，从左翼的角

---

①　克鲁斯与詹森均为爱沙尼亚历史学家，詹森为克鲁斯的学生。拉尔为爱沙尼亚历史学家与政治家，爱沙尼亚独立后的首任总理。维特拉姆为波罗的海德意志历史学家。萨玛林为俄罗斯历史学家。——译者注

度探讨了公民民族主义的可能性。在她的著作里，民族国家的形成与人们从德意志人所主导的庄园社会传统精英中解放出来的过程密切相关。在 20 世纪 90 年代早期的"歌唱革命"（singing revolution）①之后，政治家和历史学家马尔特·拉尔的著作标志着爱沙尼亚回归到一种更具民族内涵的爱沙尼亚性。这种爱沙尼亚性倡导爱沙尼亚民族形成的原始观点。

波罗的海空间是爱沙尼亚、德国、苏联等不同民族史学传统在同一领土上相互作用的一个很好例证。在东南欧，我们遇到了不同民族传统的类似合并现象。艾菲·加济（Effi Gazi）在第九章中对此进行了探讨。他在希腊和罗马尼亚的案例中具体论述了科学性和史学民族主义之间的融合。施皮利顿·兰姆布罗斯（Spyridon Lambros，1851—1919）②以西方史学（主要是法国和德国）为模板，试图将西方的"科学"史学移植到希腊。他倡导出版原始文献，并将辅助科学以及研讨班式教学引入希腊大学课程。他提倡职业化的历史写作，目的是为了使其远离历史哲学的传统。此外，他还将历史写作的职业化与史学民族主义相联系。于兰姆布罗斯而言，历史学家的书桌最好与军营类比，历史学家的笔在构建民族时就像武器那样有用。

罗马尼亚尼古拉·约尔加（Nicolae Iorga，1871—1940）③的案例与希腊兰姆布罗斯的案例有着很强的相似性。约尔加在法国学习，深受法国"科学"历史的影响，试图将法国的科学历史实践传播到罗马尼亚。他把自己对历史职业化的兴趣与直接参与政治之举相结合。约尔加与兰姆布罗斯一样，强调历史性民族宏大叙事的诗意/艺术框架之必要性。与"西方"史学思想相一致，他们坚持"科学性"与历史书写作为一种

16

---

① 歌唱革命指 20 世纪 80 年代末到 90 年代初，爱沙尼亚、拉脱维亚和立陶宛三国（即所谓波罗的海三国）寻求恢复独立的一场运动。该词由爱沙尼亚活动家与艺术家海因茨·瓦尔克（Heinz Valk）创造于 1988 年。该运动主要因群众通过高唱新近创作的爱国歌曲来表达诉求而得名。——译者注
② 希腊历史学家。——译者注
③ 罗马尼亚历史学家。——译者注

艺术形式的观念是相兼容的。约尔加查阅了欧洲的档案馆，旨在收集罗马尼亚历史资料，以便为罗马尼亚的职业史学奠定基础。

如果我们看看兰姆布罗斯与约尔加在他们关于民族历史的著作中所追求的主题，便会发现，他们之间不可思议的相似点还在继续：他们都聚焦于中世纪，以强调希腊民族和罗马尼亚民族所宣称的古老根源与现在之间的连续性。拜占庭（Byzantium）历史在这两个案例中都实现了"桥梁功能"。在希腊的例子里，它有助于驳斥关于希腊人在中世纪斯拉夫化的所谓"法尔梅瑞尔命题"（Fallmerayer thesis）[1]。在罗马尼亚案例里，它允许约尔加赞颂农民文化是"民族本质"的关键载体。根据约尔加的说法，农民是抵抗一系列侵略和保证民族连续性的核心。奥斯曼帝国统治时期被认为起到了积极作用，因为它导向了罗马尼亚农民文化的繁荣。

罗马尼亚民族特性的中心信条借助东正教而得以保留。对拜占庭的共同兴趣促使两位历史学家对彼此作品产生了浓厚兴趣。巴尔干半岛与波罗的海一样，也形成了一个跨民族地区。在该地区，历史意识和历史性民族宏大叙事之间存在着诸多共同成分，且历史学家经常跨越民族边界，相互注意对方的作品。[2]

在欧洲许多地区，民族宏大叙事与语言身份认同，以及民族语言、民族文学和民族戏剧的发展密切相关。挪威和芬兰就是典型的例子。在这两个国家，文学和戏剧在使 19 世纪民族"真实性"合法化方面都发挥着重要作用。伊洛娜·皮卡宁（Ilona Pikkanen）在第十章中探讨了20 世纪之交出版的芬挪两国戏剧史的叙述策略。这些戏剧史为两国的民族建设计划都作出了贡献。特别是，她对埃利尔·阿斯佩林-哈普基莱

---

[1]　法尔梅瑞尔（Jacob Philipp Fallmerayer，1790—1861）为德意志蒂罗尔（今属奥地利）旅行家、政治家与历史学家。他认为希腊的斯拉夫化是 6 世纪末到 10 世纪间伯罗奔尼撒半岛受到斯拉夫人占领后的结果。——译者注

[2]　S. Troebst（ed.），*Geschichtsregionen*：*Concept and Critique*，special issue of the *European Review of History* 10：2（2003）.

(Eliel Aspelin-Haapkylä，1847—1917)（《芬兰戏剧史》*Suomalaisen te-atterin historia*，第 1—4 卷，出版于 1906—1910 年）和 T. 布朗克[①]（T. Blanc，1838—1921）（《克里斯蒂尼亚戏剧史》*Christiania Theaters Historie. Tidsrummet 1827—1877*，出版于 1899 年）进行了仔细解读。芬兰和挪威的例子尤其引人入胜，因为在这两个国家，19 世纪的文化精英都不说芬兰语和挪威语。在种族/文化民族主义的影响下，他们首先必须创造和学习构成其文化民族主义基础的语言。民族戏剧项目在多语言背景下发展，并努力创造一种既是用民族语言创作、又能达到最高国际标准的文学作品。

　　民族历史的种族观在英俄两国等"帝国民族"中也具有至关重要的意义。这些国家的史学必须就属于帝国核心和外围的等级制度进行协商，而这些等级制度往往涉及种族归属。安德鲁·迈科克（Andrew Mycock）与玛丽娜·洛斯科托娃（Marina Loskoutova）在第十一章中认为，在英俄两国背景下出现的民族帝国史学，是对两个帝国内争取更多自治甚至独立的外围民族主义之回应。他们重点分析了约翰·罗伯特·西利（John Robert Seeley，1834—1895）所著《英格兰的扩张：两门讲座课程》（*The Expansion of England：Two Courses of Lectures*）以及瓦西里·奥西波维奇·克柳切夫斯基（Vasily Osipovich Klyuchev-sky，1841—1911）所著《俄国史教程》（*Курс русской истории*）[②]。他们强调，在这两个案例中，帝国的困境和不安全感以及对帝国过度扩张的焦虑，促使历史学家以帝国为核心来撰写民族史书。借此，他们试图稳定帝国，并增加对其民族外围的控制。从帝国的角度重述民族叙事，意味着将民族故事线从更为成熟的宏大叙事中转移出来。在西利的例子里，这意味着将英国史学中根深蒂固的辉格主义张力转到帝国层面。同理，克柳切夫斯基将新的社会经济和地理主旨与话题引入到一种主要关

17

---

① 阿斯佩林-哈普基莱为芬兰历史学家，布朗克为挪威历史学家。——译者注
② 西利为英国历史学家，克柳切夫斯基为俄罗斯历史学家。——译者注

注国家及法律的民族史学。

　　相比英雄和"伟人"传记，两位历史学家都对过程和结构更感兴趣。他们的史书是地理扩张的历史。这与以种族为核心的民族归属观念相悖，并试图把不同种族团结在帝国民族的保护伞下。但同时，两位作者都没有对英格兰人和俄罗斯人①作为各自帝国民族核心的卓越地位产生任何怀疑。他们对种族的关注，常常促使他们采用种族主义观点，而根据这种观点，特定人种在文明尊卑秩序中的地位高于其他人种。

　　宗教对两位作者同样重要，但很可能是因为西利用必然性把英帝国民族与新教相联系，而克柳切夫斯基对俄罗斯和东正教做了同样的事，最终导致两位作者在各自宏大叙事中没有太多强调宗教元素。即使他们认为，毋庸置疑，非新教徒（在英国例子中）和非东正教徒（在俄罗斯例子中）在能否完全属于帝国民族上存在问题。两位作者也很谨慎，不对各自帝国民族作出太多阶级划分，尽管其史书中经常提到阶级，包括对贵族持严厉批评态度。两人都将其史书性别化了——西利倾向于如同善良女族长般的女性化英格兰，而克柳切夫斯基则强调了俄罗斯帝国民族的男性美德和特征。

　　19 世纪，人们渴望如帝国史一样书写民族历史。与之形成对比的是，在二战后去殖民化背景下，民族历史学家极度不安地将帝国纳入民族宏大叙事中。正如斯图尔特·沃德（Stuart Ward）和罗伯特·奥尔德里奇（Robert Aldrich）在第十二章中指出的那样，在非殖民化经历非常痛苦的地方尤其如此，例如在法国。但即使在非殖民化经历远没有那么痛苦的英国，一直到 20 世纪 80 年代，帝国历史的沉寂和衰落才让位于重新产生的研究兴趣。英国的帝国历史复兴始于约翰·波考克（John Pocock，1924—　）②对英国历史富有影响力的尝试，以及他有关不要忽视历史中帝国维度的呼吁。这一呼吁与他自己作为新西兰人的民族身份

18

---

　　①　此处指作为俄罗斯主体民族的俄罗斯人，而非俄罗斯国籍之人。——译者注
　　②　新西兰历史学家。——译者注

认同有着强烈联系，但它比 A. J. P. 泰勒（A. J. P. Taylor，1906—1990）①以小英格兰（little-England）民族历史（平行于伊诺克·鲍威尔[Enoch Powell，1912—1998]②的政治正确观）应对要有趣得多。总而言之，奥尔德里奇与沃德的结论是，法国的非殖民化进程比英国的非殖民化进程对民族历史的概念提出了更根本的挑战。比较本杰明·斯托拉（Benjamin Stora，1950—　　）③关于阿尔及利亚（Algeria）的作品和卡洛琳·埃金斯（Caroline Elkins，1969—　　）④关于肯尼亚（Kenya）的研究，可以证明这一点。在这两个案例中，帝国史学与基本伦理问题相结合。学科领域的政治化也表现在学校课程被卷入辩论的方式上。帝国的持久遗产仍然有能力挑战和重新设定两国的民族身份认同。

如果说关于欧洲过去的一些主要辩论是围绕帝国问题展开的，那么第二次世界大战当然是 1945 年到至少 1990 年左右冷战结束期间对欧洲而言的决定性时刻。⑤在第十三章里，斯特凡·约尔丹（Stefan Jordan）和雨果·弗雷（Hugo Frey）通过仔细观察罗贝尔·阿隆（Robert Aron，1898—1975）和弗里德里希·梅尼克（Friedrich Meinecke，1862—1954）⑥的开创性著作，分析了战争对法德两国民族叙事的影响。他们强调，两人都试图从二战的废墟中拯救各自民族，并在民族社会主义⑦和维希政权（Vichy）的浩劫下保持一种爱国主义观点。在他们导致各自民族浩劫的重要因素清单上，现代性、大众社会和传统价值观的丧失居于首要位置。这两个文本的形式非常不同：阿隆写下了对其维希统治时期之经历高度个人化的描述，其中充满了对维希政府人物的简介以

---

① 英国历史学家。——译者注
② 英国保守派政治家，曾任英国卫生部长。——译者注
③ 法国历史学家。——译者注
④ 美国历史学家。——译者注
⑤ S. Berger, 'Remembering the Second World War in Western Europe, 1945—2005', in M. Pakier and B. Strath (eds), *A European Memory? Contested Histories and Politics of Remembrance* (Oxford, 2010), pp. 119—136.
⑥ 阿隆为法国历史学家，梅尼克（又译"迈内克"）为德国历史学家。——译者注
⑦ 即纳粹主义。——译者注

及阿隆对他们的评判。相反，梅尼克给出了一种历史思想类型，重新解
19　释了从 18 世纪后期开始的整个德意志历史。然而，尽管两种叙述存在
这些差异，但两位作者还是得出了非常相似的结果。他们认为，导致德
国人和法国人误入歧途、并走向放弃积极民族传统的原因中，最重要的
是传统人文价值观的衰落。两书中都存在批评本民族历史轨迹的段落，
紧随其后的是关于积极民族遗产的部分。两人都认为，这些积极的民族
遗产是各自国家在 1945 年后重建其民族所必需的。虽然这两本书都有
关于犹太大屠杀的内容，但它们并没有把欧洲犹太人被毁灭一事作为文
本的中心问题，也没有以令人信服的方式加以书写。在这两个例子中，
犹太大屠杀并未成为通往更积极的未来民族认同道路上的绊脚石。两位
作者的主要目的恰恰是为其同胞提供一张通往民族未来的路线图。

　　本书的第三部分对历史书写中民族叙事和阶级叙事的相互关系进行
了微观研究。托马斯·韦尔斯科普（Thomas Welskopp）在第十四章中
为我们提供了对爱德华·伯恩斯坦（Eduard Bernstein，1850—1932）[①]
的《柏林工人运动史》（*History of the Berlin Labour Movement*）与罗
伯特·格里姆（Robert Grimm，1881—1958）[②]的《从阶级斗争看瑞士
历史》（*History of Switzerland as Mirrored in its Class Wars*）之比
较。韦尔斯科普指出，这两部作品主要是政治教育学著作，都是出于政
治需要和特定历史时刻而被创作出来的。伯恩斯坦热衷于展示可被赋予
政治权力的工人运动之清醒意识和责任感。此外，他还想追溯劳工的进
步历程，从其于 1848 年斗争中的血腥诞生，到《反社会党人非常法》
下的殉难岁月，再到威廉二世德国时期社会民主党（SPD）的崛起。格
里姆的首要目标是，在失败的"全国总罢工"（Landesstreik）和代表自
由资产阶级的瑞士国家将瑞士工人运动纳入政治体系的尝试之后，维持
瑞士社会民主主义的统一性和独特性。两位作者都被描绘成有机知识分

---

①　德国社会民主党政治家。——译者注
②　瑞士社会民主党政治家。——译者注

子/自学成才的人。他们在党内的职位非常相似，都是有一定声望的政治记者。他们写作历史的目的都是为了把工人阶级和劳工运动写入民族历史，而当时的专业史学却已把他们排除在外。伯恩斯坦将自己的行动定位于更接近"科学"的历史书写。他尽量减少了作者的问题，并将自己定位为真理的记录者。相反，格里姆则公开主张一切历史知识的透视性，并旨在从工人阶级的角度来重述民族历史，从而打破资产阶级对民族史学的霸权。韦尔斯科普还强调了两个文本之间的差异。伯恩斯坦强调的是渐进的变革与责任，而格里姆强调的是统治阶级的暴力，但两个文本的根本目的却是相同的：它们都要求民族承认工人阶级的社会民主党发言人——这意味着：将其纳入民族历史。

　　帕维尔·克拉日（Pavel Kolář）随后在第十五章中比较了埃娃·普里斯特（Eva Priester，1910—1982）的《奥地利简史》（*Short History of Austria*）与弗朗蒂谢克·格劳斯（František Graus，1921—1989）①的《捷克斯洛伐克历史概要》（*Outline of Czechoslovak History*）。这两部著作都是马克思主义者在 1945 年后试图重写奥地利和捷克斯洛伐克民族历史的尝试。首先，两者体现了二战后马克思主义民族历史书写的多样性。1945 年后，普里斯特的写作与奥地利史学主流趋势背道而驰，而格劳斯则是捷克斯洛伐克国家所强加的马列主义史学之"流星"——这确保他拥有共产主义国家的全部资源。普里斯特是个"业余者"，她担任记者的工作，在学院里没有职位。她的文本在史学界毫无影响力。1945 年后，格劳斯接受了成为历史学家的训练，并很快在战后共产主义国家捷克斯洛伐克的职业历史学界崭露头角。他比普里斯特更接近斯大林主义史学的理想典型模式。此类斯大林主义史学的特点是：民族主义，特别是以俄罗斯为中心的民族主义；国家作为历史主体的复兴；历史回归各种人物；对民族英雄的崇拜；历史发展五阶段纲要的死板教

20

————————

　　①　普里斯特为奥地利记者与历史学家，格劳斯为捷克斯洛伐克历史学家。——译者注

条；以及一种必须铲除敌人的极端摩尼教式世界观。

在叙事结构方面，普里斯特的作品围绕着政治事件，更准确地说是围绕着国家形成的历史，以惊人的程度组织起来，而经济和社会发展不一定必然居于中心。普里斯特以明确的目的论，重构了更为传统的情节化的民族历史，使一切都指向一个独立的、不受德国负面影响的奥地利。她渲染了奥地利的文化成就，并通过出人意料地正面评价哈布斯堡王朝和耶稣会士之举使人感到震惊。她对德国的敌意，意味着她试图使奥地利历史更接近捷克历史。相比之下，格劳斯更强调民族历史的经济基础，强调"人民群众"（popular masses）和"客观利益"。他的正面英雄是捷克的种族—民族共同体。这里并不缺少内外敌人。他的史书也以共产主义无阶级社会和民族解放为目的导向。1945 年后德国人被驱逐，这些目的就完成了。总而言之，韦尔斯科普和克拉日的文章清楚地表明，阶级叙事的建构与 19—20 世纪欧洲民族历史的重述有着密切关系。

本书的第四部分汇集了调查形形色色自由民主民族叙事构建方式的微观研究。阿帕德·冯·克利莫（Árpád v. Klimó）在第十六章中比较了贝奈戴托·克罗齐（Benedetto Croce，1866—1952）的《1871 年至 1915 年间之意大利历史》（*Story of Italy from 1871 to 1915*，1927 年出版）与久劳·赛克菲（Gyula Szekfü，1883—1955）①的一部匈牙利历史——《三代人》（*Three Generations*，1920 年出版）。克利莫认为，两者都是对第一次世界大战后自由主义危机的回应。在两位作者的简要生平介绍后，作者分析了两部史书的内容，并对两个文本以不同方式修订自由主义宏大叙事的路径进行了讨论。

克罗齐批判史学和政治上的民族主义，毕竟他是第一次世界大战中最主要的"中立主义者"（neutralisti）之一。他也拒斥反犹主义。与之相反，赛克菲不仅是一个狂热的天主教民族主义者，而且还是个反犹主

---

① 克罗齐为意大利历史学家，赛克菲为匈牙利历史学家。——译者注

义者。在赛克菲的民族主义史书中，匈牙利历史上的自由主义时期是一个衰落期，而在克罗齐看来，意大利历史上的自由主义时期是一个进步阶段。

尽管存在这些根本性的差异，但二者也有一些相似之处：他们都是精神史（Geistesgeschichte）的代表，都在寻找能成为国家行动者驱动力的理念。两人都拒绝狭隘的历史专业化，并试图通过他们聚焦民族国家的作品来回答广泛而重大的问题。两人都认为"外国思想"是民族国家衰落的根源。于赛克菲而言，被认为具有犹太血统的自由主义和资本主义是匈牙利衰落的罪魁祸首。只有天主教保守主义才能使匈牙利重新伟大。克罗齐捍卫了意大利的自由主义传统，第一次世界大战前的乔利蒂（Giolitti，1842—1928）[1]时期就是这种传统的缩影，而这一时期曾许诺使意大利走上议会民主制的道路。克罗齐还追溯了意大利自由思想的稳步发展。两人都把他们的英雄理想化，并将之塑造成理想的历史行动者，而后来的几代人都背离了他们：对赛克菲而言，这一英雄是塞切尼（Széchenyi，1791—1860）[2]；于克罗齐则是乔利蒂。两种叙述都遭遇了重大矛盾：克罗齐对自由主义的拥护，无法解释一战后自由主义的危机；赛克菲想谴责匈牙利的自由主义，但却情不自禁地赞颂最伟大的自由主义者之一塞切尼，即便他尽力淡化后者的自由主义倾向。

在第十七章中，戴维·拉文（David Laven）以意大利民族历史的建构为主线，考察了来自不同民族背景而同样研究伦巴第联盟（Lombard League）的不同历史学家。他认为，这些历史学家的故事受制于各自的爱国目的。意大利对联盟的爱国主义描述，其主要问题在于这种爱国主义的"北方性"，以及联盟所特有的多种多样的裂痕与分歧。拉文发现，从卢多维科·穆拉托里（Ludovico Muratori，1672—1750）[3]开始，意大

---

① 意大利政治家，1892—1893 年、1903—1905 年、1906—1909 年、1911—1914 年、1920—1921 年五度出任意大利首相。——译者注
② 匈牙利政治家、政治理论家与作家。——译者注
③ 意大利历史学家。——译者注

利史学界确立了一种共同的解释模式：坏运气和讨厌的外国人是意大利分裂的罪魁祸首，内部分歧和意大利团结意志的失败则加剧了分裂。卡洛·卡塔尼奥（Carlo Cattaneo，1801—1869）①是共和政体城邦最直言不讳的拥护者，他把这些城邦的历史描述为一个与可能性抗争的成功故事，而这是由它们的坚韧、勇敢和决心所产生的。君主主义者切萨雷·巴尔博（Cesare Balbo，1789—1853）②则呈现了相当不同的图景，并将联盟历史描绘为由于意大利人的分裂而失去的民族统一机会。最后，路易吉·托斯蒂（Luigi Tosti，1811—1897）③的新归尔甫（neo-Guelf）④爱国主义支持教皇亚历山大（Alexander，约 12 世纪初—1181）⑤作为当代教皇的爱国典范。

22　　　在非意大利人中，瑞士历史学家西蒙德·西斯蒙第（Simonde de Sismondi，1773—1842）将中世纪的意大利各共和政体视为理想的政治实体。他将它们与帝国对比，并强调它们的爱国主义、自由和独立意识。他把文明的"共和城邦"（communi）与野蛮的"德意志人"并列，甚至从不断的内乱中找出了一些积极内容：内战使意大利城邦变得更加坚韧不拔，并使他们准备好面对弗里德里希一世（Frederick I，1122—1190）⑥。毫不意外，德国历史学家可能不会同意他的看法。海因里希·利奥（Heinrich Leo，1799—1878）⑦采取了一种非常微妙且学术性的处理方式，强调了利益政治和意识形态的重要性。他为德意志侵略者辩护，驳斥别人对其固有暴行的指控，但他同时也对德意志的行政措施

---

① 意大利哲学家与作家。——译者注
② 意大利作家、政治家，1848 年任撒丁王国首相。——译者注
③ 意大利本笃会会士、历史学家。——译者注
④ 源出中世纪归尔甫派，又译为教皇派或教宗派。"归尔甫"为意大利语，系德意志韦尔夫家族一名的音译。因同霍亨施陶芬家族的弗里德里希争夺帝位的奥托属韦尔夫家族，故教皇及其支持者均称自己为归尔甫派。新归尔甫派是 19 世纪意大利的政治运动，目标是使意大利在教皇作为君主的情况下联合起来成为一个王国。——译者注
⑤ 此处指教皇亚历山大三世，详见本书第十七章。——译者注
⑥ 此处指神圣罗马帝国皇帝弗里德里希一世，又称"巴巴罗萨"。原文为"弗里德里希二世"，有误。——译者注
⑦ 普鲁士历史学家。——译者注

提出了批评。他试图从其历史中获得有利于当代的教训：帝国，包括他自己同时代的德意志帝国，只有能够容忍被占领土上的法律和习俗，并且重视贸易和教化，才能取得成功。约翰内斯·沃伊特（Johannes Voigt，1786—1863）①也将伦巴第联盟的故事用于爱国目的，并向他的德国同胞们发出警告：团结起来，否则将面临可怕的后果。所有的解释都清楚地用作者们脑海中具体的民族教育策略，来书写这段中世纪历史。

如何从复数地区实体中构建民族，以及如何在这一过程中克服地区分歧？这是远在意大利海岸之外的民族历史学家所关注的主要问题。但是，正如佐泽-马诺埃尔·努涅斯（Xosé-Manoel Núñez）在第十八章中所证明的那样，跨民族主义对民族历史学家来说也可能是一个相当大的挑战。在伊比利亚半岛，伊比利亚主义建立在 19 世纪末 20 世纪初史学的共同文明观念的基础之上。尽管它从未对西班牙或葡萄牙占主导地位的民族范式构成重大挑战，但却吸引了两国的少数知识分子。他们试图建构一种旨在促进民族身份认同的跨民族身份认同。不过，这种努力仍然基本属于少数派。因此，努涅斯认为，伊比利亚主义是在两个民族国家都面临危机的时刻试图从跨民族角度重写民族历史的失败尝试。

这里讨论的具体建议从关税同盟到伊比利亚联邦共和国各不相同。该章特别关注葡萄牙历史学家若阿金·佩德罗·德·奥利韦拉·马丁斯（Joaquim Pedro de Oliveira Martins，1845—1894）及其西班牙同仁拉斐尔·阿尔塔米拉·克雷维亚（Rafael Altamira Crevea，1866—1951）。伊比利亚人的文明观念往往围绕着"人的心理"之理念。这是一套共同的理想与价值观，但他们很少能够克服民族观念和文明观念之间的紧张关系。而这种紧张关系必须在他们对民族的跨民族建设中得到协调。努

---

① 德意志历史学家。——译者注

涅斯还认为，在讲西班牙语和葡萄牙语的美洲国家，在面对一个以美国为代表的强大邻国时，人们对伊比利亚主义抱有一些共情，但总体而言，那里的知识分子和历史学家更多忙于构建自己的民族叙事而非探索伊比利亚主义。

随后，在第十九章中，彼得·舍特勒尔（Peter Schöttler）考察了两次世界大战的经历对亨利·皮朗与马克·布洛赫（Marc Bloch，1886—1944）①所写史书的知识框架产生重大影响的方式。在皮朗的例子中，他的一战经历启动了一个转变过程，使之从比利时最重要的民族历史学家转变为比较史学的倡导者。舍特勒尔通过利用皮朗大部分未出版的战时著作，来证明，正是在皮朗被迫流亡德国期间，他意识到了书写任何民族历史所固有的危险。皮朗为了避免史学民族主义的主导地位，开始倡导另类的历史书写方式，其中比较法占主导地位。他还以强调种族和人种因素的方式修订了其代表作——关于比利时的史书。战后，他关心的是使自己的民族史书去民族化。

世界大战的经历（在布洛赫的例子中是二战）也对布洛赫历史书写的概念化产生了深远影响。布洛赫是皮朗的崇拜者。早在 20 世纪 20 年代，他就追随皮朗，倡导比较史学。他的二战经历首先促生了两部著作：《奇怪的战败》（*Strange Defeat*）与《历史学家的技艺》（*The Historians' Craft*）②。这两本书是舍特勒尔在该章分析的中心。布洛赫在这些作品中推进了自己关于历史学家担负政治责任和社会责任的思想。历史学家不能只关注"科学"，他们必须发挥社会政治作用，争取从历史中吸取教训，甚至在这些教训的基础上预测未来。否则，他们就有可能辜负更广泛的公众。布洛赫以一种极端自我批判的方式，使用两次大战间的法国史学作为例证，以表明，缺乏对历史书写的社会政治功

23

---

① 法国历史学家。——译者注

② 此书已被译为中文，参见马克·布洛克：《历史学家的技艺》，黄艳红（译），北京：中国人民大学出版社，2011 年。——译者注

能的关注，是如何直接导致了 1940 年的战败。他还放弃了自己在两次
大战期间明确的不关心政治之立场，转而加入了抵抗运动（难怪马克·
布洛赫成为卡罗·金茨堡的史学英雄之一，因为金茨堡的父亲也没能在
战争中幸存，而是作为意大利抵抗运动的一员遭到处决）。

　　二战常常被认为是 1945 年后欧洲民族宏大叙事危机的罪魁祸首。
但是，人们最多只能说这是一场"延迟的危机"。这场危机在西欧始于
20 世纪 50 年代末，并一直持续到 20 世纪 60 年代和 70 年代。然而，自
20 世纪 60 年代以来，还没有倾向于历史书写去民族化的目的论运动。
斯特凡·贝格尔在第二十章中观察了从 20 世纪 80 年代至今民族叙事在
西欧的复兴，并特别考察了奥古斯特·温克勒（August Winkler，
1938— ）以及诺曼·戴维斯（Norman Davies，1939— ）①的民族史
书对英德两国历史宏大叙事的作用。这两部史书都是史学里程碑，都试
图贯彻一种与众不同的宏大叙事，以区别于两民族背景下已占主导地位
的宏大叙事。

　　贝格尔特别关注温克勒和戴维斯民族史书的开端和结尾。贝格尔认　　24
为，这两部书都以主要方式预设和预构了各自的叙事：温克勒关于德国
民族历史的"特殊道路"（Sonderweg）概念和戴维斯以作品对抗其同胞
"单岛恒定"（one-island fixation）的努力，与两德统一的结局及英国即
将解体的预言相符。温克勒的民族史书是一部经典的事件史，而戴维斯
在叙事上更具野心。两位历史学家都在各自研究中引入了透视法，尽管
戴维斯在摆脱"科学的"专业姿态方面更为激进。该章比较性地探讨了
两部史书中有关民族的政治结构、帝国在民族形成故事中的作用、构成
叙事的征服和统治故事、宗教之于民族叙事的重要性、阶级冲突与民族
团结的关系、这些历史中的关键"他者"或敌人的问题，以及性别和国
家之间的关系。贝格尔最后指出，温克勒和戴维斯确实在试图重构德英

---

① 温克勒为德国历史学家，戴维斯为英国历史学家。——译者注

两国的民族宏大叙事。两种叙事都揭示了鲜明的爱国主义动机，并都采用传统的民族史书写方法来实现自己的目的。因此，在今天，尽管人们全都在谈论"后民族主义"和"超越民族国家"，但民族历史书写的显著连续性仍然与我们相随。

本卷的第五部分也是最后一部分，将注意力从民族历史转向欧洲历史——欧洲是"其"民族更广泛的空间框架。扬·伊弗森（Jan Ifversen）在第二十一章中探寻 1945 年后欧洲历史学家在构建欧洲历史时依赖神话程度的高低。伊弗森从记忆和历史中仔细地解释神话，假定神话对于建构身份认同主义叙事（包括欧洲叙事）至关重要。他认为，历史学家最感兴趣的是 1900 年至 1945 年间黑暗的半个世纪是一场"混乱"之神话，他们坚持认为，这种神话影响了在和平、安全和繁荣基础上建设欧洲的努力。伊弗森仔细考察了马克·马佐尔（Mark Mazower，1958—　）①1998 年的畅销书《黑暗大陆》（*Dark Continent*）以及托尼·朱特（Tony Judt，1948—2010）② 2005 年同样畅销的《战后》（*Postwar*）。他得出的结论是，这两本书都试图揭穿有关欧洲的关键神话，但最终却构建了新的神话。在这项微观研究的最后一部分，作者回顾了一系列最近以英语出版的有关欧洲历史的教科书，以确定在最近构建欧洲叙事的过程中，哪些神话最受欢迎。

最后，在第二十二章中，约翰·哈维（John Harvey）对欧洲民族史的建构提出了一些跨大西洋的观点。他将哈珀公司系列图书《现代欧洲的崛起》（*The Rise of Modern Europe*）之出现和发展作为美国理解欧洲的范例之一。它是 20 世纪 20 年代的一个二十卷的项目。它作为完美例证，显示了将理论创新转化为历史实践中的困难。它在概念上的雄心，意味着作者们将采取"新历史"的理念，并将之应用于有关欧洲的分析。然而，在现实中，许多分册仍然停留在传统叙事和时间框架中所

① 英国历史学家。——译者注
② 英国与美国历史学家。——译者注

呈现的极为传统的高层政治及军事历史。哈维强调了具有亲法西斯观点和高度种族主义（包括反犹主义）的显著例证。它们可以在作者们出版于两次大战间时期的著作中找到。此外，我们在许多分册里也遇到了一种倾向，即明显蔑视较低社会阶层的态度。这一点常常与历史学家对欧洲高雅文化的崇拜结合在一起。美国的欧洲史学家仍在书写欧洲历史，以便更好地理解被视为美国社会和文化之根的欧洲。然而，这样的愿望往往只会导致一种对"西方"高雅文化的吹捧和沾沾自喜的理想化。总体而言，该系列缺乏思想上的连贯性，因为各卷作者仅在自己的领域内耕耘，而且该系列的主编威廉·兰格（William Langer，1886—1959）①无法、也不愿意把更细致的分析或解释框架强加给作者们。该丛书自觉地提出要"取代传统的民族历史"，但归根结底，民族史书在很大程度上塑造了各卷面貌。对于许多从事这一项目的亲德历史学家来说，这不仅体现为他们非常积极地论述德国历史，而且在将俄罗斯历史排除出欧洲历史这一点中也同样鲜明。

总而言之，本书中的微观研究说明了"书写民族"非同寻常的复杂性、多层性和连续性——这些特征一直持续到今天。民族历史在各种政治制度中都很突出，无论自由民主国家、法西斯独裁政权，还是共产主义政权。民族历史能够与阶级、种族/人种和宗教的历史相融合，并拥有关于欧洲的体系性话语。虽然许多作者已经发现了一系列与民族历史相关的问题，但它们一直并将继续被视为不可或缺的元素。它们的力量和穿越历代的持久性，使其自身已成为值得进一步研究的对象。

---

①　美国历史学家。——译者注

第一章 过去的叙事化：理论探讨并以魏玛共和国为例

扬·埃克尔（Jan Eckel）

在过去二十年的文化理论中，"叙事"（Narration）已成为一个得到广泛使用的概念。它鼓励人们进行跨越学科边界的理论反思。文学评论家、历史学家、哲学家、精神分析学家、心理学家、人类学家、电影理论家以及研究记忆的学者们，都努力判定其研究对象的叙事性。这种对于叙事"普遍"存在的发现，甚至已经让一些观察家谈论"人文科学中的一种叙事主义转向（Narrativist Turn）"。[1]这些理论探索并不仅仅把叙事看作一种传递故事内容的表征形式。相反，叙事已被视为建构事实的一种基础模式。理论家主张，人类知识与人类认知的重要元素涌现于叙事进程里。例如，社会学家便已指出自传记录在个人的自我概念中所扮演的角色。他们认为，一个人的身份认同，可以被理解为他或她讲述一段连贯生命故事的能力。[2]

---

[1] M. Kreiswirth，'Tell Me a Story：The Narrativist Turn in the Human Sciences'，in M. Kreiswirth and T. Carmichael（eds），*Constructive Criticism：The Human Sciences in the Age of Theory*（Toronto，1995），pp. 61—87，63. 参见 C. Nash（ed.），*Narrative in Culture：The Uses of Storytelling in the Sciences，Philosophy，and Literature*（London and New York，1990）；A. Nünning and V. Nünning（eds），*Erzähltheorie transgenerisch，intermedial，interdisziplinär*（Trier，2002）.

[2] 参见 P. Alheit and E. M Hoerning（eds），*Biographische Wissen. Beiträge zu einer Theorie lebensgeschichtlicher Erfahrung*（Frankfurt am Main，1989）。

在 20 世纪 60 年代，历史学家和历史哲学家开始讨论这一主题。与从事其他学科的学者相比，他们在更大程度上倾向于结合自己的专业来思考叙事性。"历史"这一历史研究的对象，并不存在于历史学家的文本之外，而是在写作过程中被创造出来的。正因如此，对于叙事和叙述的反思，或明或暗地引发了人们提出如下问题：当历史学家"书写历史"时，他们究竟在做什么？由此，历史学家之间的讨论很大程度上聚焦于普遍层面和理论层面，如历史与历史研究的叙事特征。此类路径已引发了激烈且在哲学上收获颇丰的讨论。然而与此同时，它也限制了辩论的焦点。历史学家时常忽视叙事学理论能帮助分析历史著作并有助于史学史研究。[1]

　　总体而言，"历史"并不仅仅是叙事技巧和叙事结构的产物。大量事实影响了书写历史的过程，并以一种方式或另一种方式来塑造历史学家在其文本中所传递的有关过去之看法。[2]历史文本建立的基础，是历史学家根据长期形成的方法规则来使用的其他文本（一手资料）。再者，历史文本还受限于不同体裁的惯例和规范：例如教科书或许不会允许出现读者在专著中所期待看到的同样一些表述（或者是同样一种口吻）。最后，历史著作是皮埃尔·布迪厄（Pierre Bourdieu，1930—2002）[3]称之为学术"场域"（field）的组成部分，它们是各种史学传统的组成部分。但是，即便如此，叙述结构——或者更通俗地说，书写文本的过程——仍深刻影响着历史学家呈现过去的图景。在此过程中，每一项要素——从章节标题到挑选史实，直至针对特定事件所耗费的篇幅——都有助于构成历史著作的整体意义。一份文本的组成还需要增加重要的历史解释维度。这种历史解释有时符合文本所明确表达的判断，但也

---

　　① 关于一些例外研究，可参见下文。亦可参见 S. Jaeger, 'Erzähltheorie und Geschichtswissenschaft', in A. Nünning and V. Nünning（eds），*Erzähltheorie*, pp. 237—263。

　　② 参见 J. Eckel and T. Etzemüller（eds），*Neue Zugänge zur Geschichte der Geschichtswissenschaft*（Göttingen，2005）。

　　③ 法国社会学家、文化理论批评家。——译者注

可能与之相对，抑或两者仅仅存在额外的细微差异。这种情况在文学研究中已得到充分证实。就历史学是一种语言产物而言，它同样适用于历史学。

德国有关魏玛共和国的史学研究，正好提供了一个特别有用的案例。它为我们呈现了一份文本的书写究竟是如何形塑人们有关历史之解释的。自第二次世界大战结束以来，对魏玛共和国的史学研究属于西德"当代史"（Zeitgeschichte）内最具影响力且最有延伸性的领域之一。尽管如此，至今为止，它所受到的历史关注却寥寥无几。在魏玛研究里，学者众多，他们的研究范围涵盖极为广阔的话题，其中也包含大量综合性研究。这一点表明，魏玛历史总是人们试图理解 20 世纪德意志民族历史的各种努力的重心所在。与此同时，针对魏玛的历史研究，其特点是存在着显而易见的共识。尽管历史学家曾激烈辩论，特别是在 20 世纪 50 年代和 70 年代，但他们看上去共享着一些基本假设。这种共识的要旨可被概括如下：从本质上而言，魏玛是最终让位于民族社会主义①的一种**前奏**②或短暂过渡期。据此，德国的第一个民主体制从一开始便饱受压力，在极端不幸的环境中拉开帷幕，并最终以一种特定的内在逻辑而崩溃。但在有关魏玛的史学研究中，也存在着显而易见的张力：即历史学家都认为这十四年值得反复研究，但他们的结论却大同小异。这种张力值得我们作进一步的解释。在此方向上，叙事学分析尤其有帮助。此类分析可以让我们关注更深层次的学术机制与学术倾向。这些机制和倾向并不存在于文本表层——换言之，它们并不存在于明确的论点与立场层面之中——尽管如此，它们以重要的方式建构了史学的框架。

因此，下文有两个目标。第一，通过充分呈现历史文本的形成过程，来证明叙事学理论可以促进史学史研究。因此，笔者将首先讨论历

---

① 即纳粹主义。——译者注
② 原文为斜体，下同。——译者注

史学家有关叙事性的各种观点，概括叙述至今为止从未得到过整体研究的一种长期争辩。基于这种讨论，笔者随后提出一种叙事学分析模式，以寻求提供一些必要工具，来鉴别历史文本中的关键叙述要素。第二，本文将审查魏玛共和国在德国史学中所扮演的角色。为此目的，笔者将分析有关德国第一个民主机制的三项历史综合性研究，其中包括卡尔·迪特利希·埃尔德曼（Karl Dietrich Erdmann，1910—1990）、德特勒弗·波凯尔特（Detlev Peukert，1950—1990）和海因里希·奥古斯特·温克勒（Heinrich August Winkler，1938—　）①的著作。最后一部分则把这种分析的结果置于更为广泛的背景中，即将之同一位英国历史学家②理查德·贝塞尔（Richard Bessel，1948—　）有关魏玛的描述加以比较。这种比较为我们特别揭示了民族视角与民族叙述是否以及在何种程度上影响着各种描述。

在过去四十年间，对于史学研究中的叙事性所进行的反思，已引发一场范围广阔却内容丰富多彩的争辩。历史学家和哲学家已阐明了其中的许多方面，并在此过程中提出了各种各样的、有时相互冲突的理论观点。如果不提及法国结构主义，我们就无法描述这些争辩。在 20 世纪 60 年代，法国结构主义已为文本的结构式、符号化描述奠定了基础，并在此之后成为文学研究的一种普遍标准。③不过，绝大多数结构主义者并没有把他们的概念用于针对历史书写的分析之中。引人关注的例外情况是罗兰·巴特（Roland Barthes，1915—1980）④。他确定了被其称为"历史话语"（historical discourse）的一些基本特征，例如下述事实：历史学家通常不会以其文本叙述者的身份出现（"指示性幻觉"[illusion

---

① 以上三位均为联邦德国历史学家。——译者注
② Richard Bessel 生于美国，并在那里长大，但其绝大多数研究生涯在英国度过。
③ G. Genette, *Narrative Discourse. An Essay in Method* (Ithaca, NY, 1980) [法文版：1972]; T. Todorov, *Poetics of Prose* (Ithaca, NY, 1977) [法文版：1971]; R. Barthes, 'Introduction to the Structural Analysis of Narratives' [法文版：1966], in R. Barthes, *The Semiotic Challenge* (New York, 1988), pp. 95—135.
④ 法国社会学家、思想家。——译者注

référentielle]①），或者历史学家倾向于将其研究对象呈现为外在于历史话语的存在物，即便事实是这种研究对象并不可能超越话语之外而存在（"真实效果"［effet de réel］）。②

　　尽管巴特的影响至今仍在，但正是那些所谓分析哲学家的理论才真正启动了关于历史中的叙事性争辩。在法国理论家发表成果的前后，这些分析哲学家也出版了自己最重要的著作。③他们的观点产生于反驳逻辑实证主义（Logical Positivism）主张的努力之中。逻辑实证主义是当时科学思潮中的一股重要潮流。它认为，历史研究奠基于演绎性的、因果式的解释之中，并由此在本质上等同于自然科学。④分析哲学家反驳这一观点，其方法是把**叙事**界定为一种**解释**模式。由于他们把叙事视作史学的特性，因此便提出了一种标准，主张书写历史就是一种自发行动。阐述这一立场的最具影响力著作是亚瑟·C. 丹托（Arthur C. Danto，1924—2013）⑤的《分析的历史哲学》（*Anayltical Philosophy of History*）。⑥在该书中，他认为，历史叙述通过描述导致某种变化发生的所有事件，来**解释**两个时间点之间的这种变化。其他哲学家也赞同丹托，并认为，"叙述形式"或"故事"就是历史再现的一个区别性特征。沃尔特·B. 盖里（Walter B. Gallie，1912—1998）⑦关注的是历史叙述的"接续能力"（follow-ability）。在他看来，这种能力创造了一种特殊的理解模

---

　　①　"在话语层次上，客观性，或者说对讲述者的存在的任何提示的阙如，结果就成为一种特殊形式的虚构，这是可被称作指示性幻觉的产物。"引自罗兰·巴特：《历史的话语》（李幼蒸译）。——译者注

　　②　R. Barthes, 'The Discourse of History', *Comparative Criticism* 3（1981），pp. 7—20［法文版：1967］.

　　③　20世纪50年代的研究最多含蓄地涉及叙事学视角。参见 W. H. Walth, *An Introduction to Philosophy of History*（London and New York, 1951）；W. Dray, *Laws and Explanation in History*（London, 1957）.

　　④　参见 C. G. Hempel, 'The Function of General Laws in History［1942］', in P. Gardiner（ed.），*Theories of History*（Glencoe, IL., and London 1959），pp. 344—356；K. R. Popper, *Poverty of Historicism*（Boston, MA, 1957）.

　　⑤　又译"丹图"，美国哲学家。——译者注

　　⑥　A. C. Danto, *Analytical Philosophy of History*（Cambridge, 1965）.

　　⑦　苏格兰社会理论家。——译者注

式，即把一串偶然事件转变为一个易于把握的连贯整体。[1]与此类似，路易斯·O. 明克（Louis O. Mink，1921—1983）[2]谈到了一种"理解的构型模式"。在他看来，这种模式保证了"行为与事件……既可以在单独提及时得到调查，也可以积聚起来，在一种重要性序列内得到调查"。[3]

历史叙事学的这种潮流同样影响到德国历史学家。他们在 20 世纪 70 年代起开始讨论同一主题。他们探讨了丹托特别提到的那些问题。正因如此，他们大部分置身于美国理论家所提出的哲学探讨之边界内。[4]不过，德国讨论的特殊性在于，它聚焦于许多历史学家所认为的"叙述"与"理论"之对立。日益强盛起来的"历史社会科学"学派（Historische Sozialwissenschaft）试图在学科内部建立一种新范式。其支持者宣告，直至 20 世纪 60 年代依然流行于世的颇为宏大的史学传统不再有效。他们认为，这种传统是天真的，而且完全无法适用于分析错综复杂的过去。就此而言，"叙事史学"（Narrative historiography）逐渐被等同于纯粹的事实描述，且规避了理论反思。在此流行趋势里，一个显著的例外是哲学家汉斯·米夏埃尔·鲍姆加特纳（Hans Michael Baumgartner，1933—1999）[5]。他同历史社会科学学派的观点争辩，并由此提出了一种影响深远的观点。鲍姆加特纳认为，把叙事理解为一种（无理论的）表现形式的想法是错误的。与此相反，他宣称，"历史意

---

① W. B. Gallie, *Philosophy and the Historical Understanding* (London, 1964).

② 美国历史哲学家。——译者注

③ L. O. Mink, 'History and Fiction as Modes of Comprehension', *New Literary History* 1 (1969/1970), pp. 541—559, 此处是 p. 554. 参见 L. O. Mink (eds), *The Writing of History*: *Literary Form and Historical Understanding* (Madison, 1978), pp. 129—149; 也可参见 M. White, *Foundations of Historical Knowledge* (New York and London, 1965), 4, pp. 219—270.

④ 参见 R. Koselleck and W. —D. Stempel (eds), *Geschichte—Ereignis und Erzählung* (Munich, 1973); H. M. Baumgartner and J. Rüsen (eds), *Seminar*: *Geschichte und Theorie. Umrisse einer Historik* (Frankfurt/M. 1976); J. Kocka and T. Nipperdey (eds), *Theorie und Erzählung in der Geschichte* (Munich, 1979); W. Schiffer, *Theorien der Geschichtsschreibung und ihre erzähltheorietische Relevanz. Danto, Habermas, Baumgartner, Droysen* (Stuttgart, 1980); S. Quandt and H. Süssmuth (eds), *Historisches Erzählen. Formen und Funktionen* (Göttingen, 1982).

⑤ 德国哲学家。——译者注

识、历史研究、历史再现及整体历史，只能在叙事模式中得以建构"。正因如此，鲍姆加特纳比亚瑟·丹托走得更远。他把叙事描述为历史研究的"先验条件"。①

尽管历史学家和理论家提出了截然相反的各种观点，但直至 20 世纪 70 年代，这场辩论仍然几乎完全是一项哲学事业，其目的是为了澄清历史叙事的认识论特征。在此背景下，美国文学理论家海登·怀特（Hayden White，1928—2018）的著作标志着一个崭新的开端。怀特的探索，首先出现于其著作《元史学》（*Metahistory*）②中，随后在大量论文中加以修正。与前后其他个人贡献相比，怀特的这些探索对于这场讨论的影响更为深远。③怀特是第一位关注史学**文本**之叙述形式的学者。当然，我们应该强调的是，怀特并未投身于细节化的文本分析，而是致力

31　于搭建复杂的理论大厦。他的基本立论前提是语言学。在他看来，语言在本质上是由四种修辞比喻组成的：隐喻、转喻、提喻、反讽。他认为，这四种修辞比喻是让混乱现实为人理解并拥有意义的基本方法。此外，他还区分了三种解释形式：形式论证式、意识形态蕴含式、叙事结构式。每一种形式都拥有四种变体，每种变体与四种基本比喻联系在一起。正是在描述第三种解释类型时，怀特寻求确定史学文本的叙述维度。他最有影响力的观察结论是：历史学家让他们的文本"编织成情节"（emplot），以便让一连串随机发生的事件构成一个有意义的故事。其结果是，在怀特的使用里，"情节"（plot）一词便指向一种叙述模式。

---

① H. M. Baumgartner, *Kontinutität und Geschichte. Zur Kritik und Metakritik der historischen Vernunft* (Frankfurt/M. 1972), pp. 289, 249; 参见 H. M. Baumgartner, 'Erzählung und Theorie in der Geschichte', in Kocka and Nipperdey (eds), *Theorie und Erzählung in der Geschichte* (Munich, 1979), pp. 259—289。

② 中译本参见海登·怀特：《元史学：十九世纪欧洲的历史想象》，陈新（译），上海：译林出版社 2004 年。——译者注

③ H. White, *Metahistory: The Historical Imagination in Nineteenth-Century Europe* (Baltimore, MD, 1973); H. White, *Tropics and Discourse. Essays in Cultural Criticism* (Baltimore, MD, 1978); H. White, *Content of Form. Narrative Discourse and Historical Representation* (Baltimore, MD, 1987).

它超越了丹托提出的一种仅仅根据时间来排序的事件链，以构建起历史再现的真实意义。尽管怀特认为，历史学家能在广泛的艺术作品与表达的文化形式中为其历史描述编织情节，但他集中讨论了被其认为最基本的四种表达形式：悲剧、喜剧、讽刺剧和浪漫剧。

　　怀特的研究是开创性的。事实上，后来的所有研究者都以这种或那种方式来讨论他的理论。特别是在美国，许多历史学家和文学理论家都兴奋地欢迎有关史学的最新理念。不过，怀特的作品也受到了严肃批评。①尤其是当人们把怀特的理论用于近距离文本分析时，上述批评必须得到认真对待。尽管如此，作为怀特理论的结果，同时主要也由于这种理论，叙事学的讨论变得更加多样。在此后的讨论贡献里，保罗·利科（Paul Ricœur，1913—2005）有关叙事性与时间之间关系的全面且在某种程度上独一无二的理论脱颖而出。这位法国阐释学哲学家认为，只有叙事才让时间变得可理解，因为它创造了一种特殊的时间观念，使得读者在阅读时能体验这种时间观念；反之，在哲学反思的层面上，时间注定保持抽象性。在此语境下，利科把叙事归纳为一种综合性力量的说法，让人想起了海登·怀特有关史学情节的观念。他指出，正是在一种叙事建模的过程中（或者"情节化"［mise en intrigue］），故事所依托的混杂要素及相互分离的事件才被转化为一个前后连贯的整体。

　　20世纪80年代和90年代产生的作品遵循着不同路径，例如学者们努力阐明历史再现的符号特征，及其作为语言学产物的特质。荷兰哲学家弗兰克·R. 安克斯密特（Frank R. Ankersmit，1945—　）的理论特别值得一提，因为他指出，叙事不仅仅是一种解释形式或是在时间抑或逻辑上重新排序之举，而且还拥有可用于**解释**历史的重要内涵。②在安克斯密特看来，历史描述是由"叙述内容"组成的，而这些"叙述内容"

32

---

　　①　参见 S. Friedländer (ed.), *Probing the Limits of Representation : Nazism and the 'Final Solution'* (Cambridge, 1992)；R. Evans, *In Defence of History* (London, 1997)；D. Carr, *Time, Narrative and History* (Bloomington, IN, 1986)。

　　②　F. R. Ankersmit, *Narrative Logic : A Semantic Analysis of the Historian's Language* (The Hague, 1983)。

则形成了有关过去的特殊"图景"或"图像"，如当历史学家把 18 世纪晚期描述为"启蒙时代"之时，或当他们谈到"教会衰落"之时。在另一股研究热潮里，作家们审视了文学与史学之间的关系。①一场特别具有争议性的辩论围绕下述问题展开：史学与虚构作品是否可以泾渭分明？这场争论是由海登·怀特的激进观点所引发的。他认为，历史叙述可以被视作"语言虚构"，它接近于文学而非科学。大部分理论家拒绝接受这种被其理解为过于混淆边界的论述。他们提出了大量或指向虚构描述或指向非虚构描述的再现技巧，并由此把两者区分开来。当然，一些虚构作品还通过采用非虚构要素来对这种区别提出戏谑性的质疑。②

最后，在最近二十年间，一些研究者已近距离考察过历史著作，投身于那些可被视作叙事学的微观分析中。③

---

① 参见 R. F. Berkhofer, *Beyond the Great Story: History as Text and Discourse* (Cambridge and London, 1995); S. Gearhart, *The Open Boundary of History and Fiction: A Critical Approach to the French Enlightenment* (Princeton, NJ, 1984); L. Hutcheon, *A Poetics of Postmodernism: History, Theory, Fiction* (New York and London, 1988); H. Kellner, *Language and Historical Representation: Getting the Story Crooked*; (Madison, WI, 1989); D. LaCapra, *History and Criticism* (Ithaca, NY, 1985); A. Rigney, *Imperfect Histories: The Elusive Past and the Legacy of Romantic Historicism* (Ithaca, NY, and London, 2001); D. Fulda and S. Serena Tschopp (eds), *Literatur und Geschichte. Ein Kompendium zu ihrem Verhältnis von der Aufklärung bis zur Gegenwart* (Berlin and New York, 2002)。

② 参见 D. Cohen, 'Signposts of Fictionality', *Poetics Today* 11 (1990), pp. 775—804; G. Genette, 'Fictional Narrative, Factual Narrative', *Poetics Today* 11 (1990), pp. 755—774; A. Nünning, ' "Verbal Fictions"? Kritische Überlegunen und narratologische Alternativen zu Hayden Whites Einebnung des Gegensatzes zwischen Historiographie und Literatur', *Literaturwissenschaftliches Jahrbuch*, N. F. 40 (1990), pp. 351—380; M. Fludenik, 'Fiction vs. Non-Fiction: Narratological Differentiations', in J. Helbig (ed.), *Erzählen und Erzähltheorie im 20. Jahrhundert* (Heidelberg, 2001), pp. 85—104。

③ S. Bann, *The Clothing of Clio: A Study of the Representation of History in Nineteenth-Century Britain and France* (Cambridge, 1984); L. Gossman, *Between History and Literature* (Cambridge, MA, and London, 1990); L. Orr and Jules Michelet, *Nature, History, and French Historiography of the Revolution* (Ithaca, NY, and London, 1990); J. Süssmann, *Geschichtsschreibung oder Roman? Zur Konstitutionslogik von Geschichtserzählungen zwischen Schiller und Ranke* (Stuttgart, 2000); T. Elm, 'Funktion des Narrativen—in Zeitgeschichte und Gegenwartsliteratur', in J. Janota (ed.), *Kultureller Wandel und die Germanistik in der Bundesrepublik*, Vol. 1 (Tübingen, 1993), pp. 178—186; S. Jaeger, 'Multiperspektivisches Erzählen in der Geschichtsschreibung des ausgehenden 20. Jahrhunderts: Wissenschaftliche Inszenierungen von Geschichte zwischen Roman und Wirklichkeit', in A. Nünning and V. Nünning (eds), *Multiperspektivisches Erzählen. Zur Theorie und Geschichte der Perspektivenstruktur im englischen Roman des 18. bis 20. Jahrhunderts* (Trier, 2000), pp. 323—346。

　　安·里格尼（Ann Rigney，1957—　）[①]业已研究了 19 世纪 40 年代
那些法国知名历史学家描述法国大革命的做法。[②]一方面，里格尼考察了
这些历史学家如何通过选择和组合历史事件，来形塑这场革命的再现形
象，并赋予其不同的含义。另一方面，她分析了历史行动者（亦即那些
革命大众及革命主角罗伯斯庇尔［Robespierre，1758—1794］和丹东
［Danton，1759—1794］）的不同轮廓，并指出这些轮廓如何有助于历
史学家从政治与象征的角度来对这场革命作出解释。在这些路径上，另
一个重要研究是菲利普·卡拉德（Philippe Carrard）[③]有关年鉴学派
（Annales）的著作。他也聚焦于叙述性的"表层结构"（正好与怀特的
"深层结构"概念背道而驰）。他的分析焦点甚至比里格尼更为广阔，因
为他审视了一大堆文本类型。除了近距离观察历史事件与历史人物的叙
述成分外，他还聚焦于叙述者的存在与立场、设想之读者、对文献的利
用及对修辞手法的使用。卡拉德旨在确定文本化的策略——他认为，这
些文本化的策略正是整体上历史再现的特征。与此同时，他还试图深入
理解年鉴学派的史学研究，从中观察到，历史学家创新式的理论前提或
承诺与其很大程度上传统的写作实践之间存在着显著鸿沟。[④]

　　正如我们在上述概览中所看到的那样，对于文本加以细节分析之
举，不过是最近才出现的现象。在大部分时间里，历史叙事学的重心
在于对史学的认识论地位及其一般运作模式加以理论反思。分析哲学
家与理论家们（如利科和鲍姆加特纳）都同意，这场争辩的核心可以概
括为下述假设：叙事性是历史知识的基本而独特的模式——毕竟所有历
史再现都基于历史事件的时间顺序。对于人们充分理解史学而言，这种

---

　　①　荷兰比较文学家。——译者注
　　②　A. Rigney, *The Rhetoric of Historical Representation*: *Three narrative histories of the French Revolution* (Cambridge，1990).
　　③　美国法语文学理论家。——译者注
　　④　P. Carrard, *Poetics of the New History*: *French Historical Discourse from Braudel to Chartier* (Baltimore，MD，1992)，pp. xiii, xvi.

观察无疑是重要的。不过，它并不能被直接运用于我们针对文本结构的分析。

对那些已研究过史学文本的研究者而言，他们已令人信服地证明了，语言结构与语言模式决定性地有助于形成历史著作的意义及历史学家有关过去的解释。被历史学家着重评论的结构正是海登·怀特所称的"设置情节"（emplotment）。这是一种保罗·利科（情节化［mise en intrigue］）与路易斯·O. 明克（"构型行为"［configurational act］）观察到的相当类似的操作。不过，人们并没有达成共识的是：是否所有的史学文本在事实上都拥有一种"情节"？大体而言，叙事主义者将其理论建立在 19 世纪史学的基础之上。正因如此，他们的发现并不必然适用于稍后的时期，特别是不适用于 20 世纪的那些潮流——它们已竭力发展出非叙述性的再现形式。一些研究者业已指出，海登·怀特与其他叙事主义者的归纳并不充分，更大量且更多样类型的历史著作应得到研究。①这些反对意见得到了清晰而明确的证明。尽管如此，由于故事构造或许是整个解释的重要组成部分，因此，史学的每一次分析都应把此维度考虑在内，并至少决断我们是否能够识别出一种情节。在最近几年间，一些研究者已就可能检验情节的方法提出过不少有用建议，其中大部分方法都是对怀特理论的批判性阐述。②

① 参见 A. Rigney, 'Narrativity and Historical Representation', *Poetics Today* 12 (1991), pp. 591—605, 603; P. Ricœur, *Zeit und historische Erzählung* (Munich, 1988), pp. 282, 342; R. J. Evans, *Fakten* (Frankfurt/M. 1998), p. 76; D. Fulda, *Wissenschaft aus Kunst. Die Entstehung der modernen deutschen Geschichtsschreibung 1760—1860* (Berlin and New York, 1996); Ricœur, *Zeit*, Vol. 1, pp. 99, 344; D. Harth, 'Die Geschichte ist ein Text. Verscuh über die Metamorphosen des historischen Diskurses', in R. Koselleck, H. Lutz and J. Rüsen (eds), *Formen der Geschichtsschreibung* (Munich, 1982), pp. 452—479, 478。

② 参见 T. Hertfelder, *Franz Schnabel und die deutsche Geschichtswissenschaft*, *Geschichtsschreibung zwischen Historismus und Kulturkritik* (*1910—1945*) (Göttingen, 1998), pp. 539—564; T. Etzemüller, *Sozialgeschichte als politische Geschichte. Werner Conze und die westdeutsche Geschichtswissenschaft nach 1945* (Munich, 2001), pp. 265—295; P. Nolte, 'Darstellungsweisen deutscher Geschichte. Erzählstrukturen und "master narratives" bei Nipperdey und Wehler', in C. Conrad and S. Conrad (eds), *Die Nation schreiben. Geschichtswissenschaft im internationalen Vergleich* (Göttingen, 2002), pp. 236—268; J. Nordalm, *Historismus und moderne Welt. Erich Marcks* (*1861—1938*) *in der deutschen Geschichtswissenschaft* (Berlin, 2003)。

最后，那些研究者（如里格尼和卡拉德）已使用了从文学研究中得出的某些技巧。他们指出了大量除情节以外的叙事学元素。这些叙事学元素是史学著作不可缺失的组成部分，并以重要的方式来塑造历史再现。但这些研究大部分聚焦于纯粹的形式分析，因而其结果是：它们并不能解决历史学家查验过去史学研究时可能产生的问题。尽管如此，这些研究仍提出了十分有利于检验文本结构的概念范畴。

基于这些著作，笔者将提出一种文本分析的模式。为了清晰起见，笔者把这种文本分析模式分为三个维度。需要被考察的第一个维度是**叙述者/作者的存在**。正如虚构文学那样，史学著作拥有一种传递故事的叙述口吻；但与文学不同的是，史学著作的叙述口吻来自作者本人。根据叙述者的介入形式，根据他与被叙述事件的距离，根据他讲述这些事件的视角（集中焦点），历史描述及其带来的故事意义或许会产生极大不同。与虚构文学相比，史学著作的集中焦点之举是受到限制的，因为历史学家极少使用文学中常用以呈现人类意识的不同技巧。例如，对于一位历史学家而言，描述主人公的意识流之举是非常罕见的。即便如此，历史学家能够——也确实如此为之——使用不同程度的移情，尤其是当他正在重构历史行动者的意图之时。

第二个分析维度是**时间构型**——这意味着在文本中的具体时间要素，而非利科详细讨论过的哲学内涵。从这个意义上说，时间是指历史事件的次序或者前后相继（历时性次序对系统化次序），以及叙事的时间与被叙述的时间之间的关系。叙事的时间等同于一位作者分配给叙述历史事件的篇幅，而被叙述的时间指的是这些历史事件展开发生的"真实"时间。基于两者之间的关系，文本也许会引发加速感或延缓感，并由此提供了针对相同历史事件次序的不同描述。

第三个即最后一个分析维度，正如上文已提到的那样，应该集中于文本的情节结构。尽管身处海登·怀特著作的风潮之中，绝大多数研究者业已把他们的关注点投注于情节之上，但这一概念分散且模糊的用法却已遮掩了这些研究的分析价值。针对一次彻底的分析而言，把文本中由历史事件构型而创造出来的所有叙述模式都囊括于情节之下的做法，似乎才是明智的。①尽管这种想法反思了"情节"这一概念的理解，类似于对海登·怀特的理解加以反思，但他的四类型说（悲剧、喜剧、浪漫剧和讽刺剧）看上去显得过于僵硬。②尤其是看上去，我们似乎并没有任何理由把设置情节之举限制在文学模式或体裁之中。③历史再现是由一整套叙述模式建构起来的，它不仅仅来自文学，还来自神话学、宗教及其他资源。再者，历史描述并不必然重现典型的故事模式。它们或许运用简单模式，如衰退故事、成功故事、一种失落的乌托邦故事或者一条错误道路，一种循环式演化或按部就班的发展。

36　　　　我们应该指出的是，这种三维度模型完全是粗糙的，而且它的概念范畴可以继续得到讨论。在某种程度上，这反映了普遍存在的事实：相较于文学文本研究的全面性与复杂性，人们对史学的研究还极为落后。特别是在过去十五年左右时间里，文学中的叙事学理论还见证了更具活力的发展。它已极大改变并拓宽了人们对于虚构著作内文本结构的理解。④鉴于高度分化的文学分析，我们应该对文学叙事学中的概念范畴如何能够转化运用于史学这一问题加以系统化讨论，从而才能极大改善有关历史书写的研究。不过，在缺少上述尝试的情况下，前文提及的模型至少能凸显一些特别重要的历史描述特征，并帮助我们分析这些特征是如何为人们解释过去而搭建框架的。

　　有关魏玛共和国的史学研究看上去是一个合适的领域，来为我们展

① 同样，在这一点上，历史文本与虚构文学之间存在着一个重要差异，因为历史文本基于一种事先存在的年代序列，而虚构文本则是在叙述过程中才创建它们自己的年代序列。

② 令人信服的批评可参见 Hertfelder, *Schnabel*, pp. 539—564; H. J. Lüsebrink, 'Tropologie, Narrativik, Diskurssemantik. H. White aus literaturwissenschaftlicher Licht', in W. Küttler, J. Rüsen and E. Schulin (eds), *Geschichtsdiskurs*, vol. 1 (Frankfurt/M. 1993), pp. 355—361。

③ T. Etzenmüller, *Sozialgeschichte*, pp. 268—295.

④ 参见 A. Nünning and V. Nünning (eds), *Neue Ansätze in der Erzähltheorie* (Trier, 2002)。

示叙事分析的潜在贡献，尤其是它已孕育产生了大量研究，拥有悠久传统，并对德国历史学家而言有着特别意义。在魏玛共和国被摧毁后不久，历史学家便开始着手研究它。最早的描述来自流亡历史学家阿图尔·罗森贝格（Arthur Rosenberg，1889—1943）[1]。他的著作迟至 20 世纪 50 年代乃至 60 年代才产生影响。[2]在纳粹德国，魏玛当然不是一个十分流行的主题。著名历史学家威廉·蒙森（Wilhelm Mommsen，1892—1966）曾把共和国视作"第三帝国"的某种负面对立物。他认为共和国象征着据称被纳粹主义所克服的德国政治生活的所有缺点。[3]在 20 世纪 50 年代，对该主题的强烈兴趣出现在德国历史学家中，尤其特别明显地体现在 1955 年卡尔·迪特利希·布拉赫（Karl Dietrich Bracher，1922—2016）的多卷本研究著作里。这套著作集中探讨了魏玛共和国的最后岁月。[4]几乎与此同时，维尔纳·康策（Werner Conze，1910—1986）和卡尔·迪特利希·埃尔德曼付梓出版了聚焦于 1918 年至 1933 年间基本政治发展的第一批翔实历史著述。[5]在接下去的二十年间，绝大多数历史学家都把他们的研究聚焦于魏玛政治经济史的特定视角中。[6]直至 20 世纪 80 年代中叶，在希特勒夺权五十周年前后，当人们对魏玛的

37

---

① 德国历史学家、犹太人，1933 年纳粹上台后被大学解雇。于是他先后流亡至瑞士、英国、美国，并最终去世于美国。——译者注

② A. Rosenberg, *Geschichte der Weimarer Republik*［1935］(Frankfurt/M. 1961); F. Stampfer, *Die ersten 14 Jahre der Deutschen Republik*［写于 1933—1936］(Offenbach, 1947); F. Friedensburg, *Die Weimarer Republik*［完结于 1934］(Berlin 1946).

③ W. Mommsen, *Politische Geschichte von Bismarck bis zur Gegenwart 1850—1933* (Frankfurt/M. 1935), pp. 190—252.

④ K. D. Bracher, *Die Auflösung der Weimarer Republik. Eine Studie zum Problem des Machtverfalls in der Demokratie* (Villingen, 1955).

⑤ W. Conze, 'Die Weimarer Republik', in P. Rassow (ed.), *Deutsche Geschichte im Überblick. Ein Handbuch* (Stuttgart, 1953), pp. 616—666; K. D. Erdmann, 'Die Weimarer Republik', in H. Grundmann (ed.), *Handbuch der deutschen Geschichte*, vol. 4, 8th edn (Stuttgart, 1959), pp. 80—176. 也可参见 E. Eyck, *Geschichte der Weimarer Republik*, 2. Vols (Erlenbach and Zürich, 1954—1956).

⑥ H. Heiber, *Die Republik von Weimar* (Munich, 1966); G. Mann, *Deutsche Geschichte 1919—1945* (Frankfurt/M. 1961); T. Eschenburg, *Die improvierte Demokratie. Gesammelte Aufsätze zur Weimarer Republik* (Munich, 1963).

兴趣激增时，历史学家才推出了许多主题广泛的综合性历史著作。哈根·舒尔策（Hagen Schulze，1943—2014）、埃伯哈德·柯尔布（Eberhard Kolb，1933—　）、霍斯特·默勒尔（Horst Möller，1943—　）、德特勒弗·波凯尔特与汉斯·蒙森（Hans Mommsen，1930—2015）对德国第一个民主体制的政治、社会乃至文化生活进行了详细描绘。①这样一种明显充满迷恋的风潮一直持续到 20 世纪 90 年代。当时，海因里希·奥古斯特·温克勒、彼得·朗格利希（Peter Longerich，1955—　）与德特勒弗·雷内尔特（Detlef Lehnert，1955—　）付梓出版了全面翔实的研究著作。②

　　笔者挑选了三部综合性历史研究专著，用于下文分析。它们无法覆盖有关魏玛史学研究中曾经用到过的所有方法论、解释焦点或叙述策略。不过，它们的出版时间在 20 世纪 50 年代到 90 年代之间，显示出足够的多样性。卡尔·迪特利希·埃尔德曼的早期研究，初版于 1958 年。它是一份有关魏玛政治史的翔实描述。德特勒弗·波凯尔特的著作（1987 年）和海因里希·奥古斯特·温克勒的著作（1993 年）都是最近才付梓出版的。温克勒的著作可被视作是一种方法论上比较传统的描述，而波凯尔特的著作则被广泛视为在其方法论和解释维度中体现创新性的作品。

　　埃尔德曼的著作，在整体上是编年体式的，但各章却以主题来作划分。例如，它有四章聚焦于 1923 年，用来讨论如"法国占领鲁尔区"或"希特勒暴动"等主题。在绝大多数情况下，叙述者只是翔实描述历

---

　　① H. Schulze, *Weimar. Deutschland 1917—1933* (Berlin, 1982)；E. Kolb, *Die Weimarer Republik* (Munich, 1984)；H. Möller, *Weimar. Die unvollendete Demokratie* (Munich, 1985)；D. Peukert, *Die Weimarer Republik. Krisenjahre der klassischen Moderne* (Frankfurt/M. 1987)；H. Mommsen, *Die verspielte Freiheit. Der Weg der Republik von Weimar in den Untergang 1918—1933* (Berlin, 1989).

　　② H. A. Winkler, *Weimar 1918—1933. Die Geschichte der ersten deutschen Demokratie* (Munich, 1993)；P. Longerich, *Deutschland 1918—1933. Die Weimarer Republik* (Hanover, 1995)；D. Lehnert, *Die Weimarer Republik. Parteienstaat und Massengesellschaft* (Stuttgart, 1999).

史事件，而不让自己在文本中公开亮相。不过，在这种普遍自我约束之外，也存在着一些例外情况。首先，叙述者经常评论他所描述的历史事件。例如，他会做出如下结论："希特勒暴动的历史重要性可以从……中看出"，抑或他强调这样一种解释："倘若把通货膨胀视作有意者的邪恶阴谋之结果，则未免荒谬"。①由此，该文本便拥有了一种明白无误的教育口吻。其次，当他作出评断时，总是考虑到他所提及的历史事实究竟可信与否。例如："无法确保""无法回答""关于……问题还存在争议"。这些表述表明，叙述者绝对不是全知全能的。②就整体而言，叙述者在文本中的存在是相对适度的。他与历史事件之间的距离无法得到清晰界定。他是从一种含糊的"事后"（ex-post）视角来发表言论的——这也是绝大多数史学著作的典型特征。然而，在一些段落里，他却从历史主人公的视角出发来叙述历史事件，有时还使用一种类似于文学理论家称作"精神叙事"（psycho-narration）的技巧。例如，他如此评论德国公众对《凡尔赛条约》签订一事的反应："现在，很清楚的是，帝国（Reich）已被人从此前的高峰甩落到无权无势的悲惨境地。"这句话可被理解为再现了当时代的一种观点。再者，它还带出了接下来的历史判断："一个充满生机勃勃精力的民族（Volk）无法接受这份和约与战败结局。正因如此，修改和约……便被设定为德国外交政策的一种逻辑目标。"③埃尔德曼使用间接疑问句的方法也产生了相同效果。这种技巧暗示叙述者同情当时代的行动者。例如，叙述者概述了总理布吕宁（Heinrich Brüning，1885—1970）④在首次解散国会后的想法，并提出下述质疑："用紧急令的方式来解散国会（Reichstag），这是新举措，也违背了第 48 条有关统治的本意……但还有其他选择吗？"⑤这些叙述技巧很

---

① Erdmann，*Republik*，pp. 142，130.
② Erdmann，*Republik*，pp. 99，164，174.
③ Erdmann，*Republik*，p. 115.
④ 魏玛共和国末期所谓"总统内阁"的第一任总理，1930—1932 年在位。——译者注
⑤ Erdmann，*Republik*，p. 164.

明显维护了行动者的立场，并致力于让这些观点为人所理解。

　　若谈及埃尔德曼著作的情节结构，那么魏玛历史进程可分为三个阶段。这种阶段模式是隐藏于文本之下的组织结构。它无法从任何显性信号（如章节划分）中加以推导出来。1923 年前的最初阶段可被标识为针对共和国生存的各种威胁。随后出现的是从 1924 年至 1929 年的"更稳定发展期"。当时，"新国家的国内外政策与经济看上去稳定下来"。从 1930 年到 1933 年的最后阶段被叙述为解决国家"危机"的失败尝试期，同时，它也未能提出针对纳粹主义运动的应急措施。[1]有关共和国最初阶段的章节指出了对于未来而言的那些危险发展。例如，当埃尔德曼描述 1919 年有关新宪法的慎重考虑时，便指出："第 48 条的作者们并没有预见到，有朝一日，这一条款会被用来作为一个总统内阁的工具。"[2]与此类似，当埃尔德曼讨论 1920 年巴伐利亚州的极右翼分子时，他特别评论了纳粹党（NSDAP）。他之所以着重描述该党，并非由于后者在 1920 年所扮演的角色，而是因为它在共和国最后岁月里所产生的冲击力。[3]在这些指向未来的所有参照物外，还增添了一种预测的叙述结构，即把有关魏玛最后崩溃的知识追溯投射到有关其开端的描述中。

　　这种叙事让魏玛的结局成为历史描述的学术起点。再者，埃尔德曼还借助一种反事实的视角——指出魏玛历史中他认为本质上尚属健康且未受危机影响的那些面向——来对该策略加以补充。他在文本中增添了一种魏玛历史本可以发生的另一版本进程。这种版本是埃尔德曼有关共和国不可避免被摧毁之命运的对立面。他并没有如人们所期待的那样，把这一版本联系到相对稳定时期，而是将之与布吕宁时期联系起来。在一段冗长的段落里，埃尔德曼通过使用一种神话式图景来作进一步强调，以便让人们思考一种有可能变得更好的变化。由此，在魏玛最后危

---

①　Erdmann, *Republik*, pp. 87, 144, 175.

②　Erdmann, *Republik*, p. 112.

③　Erdmann, *Republik*, p. 126.

机不可避免的逻辑中间，他制造了富有希望的时刻：

> （在 1932 年总统选举后，）一种稳固的权威看上去已在政党之
> 上建立起来。总理与军方在同总统的紧密合作中，有能力领导国
> 家，直至有一天政治激进主义浪潮衰退，从而有可能在国会中形
> 成一个稳固的多数格局。在外交领域，赔偿的最后结算近在咫尺。
> 在 1931 与 1932 年之交的冬天，失业率已达到巅峰，但伴随世界经
> 济危机的缓解而开始下降。正因如此，兴登堡重新当选的时刻看上
> 去包含着如下承诺：这艘德意志国家之船能安全地通过纳粹主义的
> "斯库拉"巨岩（Scylla）和共产主义的"卡律布狄斯"（Charybdis）
> 漩涡。①

最后，文本中的时间构型是同期待的叙述结构背道而驰的。几乎三
分之二的文本都被用于描述 1918 年至 1923 年的最初岁月，其篇幅是
1924 年至 1929 年中间阶段的三倍。最后三年占全书总篇幅的约九分之
一。因此，叙事节奏明显在开端被放慢了，接下去则加速走向结局。尽
管在埃尔德曼的叙事结构里，魏玛的最后时期占据着主要位置，但该时
段的大部分历史事件却被隐匿了。所以，魏玛的开端看上去得到了最为
细致的观察，并被视为应对共和国的崩溃承担责任。

德特勒弗·波凯尔特的 1987 年综合性研究同样在本质上是编年体
式的，即便其四分之一的主要章节包含着一种主题分析。不过，该书的
子章节却非编年体式的。②这些子章节并没有持续性地叙述历史事件，而
是系统性地分析不同问题。在不少地方，波凯尔特甚至仅仅列举事实，

40

---

① Erdmann, *Republik*, p. 170. "斯库拉"和"卡律布狄斯"是荷马史诗《奥德赛》中
的两个女妖，分别位于墨西拿海峡两侧。前者会吞吃靠近船只上的水手，后者则形成大漩涡
将船吞噬，船只经过海峡时必须对抗二者，因此二者合用，则比喻腹背受敌、进退两难。——
译者注

② Peukert, *Republik*，第 11—14 节，pp. 204—266。

而并不把这些事实整合到一个前后连续的文本之中。举例而言，他把魏玛历史的最后时期分为四步和三阶段，创作的段落与其说是叙述还不如说是示意图。[①]

与其他两本著作相比，这部作品最显著的特征在于：叙述者经常性地介入文本之中。在不可计数的地方，他让读者知道他是如何推进的，并且公然指向如下事实：他是从回顾视角出发来讲述历史的。更为引人关注的是叙述性的元反思例证——换言之，作者对于叙事进程本身的评论。在开端处，波凯尔特并不认为魏玛共和国的起点与终点是给定的事实，而是讨论了分期的不同可能性。（在某种程度上，这一点让分期点根据实际情况而定。）[②]再者，他还反思了叙述视角："倘若把（第二次世界大战后时期的）经历反过来投射到 1919 年的宪法思考中，则是一种时代错置的做法。"[③]他还如此评论有关历史事件的诊断："然而，政治共识逐步丧失的过程，并不足以用'民主的自我屈服'这种术语来加以描述。尤其是当人们拒绝接受单一因果论时，留给共和派进行政治行动的空间只能被视作是存在危险的。"[④]这种自我反思让叙述者明确出现在文本中，并给人留下的印象是：他完全掌控着叙述安排。然而与此同时，这些做法也让其知识的可信度及其对魏玛历史的控制力变得相对化。进一步来看，这些技巧提供了一种叙述理念的特定开放性。这是波凯尔特明确期待在事实层面和方法论上实现的开放性。[⑤]它们使得作者能够（如当年那样）经历不同的行动阶段，允许他在大量观点之间转换，并不断地衡量彼此之间的选择。

尽管波凯尔特的叙述者与埃尔德曼的叙述者扮演着完全不同的角色，但两者的文本却在情节结构上共享了一个重要特征：两者都运用了

---

① Peukert, *Republik*, p. 260f.
② 参见 Peukert, *Republik*, pp. 13—16。
③ Peukert, *Republik*, p. 49.
④ Peukert, *Republik*, p. 218.
⑤ 参见 Peukert, *Republik*，导论，pp. 9—12。

悲剧式的阶段模式。波凯尔特的文本同样被分为三个时期：共和国的诞生期，在 1918/1919 年到 1923 年间充满着一系列危机；随后是 20 世纪 20 年代后期的"虚假性的稳定期"；接踵而至的是魏玛最后三年的"全面危机"。[①]不过，波凯尔特不同于埃尔德曼，因为他把 1925 年至 1929 年的岁月解释为一个脆弱的平稳期，这一时期消除政治进程中严重缺陷的努力失败了。此外，他并未把魏玛解体描述为共和国在抵制纳粹主义攻击的保卫战中失利之结果。相反，他重点关注的是旧政治精英在蓄意摧毁民主体制中所扮演的角色。[②]

如同在埃尔德曼的文本中一样，在波凯尔特的文本中存在着参照未来的描述。然而，这些文本大多数存在于波凯尔特针对中间阶段的描述里。波凯尔特指出：

> 1930 年至 1933 年间使共和国注定走向失败的那些内在矛盾，正好在所谓稳定时期加速发展了。最终将导致共和国崩溃的进程，早在 1929/1930 年事实上的危机突然爆发之前便已被设定完毕。那么在这些年里，每一件事都已开始向"大爆炸"推进。

再次与埃尔德曼著作相同的是，这些叙述预期也是同一种反事实叙事联系起来的。在上述引文后，波凯尔特继续写道："即便如此，也并不存在自动通往解体之路。从根本上而言，看上去不可思议的地方在于，自 1918 年 11 月起，共和国竟克服了如此之多的危机。甚至在最极端无望的情境下，共和国逃脱危机或至少'肮脏的'妥协是可能的；这些危机有可能被推迟——谁知道呢？——或许还可以避免共和国的崩溃。"[③]波凯尔特的这些推测性判断并非局限于魏玛历史的单一片段之上，

41

---

① 引号是章的标题。
② 参见 Peukert，*Republik*，p. 256f.
③ Peukert，*Republik*，p. 204f.

如布吕宁时期（在埃尔德曼看来，这一时期拥有着某种乌托邦价值），而且还可以在魏玛发展的一些转折点上被我们找到。

波凯尔特与埃尔德曼之间的进一步相似点表现在时间构型上。波凯尔特在其描述魏玛最后阶段时加速了叙事时间，同时他极少对最后三年的历史事件加以详尽说明。在全书 260 页的篇幅里，最后三年的历史事件仅仅只占 20 页，而 1918 年至 1923 年、1924 年至 1929 年两个阶段各占 50 页。此外，该文本的整个时间结构还被"社会现代化的冲突领域"这一章所中断。这一章占据了该文本篇幅的五分之二，而且压根没有采取编年体描述。如此为之的结果是，叙事中断，并打破了研究的直线性。因此，这种时间结构拥有与上述叙述者角色相似的作用。两者都强调了波凯尔特的观点，即倘若人们创造一种文本结构，使之重现多因果式的动态发展，那么就不存在一种导致魏玛崩溃的致命机制。[①]然而，事实上，波凯尔特并没有针对他时常援引的历史事件，来详细讨论过有可能存在的其他进程。[②]正因如此，他有关魏玛政治家拥有不同行动选项的主张，只是争辩的组成部分，而非叙述构型的组成部分。

海因里希·奥古斯特·温克勒有关魏玛共和国的著作，出版于波凯尔特著作问世的六年之后。它是严格编年体式的。叙述者几乎不出现在文本中——事实上，若与其他两本著作相比，该著作是叙述者最少为人感觉到的一本。各种技巧混合在一起，旨在创造一种直接的、未经中介的再现感觉。叙述者几乎不评论自己的叙述安排，同时很大程度上让自己远离明确的判定或一般性结论。这些特征创造了一种叙述的自然流动感。[③]他还用相同风格，通过从报纸及会议纪要上引用大段言论，来让历史行动者发声。在一些点上，他还插入了戏剧化的场景与微型故事，让

---

① Peukert, *Republik*, p. 243f.

② 一个例外或许存在于 Peukert, *Republik*, p. 41。

③ 唯一的例外是：Winkler, *Weimar*, pp. 472—476。

文本变得生动起来，甚至赋予文本以一种特定的文学气氛：

> 巴本（Franz von Papen，1879—1969）①完全对事件进程感到震惊。他既没有预料到共产党的反击，也没有预料到抗议付之阙如。因此，他只能在没有解散令的情况下走进国会——而 8 月 30 日，兴登堡已在诺德克（Neudeck）签署了这份解散令，并且还没有注明日期。只有到会议间歇期，布吕宁才得以成功抓起他的"红色文件夹"，以便当他再次进入会议厅时能够炫耀式地展示出来。当会议重新开幕后，戈林（Hermann Göring，1893—1946）②说道……我们现在对陶格勒尔（Torgler，1893—1963）③的提案投票。我们会投的。④

这一段是从历史事件发生时一位在场者的视角出发加以叙述的。而且事实上，特别是在开端部分，这些事件几乎是与巴本的视角联系起来。这些特征贯穿着整个文本。⑤它们给读者的感觉是，他或她事实上参与到这些事件之中。

与其他著作相似，温克勒的情节结构同样基于三层模式：一个充满冲突的开端、一个错漏百出的稳定期和一个导致灾难的根本危机。但是，温克勒的研究只是显示出这种模式的基本轮廓。只有在中间岁月的相对稳定期，作者进行了一些评述。⑥在绝大部分叙述里，作者仅仅描述了一系列危机。⑦因此，温克勒把魏玛历史叙述为长期而渐增的危机之

---

① "总统内阁"的第二任总理。——译者注
② 纳粹党重要领导人，纳粹德国空军总司令。——译者注
③ 德国政治家，二战前德国共产党的最后一位国会党团主席，在国会纵火案后被捕。——译者注
④ Winkler, *Weimar*, p. 523.
⑤ Winkler, *Weimar*, pp. 230f., 468f.
⑥ Winkler, *Weimar*, pp. 305, 372.
⑦ Winkler, *Weimar*, pp. 306—374.

故事。

43　　　温克勒的文本与埃尔德曼及波凯尔特的文本正好相反，其叙述结构呈现出对未来的开放性，因为它始终严格遵守编年体式描述的界限。尽管该书也有少量个别叙述指向未来，但它并没有一个整体性的预期结构。从特征上而言，叙述者接受了一种严格同时代化的视角，绝不逾越行动者当时可能知道或可能思考的内容："德国的情况是这样的：排除大众之举肯定会引发大规模抗议。在 1930 年春，唯一悬而未决的问题就是，谁能够在这场寻找最有效表达抗议之法的竞赛中获胜。"[①]与这种叙述技巧相应的是，文本中并无任何反事实性的反思。

　　最后，温克勒文本的时间结构也不同。相同幅度的叙述时间被分配给 1918 年至 1923 年及 1930 年至 1933 年这两段（大概每段 210 页），而中间阶段只有这一篇幅的一半（110 页）。因此，叙事节奏在最后岁月被大大放慢了；三分之一的篇幅都在论述最后三年的事情。[②]与此相对，在中间部分，叙述时间加快了。在三本书里，这是唯一避免结构预期的著作。温克勒对魏玛末期的描述是最全面的。

　　对于上述三本综合性历史著作的比较，允许我们得出一些普遍性结论。包含危机、稳定与危机的悲剧模式，正是西德有关魏玛的史学研究的大致轮廓。这不仅仅是一种分期形式，而且是一种历史演进的内在模型。倘若我们看看罗森贝格的早期描述，那么这种观察结果还会让人印象更为深刻。在罗森贝格的文本里，魏玛历史同样可分为三个阶段，但却是以不同方式来加以分割的：1918 年至 1923 年；1924 年至 1928 年；1928 年至 1930 年。[③]这种三阶段模式拥有着强大的文化意义，而这种文化意义从一开始便是西方文化的基本组成部分。在有关魏玛的史学研究中，它可被解读为基督教末世论及罗马历史进程观的一种倒置。前者勾

---

① 　Winkler, *Weimar*, p. 374.

② 　Winkler, *Weimar*, pp. 567—594.

③ 　参见 Rosenberg, *Geschichte*。

勒出从天堂到尘世存在再返回天堂的时序性，而后者不过是把这种末世论观点加以世俗化。在此背景下，有关魏玛的著作，通过它们的叙述结构，象征着第一个共和国历史的"非神圣性"特征及其无可挽回的厄运。

上述三种文本以不同方式来为这一情节搭建框架。这些作者观察到稳定的不同程度，并把崩溃责任追溯到不同群体。再者，叙述者的视角也有助于形成相异的解释。在埃尔德曼的文本里，民主的恶化看上去是一种可以得到理解的失败。相较之下，在温克勒的著作中，民主的恶化则被视作历史事件发生的一种自然进程——当然，这些历史事件是由那些相应的行动者引起的。对于波凯尔特而言，其著作暗示这些历史事件的进程可能存在着开放性。

魏玛的谢幕阶段，在本质上与上述情节结构联系在一起。重点突出这一阶段，都是三种文本的特征，但它们的突出方法却表现为两种模式。埃尔德曼与波凯尔特的著作基于一种预期结构，即把魏玛结局归因于其开端，并把它的崩溃描述为因其出现而预先决定的结果。与此相对，温克勒从头到尾地叙述魏玛历史。这不仅是在线性意义上的（这一点适用于所有叙事），而且是在结构上的，即把主要的叙述重点置于最后阶段，而把此前事件都降格为准备阶段的故事。中间时期特别如此，革命阶段稍次之。从原则上而言，把预期结构与终端结构这两者结合起来，也并非不可实现。即便如此，我们仍有理由猜测，在有关魏玛共和国的综合性历史研究中，存在着上述两种基本叙事模式。

尽管几乎没有针对魏玛史学的研究，①但即便我们没有近距离观察过叙述结构，看上去也能确信，魏玛失败的原因仍然总是德国历史学家的核心关怀所在。在 20 世纪 60 年代和 70 年代，德国史学界曾出现过针对

---

① E. Kolb, *Die Weimarer Republik*，6th edn（Munich，2002），pp. 155—252；A. Wirsching, *Die Weimarer Republik. Politik und Gesellschaft*（Munich，2000），pp. 121—146；H. A. Winkler（ed.），*Weimar im Widerstreit. Deutungen der ersten deutschen Republik im geteilten Deutschland*（Munich，2002）.

革命开端期的短暂兴趣。然而对于大多数历史学家而言，他们的核心关注，或明或暗地都在于民主解体的原因。此外，只有共和国的最后岁月才引起了一些重要争论。最值得一提的是，在 20 世纪 50 年代，维尔纳·康策和卡尔·迪特利希·布拉赫便围绕布吕宁的政治策略，提出过截然不同的观点；而在 20 世纪 80 年代，克努特·博夏尔德（Knut Borchardt，1929—2023）①有关经济发展的理论也引发了热议。

　　然而，叙事学的分析却凸显了一种更深层的学术现象。它指出，当历史学家们在**思考**魏玛时，若没有把它的最终崩溃置于其历史的关键点上，便会面临困难。有关文本结构的分析也揭示了一种解释机制。这种解释机制不仅仅指出了下述简单事实，即历史学家通常知道他们所描写的那些发展所造成的最后结果。它还表明，对于魏玛历史的思考，总是带有一种强烈自我反思的潜流。魏玛远非一种超验研究的对象，而是为历史学家及其读者提供一种被历史所遮掩的、体现民主内在虚弱性的例证，以及那些针对多元主义社会的潜在威胁。魏玛共和国提供了一种负45　面参照物，让德国战后社会去衡量联邦共和国的当下政治经济情势。在这一点上，史学既是更为广阔的政治心态的组成部分，又是广为流播的、对于过去加以通俗利用之举的组成部分。正如最近研究指出的那样，②在第二次世界大战后的公共争论中，"魏玛"一般被用作新民主体制的对立面。对于政治家、新闻记者及教育者而言，他们的共识是：魏玛象征着政治混乱、经济灾难、严重社会冲突的毁灭性三位一体。其结

---

① 德国历史学家与经济学家，曾任曼海姆大学校长。——译者注

② D. Schirmer, 'Ist Bonn Weimar ist Berlin? Die Weimarer Republik als symbolisches Dispositiv der deutschen Nachkriegsdemokratien', in F. Balke and B. Wagner (ed.), *Vom Nutzen und Nachteil historischer Vergleiche. Der Fall Bonn—Weimar* (Frankfurt/M. And New York, 1997), pp. 125—146; W. Pyta, ' "Weimar" in der bundesdeutschen Geschichtswissenschaft', in C. Gusy (ed.), *Weimars lange Schatten— 'Weimar' als Argument nach 1945* (Baden—Baden, 2003), pp. 21—62; S. Ullrich, 'Im Schatten einer Gescheiterten Demokratie. Die Weimarer Republik und der demokratische Neubeginn in den Westzonen 1945—1949 ', in H. A. Winkler (ed.), *Griff nach der Deutungsmacht. Zur Geschichte der Geschichtspolitik in Deutschland* (Göttingen, 2004), pp. 185—208.

果是，他们用魏玛来作标准，衡量新民主体制所获得的一切成果或受到的一切威胁。上文考察的叙述便显示出这种观点在历史研究中是多么根深蒂固。而且这种观点一直盛行到 20 世纪 90 年代。正因如此，对于魏玛的反思拥有一个稳定的角色，即在史学研究与历史思考的领域内，支撑着德意志联邦共和国新的政治经济秩序。与此同时，历史学家通过把首个共和国的历史从其解体的角度来加以建构，业已把魏玛确立为"第三帝国"的前史。事实上，正是纳粹主义的经历，才让历史学家把魏玛谢幕置于其史书的中心，并由此深刻形塑了有关德国第一个共和国的历史思考。

从理论上而言，我们并无理由认为没有可能用其他方式来理解和建构魏玛历史。20 世纪 60 年代的一些文本看上去也提出了一种替代选项。它们聚焦于 1918—1919 年的革命，并着重指出了那些失去的民主化契机。[1]然而，强调魏玛拥有一种自由体制潜力的解释却从未出现过。即便如此，不从政治事件的悲剧链条出发，而是聚焦于其他发展，如在许多社会领域内放弃专制结构、生活方式与文化表达形式的多元性、社会现代性的水平和艺术能量的爆发等，来讲述魏玛故事——这也是我们可以想象的。沿着这些路径出现的解释，或许把魏玛近似等同于 20 世纪 60 年代和 70 年代的西德社会，当时许多元素再次显露。至少德特勒弗·波凯尔特表达了这样一种观点，只不过此观点不是其叙事的基础结构。这种缺失进一步证明，占据统治地位的叙述拥有着不可抗拒的学术力量。

人们必须超越德国史学的束缚，向外去寻找上述力量消失或至少消退的历史描述。在温克勒付梓出版其著作的同一年，英国历史学家理查德·贝塞尔也推出了他有关德国从一战到魏玛共和国早期的政治社会转型研究。虽然该书并非是一部综合性历史著作，而是一部主题十分有限

46

① Pyta,‘Weimar’, p. 36. 但是，在综合性描述中，这一点却没有得到凸显。

的专著，但将之与上述三部综合性著作加以比较，仍然是富有启迪性的。贝塞尔的研究焦点在于战争结局形塑魏玛政治文化的方式。为此，他审视了战争动员、军事战败与复员为新共和国带来的压力。十分有趣的是，他把自己的研究与德国占据统治地位的魏玛研究焦点联系起来。在前言中，贝塞尔将其著作的特点概括为"理解民主在1918年后的德国何以及如何失败的一种努力"。[1]

　　然而，其文本却在一些重要方面与公开宣称的目标背道而驰。它行进在自己的叙述生命中，并未把魏玛历史建构为持续通向崩溃的进程，而是将之塑造为一种"战后社会"之历史——用贝塞尔的核心术语来说。在最初有关战争岁月的两章后，该书的主要部分不再进行历时性叙述，而是着重于分析处理战争遗产的各个方面。事实上，只有最后一章才延展到20世纪30年代初。而且也只有在这一章里，作者才明显拾起前言所罗列的论点，把战争与战败在"（德国人的）生活、态度与期待"之上的"痕迹"同魏玛失败的理由联系起来，[2]亦即同政治不满与极端化联系起来。其他每一章（第3—8章）都涵盖了从战争结束到1923—1924年之间的岁月。如此一来，读者在每一章中都被置于相同的时间进程。这种安排把强调重点从魏玛末期转移开，取而代之的是强调战争一结束后出现在流动的、迅速发展的情势中的"新开端"时刻。

　　除了这种时间构成外，叙述者还经常从当时代人的角度来描述历史事件，但其程度不同于温克勒，因为贝塞尔同样讨论了以往的研究，并对其自身判断加以反思：

　　　在1918年11月的战败和旧政权崩溃的风潮中，德国公务员们唯一期待的是公共秩序不会随之一起崩溃……突然，他们面对着仅在其最糟噩梦中曾设想过的问题……倘若德国政府无法在未来几周

---

[1]　R. Bessel, *Germany after the First World War* (Oxford, 1993), p. vii.
[2]　Bessel, *Germany*, p. 255.

内成功处理好军事复员，那么这一问题将脱离他们的掌控——这种结果要么是由协约国造成，要么是由士兵们自身造成！①

贝塞尔对于当时代人观点的强调，并不像埃尔德曼那样，旨在努力证明主人公行动的正当性，而是为了提供一种符合自己针对历史体验和构想的方法论兴趣之叙述。为此目的，该书还经常使用引文。在以下段落中，叙述者首先把一段政治备忘录塞入文本里，然后把自己置于该备忘录的作者身份之上："'由于人们对未来无法确定，同时害怕输掉的战争以及严酷的和约所带来的沉重负担，其结果是，每个人都为当下而活着，不择手段地抓住让他们自己存在的任何有利条件。'看上去，这个世界已经颠倒过来。"②

再者，叙述者经常性地重提过去，亦即战时时代与战前时代，却几乎不提及未来的发展。下面这段评论最接近于暗示一种导向失败的必然机制："期待复活一个道德标准和家庭关系及社会关系完整无缺的世界——这种希望无可奈何地落空了，并注定导致失望之情。"③总体而言，贝塞尔的文本让人留下的印象是，魏玛的确在最初岁月里与严重困难作斗争，而魏玛的未来则并未就此得以确立。几乎在每个方面，魏玛的结局都在文本中缺席了。倘若在共和国初期覆盖着阴云，那么这片阴云并非来自共和国崩溃结局的投射（如同埃尔德曼著作所言），而是由第一次世界大战所造成的。因此，倘若与经典的德国情节相比，贝塞尔的描述引申出一种显然与众不同的魏玛图景。它创造了德国第一个民主体制历史的另类版本。它并未从其最终失败这一角度出发，来思考其历史，而是从共和国不自然的过去这一角度来思索。当作者描述行动者极为困难地处置这一过去时，未来便不会显得是预先注定的结局。

---

① Bessel, *Germany*, p. 70.
② Bessel, *Germany*, p. 222.
③ Bessel, *Germany*, p. 223.

　　总而言之，人们禁不住会推测这种引人关注的叙述转向是否以及如何是英国史学限制因素——甚或说是英国历史经验——的产物。极为明显的是，贝塞尔拥有关于德国在魏玛研究方面的个人知识，并由此熟悉德国学界对纳粹主义的研究癖好。再者，他也承认自己深受大量德国研究作品的影响。但是，或许同样并非不可能的是，第一次世界大战在英国历史与政治文化中所扮演的角色。它也产生了重要的学术影响，在某种程度上塑造了贝塞尔对魏玛共和国的观点。事实上，在英国的自我理解中，这场"大战"构成了 20 世纪的"深远灾难"。它深刻投射在政治意识与公共记忆中，甚至在第二次世界大战之后还长久留存。与此相对，在德国，第一次世界大战的经历早已处在纳粹主义的阴影之下。倘若这一点是真的话，那么贝塞尔的描述或许事实上可被视作两种民族宏大叙事汇集起来所造成的结果。这两种民族宏大叙事融合在一起，试图把魏玛历史讲述为一个战后社会因其过去所留下的遗产而加速通往崩溃的历史。

第二章　双重烦恼：比较德国民族历史和魁北克民族历史的政治观点

克里斯·劳伦茨（Chris Lorenz）

1837 年，兰克（Leopold von Ranke，1795—1886）①描述了"科学的"历史学家之使命。这听上去是如此简单：就是把过去描述得"如实直书"（wie es eigentlich gewesen［ist］），或者用朴实无华的英语来说：就是把过去描述为"它本来的模样"（how it essentially was）。兰克并非一位天真的经验主义者（这是后来很多人的想象），而是一位理想主义者。他认为，上帝的"观念"（Ideen）存在于历史之中，因此就其核心而言，历史正是一个顺其自然的过程，尽管其显而易见的外表与此相反。②鉴于兰克同时还强调过考证方法，自欧洲"职业"历史学开启以来，有关历史的"科学"观或认识论与其政治观之间的关系一直受到质疑。

正如格奥尔格·伊格尔斯（Georg Iggers，1926—2017）③最近观察到的那样，职业学者的兴起以及由此产生的新"科学"历史，是同民族主义的强大浪潮紧密结合在一起的——当然，这一进程并不意味着兰克

---

① 德国历史学家，被视为现代历史科学的鼻祖。——译者注
② 参见 G. Igger 和 K. von Moltke 为 Leopold von Ranke, *The Theory and Practice of History* (Indianapolis and New York，1973)，p. xx 所写的导言。
③ 德裔美国历史学家。——译者注

就是一位坦率且直接的德意志民族主义者。①丹尼尔·伍尔夫（Daniel Woolf，1958—　）②作出了类似的观察。他强调民族历史学家同其（次要的）批评者拥有一种广泛共识，即认为，对于"科学"历史而言，民族是至关重要的："历史是非民族转化为民族所赖以使用的原则模式——杜赞奇（Prasenjit Duara）③如此断定。'民族作为历史主题而出现，正如历史作为民族的（生存模式）基础而出现。'其他人也表示赞成。一位学者（这是引文中的引文，因此没有确切姓名——克里斯·劳伦茨）作出下列断言，同时没有明显意识到他已悄然将结论外延到西方世界之外：'我们无法书写一种非民族的历史。民族框架总是出现在现代欧洲社会的史学研究中。'"沃尔夫还进一步补充说道，"修饰词'欧洲'或许是不必要的"，同时他引用了一些欧洲之外如此做的历史学家。迪佩什·查卡拉巴提（Dipesh Chakrabarty，1948—　）④、吉拉德·布沙尔（Gérard Bouchard，1943—　）⑤和斯特凡·贝格尔（Stefan Berger，1964—　）⑥可被称为沃尔夫结论的进一步支持者。他们都关注到，在欧洲之外的历史书写中，民族框架无所不在，而且历史与民族国家之间的"危险联系"也是无所不在的。⑦

---

①　G. Iggers, 'The Professionalization of Historical Studies', in L. Kramer and S. Maza (eds), *A Companion to Western Historical Thought* (Oxford, 2002), p. 234. 进一步可参见 R. Thorstendahl and I. Veit—Brause (eds), *The Intellectual and Social Formation of a Discipline* (Stockholm, 1996)。

②　加拿大历史学家。——译者注

③④　印度裔美国历史学家。——译者注

⑤　加拿大历史学家、社会学家。——译者注

⑥　德国历史学家。——译者注

⑦　D. Woolf, 'Of Nations, Nationalism, and National Identity. Reflections on the Historiographic Organization of the Past', in Q. Edward Wang and Franz Fillafer (eds), *The Many Faces of Clio: Cross—Cultural Approaches to Historiography. Essays in Honor of Georg. G. Iggers* (Oxford, 2007), p. 73; S. Berger, 'Towards a Globalo History of National Historiographies', in Berger (ed.), *Writing the Nation: A Global Perspective* (Basingstoke, 2007), pp. 1—30; G. Bouchard, *The Making of the Nations and Cultures of the New World: An Essay in Comparative History* (Montreal, 2008). 关于"危险联系"，可参见 C. Lorenz, 'Drawing the line: "Scientific" History between Myth—Making and Myth—Breaking', in S. Berger, L. Eriksonas and A. Mycock (eds), *Narrating the Nation: Representations in History, Media and the Arts* (Oxfored, 2008), pp. 35—55。

第一次世界大战后，人们见证了那些"科学"民族历史学家如何轻易地把自己转化为色彩鲜明的民族主义历史学家。在民族历史中，那些未经反思的政治纠葛所存在之危险，早已被历史职业学界内一些更具敏感意识的人所认识，例如亨利·皮朗（Henri Pirenne，1862—1935）[1]和马克·布洛赫（Marc Bloch，1886—1944）。[2]他们在**比较**历史中寻求解决因民族及民族主义短视而出现的问题。他们认为，比较历史能够解决"单一个案性"民族历史所造成的认识问题和政治问题。[3]

这种比较策略意味着**年鉴派**（Annalistes）在历史的时空架构中所推动的一种变化。"民族"这一历史研究的核心主题，被"非政治性的"（非国家的）核心主题所取代，如次民族及超民族的空间实体，像地区——古贝尔（Pierre Goubert，1915—2012）的"博韦"（Beauvaisis）和勒华·拉杜里（Emmanuel LeRoy Ladurie，1929—2023）的"朗格多克"（Languedoc）便是著名例证——和贴近海洋或河流的领土——布罗代尔（Fernand Braudel，1902—1985）的"地中海"（Mediterranean）和费弗尔（Lucien Febvre，1878—1956）的"莱茵河"（Rhine）都是最好例证。[4]然而，对于大多数历史学家而言，比较方法是一座过于遥远的桥梁——而且它还经常被批判为"非历史性的"。在职业历史学家圈子内，这种观点始终保持着强大风潮，而且自 20 世纪 80 年代起再次复

---

① 比利时历史学家。——译者注

② 参见本卷 Peter Schöttler 的论文。法国历史学家。——译者注

③ 参见 H. Pirenne, 'What are historians trying to do?', in H. Meyerhoff (ed.), *The Philosophy of History in Our Time：An Anthology* (New York, 1959), pp. 87—101（初版于 1931 年），特别参见 pp. 98—99："比较方法可以减少历史学家中的种族、政治与民族之偏见"，以及"比较方法容许历史位于其真实视角之中"。关于布洛赫有关比较的文集，可参见 P. Schöttler (ed.), *Marc Bloch. Aus der Werkstatt des Historikers. Zur Theorie und Praxis der Geschichtswissenschaft* (Frankfurt, 1995), pp. 113—187。在 1928 年的奥斯陆（Oslo），布洛赫拒绝把比较方法与不同民族之间的"再协调"结合起来，但他仍然期待把"听力受损民族"之间的对话转化为一场"真正的"对话。参见同上，pp. 158—159。

④ 四位均为法国历史学家，这里指的是他们的代表作，即《博韦德城与人（1600—1730）》《朗格多克的农民》《地中海与腓力二世时代的地中海世界》《莱茵河：历史、神话和现实》。——译者注

51　兴。当时，皮埃尔·诺拉（Pierre Nora，1931—　　）①对历史研究的核心主题从"民族"转向"社会"的变化感到悲哀，并将之视作史学"求真"使命的"沦丧"。②

历史的空间架构"超越民族"的变化，是同"超越政治"的时间架构变化相呼应的。布罗代尔曾提出著名的时间分层理论，即把时间分为短时段、中时段和长时段——这是把其他年鉴学派研究者已视为当然的想法公之于众。他把政治史等同于短时段架构，称之为"事件史"，并把历史事件界定为"表层"现象。而受到中时段（经济）"事态"与（人口统计、技术与生态）"结构"所限定的条件，则为这些历史事件打下了"深层"基础。因此，只能在年鉴学派的学术霸权开始崩塌之地，在其衰落之时，"新"政治史才能赢得一种"科学"合法性。

第二次世界大战后，比较史学再次得到了新一代（通常是"社会科学"）历史学家的强力推荐。他们的支持理由同样是皮朗和布洛赫在20世纪20年代提出的想法。③现在，年鉴学派的主张业已在法国之外得到了广泛而持续增长的"复制"。尽管在一段时间内（如两次世界大战之间的岁月），比较成为史学内一种不断增长的（知识）生产方式，出现了一批特色杂志，如《社会与历史中的比较研究》（*Comparative Studies in Society and History*）和《比较》（*Comparative*），但是比较方法却未能"攻克"民族史的堡垒。即便那些表现为"社会科学"历史的研究，仍然继续被嵌入民族史的架构中。如卢茨·拉法埃尔（Lutz Raphael，1955—　　）④所言，这一点也适用于德国的"社会史"学派（Gesellschaftsgeschichte）。

---

① 法国历史学家。——译者注
② P. Nora, 'Between Memory and History: Les Lieux de Memoire', *Representations*, 26 (1989), pp. 7—25, 特别是 pp. 8—9。中译本参见皮埃尔·诺拉主编：《记忆之场——法国国民意识的文化社会史》，黄艳红（译），南京：南京大学出版社 2015 年。——译者注
③ 参见 C. Tilly, *Big Structures*, *Large Processes*, *Huge Comparisons* (New York, 1984); C. Ragin, *The Comparative Method: Moving Beyond Qualitative and Quantitative Strategies* (Berkeley, CA, 1987)。
④ 德国历史学家。——译者注

在 20 世纪 80 年代后，"社会科学历史"再次被"新文化"史和"叙事"史逼入防守态势。后两者时常再次聚焦于单一个案——有时，这一点也适用于"日常生活史"和"微观史"。①到 20 世纪 80 年代，许多年轻一代历史学家已确信，社会科学学派的比较史并没有带来它所许诺过的益处。在他们看来，与此前相比，比较既没有把史学转变为一种更"科学"的学科，也未能解决"政治史"的问题，而后一点正是皮朗和布洛赫之所以把比较置于历史学家案头的两个原因之一。正因如此，当"身份认同"和"记忆增长"占领核心舞台以来，对史学的新一代实践者而言，比较史的方案业已失去了一些此前的"科学"吸引力。当然，各国情况并非完全相同。②

笔者对比较史所讨论的内容，同样适用于有关历史书写的比较史研究。后者更多被称为比较史学（comparative historiography）。这正是笔者在本章中将要论述的主题。正如历史那样，从根本上而言，史学从一开始就主要在特定的民族架构**内**得到研究。③因此，并不令人感到惊讶的是，民族史的两个问题，即毫无反思性的**个案**特征与毫无反思性的**政治**特征，都在其史学研究中得到重现。

不过，在史学研究中，我们会遭遇"双重烦恼"。一方面，在个别民族史内，例如温克勒的德国或者布罗代尔的法国；另一方面，在民族史学史中，例如伊格尔斯的德国史学或者吉尔达（Robert Gildea，

52

---

①　有关概览，可参见 G. Iggers, *Historiography in the Twentieth Century：From Scientific Objectivity to the Postmodern Challenge*（Hanover, 1997），pp. 97—134。进一步的研究，可参见 S. Berger 在本卷第 20 章所写的 "Rising like a Phoenix"。

②　有关概览，可参见 J. Kocka and G. Haupt（eds），*Geschichte und Vergleich*（Frankfurt/M., 1996）；S. Berger, 'Comparative history', in S. Berger, H. Feldner and K. Passmore（eds），*Writing History：Theory & Practice*（London, 2003），pp. 161—183；在德国，比较史看上去比英国或法国受到更为认真的对待。现在，越来越多的研究基金是通过欧盟机构来设置的。比较项目或许会从这种趋势中获益，因为欧盟是一种超国家机制。

③　关于民族架构在历史研究中的持久优势地位，可参见 S. Conrad and C. Conrad（eds），*Die Nation schreiben. Geschichtswissenschaft im internationalen Vergleich*（Göttingen, 2002）；C. Lorenz, 'Unstuck in time, or：The sudden presence of the past', in F. Van Vree, K. Tilmans and J. Winter（eds），*Performing the Past：Memory, History, and Identity*（Amsterdam, 2010），pp. 67—105。

1952—　)①的法国史学。②在这两个层面上，研究者都谈论特殊性（民族史的特殊性指向民族史学的特殊性），而缺少任何比较讨论的显性形式。③因此，在史学研究中，比较必须被置于**双层**意义上来加以分析。在这一点上，笔者超越了马克·布洛赫的论点。布洛赫认为，德国**历史**或法国**历史**的特殊性，只能借助（就此而言，国际性的）比较之方法来得以**建立**；与此同时，他也赞成德国史或法国史的任何个别**再现**。今天，我们则需要对如下一种史学困境加以反思：德国史或法国史的每一次再现都是比较性的，因为它是（或明或暗）国际性的；**而且**事实上，每一次（民族和民族史学）再现的特殊性，也只能通过将这些再现加以**彼此**比较才能得到确立。

53　　　这是史学研究中"语言学转向"所带来的不可避免且持久的结果。这种"语言学转向"是一场从"认识论上的天真观念"转向自我反思的运动。前者指向那种"如实直书地显示历史书写之历史"的理想。后者则承认，对于历史书写之研究意味着对其再现形式进行**双重**比较：一方面是对**同一**民族的不同再现；另一方面是对**不同**民族的再现。④随着对再现问题，特别是再现史的认识，"清晰"历史与史学研究之间的界限基本消失了，因为自我反思性的历史书写，意味着研究者在面对此前出现的、相互竞争的再现时明确立场——而由此便指向了史学研究。在下文中，笔者将在德国史学和魁北克史学的基础上，分析民族历史书写内的

---

①　英国历史学家。——译者注

②　Georg Iggers, *The German Conception of History: The National Tradition of Historical Thought from Herder to the Present* (Middletown, CT, 1968); Robert Gildea, *The Past in French History* (New Haven, CT, 1994).

③　相关文献，可参见 C. Lorenz, 'Comparative historiography: Problems and perspectives', *History and Theory* 38, 1 (1999), pp. 25—39; C. Lorenz, 'Towards a theoretical framework for comparing historiographies: Some preliminary considerations', in P. Seixas (ed.), *Theorizing Historical Consciousness* (Toronto, 2004), pp. 25—48.

④　参见 Michael Werner and Bénédicte Zimmermann, 'Beyond comparison: Historie croisée and the challenge of reflexivity', *History and Theory* 45: 1 (2006), pp. 30—50; A. Dirlik, 'Performing the world: Reality and Representation in the making of world history (ies)', *Bulletin of the German Historical Institute*, Washington D. C, 37 (2005), pp. 9—27.

这种双重比较（亦即"双重烦恼"）。①

　　在本章中，笔者将重振比较史和比较史学的方案。其理由是，从根本上而言，我们并没有办法去回避这种比较方案。历史学家所面对的唯一选择是：他们究竟是明确在认知问题和政治问题上采取比较判断，抑或是含糊其辞。正因如此，总而言之，与皮朗和布洛赫不同的是，笔者认为，比较并非那些需要"建议"历史学家（包括史学研究者）所采用的方式，而是自"语言学转向"及"表象主义"（representationalism）②认知以来历史学家的职业前提。不同于布洛赫和皮朗的另一点是，笔者还将指出，比较不能把历史学家从民族和政治的"嵌入性"中"拯救"出来，而是只能让这种"嵌入性"变得更具发散性，亦即让他们的"比较政治学"变得更明晰，并开放欢迎各种批评。在此意义上，我们已变得比当时的皮朗和布洛赫"更悲哀，也更聪明"。而且整体上适用于历史学家的观点，也同样适用于史学研究者。

　　本章的结构如下：在**第一**部分，笔者将简要回顾两种完全不同的、没有联系的民族史学之传统，以便充实它们固有的比较性和政治性方面。笔者将指出，历史中存在的时空差异拥有一种政治维度。首先，笔者将论述 20 世纪的德国史学，然后梳理 20 世纪的魁北克史学。笔者将在下文中对这种引人注目的比较加以论证。

　　在德国史学和魁北克史学内，笔者将区分两种相互对立的讨论或范式：第一种强调德国和魁北克进入现代性的"特殊道路"；第二种强调德国和魁北克本质上拥有"正常性"或普遍性。

54

　　在本章的**第二**部分，笔者将比较两种德国史学范式和两种魁北克史学范式，以辨识出一些异同点。在此比较的基础上，笔者将从整体上分

---

　　①　斯特凡·贝格尔在第二十章中对德国民族史和英国民族史的研究，同样很好展示了这种"双重烦恼"。

　　②　一种哲学学说，也译作再现主义。该学说认为当我们通过感官去认识一个事物的时候，感官所获得的一切（声音、颜色、味道、形状等等的总和）只是该事物的表象，表象只不过是对事物的再现。——译者注

析史学的比较特征，并分析史学与过去之间的关系，以及史学与其在当下的政治功能之间的关系。

把德国与魁北克进行比较，的确是非同寻常的。前者是一个位于中欧、拥有大约 8 000 万人口的独立国家，而后者是加拿大联邦内的第二大省，人口总数不超过 800 万。之所以作此比较，笔者的理由是：这两个案例是如此不同，毫无关联，以至于它们的史学可被视作毫无关系，并由此成为彼此之间（相对）"独立"或"孤立"的案例。从密尔（John Stuart Mill，1806—1873）①的观点来看，这一点表明，**倘若**德国史学和魁北克史学显示出某种有趣的相似性（笔者会证明，的确如此），那么，这些相似性便既**无法**被解释为其特别因果联系的结果，也**无法**被解释为某种形式的迁移之结果，因为两者业已发展出互相比较下相对"封闭之体系"。②相反，笔者将指出，这种史学领域内的相似性，最好被解释为两种相似**话语**的结果。此类话语业已导致研究者在再现过去时采用了相似的叙述方案。再者，笔者还将指出，在德国案例和魁北克案例中，历史话语与感受民族过去的类似方式相联系。

现在，在开始比较之前，笔者希望强调的是，比较在认识论上从来都不是"清白天真"的，因为它总是基于理论假设，特别是在进行比较的案例之中，哪些特征拥有特别重要的意义，而哪些特征只是"背景条件"。③因此，基本上每一次比较中所发生的事情是：一种特殊假设被选定的证据"检验"，以及最终被其他"竞争性的"假设所"检验"。这种"认识论上清白天真"的缺失，同样适用于笔者提出的有关德国民族史学和魁北克民族史学特殊性与正常性的比较。④

---

① 指约翰·斯图亚特·密尔，英国哲学家。——译者注

② R. Rudin, *Making History in Twentieth—Century Quebec* (Toronto, 1997) 业已指出，魁北克史学同样发展出相对于盎格鲁-撒克逊加拿大史学的独立性——倘若考虑到空间上的相近性，这一点是非常引人关注的。

③ 特别参见 Ragin, *Comparative Method*。

④ 有关更为广阔的、欧洲范围内的比较，可参见 S. Berger and C. Lorenz, 'Conclusion: Picking up the Threads', in Berger and Lorenz (eds), *The Contested Nation: Ethnicity, Class, Religion and Gender in National Histories* (Basingstoke, 2008), pp. 531—552。

笔者在对本章相关概念及目标加以导论式说明后，将开始第一部分，即对 20 世纪的德国史学范式和魁北克史学范式加以概述。

让我们首先谈谈德国史学。康拉德·雅劳施（Konrad Jarausch，1941— ）和米夏埃尔·盖尔（Michael Geyer，1947— ）①在其最近有关德国史学的概览式著作《被遮蔽的过去》（*The Shattered Past*）中发现，20 世纪的德国史学已被两种所谓"特殊道路"（Sonderweg）的宏大叙事版本所垄断。所有"特殊道路"论的解释，都建立于如下基本想法：即与其他欧洲国家相比，德国历史沿着一条"特殊道路"，走向现代性。②当欧洲的其他大国，如英国和法国，发展出强大的"公民社会与代议制民主"形式时，德国在这方面的发展程度却明显较低，至少在1945 年之前是如此。与此相反，德国发展为一个极为显著的权力国家，贵族军人及官僚机制占据着优势地位。因此，支持"特殊道路"论的历史学家认定，现代德国历史从根本上而言有一些特殊之处。这种观点深刻扎根于生活在 20 世纪上半叶、经历过两次世界大战与犹太大屠杀的那一代人的经验之中。

在有关德国特性的解释中，还存在着两种截然对立的特殊道路论。特殊道路范式的地缘政治版本假设，德国在欧洲中心的地理位置（即中间位置［Mittellage］），使之特别容易受到周边强大邻国的干涉，正如三十年战争以来的欧洲历史已充分表明的那样。因此，德国人学到的硬道理是：假如他们希望"在欧洲中心"作为独立民族而幸存下去，那么他们需要一支强大的军队和一个强大的国家；由此，德国不需要民主的"奢侈品"。只有普鲁士才把这种历史的"教训"付诸实践，而后在拿破仑战争的一系列灾难式战败后，它逐渐把大多数德意志邦国合并为一个

55

---

① 前者为德裔美国历史学家，后者为德国历史学家。——译者注

② K. Jarausch and M. Geyer（eds），*Shattered Past：Reconstructing German Histories*（Princeton，NJ，2003）；也可参见 C. Lorenz，'Beyond Good and Evil? The German Empire of 1871 and Modern German Historiography'，*Journal of Contemporary History* 30（1995），pp. 729—767。

德意志民族国家。只要德国保持作为强国的地位（大约在 1871 年至 1945 年间），德国的这种特殊道路便被绝大多数德国历史学家用正面方式来加以颂扬。

并不令人感到惊奇的是，在第二次世界大战结束后，德国的这种"特殊道路"便碰到不同于此前的情况。由于德国输掉了战争，丢掉了它的东部领土，失去了政治自主性，这种德国的"特殊道路"便越来越象征着一条灾难性的死路。正因如此，自由派和左翼历史学家才启动了一次严肃的修正行动。这些行动可回溯到如埃卡特·克尔（Eckart Kehr，1902—1933）①和汉斯·罗森贝格（Hans Rosenberg，1904—1988）②等流亡历史学家。当联邦共和国及其经济奇迹（Wirtschaftswunder）征服了绝大多数西德公民的心灵和精神时，第二帝国与第三帝国时期缺少民主、国家占据主导地位的格局，现在则被重新诠释为现代德国历史的致命与消极元素。③1871 年德意志统一后，出现了一些可怕的错误，从而导致两场相互联系的世界大战，以及作为自主国家之德国的解体。那些曾在地缘政治学的"特殊道路"范式中被视为现代德国历史"财富"的方面，现在则在"批判性的"特殊道路论解释中遭到逆转。

根据这种"批判性的"特殊道路范式，20 世纪的灾难可以被解释为如下事实：在 1871 年至 1945 年间，德国把一种"前现代的"专制政治体制与一种"现代的"经济体制捆绑在一起。正因如此，在 1945 年前，德国"丢失了"一种"现代"民主，从而深受不完全现代化之问题的折磨。这就是新特殊道路范式。在 20 世纪 60 年代末到 80 年代初，这种范式变得极有影响力。因此，德国"民族"史总是在做比较，即便其方式

---

① 德国历史学家。——译者注

② 德国历史学家，有犹太血统，由于纳粹兴起而离开德国，1935 年流亡美国。二战后他曾在德美两国任教。晚年他又回到德国定居，最终逝于德国。——译者注

③ 在此处，笔者不会深入探讨 1945 年后的地缘政治范式提出的观点。这些观点主要是由 Andreas Hillgruber 和 Klaus Hildebrand 等人提出的。根据这一范式，在 20 世纪，德国与其他欧洲国家之间的主要差异在于这样一个事实：德国最终无法成为一个"强国"，因而只能是一个"失败的大国"（gescheiterte Grossmacht）。参见 A. Hillgruber, *Die gescheiterte Grossmacht. Eine Skizze des Deutschen Reiches 1871—1945* (Düsseldorf, 1980)。

经常是暗示性的，因而也没有加以论证。①

自 20 世纪 80 年代以来，有关一种特殊的德国"非正常性"之假设，越来越受到攻击。②如杰夫·伊利（Geoff Eley，1949— ）和大卫·布莱克本（David Blackbourn，1949— ）③等历史学家开始争辩说，并不存在什么"正常"历史，因而德国史同英国史、法国史或美国史一样"正常"，或一样不正常。这股再现浪潮在 1990 年两德统一中搭上了顺风车。它把这一事件解释为德国返回"正常的"西方国家地位及民主制度，并终结了战后时代。海因里希-奥古斯特·温克勒有关德国"走向西方的漫漫长路"的皇皇巨著，便是这种"正常化"历史的新形态。在该书里，一个统一的德国和一个统一的欧洲被描述为充满灾难的 20 世纪历史之终点。④与有关德国历史的正面及负面特殊道路论解释不同，再统一后的新正统理论渴望强调的是德国现代历史在本质上的"正常性"——德国正在"超越"其 20 世纪的灾难。⑤

57

① 参见 C. Lorenz, 'Won't you tell me where have all the good times gone? On the advantages and disadvantages of modernization theory for history', *Rethinking History* 10：2（2006），pp. 171—200。

② 有关概览，可参见 S. Berger, *The Search for Normality：National Identity and Historical Consciousness in Germany since 1800*, 2ⁿᵈ edn（Oxford, 2003）. D. Blackbourn and G. Eley, *The Peculiarities of German History：Bourgeois Society and Politics in Nineteenth—Century Germany*（Oxford, 1984）。

③ 两位都是英国历史学家。——译者注

④ H. -A. Winkler, *Der lange Weg nach Westen. Deutsche Geschichte 1800—1990*, 2 vols.（Munich, 2000）. 从本质上来看，Winkler 的观点代表了"批判性的"特殊道路解释，但包含着一种"欢快结论"。参见 Berger 与 Eckel 在本书中的论文。在 Tony Judt 看来，这种"正常化"策略是一种普遍性的战后西欧现象，且在 20 世纪 70 年代之前占据主导地位。参见 Tony Judt, 'The Past is another country：Myth and memory in post-war Europe', in J. -W. Müller（ed.）, *Memory and Power in Post-War Europe：Studies in the Presence of the Past*（Cambridge, 2002）, pp. 168—169："1948 年起，欧洲西部的国家迅速与刚过去的历史告别，着手进行'欧洲冒险活动'——在此之后，这些国家的民族能量和民族前景均公开与之相关……（这种欧洲）的特征是对于生产力、现代性、年轻、欧洲统一与国内政治稳定的一种迷恋。"

⑤ 关于 20 世纪历史中的"灾难意识"之观念，可参见 J. Torpey, '"Making whole what has been smashed". Reflection on reparations', *Journal of Modern History* 73（2001）, pp. 333—358；J. Torpey, 'The future of the past：A polemical perspective', in P. Seixas（ed.）, *Theorizing Historical Consciousness*（Toronto, 2004）, pp. 240—255. 笔者此前也讨论过德国案例，见笔者的 'Der Nationalsozialismus, der Zweite Weltkrieg und die deutsche Geschichtsschreibung nach 1945', in F. Wielenga（ed.）, *60 Jahre Ende des Zeiten Weltkrieges. Deutschland und die Niederlande—Historiographie und Forschungsperspektiven*（Münster, 2006）, pp. 159—171。

　　这种正常化的、后"特殊道路"论范式，通过把向后看的视角（即聚焦于德国在两次世界大战中的"失败"，包括犹太大屠杀在内）更换为一种当下主义的视角（即聚焦于再统一的德国崛起为一个强大而稳定的西方民主国家），来完美地实现这种视角转换。与此同时，这种从向后看的时间焦点向当下主义的时间焦点之转变，也促成了针对德国史的观点从批判转向肯定。其焦点从德国的灾难（两次世界大战、魏玛危机和犹太大屠杀）转向当下成就（民主、稳定、福利与联合的欧洲）。

　　现在，让我们看看魁北克的"特殊道路"范式。罗纳尔德·鲁丁（Ronald Rudin，1950—　）①最近完成了一部概览式史学著作《在 20 世纪的魁北克制造历史》（*Making History in Twentieth-Century Quebec*）。该书观察的起点是，历史在魁北克文化中占据优势地位。②这个加拿大内唯一说法语者占多数的省份提出了一句官方口号"我铭记"（Je me souviens）。这正是它迷恋过去的标志。

　　在魁北克，历史之所以拥有着特殊地位，显然归因于如下事实：即魁北克是曾经的北美法兰西帝国的主要残余部分。众所周知，在七年战争期间的 1759—1760 年，法国失去了它在美洲大陆上的殖民地"新法兰西"（Nouvelle France）。英国的"征服"与政治自主性的丧失，在1950 年前，被大部分魁北克历史学家视作魁北克过去中的"元灾难"（Urkatastrophe）。正如某种"黑洞"那样，这一"元灾难"吞噬着此后的时间。之后，魁北克的历史学家同样提及"法兰西民族"在北美的"幸存"（la survivance）。与此同时，征服之前的法国统治时期，则赢得了魁北克过去中"黄金时期"的地位，甚至对一些人而言，它还是一个"失落的天堂"——这是未来必须要恢复的目标。

　　魁北克的历史学家们通过把魁北克人打上"民族"这一标志——或

58

---

①　加拿大历史学家。——译者注
②　Rudin，*Making History.* 参见 J. Iguarta，*That Other Silent Revolution：National Identities in English Canada*，*1945—1971* （Vancouver，2006）。

者如格罗克斯地区（Groulx）所为，打上"种族"标志——的方式，明确表明魁北克期待政治自治的诉求。据此，加拿大曾是一个联邦国家，包含着两种谱系位置分明的民族：英格兰人和法兰西人。由此，从种族性的民族主义观点来看，加拿大从最开始就是一场"被强迫的婚姻"：这种"人工造作的"国家注定会失败——尽管美利坚革命已迫使英国人在"英属北美"的残余部分内安置"法兰西事实"[①]。当法国总统夏尔·戴高乐（Charles de Gaulle，1890—1970）于 1967 年访问魁北克并打破所有的国际外交规则，公然提倡"自由魁北克"时，上述观点依然占据着统治地位。[②]

　　直到 20 世纪 50 年代初，在主流魁北克历史学家中，极少有人会质疑下述观点：魁北克在北美历史上一直遵循着一条"特殊道路"。从根本上而言，魁北克被再现为一片盎格鲁-撒克逊海洋中的一个法兰西孤岛。倘若魁北克人未能以一种警觉而充满自我意识的方法来保护自己的"民族"文化，那么它必然永久性地处于"文化灭绝"的威胁之下。上述说法不可谓不像那些德国历史学家的想法。后者同样把德国再现为处于"包围"之下的国家，在欧洲中心永久性地受到外在（斯拉夫人）"威胁"。[③]

　　这种特殊论（受害者化观点）绝不是同质性的。有关英国征服的解释，特别是在蒙特利尔学派（Montreal）与拉瓦尔学派（Laval）之间存在差异。蒙特利尔学派倾向于把这种征服评价为魁北克人的纯粹悲剧，而拉瓦尔学派则对这一关键事件提出了一种更具救赎性的"修正观点"。

---

　　① 指在加拿大内部作为一支独特文化力量存在的法国传统。——译者注

　　② 参见 D. C. Thomson, *Vive le Québec libre* (Ottawa, 1988)，p. 199。戴高乐在其演讲中，部分重复了魁北克追求独立者和分离主义政党的口号："自由魁北克万岁！法兰西加拿大万岁！"与此相对，加拿大总理 Stephen Harper 在 2006 年 11 月的国会发言中清楚说明了加拿大的联邦立场："我们的立场是清晰的。魁北克人是在加拿大内形塑一个民族吗？回答是对。魁北克人是在形塑一个独立民族？回答是错。而且回答永远是错。"参见 http://www.cbc.ca/canada/story/2006/11/22/harper-quebec.html，查阅时间：2009 年 4 月 7 日。

　　③ 关于历史、记忆和创伤之间的关系，可参见 A. Phillips, 'Close—Ups', *History Workshop Jurnal* 57（2004），pp. 142—145；以及 P. Hutton, 'Recent Scholarship on Memory and History', *The History Teacher* 33：4（2000），pp. 533—548。

它不再强调法兰西"魁北克民族"的"文化生存"受到持续威胁，而是（如格罗克斯）把英国接手魁北克一事描述为"因祸得福"，因为它"保障"了信仰天主教的"新法兰西"免受世俗性的法国大革命所带来的渎神后果。①正如在其他"无国家的民族"那样——例如在 1795 年第三次瓜分波兰运动到 1918 年"复国"之间的波兰，或者在 1453 年拜占庭帝国谢幕到 1827 年②"复兴"之间的希腊③——魁北克的教会总是被再现为在"拯救"民族过程中起到了根本性作用，因为民族身份和宗教身份倾向于完全重叠在一起。

　　这种史学研究状态一直存在到 20 世纪 60 年代。当时，修正主义观点开始进入魁北克史学研究中。在第二次世界大战期间，魁北克同时经历了快速工业化和世俗化。这段时期是魁北克的"经济奇迹"（Wirtschaftswunder），也被称作"静寂革命"（Quiet Revolution）。相当一批魁北克历史学家开始不再支持魁北克的特殊史学范式。这些修正主义者不再强调"法兰西事实"在盎格鲁-撒克逊北美持久存在的特殊性，而是开始强调魁北克在本质上的"正常性"。修正主义者开始把魁北克再现为一个"正常的"现代且实现工业化的西方社会，其特征是 1850 年以来工业化、城市化和经济合理化持续不断的进程——而且其特征并非由法语或其特殊文化来决定。"正常性"的讨论与"现代性"的讨论，事实上彼此相连，因为"现代"简言之便是"正常"。由此，历史书写反映出 20 世纪 60 年代后魁北克历史学家在呈现魁北克历史时已出现了一种根本性变化。他们开始聚焦于呈现成就，而非过去的问题。

---

　　① 在这里，研究者的兴趣类似于社会民主党人对 1918 年那场失败的社会主义德国革命的兴趣。尽管德国社会民主党人把德意志帝国军队连同德国皇帝本人都视作德国政治的负面力量，但这种负面力量仍然通过 1918 年的格勒纳-艾伯特协议（Groener-Ebert pact），即借助军队力量来扑灭德国革命运动，以"保障"本国免受德国布尔什维主义革命所导致的渎神后果。左翼将德国社会民主与德意志帝国军队合作以扑灭一场社会主义革命之举视作灾难。但这种观点随后却被重新解释为民族得到救赎的好事。

　　② 原文年份疑有误。希腊独立战争爆发于 1821 年，实际建立第一共和国为 1822 年，土耳其最终被打败并承认希腊独立则为 1830 年，1827 年时，希腊尚处于战争之中。——译者注

　　③ 参见 Effi Gazi 在本卷第 9 章的研究。

这一点与 20 世纪 60 年代后"（德意志）联邦共和国"的许多历史学家相似，无论"现代化"意味着什么，它当然意味着面向未来的导向，以及对"进步"所抱有的信念。如此"现代化的"魁北克历史不再是过去那种被"黑洞"吞噬的历史。①

正如他们在"（德意志）联邦共和国"的同仁们那样，魁北克的历史学家开始用"缺少"某些"正常"的事物这种模式来解释过去的问题。换言之，他们用部分缺乏现代性这种模式来作解释，特别是相对于"加拿大的其他地区"而言，魁北克存在的相对贫困及经济落后问题。一些历史学家指出，天主教会是魁北克通往现代性之路的绊脚石（例如马塞尔·特鲁德尔［Marcel Trudel，1917—2011］②），而另一些人则争辩说，魁北克资产阶级缺少经济理性一事才是绊脚石，因为它阻止了资产阶级去适应现代经济（如费尔南·韦莱［Fernand Ouellet，1926—2021］③）。当然，还有一些学者，特别是蒙特利尔学派仍认为，正是由于征服后法国的缺位，才使魁北克"错过"了与殖民主义的一种"正常"决裂。④

从一种比较视野出发，人们可能感到惊讶的是：在用通往现代性的"绊脚石"来解释魁北克的经济"落后"问题与解释德国的纳粹问题（特别是它的比勒菲尔德学派变体）上，它们是相似的。不过，在德国案例中，需要解释的问题，不在于德国经济现代化的缺失，而是在于其"政治现代化的缺失"——这一点最终导致了纳粹主义。再者，"（德意志）联邦共和国"持批判性"特殊道路"论的历史学家认为，"封建贵

60

---

① 这一发现表明，Chakrabarty 对于"历史决定论"（historicism）富有影响力的批判，只是部分正确。换言之，只有在所谓"历史决定论"是基于现代性观念及把历史视作"现代化"进程上，他才是正确的。参见 Dipesh Chakrabarth, *Provincializing Europe*：*Postcolonial Thought and Historical Difference*（Princeton, NJ, 2000），特别是 p. 8："当有人对一些人说'尚未'时，历史决定论——甚至是现代欧洲历史观——有人或许会说，已经在 19 世纪来到非欧洲民族之中"，由此，对他们而言，此举把历史扭转到某种"等候室"。因而，Chakrabarty 看上去似遗漏了"历史决定论"的灾难观。

② 加拿大历史学家。——译者注

③ 法裔加拿大作家与教育家。——译者注

④ 笔者感谢 Thomas Wien 教授（蒙特利尔大学）为我指出了这一点。

族"应该为 1945 年前德国缺失"政治现代性"负责，而教会并非罪魁祸首。相反，他们在魁北克的同行却把主要罪责指向教会。正如魁北克的例证一样，"封建化的"德意志资产阶级也因其缺失现代性（至少在 1945 年前是如此）而受到批判。只有在"（德意志）联邦共和国"时期，德国才由于"赶上西方"而变得真正"现代"。

鲁丁把这种范式转换解释为魁北克的一种新集体身份认同的产物和生产者。"特殊性的"魁北克历史曾有过一种明确的向后看导向，聚焦于法国源头与随后 17—18 世纪"新法兰西"的丧失。因此，它集中论述法属时期及对英作战的重要败局。历史书写发挥了一种精神药物的作用，以帮助魁北克人应对由于其"脱离"法国而造成的"幻痛"。可以说，它还同时把这种"脱离"观嵌入每一代人心里。与此同时，这种"特殊主义"范式还把法兰西人在北美政治自治的理想化起源投射到未来，即在魁北克的过去起源与其未来之间创造一种延续性，以期待实现最终目标。[①]

61　　修正主义者用一种当下主义导向来替换上述向后看的导向。当下主义导向把魁北克再现为身处北美其他"正常"和"现代"民族之中的一种"正常"且"现代"的民族。如同德国案例那样，这种从向后看转向当下主义观的变化，也同观察焦点从过去的问题转向当下的成就相适应。一种悲剧式的故事线和情节被一种更具史诗意义的、救赎式的故事线和情节所替代。前者集中关注失去的荣光与不断确保安全的斗争、痛

---

① J. Létourneau and S. Moisan, 'Young People's Assimilation of a Collective Historical Memory: A Case Study of Quebeckers of French—Canadian Heritage', in Seixas (ed.), *Theorizing Historical Consciousness*, pp. 109—128，特别是 p. 110 指出了在魁北克的学术性史学研究和一般性"历史意识"之间存在着巨大差异。而后者基于一种对其历史的灾难观："有关这一故事令人感到惊讶的是：那些年轻人关于魁北克及其人民的历史进程之记忆是如此充满乡愁、阴郁不满。"他们对于过去的再现，看上去是基于三种叙述群："究竟是什么不幸地降临在一个共同体身上""那个共同体或许只需变成了……""然而那个共同体或许变成了……"。所有这些叙述群都指向了魁北克在历史上的不幸形象。我们可以将之与德国纳粹历史的再现作比，"倘若希特勒在 1938 年被杀死……"这一模式，类似于将之作为一场"工厂事故"（Betriebsunfall）。

苦与忍耐（"幸存"），后者聚焦于当下的"胜利"和未来承诺。[1]这是笔者对 20 世纪德国与魁北克的史学研究所进行的简要概览。

从这种德国史学与魁北克史学的比较中，我们能够得出哪些有关史学研究的分析呢？笔者的第一个观点并不出人意料，但需要被置于史学研究的背景之中：尽管德国与魁北克的过去都独一无二，但在相同时段内却存在着针对德国史和魁北克史多种多样且彼此竞争的叙述。笔者曾在其他地方指出过，在作为一门学科的历史学中，历史叙述的多样性以及这些叙述之间争论的集中性，可以用"内在现实主义"（internal realism）加以解释。[2]

笔者的第二个观点更令人感到惊讶。其结论是：尽管德国和魁北克真的是两个完全分离的世界，但他们的历史学家却在呈现各自民族历史时提出了两种十分奇异的相似叙述框架。第一种共同的叙述框架聚焦于该民族进入现代性的"特殊道路"。在这一框架下，存在着两种变体：一种把"特点"归因于该民族在空间上所处的特殊位置（为此，从其起源开始，便需要不断克服"外在威胁"的永恒存在）；另一种变体把"特点"归因于该民族在时间上所处的特殊位置（即在政治发展中处于部分"落后"的状态）。[3]依靠鲁丁的提示，我们可以把它称为差异性话语。这种框架主要聚焦于"该"民族的政治与"文化"。在德国例证里，其故事线经常开启于 17 世纪的三十年战争。在魁北克例证里，其故事线经常开启于 17 世纪易洛魁（Iroquois）战争，以及随后法国在七年战

62

---

① 这种观察表明，Ankersmit 的理论（**所有**历史意识都建立在创伤性的体验之上）并不正确。与 Chakrabarty 相反，Ankersmit 看上去错过了"历史决定论"的"现代化"与"正常化"版本。参见 F. Ankersmit, 'Trauma and Suffering: A Forgotten Source of Western Historical Consciousness', in J. Rüsen (ed.), *Western Historical Thinking. An Intercultural Debate* (New York, 2002), pp. 72—85。

② 参见 C. Lorenz, 'Historical knowledge and historical reality: A Plea for "internal realism"', in B. Fay, P. Pomper and R. T. Vann (eds), *History and Theory: Contemporary Readings* (Cambridge, 1998), pp. 342—377。

③ 可比较 James Wertsch 对俄罗斯史学中"外来威胁"的"叙述模板"之分析：'Specific Narratives and Schematic Narrative Templates', in Seixas (ed.), *Theorizing Historical Consciousness*, pp. 49—63。

争中败于英国的结局。

第二种共同的叙述框架聚焦于该民族通往现代性的"正常性"。它既聚焦于经济增长和城市化的进程，也聚焦于福利国家。这种框架主要关注民族国家的经济与社会。依靠鲁丁的提示，我们可以把它称为正常性话语。由此，德国的民族史和魁北克的民族史都基于对特殊性和正常性的判断。换言之：它们基于该民族历史与其他民族历史的隐性比较之中。

笔者的第三个观点是：由于德国和魁北克的历史学家对叙述框架做出了选择，他们便在参照其他民族而搭建起来的空间框架中作出了选择。在这一点上，我们可以找到我们称为历史学家的"空间比较政治学"（politic of spatial comparison）之事物。而且在这里，我们面对的是书写历史所固有的一种政治维度。正如听上去那样，存在矛盾的地方在于，历史学家极少把空间界定为一种政治建构。如同时间政治学（见下文）那样，空间政治学并非由历史学家增加到议程上，而是由文学评论家爱德华·萨义德（Edward Said，1935—2003）①及其有关"东方主义"（Orientalism）的著作带来的。②

例如，在加拿大的空间结构里，魁北克的历史学家已将魁北克再现为唯一一个说法语的实体，其正式身份是（不列颠民族之外）"独具一格的社会"和独具一格的"民族"。魁北克原住民可以被认定为"第一个民族"（First Nation）的想法，不过是最近才出现的观点，其原因是"多元文化主义"的兴起。③对"第一个民族"非常"晚的"发现，看上

---

①　巴勒斯坦裔美国文艺理论家。——译者注

②　Reinhart Koselleck 已经发现，历史学家在使用空间概念时，并不加以反思，而且传统上视之为当然。参见他的 'Raum und Geschichte'，in Koselleck，*Zeitschichten. Studien zur Historik*（Frankfurt/M.，2003），pp. 78—97。关于亚洲史学中的时空政治化问题，可参见 S. Conrad，'What time is Japan? Problems of Comparative (Intercultural) Historiography'，*History and Theory*，38：1（1999），pp. 67—83；J. —H. Lim，'The configuration of Orient and Occident in the global chain of national histories：writing national hsitories in Northeast Asia'，in Berger，*Eriksonas and Mycock*（eds），*Narrating the Nation*，pp. 290—308。

③　参见 Heidi Bohaker and France Iacovetta，'Making Aboriginal People "Immigrants Too"：A Comparison of Citizenship Programs for Newcomers and Indigenous Peoples in Postwar Canada，1940s—1960s'，*Canadian Historical Review* 90：3（September 2009），pp. 427—476。

去支持了查卡拉巴提认为"历史相对主义"本质上是一种"过渡性叙述"（transition narrative）的观点。这也支持了他的以下论点：对独立民族地位的"史学"诉求与对公民身份及自治的政治诉求密不可分。[①]

　　然而，在"新民族"的空间结构里，如同吉拉德·布沙尔最近指出的那样，魁北克同时被呈现为新世界里唯一没有赢得政治主权的新民族。[②]布沙尔由此把魁北克与新西兰、澳大利亚等"新民族"进行了比较。他通过把魁北克与海外独立民族加以比较，已把"魁北克民族"从"加拿大的残留"中切下，并由此把魁北克的特殊性范式带到了它的逻辑终点。

　　关于德国史学内两种特殊道路范式的空间结构，我们也可以得出类似结论。"积极的"特殊道路范式在空间上把德国与俄、法两国作比较，把德国呈现为"中央帝国"；而"消极的"特殊道路范式则专门把德国与法、英、美三国作比较。过去自身并没有强迫历史学家使用这种或那种空间结构。毋宁说情况正好相反。魁北克或者德国的过去是什么模样？这是由参照的空间框架所决定的——当然，反过来，过去也限制着有可能被采用的再现形式之范围。[③]

　　在叙述再现中所参照的空间框架，总是依赖于历史学家在当下的选择。在这一点上，海登·怀特是对的。即使我们承认这些选择受过去制约，上述观点依然正确，因此它们并不仅仅是"事实再现的虚构"。在这一点上，怀特错了。

　　不同的叙述框架可能意味着不同的首要关联标准。把德国再现为

[①]　参见 Chakrabarty, *Provincializing Europe*，pp. 27—46. Charles Taylor 曾指出，这的确如此，所有的集体认同都依赖于类似的政治认可。参见他的 *Multiculturalism and the Politics of Recognition* (Princeton, NJ, 1992). 倘若这种认可被拒绝，那么这一情势便会导致"历史创伤"，如同 Dipesh Chakrabarty 最近所指出的那样。参见 D. Chakrabarty, 'History and the Politics of Recognition', in K. Jenkins, S. Morgan and A. Munslow (eds), *Manifestos for History* (New York, 2007), pp. 77—88.

[②]　Bouchard, *Making of the Nations and Cultures*.

[③]　当然，可被视作例外的个案是犹太大屠杀的历史。除了悲剧外，人们很难设想用其他叙述方式来加以表达。参见 S. Friedlaender (ed.), *Probing the Limits of Representation*。也可参见 J. L. Gaddis, *The Landscape of History：How Historians Map the Past* (Oxford, 2002), p. 29："我们的再现方式决定了我们再现它时的任何模样。"

"中央帝国"之举，意味着对空间标记的首要关联；而把德国再现为一个"迟到的民主体制"之举，则意味着有关时间标记的首要关联。后一点同样适用于把德国再现为"发动犹太大屠杀之民族"。①

64　　　当"西方"被呈现为历史的终极目的，以及世界其他地区的隐性命运时，时间和空间也能相互关联，正如所有以现代化理论及许多以全球化理论为标签所体现出来的案例那样。②塞巴斯蒂安·康拉德（Sebastian Conrad，1966—　）③巧妙地把这种现象取名为"时间的空间化"（spatialization of time）。④这一想法同样是查卡拉巴提批判"历史相对主义"假设的基础。该假设认为，世界分为两种地区：一种地区在时间上保持某种领先地位，而另一种地区则仍位于"等候室"中，因而需要"追赶"。

　　笔者的第四个观点是：德国和魁北克的历史学家通过选择一种叙述框架，等同于选择了其各自所参照的时间结构。

　　对特殊性的着重强调，似乎与某种时间导向相一致。这种时间导向在时间轴上指向一个特定的起源，或创造认同的事件；与此同时，它还指向一个未来终点。在注重魁北克特殊性的史学研究里，这种一致性体现在它对此前法兰西民族相对于不列颠民族政治自治的强调，同时还体现在它对重获"失去的"政治自治这一未来终点的强调。在注重德国特殊性的史学研究里，这种一致性体现为它将 1871 年德意志帝国的建立置于中心位置，同时还强调其未来终极目标便是保卫德国在欧洲中部的霸权地位——如有必要，还可以争夺世界强国地位。在"积极的"德国特殊道路范式中，这种终极目标合乎情理，而在"消极的"特殊道路范

---

　　① 笔者在 Lorenz, *Historical Knowledge* 中以更长篇幅提出过这一论证。

　　② 现代化理论与全球化理论之间的关系，时常被人忽视。关于这一点，可参见 Frederick Cooper, *Colonialism in Question*: *Theory*, *Knowledge*, *History*（Berkeley, CA, 2005）, pp. 91—153。尽管现代物理学在接受相对论后，已把时间与空间作为相互联系的维度（体现为时空），但历史学家依然经常性地假设时间是独立于空间而存在的。参见 Stephen Hawking, 'Space and Time', in Hawkin, *A Brief History of Time*（London, 1988）, pp. 15—37。

　　③ 德国历史学家。——译者注

　　④ 参见 Conrad, 'What time is Japan?'

式中，它受到批判。

与上述强调特殊性之举不同，一种对正常性的强调，似乎同在时间上聚焦于当下的做法相一致。后者指向一种正常性的当下状态，因此它既不明显聚焦于过去那些创造认同的事件，也不关注正在形成之中的未来终极目标。因此，从强调特殊性向强调正常性的转变，似乎意味着时间三维度（过去、当下与未来）之间重要性的变化。在德国例证和魁北克例证中，"正常化"的力量与其说被再现为政治性的，倒不如说被再现为经济性的。在德国例证中，它就是"经济奇迹"；在魁北克例证中，它就是"静寂革命"。

在这一点上，我们可以找到历史学家的"时间比较政治学"（politics of temporal comparison）。在这里，我们再次面对着书写历史的一种内在政治维度。因为选择一种时间上的参照框架之举同样限制了这种比较所得出的结果。例如，无论一件事是否被描述为"迟到的"或者"落后的"，"适时的"或者"过早的"，总是依据一些"正常"时间框架的观念而加以判定。在德国史和魁北克史中，对于主要问题的解释集中于部分缺失现代化或受到阻碍的现代化——这正是"时间比较"的清晰例证。因此，颇为矛盾的是，历史学家直到最近才意识到，时间（包括过去、当下与未来之间的关系）并不是某种"既定的"，而是一种建构。[1]所以，并非偶然的是，"时间政治学"（politics of time），又称"编年政治学"（chrono-politics）的术语已被创造出来，并在人类学而非历史学中得以发展。[2]

历史学作为一门学科而拥有上述"盲点"，这是引人关注的，因为

---

① 例如参见 Lynn Hunt, *Measuring Time, Making History*（Budapest，2008），p. 22："西方的历史学家总是把时间的现代范式视作理所当然，因为它提供了其学科的基础"，"……在把历史学家的注意力转移到时间难题上，非西方的历史学家扮演了关键角色"。Lucian Hölscher, *Semantik der Leere. Grenzfragen der Geschichtswissenschaft*（Göttingen，2009），pp. 13—81 则指出，一种"无效"时间与空间的概念，只能出现在近代早期。

② 当然 Reinhart Koselleck 与 Francois Hartog 已经对当下、过去与未来的时间联系加以理论化，但他们还未能研究这些时间的政治内涵。

当下与过去之间的区分——或者说它们之间的"破裂"（break-up）——业已成为当代史从最初开始便面临的一个问题。①尽管历史学最初作为一门学术性学科，通常被认为确立于法国大革命与工业革命所引发的断裂经验中，但于历史学家而言，区分过去与当下之举作为一个普遍议题，却显然未曾加以理论化。只有一小部分历史学家和哲学家，如米歇尔·德赛都（Michel de Certeau, 1925—1986）②、莱因哈特·科泽勒克（Reinhart Koselleck, 1923—2006）③、海登·怀特、弗朗索瓦·阿赫托戈（Francois Hartog, 1946—　）④、弗朗克·安克斯密特与艾尔克·鲁尼亚（Eelco Runia, 1955—　）⑤——才对该主题加以系统化讨论。⑥仅贝尔贝·贝弗纳奇（Berber Bevernage, 1980—　）⑦曾在最近提出一种分析，揭示了过去与当下之间的这种"破裂"如何被表述为一种政治问题。换言之，从施为性言语行为（performative speech act）来看，这种"破裂"决定了哪一段时间被标识为"当下"，哪一段时间被标识为"过去"。⑧过去不会自动地从当下"分离"（break off）——正如安克斯密特所指出的那样，而只是作为言语行为的结果，作为"破裂"的结果。⑨

66

---

①　参见 A. Nützenadel and W. Schieder (eds), *Zeitgeschichte als Problem. Nationale Traditionen und Perspektiven der Forschung in Europa* (Göttingen, 2004)。

②　法国思想家。——译者注

③　又译"科赛雷克"，德国史学家。——译者注

④　法国历史学家。——译者注

⑤　荷兰史学理论家。——译者注

⑥　M. de Certeau, *The Writing History of History* (New York, 1988); R. Koselleck, *Futures Past: On the Semantics of Historical Time* (Cambridge, MA, 1985); E. Runia, 'Burying the Dead, Creating the Past', *History and Theory*, 46, 3 (2007), pp. 313—326; F. Hartog, 'Time, History and the Writing of History: The Order of Time', in R. Thorstendahl and I. Veit-Brause (eds), *History-Making: The Intellectual and Social Formation of a Discipline* (Stockholm, 1996), pp. 85—113.

⑦　比利时哲学家与史学理论家。——译者注

⑧　Berber Bevernage, '*We the victims declare the past to be in the present*' (Ghent, 2009)，业已正确批评 Runia 提出了一种"代理主义式的"过去观念，亦即认为过去自身可以成为当下的一种独立行动者。

⑨　关于德国当代史，笔者曾在下文中沿着类似路径加以论证：'"Hete geschiedenis". Over de temperatuur van de contemporaine Duitse geschiedenis', in *Tijdschrift voor Geschiedenis* 120: 1 (2007), pp. 5—19. 参见 F. Ankersmit, *The Sublime Historical Experience* (Stanford, CA, 2006), pp. 208—210, 287。

在施为上，把过去**纳入**当下的一个清晰例证是魁北克提出的官方口号"我铭记"（Je me souviens），因为这一口号把 1759—1760 年间的历史事件（即英国的征服）引入人们对魁北克当下的界定之中。另一个例证是把德国再现为"发动犹太大屠杀之民族"（Holocaust nation），因为它把 1940—1945 年间的事件引入人们对德国的当代界定之中。通过上述界定上的纳入之举，这些过去便成为"当下"的组成部分。

在施为上，把过去**排除**出去的作用方式与前述**纳入**进来的作用方式基本相同。把 1945 年刚结束后的德国再现为"零点"（Stunde Null）——它浓缩为一种"我什么都不记得了"（Je ne me souviens de rien），或至少是"我记不清楚"——便是一种把纳粹过去与战后当下加以分离的积极尝试。类似"排除"之举还出现在把当下界定为一种"后情势"的所有情况中，如后隔离时代的南非、后共产主义时代的波兰、后弗朗哥时代的西班牙等。

在德国史学和魁北克史学中，笔者曾指出，有关差异的特殊性讨论既导向过去（起源），也导向未来（终极目标）。相反，有关正常性的普遍化讨论，则首先导向当下。因此，在话语模式与其占据主导地位的时间导向之间，似乎存在着一种选择上的亲缘关系。这一观察表明，阿赫托戈有关"历史性的体制"（regimes of historicity）之观点——认为每段历史的特征都可被概括为一种占据主导地位的时间导向，而且每段历史之间不过是简单的**前后相继关系**——需要作一些调整，因为一种通往过去/未来的时间导向与一种面向当下的时间导向或许可以**共存**。[1]

笔者的第五个观点是，在德国史学和魁北克史学中，有关特殊性的话语同这两个民族过去的"基础性"事件联系在一起。在德国，"积极

---

[1]　参见 Francois Hartog，*Régimes d'Historicité. Présentisme et Expérience du Temps*（Paris，2002）。Bevernage 和 Aerts 沿着不同的路径也得出了类似结论。参见 Berber Bevernage and Koen Aerts，'Haunting pasts：Time and historicity as constructed by the Argentine Madres de Plaza de Mayo and radical Flemish Nationalist'，*Social History* 34：4（2009），pp. 391—408。中译本参见弗朗索瓦·阿赫托戈：《历史性的体制》，黄艳红（译），北京：中信出版集团 2020 年。——译者注

的"特殊道路论解释扎根于 1871 年德意志统一的积极经验中。当时，普鲁士战胜了法国，并为德意志政治统一和德意志国家的建立奠定了基础。消极的特殊道路论解释基本倒置了针对上述基础性事件的积极解释，因为它扎根于 1945 年后政治统一与自主接连丧失的经验中，而这些经验被视作德国在第二次世界大战中彻底战败的结果。

在魁北克，失败的对英战争以及随后政治自治的丧失，一直是特殊性范式的经验基础。因此，灾难经历与成功经历或许都加强了一个民族对历史特殊性的感受——当然，在此背景下，也加强了历史学家对每个民族都拥有特殊性的主张。①倘若有人寻找例证，那么我们可以为这种有关特殊性的灾难感受贴上"犹太式"历史观的标签，而为有关特殊性的胜利感受贴上"美国式"历史观的标签，因为两者看上去代表了理想的典型案例。

另一方面，对"正常性"的主张，似乎无法和那些"基础性的"（无论灾难性或胜利性）民族历史事件结合起来。它们看上去只是满足了有关当下的"积极"经验。基于基础性事件与起源（无论它们是灾难性或胜利性）的"历史使命"（Historical missions），不再构成正常化叙事的时间轴。这种现状（status quo）从根本上建构了原状（status quo ante），而原状不再被再现为战前状态（status quo ante bellum）。

在德国，经济奇迹与 1990 年的政治再统一，发挥了上述作用。在魁北克，20 世纪 60 年代以来的**静寂革命**及其在加拿大联邦内的半自主权，也扮演着一种类似的"正常化"角色。因此，或许并不令人感到惊奇的是：一方面，针对过去，出现了从特殊性话语向正常性话语的转变；另一方面，在民族共同体内经验当下的主导模式也在发生变化——而这两种变化之间似乎存在着一种联系。这两种变化都彼此作为对方的前提而存在，历史学家起着"民族建构"的作用便是例证。

---

①　参见 S. Berger and C. Lorenz, 'National Narratives and their "Others": Ethnicity, Class, Religion and the Gendering of National Histories', *Storia della Storiografia* 50 (2006), pp. 59—98。鉴于波兰史和爱尔兰史的"灾难性特征"，它们看起来也适合于同魁北克史进行比较。

第六个也是最后一个观点，基于对德国和魁北克的比较，笔者认为，尽管有关过去的特殊性话语和正常性话语扎根于人们对当下的经验，但历史话语同样彼此联系在一起。德国和魁北克的历史学家一直在讨论关于其民族"特殊道路"与"正常性"的问题，而且将之置于各自讨论的首要地位。换言之，历史学家不仅仅指向过去本身——这为其再现制造了证据限制①——而且还同时指向各自有关过去的再现。由此，历史书写同时还受到过去（以经验形式和证据形式）与互文性的条件限制。

互文性关系的这种消极或批判特性，业已得到安·里格尼的恰当　68
评述：

> （史学研究）的起点不是静默（到目前为止不可挽回），而是业已被提及的事物……修正主义者的著作互文性地被联系到他们试图取代的另一种描述……与许多理论反思或许引导我们相信的现象相反，历史学家的确经常以消极模式写作。断言发生了什么，与否认没有发生什么、什么显然不是事实或仅部分不是事实之间密不可分。②

因此，在历史书写中，事实性历史与反事实性历史之间，存在着一种直接联系。那些直接强调什么没有发生过（亦即那些在其民族事实历史中缺失的事情）的历史学家，总是从政治视角发现基础性重要事件的这种"消极属性"。所以在这里，我们也要讨论比较的政治学，正如我们对"差异等级"（contrast-class）的选择所表达出的那样。③

---

① 参见 J. Gorman, *Historical Judgement: The Limits of Historiographical Choice* (Montreal, 2008)。

② A. Rigney, 'Time for visions and revisions: Interpretative conflict from a communicative perspective', *Storia della Storiografia* 22 (1992), pp. 85—92, 此处 pp. 86—89. 有关倒置在历史书写中的角色，可参见 C. Lorenz, '"Won't you tell me, where have all the good times gone?" On the advantages and disadvantages of modernization theory for historical study', in Wang and Fillafer (eds), *The Many Faces of Clio*, pp. 104—127。

③ 同样参见 Jarausch and Geyer, *Shattered Past*, p. 29: "为了战时，当然也为了战后一代，这种德国过去已经开始作为当下认同界定的一种消极陪衬来发挥作用。"

这就是里格尼所称的历史之"竞赛维度"（agonistic dimension）。而且从差异性话语向正常性话语的转变，提供了这种维度的清晰例证。吉拉德·布沙尔有关魁北克（作为唯一未能获得独立国家地位的"新民族"）的叙述，提供了一个清晰的例证。这是因为魁北克首先被他赋予"消极特性"。换言之，这种消极特性是：与其他"新民族"相比，魁北克缺失政治自主性。[1]在德国史学里，"消极"特殊道路范式有一个显著的相似之处。这种范式把德国呈现为西方唯一一个在 1945 年前未能自行产生某种议会民主制的现代社会。

在魁北克和德国这两个例证中，"缺失"的属性都被呈现为与其他地方"良好"的发展相比在时间长河中"错误"发展的结果。在两个例证里，民族问题都被呈现为一种"现代化"的"失败"案例。两个例证都表明，即便历史书写声称是基于"事实"并且仅仅关注一个特定案例，它在反事实模式中也是可作比较的。[2]

于是，这两个例证很好地显示了比较政治学的运作方式。它们向人们展示，一种历史叙述的建构究竟如何同时成为一种为当代政治问题提供解答的尝试。在我们的两个例证里，这些问题各自是："为什么魁北克在 2006 年缺少政治自主权？""为什么德国在 1945 年前缺少议会民主制？"在（德意志）联邦共和国早期，这一问题仍是一个实际问题，因为其"前任"魏玛共和国遭遇了彻底失败。[3]

---

① Bounchard，*Making of the Nations and Cultures*. 自 2006 年 11 月以来，魁北克已被加拿大国会正式认可为加拿大内的一个"民族"。

② 正如 Chakrabarty 看上去暗示的那样："一段历史"的"缺位"或"失败"，便同其命运约定在一起——这样一种说法并不必然对非欧洲历史适用。参见他的 *Provincializing Europe*，31. 同样可参见 Eckel 和 Berger 在本书中的论文。

③ 参见 Eckel 在本书第一章中的论文。它也可以解释，何以（德意志）联邦共和国的历史主要被置于如"成功的共和国"一类的标题之下得到书写。参见 E. Wolfrum，*Die geglückte Demokratie. Geschichte der Bundesrepublik Deutschland von ihren Aufangen bis zur Gegenwart* (Stuttgart，2006)。它支持了 A. Dirk Moses 最近的观点。Dirk Moses 与 R. G. Collingwood，Jörn Rüsen & Reinhart Koselleck 争辩说，"叙述引起了历史问题，因而拥有一种面向理解不相关现象的特殊导向……历史学家并非只是为了自己的目的而去讲故事。值得强调的是：他们引起并试图回答特殊问题"。

笔者在结束对史学的比较特性和政治特性之分析时，想对海登·怀特提出的评论给予一些支持。这一评论指向迈克尔·欧克肖特（Michael Oakeshott，1901—1990）①命名为"历史的"过去与"实践的"过去之间的区分。②在怀特看来，对于把历史学确立为一门学术性学科而言，这种区分是必要的。这样一种学科，"一方面，通过消除未来主义关怀而得到净化，另一方面又避免对当下作出道德评价和美学评价，又不提及政治评价和社会评价"。与此相反，"历史的"过去被构想为"职业历史学家的保留地，他们有兴趣对过去进行'不那么让人感到有趣'的研究，让过去'如实直书'及'如其而终'。因此，'历史的'过去被设想为从'实践的过去'中'分离'出来，换言之，过去被设想为记忆、理想和各种例证的仓库：每一件事都值得记忆和重复"。③怀特在其漫长的职业生涯里，批判了这种纯粹"历史的过去"之观点，甚至不惜以牺牲历史学作为拥有认识能力的学科这一观念。④与学术浪潮不同，他强调了"做历史"（doing history）的内在政治属性："当我们选择自己的过去时，我们便选择了一种当下；反之亦然。我们用一种去**证明**另一种。"⑤在这一方面，怀特拥有一种基本观点，而且由**元史学**所引发的大量争论便是其中一例清晰明证。

但是，如笔者与其他学者（如约恩·吕森［Jörn Rüsen，1938—　　］⑥）

70

---

① 英国哲学家、政治思想家。——译者注

② M. Oakeshott，*Experience and ist Modes*（Cambridge，1933），pp. 86—169.

③ H. White，'The public relevance of historical studies: A reply to Dirk Moses'，*History and Theory*，44：3（2005），pp. 333—338，这里是 p. 334。笔者在 C. Lorenz，*Konstruktion der Vergangenheit*（Cologne，1997），pp. 400—436。沿着类似路径，也反对把历史认同与实践认同两个概念切割开来。

④ 关于过去是否限制了其再现的更新问题，可参见论坛 'Historical Representation and Historical Truth'，*History and Theory* 48：2（2009）。

⑤ White 的话引自 A. D. Moses，'White, Traumatic Nationalism and the Public Role of History'，*History and Theory* 44：3（2005），pp. 311—332，这里是 p. 320。关于 White 的立场，可参见 H. Paul，*Masks of Meaning: Existentialist Humanism in Hayden White's Philosophy of History*（Groningen，2006），特别是第 2 章。

⑥ 德国史学理论家。——译者注

强调过的那样，承认作为学科的历史学拥有一种基本政治**面貌**，并不意味着把历史**简化**为政治，或消除它的认识论。[①]这种承认只是在理论层面上确定了"历史政治学"的定位，并对其加以分析。笔者对"比较政治学"的分析，便是对这一问题的解释作一点微薄的贡献。

———————————

① 参见笔者的 'Can histories be true? Narrativism, positivism and the "metaphorical turn"', *History and Theory* 37：3 (1998)，pp. 309—329。

第三章 为民族历史设定场景

乔普·雷尔森（Joep Leerssen）

导论 1　叙述与场景设定

叙述是一种普遍存在的人类活动。它远远超越了文学虚构的类别（故事、短篇故事、民间故事，甚至神话与戏剧），因为它同样是真实生活故事经常被讲述的形式，如新闻报道、传说、自传、游记，以及尤其是历史书写的某些传统。然而，尽管叙述作为一种话语形式甚或一种我们想象事物的模式广为流传，但并非所有文本都是叙述。在过去数十年间，叙事学的文学专业方向不断地致力于如下问题：究竟是什么让叙述显得如此特殊？哪些特点让叙述与其他话语形式（如清单、祷文、指令、论文、辩论）区分开来？在这些叙述所特有的特征里，①存在着这样一种事实，即叙述总是描述一位主人公实现特定使命的努力，而在此过程中，它们又受到其他次要行动者或因素的帮助或阻碍。此外，事件总

---

① 在这里，笔者不加区分地混合并兼收并蓄地吸纳了下列学者的提议：A. J. Greimas，G. Genette，M. Bal，M. Fludernik 和 A. Rigney。这些提议来自文学研究中的不同主张和"派别"，每一个提议都拥有它们自己的优势、词汇以及研究事物的方法。但是，它们彼此之间并非完全不相协调的。关于一般性的介绍概览，可参见 J. —P. Dubost, 'Erzählen/Beschreiben', in B. Cassin (ed.), *Vocabulaire européen des philosophies* (Paris, 2004), pp. 377—383; G. Prince, 'Narratology', in M. Groden, M. Kreiswirth (eds), *The Johns Hopkins Guide to Literary Theory & Criticism* (Baltimore, MD, 1994), pp. 524—528; A. Rigney, 'Verhalen', in K. Brillenburg Wurth and A. Rigney (eds), *Het leven van teksten: Een inleading tot de literatu-urwetenschap* (Amsterdam, 2006), pp. 159—194。

是通过一位处于行动中的参与者而得到聚焦，叙述则把有关一种特殊行动类型的论断建立在一种特殊行动者类型之上，例如一位英雄、懦夫、叛徒及受害者等。再者，这些行动通常需要拥有一种通常被称为**动机**的特定道德和逻辑上的合理性。在确定动机的过程中，它们经常激活一整套固有的基本模式或固有特性。

72　　　　在历史书写中，所有这些因素和修辞策略可能/业已相遇。在某种程度上，这些叙事类型仅仅是我们按照时序对前后相继的事件加以排列（甚至是把历史上的事实内容纳入因果关系的故事情节中）时所不可避免出现的同时性现象。毕竟，剥夺所有修辞性或体裁性的特点，是不可想象的。在某种程度上，这些叙事类型可证明部分历史学家中存在的一种偏见（parti-pris）甚或一种操纵意图。挑选并排列资料之举（在修辞上被称为"谋篇布局"［dispositio］①）、选择行动主角之举、概括特征与寻找动机的策略——所有这些如同档案研究与史料考证的能力一样，都是历史学家工具箱里的一部分。

　　当然，所有这些的基础在于如下问题：把什么凸显出来？把什么边缘化？甚或：把什么留下？把什么去除？如何限定历史叙述的主题和范围？笔者将通过观察一份历史文本的叙述边缘部分，以对上述主题提出一些反思。我们也许可以通过集中关注文本篇幅的使用量来实现这种反思：这里使用了多少篇幅？多少字被用来描述哪些特征、事件或形象？另一种有趣的可能性是去追踪那些被供奉于文本主体中的因素，将之相对于边缘的附带说明（obiter dicta）或脚注。但是，最重要的问题是：一篇历史文本从何处开始？又在何处中止？

　　叙述的特征是拥有一个开端、一个中间部分和一个结局。在叙述弧（narrative arc）中，每一部分都拥有一种特定功能。通常情况下，故事从开头得以设定，通过中间部分，在结尾处圆满结束。这种编织情节上

———————————

①　这一点还主要包括突出一系列事件（故事［fabula］）的方法被安排进一种特别的文本叙事中（情节［sjužet］）——这是俄国形式主义学派所辨识出的核心启发式特质。

的"终结之感"（sense of an ending）（让人回想起弗朗克·凯尔莫德［Frank Kermode，1919—2010］①初版于 1967 年的著作之标题）的重要性，最近几年已在以下事件中得以显示：许多非同寻常的措施得到采用，以保证读者大众无法事先得知 J. K. 罗琳（J. K. Rowling，1965— ）②《哈利·波特》（Harry Potter）系列著作的结尾。在某种程度上，这种对于该书结局的精心守护之举，不过是宣传炒作的一部分。但是，倘若这种炒作并未与如下根深蒂固的观念结合在一起，它也不会产生如此好的效果。这种观念认为，如果结局提前被那些所谓的"剧透者"泄露，那么读者所循的叙述弧之轨迹将会在某种程度上被削弱。

历史叙述似乎只有一个中间阶段。③历史中的开端与结局是反常现象，如同竭力在一股海浪中用界桩来确立起始点和结尾处。一段历史必须从某地开始，又必须停止于某点。但是这些分界点并不能自行构成一段叙述的开端或结局。第一次世界大战的一段历史，并不能轻率地开始于 1914 年敌意显露之时，也不能结束于 1918 年停战之日。那场战争的故事拥有着自己的前奏及后果。当历史学家试图使其叙述的开端与该事件的前奏相符，并将其文本的分界点与历史影响的持续发展特征相协调时，总是处于尴尬境地。就本质而言，其原因总是在于：对于前奏与后果的远距离观察，是一种针对后续之事的无休止的延伸性远眺。 73

历史学家是如何开启与结束其文本的？我们能邂逅各种不同的文本策略。在许多情况下，对历史事件的描述被夹在一种漫长且非叙述性的开端与结局之间。结局包含着道德上的结论与一种伦理上的平衡，并强调所描写之事的重要性。开端则包括对历史事件将展开之场景加以编写地方志式的考察。这种结构反射出新古典主义悲剧的结构。它启幕时有

---

① 英国文学评论家。——译者注
② 英国小说家。——译者注
③ 在这里，笔者利用的是 A. Rigney 等提出的史学叙事学。参见她的 The Rhetoric of Historical Representation（Cambridge，1990），或 'Narrativity and Historical Representation'，Poetics Today 12：3（1991），pp. 591—605. 这些研究相应利用了 L. O. Mink，P. Ricoeur 和 H. White 的著作。

开场白，落幕时有收场诗。在下文中，笔者希望聚焦于故事的开端，并主要以爱尔兰和比利时为例。

导论 2　开启一段民族历史的一些欧洲模式

戏剧，从字面上理解就是一种"事件的展现"，它上演于戏院内、舞台上。其开幕由第一个观众可见的场景构成：它或是幕布拉起的结果，或是通过使用灯光效果。其他许多叙述形式也呼应了这种开端，其方法是在文本上用一种场景描述或一套关于动作位置的空间指示器来启动叙述。众所周知，托马斯·哈代（Thomas Hardy，1840—1928）①的许多小说总是如此开始的：全景式地再现一种风景，放大场景中的某些人物，然后进入针对行动者的叙述性描写，描写他们的期待与恐惧、行为与命运。与此类似，在电影中，故事的开端，通常不是对事件加以叙述性或戏剧化的呈现，而是展现一种行动即将展开的壮观场面。②

与此类似，许多历史文本也从一种壮观场面开始其叙述。③它们将呈74　现一种针对地点的地理调查，或是一种针对该时刻的情势调查。这种调查呈现出一种静态的条件序列，莱辛（Gotthold Ephraim Lessing，1729—1781）④称之为一种"并存"（Nebeneinander）；此后，调查会进入事件与其动态"接连"（Nacheinander）之间的关系。米什莱（Jules Michelet，1798—1874）⑤在其巨著《法国史》（*Historie de France*）的开端处，描

---

①　英国小说家。——译者注
②　这种戏剧化的开端在史诗开头也有类似现象。史诗开头会通过突然呈现对话或行动以及接下去仅仅"缩小"到对上下文或背景的解释，来开门见山（in medias res）地冲击毫无准备的听众。托尔斯泰（Tolstory）的《战争与和平》（*War and Peace*）的开头，就是这样一种开门见山式的史诗般开端之例证。它展示的是在迷人的晚会中的对话，人们在那里对当前局势窃窃私语。
③　在某种程度上，有关叙述和壮观再现的双轨主张，是历史讨论的特殊之处。再次参见 A. Rigney，*The Rhetoric of Historical Representation*。
④　德意志文学家、剧作家。——译者注
⑤　法国历史学家。——译者注

述了"法国的图景"（Tableau de France）。这种非叙述性的绝技（tour de force）已众所周知，[1]并得到过史学叙事学家汉斯·凯尔纳（Hans Kellner）[2]的评述。但这种造型只是史学传统案例。这种史学传统至少从吉本（Edward Gibbon，1737—1794）[3]的《罗马帝国衰亡史》（*Decline and Fall of the Roman Empire*）延续到布罗代尔的《地中海》。

在壮观场面描述与事件叙述之间的关系中，在有关开端、中间与结局的问题中，存在着诗性的、叙事学的、史学的错综复杂之纠缠。它提供了一种令人着迷且具有挑战性的话题。在民族历史书写的阶段及其下属类别里，该话题拥有着特殊的重要性，因为它正好凸显了民族性清晰本质的不确定性——这种民族性在 19 世纪被神圣化为历史的建构原则及历史书写的首要范畴。

当民族历史书写崛起于浪漫主义和民主革命的数十年间时，出现的变化包括其焦点从政体转向民众，从王国转向其构成民族。现在，叙述的焦点、章节分配的组织原则、历史叙述的聚合与组织，不再围绕统治者的承续问题，而是围绕那个叫做"民族"的集体性主人公之经历。这一点同样引起了一连串史学问题。

更古老的史学研究王国与统治。换言之，它研究的是这样一些国家，即其制度先验性地（a priori）提供了历史事件与叙述的连续性。"旧制度"（ancien régime）下的王国（如法国或神圣罗马帝国的君主制）崩溃后，历史学家事实上被迫去寻找另一些非制度化的连续性，而一种理想化的"民族"观念或许正好提供了这种连续性。我们同样可以从 1840 年把拿破仑（Napoleon Bonaparte，1769—1821）[4]遗体重新葬于荣

---

① 严格说来，并非在开头，因为造型呈现在第三卷中，跟在有关罗马高卢时代、墨洛温王朝和加洛林王朝的片段之后。通过这种安排，这些早期时代被缩减为"帷幕拉起者"的状态，是真正法国的真实历史开启的前奏。参见 H. Kellner, 'Narrating the "Tableau": Questions of narrativity in Michelet', in Kellner, *Language and Historical Representation: Getting the Story Crooked* (Madison, WI, 1989), pp. 102—123.

② 美国历史学家。——译者注

③ 英国历史学家。——译者注

④ 指法兰西第一帝国皇帝拿破仑一世。——译者注

军院（Invalides）这一重大事件中看到这一点。当灵柩及随行送葬队列从圣赫勒拿岛上回国，如胜利行军那样穿过整个法国，到达巴黎时，它是赠送给路易-菲利普（Louis-Philippe，1773—1850）[1]的礼物。在那一时刻，法兰西国家的两种矛盾化身（帝国与七月王朝）面对面相遇了。这一当时可能存在的张力被一种礼仪式的交换场景所舒缓。当时，负责灵柩的军官如此向国王汇报："陛下，我把拿破仑皇帝的遗体献给您。我奉您之命带其来此。"由此，一位王国统治者与其帝国前任同时出现，在单个场景内，在单个句子里。但这种同时出现的局面通过（军官）对国王之权力与权威的强调而得以纾解。路易-菲利普的回答是："我以法兰西之名接收他"。这一回答暗示着，后继的政权都是合法的，因为它们中的每一个都代表着被称为"法兰西"的超验精神原则，在自己的一代人中行动。[2]如此，这种抽象的、超验的民族——正如 19 世纪 40 年代的历史学家在历史书写中表达的那样——可以得到借用，以超越制度上的缺陷和革命，再现连续性。与此类似，在德意志，费希特（Johann Gottlieb Fichte，1762—1814）[3]的《对德意志民族的演讲》（*Reden an die deutsche Nation*）同样着手超越当时的制度与宪法混乱局面，以证明一种宏大的跨代际式连续性。其演讲的标题暗示着，即便德意志民族的神圣罗马帝国在起源千年后（在查理大帝于罗马加冕一千年以后）的剧变中被人们抛弃[4]，但这个帝国的构成民族仍是一种活跃的、道德上具有支配性的存在。[5]

　　但是，即便这种有关民族性的超验观念可被用以象征革命断裂包围

----

① 指法国国王路易-菲利普一世。——译者注

② J. Tulard，'Le retour des cendres'，in P. Nora（ed.），*Les lieux de mémoire*，vol. 2，new edn（Paris，1997），pp. 1729—1756.

③ 德意志哲学家。——译者注

④ 一般以 962 年奥托一世在罗马加冕为帝作为神圣罗马帝国的开始。此处费希特将神圣罗马帝国的开端追溯到 800 年查理大帝于罗马加冕为帝。神圣罗马帝国于 1806 年被拿破仑一世推翻，与查理大帝加冕间隔恰一千多年。——译者注

⑤ 参见 J. Leerssen，*National Thought in Europe：A Cultural History*（Amsterdam，2006）.

中的延续性，其自身的历史延续性却在很多方面仍是一个悬而未决的问题。在许多国家，人们从种族根源的角度来解释等级区分现象：法国的旧贵族便自视为法兰克征服者的后代，大部分英格兰旧贵族则将其谱系追溯到诺曼征服中胜利的入侵者，而一位西班牙"下级贵族"（hidalgo）会骄傲地吹嘘自己的西哥特祖先。①倘若民族性被用以指涉种族性血统，那么它自身也曾遭遇过中断，例如在被征服期间及发生迁徙时期。事实上，正是在德国，种族的连续性才成为骄傲自夸的对象。藉此，这个国家相对欧洲其他国家的优越性才得以凸显。正如人们曾指出的那样，从塔西佗（Publius Cornelius Tacitus，约 56—约 120）②描述的部落直到当代，德国的居民总是德意志人。另一些部落，如弗里索纳斯人（Frisones）和卡提人（Catti）仍然居住在塔西佗最初描述他们所居的区域（分别是弗里斯兰［Friesland］和赫希亚［Hessia］）。德意志人是土生土长的，熟悉这片土地，原始朴实。德国的领土和地区划分所用的命名，仍然保留着古代德意志民族的部落名称：阿勒曼（Alemanni）、苏维比（Suabii）、巴伐利亚（Baiuwari）、萨克森（Saxones）和法兰克（Franci）。更为重要的是，以上这些部落坚持保留了其原初的语言。其他日耳曼部落在西罗马帝国崩溃之时征服了欧洲，但勃艮第人（Burgundi）与法兰克人业已接受了被征服的高卢（Gaul）地区之罗马语；西哥特人（Visigoths）和汪达尔人（Vandals）接受了西班牙的罗马语；伦巴底人（Longobards）和东哥特人接受了意大利的罗马语。这种蜕化——如雅各布·格林（Jacob Grimm，1785—1863）③所称呼的那样——并没有污染到德意志人。④由

①　参见 L. Poliakov, *Le mythe aryen. Essai sur les sources du racism et des nationalismes*, new edn (Bruxelles, 1987)。总体上有关更古老的民族起源神话，参见 A. Borst, *Der Turmbau von Babel. Geschichte der Meinungen über Ursprung und Vielfalt der Sprachen und Völker*, 6 vols, new edn (Munich, 1995)；以及 P. Hoppenbrouwers, 'Such Stuff as Peoples are Made on: Ethnogenesis and the Construction of Nationhood in Medieval Europe', *Medieval History Journal* 9：2 (2006), pp. 195—242.

②　古罗马历史学家。——译者注

③　德意志文学家。——译者注

④　J. Grimm, *Geschichte der deutschen Sprache*, (1848; reprinted Cambridge, 2009), 特别是献给 Gervinus 的献词。

此，19 世纪末的德意志民族沙文主义激发了一种在种族特性与定居点之间原始而未受中断的连续性。"不！我们不是流浪到此的吉卜赛人。我们是自己祖国土生土长的原住民，产生于冰河时代的残酷选拔。"[1]

因此，理想情况下，民族的连续性可被无中断地追溯至欧洲历史的原初状态：即冰河时代（the Ice Age），这是"历史的黎明"。当我们的最早史料描述原始时期的欧洲部落地理分布时，这种默认状态早已得到确立：高卢人占据的法兰西、凯尔特—伊比利亚人占据的西班牙、凯尔特人占据的不列颠、日耳曼人占据的德意志和斯堪的纳维亚半岛。然而，绝大多数历史学家在追溯其民族的起源，在其民族历史的地理剧院中设置场景时，必须考虑到定居点变换的情况。他们不得不求助于能够考虑到不同人群、种族迁徙和征服之历史的一种表述方式。在大多数欧洲国家，民族性并不能提供一种开放的、静态的、一体的开端。那么，历史学家又是如何处理这种困难的呢？

众所周知，这团乱麻已被亨利·皮朗在其《比利时史》（*History of Belgium*）中加以考虑。他在写作时，对部落连续性的崇拜业已开始受到抨击。欧内斯特·勒南（Ernest Renan，1823—1892）[2]发起了这一抨击。众所周知，他驳斥了把纯粹种族特性作为民族身份认同因素的观点。当皮朗撰写其《比利时史》（*Histoire de la Belgique*，7 卷本，1899—1932）时，他无法为其国家主张任何形式的民族或种族凝聚力。但与此同时，他也拒绝接受认为比利时应该是一种混杂或人造结果的任何观点。相反，他把比利时的特征与凝聚力界定为一种天然的十字路口与交汇处。

---

① 这是 F. Bley 在 1897 年所言，引自 I. Shöffer, *Het nationaal-socialistisch beeld van de geschiedenis der Nederlanden* (Amsterdam，1956)，p. 129. 原文是 "Nein，nicht eingewanderte Zigeuner sind wir，sondern das aus der harten Auslese der Eiszeit hervorgegangene ureingeborene Stammvolk unserer Heimat."

② 法国东方学家与闪米特研究者。——译者注

我们可以在其导言中追随其论证的步伐。①他在开篇时声称，希望通过凸显比利时的"整体特征"来追溯其中世纪历史。为此，他使用了民族历史书写的范式。但是，他从外部环境中意识到，这一任务"带来了极其严重的困难"。从根本上而言，在比利时，

> 人们若寻求地理上的统一，或种族上的统一，或政治上的统一，都是徒劳的。实际上，比利时是一块没有自然边界的土地。在那里，人们说着两种语言，而且自《凡尔登条约》（*Treaty of Verdun*）②以来，它便既依仗法国（斯凯尔特河［Scheldt］左岸），又依仗德国（斯凯尔特河右岸）。

因此，皮朗意识到，把一些并不拥有坚固凝聚力、只是在措辞和编年上丢在一起的东西作为"民族史"来加以呈现是存在危险的。但是，正如皮朗表明的那样，这种担忧又毫无根据。因为在比利时领土上的地方行政区，公国与侯国之历史中，仍然有一种内在且坚固的统一性。倘若把比利时看作西欧的一个缩影，那么比利时的历史不再是

> 毫无关系的各种事件的堆积。其统一并非如德国那样来自种族共同体，也并非如英法那样来自一个世袭君主国的集权影响力，而是来自社会生活的统一。

换言之，这是一种持续进行的、受地理决定的商贸、交易与交换的

---

① 下面的引文是笔者从 *Histoire de la Belgique*（1899；经常重印，1929 年重印版可在网站获取，Digithèque Henri Pirenne：http://digitheque.ulb.ac.be/fr/digitheque-henri-pirenne/index.html，查阅时间：2009 年 5 月 10 日。）

② 指 843 年加洛林王朝皇帝路易一世的三个儿子在凡尔登签订的分割查理大帝遗产的条约，国土被分为三个部分。这三部分一般被认为是后世法国、意大利、德国三国的雏形。今天的比利时领土基本位于中法兰克王国境内。——译者注

传统。从这一传统出发，皮朗可得出如下结论："那么，事实上，尽管表现不同，但确实有一段比利时史。"

皮朗的史书在初步证明其主题与规划后，以一种久负盛名的方式展开，展现了一幅壮观的场景：它描述了这片土地及罗马时代的历史起源。皮朗调查了阿登高地（Ardennes）与北海海岸之间的领土，记录了史前时代在此游荡的部落"往复运动"（va et vient），以及日耳曼人和凯尔特人在此定居——在他的视野下，从特性上看，日耳曼人和凯尔特人是典型的混杂性且不易区分的人群。"许多凯尔特人部落都充满着日耳曼人的元素……无论如何，凯尔特人与日耳曼人之间的差异并不那么大……比利其人（Belgae）或许可被视作两者之间的过渡。"如此，从罗马人定居，连同它从科隆到布伦（Boulogne）的交通要道，到法兰克人入侵及敦刻尔克（Dunkirk）至马斯特里赫特（Maastricht）之间语言边界的积聚形成，皮朗的比利时史就这样设定好场景，而其核心主题也被安排妥当。

爱尔兰：被多次征服的小岛

78

爱尔兰是比利时的对立面，同样是民族历史书写的舞台。它不处于十字路口，只是一个岛屿，远离欧洲其他地区，也远离欧洲历史的大部分事件。在历史学家和古文物研究者看来，爱尔兰的边缘性是习以为常的现象。这些研究者倾向于附和并不断重复以下事实：爱尔兰从来不是罗马帝国的组成部分。对于如休谟（David Hume，1711—1776）[1]这样的历史学家而言，此事则是一种耻辱，因为欧洲的所有地区正是从罗马获得其礼仪规范的。对于民族主义者、19 世纪的作家们而言，这却是值得自豪的一点——爱尔兰仍然保持着它原初且本土的真实性："爱尔兰

---

[1]　苏格兰哲学家。——译者注

让大陆民众垂涎已久……然而只有罗马人才差点去征服爱尔兰。"[1]这一观点可追溯到莱布尼茨（Gottfried Wilhelm Leibniz，1646—1716）[2]。莱布尼茨在其《词源汇总》（*Collectanea etymologica*）里便推测过欧洲语言与（特别是）凯尔特语言之间当时还未明晰的关系。他指出，爱尔兰的边缘性让该国及其语言变得有趣，因为它未曾受到稍后移民浪潮的影响，而后者曾搅乱了欧洲的种族—语言版图。爱尔兰的语言或许得以安全保存下来，因此变得更古老、更原始，特别是同（例如）威尔士语相比。（在凯尔特文献学家之中，这一观点仍占据主导地位。[3]）

爱尔兰不位于十字路口，处在完全与比利时相反的特殊环境中。即便如此，爱尔兰的民族历史学家仍发现，他们很难如同日耳曼类型那样，从原始种族真实性的角度来分析爱尔兰历史。尽管他们清晰地沿循如下叙述路线：即证明该国的盖尔人（Gaelic people）才是原初居住者，且受到英格兰王室及英裔爱尔兰人殖民阶层的非法镇压和剥夺——但当地传统本身却远远没有把盖尔凯尔特人视作本国土生土长的居民。

当地伪历史神话学业已把爱尔兰视作一个不断被前后相继的移民浪潮所占领的国家。中世纪错综复杂的"起点"神话与吟游诗人的故事甚至还带有如"占领爱尔兰之书"（*Lebor gabála Érenn*，the book of the takings of Ireland）这样的题目。根据该观点，盖尔人只是一系列征服者中的最后一群人，在此之前还有费尔伯格人（Fir Bolg）[4]、达努神族

---

[1]　A. Stopford Green，*The Making of Ireland and its Undoing*，*1200—1600*，2nd edn (London，1909). 关于休谟与 18 世纪史学争议及古迹与古代文明（或由此缺失），可参见 C. O'Halloran，*Golden Ages and Barbarous Nations：Antiquarian Debate on the Celtic Past in Ireland*，*c. 1750—1800*（Cork，2004）. 同样，关于后来在史学传统中的反弹，可参见 C. O'Halloran，'Historical Writings，1690—1890'，in M. Kelleher and Ph. O'Leary（eds），*The Cambridge History of Irish Literature*，vol. 1（Cambridge，2006），pp. 599—632.

[2]　德意志哲学家。——译者注

[3]　T. Brown（ed.），*Celticism*（Amsterdam，1995）.

[4]　在中世纪爱尔兰神话中，费尔伯格人是第四批定居爱尔兰的人。他们在统治爱尔兰一段时间后，被入侵的达努神族推翻。——译者注

(Tuatha Dé Danann)①及其他种族。这种观点被 17 和 18 世纪印刷出版的近代历史书写作品所继承，特别是通过杰弗里·基廷（Geoffrey Keating，约 1569—约 1644）②的著作（拉丁文，17 世纪 20 年代）。③在这种观点下，爱尔兰是一块在那儿"等待被占领"的土地。正如一位中世纪吟游诗人表达的那样，它是"刀剑之地"，不是用法律或封建头衔来占有，而是用统治者的军事力量、文化馈赠与个人魅力来加以控制的。④英格兰或亲英的历史学家拒绝接受本土传统，将之视作愚昧土著人的迷信神话，而且把 12 世纪晚期英格兰王室军事入侵前的所有爱尔兰历史之地位降低为传说中的史前时代。占据统治地位的历史论点毋宁说是一种教会历史的论点：即关注这个国家在中世纪早期的基督教化是否是在教皇权威的基础上进行的。有关圣帕特里克（St. Patrick）⑤的主教地位是否低于罗马主教的问题，正是从 17 世纪中叶到 19 世纪分属天主教会、高教会圣公会、长老会的作家们各自阐述的焦点。

　　于是，19 世纪爱尔兰的民族历史书写面临着一种尴尬的三重困境。首先，它不能再天真地重复中世纪传说般的伪史学，而必须向 17 和 18 世纪期间在历史书写方面取得的明显进步妥协，如由马比昂（Mabillon，1632—1707）⑥和穆拉托里（Muratori，1672—1750）⑦带来的史料考证与

---

①　爱尔兰神话中的一个超自然种族。大部分爱尔兰神话都是由基督教僧侣记录的，他们在一定程度上对其进行了修改。他们经常把达努神族描绘成遥远过去的国王、王后和英雄。有时候，这些神族被解释为堕落的天使，既不善良也不邪恶。——译者注

②　爱尔兰历史学家。——译者注

③　关于 Keating，参见 B. Cunningham, 'Seventeenth-century interpretations of the past：The case of Geoffrey Keating', *Irish Historical Studies* 25：98 (1986), pp. 116—128；B. Cunningham, *The World of Geoffrey Keating. History，Myth and Religion in Seventeeth-Century Ireland* (Dublin, 2000).

④　参见笔者的 *Mere Irish and Fíor-Ghael：Studies in the Idea of Irish Nationality，its Development and Literary Expression prior to the Nineteenth Century*, 2nd edn (Cork, 1996), pp. 175—177.

⑤　圣帕特里克是 5 世纪在爱尔兰的基督教传教士和主教。他被尊为爱尔兰的主要守护神之一，虽然从未被正式封圣但仍然被作为圣徒而受人信仰。——译者注

⑥　即 Jean Mabillon，法国历史学家。——译者注

⑦　即 Ludovico Antonio Muratori，意大利历史学家。——译者注

史料编辑，由伯内特（Burnet，1643—1715）①、克拉伦登（Clarendon，1609—1674）②和休谟带来的"哲学化"历史写作之发展。然而，另一方面，他们虽同情盖尔人的传统，但这些传统却被现代历史书写视作空想与幻想而遭到摒弃。尽管如此，即使在该传统的观点下，爱尔兰盖尔人也仅仅是前后相继的各族群链条中的一环。它的前面有费尔伯格人和达努神族，而它自己则被丹麦人和英格兰人所取代。那么，如何解开这一棘手难题呢？

答案伴随着印欧语范式的发明而来。在 1780 年至 1825 年间，比较语言学确定，爱尔兰的盖尔语构成了凯尔特语族的一部分。此前的爱尔兰古文物研究者和历史学家都把盖尔人——当时广泛被称为"米利都人"（Milesian），即米勒人（Míl）的后代——视作有源头可循的民族。他们可被追溯到腓尼基人（Phoenician）、迦太基人（Carthaginian）和伊特鲁里亚人（Etruscan）。这些族群通过西班牙的陆路与大西洋沿岸的航线，从地中海到达爱尔兰。③东方主义视角遭到抛弃，随之而来的激烈历史争论和考古争论占据了 19 世纪 20—30 年代的主流。其焦点是一种印欧模式，即把盖尔凯尔特人视作大陆高卢人与不列颠人（Briton）的同族人，而高卢人与不列颠人早在铁器时代之初便从欧洲内地到达爱尔兰。由此，盖尔人"征服"（Landnahme）爱尔兰之举，便成为在历史学和考古学上得以确立的全欧洲范式的组成部分，并巩固了爱尔兰盖尔人的主张。后者认为，他们曾是该国最古老的历史族群之后代，是本地的、土生土长的，并且这是得到证实的。此举把盖尔人之前的费尔伯格人和达努神族等压缩到未知的、已消失的、"史前"巨石建造者和神话

① 即 Gilbert Burnet，苏格兰哲学家与历史学家。——译者注
② 即 Edward Hyde，1ˢᵗ Earl of Clarendon，英国历史学家、政治家。——译者注
③ O'Halloran, *Golden Ages and Barbarous Nations*；N. Vance, 'Celts, Carthaginians and Constitutions；Anglo-Irish Literary Relations，1780—1820'，*Irish Historical Studies* 22：87 (1981)，pp. 216—238；笔者自己的论文 'On the Edge of Europe：Ireland in Search of Oriental Roots，1650—1850'，*Comparative Criticism* 8 (1986)，pp. 91—112；J. Lennon, *Irish Orientalism：A Literary and Intellectual History* (Syracuse，NY，2004).

人物的阴影之中，同时把夺取权力的丹麦人和英格兰人转变为入侵的掠夺者、占领者和殖民者。因此，P. W. 乔伊斯（P. W. Joyce，1827—1914）①在其《古代爱尔兰社会史》（*A Social History of Ancient Ireland*）中便这样写道：

> 古代爱尔兰的制度、艺术和风俗，除却少数例外，都是在几乎完全不受外来影响的环境下成长起来的……罗马人从未踏足爱尔兰；虽然他们的影响在某些细微层面上能被人感受到，这些影响或是通过直接交流，或是间接通过不列颠人产生。第一批以侵略者身份出现的外国人是**丹麦人**，……然后是**盎格鲁-诺曼人**……。但是，丹麦人和盎格鲁-诺曼人入侵的一个重要影响必须在此指出：**他们阻止了当地学问与艺术的进步**……爱尔兰展现出一个被阻止发展之文明的奇景。②

我们或许可以放心地把托马斯·穆尔（Thomas Moore，1779—1852）③的《爱尔兰史》（*History of Ireland*，4 卷本，1835—1845 年）称作该国 19 世纪第一部主要的、充满雄心壮志的民族史。该书的第一卷出版于 1835 年。作者作为拜伦（Byron，1788—1824）④的朋友及后者的传记作家、文集编辑而闻名于世。此外，他还是这一代人中最杰出的诗人之一。他作为诗人的名声很大程度上来自其伟大诗作《拉拉鲁克》（*Lalla Rookh*）及其爱国主义的《爱尔兰旋律》（*Irish Melodies*）。当穆尔接受撰写一部"爱尔兰史"的任务时，历史书写正好从其激烈争议

---

① 爱尔兰历史学家与作家。——译者注
② 第二版以两卷本的方式出版（London，1913；重印于 New York，1980），I，pp. 3—5. 按照原文标注斜体。
③ 爱尔兰文学家与诗人。——译者注
④ 即 George Gordon Byron，6th Baron Byron，常被称为拜伦勋爵，英国诗人与政治家。——译者注

（包括世俗与教会的）、好古主义与"纯文学"（belles lettres）的史料传统中产生。随着 1798 年起义①与 1800 年至 1801 年《联合法案》（*Act of Union*）②的余波和相互指责逐渐退入过去，世俗性争议正在减少。1828 年《解放法案》（*Emancipation Act*）③ 让爱尔兰占多数的天主教人口获得公民权利后，宗教争议逐渐减少。穆尔参加了上述两场争论，并由此写下了他的《洛克上尉回忆录》（*Memoirs of Captain Rock*，1824 年）和《一位爱尔兰绅士寻找信仰的旅行》（*Travels of the Irish Gentleman to Search of Religion*，1833 年）。好古主义正在慢慢褪去它那矫揉造作的业余作风与毫无顾忌的东方主义式猜测，并开始依仗来自本土史料的数据进行更深入的认识。这些本土史料已开始由查尔斯·奥康纳（Charles O'Conor，1764—1828）④与爱德华·奥赖利（Edward O'Reilly，1765—1830）⑤等学者进行整理。最后一批支持东方主义学派"腓尼基缘起论"空想者，例如威廉·贝瑟姆爵士（Sir William Betham，1779—1853）⑥正日益被边缘化，并遭到嘲笑。因此，穆尔的史书便颇为自信地以一段关于"爱尔兰的凯尔特起源"之段落展开。⑦

　　然而，穆尔发现自己很难完全摒弃那些来自传说性的、伪历史的本

---

① 爱尔兰人反抗英国统治的第二次大起义，又称爱尔兰人联合会起义。1789 年 5 月，因受法国大革命影响，爱尔兰人在爱尔兰联合会领导下发动起义，最终被英军镇压，数万人遇害。——译者注

② 1800 年 8 月 1 日英国王室批准的法案，该法案规定自 1801 年 1 月 1 日起爱尔兰王国与不列颠王国合并为大不列颠与爱尔兰联合王国。在该法案前，爱尔兰王国与英格兰王国是共主邦联。——译者注

③ 此处原文有误，虽然《解放法案》起源于 1828 年，但实际在英国议会通过是 1829 年，通称 1829 年《天主教解放法案》，又称 1829 年《罗马天主教救济法案》。1828 年，爱尔兰天主教徒丹尼尔·奥康奈尔当选议员，但当时的英国法律不允许他进入议会行使议员权利。爱尔兰人民族情绪高涨，内战一触即发。为避免内乱，英国议会通过该法，赋予天主教徒平等的公民权利。——译者注

④ 爱尔兰历史学家。其祖父与之同名，是一位爱尔兰作家及古物学家。——译者注

⑤ 爱尔兰学者。——译者注

⑥ 英格兰古物学家。——译者注

⑦ 关于这些发展的一般性论述，可参见笔者的 *Remembrance and Imagination*：*Patterns in the Historical and Literary Representation of Ireland in the Nineteenth Century*（Cork，1996）.

地传统中的原始材料，无论它们是否站得住脚。①复述早期神话中的征服历史实在是根深蒂固的观念，而且当时也不存在其他可用信息。其结果是，穆尔及在他之后的绝大多数 19 世纪历史学家，都选择了一种黑格尔式的"扬弃"（Aufhebung）：在其文本中，他通过对传说的神话本质加以批判性描述，将这些不可信的传说载入其文本；而后他以一种调查开始自己的历史叙述——这种调查并不针对这片土地及生活其间的部落，而是针对古代史料及其内容。由此，历史叙述便几乎无缝地从一种针对神话与史料的考证序曲中孕育而生。

由此，这就是"开启"一段爱尔兰历史的可被接受之方法。开头几章描述与解释了一连串从远古时代以来流传的神话与传说，而没有在事实上认可它们。在这种描写技巧后，文本开始转向描述生产那些神话与传统的土地和社会。这是爱尔兰人口地层的首个真正的"历史"岩层：盖尔人。然后，历史继续向前发展，通常由圣帕特里克的基督教传教开启。由此，盖尔人的爱尔兰被凸显为该国真实最主要的身份认同之代表，即便这一点并不能为历史叙述布置一个显而易见的开场或场景设置。

这段叙述的结尾用上了一种对偶技巧。在史书以悲剧英雄的形式追溯了盖尔人被入侵的英格兰军队所驱逐，以及他们注定失败但从未放弃对邻国霸权优势力量的抵抗后，这段叙述的结尾拒绝把自己呈现为这段发展的谢幕。爱尔兰史总是延续到当下，并以一个或多或少明确的呼吁而结束，以便不让问题仅止于此：未来必须朝着夺回爱尔兰真正的身份认同与独立的金色理想前进。于是，如同这段叙述的开端并非爱尔兰真正历史的开端那样，这条故事线的结尾同样不是故事的落幕。

82 爱尔兰历史这种激进的开端—结尾模式，同样反映在它们强烈导向互文性的循环与更新的倾向之中。这一点本身就值得强调。正如安·里

---

① 应该提到的是，在此之后，许多作者都谈及这种困难。

格尼所指出的那样，历史书写不像小说写作，其特征在于一种"竞争性趋向"。历史学家一遍遍地回到此前已被研究过的时间段，因为他们感到其先行者并未完全而令人满意地完成这项研究任务。所有历史学家都以其先行者的不足来证明他们回到既有话题的正当性，如他们引证最新发现的档案材料，或纠正他们感到被曲解、不完整或不充分的解释。历史学家之间的互文性自然而然是竞争性的。W. E. H. 莱基（W. E. H. Lecky，1838—1903）①纠正 J. A. 弗鲁德（J. A. Froude，1818—1894）②的盎格鲁中心论之举，便是爱尔兰学术历史追随前文模式的一种例证。但是，爱尔兰的公共叙述性历史书写，在某种程度上而言，其本质不仅仅是偏颇或好辩，而是在其修正更古老观点时明显表现出非竞争性面貌。面对先行者，它采取了消化吸收而非拒斥的态度。18 世纪的研究者，如西尔维斯特·奥哈洛兰（Sylvester O'Halloran，1728—1807）③或詹姆斯·麦盖根（James Mageoghegan，1702—1763）④都让自己追随基廷及《征服爱尔兰之书》（*Lebor gabála Érenn*）⑤的传统，随后他们自己又被 19 世纪的后来者所吸收与重复。⑥他们的著作得到重印，并由现代的民族主义研究者所延续，如 A. M. 沙利文（A. M. Sullivan，1829—1884）⑦和约翰·米歇尔（John Mitchel，1815—1875）⑧。因此，在 1865—1868 年间，出现了下列现象：**由阿贝·麦盖根**（abbé Mac-

---

① 爱尔兰历史学家、文学家。——译者注

② 英国历史学家、小说家。——译者注

③ 爱尔兰外科医生，对历史与盖尔语诗歌有着浓厚兴趣。——译者注

④ 此处原文有误，Mageoghegan 应写作 MacGeoghegan，在法语中称为 Abbé MacGeoghegan，即后文的阿贝·麦盖根。麦盖根是一位爱尔兰天主教神父及历史学家。——译者注

⑤ 该书是一本用爱尔兰语写成的诗歌和散文叙事集，讲述了爱尔兰人和爱尔兰从创世到中世纪的历史。该书有许多版本，其中最早的版本是 11 世纪由一位匿名作家写就。——译者注

⑥ 笔者已在其他地方指出，爱尔兰人避免互文性的竞争这一现象，反映了这种互文性竞争的社会功能。在有关 19 世纪爱尔兰阅读的历史中，叙述性的盖尔狂热派历史书写类别发展起来，并在某种程度上，在大约 1830 年后，取代了此前追求"民族神话"与历史小说的风尚。参见笔者的 'Het national verhaal: nationaal-historisch besef en narratieve geschiedschrijving in Ierland', *Theoretische Geschiedenis* 22（1995），pp. 459—471.

⑦ 即 Alexander Martin Sullivan，爱尔兰作家、政治家。——译者注

⑧ 爱尔兰作家、政治家。——译者注

Geoghegan）……从最可信的史料中编撰爱尔兰历史（古代与现代）；从《利默里克和约》（*Treaty of Limerick*）①直至当下的延续性，由约翰·米歇尔（John Mitchel）完成——这种前进中没有明显的中断，从中世纪的"起点"之谜直到当代分离主义政治。同样，在 1884 年，出现了一本以类似方式组织起来的多卷本著作，题为"爱尔兰图史，从米利都人登陆到当下"（*The pictorial history of Ireland，from the landing of the Milesians to the present time*）。它正好与西尔维斯特·奥哈洛兰的 18 世纪史与 A. M. 奥沙利文的 19 世纪史结合在一起。它的副标题几乎包含了内容概要，再次连续而流畅地从传说中的古代前进到历史政治：

> 以编年体顺序，细节化地描述关于国王与族长的所有重要事件，包含他们与罗马人、不列颠人、丹麦人与诺曼人的数场战争的真实记载；用图像方式描绘克朗塔夫（Clontarf）战役，"强弓"（Strongbow，1130—1176）②的入侵；国王罗德里克·奥康纳（Roderick O'Conor，约 1116—1198）③之死；爱德华·布鲁斯（Edeward Bruce，约 1280—1318）④加冕为爱尔兰国王；奥尼尔家族（O'Neills）与奥唐纳家族（O'Donnells）对抗英格兰的战争；

---

① 该条约签署于 1691 年 10 月 3 日，终结了 1689 年至 1691 年的爱尔兰威廉战争，这场战争与九年战争，或称大同盟战争有关。爱尔兰威廉战争在爱尔兰语中被称为"两王之战"（Cogadh an Dá Rí），即在光荣革命中被废黜的詹姆斯二世支持者与现英国国王威廉三世支持者之间的战争。詹姆斯二世的支持者受到法国支持，但最终战败。条约规定了詹姆斯二世的支持者投降，但可以被运往法国。条约还规定保护留在爱尔兰者，包括保证天主教徒的宗教自由等等。——译者注

② 即 Richard de Clare, 2nd Earl of Pembroke，也被称为 Richard FitzGilbert，他是一位盎格鲁—诺曼贵族，因其在入侵爱尔兰中的领导作用而闻名。他与他的父亲拥有同一个外号"强弓"（诺曼法语 Arc Fort），该称号很可能是后世给他取的。——译者注

③ 即 Ruaidrímac Tairrdelbach Ua Conchobair，现代爱尔兰语称为 Ruairí Ó Conchúir，1156 年至 1186 年为康诺特国王，1166 至 1198 年间为爱尔兰至高王。他是盎格鲁—诺曼入侵爱尔兰前的最后一位至高王，一生中许多时间都在与诺曼人作战。他死后爱尔兰逐渐分崩离析，最终为英格兰所统治。——译者注

④ 苏格兰国王罗伯特·布鲁斯的弟弟，图谋统治爱尔兰。他于 1315 年被宣布为爱尔兰至高王并于 1316 年加冕。1318 年，爱德华·布鲁斯在战争中死于英军之手。——译者注

征用阿尔斯特（Ulster）①；克伦威尔（Cromwell，1599—1658）②
的入侵；迫害天主教徒；詹姆斯（James，1633—1701）国王③与奥
兰治的威廉（William of Orange，1650—1702）④之间的战争；德里
（Derry）围攻战与博伊奈（Boyne）战役；阿斯隆（Athlone）围攻
战⑤；奥格里姆（Aughrim）战役；利默里克围攻战与《利默里克
和约》；刑法⑥；志愿军⑦；爱尔兰人联合会；1798 年起义；联
合⑧；天主教解放与废止令⑨；青年爱尔兰运动；芬尼亚会起义
（Fenian insurrection）；土地同盟（Land league）⑩等等。

进一步的例证出现在 1875 年。乌利克·伯克（Ulick Bourke，
1829—1887）⑪以马克斯·米勒（Max Müller，1823—1900）⑫的风格出
版了一本有关爱尔兰文化的语言考古论著。他自命不凡地将之命名为
"盖尔人的种族与语言之雅利安起源"（*The Aryan Origin of the Gaelic*

---

① 指在英格兰国王詹姆斯一世统治时期，不列颠人在国王和一些权贵支持下有组织地对
爱尔兰的阿尔斯特地区进行的殖民活动。不列颠人在阿尔斯特建立了许多种植园。——译者注
② 即 Oliver Cromwell，英格兰将军与护国公，1649 年他领兵入侵并征服了爱尔
兰。——译者注
③ 即英国国王詹姆斯二世。——译者注
④ 即英国国王威廉三世，为奥兰治亲王故被称为奥兰治的威廉。他在 1688 年光荣革命
后取代詹姆斯二世登上英国王位。——译者注
⑤ 在爱尔兰威廉战争期间，阿斯隆曾在 1690 年和 1691 年两度被围。——译者注
⑥ 在爱尔兰历史上，刑法指一系列为惩罚爱尔兰天主教徒而制定的法律，目的是迫使爱
尔兰天主教徒与新教徒中的持异见者接受政府建立的爱尔兰教会，包括从 1695 年到 1728 年的
多部法令。——译者注
⑦ 指 1778 年组建的爱尔兰志愿军，其最初是为在美国独立战争期间保护爱尔兰而成立
的民兵组织。随后他们利用自己的军事力量获取政治影响。但在 1798 年起义中，他们倾向于
反对起义。——译者注
⑧ 此处指 1801 年不列颠王国与爱尔兰王国联合为大不列颠及爱尔兰联合王国。——译者注
⑨ 天主教解放，或称天主教救济，是大不列颠王国和爱尔兰王国以及随后合并的大不列
颠及爱尔兰联合王国的一项进程，涉及减少和消除之前许多法律，包括刑法在内对罗马天主教
徒的许多限制。刑法从 1766 年开始被废除。这一进程中最重要的是前注提及的 1829 年《解放
法案》。——译者注
⑩ 全称爱尔兰民族土地同盟（Irish National Land League），它是 19 世纪末爱尔兰的一
个政治组织，旨在帮助贫穷的佃农，废除爱尔兰的地主制度。——译者注
⑪ 爱尔兰学者、作家。——译者注
⑫ 德裔英国哲学家、东方学家。——译者注

Race and Language）。该书竭力把现代种族人类学与本土的、吟游诗人式的神话学结合起来，并着重提出了下列棘手问题："伊特鲁亚人是盖尔人吗？盖尔人的子孙拥有雅利安人的血统，而非迦太基人或腓尼基人的血统吗？"（第 v—vi 页）由此，17—18 世纪典型所承载的那种东方主义考古模式与 19 世纪的科学印欧模式之间的根本矛盾及范式冲突，得以被转移——在形式上完全不像史学上的"竞争原则"——最终被融入为一种黑格尔式的"扬弃"。

如此史学著作面向的是更为广阔的市场，通常针对美洲的爱尔兰移民。但是，即便是那些由爱尔兰本国学界所完成的更为严肃的史学著作，同样显示出一种趋向：即通过给出一种神话般的导论，并时常将之掩饰为一种对已有文献的概览，来为史学论著设置场景。在尤金·奥库里（Eugenne O'Curry，1794—1862）①完成的多卷本里程碑式巨著《古代爱尔兰人的风俗和习惯》（*On the Manners and Customs of the Ancient Irish*）中，在作者身后担当编辑之责的 W. K. 苏利文（W. K. Sullivan）②写下了一段冗长的导论（1873 年）。他详细阐述了从格林到马克斯·米勒的整个文献学的"调查状况"（status quaestionis）③，以便确定该国盖尔人的种族构成。苏利文从当地传统中吸收了如下观点，认为，"大不列颠与爱尔兰都先后为不同种族所居住"。接着，他拒绝了除此以外的这些自相矛盾的传统，认为它们是无价值和不科学的：

在任何情况下，时间很少被用来认真探讨与分析由莫尔人（Umorians）、佛莫尔人（Fomorians）、尼美第人（Nemedians）、费尔伯格人、达努神族、米利都人及其他族群的一连串奇特神话。而正是这些族群构成了爱尔兰历史的神话部分。（第 lxxi 页）

---

① 爱尔兰历史学家。——译者注
② 爱尔兰学者。——译者注
③ 该词组为拉丁文，常用于学术文献领域，概括性地指任何给定主题的累计研究结果、学术共识与有待探索的方向。——译者注

最终，本土的"起点"神话如今同现代文献人类学相协调，以便提出如下观念，即认为，侵入此地的印欧语族凯尔特人（高个、金发）驱逐了该国前印欧语族的定居者（矮个、棕发）。这种模式仍于20世纪初在约恩·麦克奈尔（Eoin MacNeill，1867—1945）[1]完成的重要考古著作中占主导地位。的确，麦克奈尔业已对史学中的"种族"概念提出了一些正确的怀疑。他认为，这一概念"经常是以非常随意且存在极大误导的方式存在于流行写作和讨论中"。[2]然而，他颇受欢迎的系列讲座"爱尔兰历史的各阶段"（*Phases in Irish history*），却仍然在其结构中追随着业已建立起来的范式（1："古代爱尔兰人：一种凯尔特人"；2："凯尔特人殖民爱尔兰和不列颠"；3：在凯尔特人之前的爱尔兰定居者）。此外，他在其更全面的著作《凯尔特的爱尔兰》（*Celtic Ireland*，1921年）中，开篇本身使人感到有必要把历史事实从一个神话盆地中拖出：

> 有关爱尔兰早期历史的常见描述告诉我们，在大约公元前16世纪左右，该岛被盖尔种族所占领。在此之前占领该岛的是达努神族。再之前，则是费尔伯格人。[3]

有关古代爱尔兰的历史书写，或许到帕特里克·维斯腾·乔伊斯（Patrick Weston Joyce，1827—1914）才成熟起来。他是前文提及的《古代爱尔兰社会史》的作者，后来又撰写了大量富有影响力的著作，如《爱尔兰简史》（*A Short History of Ireland*）和《简明爱尔兰史》（*A Concise History of Ireland*）。乔伊斯还选择了一种史料考证性的开头（incipit）。如同在其之前的奥库里一样，他首先调查爱尔兰早期历史中的现存史料：即本土编年史和中世纪史书。他在仔细回顾这些史料中

---

[1]　爱尔兰学者、政治家。——译者注
[2]　Eoin MacNeill, *Phases in Irish History* (Dublin, 1920), p. 1.
[3]　新版本，ed. Donncha Ó Corráin (Dublin, 1981), p. 1.

包含的传说资料后，逐渐转向中世纪晚期更可信的档案材料，开始讲述亨利二世（Henry II, 1133—1189）[1]与约翰王（King John, 1166—1216）[2]的征服，并由此把他的叙述带入事实性史料。只有在乔伊斯著作所带来的风潮中，对本土传统进行的文献学研究、对于考古证据进行的事实性研究及历史之书写等模式才匹配到一起。不过，神话与事实、本土传统与史料档案之间更为古老的含糊关系，却仍然统治着流行中的重印本。史前与历史之间的复杂过渡期，以及有关前者如何为后者"设定场景"的问题，仍然纠缠在一种本土的、前现代的、半传说式的史料传统中。当20世纪的考古学家试图在爱尔兰建立史前人口范式时，他们又退后到古代编年史所使用的那些术语中。极受尊重的 T. F. 奥拉希利（T. F. O'Rahilly, 1883—1953）[3]便把爱尔兰的史前定居视作一连串前后相继风潮的组合产物。其中，他指出的族群有：布立吞人（Pretanic）、比利其人（Bolgic）、伦斯特人（Laginian）和戈伊德尔人（Goidelic）。[4]即便本土神话学的证据是无法估量、不可相信的，但我们也无法忽略或拒斥整个神话。从19世纪爱尔兰考古学的奠基者乔治·佩特里（George Petrie, 1790—1866）[5]直至今天，爱尔兰考古学家都在竭力协调本土编年史中的神话表述与来自实物发现的国际范式。[6]

爱尔兰的历史学家从未发现自己在开启民族史学时如米什莱风格那样拥有"宏大场景"，也未曾如德意志模式那样呼唤一种历史黎明的永

---

① 英格兰金雀花王朝的第一位国王。——译者注
② 英格兰金雀花王朝的第三位国王，亨利二世之子，常被称为"失地王"。——译者注
③ 爱尔兰语言学家。——译者注
④ T. F. O'Rahilly, *Early Irish History and Mythology* (Dublin, 1946). 这些名字尝试协调本土神话术语和拉丁史料给出的部落名字——这些部落同样定居于不列颠岛上或周围。因此，"Bolgic"是把 Fir Bolg 与 Belgae 联合起来。
⑤ 爱尔兰画家、考古学家。——译者注
⑥ 关于 Petrie，参见笔者的 *Remembrance and Imagination* 和 G. Murray, *George Petrie (1790—1866)：The Rediscovery of Ireland's Past* (Bandon, 2004). 关于爱尔兰考古学的历史，参见 M. Ní Cheallaigh, 'Perceptions of Archaeological Monuments in Nineteenth-Century Ireland'（博士论文，都柏林学院大学，2005 年）；及 J. Waddell, *Foundation Myths：The Beginning of Irish Archaeology* (Bray, 2005).

恒原始状态，亦未曾如比利时模式那样拥有一种交通、交流与相会的感受。这源于三个因素叠加而成的结果。首先，爱尔兰远远超出了古典或后古典历史学家的视野，除了在斯特拉波（Strabo，公元前 64 或 63—约公元 24）①、索里努斯（Solinus，约 3 世纪）②和比德（Bede，约673—735）③著作的一些注释中可见踪影。它在罗马帝国外的特殊位置，同样意味着，有关其早期历史的记载，除了本土神话资料外一无所有。第二，它在 12 世纪被英格兰军队征服。这阻止了任何本土成长起来的人文主义者或对该民族过去加以学术研究之举的出现。取而代之的是，游吟诗文献被压缩为受到重重包围的传统主义，不断以一种反英格兰的反抗姿态，重复其伪历史性神话。④第三，"征服"这一概念已成为前盖尔、盖尔与后盖尔定居的一种嵌套修辞方法，象征着民族延续性的对立面。相反，在爱尔兰历史书写的修辞中，一种非叙述性开头，并不表现为该国的景观或史前情况，而是表现为对神话和传说的召唤。在不知不觉中，19 世纪的爱尔兰民族历史学家追随并强化了如下观念：爱尔兰是一个奠基于神话和永恒幻想而非历史时间的国家。⑤再者，他们总是通过"从最早时期到当代"（如同许多副标题都以各种方式包含这些内容）的叙述时间范畴来进行追溯，从而推后了一种历史终结感，并把恰当的历史终点（finale）定位于一种经常迫在眉睫、但从未实现的未来视角。在这里，与其他方面一样，对叙述策略的形式分析似乎明显突出了历史文本的政治倾向和意识形态倾向，并在文本上使之具体化。反之，这一点也表明，这些倾向依靠互文式回应与叙述惯例代代相传，经常超越大量突变与中断，始终保持着活跃性。

---

　　① 古罗马地理学家、历史学家。——译者注

　　② 古罗马拉丁语语法学家、地理学家和编撰家。——译者注

　　③ 英国七国时代编年史家，神学家，被尊为英国史学之父。——译者注

　　④ 也可参见笔者的 The 'Contention of the Bards'（Iomarbhágh na bhFileadh）and its Place in Irish Political and Literary History（London, 1994).

　　⑤ A. Rigney, 'Immemorial Routines: The Celts and their Resistance to History', in Brown, Celticism, pp. 159—182.

第四章　一种紧张关系：18—19 世纪德英两国的认识论与历史学

安格利卡·埃普勒 （Angelika Epple）

民族观与历史叙事认识论

对于 19 世纪的德英两国史学而言，书写民族历史或许是最突出的议题。尽管这种说法可能是一种简单化，但总体而言，它是适当的。换言之，至少当我们仅仅关注学术性史学发展时，这样说是正确的。①不过，倘若我们转换注意力，关注所谓业余史学或学术界之外的历史书写，那么我们肯定会得到一种更为多样化的结果。②虽然笔者清楚这种见解的局限性，但于笔者而言，考察不同的民族观、并寻找因上述这些史著而合法化的虚构民族传统，似乎仍是非常有前途的做法。通常情况下，伴随这些问题出现的，还包括分析作为学术学科之史学的职业化进程。

然而，在本章，笔者将从某种略微不同的视角出发来处理这些问题。笔者将仔细审查认识论与书写民族历史之间的关系。笔者的主要问题是：各种不同的认识论究竟如何被转化为不同的民族观？

---

① 也存在着令人印象深刻的一些例外，如 Jacob Burkhardt 或 Karl Lamprecht。甚至 Leopold von Ranke 也未曾写过狭义上的民族历史。稍后，笔者还将回到这一点。

② 各种最近出版或即将出版的选集、专著研究过欧美业余史学的不同民族传统。例如参见：M. O'Dowd and I. Porciani （eds）, 'History Women', *Storia della Storiografia* 46 (2004). S. Paletschek (ed.), *Popular Historiographies in the 19th and 20th Century* (Oxford, 2010).

笔者的出发点是这样一种观察结果：在德国历史主义中，民族观具有双重功能。[①]一方面，它有助于加强尚未诞生的民族国家仍处于竞争中的身份认同。[②]民族史学的使命——这一点同样适用于英国史学——主要在于创造一种共享的传统，并由此通过历史让民族建构合法化。[③]另一方面，"民族"这一术语同样拥有着一种叙述的（叙事学的）功能。它使历史学家更容易确定他们的明确主题。民族观帮他们厘清哪些历史事件对特定民族历史非常重要，而哪些历史事件显然与之无关。那一时代的德英两国历史学家常常倾向于从其历史中推导本民族当下的身份认同。托马斯·巴宾顿·麦考莱（Thomas Babington Macaulay，1800—1859）[④]在其《英国史》（*History of England*）中，将他对以往历史事件的评判直接与自己的民族观联系在一起。例如，针对《大宪章》（*Magna Carta*），他这样写道："这里开启了英格兰民族之历史。"[⑤]在这一方面，T. B. 麦考莱并非是特例。其同辈学者也将民族观运用于自己的研究发现，并形成了一种支持该观念的叙事。难道他们没有意识到这样一种论证方式是循环的吗？难道他们没有感受到民族正是他们自我界定的一种观念吗？难道他们真的相信其民族的本质特征吗？难道他们仍

---

① 笔者用"Historism"（历史主义）来翻译德语单词"Historismus"。此举遵循 S. Berger 的观点。S. Berger 认为，"Historism"这一术语应该被用于19—20世纪占据统治地位的德国史学，而"Historicism"（历史决定论）则应该被用于 Popper 的哲学。参见 S. Berger, *The Search for Normality：National Identity and Historical Consciousness in Germany since 1800*（Oxford，1997）.

② 在过去十年，该领域内出现了迅速增长的势头。对这些研究进行的有益概述，可参见 S. Weichlein, 'Nationalismus und Nationalstaat in Deutschland und Europa. Ein Forschungsüberblick', *Neue Politische Literatur* 51（2006），pp. 265—351. 对该主题的早期研究，可参加下文概述：D. Langewische, 'Nation, Nationalismus, Nationalstaat：Forschungsstand und Forschungsperspektiven', *Neue Politische Literatur* 40（1995），pp. 190—236.

③ S. Berger, 'Geschichten von der Nation. Einige vergleichende Thesen zur deutschen, englischen, französischen und italienischen Nationalgeschichtsschreibung seit 1800', in C. Conrad and S. Conrad（eds），*Die Nation schreiben. Geschichtswissenschaft im internationalen Vergleich*（Göttingen，2002），pp. 49—77.

④ 英国历史学家、政治家。——译者注

⑤ T. B. Macaulay, *The History of England from the Accesion of James II*, vol. 1（London and Bomby，1906 [1848]），p. 8. http://www.gutenberg.org/files/1468/1488-8.txt（查阅时间：2009年6月16日）.

然是天真的实证主义者吗？①

　　上述简短反思让我们来到一个棘手的理论问题面前：认识论如何界定民族状态？在下文中，笔者将采用实证方法以解决这个极具挑战性的问题。为了说明民族观如何在 19 世纪的史学中发挥作用，笔者将首先比较德英两国 19 世纪的民族观及其在当时史学中的角色。为此，笔者将探究两国职业化的不同发展速率这一问题。随后，笔者将进一步观察大卫·休谟和凯瑟琳·麦考莱（Catharine Macaulay，1731—1791）②所著"英国史"，并将之与奥古斯特·施勒策尔（August Schlözer，1735—1809）③及约翰·加特勒尔（Johann Gatterer，1727—1799）④的历史观加以比较。该部分的主要焦点将是英德两国的启蒙认识论及其对民族观、各自叙述过去之模式的影响。最后，笔者将把自己的发现与历史主义的认识论相结合，主要探讨列奥波德·冯·兰克在其《英国史》（*History of England*）中对英格兰民族的理解。在结语里，笔者将提出如下问题：是否存在着一种特定的历史主义观点，可以解释历史主义为什么把史学理解为书写民族史之举？为了使笔者的核心问题得到圆满解答，笔者还将追问：是否存在着一种有关书写历史的启蒙之道，而其暗含着一种对民族的不同理解？

德英两国史学形塑过程的不同速率

　　1864 年，列奥波德·冯·兰克在其"两世纪以来的英国议会史"（*Parlamentarische Geschichte von England in den beiden Jahrhunderten*）

---

　　①　兰克时常被解释为一位经验主义者，甚或一位实证主义者。John Warren 同样准确指出了这种危险。参见他的 'The Rankean tradition in British historiography，1840—1950'，in S. Berger，H. Feldner and K. Passmore（eds），*History，Theory，and Practice*（London，2003），pp. 23—41，此处是 p. 24.

　　②　英国历史学家。——译者注

　　③　德意志历史学家与教育家。——译者注

　　④　德意志历史学家。——译者注

讲座之导论中，如此形容大卫·休谟的贡献："他是一位机智、敏锐、有教养的思想者。看上去，他所开创的事物远比他自己所意识到的更为重要。"[1]事实上，大卫·休谟及其一些同仁推动英国史学出现了某些新变化。他们的前辈——以"古文物研究者"（antiquarian）的称号闻名——把知识嵌入颇为冗长难以卒读的文本中加以呈现。然而，如大卫·休谟、爱德华·吉本或凯瑟琳·麦考莱这些所谓"文学历史学家"（literary historians）[2]则开始以一种有趣好玩的口吻来谈论历史。这种变化是如此重大，以至于人们称启蒙时代英国史学出现了一种"叙事转向"。英国大众的兴趣是惊人的。仅仅有关英国历史的出版物很快超过了文学出版总量的三分之一。[3]此类热情同样鼓励着那些著名作家们，如丹尼尔·笛福（Daniel Defoe，约 1660—1731）、亨利·菲尔丁（Henry Fielding，1707—1754）或乔纳森·斯威夫特（Jonathan Swift，1667—1745）[4]——撰写历史叙事。对于他们而言，创作民族历史被证明是一种有利可图的谋生方式。

现在，众所周知，一种民族文学的兴起，深刻影响着对历史的书写。不过，对于德国史学文化而言，民族文学的兴起仍需要很长时间才能开花。尽管在欧洲启蒙运动期间，大卫·休谟的著作得到广泛阅读，但一直要到五十年后，在魏玛的古典文学影响下，弗里德里希·席勒（Friedrich Schiller，1759—1805）、约翰·戈特弗里德·赫尔德（Johann Gottfried Herder，1744—1803）[5]及其他人才将新文学潮流转向史学。正是在"漫长的 19 世纪"（long nineteenth century），历史主义伴随着

89

---

① L. von Ranke, 'Parlamentarische Geschichte von England in den beiden letzten Jhrhunderten', 28. 4. 1864, in Ranke, *Aus Werk und Nachlass*, Bd. IV: *Vorlesungseinleitungen*, ed. V. Dotterweich and W. P. Wuchs (Munich and Vienna, 1975), p. 362.

② 参见 D. Looser, *British Women Writers and the Writing of History*, *1670—1820* (Baltimore, MD, and London, 2000), p. 12.

③ Looser, *Women Writers*, p. 10.

④ 笛福是英国作家，著有《鲁滨逊漂流记》；菲尔丁是英国小说家、戏剧家，著有《汤姆·琼斯》；斯威夫特是英国作家、政论家，著有《格列佛游记》。——译者注

⑤ 两人均为德意志著名文学家。——译者注

德国史学文化的发展而出现。

这一点或许能解释，为什么在大卫·休谟的《英国史》首次出版一个多世纪后，列奥波德·冯·兰克仍向他的学生们推荐此书。就其形式而言，德国的历史科学当然是后来者。与此相反，就职业化问题而言，德国史学绝对处于前沿地带。

早在德意志的"启蒙史学"（Aufklärungshistorie）期间——它表示启蒙时代的学术化史学——如约翰·克里斯托弗·加特勒尔、奥古斯特·路德维希·冯·施勒策尔及其他许多学术型历史学家已为学术主题提出了一种清晰的定义。[1]他们已塑造了20世纪末的历史学家称作"学科矩阵"（disciplinary matrix）的事物。[2]这种强烈职业身份认同的早期表现拥有着某些重要意义。它界定了一位学术型历史学家应有的必要履历，并排斥每一种偏差。由此，自18世纪以来，在德意志，一位文学写作者转向书写学术型历史著作是不可想象的。这种早期职业化同样使所有女性写作者被排斥在德国史学之外。女性既不被允许接受学术训练，又无法参加如列奥波德·冯·兰克这样的学界人士在其私人房间内组织的会议。在一本让人印象深刻的专著和不少论文中，邦尼·斯密斯（Bonnie Smith，1940—　）[3]及其他学者，如娜塔莉·泽蒙·戴维斯（Natalie Zemon Davis，1928—2023）[4]或比莉·梅尔曼（Billie Melman，1952—　）[5]，业已指出，在塑造学科的过程中，存在着多么严重的性别

---

[1]　Horst Walter Blanke 和 Dirk Fleischer 列出了18世纪德语国家（包括奥地利和瑞士在内）的69所大学及其历史学教席。当时，教会史并没有被包括在内。参见教会史附录，in Blanke and Fleischer (eds), *Theoretiker der deutschen Aufklärungshistorie*, vol. 1. *Die theoretische Begründung der Geschichte als Fachwissenschaft* (Stuttgart，1990)，pp. 103—123.

[2]　Pim den Boer 的观点是，无论是德国还是法国，在1900年前，都没有出现过一种具有影响力的元职业化发展。参见他的 'Vergleichende Historiographiegeschichte—einige Beobachtungen insbesondere zur Professionalisierung in Frankreich und Deutschland', in M. Middell, G. Lingelbach and F. Hadler (eds), *Historische Institute im internationalen Vergleich* (Leipzig，2001)，pp. 135—148.

[3]　美国历史学家。——译者注

[4]　美裔加拿大历史学家。——译者注

[5]　以色列历史学家。——译者注

化倾向。①与此同时，这种学术型历史与业余型历史的性别化区分也同特
定的叙事模式相联系。②

　　由此，在 18 世纪和 19 世纪，叙事化与职业化以完全不同的速率形
塑了德英两国史学。这些发展与其他哲学家及历史学家早已指出的另一
种转变是同步的。米歇尔·福柯（Michel Foucault，1926—1984）③既非
首位也非最后一位指出这一转变的学者。但他的隐喻性措辞却在某种程
度上成为研究这一转变的典范，同时它也符合笔者在本章的关注中心：
新的"词与物"。它出现在 18 世纪法国古典时代后，并且深受以人为中
心之观念的影响而得以建构。在福柯看来，古典时代的史学是由习惯法
与常识（constants）所决定的。世界与人类共同构成了历史的主体。福
柯继续指出，19 世纪以降，出现了"人类历史性的一种赤裸形式——人
之为人是被展现给事件"的这个事实。④

　　认识论上的突破、叙事化与职业化——这些发展彼此如何联系起
来？对于历史叙事的作者而言，它们意味着什么？以及我们该如何区分
历史思考的不同方式？叙事化如何与认识论相结合？在下文中，笔者将
通过分析本书所讨论的主题，以研究这些理论问题：即民族观如何在历
史性的、文化性的（而非民族性的）不同背景中发挥作用？以及认识论

---

　　①　B. Smith, 'Gender and the Practices of Scientific History: The Seminar and Archival
Research in the Nineteenth Century', *American Historical Review* 100 (1995), pp. 1150—1176;
B. Smith, *The Gender of History: Men, Women, and Historical Practice* (Cambridge, 1998);
N. Z. Davis, 'Gender and Genre: Women As Historical Writers, 1400—1820', in: P. H. Labalme
(ed.), *Beyond their Sex: Learned Women of the European Past* (New York and London, 1984),
pp. 153—182; B. Melman, 'Gender, History and Memory: The Invention of Women's Past in
the Nineteenth and Early Twentieth Centuries', *History and Memory* 5 (1993), pp. 5—41.
　　②　A. Epple, 'Questioning the Canon: Popular Historiography by Women in Britain and
Germany (1750—1850)', in Paletschek (ed.), *Popular Historiographies*. A. Epple,
*Empfindsame Geschichtsschreibung. Eine Geschlechtergeschichte der Historiographie zwischen
Aufklärung und Historismus* (Cologne, Weimar and Vienna, 2003).
　　③　法国哲学家，下文指的是他的著作《词与物——人文科学的考古学》，莫伟民（译），
上海：上海三联书店 2016 年。——译者注
　　④　M. Foucault, *Die Ordnung der Dinge* (Frankfurg/M., 1974), p. 443. 中译文引自米歇
尔·福柯：《词与物——人文科学的考古学》，第 374 页。——译者注

如何同时形塑人们对于民族的理解？

通过质疑叙事化和专业化背后的认识论，我们可以揭示"词与物"和叙事模式之间的一种紧张关系。对于这种关系的进一步观察，则为我们提供一种视角，得以发现德英两国在从近代早期向现代的漫长转型期里存在的史学与认识论的显著矛盾。

休谟、麦考莱与启蒙历史叙事的统一性

当休谟出版其三卷本研究专著《人性论》（*A Treatise of Human Nature*）时，①并没有获得他所期待中的关注。尽管他接着完成了一稿修订版，并继续撰写《人类理解研究》（*An Enquiry Concerning Human Understand*），②但这些举动仍未能促进其学术生涯。在其学术同仁中，这些著作也并没有吸引多少目光。③休谟竭尽所能地想把研究做到最好，甚至勉强自己去担任维也纳和都灵军事使馆的秘书以获取材料。最后，他还成为爱丁堡律师图书馆（Advocates' Library）的图书管理员。休谟的职业为他提供了各种资源，以便满足他在历史研究中的兴趣。在此期间，他产生了撰写其获得巨大成功的六卷本著作《英国史》之计划。该书后来出版于 1754 年至 1762 年间。④财务上的需求并非决定性因素。休谟在其短篇自传中提到了一些其他原因：

> 我认为，我是唯一一位同时忽略当前政权、利益、权威以及流行偏见呼声的历史学家。而且鉴于这一主题需要种种能力，我期待

①　D. Hume, *A Treatise of Human Nature*, ed. by L. A. Selby-Bigge, 2nd edn (Oxford, 1978 [1848]).

②　D. Hume, 'An Enquiry Concerning Human Understanding', in *The Philosophical Works of David Hume*, vol. IV (Edingburgh, 1826).

③　D. Hume, 'My own Life', in Hume, *The History of England from the Invasion of Julius Caesar to the revolution in 1688*, vol. I (1789), p. v.

④　Hume, 'My own Life', pp. vi—xii.

获得相应的喝彩声。①

即便休谟从未撰写过任何历史著作，但他仍把自己视作唯一一位能够撰写一部适当英国史的历史学家。这种自我称赞凸显了这样一种事实，即在当时，大不列颠人并不拥有任何固定化的学术训练或既定课程大纲。休谟通过撰写历史而成为一位历史学家。其《英国史》的主要焦点是去忽视"当前政权"和"流行偏见呼声"。倘若我们遵循休谟的判断，认为历史撰写不应被当前政权或政治利益所左右，那么我们会感到，他随后不得不为撰写历史提出另一种动机。为了理解他的想法，进一步观察他在总体上对叙事的看法及在特殊层面上对历史叙事的看法，将很有帮助。

休谟的起点是亚里士多德（Aristotel，公元前 384—公元前 322）②的"情节一致"（unity of action）理论。他确信，"在所有作品里，无论是史诗还是悲剧，都需要一种特定的一致。"③叙述组织中的一致观引导我们进入休谟历史观的核心部分，实际上也进入今天历史理论的核心领域。④哪些理由可被用以证明历史叙事的一致性？究竟是历史学家"发现"了历史事件中的这种一致性呢，还是这种一致性是由历史叙事的作者不得不添加给历史事件的？再者，最后不能不提的是，历史事件究竟如何相互联系在一起？

让我们看看休谟对其《英国史》一致性的论证吧！他在哪里发现这种一致性？他如何发现这种一致性？在其自传里，休谟给出了这样一份回溯式答案："我从斯图亚特家族登基开始。我认为，在这一时期，有

92

———————

① Hume，'My own Life'，p. xi.
② 古希腊哲学家、博学家——译者注
③ Hume，*Enquiry*，p. 27.
④ 例如考虑一下 Reinhart Koselleck 或 Paul Ricœur 这些深度关注历史中的统一观、特别是历史叙事的统一观的学者。

关内部冲突的误传才开始出现。"①令人惊讶的是，他的讨论既没有沿着历史主线，也没有遵循哲学路径，而是根据前人的著作进行。他的叙事起点是这些著作"有关内部冲突的误传"产生之处。②根据他的自我描述，并非某种政治信念让他产生了撰写《英国史》的念头，而是他希望纠正其年长同仁的误传。因此，他对历史客观性的追求似乎已变得十分强烈。

不过，对于其著作第一卷的反响，却让他非常失望："我被一种充满着斥责、非难甚至嫌恶的叫喊所攻击；英格兰人、苏格兰人和爱尔兰人，辉格党人与托利党人，教会人士与大臣们，无宗教信仰者与笃信宗教者们，爱国者和廷臣们，都联合起来，愤怒地攻击一位曾设想为查理一世（Charles I，1600—1649）③的命运痛哭流涕的人……"④休谟继续写道，第二卷"碰巧让辉格党人的不满少了一些，并由此收到了更好反响"。⑤这一点标出了休谟所著《英国史》成功故事的开端。然而，在这一方面，更重要的是，休谟并没有将其《英国史》的一致性置于亚里士多德的"情节一致"论上，也没有置于历史因果论中。他从英格兰之前的历史中推导出这种一致性。⑥正如我们将看到的那样，此举似乎是一个聪明的决定，使之避免为其选择不得不给出一种解释。

当我们转而观察休谟的历史理论观时，有关如何以及何时让一段英国史启程的决定，其重要性变得更为明显。休谟把自己的研究描述为流

---

①　Hume，'My own Life'，p. ix.

②　Hume 以其《英国史》而转向所谓的"古文物研究者"。后者仅仅编辑整理材料。实际上，Hume 知道呈现的重要性。在学者或古文物研究者与如 Hume 那样的文学历史学家之间的争议，是有关英国史学史文献中的常见内容。参见 Looser，*Women Writers*，p. 12.

③　斯图亚特王朝的英格兰、苏格兰与爱尔兰国王，1649 年在英国资产阶级革命其间被处决。——译者注

④　Hume，'My own Life'，pp. ix f.

⑤　Hume，'My own Life'，p. xi.

⑥　D. Hume，*History of England*：*From the Invasion of Julius Caesar to the Revolution in 1688*，*in eight volumes*，new edn (Dublin，1775). 在这里，Hume 再次将其计划局限在自己从其同仁著作那里所找到的材料："在忽略不列颠更早历史的同时，我们应该仅仅考虑定居者的情况，如同罗马人当时入侵此地那样。"(Ibid.，p. 4)

行偏见的对立面。情节一致论与公正观依赖于他的因果性理论。休谟，作为一个历史学家从不使用一手档案材料，而是竭力把一些新主张带入历史书写中：其中就包括公正性与因果性。[①]

　　休谟如何界定史学的主题？他的一致观与因果性有何联系？以及他的因果性与公正性有什么关系？休谟在其哲学性的《人类理解研究》中回答了上述问题。当他首次处理史学及其他叙述创作时，他不仅强调了上文所提及的情节一致论，而且还强调了规划的重要性及一个首要目标的存在。在休谟看来，只有规划和目标才能推动产生叙事的一致性。但是，这种规划和目标又从何而来？

　　休谟列举了有关思想联系的三种原则："相似（Resemblance）、时空上的接近（Contiguity），以及因（Cause）或果（Effect）"。[②]休谟认为，其中最重要的联系是通过因或果所进行的连结。由此，休谟提出了即将最大程度上影响欧洲启蒙运动的方案。其中的核心篇章值得被详细引用如下：

　　　　但是，进入任何叙述构成中，在不同事件间最常见的联系，是因果联系。而历史学家则根据一系列行动的自然顺序来追溯它们，重返其秘密源泉和原理，并描述这些事件产生的最遥远之后果。他选择了构成人类历史的一连串伟大事件链条中的某一部分作为其主题。他在叙述中努力触及这一链条中的每一个环节。有时，不可避免的无知使他的所有努力颗粒无收；有时，他通过猜想来提供知识上所需的事物；而且总是出现的情况是，他清楚地知道自己所呈现给读者的这种链条越难被打破，他的作品就越完美。他看到，有关原因的知识不仅最令人感到满意，这种联系或连结不仅是所有联系

---

　　① Ranke认为，Hume已经获得了律师图书馆的一手档案材料，却不知道如何更好地处理它们。参见 Ranke, *Parlamentarische Geschichte* 28：4（1864）. 也可参见 Looser, *Women Writers*, p. 14.

　　② Hume, *Enquiry*, p. 25.

中最坚固的，而且它也是最具教益的，因为我们只能借助这种知识
来控制事件，并掌握未来。①

为了更好理解启蒙历史观，我们必须阐明此处所使用的隐喻。休谟
提及"构成人类历史的一连串伟大事件链条"。历史学家必须根据一系
列行动的"自然顺序"来追溯它们。这段引文表明，自然顺序本身便依
赖于因果原则。人们或许可以如此总结说，历史学家最迫切关心的是揭
示因果的互动。在休谟看来，当历史学家如此为之时，他总是在心中牢
记"这种链条越难被打破……他的作品就越完美"。因此，作品的完美
依仗历史事件链条的完整性。这是一种非常有趣的主张。它表明，休谟
的观点就是，历史事件通过因果性原则联系在一起。它同样意味着，历
史学家必须在其叙事中指出这种因果性。于是，一种历史叙事的真实性
便在于这位历史学家论证的连贯性。如此，因果性确保了历史事件的一
致性和连贯性。②

这种观点应该不会同一种所谓"叙述学立场"（narratological posi-
tion）——"在文字之前"（avant la lettre）相混淆。实际上，这种主张
暗藏着如下确信，即认为：每一位历史学家能对历史事件之因果互动拥
有相同看法，并能揭示相同因果的相同联系。在这种世界观里，客观性
从因果的自然顺序中推导而出。它根本不受历史学家主观性的影响。

现在，我们更深刻地理解了休谟所主张的那种历史叙事一致性的特
征：历史学家挑选了历史"伟大链条"中的"特定部分"。这一部分中
的一致性或连贯性，取决于因果之间的因果关系互动。笔者想强调的一
点是：在这种理论里，历史学家并**没有**在某种程度上创造或发明其叙事

---

　① Hume, *Enquiry*, p. 27.

　② J. Gillingham 显示了中世纪历史学家 William of Malmesbury 和 David Hume 在选题和
方法上的一些惊人相似性。例如，William 写道，他需要"修补我们历史中被破坏的链条"。参
见 Gillingham, 'Civilizing the English? The English histories of William of Malmesbury and David
Hume', *Historical Research* 74：183 (2001), pp. 17—23, 22. 不过，两人也存在惊人的差异。
其中最重要的差异点是因果性的挑战。

的一致性。实际上，休谟确信，历史学家在历史事件的"自然顺序"中找到了一致性。

如果我们把休谟的理论构想运用于其自己的史学，我们会发现一些惊人的矛盾。在前文中，笔者已指出，他忘记把自己《英国史》所研究的对象分离开。他并没有对自己作品的一致性和因果连贯性做出确凿解释，而是仅仅列举了其先辈们的著作。休谟的因果性理论与其自身书写历史实践之间的这种"紧张关系"，揭示了欧洲启蒙认识论中广泛存在的困境：倘若我们把自然理解为一种因果互动的秩序，那么每一件事必须受到另一件事的影响。即便这种关系拥有时间指数，如因总是先于果，但这与其说是一种时间关系，还不如说是一种逻辑关系。它有助于解释一种系统，而非一种历时分析。苹果从树上掉落，原因在于重力。然而当我们转向历史和历史叙事时，这种认识论却产生了严重问题。如果这种认识论建构了历史，那么就会出现一些奇怪的事情：它把历时性变化转变为一种因果性的同时性顺序。在系统联系（同时性）中，分辨因和果并不困难。没有人会认为，重力是一个苹果从一棵树上掉下来的结果。然而当涉及历时性，那么事情便更具挑战性。笔者已指出，每一个果都依赖于此前的一个因。那么，历史学家如何可能找到一个"特定部分"中的第一个事件呢？倘若每一件事都是一个前因之果，那么他又如何使自己的起点或终点合法化呢？休谟的规则是："这种链条越难被打破……他的作品就越完美"。在他的《英国史》中，休谟通过举出其同仁著作中的一致性来解决这一问题。他避免出现这样一种情况：即他不得不对上述具有挑战性的问题给出一个连贯的答案。尽管他在实践中发现了一种有说服力的方法，但他仍未能给出一种与其理论相洽的因果解释。这一点对认识论与书写民族史学之间关系的思考意味着什么呢？笔者的主要论点是：启蒙式的认识论并不能激发一种历史叙事的内在连贯性（一致性）。因此，启蒙式的认识论也没有被引入由一致性所决定的民族观中。当然，休谟及其同仁使用过"民族"这一术语。但是，他

95

从未撰写过民族史学。①他从未在某一点上使用民族观以帮助他整理英格兰历史。若我们观察一下休谟的同仁，这一点会变得更为清晰。

　　休谟的认识论是典范性的。乍看之下，休谟与其最出名的对手——凯瑟琳·麦考莱（1731—1791）②之间的差异并不那么明显。麦考莱激烈地攻击休谟，认为后者误导了人们对于过去的解释。③她认为休谟在政治上是愚笨的，如同许多同时代人那样。麦考莱的《英国史》（*History of England*）比休谟的著作晚出版 15 年左右。她在书中如此形容休谟的作品：

> 　　我们许多国王的政府，特别是亨利八世（Henry the Eighth，1491—1547）④的政府，甚至伊丽莎白（Elizabeth，1533—1603）⑤行政机构的许多组成部分，直接违反了《大宪章》和所有自由政府的规则——而这些没有受到休谟先生的质询。⑥

96　　首先，她谴责休谟轻视《大宪章》。在 1763 年付梓出版的第一卷中，她把史学的核心责任与影响界定如下：

> 　　我从年轻时便带着热忱去阅读那些在最崇高的国家里展现自由的历史著作——罗马共和国的编年史与希腊共和国的编年史。像这

---

①　Arnd Bauerkämper 的观点是，Hume 完成了大不列颠的第一部完整的民族史。参见 A. Bauerkämper, 'Geschichtsschreibung als Projektion. Die Revision der "Whig Interpretation of History" und die Kritik am Paradigma vom "deutschen Sonderweg" seit den 1970er Jahren', in S. Berger, P. Lambert and P. Schumann（eds），*Historikerdialoge. Geschichte，Mythos und Gedächtnis im deutsch-britischen kulturellen Austausch 1750—2000*（Göttingen，2003），pp. 383—438，389.

②　R. Ludwig, *Rezeption der Englischen Revolution*（Leipzig，2003），p. 53.

③　C. Brock, *The Feminization of Fame，1750—1830*（New York，2006），p. 52.

④　都铎王朝的英格兰国王、爱尔兰领主，第一位爱尔兰国王。——译者注

⑤　即伊丽莎白一世，英格兰与爱尔兰女王，亨利八世之女。——译者注

⑥　C. Macaulay, *The History of England from the Accession of James I to the Elevation of the House of Hannover*，vol. 6（London，1781），p. VIII.

样的研究激发了人们对自由的天然热爱。这种热爱原本潜藏在每一个理性生物的胸膛中，直到它被偏见的冰霜所损害，或因邪恶的影响而化为碎片。①

当然，麦考莱告诉我们她读过罗马共和国的编年史与希腊共和国的编年史，是为了证明自己是一位有教养的作者。对于一位试图进入"男性领地"的女性而言，这是一种比其男性同仁更常见的策略。此外，她还称自己的叙事特征是对古代史学的摹仿。这一点同样可被理解为验证其专业素养的一种策略。再者，她还引入了被其认为在历史与历史书写中最重要的一种范畴：自由。麦考莱攻击休谟所抱有的实际存在或假设存在的偏见。她再次指出，由于休谟误导性的政治观念，其历史写作的真实性必须受到质疑。那么，这是否意味着，如麦考莱所说，历史真实取决于历史学家的主观性呢？与休谟的哲学相比，麦考莱的思想来源是不同的认识论前提吗？托利派历史学家休谟与辉格派历史学家麦考莱之间的争论，是否显示出历史真实依赖于政治观念，或者说，历史客观性与主观性纠缠在一起？不，正好相反，麦考莱与休谟有着相同的认识论。他们从未质疑如下观点：人们可以直接在过去事件中找到历史真实。休谟的因果互动观等同于麦考莱的目的论式历史观。对于麦考莱而言，历史事件是在一条通往自由不断增长的既定道路上稍后出现之果的因。历史和自由变成了因和果。麦考莱的历史观并没有给任何主观性留下空间。

娜塔莉·泽蒙·戴维斯在其有关"历史的两个身体"（The Two bodies of history）的论文中提到，休谟和凯瑟琳·麦考莱有过一次文雅但颇具争议性的通信往来。在这次通信中，休谟表达了自己的观点。他认为，他和凯瑟琳·麦考莱并没有发生有关事实的争议，而是对解释存

---

① C. Macaulay, *The History of England*, p. VII.

在着不同立场。①这段来自休谟的引文或许给我们留下的印象是，他对某种客观事实与有关这些事实的主观解释进行了区分。但是，笔者对这段陈述却有着不同的解读。若结合他的哲学思想来理解，我们或许更应指出，他确信，凯瑟琳·麦考莱以一种错误顺序排列了正确的历史事件。在这一意义上，他可以认为，两人在事实层面上并无二致，但在解释层面上存在巨大差异。换言之，即便休谟谈到了解释，这种解释同主观性无关。在他的世界观中，历史事件锁链的正确顺序并不依赖于主观性，而是取决于因果解释。

在职业观上，两位历史学家之间也存在着明显差异。与休谟不同，麦考莱通过仔细描述自己的资质及其著作中的"历史仪器"（脚注），以强调自己的专业素养。当休谟从不使用一手史料时，麦考莱却研究了大英博物馆（British Museum）所藏的原始档案与信件。只有在《英国史》的第六卷中，麦考莱才表示，为了可读性，她会限制注释的数量。②

在认识论上，休谟和麦考莱都使用了相同的"词与物"。严格说来，论证两者在史学上的统一性，应该会引发巨大困难。换言之，无论休谟还是麦考莱都拥有着一种十分清晰的方法论，以排除不相关的历史事件。然而，两位历史学家都成功消融了他们的认识论与其叙事之间的紧张关系。而他们的德国同仁却面临着更为棘手的问题。③

①　N. Z. Davies, 'History's Two Bodies', *American Historical Review* (AHR), 93 (1988), pp. 1—13.

②　Macaulay, *History of England*, vol. Ⅵ.

③　颇有吸引力的是去看看 Schlözer 如何清楚地分析 18 世纪 30 年代英语界"普世史"(Universal History)（在叙述上的）困难。他怀念那种他称为"总体视角"（Allgemeine Blick）的东西，因为它把总体情况转变为一种系统。Johan van der Zande 指出，Schlözer 的概览观显示出普世史运用于历史解释时使用了机械论式的方法。参见 J. Van der Zande, 'August Ludwig Schlözer and the English Universal History', in S. Berger, P. Lambert and P. Schumann (eds), *Historikerdialoge*, pp. 135—156, 143. 即便概览观并没有引入一种针对历史的主体视角（如同 Johan van der Zande 可能指出的那样），但 Schlözer 仍然纠结于机械式的方法，不过他也提出了如下要求：普世史并不应该是不同部分的各种历史的叠加，而是应该解释这些部分如何彼此连结起来。而这一点只能通过概览观来加以实现。

哥廷根学派与叙述中断

在德意志启蒙运动中，休谟的著作受到了广泛的仔细关注。[①]在汉斯·彼得·赖尔（Hanns Peter Reill，1938— ）[②]看来，只有哥廷根史学流派的历史学家才有一些不满。[③]这一点多少让人感到有些惊讶，因为施勒策尔与加特勒尔对他们称为"实用主义史学"（pragmatic historiography）的定义，产生自相同的认识论。他们对实用主义的定义是非常 98 特殊的。约翰·克里斯托弗·加特勒尔便这样写道：

> 在历史中，实用主义的**最高层次**是将世界上所有事物都加以普遍联系的构想（Nexus rerum universalis，即"世界万物的普遍联系"）……每一件事都与其他事联系在一起，引发另一件事，促成另一件事，并自身因其他事情而被引发和产生，如此这般再引发和产生循环下去。[④]

鉴于加特勒尔把世界系统的普遍联系描述为"nexus rerum universalis"（世界万物的普遍联系），这比休谟的因果性理论更加夸张，并造成了更棘手的问题。首先，加特勒尔的立场听上去像麦考莱与休谟两人立场的结合。加特勒尔指出，不同的历史学家拥有不同的视角。因此，

---

① J. Osterhammel, 'Nation und Zivilisation in der britischen Historiographie von Hume bis Macaulay', *Historische Zeitschrift* 254 (1992), pp. 281—340; G. Gawlick and L. Kriemendahl, *Hume in der deutschen Aufklärung. Umrisse einer Rezeptionsgeschichte* (Stuttgart and Bad Cannstatt, 1987).

② 原文如此，应为"Peter Hanns Reill"，美国历史学家，著有《启蒙运动百科全书》。——译者注

③ Osterhammel, *Britische Historiographie*; P. H. Reill, *The German Enlightment and the Rise of Historicism* (Berkeley, CA and London 1975).

④ Johann Christoph Gatterer, 'Vom historischen Plan, und der derauf sich gründenden Zusammenfügung der Erzählungen' (1767), in H. W. Blanke and D. Fleischer (eds), *Theoretiker der deutschen Aufklärungshistorie*, 2 vols (Stuttgart, 1990), pp. 621—662, 此处是 p. 658.

在其历史书写中，他们会从历史链条里选择不同的事件。在加特勒尔看来，每位历史学家都增添了另一种态度。尽管加特勒尔使用了"视角"（point of view）与"态度"（perspective），但这并不表明他把历史客观性与认知主体（在这一点上指历史学家）相结合。不过，在加特勒尔看来，历史真实的确依赖于历史得到书写的那种态度。他认为，客观真实仍然存在于这样一种感觉中，即每一位历史学家若采取相同态度，则会看到非常相同的过去。

至少从洛林·达斯顿（Lorraine Daston，1951—　）与彼得·加里森（Peter Galison，1955—　）①有关客观性的杰出著作问世以来，我们知晓了客观性在历史与文化上不断变化的含义。这一术语继续引起有关如何书写历史的争议性讨论。这些讨论在学科动力关系上告诉了我们许多知识。②对于笔者而言，去调查这种特殊界定的运作方式似乎最为有趣。当然，这会引起语义学上的问题。根据达斯顿和加里森的说法，在过去 500 多年间，针对客观性的唯一语义学常量是它与术语"主观性"之间的二元关系。伊曼努埃尔·康德（Immanuel Kant，1724—1804）③如同追随勒内·笛卡尔（René Descartes，1596—1650）④的哲学家那样，用一种完全不同的方式界定这一术语。在后康德主义传统中，这种界定被彻底改变了。⑤今天，我们习惯于把"客观性"理解为一种基于不同解释之间竞争上的相对客观性。当加特勒尔接着谈论其理论时，他的时代与今天之间的差异变得更为清晰："尽管存在不同的态度，但历史的真实……仍然主要是相同的。"⑥加特勒尔的历史真实观，笔者想称之为本

99

---

①　达斯顿是美国科学史学家；加里森是美国历史学家、科学哲学家。——译者注

②　A. Epple and A. Schaser, 'Multiple Histories? Changing Perspectives on Modern Historiographies', in A. Epple and A. Schaser (eds), *Gendering Historiography*: *Beyond National Conons* (Frankfurt/M., 2009).

③　德意志哲学家。——译者注

④　法国哲学家、数学家、科学家。——译者注

⑤　L. Daston and P. Galison, *Objectivity* (New York, 2007), p. 34.

⑥　J. C. Gatterer, 'Vom Standort und Gesichtspunct des Geschichtschreibers, 1768', in H. W. Blanke and D. Fleischer (eds.), *Theoretiker der deutschen Aufklärungshistorie*, 2 vols (Stuttgart, 1990), p. 454.

质真实观。在加特勒尔看来，历史学家的视角并不影响他或她对过去的解释。倘若加特勒尔接受历史真实依赖于历史学家的主观解释这一说法，那么他或许会预见康德的批判哲学以及上文提到的认识论突破。这种批判性立场在史学中变得具有影响力——这一点只能被视作历史主义的成果。

据加特勒尔所言，历史学家只能选择他所希望叙述的特性。[①] 每一位历史学家若选择另一些特性，便由此对历史有了新的认识。如凯瑟琳·麦考莱那样，加特勒尔并未把历史学家挑选所研究的历史事件与历史学家自身的主观特性相联系。事实上，他确信，历史学家只是必须在过去事件中发现（而非建构）历史真实。

加特勒尔认为，从这一点出发，人们可以得出以下结论：倘若所有历史学家的所有发现能够被组合到一起，那么历史真实便能被完全发现。这就是实用主义的最高层次："世界万物的普遍联系"（nexus rerum universalis）。因此，加特勒尔重复了休谟的判断："这条锁链越难被打破……他的作品就越完美。"德意志启蒙运动的历史学家同样把自然、历史和世界视作永恒性的因果互动；无论自然还是历史，都由习惯法所统治。

如同麦考莱与休谟那样，施勒策尔和加特勒尔同样撰写了一些作为历史叙述而言十分有效的著作。然而，他们没有一个人达到了"世界万物的普遍联系"这种乌托邦标准。他们并未把历史链条的**所有**联系放在一起。相反，他们把自己的叙事限定为"特殊历史"（special histories）。因此，他们拒绝其理论写作中提出的普遍挑战。同时，他们也竭力寻找一些最大限度接近"世界万物的普遍联系"这一观念的呈现方式。其结果是，他们用表格来展示全世界的历史事件。鉴于他们的普遍性主张，使用表格确实更为合适。与叙事不同，表格允许使用者在初看时便能够

---

① Gatterer, 'Vom Standort', in *Theoretiker der deutschen Aufklärungshistorie*, p. 453.

理解共时性互动。但是，获得这种优势也有其代价。重现历时性因果关系，即便不是不可能的，也变得非常困难。

劳伦斯·斯特恩（Lawrence Sterne，1713—1768）①以其小说《项狄传》（*Tristram Shandy*）闻名于世。他以一种有趣而深思熟虑的方法来勾勒启蒙式认识论与叙事之间的紧张关系。②他的这部七卷本虚构性自传很难加以描述。当叙事者（项狄）开始讲述自己的构思时，我们都不知道他的出生情况，直至第三卷。项狄以行动标识时间，因为存在着太多的因果性：他总是寻找前果的前因，而此前因又引导他寻找前前因，如此类推。在某种意义上，他实现了加特勒尔所主张的想法。他讲述了促使事件发生的原因、这一事件产生的方式、它引发其他事件的方式以及其他事件发生的方式。斯特恩称之为"渐进式离题"（progressive digression）的事物，最终意味着故事无法落幕。换言之，叙事没有找到其一致性；而这正是因果性理论的前提。若缺乏这种一致性，叙事也将失去其连贯性。其结果是，《项狄传》以一种碎片方式付梓出版。它可以被人们解读为针对"实用主义史学"的讽刺性评论。与加特勒尔和施勒策尔的著作相比，它不仅很有影响力，而且还非常有趣。在这一意义上，德意志启蒙史学并不那么成功。

在继续讨论之前，笔者想总结一下启蒙历史学家的贡献。著名的休谟，还有麦考莱、加特勒尔、施勒策尔以及其他人，都为我们学科的职业化进程做出了重要贡献：他们在史学中树立了解释的主张。他们认为，每一件事依赖于前一件事，并由此把因果解释融入历史书写中。从此之后，主要问题是"为什么"，或是下述话语分析："这些事怎样发生？"，而不再是"发生了什么"。与此同时，笔者将凯瑟琳·麦考莱作为英国启蒙历史学家的范例。通过这一范例，笔者努力证明，对于他们

① 爱尔兰裔英国作家。——译者注

② L. Sterne, *The Life and Opinions of Tristram Shandy*, *Gentleman* (London，1759—1766). 该书已译为中文，参见劳伦斯·斯特恩：《项狄传》，蒲隆（译），上海：上海译文出版社，2012 年。——译者注

而言，历史是历史事件的一串链条。于他们中的一些人，如凯瑟琳·麦考莱而言，这种历史事件的链条建立在目的论的基础上。他们确信，历史以一种内在的、连续发生的进步为标志。对于所有人而言，无论是如麦考莱这样的目的论者，还是如休谟这样的怀疑论者，这种链条是按照因果法则组织起来的。正是这种因果法则，把自然和历史组织起来。对于原始档案材料的研究，是其史学观的核心所在——在这一点上，休谟是例外。再者，他们并未反思认知主体与认知客体之间的连结，即便他们所使用的词汇看上去似乎已暗示了这一点。①他们仍相信一种历史真实的本质观。②

启蒙运动的乌托邦是历史学家可以揭示"世界万物的普遍联系"。 101他们希望，表格中的历史既以一种普世视角来展示因果连贯性，又一目了然地让因果互动为人所认识。他们把因果关系的共时性互动转变为历史事件的历时性顺序。此举代价高昂。他们丧失了史学的叙述力量。幸运的是，休谟和麦考莱没有他们的德国同行那样严厉。他们坚持用一种有趣的方式来书写历史，而且据笔者所知，他们从来不使用表格。

冒险进入一种对于历史真实的新理解：历史主义与主体的出现

这种世界观必然会发生变化。康德在其论文《世界公民观点之下的普遍历史观念》（*Idea for a Universal History with a Cosmopolitan Pur-*

---

① Johann Martin Chladenius 概述了一种"视角论"（Sehepunkt）。它经常被误解为一种有关历史理解可能性条件的批判性理论。然而实际上，它不过是启蒙时代的一种典型理论。Chladenius 确信，四只眼睛比两只眼睛看的更多：越多眼睛去看，认知"链条上便存在更多未被中断之处"。参见 J. M. Chladenius, 'Allgemeine Geschichtswissenschaft' (1752), in *Theoretiker der deutschen Aufklärungshistorie*, pp. 226—274.

② 在加特勒尔的文本中，存在一些段落无法被解释为迈向更具建构性方向的小步骤。参见 Gatterer, 'Abhandlung vom Standort und Gesichtspunkt des Geschichtsschreibers oder der teusche Livius', in *Theoretiker der deutschen Aufklärungshistorie*, pp. 452—66. 特别是 p. 468.

pose）中已告别了启蒙历史学家所支持的历史观。他质疑以下观点：历史的一致性依赖于这样一种观念，即人们根据自然法则而行事：

> 既然人类的努力，总的说来，并不像动物那样仅仅是出于本能，同时又不像有理性的世界公民那样是根据一种预定的计划而行进；因此看起来他们也就不可能有任何（多少是像蜜蜂或者海狸那样的）有计划的历史。①

在这里，我们可以看到，康德反对的观点是：倘若人们按照"一种预定的计划"而行进，历史的一致性便得以实现。对于他而言，人类并"不像是有理性的世界公民"。倘若人类无法按照一种预定的计划而行进，那么一位历史学家或哲学家又该如何让历史成体系呢？

直到今天为止，这一点业已成为历史理论的基本问题。②该问题既包括历史事件的系统化，又包括对这些事件加以叙事的系统化。如果康德拒绝承认一种可被人类所理解的历史计划之存在，那么他是否同样拒绝承认历史的一致性呢？远非如此。其论文的标题已显示出他的主要关注点：即《世界公民观点之下的普遍历史观念》。正如我们知道的那样，康德并未拒绝承认历史中存在着一种自然计划。因此，这一计划仍是神秘的。在其论文的最后几点命题中，康德谈到了这种观念的重要性。当然，这种观念就是人类主体的观念。

> 要按照这样一种观念——即，当世界的行程可以用某种合理性的目的来加以衡量的时候，它那历程应该是怎样的——来编写一部

---

① I. Kant, 'Idea for a Universal History with a Cosmopolitan Purpose' (1784), in H. S. Reiss (ed.), *Kant—Political Writing*, 2nd, edn (Cambridge, 1991), pp. 41f. 中译文引自康德：《历史理性批判文集》，何兆武（译），北京：商务印书馆1990年，第2页。——译者注

② Herbert Schnädelbach 指出，体系化问题就是历史哲学的核心问题。参见 H. Schnädelbach, *Geschichtsphilosophie nach Hegel. Die Probleme des Historismus* (Munich, 1974), p. 11.

历史，这确实是一桩奇怪的而且表面上看来是荒谬的企图；看来仿佛这样的一种目标只不过能得出一部传奇罢了。可是如果我们愿意承认，大自然即使是在人类自由的演出过程之中，也并不是没有规划和目标而在行进着的，那么这一观念就可能成为非常有用的了；哪怕我们是那么近视而看不透它那布局的秘密构造，但是这一观念却仍可以为我们提供一条指导线索，把一堆否则便只是毫无计划的人类行动的汇合体至少在整体上勾划出一个体系。"①

对于康德而言，**观念**可作为一种指导线索，它有助于把历史呈现为一个体系。笔者希望各位想起休谟和德意志启蒙历史学家曾经使用过的隐喻：他们谈到过"历史的链条"。康德的"线索"与休谟的"链条"似乎激发了一种相似的构想。但是，它们却表现出完全不同的历史观与史学观。当休谟及其同仁们相信历史自己可以解释计划时，康德却强调，倘若没有"观念"，历史学家无法提出任何东西，而只能汇合"毫无计划的人类行动"。

凯瑟琳·麦考莱曾认为，历史的目标是自由。她尽力用自己的经验性研究来证明其信仰。加特勒尔和施勒策尔同样竭力用自己的史学来证明其乌托邦想法。与此相反，康德确信，倘若人们看一眼经验事实的话，没有人会理性地期待迎来一个更美好的未来。他认为，解决之道是一种（秘密）自然计划的假设。②这种自然计划无法从经验中推导出来。自然的目标是一种客观目标。但是，它并不是浅显易懂的，而是历史理解可能性的一种条件。这种目的并不能被人从自然中发现，而是被假定为人们藉此来让历史变得浅显易懂。这正是康德撰写的题目不是"世界公民观点下的普遍历史"而是"普遍历史观念"。

---

① Kant，'Idea'，*Ninth Thesis*. 中译文引自康德：《历史理性批判文集》，何兆武（译），北京：商务印书馆1990年，第19页。——译者注

② Kant，'Idea'，*Ninth Thesis*.

在这一点上，兰克反对启蒙历史学家所暗示的一种目的论式进步观。倘若在历史中存在进步，那么过去的每一件事，我们只要考虑到它所产生的结果，都应去研究它。于是，每一件事都只是更好及更晚之事的预备阶段。无论康德还是兰克，都拒绝接受一种客观目标。兰克是在他对上帝的理解中找到了这种客观目标。首先，这一点与启蒙运动的重要差异在于，这种客观目标无法通过经验主义来推导。整个事件的组成部分之所以值得强调，并非因为这一部分所产生的结果，而是因为它的个性。其次，客观性总是与主观性相结合。倘若我们拥有关于这一整体的**观念**，那么我们才能认识到一个部分的个性。这一部分之所以让我们感兴趣，则是因为它对于整体的贡献；而不是由于它作为结果之因。这一部分拥有它自己的结果，无论好坏；但是，这一点并不影响它的意义，因为意义存在于它的独立个性之中。兰克说，每一个时代都直接通往上帝。①

此处，笔者想要强调的是，哲学、诗学和历史科学发展是同步的。席勒表达过这种有关历史发展的新理解，并由此展示出他的世界观是由一种新的认识论所构成。他在自己著名的就职讲座中，强调了历史中的因果关系。②乍听起来，这类似于休谟的历史观。但是，倘若我们更进一步阅读这一讲座发言，则会发现，席勒在历史运动与普遍历史叙事之间设想了建构主义动机。他确信，历史学家（哲学精神）从其自身那里获得了和谐，并将之运用于外在的"事物秩序"（即词与物）。在这里，我们可以再次谈论史学内的一种"叙事转向"。然而，他与休谟的差异再大不过了。席勒在历史学家的**主题**中发现了历史**叙事**的一致性。因此，历史学家不再是**重复**过去的事件，而是根据**人类构想**来**建构**历史叙事。

---

① L. von Ranke, *Über die Epochen der neueren Geschichte* (Darmstadt, 1970), p. 7. 上述对兰克论辩的概括是进行了大量压缩的结果。兰克相信，神圣观念并非单一时期或单一民族作为分析对象而从过去中加以升华的前提。这一点在其历史哲学中引发了一种严重的不协调。有关该主题的更为细致的讨论，可参见 Schnädelbach, *Geschichtsphilosophie*, pp. 34—48.

② F. von Schiller, 'Was heißt uns zu welchem Ende studiert man Universalgeschichte?' (1789), in *Nationalausgabe* (NA), vol. 17, pp. 359—376.

启蒙运动所抱有的天真客观性被克服了，并让位于一种针对客观性的、并深深奠基于主观性的新理解。

在康德之后，历史主义以一种新方法来界定部分与整体的关系。自此之后，部分应该仅在象征意义上指向整体，并因此有助于人们去理解整体。如此，部分便变得非常重要并成为我们关注的核心。部分变成了一种相对的整体，因为自此之后，它可以坚称自己拥有内在固有的价值。从此刻开始，历史一致性的问题得到解决了；它是部分的相对整体。只要一种普遍历史的**观念**作为整体，它便可以被分离出来。

然而，麻烦存在于细节之中。历史主义的认识论强调**每一个**部分的个性。兰克颇具说服力地用名言"**每一个部分**都直接通往上帝"来表达这一看法。①然而，倘若我们再进一步观察历史主义的史学实践，我们就会发现其方案的狭隘限制。其实践者仅仅把一些选择出来的部分视作与众不同的部分。他们进行排除的标准是事物的历史性。每一个被他们界定为无法拥有历史者，则被排除出史学。根据他们对历史发展的理解，一个不拥有历史的部分，便不能代表作为整体的普遍历史。他们让自己局限于国家和民族之历史。②外国文化或所谓"传统"文化，以及整个女性，都被他们认为不拥有历史。它们被历史主义的历史排除在外，并在一种新的学科（人种学）中成为研究领域。

在启蒙认识论中，一个部分的重要性取决于它的结果。理论上而言，历史学家可以为其叙事选择任何历史事件的"部分链条"③。这种部分对其结果的依赖性，造成了历史的一致性问题。这种部分并没有内在固有的价值。在康德的哲学之后，一种对于部分与整体之关系的新理解产生了。在另一种上下文中，路易·阿尔都塞（Louis Althusser，1918—

104

---

① Schnädelbach 同样确信，兰克含蓄地反对谈论历史进步的那些哲学家（特别是黑格尔）的种族中心论。兰克相信所有个性都拥有内在固有的价值。参见 Schnädelbach, *Geschichtsphilosophie*, p. 46.

② T. Mergel, 'Überlegungen zu einer Kulturgeschichte der Politik', *Geschichte und Gesellschaft* (GG) 28 (2002), pp. 574—606, 578.

③ Hume, *Enquiry*.

1990）准确地把那种关系指向"总体"（pars totalis）。①整体不再凭经验加以推导，而是依据观念而获得特性。因为，史学里的一种主观因素（**观念**是历史学家在其心目中的某种东西）首次变得更为重要。不过，仍然需要一段很长时间过后，历史学家才开始关注如下事实：即历史客观性是同主观性纠缠在一起的。在 19 世纪末，德国历史主义的历史学家把民族视作历史上唯一重要的实体来加以研究。此举再次创造了书写历史实践与历史主义认识论之间的紧张关系。而这种紧张关系直至百年后才开始得到解决。

结　论

　　从范式上而言，启蒙认识论可以从大卫·休谟的《人类理解论》中推导出来。历史客观性与历史事件的因果解释是其思想的核心所在。即便同时代最严厉批判休谟的人，凯瑟琳·麦考莱，也仍然坚持着相同的思考规则。他们两人的历史叙事都取得了巨大成功——在某种程度上而言，这种历史叙事只能借助他们与启蒙运动的前批判性认识论之间的"紧张关系"而得以实现。休谟和麦考莱都把文学要素引入史学中，并与此同时接受了一种逻辑不自洽。其结果是，他们在解释其历史故事的一致性（内在连贯性）时产生了问题。赋予两人史书的开端以动机，之所以存在困难，是由这种一致性问题所导致的结果。乍看之下，休谟似乎发现了一条令人信服的出路：他把自己的第一部英国史开始于其前辈们误读的地方。但是，我们仔细一想，这不过是一种实用主义的解决方

105

---

　　①　Althusser 在同 Montesquieu 的历史观中概述了 Cassirer 的"启蒙哲学"（*Philosophy of the Enlightenment*，1932 年）。在 Cassirer 看来，Montesquieu 拥有一种辩证历史观，即认为每一个部分也是整体。Althusser 引人关注地把这一观念描述为"总体"（pars totalis）。不过，Althusser 继续指出，Cassirer 的理解过于现代，而 Montesquieu 对于统治万物的法则更感兴趣。参见 L. Althusser, 'Machiavelli, Montesquieu, Rousseau', in *Schriften*, vol. 2, ed. Peter Schöttler（Berlin, 1987）, p. 72. 阿尔都塞是法国哲学家。——译者注

法，并非是符合逻辑之举。尽管对于凯瑟琳·麦考莱而言，如何启动
（历史叙事）的问题并不那么重要，但她也没有任何令人信服的修正，
从而给予她一种如何开启其著述《英国史》的逻辑解释。她同样缺少一
种能让自己看到其故事中内在连贯性的构想。

　　加特勒尔与施勒策尔同有关因果关系的启蒙认识论保持着更为一致的
关系。他们在历史中对"世界万物的普遍联系"（rerum nexus causalis）
的探寻更为执着。由此带来的不可避免的后果是，他们不得不承受叙述
上的崩塌。这种对于历史的启蒙理解，可以用他们自己偏爱的形象来恰
当地表达：即事件的链条。这一链条上的每一节都成为此后事件的原
因。由此，历史在目的论上变得一致。

　　那么，笔者在本文开头所提出的问题又如何呢？那个问题是：认识
论与民族观是如何连结在一起的？根据阅读所得，笔者想补充一点：倘
若并不存在历史学家可运用于历史之上的观念，那么他或她便没有能够
整理历史事件的有效工具。只要一种叙事坚持因果观念，那么总会存在
一种开放式的结局。每一个历史事件都会寻求前因。由此，启蒙认识论
并没有被引介到民族史学中。它无法解决有关民族界限及其内在固有价
值的核心问题。换言之，只有一种被发明的观念（例如民族），才有助
于克服启蒙史学的问题。

　　鉴于认识论突破及康德哲学得以被接受，历史主义学派的历史学
家，如兰克及其他人，提出了一种新的历史观。这种历史观深受魏玛古
典时期的影响。其中最重要的是在历史的部分与整体之间关系的观念变
化。自此之后，整体被理解为部分可以与之关联的固定观念。整体的观
念允许历史学家去评估部分之特征。而部分则意味着历史叙事的一致
性。另一方面，正是通过部分，历史学家才能认识整体。这种新的认识
论让历史学家得以把一种观念运用于他们的历史故事中，并有助于他们
从那些不重要的历史事件里挑选出重要之事。这种观念并未在理论上成
型。但是，被运用于英德两国史学实践中的观念就是民族，而且几乎总

是只有民族。

在兰克之后，德国的民族史学以其历史书写逐渐削弱了历史主义认识论。它把焦点越来越置于（理论上而言）不可计数的部分中的唯一一个：即民族。它开始把脱颖而出的部分处置为某种自然实体，并视之为一种不可避免的历史发展之结果。由此，目的论回来了。这一缺陷并不应该掩盖如下事实：历史学家不得不把整体理解为一种固定观念，而把部分理解为一种被创造出来的统一体，以便在部分中研究普遍，而在普遍中研究部分。

第五章　20 世纪初民族历史书写中的宗教战争： P. J. 布洛克、卡尔·兰普莱希特、厄内斯特·拉维斯与亨利·皮朗*

吉纳维芙·沃兰（Geneviève Warland）

　　字面上的"宗教战争"，发生于天主教徒与路德宗或加尔文宗新教徒之间，出现在 16—17 世纪欧洲深刻的政治、经济与社会危机的背景之下。在神圣罗马帝国，随着敌对的信仰将诸侯们丢入互相争斗之中，国家分裂，农民们纷纷起义。在法兰西王国，这场冲突导致两大团体的崛起：一方是天主教徒，另一方是胡格诺教徒。同样，在低地国家的十七个省，反对信仰天主教的西班牙国王之运动，在南北方之间的撕裂分离中达到顶峰，并导致荷兰共和国（Dutch Republic）的建立。并不令人感到惊奇的是，这些糟糕的集体经历在民族历史书写中得到了特殊对待。把四种（主要出版于一战之前）不同民族历史有关上述争议性话题的描述加以比较，则是极有吸引力之事。

　　在本章中，我们将考察彼德鲁斯·约翰内斯·布洛克（Petrus Johannes Blok，1855—1929）①的《尼德兰人民史》（*History of the People of the Netherlands*）、卡尔·兰普莱希特（Karl Lamprecht，

---

　　* 感谢 Jessica Zimbalatti 在语言上的一些帮助。
　　① 荷兰历史学家。——译者注

1856—1915)①的《德国史》（*History of Germany*）、厄内斯特·拉维斯（Ernest Lavisse，1842—1922)②的《法国史》（*History of France*）和亨利·皮朗的《比利时史》（*History of Belgium*）。它们都是民族历史的典范之作。我们将聚焦三个核心问题：这些历史研究在多大程度上把宗教视作界定民族的本质要素？16 和 17 世纪的宗教事务如何显示出这四位历史学家认为其民众应该拥有的"民族性格"？最后，这些历史学家以怎样的画面来描绘民族或宗教上的"他者"（亦即敌对国家或敌对信仰）？我们将通过把四种叙述置于其思想与史学背景下，以求找到这些问题的答案。

由学术型历史学家撰写的民族历史

108

1889 年，佩特尔斯出版社（Perthes）与莱比锡大学历史学教授卡尔·兰普莱希特接洽，希望后者接手出版"黑伦与于克尔的欧洲国家史"（*Heeren and Uckert's History of the European States*，德语是：*Geschichte der europäischen Staaten*）。兰普莱希特同意了，但提出的条件是：他将被允许重整这个项目，并把重点放在文化史上。当他已开始撰写欧洲史时，他还独立出版了自己的《德国史》（15 卷，1891—1909年）。③但是，这部《德国史》是以新历史观撰写而成的。这种新历史观还启迪了另两部重要民族历史著作。④兰普莱希特后来把这两部著作都吸纳到《欧洲国家史》中。

---

① 德国历史学家。——译者注
② 法国历史学家。——译者注
③ 这部《德国史》（*Deutsche Geschichte*）由 H. A. Gaertner 初版于柏林。本章中的注释根据第四版。这是由 K. Lamprecht 著作的第二位编者 Weidman 同样在柏林出版的。
④ 关于 Blok 与 Lamprecht 之间的关系，可参见 P. B. M. Blaas, 'De prikkelbaarkeid van een kleine natie met een groot verleden', in Blaas, *Geschiedenis en nostalgie. De historiografie van een kleine natie met een groot verleden. Verspreide historiografische opstellen* (Hilversum, 2000), pp. 30—31. 关于 Pirenne 和 Lamprecht，可参见 B. Lyon, 'The letters of Henri Pirenne to Karl Lamprecht (1894—1915)', *Bulletin de la Commission Royale d'Histoire* CXXXII (1966), pp. 161—231.

其中一部著作来自莱顿大学民族史教授布洛克。他提供了《尼德兰史》（*History of the Netherlands*，6 卷本，1902—1918 年）。该书由沃尔特斯出版社（Wolters）用荷兰语推出了第一版，题目是"尼德兰人民史"（*The History of the People of the Netherlands*，8 卷本，1892—1908 年）。有关比利时的著作由皮朗撰写。他是根特大学民族史与中世纪史教授。皮朗的德语版《比利时史》（1899—1913 年）最初共有 4 卷，后来该书在出法语版（7 卷本，1900—1932）时得到了补充，这是皮朗为其同胞们所撰写的。该法语全版由拉莫尔廷出版社（Lamertin）出版。

拉维斯的《图解法国史，从起源到革命》（*Illustrated History of France from Its Origins to the Revolution*，18 卷，1900—1911 年）和《当代法国史，从革命到 1919 年和约》（*History of Contemporary France from the Revolution to the Peace of 1919*，9 卷，1920—1922 年）是由阿歇特出版社（Hachette）推出的集体著作。在这些著述的创作过程中，杰出的共和派历史学家精诚合作——这些历史学家经常受到拉维斯的训导。拉维斯本人是索邦大学的教授兼巴黎高师（Ecole Normale Supérieure）校长。拉维斯的著作是法国历史研究的一个当代学派——所谓实证主义历史学派（école méthodique[①]）——的典范。该学派主要研究政治史与外交史。

这些民族历史作品都被视作针对有教养公民的通俗著述。这些作品都由有影响力的历史学家为一些知名出版商所撰写。这些著作都取得了成功，并被不断地重印和译介。[②]布洛克、兰普莱希特、拉维斯和皮朗都

109

----

① 在注释中指向 Ch. -V. Langlois and C. Seignobos, *Introduction aux études historiques* (Paris, 1898)，这标志着什么是践行"科学历史学家"的好方法。

② 关于 Lamprecht 著作的成功情况，可参见 R. Chickering, *Karl Lamprecht：A German academic life*（1856—1915）(New Jersey, 1993), pp. 178, 321. Blok 著作的英文缩写版是以 *A History of the People of the Netherlands* 出版的，trans. R. Putnam, vols I—III (New York, 1898—1900)；以及 trans. by O. A. Bierstadt, vols IV—V (New York and London, 1907—1912)。他关于荷兰的著作曾重订三回。关于该书的成功情况，可参见 J. Tollebeek, *De toga van Fruin. Denken over Geschiedenis in Nederland sinds 1860* (Amsterdam, 1990), pp. 86ff. 关于 *Historie de Belgique* 的众多版本情况，可参见 B. Lyon, *Henri Pirenne：An Intellectural Biography* (Ghent, 1971). 关于 Laviss 的 *Historie de France* 的影响，可参见 P. Den Boer, *History as a Profession：The Study of history in France，1818—1914*, trans. A. J. Pomerans (Princeton, NJ, 1998)。

属当时最杰出的历史学家之列。①这不仅是由于他们所做研究的卓越性，而且还因为他们作为知识分子所产生的影响力——他们都做了许多富有影响的演说，并为许多杂志和报纸撰写文章。他们认为自己的角色既是科学的，也是民族主义的。当他们意识到历史拥有被解释性和暂时性的特征时（"制造历史；这是一种不可能逃离的约束"②），他们便寻求把一种追求真实与客观的资质带到自己的职业角色中。

这些历史学家的实证主义态度，连同他们利用档案证据之举、严格的考证方法等，都把一种理想主义的信念投射于对集体观念与民族精神的研究。他们并未发现成为民族主义者和保持客观之信念之间存在矛盾。因此，布洛克、兰普莱希特、拉维斯和皮朗的那些让人印象深刻的民族历史作品表现出两种趋势。他们在科学研究的基础上，概述了每一民族的过去，同时在意识形态上解释了这些研究成果。在第一次世界大战之前，这些有关自由历史书写的意识形态原则涵盖了现代化、世俗化以及国家的权威性与合法性。

尽管政治与战争处于他们叙述的显著位置，但他们仍对文化史做出了卓越贡献，因为他们关注到这四个国家发展中的物质因素与精神因素。布洛克、兰普莱希特和皮朗在文化史方面保有共同的方法论准则。他们认为文化史本质上主要涉及经济与社会两个层面。拉维斯的注意力更多投注于传统的政治史与外交史。但是，《法国史》却倾向于成为法国共和派的一种"记忆之场"（lieu de mémoire），它可以描述整个民族

110

---

① 关于 Blok 的生平和著作的一般性概述，可参见 Tollebeek，*De toga van Fruin*；以及 H. Gosses，'Levensbericht van Petrus Johannes Blok（1855—1929）'，*Handelingen van de maatschappij der nederlandsche letterkunde te Leiden en levensberichten herer afgestorven medeleden 1929—1930*（Leiden，1930），pp. 107—132. 关于 Lavisse，可参见 P. Nora，'Lavisse, instituteur national' 和 'L'*Histoire de France* de Lavisse'，in Nora（ed.），*Les lieux de mémoire*，vol. I（Paris，1997［1984］），pp. 239—275，851—902. 亦可参见 den Boer，*History as a Profession*. 关于 Lamprecht 和 Pirenne，可参见上文提及的学术自传，分别由 Chickering 和 Lyon 完成。

② H. Pirenne，'Une polémique historique en Allemagne'，*Revue Historique* LXIV（1897），50（这篇论文实际上是对 Lamprecht 新历史观的抗辩）。

的过去，并部分关注平民生活的具体情景。

他们都相信，"每一个个体，甚至是最不重要的那一位，他们都在机器上受到编织，其动力不仅来自时间，而且还来自永恒……"[1]。这四部大规模的综合性作品绝对没有仅仅投注于统治者与精英们的行为及意图，它们还关注经济、社会、文化与信仰的变化。正如布洛克在1884年所言，"一个民族的历史意味着该社会作为整体的发展"。[2]这位荷兰历史学家常被引用的名句，可以被视作我们要研究的有关比利时、法国、德国与尼德兰的四段叙事之主题。

由自由派历史学家撰写的民族历史作品

自由派历史学家之所以选择撰写民族历史作品，并不仅仅因为当时历史学科缺少科学性的综合性历史著述。[3]布洛克、兰普莱希特、拉维斯与皮朗的宏大叙事属于"实用史学"（pragmatic historiography）的范畴。这种"实用史学"寻求赋予历史研究以政治意义。在描述一个民族的过去时，指引他们的愿望是：要帮助他们的读者形成一种民族意识。正因如此，他们倾向于创作对同质文化的再现，其中所有形式的异议，包括宗教异议，都被淡化。这意味着，当他们在详细描述宗教事务时，也遵循着相同的目标：他们竭力试图克服每一个案例中特定的意识形态对立，如天主教徒与共和派之间（法国）、天主教徒与自由派之间（比利时与尼德兰）或天主教徒与新教徒之间（德意志）。

这四位历史学家共享着同一种针对宗教信仰的自由派理解。这种理

---

① K. Lamprecht, *Deutsche Geschichte. Ergänzungsband* I, (1901), p. 141.

② P. J. Blok, *Het doel van de beofening der geschiedenis. Rede uitgesproken op 26/09/ 1884 bij de aanvaarding van het hoogleeraarsamt an de rijksuniversiteit te Groningen* ('s Gravenhage, 1884), p. 21.

③ 这些历史学家旨在克服浪漫主义史学，亦即法国的 Michelet、低地国家的 Nuyens 的史学——或者旨在弥补一种缺口：即大范围来看，在比利时和德意志，有关民族过去的统一观念还是缺失的。

解表现在他们坚定支持政教分离，坚定支持公众对私人宗教常规活动的宽容，坚决拒绝任何宗教信仰的教条主义立场。这些基本信念凸显出作者们对宗教改革的解释。此外，他们还在叙述中运用宗教宽容观念，从而淡化教派之间的分立。

111

　　这些历史学家的自由观受到同时代批评家们有时非常尖锐的指摘。一些抱怨声（其中最强烈的来自天主教派的历史学家）认为，布洛克、兰普莱希特、拉维斯和皮朗的民族历史作品未能对宗教信仰给予足够的关注，未曾将之视作一个独特的课题，[1]或者他们存在偏见。[2]事实上，没有一位历史学家把宗教信仰视作本国历史发展中的主要文化因素。相反，他们更多将之视作一种社会或政治现象——这种现象自身显现于民众和统治者中，并深刻影响他们的行为。如此一种针对宗教信仰的非教条性理解，或许就是整个民族为创建一种宏大叙事而需承担的代价。[3]

更多被视作一种文化和政治课题，而非神学课题的宗教信仰

　　通过聚焦于这些叙述对 16 世纪宗教战争的解释，我们能够更好理解它们的意识形态内涵，并理解民族主义对过去的再现之重要面貌。新的新教信仰之扩张——无论是路德宗还是加尔文宗——都对政治权力构成了真实挑战。法兰西王国、神圣罗马帝国与低地国家都遭到内战的蹂

---

① 参见 L. van der Essen, 'Henri Pirenne et l'histoire ecclésiastique' (*Revue d'Histoire ecclésiastique*, January 1936), in *Henri Pirenne. Hommages et souvenirs*, vol. 1 (Brussels, 1938), pp. 238—247. 也可参见 P. Fredericq 对 Pirenne 的 *Histoire de Belgique III* 的评述, *Revue Historique*, LXXXXVII (1908), pp. 412—418. 关于 Blok, 可参见 H. Gosses, 'Levensbericht van Petrus Johannes Blok', p. 128. 关于 Lamprecht, 可参见天主教历史学家 H. Finke 的批判：*Die kirchenpolitischen und kirchlichen Verhältnisse zu Ende des Mittelalters nach der Darstellung Karl Lamprechts: eine Kritik seiner 'Deutsche Geschichte'* (Rome, 1896).

② 参见 J. W. Thompson 对 *Histoire de France* (vol. V and VI) 的书评, *American Historical Review* 10 (1904—1905), pp. 387—390.

③ 进一步参见 J. Kennedy, 'Religion, Nation and European Representations of the Past', in S. Berger and C. Lorenz (eds), *The Contested Nation: Ethnicity, Class, Religion and Gender in National Histories* (Basingstoke, 2008), pp. 104—134.

蹦。拥抱新信仰的贵族们发动了叛乱：法国的孔代亲王（Prince of Condé，1530—1569）①与海军上将科利尼（Coligny，1519—1572）②；德意志黑森（Hesse）、萨克森（Saxony）、安哈特（Anhalt）与不伦瑞克（Brunswick）的选侯或君主，建立施马尔卡尔登联盟（Smalcaldic League，1531年）的自由城市代表；在低地国家，反对西班牙政府的埃格蒙特（Egmont，1522—1568）③与霍恩（Hornes，约1524—1568）④的各县及奥兰治（Orange）亲王威廉一世（William I，1533—1584）⑤。这些历史学家也描述了一些天主教国王镇压叛乱的战斗：神圣罗马帝国的查理五世（Charles V，1500—1558）；他的儿子，腓力二世（Philip II，1556—1598）在低地国家的行动；以及法国的亨利二世（Henry II，1519—1559）、查理九世（Charles IX，1550—1574）和亨利三世（Henry III，1551—1589）。反宗教改革运动（Counter-Reformation），特别是如耶稣会（Jesuits）这样的团体之建立，同样得到了描述。

然而，正如布洛克、兰普莱希特、拉维斯和皮朗宁愿撰写民族历史 112
而非宗教历史那样，他们更强调国家的行为而非教会的行为。他们聚焦于每个国家有利于新教或加尔文宗⑥的特殊政治行为。这些行为要么提供了宽容与和平的机会，要么触发了一段内战时期。他们仔细研究了宗教运动所产生的社会政治影响，例如伴随迫害而来的移民运动，像胡格诺教徒从法国流向德意志，或低地国家南方的乞丐涌向北方。由于新教运动的主要领导人彼此提供援助，以及在很多个案中外国政治在国内事务中具有重要意义，因此所有四种叙述都触及邻国的事件。

---

① 即 Louis de Bourbon，著名的胡格诺派领袖和将军。——译者注

② 指加斯帕尔·德·科利尼，法国宗教战争时期胡格诺派代表人物，1552年被法王亨利二世任命为法国海军上将。——译者注

③ 指埃格蒙特伯爵，荷兰政治家与军事家，荷兰反对西班牙侵略的早期领袖。——译者注

④ 指 Philip de Montmorency，也称为霍恩伯爵，1568年他与埃格蒙特伯爵一起在布鲁塞尔被西班牙当局斩首——译者注

⑤ 荷兰起义的主要领导者，也常被称为“奥兰治的威廉”或“沉默者威廉”。——译者注

⑥ 原文如此，实际上新教包括了加尔文宗，这里作者使用“新教”一词，可能实际指路德宗。——译者注

这些历史学家解释了人们对天主教会失去幻想的根源，并描述了异端运动的兴起。一些异端运动影响有限、时间短暂，但很受欢迎，如再洗礼派（Anabaptist）。但另一些异端运动更为平和，拥有智识且最终取得了胜利，如路德宗和加尔文宗。历史学家或多或少地从广义上解释了这些运动的神学原则，描述了它们的主要代表，并概括出这些运动的结构。他们还追溯了这些信仰在贵族阶层和平民阶层、在城乡领域中的散播过程。

除了这些共同的普遍路径之外，每一种民族叙述都包含着每一个历史学家的个人兴趣及其对史学的态度。兰普莱希特是四人中最概念化、最哲学化的一位。他提出了新教教义与个人主义之间关系的问题，并由此指向新教教义为现代化开路的问题。他还非常详细地描述了马丁·路德（Martin Luther，1483—1546）的生平和著述。与此相对，皮朗只花了几页纸来书写宗教改革的神学或哲学层面。其叙述的主题是新信仰传播的社会条件与政治层面。与此类似，布洛克聚焦于那些导致联合省独立的政治因素和社会经济因素。勒莫尼埃（Lemonnier，1842—1936）[①]和马里约尔（Mariéjol，1855—1934）[②]是撰写拉维斯《法国史》中相关部分的作者。他们仔细考察了宗教战争与宗教改革的每个方面。但他们强调的是政治层面。他们积聚了有关法国各地行动者与历史事件的细节，其中便包括宗教联盟、许多结束每一场冲突并旨在建立天主教徒和新教徒之间和平的敕令。

民族历史作品中的宗教战争

兰普莱希特的《德国史》是此处探讨的四个例证中最全面的文化史113 著作。他把宗教改革置于德意志民族演进中的一个新阶段背景之下，亦即

---

① 即 Henry Lemonnier，法国历史学家。——译者注
② 即 Jean Hippolyte Mariéjol，法国历史学家。——译者注

15—17 世纪个人主义的诞生阶段。[①]当兰普莱希特在叙述政治事务与社会
经济事务时，他沿循着一种哲学与心理学框架。这一框架详细提出了文明
的五个阶段，而德意志精神的演进目标是更伟大的理性与自我意识。

第 1 卷（1486—1519 年）的大部分内容聚焦于马丁·路德的个人生
平、观念及其与查理五世和教皇之间的关系。其叙述同样涉及大量敕
令、王公贵族针对路德宗的不同意见、新信仰的传播以及与如再洗礼派
这样的异端思想之共存。第 2 卷（1519—1648 年）关注王公贵族与新教
之间的联系所导致发生的宗教因素向政治因素的转型。帝国由此分裂为
两个对立部分：一个是"信仰天主教的绝对主义者"，忠于皇帝；另一
个是信仰新教的、革命的，并依赖于同法国、英国及尼德兰的联盟。这
种斗争在三十年战争（1608—1648 年）——即"天主教徒与新教徒之间
的大型欧洲战争"（《荷兰人民史》，第 4 卷，第 235 页）——中达到巅
峰，并被形容为"向野蛮状态的回归"（《德国史》，第 2 卷，第 764—
765 页）。

在布洛克的《荷兰人民史》中，宗教改革者的新世界构想之胜利，
与荷兰人起义反抗西班牙君主腓力二世有着密切联系。加尔文宗的胜利
和乌得勒支同盟（Union of Utrecht，1579 年）属于荷兰史学所谓八年
战争（1559—1579 年）的结果。对于尼德兰而言，这一时期具有决定性
意义，因为它被视作荷兰共和国的奠基时代。这正是布洛克著作的第 3
卷（1559—1609 年）和第 4 卷（1609—1648 年）主要研究政治的原因
所在。不过，他所研究的政治形式中，宗教信仰扮演着重要角色。这两
卷充斥着"独立英雄们"的行动：如奥兰治亲王威廉一世和奥尔登巴内
费尔特（Oldenbarnevelt，1547—1619)[②]。

---

① 兰普莱希特有关德意志民族历史的五阶段是：象征主义（500—700）、类型主义
（700—1100）、传统主义（1100—1450）、个人主义（1450—1700）和主观主义（1700 年
后）——其中包含兰普莱希特称作"神经过敏"（Reizsamkeit）的时间段。
② 曾任尼德兰联省共和国首相、大议长，荷兰革命期间最重要的政治家之一。1618 年，
由于政治斗争而被逮捕，1619 年被斩首。——译者注

第 2 卷（1300—1559 年）用一整章篇幅论述了低地国家的宗教转型。它显示出，由于教会道德水准低下，该地产生了一种内部宗教改革的需求；随后，它描绘了新宗教运动的兴起，特别是占主导地位的加尔文宗，"其民主精神比资产阶级更能吸引平民的心"（《荷兰人民史》，第 2 卷，第 478—479 页）。尽管存在着黑暗的一面，但这种抵抗腓力二世的宗教行动最终以"自由共和国"的缔造而落幕（《荷兰人民史》，第 3、4 卷）。在与西班牙停战（1609 年）到《明斯特和约》（*Peace of Münster*）签订（1648 年）之间这一时段的历史，正是一个新国家的成功故事。"这个国家在世界舞台上迅速找到了它的位置，成为欧洲强国之一，其中的原因还在于这些日子里自我发现的荷兰种族之特征。"（《荷兰人民史》，第 3 卷，第 1 页）。

皮朗所著《比利时史》的第 3 卷（1477—1567 年）与第 4 卷（1567—1648）论述了宗教战争。第 3 卷涵盖了从由"大胆"查理（Charles the Bold，1433—1477）①之死引发的勃艮第国家危机一直到反叛西班牙的运动兴起期间的事件。第 4 卷则聚焦于该地区的宗教革命与政治革命，尤其是 1597 年在乌德勒支成立的新教联盟（Protestant League of Utrecht）与在阿拉斯（Arras）成立的反动天主教联盟。皮朗解释了一些要点，如奥兰治的威廉之政策、和约与和平努力、南部省份与西班牙的和解、低地国家的分裂。他明确划分了宗教战争的两个阶段。他把第一个阶段视作由查理五世领导的、主要反对路德派异端的宗教斗争；第二个阶段则被视作由加尔文宗的革命天性与腓力二世的高压政策所导致的政治斗争（《比利时史》，第 3 卷，第 320—321 页）。他详细描绘了"勃艮第国家的终结"（《比利时史》，第 4 卷，第 151 页）及低地国家南部的衰落——其原因是它们遭到西班牙的再征服，并受到新荷兰共和国霸权地位的威胁（《比利时史》，第 4 卷，第 417 页）。对于皮朗而言，

114

---

① 勃艮第公爵，一生致力于使自己的领地成为王国。其死时并无男嗣，仅留下一女，引发了周边强国对勃艮第公国的争夺。——译者注

上述两个事件是比利时的悲剧："（这个国家）没有自我规划，只是一个
毫无灵魂的躯体，一个仅供谈判的话题，一条边界，一个战场而已。"
（《比利时史》，第 4 卷，第 289 页）

在拉维斯的《法国史》中，勒莫尼埃贡献了第 5.1 卷（1492—1547
年）和第 5.2 卷（1519—1559 年）。这两卷主要论述法国的内政外交。
不过，第 5.1 卷的一个重要部分却论述了法国及其邻国的宗教运动以
及当时的学术发展与社会演进。5.2 卷的一部分则从古典时代初期文
学和艺术的角度论述了文化史。法国加尔文宗的特殊性同样得到了
分析。

在接下去的各卷中，即由马里约尔撰写的第 6.1 卷（1559—1598
年）和第 6.2 卷（1598—1643 年）概述了法国的宗教战争以及亨利四世
（Henry IV，1553—1610）①颁布《南特敕令》（*Edict of Nantes*）从而
承认加尔文宗之举。随后描述的是：反对新教徒的战争再次爆发、新教徒
政治联盟的解体以及黎塞留（Richelieu）领导下的反宗教改革运动。最后，
由拉维斯撰写的各卷涉及路易十四（Louis XIV，1638—1715）②——他
于 1685 年废除了《南特敕令》。书中还包括了对当时宗教与社会情势的
评估。（《法国史》，第 6.2 卷）

这些历史学家凭借着后见之明，深刻认识了宗教战争所引发的巨大
变化对其各自民族历史产生的文化、社会及政治影响。对于布洛克而
言，这些巨变因荷兰共和国宪法的颁布而被克服。相反，皮朗把荷兰宪
法视作悲剧，因为它割裂了低地国家的南北方，导致勃艮第国家的解
体。在兰普莱希特看来，宗教改革是德意志学术现代性的开端，尽管教
派分裂所导致的政治分离依然存在。在拉维斯的心目中，战争曾是处于
落后时代的法国面对危机的时刻，而法国由于路易十四撤回《南特敕
令》之举而丧失了加入现代性的契机。

115

---

① 法国与纳瓦拉国王，法国波旁王朝的第一位国王，终结了法国宗教战争。——译者注
② 法国波旁王朝国王，亨利四世之孙，又被称为"太阳王"。——译者注

宗教战争与"民族独特性"

四位历史学家处理宗教战争相关事件的方法，特别是他们的解决路径，都与各自国家所设想的民族特征相联系。每个民族所拥有的特征都同这些历史学家对政治及社会事件的道德判断相连结。他们通过回溯性地从宗教战争看问题，构想了一种已存在很长时间、并通过历史转型而保留核心身份认同的比利时民族、荷兰民族、法兰西民族或德意志民族。这些身份认同是精神特性与集体特性。历史学家认为，这些特性被受其研究之民族国家的所有成员所共享。

他们关于这一概念的构想可能是更为"静止的"，坚持这种或那种特征的永恒性；或者可能是更为"动态的"，从这个角度可以观察到该民族特征的一种演进。这两种构想并非是相互排斥的。例如，皮朗便把比利时人的特征概括为一种本质上的"世界主义民族"，但同时他又承认一些历史多样性，如 17 世纪的"落后时期"。兰普莱希特一方面争辩说，德意志民族变得越来越理性，越来越拥有自我意识，另一方面又指出，德意志人从未与其种族根基脱离过。

在每一个案里，文化与历史都被认为是民族特性起源的基础要素。尽管兰普莱希特也曾强调过语言和种族起源，但这两个要素却不是民族地位的唯一决定因素。这些历史学家假定他们的民族属于元史学范畴，可被理解为集体个性——拉维斯称之为"民族灵魂"（âme nationale）、布洛克称之为"民族特性"（volkscharachter）、兰普莱希特称之为"民族精神"（Volksgeist），或者如皮朗那样，由说佛兰芒语（Flemish）和瓦隆语（Walloon）的两类人组成了"拥有双重灵魂"（génies de deux）的种族。这种集体个性塑造了民族文化。倘若我们在其描述宗教战争的上下文中仔细考察这一构想，那么我们会得出一个颇具讽刺意味的结论：被布洛克、兰普莱希特、拉维斯和皮朗视作其各自民族个性的独特要素，同样经常被运用于邻国。

作为"欧洲缩影"的比利时①

比利时处于欧洲中心的地理位置，决定了其民众在 16 世纪上半叶
和下半叶分别受到来自德意志（路德宗）与来自法国（加尔文宗）的新
宗教信仰风潮之影响。因此，"低地国家的宗教改革史同样（以一种十
分奇特的方式）揭示了其文明的欧洲特质"（《比利时史》，第 3 卷，第
331 页）。皮朗有一种观点，认为民族地理位置必然的开放性锻造了比利
时人在根本上拥有热爱和平与世界主义之特质。这种观点不断在皮朗的
《比利时史》中出现。②这一特质是宽容的，不愿意卷入任何形式的暴力，
或赞同强大的正统教义——这一点显示在"比利时人"努力缓和信仰天
主教的统治者"毫无恻隐之心的敕令"之举中（《比利时史》，第 3 卷，
第 207、354 页）。对于皮朗而言，查理五世与腓力二世针对"异端"所
发起的毫不妥协之斗争，违背了"该国的自然天性"（《比利时史》，第 3
卷，第 366 页）。

> "荷兰是来自伊拉斯谟的宗教"（La Hollande est de la religion
> d'Erasme）（笛卡尔）③

皮朗对低地国家"宽容的"人民之塑造类似于布洛克对荷兰人民显著
特征的描述：感觉上的"温和性"，如同表现在伟大的人文主义者伊拉斯
谟（Erasmus，1466—1536）④身上的那样（《荷兰人民史》，第 2 卷，第
461 页）。再者，这种尺度感是年轻共和国在经济与智识上腾飞的关键要
素，也是新秩序建立的关键要素。布洛克认为，以上种种让荷兰成为欧洲

116

---

① 这一表达借用自 Lamprecht，参见 *History of Belgium*，I，p. X.
② 参见 *History of Belgium*，I，p. XI；*History of Belgium*，VII，pp. 392—393.
③ 《荷兰人民史》，第 2 卷，第 461 页；也可参见《荷兰人民史》，第 4 卷，第 384 页。
④ 即 Desiderius Erasmus Roterodamus，荷兰哲学家。——译者注

最自由、最宽容的国家。这种自由性与宽容性同样可被应用于宗教信仰问题："在欧洲，没有一个国家如同联合的低地国家（同时也处在1618—1619年间胜利者的统治下）那样，曾体验过观念上如此自由、礼拜仪式上如此自由之时刻……"（《荷兰人民史》，第4卷，第220页）。但是，这种自由必须在荷兰共和国七省的联合得以保存的背景下才能得到理解。为了保持该国的联合，荷兰省继续保持对教会的控制（《荷兰人民史》，第4卷，第219页），而且礼拜仪式的自由权并不与地区自治权相联系，即便这一想法也曾得到过讨论（《荷兰人民史》，第3卷，第203页）。

法兰西人民对公平和自由的渴望

马里约尔（在拉维斯主编的著作中）在描述宗教战争时，坚持法兰西人拥有一种永恒特质：平等意识。他指出新教联盟领袖之一——孔代的失败。孔代曾希望通过含蓄地提及这一平等价值观来推行新信仰："在这里，存在着孔代的巨大错误……其新教似乎是由一个阶级所体现，它应该是贵族的信仰；皈依的人越来越少，且扩张力量减少了。"（《法国史》，第6.1卷，第75页）在拉维斯看来，孔代的新教教义无法向"整个法兰西民族"开放，这解释了人们对新信仰的不满之情。

法兰西精神的另一个特质，自由意识，也通过《南特敕令》（1598年）得到了表达。因为它确立了宗教信仰自由权，并在教随国定的时代把民族特性与信仰脱钩（《法国史》，第6.1卷，第418—423页）。于是，《南特敕令》看上去很有进步性。"在王国中接受两种宗教信仰，如亨利国王所为，意味着这个国家与家园的另一构想；更为聪慧的构想、更为人道的构想、更为自由的构想。"（《法国史》，第2.2卷，第80页）与此同时，该敕令也被视作脆弱的，因为当时并没有做好迎接那种自由的准备："信仰狂热拒绝接受任何宽容体制"（《法国史》，第6.1卷，第79页）。在拉维斯的心目中，在16世纪和17世纪，既没有任何机构（如

教会和君主），也没有民众准备好接受思想自由和信仰自由。"他们的心
灵还没有准备去接受［关于国家和社会更为宽容的观点］……这一决策
是为了把情况恢复到宗教改革反叛之前的样子。如此一来，法国倒退了
一个世纪。"（《法国史》，第 7.2 卷，第 80 页）

拉维斯把这种缺乏宽容和对权威的相关需求同民族意识的薄弱相联
系："由于民族还没有它们此后才拥有的自我意识，对于基督教徒和天
主教徒而言，宗教信仰统一看起来是一个民族共同体的前提。"（《法国
史》，第 7.2 卷，第 43 页）鉴于 17 世纪的法国并未转变为卢梭（Rous-
seau，1712—1778）①所界定的自治政府，确保社会稳定的唯一方式只能
是允许外在权威的存在，如国王和强大的宗教教义。这种将民族发展视
为向更大的宽容进步的观念，与成为一个民族的意识相联系，同兰普莱
希特的观点十分相近。

一种仍受权威所限制的个人主义（《德国史》，第 5.1 卷，第 370 页）

在兰普莱希特看来，宗教改革是 16 世纪"最重要的民族事件"
（《德国史》，第 5.1 卷，第 8 页）。它对德意志发展产生了深刻影响。正
因如此，它不能被仅仅理解为"教派史与教会史的问题"（《德国史》，
第 1 卷，第 20 页）。新新教信仰让个人从其附属于教会权威的状态中解
放出来；它把个人直接置于神圣原则之前。因此，新教创造了一种与中
世纪过去的决裂，它有助于个人主义新时代的发展（《德国史》，第 5.1
卷，第 23 页）。它还有助于实现德意志的文化统一，因为路德的德语作
品得到广泛传播，由此标志着"民族思想的巨大进步"（《德国史》，第
5.1 卷，第 310 页）。

---

① 即 Jean-Jacques Rousseau，法国启蒙思想者。——译者注

　　兰普莱希特认为，宗教改革的负面影响在于新教教义的胜利同样是公侯邦国对君主的胜利。其结果是，未能创建一个统一的德意志国家。相反，信仰天主教和信仰新教的王公贵族之权力都得到了增强。他们能对其臣民施加绝对权威，并让自己扩张领土的欲望得到满足（《德国史》，第 5.1 卷，第 347 页；第 5.2 卷，第 382、525—526 页）。

　　因此，路德宗引领产生了一种民族意识新形式，其最好的代表是有教养者，而非下层民众。"对于未来民族无意识的宗教信仰观而言，它与其说是无以言表的特性，倒不如说是一种纷扰。"（《德国史》，第 5.1 卷，第 9 页）

118

＊　＊　＊

　　布洛克与皮朗分别从两种不同但互补的观点出发，描述了低地国家的战争。他们倾向于把相同的特质赋予这些被"抵抗西班牙之革命"分裂的人民：比利时人和荷兰人都是极度温和与开放的。这些特征被呈现为比利时性与荷兰性的普遍而永恒的真理。兰普莱希特与拉维斯的观点则不同。他们对民族特征的演进加以概括，并认为 16 世纪的民众并不能在信仰问题上保持自由和宽容。当兰普莱希特在哲学层面上发掘上述问题时，拉维斯则使用了一种政治框架。拉维斯把宗教信仰上的不容忍态度或暴力行为与他称作个人主义的事物联系起来。他认为，在这种个人主义里，个人意识还不成熟，不能完全保持自由。兰普莱希特从民族意识薄弱的角度探讨了 16 世纪对权威的需求，而唯有民族意识能使思想的自由和信仰的自由得以实现。

宗教战争与民族或宗教信仰上的"他者"

　　布洛克、皮朗、拉维斯和兰普莱希特都把民族历史与世界历史联系起来。①因此，他们各自民族的历史都与其他民族的历史相互联系。这种相互联系也显示在他们对宗教战争的描述中。这样做是有充分理由的：信仰跨越边界，16—17世纪各国的法律框架部分是共享的。例如，低地国家直到查理五世退位之前都属于神圣罗马帝国。正如皮朗在其为布洛克的《荷兰人民史》第三卷撰写的书评中提到："与15世纪相比，在16世纪，低地国家的历史与欧洲整体史的联系更为紧密。"②

同时，历史学家之所以关注邻国的历史事件，也存在着一种方法论和意识形态上的动机：一方面是强调本民族独特性的需求，另一方面则想凸显正面特征，淡化负面特征。因此，历史学家经常使用因果关系③比较，并由此坚持唯一性。在民族历史书写中，这样一些特殊化比较是修辞工具之一。另一个工具是研究政治、社会、文化上的观念及物质的"输入和输出"。这不仅显示了该民族在欧洲共同文化中的参与，而且还表现出各民族之间的竞争：它指向每个民族希望表现得最为进步的愿望。④

布洛克与荷兰模式

布洛克强调了荷兰共和国的中立政治，这种政治"对基督教徒的支持和对天主教徒的支持一样多"（《荷兰人民史》，第4卷，第56页）。他在书中最多拿来与荷兰比较的国家是法国。例如，他对于美第奇家族的凯瑟琳（Catherine of Medici，1519—1589）⑤的简要描述，同法国宗

---

① P. J. Blok, *Het doel van de beofening derf geschiedenis*, p. 18; E. Lavisse, *Vue générale de l'histoire politique de l'Europe*, 3rd edn (Paris, 1890); H. Pirenne, *De la méthode comparative en histoire. Discours pronocéàla séance d'ouverture du Ve congrès international des sciences historiques le 9 avril 1923* (Brussels, 1923); K. Lamprecht, 'Zur universalgeschichtliche Methodenbildung', *Abhandlungen der philologisch-historischen Klasse der königlichen sächsischen Gesellschaft der Wissenschaft XXVII* (1909), pp. 35—63.

② 参见 Pirenne 关于《荷兰人民史》第3卷的书评，*Revue Historique LXVII* (1898)，pp. 392—393.

③ 此处"因果关系"的原文为"casual"，意为漫不经心的，疑为 causal 之误。——译者注

④ 例如，这里摘录马里约尔/拉维斯谈论《南特敕令》："在此时的欧洲，没有其他国家展示出这样的容忍"（《法国史》，第6.1卷，第423页）。

⑤ 法国王后，亨利二世的妻子。——译者注

教战争的暴力场景相联系。他笔下"奸诈"的凯瑟琳，"法国王室的肮脏心灵"（《荷兰人民史》，第 3 卷，第 418 页）以及法国王室准备"用暴力方式保护天主教"的做法（《荷兰人民史》，第 3 卷，第 28 页）——同马里约尔/拉维斯更为细致的描述形成鲜明对比。①在另一个例证里，布洛克探究了法国天主教徒和新教徒之间的血腥冲突（《荷兰人民史》，第 3 卷，第 412—413 页）。他将之与低地国家的情况做了比较。在低地国家里，尽管腓力二世非常残酷，但审查却未如此严厉（《荷兰人民史》，第 2 卷，第 474 页）。

不过，布洛克主要通过将荷兰与南方低地国家相比较，从而展现荷兰模式的全部荣耀："北方变成了一个强大而繁荣发展的国度。它自由而开放，阳光普照在文明、贸易和工业的领土上。它是欧洲的强国。南方则变成了一个西班牙王室及后来奥地利王室的附属品，它受到支配，无法自由活动，遭到奴役，被人忽视，成为欧洲的战场，生活在其明亮过去的苍白阴影之下。"（《荷兰人民史》，第 1 卷，第 7 页）

至于"输入和输出"问题，布洛克描绘了加尔文宗的扩张。这一教派被荷兰人转变为"宗教改革的一种温和精神"。它被输出到整个北欧，前往英格兰、埃姆登（Emden）、不来梅和普鲁士（《荷兰人民史》，第 2 卷，第 477 页）。它的容忍与温和之精神同样是荷兰共和国扩张的关键要素。相反，德意志新教徒内部永无止境的争吵与之形成了鲜明对比（《荷兰人民史》，第 2 卷，第 506 页；第 3 卷，第 462—463 页）。

皮朗与荷兰共和国"成功故事"的相对化

布洛克对南方信仰天主教的低地国家加以灰暗描述，事实上并不同

---

① 凯瑟琳首先试图"［借助］容忍的补救措施，来拯救该民族的冒犯之举"（《法国史》，第 6.1 卷，第 42 页），但最终却变为"煽动巴托罗缪之夜（Bartholomew's Night）的凶残刽子手"（《法国史》，第 6.1 卷，第 152 页）。

皮朗的画面（《比利时史》，第4卷，第288—289页）相互矛盾。但是，　120
后者采取的策略是，贬低北方（荷兰共和国）的成功，并聚焦于展示南
方显现出来的更好未来，特别是在经济领域内。皮朗发现了阿尔布雷希
特（Albert，1559—1621）①与伊莎贝拉（Isabel，1566—1633）②及之后
的西班牙统治者执政期间举措的细微差异之处。他并不否认"16世纪公
民感的深度沉沦"（《比利时史》，第4卷，第335页）及"民族活力的
低下"（《比利时史》，第4卷，第336页），但他同样描述了瓦隆地区的
经济活力。这里是"16世纪最糟日子中孕育艺术家和商人之地"（《比利
时史》，第4卷，第422—423页）。这些人散布到弗莱芒，参与到该地
纺织业与矿业的发展中。

尽管皮朗拒绝在道德上把加尔文宗视作本质上的野蛮思想（《比利
时史，第3卷，第427页；第4卷，第390页》），但他仍把加尔文宗在荷
兰与泽兰（Zeeland）的胜利同瓦隆与弗莱芒难民被人从天主教南方诸省
驱逐到荷兰与泽兰的事实相结合（《比利时史》，第4卷，第124页）。
与此类似，他还同样赞赏了"比利时加尔文宗教徒的聪慧特质"（《比利
时史》，第4卷，第333页）及移民到北方的工匠（《比利时史》，第4
卷，第417页），因为他们有助于荷兰共和国实现经济扩张，成为"世
界上第一个海港强国与资本主义强国"（《比利时史》，第4卷，第333
页）。皮朗对于这种"输入和输出"的坚持态度，也强化了他的下述理
论：即认为，分裂并非是宗教信仰或语言的问题。这一点明显同布洛克
产生了矛盾。后者把低地国家的分裂归因于信仰天主教的瓦隆人与说弗
莱芒语的加尔文宗信徒之间的裂痕（《荷兰人民史》，第3卷，第206、
220页）。

---

①　指阿尔布雷希特七世，神圣罗马帝国皇帝马克西米利安二世的第七子，通称奥地利的
阿尔布雷希特，为奥地利大公，布拉班特公爵，尼德兰总督。他与伊莎贝拉结婚后，西班牙国
王腓力二世将尼德兰交给阿尔布雷希特与伊莎贝拉统治。——译者注
②　指伊莎贝拉·克莱拉·尤金尼亚，西班牙国王腓力二世长女，阿尔布雷希特的妻子，
为奥地利女大公，尼德兰总督。——译者注

有关皮朗贬低荷兰崛起的最后一个例证是他对奥兰治的威廉之描绘。当布洛克把这位亲王描述为反对腓力二世的阵营内最杰出的领导人、受迫害的新教徒之保护者、一位民族英雄时（《荷兰人民史》，第 3 卷，第 70 页），皮朗却把他视作一位机会主义者，其动机与其说是保卫信仰，还不如说是为了他在荷兰与泽兰所赢得的权力（《比利时史》，第 4 卷，第 388—389 页）。①此外，皮朗认为，各省的特殊性态度与荷兰的霸权地位否定了议会的最高权威。皮朗暗示说，统一性的缺乏，正是共和国未能立即形成民族性的原因。

拉维斯和作为世仇的德国

《法国史》基于法国历史学派的方法论，旨在追求公正性。就其包容大量事实、极少评论而言，这一点是成功的。但是，由于拉维斯的偏见部分来源于 1870 年法国的战败，他便情不自禁地把德国人描绘为本质上好战且有敌意的民族。②

121　在宗教改革的背景中，他这样写道："16 世纪的德意志，是一个有个性的个体，被赋予了近乎暴力的激进主义意识。路德、乌尔里希·冯·胡腾（Ulrich von Hutten，1488—1523）、弗朗茨·冯·济金根（Franz von Sickingen，1481—1523）和葛兹·冯·贝利欣根（Goetz von Berlichingen，1480—1562）③都是拥有极强个性的人。"（《法国史》，第 5.1 卷，第 18 页）这种暴力同样被描述为是埃塔普勒的勒费弗尔（Lefèvre d'Etaples，约 1455—约 1536）④领导下的和平式法国宗教改革在路德宗的影响下转向一种革命化、侵犯性运动的特征（《法国史》，第

---

① Blok 不像 Pirenne 那样给出负面评价，但仍然担心如下一个事实：荷兰与泽兰构成了这一联盟的核心（《荷兰人民史》，第 3 卷，第 451 页）。

② 这样一种有关德国的负面形象在拉维斯的著作中是不断出现的。例如参加 Levisse, *Histoire de France contemporaine*，III, pp. 168, 394.

③ 这三位都是宗教改革发生后德意志地区领导起义的骑士领袖。——译者注

④ 法国神学家、法国人文主义的领军人物与新教运动的先驱。——译者注

5.1卷，第350页）。

拉维斯的这种1870年后充满仇恨的精神，最好地表现在他对《南特敕令》被废止后胡格诺教徒大规模移民德意志的描述中："从法兰西夺走的力量加强了外国人的力量，而这些外国人将成为我们的敌人〔亦即德意志〕。"（《法国史》，第7.2卷，第80页）对于拉维斯而言，这是输入和输出的症结所在：德意志力量部分归因于法兰西的贡献。在拉维斯看来，法国国王的权威能借助总体敕令（如南特敕令及其废止令）来平息法兰西的宗教混乱，同时保持该国的统一性。与此相反，他将低地国家的分裂视为勃艮第国家的"正常"演化，因为该国只是一种"人为创造物"（《法国史》，第6.1卷，第202页）。因此，宗教信仰问题并不是导致其分裂的唯一原因：它还应归因于一种文化统一性的缺失。"南部与东部的人口是农民，而北部的人口主要是渔民。"（《法国史》，第6.1卷，第201页）这最后一个在兰普莱希特对低地国家的描绘中得到了呼应。

兰普莱希特与一种以德意志为中心的视角

兰普莱希特在其对神圣罗马帝国的描述中，把整整一章都用于描绘位于帝国边缘地带（《德国史》，第5.2卷，第619页）的"比利时—荷兰领地"（《德国史》，第5.2卷，第431页）。他指出了德意志历史中的两种趋势：一种是低地国家及其城市文明（《德国史》，第5.2卷，第558页）；另一种是"所有德意志"的传统（《德国史》，第5.2卷，第557页）。兰普莱希特指向了荷兰人的德意志文化根基，[1]而且其有关低地国家的章节更多是以布洛克风格而非皮朗风格来撰写的。

---

[1]　Block 谴责 Lamprecht 处理荷兰史的方法，特别史后者在《德国史》最后一卷中的做法。Block 认为，Lamprecht 的此举就是一种德意志文化帝国主义。参见 P. J. Block, 'Deutschland en Nederland', *Onze Eeuw* (1905), pp. 418—437.

　　兰普莱希特用布洛克的概念范畴（语言、文化与宗教信仰）来指出
低地国家南北方的深刻差异。由此，他展现了荷兰人与德意志人之间的
文化共同体："南方早已转向瓦隆语，而在北方，德语及德意志习俗却
占据优势；南方主要是天主教徒，而在北方最重要的城市和省，新教徒
占据多数。因此，从长期而言，很难避免出现分裂。"（《德国史》，第
5.2 卷，第 603 页）当兰普莱希特在撰写荷兰共和国的成立时，着重强
调了这种"到当时为止不为人所知的联邦国家形式"的原创性和现代性
（《德国史》，第 5.2 卷，第 619 页）及其实现了"政治自由、思想自由、
世界市场上的贸易自由"（《德国史》，第 5.2 卷，第 618 页）。

　　兰普莱希特并没有过多谈论法国的内部事务。他简要提及圣巴托罗
谬之夜①（"可怕的教训"）（《德国史》，第 5.2 卷，第 591 页）及其对
低地国家里对抗新教徒之战的影响。他还指涉了法国的国际政策。他这
样写道，"中世纪欧洲文明各国的心脏"（《德国史》，第 5.2 卷，第 706
页）在大陆事务中扮演了关键角色。但是，他对加尔文宗和法国宗教改
革并没有给予正面评价。他将之描述为"宗教行为的极端狂热之举"。
这是路德式思想自由的对立面，因为它指向"上帝的绝对权力"（《德国
史》，第 5.2 卷，第 562 页）。这种比较不仅证明兰普莱希特所持有的以
德意志为中心的视角，因为他强调更为理性的德意志宗教信仰拥有优先
权；而且它也是加尔文宗与路德宗之间存在冲突的证据，这也清楚地显
示出兰普莱希特自己的信仰。

＊ ＊ ＊

　　当我们仔细考察每一位历史学家将其民族与邻国所进行的比较，便

---

　　①　又称"圣巴托罗缪大屠杀"。1572 年 8 月 24 日凌晨，巴黎天主教徒伙同军队警察突然
对胡格诺教徒发动袭击，杀死数千胡格诺教徒，此后类似恐怖暴行扩散到法国其他地区并持续
数月，随后引发了新一场宗教战争。由于 24 日恰逢圣巴托罗缪节，故得名"圣巴托罗缪之
夜"。——译者注

会得出如下结论："他者"作为一个对比物，增强了这些历史学家自身
国度的积极方面。布洛克把荷兰共和国的崛起与信仰天主教的低地国家
之衰落加以比较，便是这一结论最具影响力的例证。"宗教信仰上的他
者"，与"民族他者"相连结，同样以突出每位历史学家所在国家主导
信仰的优越性之方式而得到描述。我们在兰普莱希特对于加尔文宗的负
面评价及拉维斯对于路德宗的贬低之举中可以看到这一点。

从自由观看宗教战争

　　在 19 世纪的最后二十五年，荷兰面临着对立集团之间的争权夺利。
他们是：自由派、新教徒、天主教徒和社会主义者。由此导致了公民社
会的碎片化，进而对该国的历史书写产生了影响，特别是让那些钻研荷
兰民族国家建立的历史学家更为关注意识形态。信仰新教的历史学家，
如格伦·范·普林斯特勒（Groen van Prinsterer，1801—1876）[1]把 16
世纪的反叛运动解释为一场争取加尔文宗信仰与荷兰民族统一的战斗。[2]　123
信仰天主教的历史学家，如努恩斯（Nuyens，1823—1894）[3]则更愿意
强调勃艮第风俗习惯与天主教信仰统一体之间的联系。[4]

　　布洛克在其有关八年战争这一卷的导论中坦诚，他急于逃脱这种意
识形态偏见。他把自己的书写建立在其导师荷兰历史科学的创始人罗伯
特·福罗英（Robert Fruin，1823—1899）[5]的"公正"风格之上。[6]那
么，他如何让其叙述保持公正呢？首先，他使用了一大堆原因来解释联

---

　　① 荷兰政治家与历史学家。——译者注
　　② 关于作为一位政治家和政论家的 Groen van Prinsterer，及其试图在荷兰提升一个"基
督教之国"（主要通过教育）的想法，可参见《荷兰人民史》，第 7 卷，第 152—155 页。
　　③ 即 Willem Jan Frans Nuyens，荷兰历史学家。——译者注
　　④ 参见 W. Nuyens, *Algemeene geschiedenis des Nederlandschen volks, van de vroegste
tijden tot op onze dagen*, 20 vols, 2ⁿᵈ edn. (Amsterdam, 1873—1882).
　　⑤ 荷兰历史学家，兰克的追随者，将科学史学引入荷兰。——译者注
　　⑥ 《荷兰人民史》，第 3 卷，第 IV 页。

合省的独立性：腓力二世及其总督阿尔瓦（Alva，1507—1582）①的政治僵化、大贵族之间的竞争、他们不愿接受奥兰治的威廉的态度，最后是天主教徒与新教徒之间的对立。对他而言，没有一个原因是最主要的。其次，尽管 17 世纪经常被呈现为黄金时代，但布洛克并没有把这段时间的社会政治情况理想化。他叙述了大量宗教信仰冲突和政治冲突，如加尔文宗信徒与阿尔米纽宗信徒（Arminian）之间的冲突，或君主主义者与联邦主义者之间的冲突。在解释这些冲突时，他竭力采取一种超然于外的立场，在不插入评语的情况下去思考这些冲突对民族产生的影响。这种描述细节而回避明确解释路径的做法，已经被负面评价为视野狭窄之举。与此不同，皮朗的《比利时史》只区分了 16 世纪革命的两个主要原因：西班牙王国与勃艮第国家之间的对立；资本主义自由与更古老的法团主义式科层制结构之间的冲突。②而布洛克却通过尝试在"君主利益与国家利益"之间寻求政治和解，从而中和荷兰民族历史重构中形形色色的对抗。这一点显示了他作为一位"老自由派"③的信念，即努力尊重现存体制。

布洛克和皮朗对摆脱"外国暴政"的枷锁有着共同的看法。事实上，这一点是 19 世纪针对 16 世纪低地国家抗争行动的典型自由派解释模式。他们两人作为自由派，都强调勃艮第人的特质在于自主和独立，所以他们采取行动去抵抗西班牙的菲利普（《荷兰人民史》，第 2 卷，第 436 页；《比利时史》，第 3 卷，第 217 页）。不过，皮朗还强调指出，这场暴动在成为宗教信仰冲突之前曾是一次民族起义。他断言，在 16 世纪勃艮第人的低地国家里，已经存在着一种民族感觉，因此这场冲突就

---

① 指第三代阿尔瓦公爵费尔南多·阿尔瓦莱斯·德·托莱多-皮门特尔，西班牙名将，曾任那不勒斯副王、米兰公国总督、尼德兰总督、葡萄牙副王。阿尔瓦公爵在尼德兰总督任上时曾血腥镇压尼德兰革命。——译者注

② G. W. Kernkamp, 'Pirenne', in Kernkamp, *Van menschen en tijden Studiën over geschiedschrifvers* (Haarlem, 1931), p. 222.

③ P. B. Blaas, 'De prikkelbaarheid van een kleine natie met een groot verleden', pp. 33—35.

是两个国家之间的对峙。1572年，"勃艮第国家最后一次抵抗西班牙国 124
家。但假如这场暴动的动机纯粹是政治性的，那么它是从宗教信仰那里
借取武器的"（《比利时史》，第4卷，第46页）。

再者，对于皮朗而言，宗教信仰并不能同语言联系起来，但在布
洛克看来，这种联系确实存在。为此，他描述了信仰天主教的瓦隆人
与信仰新教的弗莱芒人。皮朗感到，"［低地国家的各省］在联合起来
大喊'穷人万岁'（vivi le gueux）后，瓦隆人与弗莱芒人迅速揭竿而
起，一起抵抗西班牙"（《比利时人》，第3卷，第330页）。皮朗的
《比利时史》提出的主要理论是：拒绝接受把分裂观念视作两个语言上
截然不同的族群之对立。对于他而言，自中世纪起，两个族群便共享
城市文化与世界主义文化，而且这种共同文化远比语言的统一性更为
强烈。

皮朗在其著作中竭力超越的对立观点则关注瓦隆语和弗莱芒语使用
民众之间的族群问题，而不是教权至上的天主教徒与1850—1880年间
影响达到顶峰的自由派之间的意识形态冲突。[1]皮朗甚至没有提到19世
纪中叶比利时浪漫主义历史学家对这场暴动所进行的具有争议性的解
释。当时，天主教学者认为，腓力二世的僵硬政策保卫了本民族的"真
正信仰"，而自由派学者却站在埃格蒙特亲王与霍恩[2]的一边："他们以

---

[1] 在传授庇护九世（Pius IX）的《谬论举要》（Syllabus errorum）时，引起了天主教徒
的激进化。这被称为"教权至上主义"（ultramontanism）。19世纪下半叶，它出现在比利时、
法国、德意志与低地国家。由于不同国家的文化和政治特性，"教权至上主义"出现了不同表
现形式。但尽管如此，这一保守的天主教运动仍然与理性主义、个人主义、自由主义和民主进
行斗争。参见，D. Mollenhauer, 'Symbolkämpfen um die Nation, Katholiken und Laizisten in
Frankreich（1871—1914）', in H. -G. Haupt and D. Langewiesche, Nation und Religion in Eu-
rope: mehrkonfessionelle Gesellschaften im 19. und 20. Jahrhundert（Frankfurt/M., 2004），
pp. 202—230. 关于皮朗对比利时例证的观点，参见《比利时史》，第7卷，第226页以下。

[2] 参见前注，此处的埃格蒙特指埃格蒙特伯爵拉莫尔（Lamoral），他同时也是哈纳雷亲
王（Prince of Gavere）。此处的霍恩指菲利普·德·蒙特莫伦西（Philip de Montmorency），又
被称为霍恩伯爵。两人都是尼德兰革命的领袖。1567年，阿尔瓦公爵领兵到尼德兰平叛时，奥
兰治亲王威廉逃亡国外，埃格蒙特与霍恩留在国内，被阿尔瓦公爵逮捕，随后两人被处
决。——译者注

自由之名来领导这场反对暴君的行动。"①如同拉维斯一样，他谴责两个教派在 16 世纪都表现出狭隘与不宽容的一面。他认为，如果说新教徒的行动不如天主教徒那么暴力，"只不过是因为他们的教会发展不足，他们的教义还不够严密，以及存在使这场运动作为整体而出现的各种小教派"（《比利时史》，第 4 卷，第 449 页）。皮朗的自由主义还明显体现在他的如下观念中：他认为，对民族统一而言，宽容之心与物质文明的粘合度远胜于宗教信仰或语言。在这一点上，他反对自己的导师，天主教历史学家戈德弗洛伊德・克鲁特（Godefroid Kurth，1847—1916）②。后者是比利时科学历史学派的创始人，主张把比利时民族的本质与天主教信仰相联系。③

　　在拉维斯时代，当天主教历史学家把教会与君主制视作团结法兰西民众的元素时，共和派则认为这些元素是共和国与世俗主义（laicism）。他们认为，宗教信仰只是一种私人问题、意识问题。他们信奉使用从法国大革命传承下来的价值观来进行教育的公民教育。④拉维斯出生于一个新教家庭。他希望避免出现宗教信仰"狂热"所造成的危机。⑤为此，他竭力避免让第三共和国内天主教徒与共和派之间的矛盾恶化。所以，他

---

　　① J. Koll，'Belgien. Geschichtskultur und nationale Identität'，in M. Flcke（ed.），*Mythen der Nationen：ein europäisches Panorama*；*Begleitband zur Ausstellung des deutschen Historischen Museum vom 20. März 1998 bis 9. Juni 1998*（Munich，1998），pp. 63—67. Ibid.，'Die Reformation in der Kontroverse. Nation und Protestantismus bei belgischen Katholiken und Liberalen in 19. Jahrhundert'，in H. -G. Haupt and D. Langewiesche，*Nation und Religion in Europe*，pp. 99—134.

　　② 比利时历史学家。——译者注

　　③ 热爱天主教信仰、遵从合法统治者、拥抱自由，这些是比利时"民族性格"的主要特征。参见 G. Kurth，*Manuel d'histoire de Belgique*，3rd edn（Brussels and Namur，1930），p. 238.

　　④ 例如参见 W. R. Keylor，*Academy and Community：The Foundation of the French Historical Profession*（Cambridge，MA，1975），pp. 91—92. 更为特别，且带有范式性的例证，可参见 Mollenhauer 的前述论文 'Symbolkämpfen um die Nation，Katholiken und Laizisten in Frankreich（1871—1914）'.

　　⑤ P. Benedict，'Introduction'，in G. Marnef，H. van Neirop and M. Venard，'Reformation，Revolt and Civil War in France and the Netherlands 1555—1585'，*Proceedings of the Colloquium，Amsterdam，29—31 October 1997*（Amsterdam，1999），p. 2.

的叙述保持着天主教徒与新教徒之间的平衡，指出两者有着共同的历史
负担：

> 为了鉴别及公正评判那种狂热（支持《废止令》[Revocation's
> Edict]）的错误，我们有必要首先记住，宽容在16—17世纪还是
> 一个几乎无人所知的美德，新教徒所进行的迫害并不比天主教徒施
> 加的迫害更能让人忍受。在法国，新教徒多数派可能会对天主教少
> 数派所做的事情，已经由日内瓦历史来告诉我们了；同样的历史还
> 出现在荷兰与英格兰。

（《法国史》，第7.2卷，第79页）

对于拉维斯而言，加尔文宗与天主教之间的斗争，并不是自由对抗
正统的斗争。毋宁说它是两种教义之间的斗争，而且在此斗争中，宗教
信仰与政治目标纠缠在一起，并最终被政治目标所降伏（《法国史》，第
7.2卷，第42页）。因此，宗教战争并不是法国史上的分水岭。拉维斯
指出，法国新教并非德意志经历的等价物，因为法国并未通过宗教改革
而改宗（《法国史》，第5.2卷，第374页）。他对于《南特敕令》被废一
事的描述，得到了米什莱（Misheet）这位拉维斯的"思想导师"
（maître à penser）之崇敬。米什莱在这一描述里看到了有别于法国大革
命精神的东西。①拉维斯的《法国史》花费大量篇幅用于解释路易十四　126
（Louis XIV）做决策的过程细节。路易十四代表了"天主教法国的感
觉、观念与幻想"（《法国史》，第7.2卷，第45页）。拉维斯展示了这一
"让法国重新天主教化"的过程有多么不公正、多么反动，因为《南特
敕令》的条款被人用机会主义的方法来加以解释、修改与运用（《法国

---

① P. Joutard，'Le musée du désert. La minorité réformée'，in *Les lieux de mémoire*，
vol. II，p. 2670.

史》，第 7.2 卷，第 46 页以下）。废止令的序言被他解释为不公正的、
"错误的"（《法国史》，第 7.2 卷，第 78 页）。而且在这一点上，拉维斯
对君主的谴责要多于他对天主教会的谴责。

　　拉维斯的《法国史》看上去十分温和，因为他尽力给出一种有关宗
教战争的公正看法。而这一点也必须被理解为其自由意识形态的组成部
分。①它可被联系到第三共和国的自我意识。因为在第三共和国，存在着
一种强烈渴望，即把一个强大的法兰西民族建立在共和价值观（如献身
国家、爱国主义热情）之上。当时的真正敌人，极少在国内，更多在国
外：对于拉维斯而言，法国的主要目标就是能与德国竞争。

　　在兰普莱希特有关战争的描述中，我们可以看到一种文化斗争
（Kulturkampf）的最终回响。这场文化斗争是俾斯麦（Bismarck，1815—
1898）②同持教权至上论的天主教徒所进行的战斗。③兰普莱希特的《德
国史》把新教教义与现代性联系起来，而把天主教教义（特别是反宗教
改革）视作一种反动运动，一种"唤醒中世纪虔诚的做法"（《德国史》，
第 5.2 卷，第 642 页）。兰普莱希特这位牧师之子把宗教改革视作分水
岭——这也是兰克以降德意志新教 19 世纪史学的传统："这是理解 16
世纪到 18 世纪时段的主要议题。在埃尔福特（Erfurt）和维滕堡（Wit-
tenberg）修道院房间的静寂中，中世纪精神与后中世纪精神之间的最后
且具典范意义的差异出现了。④对于我们而言，这一点仍然有效；而且对
过去数世纪来说，这一点同样具有决定性意义。"（《德国史》，第 5.2 卷，

---

　　① P. Nora, 'Lavisse, instituteur national', in *Les lieux de mémorie*, pp. 265—266.
　　② 普鲁士政治家，德意志帝国的第一位首相。——译者注
　　③ 参见 T. Nipperdey, *Deutsche Geschichte 1866—1918*, vol. II: *Machsstaat vor der De-
mokratie*（Munich, 1998），pp. 364ff.
　　④ 马丁·路德于 1505 年成为圣奥古斯丁修道院的见习修士，从此一直到 1511 年他永远
离开为止，他一直是埃尔福特的圣奥古斯丁修道院的一员，因此圣奥古斯丁修道院有着著名的
"路德房间"（Luther Cell），即路德曾经住过的房间。1507 年，路德来到维滕堡学习，他居住
在属于维滕堡大学的黑修道院西南角的一间小房间里。路德写作《九十五条论纲》时就居住于
此，此后他一生的大部分时间都居住在这里。因而此地得名"路德故居"（Lutherhaus）。——
译者注

第 245—246 页）但是，兰普莱希特尽力避免宗教偏见与传统的普鲁士
史学——后者试图把新教教义，特别是信仰新教的普鲁士，与德国统一
和德意志民族身份认同相等同。[1]兰普莱希特竭力在文化史范围内与天主
教历史学家实现和解。[2]因此，兰普莱希特对于宗教信仰的解释，与其说
是好斗的，不如说是普世的。他认为，宗教宽容是一种进步，正如他在
总结《明斯特和约》时这样写道："从所有方面来看，宽容都是必要
的……实际上是讨论中最重要的方面"（《德国史》，第 5.2 卷，第 775
页）。他强调了所有领土内新教徒与天主教徒拥有礼拜自由的重要性。127
此类论点连同他对教会控制政治的所有形式之拒斥立场，都表明兰普莱
希特在德国背景下的自由主义信念。

结　论

如布洛克、兰普莱希特、拉维斯和皮朗这样的民族自由派历史学
家，推动发展了一种有关宗教信仰的世俗化解释。他们将之作为维护爱
国主义的一种工具。他们把民族视作一种最重要的历史力量，因而它必
须是超越教派的。再者，他们的意识形态背景及其对科学史学学科规则
的承诺，深刻影响了他们的民族历史作品。在这些作品里，可以说，
"宗教与历史的长期发展相适应，还包括浓缩了历史学家观点的文化潮
流，并且它可以提供他或她有关过去的姿态"。[3]对于这些历史学家而言，
这意味着在撰写宗教战争及其结果时要竭力保持容忍与公正。

---

① 这位普鲁士历史学家的原型是 Heinrich von Treitschke。参见 H. Lehmann，' "Er ist
wir selber"：der ewige Deutsch. Zur langanhaltenden Wirkung der Lutherdeutung von Heinrich
von Treischke'，in G Krumeich and H. Lehmann (eds)，'Gott mit uns'. Nation，Religion und
Gewalt im 19. und 20. Jahrhundert (Göttingen，2000)，pp. 91—104.

② R. Chickering，Karl Lamprecht，p. 218.

③ D. G. Shaw，'Modernity between us and them：The place of religion within history'，
History and Theory 45 (2006)，p. 3.

因此，他们缩小了宗教信仰与民族主义在政治社会领域内的竞争，因为两者都拥有"一种神圣的教义和一个神圣的对象——上帝与民族"，它们还拥有"神圣的象征"与"为它们的仪式提供的一种固定日程和一些固定场所——教会与民族纪念碑"。①这些民族历史叙述并未在国家与宗教信仰之间创造一种二分法，而是尽力调和两者。宗教战争的英雄们便被用于表现民族主义与宗教信仰的连结。兰普莱希特的《德国史》把马丁·路德描绘为德意志民族文化的奠基人。布洛克的《荷兰史》把奥兰治的威廉塑造为荷兰独立的民族英雄。拉维斯的《法国史》称赞亨利四世为成为法国国王而被迫改宗天主教，并推行了《南特敕令》。

因此，宗教信仰融入了民族特性，并成为后者的附属物。它成为民族和解的象征，而民族和解有助于实现文化结合。这样一种文化结合被视作这些叙述所欢呼的民族身份认同的关键所在。在这里所发现的一种集体身份认同，被概括为单一的民族性特征：一种追求宽容的自然动力——每一个民族（比利时人、荷兰人、法兰西人与德意志人）都显示出拥有这种动力。在这一点上，我们在自由主义宏大叙事中所看到的民族主义，对于每个作为整体的社会而言，都如同一种世俗化的宗教信仰而在发挥作用。

---

① 　C. Lorenz, 'Towards a theoretical framework for comparing historiographies: Some preliminary considerations', in P. C. Seixas (ed.), *Theorizing Historical Consciousness* (Toronto, 2004), p. 40.

第六章 从异端到民族英雄：儒勒·米什莱的圣女
贞德和弗兰蒂泽克·帕拉茨基的约翰·胡斯

莫妮卡·巴尔（Monika Baár）

前　言

　　浪漫主义时代的历史学家总是表现出对非传统英雄的喜好。这种倾向与试图在历史书写中引入新视角的努力相吻合。他们不再满足于重复其先辈有关王朝历史与战争历史的叙述。一些学者甚至把那些被古老编年史称赞的国王和军事领袖视为"镇压代理人"。这种英雄的旧模型正在越来越多地被"自由代理人"所取代。那些伟大的天才人物之所以声名卓著，并非因为他们拥有特权的身份背景，而是由于他们对本民族之命运甚或人类之命运做出了贡献。①传统上，这些人在史学研究中并不为人所知，因此这需要学者们付出艰苦的努力，才能发掘出至少能为他们的行为提供一些线索的文献。再者，即便这些材料很易获得，它们也总是表现出统治权力的视角和兴趣，因此注定存在偏见，并不适合去构建合适的描述。

　　在中世纪及近代早期，宗教信仰上的符号象征（其中包括竭力呼唤圣人之举），在强化封建王朝秩序的合法性方面发挥了重要作用。当圣

---

　　① L. Gossman, *Between History and Literature* (Cambridge, MA, 1990), p. 90.

人崇拜继续在近代上演时，从 19 世纪起，学者们开始唤醒有关异端与宗教改革家的记忆，以便使那些各具特色、通常还相互对峙的意识形态拥有合法性。如同圣人所拥有的象征力量那样，异端身上的坚忍不拔与殉教行为总是能够为民族主义、自由主义甚或后来的马克思主义提供可资利用的道德资本。对异端的呼唤，不仅能支持各种偏颇的观点，有时还能加强调和的主张。

129　　把异端转而塑造为民族英雄与跨民族英雄的背景，则是由欧洲政治文化格局发生重大变化所带来的。这种新场景的出现，根本上是由于世俗化的进程。这种进程同样涉及把异端信息加以世俗化。例如，自由派学者发现，中世纪宗教异见之遗产十分有利于他们向民众发起号召，抛弃封建主义的残余物并创造一个现代社会。言论自由和思想自由的传播，构成了更为具体的议程。通过唤起那些成为教会过激行为受害人的殉道者，这种议程得以推进。伴随世俗化发生的，还有民族感的增强与民族的神圣化。民族主义时常被视作宗教信仰的一种代用品，它广泛占用宗教信仰的符号象征。[1]在那种背景下，异端可以被人们从此前宗教信仰的场景设置中转移开，并被转化为民族自由的捍卫者，以及非同寻常的民族价值之持有者或提供者。再者，学者们还常常把宗教异见归并到他们对历史的目的论式解读之中。其结果是，中世纪的异端通常被呈现为宗教改革的先行者和 19 世纪革命的逻辑前因。

　　本章试图在微观层面上记录这些基本进程。笔者的方法是：追溯两位中世纪异端之"事业"的转化踪迹。他们是圣女贞德（Joan of Arc，约 1412—1431）和约翰·胡斯（John Hus，约 1372—1415）。笔者想解释，这两位中世纪异端如何从公共记忆中的一种卑微、甚至不光彩的地位，转变为受人赞颂的民族英雄？这种转变很大程度上要归因于浪漫主义时代的两位杰出历史学家。他们是法国人儒勒·米什莱和捷克人弗兰

---

① 参见 C. Hayes, *Nationalism：A Religion*（New York，1960）.

蒂泽克·帕拉茨基（FrantiŠek Palacký，1798—1876）①。尽管这两位学者并非"无中生有地"（ex nihilo）创造其主人公的形象，但米什莱的投入对圣女贞德被投射为法国象征之举却是不可缺少的，同样帕拉茨基也有助于把约翰·胡斯演绎为捷克民族追求自由的杰出代表。再者，这两位学者不仅有助于从根本上重新界定其笔下主人公的形象，而且还为他们在民族记忆和欧洲记忆中的持久遗产奠定了基础。

　　并非偶然的是，米什莱与帕拉茨基的描述，实际是欧洲史学的一种共同趋向的例证。其主张类似于意大利的文艺复兴（Risorgimento）支持者，后者重新唤起了人们对 12 世纪一位异端布雷西亚的阿诺德（Arnold of Brescia，约 1090—1155）②之记忆；或者类似于西班牙的自由派学者，他们让人们想起了弥贵尔·塞尔维特（Miguel Servet，1509 或 1511—1553）③，这位博学者因其反三位一体（Trinitarianism）的学说，而在约翰·加尔文（John Calvin，1509—1564）的赞同下，被日内瓦政务会处以火刑。波各米勒派（Bigimil）的异端学说④深刻塑造了巴尔干半岛上的地区及民族身份认同。但另一方面，为了在 19 世纪的法国建立一个独立的南部地区身份认同，试图借用摩尼教的派别之一卡特里派（Cathars）⑤之记忆的努力，却以失败告终。有趣的是，一种对于异端的强有力呼唤来自马克思及其支持者。他们在一些异端的所作所为中辨识出阶级意识与阶级斗争的早期证明，如 16 世纪的德意志农民战争。正是顺着这一路径，除了马丁·路德外，再洗礼派教徒托马斯·闵采尔

130

---

① 捷克历史学家与政治家。——译者注
② 意大利的一位宗教改革家，他呼吁教会放弃财产所有权，最终被教皇绞死。——译者注
③ 西班牙医生、自然科学家。——译者注
④ 波各米勒派极有可能发端于今天的马其顿地区。该派呼吁人们回归他们认为的早期精神教诲，拒绝教会等级制度。他们在政治上倾向于反抗国家和教会，在巴尔干地区迅速蔓延。——译者注
⑤ 又称"清洁派"，为基督教异端。其一个分支阿尔比派在 12 到 13 世纪流行于法国南部。阿尔比派提倡节俭的生活，抨击天主教会的奢侈，因此遭到教皇镇压，最终逐渐消亡。此处原文有误，卡特里派是受到摩尼教影响的基督教派别，而非摩尼教派别。——译者注

(Thomas Münzer，约 1489—1525)①进入无神论国家德意志民主共和国的民族万神殿中（同样也出现在纸币上）。

这种"宗教英雄的民族化"现象极少在比较视野下得到探究。②笔者的研究试图弥补这一缺失。方法是：对笔者所挑选的研究者之学术背景、意识形态托词加以平行考察，且对他们各自的文本加以近距离解读，揭示其语境。这样的分析或许不仅有助于辨识有趣的相似之处和明显差异，而且还将丰富我们对浪漫主义史学宏大叙事所采用之策略的理解。

两位英雄

从表层而言，圣女贞德与约翰·胡斯似乎毫无共同点可言。贞德崭露头角时是一位年轻、天真、从未受过教育的女孩，因其幻觉和农民的机智而著称于世；而胡斯进入聚光灯下时已是一位年长的、富有学识且极有影响力的学者。不过，更为重要的是连接两人的基本品格：即他们超凡脱俗的魅力。此外，提供给他们在"历史舞台"上表演的历史氛围，同样表露出明显的相似性。从根本上而言，他们所生活的时代之特点是：在世俗领域和教会领域内，都存在着严重危机。

在 14 世纪的后三十年间，波西米亚因严重的经济萧条、传染病与领主战争而备受蹂躏。如同欧洲的其他地方一样，教会庞大的世俗权力与丰富的财产引发了相当多的不满。约翰·胡斯作为教会腐败行径的最伟大批评者而出现，他呼吁回归基督教信仰的真正源泉——在他看来，真正源泉就是《圣经》以及耶稣和使徒们所提供的榜样。胡斯出生于农

---

①　德意志牧师与神学家，宗教改革早期的重要人物。他既反对马丁·路德，也反对天主教会。他是德国农民战争的领导人，在一次战役后被捕并被处决。——译者注

②　值得一提的例外是 F. Graus 的权威著作 *Lebendige Vergangenheit：Überlieferung im Mittelalter und in den Vorstellungen vom Mittelalter* (Cologne, 1975).

民家庭，1400 年进入布拉格大学。不久，他被任命为神父。两年后，他被擢升为该校校长。胡斯在布拉格最重要的礼拜场所之一，即伯利恒小教堂（Bethlehem Chapel）里进行布道。在约翰·威克里夫（John Wyc- 131 lif，约 1328—1384）①的影响下，他布道时使用的语言不是惯例上的拉丁语，而是本国语。他的惊人成功让敌人们颇感烦恼，特别是在布拉格大学的德意志同僚们不得不试图勉强接受这位捷克对手日益隆盛的名望，因为这种名望以牺牲他们自己的地位为代价。此外，布拉格的教士们还在教皇前进行控诉。随后教皇颁布禁令，只要胡斯还居住在布拉格，这座城市就禁止举办圣事。

　　1414 年，胡斯主动参加康斯坦茨大公会议，希望在那里证明自己无罪。（波西米亚）国王瓦茨拉夫（Venceslas，1361—1419）②的弟弟、（神圣罗马）帝国皇帝西吉斯蒙德（Sigismund，1368—1437）给予他一份著名的保护令，应允他能自由地返回波西米亚。尽管如此，胡斯仍在康斯坦茨被捕。帝国皇帝却未插手救他，这是违背诺言的做法。胡斯表达了撤回其教导的愿望，并说明这些言论的错误性已在圣经基石上得以证明。然而，宗教会议仍认定他的著作是异端邪说，并将他判处火刑。1415 年 7 月 6 日，他被执行火刑。他的骨灰被撒入莱茵河。根据传统，约翰·威克里夫的著作（大公会议也进行了谴责）被付之一炬。胡斯之死引发了胡斯战争（Hussite wars），导致了一场国际冲突，使得波西米亚被置于欧洲发展的中心。在波西米亚，胡斯的遗产得到了波西米亚兄弟会（Bohemian Brethren）③支持者的维系。该兄弟会时常沦为受刑的牺牲者。随后，波西米亚在 16 世纪上半叶被并入哈布斯堡家族的统治领地。④由于胡斯与威克里夫拥有思想上的联系性，他也在英国新教传统

---

①　英国神学家，反对天主教会。——译者注
②　即波西米亚国王瓦茨拉夫四世，神圣罗马帝国君主文策尔一世。——译者注
③　15 世纪捷克基督教的一派，1457 年由以凯来齐斯基为首的胡斯派残余组成于波西米亚，后因迁往摩拉维亚而更名为摩拉维亚兄弟会。——译者注
④　为了削弱胡斯派的遗产，哈布斯堡家族甚至提升了一个地方圣徒 John of Nepomuk 的崇拜。

中占有一席之地。后者强调"威克里夫孕育了胡斯，胡斯孕育了路德，路德孕育了真理"。①直到 18 世纪晚期，胡斯的遗产才首次获得严肃的**学术**关注。这一进程为帕拉茨基推动的"偶像化"开辟了道路。他的努力是如此成功，以至于胡斯接下来成为两次世界大战之间捷克斯洛伐克的一位民族英雄，而其于康斯坦茨被执行火刑的 7 月 6 日则从那时开始变成了国家节日。

　　圣女贞德的故事是这段平行叙述中更著名的那一章。其中包含的片段有百年战争的暴行、英格兰国王亨利六世（Henry VI，1421—1471）与已故瓦卢瓦王朝国王查理六世（Charles VI，1368—1422）之子查理（Charles，1403—1461）争夺法国国王头衔等。贞德是一位富裕的佃农之女，受其母亲教育而成为极为虔诚的教徒。她时常宣称自己听到了圣人的声音。1429 年，圣凯瑟琳（St Catherine）与圣玛格丽特（St Margaret）出现在这位少女的幻觉中。她们告诉贞德，上帝已选中她来帮助已故法兰西国王查理六世之子，去把英格兰人赶出法兰西。其结果是，她离开了家乡，打扮成男性，向未来的国王自荐。相传，查理伪装了自己，但贞德识破了他。贞德要求获得军队指挥权。当她的愿望得到满足时，她便指挥军队胜利冲向被英格兰国王占领的兰斯（Rheims）。查理之后便在兰斯大教堂加冕为国王查理七世。

　　随后，贞德向国王证明，她的军队能够征服巴黎。然而，尽管贞德继续战斗，但她的胜利却慢慢消逝了。1430 年，她被国王的对手勃艮第人逮捕。后者把她出卖给了英格兰人。查理七世并没有努力去营救这位少女。因此，1431 年，她被宣布为女巫，在鲁昂的许多百姓面前被烧死。在此之后，她的骨灰被撒入塞纳河。1455 年，贞德的父母恳请复审其女的案子。第二年，教皇敕令宣布她无罪。几个世纪后，1909 年，贞

---

① W. Haller, *Foxe's Book of Martyrs and the Elect Nation* (London, 1963)，p. 165.

德被赐宣福礼①。1920 年，教会宣布她为圣人。在此前一年，法国政府已把她被处死的那一天宣布为国家节日。圣女贞德不仅成为法国最伟大的民族女英雄和守护神，而且还是法兰西团结一致的象征。

两位历史学家

毫无疑问，儒勒·米什莱与弗兰蒂泽克·帕拉茨基有许多相似之处。首先，他们是最严格意义上的同时代人：两人都出生于 1798 年，离世时间则相差两年，前者去世于 1874 年，后者去世于 1876 年。他们的出身也都相对低微：帕拉茨基是一位摩拉维亚路德宗牧师教师的次子；米什莱的父亲是一位印刷工。新教背景在捷克学者观点中扮演着重大角色；但对于米什莱而言，其家庭与胡格诺教徒之间的历史联系却在很大程度上被证明对其观点的影响是无关紧要的。他年轻时信仰天主教，而且拥有保皇主义倾向。当他重新塑造贞德形象时，却对正统天主教教义产生了怀疑。当然，这一点并未阻止他充分认同其女英雄展示信仰力量的典范作用。19 世纪 40 年代后，他逐渐拒绝接受教会的僵化权威，并对耶稣会士的阴谋加以最强烈的谴责（如同帕拉茨基那样）。倘若米什莱是在这个较后的阶段开始描绘贞德的话，他有可能会鄙视贞德的"迷信行为"，或着重强调她针对教会激进分子所发起的反抗之举。②

两位学者都以多产的作家及其孕育一部不朽民族历史的巨著而知名。米什莱花费超过 30 年时间来完成他的《法国史》（*Histoire de France*）。到 1867 年该书完成之时，它的篇幅已达到 19 卷。针对中世纪时期的论述，构成了这部伟大研究著述的亮点。其描述在圣女贞德的悲剧命运中达到高潮。相关篇章还在很多场合以奥尔良少女之传记的形式得到重

133

---

① 天主教会追封已过世人的一种仪式，用意在于尊崇其德行，它是封圣的第三个阶位，仅次于圣人。——译者注

② A. Guérard, 'Introduction', in J. Michelet, *Joan of Arc* (Michigan, 1967), p. XII.

印，有时被宣称是法兰西人的"民族圣经"。

1830 年革命产生了路易-菲利普的君主制统治。它成为米什莱生命及其事业的分水岭。他被任命为国家档案馆历史分部主任，并开始在索邦举办讲座。在索邦，他已触及圣女贞德在法国史中的地位。让米什莱感到焦虑的是，1789 年法国大革命的潜力并未得到充分发挥，以至于1830 年和 1848 年一代还不得不接过革命责任。但是，在 1848 年，他不得不再次承受背叛革命之举。对他而言，所见证的尤其令人震惊的经历发生于 1848 年 6 月：仅仅三个月前加入起义的国民卫队（National Guard），现在却调转枪头，对准起义者，并对游行示威的工人们开枪。[1]1853 年，米什莱强烈反对拿破仑[2]的态度，让他付出了失去教授职位的代价。在第二帝国，他被剥夺了官方身份，但他依然不肯屈服，坚决反抗，并且在道德上自我流放。他仍是一位高产的作家。除了继续着迷于奥尔良少女外，他还在其《路德回忆录》（*Mémoires de Luther par lui-même*）中表达了他对宗教异见者的崇敬之情。后来，他有意撰写类似的威克里夫传记与胡斯传记，但这一计划并未实现。[3]

帕拉茨基是从其《波西米亚史，大部分根据文书与手稿》（*Geschichte von Böhmen, grösstentheils nach Urkunden und Handschriften*）开始成为有关波西米亚领地的史学研究者。该书第一卷出版于 1838 年。十年后，1848 年混乱的革命岁月让他重新思考了自己的忠诚之心。他受邀参加法兰克福国民立宪大会的五十人筹备委员会后，由于宣称自己不是一位德意志人，而是一位拥有斯拉夫血统的捷克人，他遭到了德意志学者的辱骂。作为回应，他决心继续用捷克语来撰写自己的历史著作：这就是现在题为《波西米亚和摩拉维亚的捷克民族之历史》（*Dějiny národu českého v Čechách a v Moravě*）的作品。这部长达 3 000 页的著作（探讨

---

① L. Orr, *Jules Michelet: Nature, History and Language* (Ithaca, NY, and London, 1976), p. 5.

② 指法兰西第二帝国皇帝拿破仑三世。——译者注

③ I. Tieder, *Michelet et Luther, Histoire d'une rencontre* (Paris, 1976), p. 15.

直至 1526 年的捷克历史）最终让帕拉茨基获得了"民族之父"的称号。
捷克语版本的内容同德语版本并不存在明显差异，但叙述的重点却被
置于不同的节点上，特别是因为他把自己的关注焦点从一个领土实体
（波西米亚）的历史转移到一个族群团体（捷克人）的历史上。重要的
是，捷克语版本明显把更为关键的关注点投注于胡斯运动的重要性上。　134
事实上，早在帕拉茨基年轻时，这一话题已吸引了他的目光。这种新视
角反映了对一种捷克本土历史传统的新需求：在 1848 年后，民族情感
的强化，使得提及一种共同的斯拉夫遗产之举不再被认为是恰当合适的
行为。

　　两位学者都进行了充分的档案研究，以便纠正其主人公身上的那些
流行观点：他们都抱怨说，贞德和胡斯的敌人们喜好利用记录事件的优
势地位，来为自己服务。这样造成的结果是，这些敌人的观点都无法视
作可信的记录而被接受。正如米什莱指出的那样："我们无法带着内含
的信仰去接受英格兰人充满偏见的证词。这会背叛我们本来就欠缺的相
关知识。"①这便引发了如下问题：对于两位历史学家而言，哪些记录是
可信的？有关圣女贞德的记忆直至 18 世纪还受人忽视，且中世纪的编
年史也对她采取了蔑视态度。而启蒙学者倾向于把中世纪标识为野蛮时
代，并对超自然事件表示不屑，同时他们仍对这样一位极为虔诚的女英
雄不以为然。伏尔泰（Voltaire，1694—1778）②便以一首长诗《奥尔良
贞女》（*La Pucelle*）来讽刺这位少女。在《哲学辞典》（*Dictionnaire
philosophique*）中，他对贞德的介绍就包含着针对教士的尖锐讽刺：

　　　　不要把贞德想象为一位受到启示推动的、天真无邪的人，而是
　　将之视为不知恐惧的傻瓜笨蛋，她居然相信自己受到了启示。村庄

---

　　① J. Michelet，*Joan of Arc*（Michigan，1967），p. 118；J. Michelet，*Jean d'Arc*（Paris，
1879），p. 147.
　　② 法国启蒙思想家。——译者注

女英雄的伟大角色是被人砸到她头上的；她是一位热心的女孩，但被宗教裁判所和医生们以最懦弱的残忍送上了火刑柱。①

不过，伏尔泰对贞德的名声也做了富有价值的贡献。他在讽刺贞德的同时，也把这位少女**变成了人**，于是便为她从一位保皇主义国家理想的守护神转变为共和派爱国主义的先驱奠定了基础。②尽管革命时期看上去并没有为这位女英雄提供多少发挥的空间，因为她的伟大功绩在于恢复君主制。但最终证明她可以被安置在革命遗产里。事实上，保皇主义学者勒布朗·德·沙尔梅特（Le Brun de Charmette，1785—1870）的解释已为这位"坚强不屈的少女"蜕变为一位民族英雄铺好了道路，但把这位少女改造为法兰西爱国主义的化身，则还有待米什莱完成。

在中世纪编年史里，胡斯派受到了一种贬低判定。而耶稣会士占据统治地位的 17 世纪知识分子世界反复重申了这种判定。正是启蒙学者的批判精神，孕育了新的视角，推动波西米亚及国外（例如德意志和法国）的新教历史学家着手开始对一些盛行的胡斯派神话加以重新解释。在这些神话中，传说胡斯派具有嗜杀残酷的品性。③突破来自帕拉茨基的一些前辈，特别是历史学家弗兰蒂泽克·马丁·佩尔茨尔（František Martin Pelcl，1734—1801）。他的《波西米亚简史》（*Kurzgefasste Geschichte Böhmens*，1774 年）谴责胡斯战争是狂热之举，是把痛苦强加于该国度的行为，但他却以一种充满同情的笔调来表现胡斯本人。与此同时，启蒙时代的杰出语文学家约瑟夫·多布罗夫斯基（Josef Dobrovský，

---

① 引自 M. Winock, 'Joan of Arc', in L. D. Kritzman (ed.), *Realm of Memory*, vol. 3 (New York, 1998), pp. 433—480, 439.

② D. Rieger, 'Jeane d'Arc und Patriotismus. Zur Geschichte einer "belle image de livre de prix" von der Revolution zur Résistance', *Romanistisches Jahrbuch* 36 (1985), pp. 122—139, 124.

③ F. G. Heymann, 'The Hussite Movement in the Historiography of the Czech Awakening', in P. Brock and H. G. Skilling (eds), *The Czech Renascence in the Nineteenth Century* (Toronto, 1970), pp. 224—238, 此处是 p. 227.

1753—1829）则有助于进一步完善这一画像。他的方法是：批判性地评估中世纪编年史，强调它们存在的众多错误和歪曲。由此，尽管是帕拉茨基才把胡斯运动提升为世界历史的一次重要发展，但其理论的一些原则早已在此前学者的著述中得到过表述。

两种叙述

正如我们已看到的那样，这两位历史学家都寻求为贞德和胡斯的生活提供可信的描述——倘若有可能的话，以档案文件来支撑这种描述。但是他们的角色却绝没有降格为超然冷漠的讲述者。恰恰相反，他们同其主题完全一致的立场，导致产生了一种十分主观的口吻：他们不把自己视作冷酷的评论者，而是其主角的辩护者。再者，他们不像那些启蒙时代的先辈，同其听众保持着距离。这两位历史学家同样让自己与其听众的视角（民族共同体）相一致。米什莱和帕拉茨基坚持将自己的角色定位为教育者，把学术内容与大众吸引力及引人入胜的风格相结合：他们的目的不仅是启发读者们的智识，还有他们的心灵。这样一种明确的立场，往往包含了针对社会底层民众处境的修辞联系。正是在此背景下，米什莱经常强调他自己是人民之子。实际上，他的写作最初很少关注伟大的历史人物。事实上，正是他与圣女贞德的邂逅，帮助了他克服这种厌恶感。[1]

两位学者都按时间顺序编排其民族历史故事，并分别把圣女贞德和胡斯的光荣之死描述为其叙事和民族历史的巅峰。正如我们所见，这两位主人公，尽管并没有被人完全遗忘，但在他们找到自己的历史学家之前，在集体记忆里，他们只是扮演着适度的、并不体面的角色。但这两位学者的兴趣不仅仅来自对特殊人物的关注。这种着迷的副作用存在于

---

① G. Krumreich, *Jeanne d'Arc in der Geschichte* (Paris, 1989)，p. 64.

他们对恢复"教堂时代"所作出的贡献，因为借此机会，他们反映了其时代的一种普遍趋势。如米什莱的同时代人，法国政治家兼学者圣马可·吉拉尔丹（Saint-Marc Girardin，1801—1873）在 1838 年宣称的那样：

> 在最近这些年，我们一直沉浸在一种复兴中世纪的伟大品味里。我们由衷地钦佩中世纪民众之虔诚所带来的热情。在伏尔泰的眼里，那种虔诚不过是粗鲁的迷信而已。至于宗教信仰，中世纪也不过是一个蠢货受到恶棍愚弄的时代。我们喜好中世纪的绅士仪式与中世纪骑士所进行的英雄冒险之举。而伏尔泰看到的不过是好战热情、5—6 世纪野蛮人粗鲁风俗的遗产。贪婪且堕落的僧侣、神学辩论、好斗武士及毫无意义的战争，其中就包括十字军：对于伏尔泰而言，那就是中世纪的壮丽景观。①

同样在 19 世纪，学者们开始意识到，对于民族历史的目的而言，中世纪拥有着惊人的潜力。由于这一时期的历史学家发现自己不断面对社会动荡与突变，因此他们特别关注延续性。他们特别倾向于关注政治观念世界中的延续性线索，追溯价值与信念的诞生、演化、蜕变及复兴，并将之连结为一种连贯的模式。当然，这不总是一种简单的任务。特别是，当法国共和派设法将旧制度（ancien régime）等同于保皇主义与专制独裁思想时，他们便会碰到困难。独一无二的是，圣女贞德成为了允许这种联系存在的人物。对于米什莱而言，法国史被视作一种进步的历史，其巅峰出现在 1789 年。在其讲座里，他在贞德的军队与攻破巴士底狱的士兵之间建立起明确的联系。②帕拉茨基的描述同样是由其对延续性的关注而引发的。对于他而言，胡斯派继承了他所设想的早期斯

---

① Winock，'Joan of Arc'，p. 439.
② Krumerich，，*Jeanne d'Arc in der Geschichte*，p. 65.

拉夫人非同寻常的民主价值。与此同时，他认为，胡斯运动还预示着1848 年革命的自由—民族原则。

　　"教会和宗教信仰对 16 世纪和 17 世纪的意义，就是民族观念对我们这个时代的意义"，这是帕拉茨基所言。他详细解释了他认为存在于当时欧洲内部的、相互冲突的离心力和向心力。①他的声明包含了对一种新的、世俗性的统一性神话诞生的见证。而且这种神话在民族国家中找到了一种占据主导地位的延续形式。对于统一性的追求，包含着复杂而多样的层面：社会、地理、种族—语言、有时还有宗教方面。正如我们将看到的那样，两位历史学家，在不同程度上都试图把他们的主人公塑造为民族统一的象征。此外，他们的叙事被嵌入了一种更多包含意识形态的信息。这一信息涉及其民族的命运。在此背景下，圣女贞德的故事典型反映了法兰西文明的丰富性与优越性。另一方面，胡斯的故事象征着一个小民族对欧洲自由事业所做出的特殊贡献。在胡斯运动中，帕拉茨基看到了历史上首次破坏中世纪两大支柱的尝试：一根支柱是教会在宗教领域内的权威；另一根支柱是神圣罗马帝国在世俗领域内的决定性角色。在这位捷克学者看来，胡斯对"精神解放"的渴望就是一种集体雄心的证明：

　　　　15 世纪的开端成为基督教信仰、特别是捷克民族历史的分水岭。今天一些人称作改革、另一些人称作革命的新风潮，比以往任何时候都更有分量。基督教徒第一次集体性地、有目的地试图冲破僵硬权威机构的框架，并把自己置于历史前列。②

诉诸于两极矛盾（lex contrariorum）的做法，或许是这两位学者在

_____

　　①　Palacký, *Spicy drobné*, vol. I (Prague, 1889), p. 113.
　　②　Palacký, *Dějiny národu českého v Čechách a v Moravě*, vol III (Prague, 1939—1940), p. 3.

叙述中最有力的组织原则。他们通过使用这种简单而长期流行的文体策略，让冲突和斗争成为他们理解历史时不可或缺的视角。捷克人与德意志人在布拉格的对峙提供了帕拉茨基描述的背景。而法兰西人与英格兰人在百年战争里的冲突则构成了米什莱的基本景观。尽管将这些中世纪事例称为"民族冲突"未免犯了时代错置的问题，但不可否认的是，这种敌视深刻地由敌人的相异性所造成，并且这种相异性不仅仅存在于王朝、政治和经济的意义上，而且在某种程度上存在于种族的意义上。进一步而言，胡斯战争开始被建构为一场主要发生于捷克人与德意志人之间的战斗。这一方面是因为帕拉茨基明确采取了这样的构思方法，另一方面这也特别归因于帕拉茨基与驳斥他解释的德、奥同行们所爆发的冲突。这场冲突形式上披着学术性的外衣，但在内容上却是政治性的。[1]但是，帕拉茨基将他的故事安置在捷克人与德意志人之间冲突的框架中，而且这种冲突不仅仅是短暂的、更是长期存在的：

> 所有波西米亚—摩拉维亚历史的主要关注点与基本特点，都是斯拉夫特征、德意志特征和罗马特征之间的持续接触与冲突。由于罗马特征并没有对捷克人施加直接影响，而是间接地通过德意志特征施加影响，因此可以说：捷克历史很大程度上奠基于捷克人与德意志特征之间的冲突，换言之，奠基于捷克人接受还是拒绝德意志的生活方式……这场斗争不仅发生在波西米亚领地的边界地带，而且也发生在领地之内；它不仅反对外国人，而且还反对本国人；它不仅使用剑和盾，而且使用语言和精神、制度和习俗，公开地和秘密地，怀着极大热忱和盲目热情，不仅是为了胜利或征服，还是为了和解。[2]

---

[1] 关于胡斯派运动中的"民族因素"之问题，可参见 F. Šmahel, *Idea národa v husitských Čechách* (České Budějovice, 1971).

[2] Palacký, *Dějiny národu českého v Čechách a v Moravě*, vol. I, pp. 10—11.

对于帕拉茨基而言，此类王朝竞争曾是一种有用且必要的力量和活力之来源。如同其著名的同时代人兰克那样，帕拉茨基也发现了一种进一步的二分法，即在两种宗教信仰派别之间的二分法：

> 很明显，（在 15 世纪的）这场冲突中，天主教教义和新教教义直接相互对峙。即便过了几个世纪，这种冲突依然存在……前者赋予传统和教条以权威，后者则赋予独立的学问以权威。前者适合于那些需要在信仰问题上得到指引的人，后者适合于那些追求自由和独立的心灵……公正的学者在这场争辩中洞察上帝之手。为了维持宇宙的平衡，上帝在每个领域内都创造了对立的力量。他使静止力与推动力形成对比，让吸引力与排斥力并立；他创造了男人和女人……他甚至让人类精神适应于两极原则。①

一种类似的分歧流行于有关法英两国过去的表现中。在拿破仑时代，当英国逐渐成为法国的主要竞争对手时，这种倾向获得了额外的共鸣。当英国历史学家倾向于把一位信仰新教、体格健壮的英国人与一位信仰天主教、体格孱弱的法国人作比较时，他们的法国同行则经常在不列颠发现一个结构僵化的不公正社会。米什莱认为，不列颠是"反法"（l'anti-France）典型。这个封建民族为了获得自由的外表，不惜牺牲了公正公平。他甚至还宣称，"英法之间的对抗是一切战争之战争，一切斗争之斗争。其余对抗不过是一些次要冲突而已"。②当米什莱提及圣女贞德在英格兰人手中所遭受的各种暴行时，他挑选出那些他认为英格兰人过度自傲、完全缺乏慈悲之心的表现，使之同被其刻画为举止优雅之民族的法国人形成了鲜明对比：

---

　① 　Palacký, *Dějiny národu českého v Čechách a v Moravě*, vol. I, pp. 12—13.

　② 　J. Michelet, *Le Peuple* (Paris, 1974), p. 224. 引自 H. Kohn, 'France between Britain and Germany', *Journal of the History of Ideas* 17：3 (1956), pp 283—299, 此处是 p. 289.

这些英格兰人，当然也有其伟大之处，拥有着许多优点和固有美德，但他们却遭受一种恶习的侵扰，而这种恶习却让那些美德腐化变质。这种恶习就是骄傲，它无边无际，又十分严重。它是一种让人感到痛苦的疾病，但却是他们的生活原则，是其之所以自相矛盾的根源，是其行动的秘密所在……这种自我崇拜，对其作为造物自身的内在崇拜，正是导致撒旦的堕落、对上帝最严重的违逆之原罪。英格兰人有如此之多值得称赞的美德，他们有着高尚的胸襟、端庄的举止、圣经般的性情，却没有人比英格兰人更远离恩典的了。从莎士比亚到弥尔顿（Milton，1608—1674）①再到拜伦，他们的文学作品，带着阴郁之美，却是多疑的，是犹太式的、魔鬼式的。一位法官正确地说道，"就法律而论，英格兰人就是犹太人，而法兰西人才是天主教徒。"②

随后，米什莱通过唤起一种隐喻的方式来加强其主张。他断言，美洲印第安人会把基督视作一位法兰西人，"正是英格兰人于伦敦将之钉在了十字架上；本丢·彼拉多（Pontius Pilate，约 1 世纪）③正是服务于大不列颠的一名官员"。在他笔下，全副武装的英格兰人看上去不可战胜，但却被迫在贞德军队前逃亡。针对这种令人感到羞辱之事，他写道："犹太人对耶稣基督的仇恨之情，都不如英格兰人对这位少女的憎恶。我们必须承认，她已经在英格兰人最敏感的地方伤害了他们，伤害了他们对自己天真而深刻的尊重。"④

这两位杰出人物正是因为对抗敌人们的恶习，才让他们的美德获得恰当的欣赏。两位历史学家一方面把胡斯和贞德描绘为极具魅力的形

---

①　即 John Milton，英国诗人，《失乐园》的作者。——译者注
②　Michelet，*Joan of Arc*，p. 105；*Jeanne d'Arc*，p. 131.
③　罗马帝国犹太行省的第五任总督，他主持了对耶稣的审判并下令将耶稣钉在十字架上。——译者注
④　Michelet，*Joan of Arc*，p. 106；*Jeanne d'Arc*，p. 132.

象，另一方面也尽力避免明显圣徒化的表现。米什莱警告说，人们应该留意，不要从这位少女的故事中制造神话，因为"哪一段神话能比这段无可争辩的历史更美丽呢？"他再次强调说，既不是这位少女的幻觉，也不是她的作战能力，让她显得与众不同。"在这些时代，谁没有幻觉呢？"他如此发问，并且指出，在那个时代，妇女拿起武器并不罕见。对于我们的目的而言，他的例证或许特别具有启发性："在这位少女所生活的时代，就在几乎同样的岁月里，波西米亚的女性们同样**在胡斯战争中**与其丈夫们一同战斗"。①因此，米什莱在一个完全不同的领域发现了这位极度虔诚、从未学过读写的女孩所拥有的独特美德：

> 贞德非凡的原创性在于她的常识。这使她不同于一大堆狂热分子。在无知的时代，这些狂热分子的各种想法总是让大众摇摆不定。在很多情况下，他们从一些黑暗的、具有传染性的非理性力量中获得权力。相反，贞德的影响力来自她能通过其良好的判断力与充满爱的心灵之独特美德，把清晰亮光投向灰暗不清的局势中。但凡小心谨慎、奸诈狡猾、信仰不足的人，都不能解开这个结；但她却快刀斩乱麻。她以上帝之名宣布，查理七世就是正确的继承者。连查理七世都怀疑自己的合法性，而贞德却让他消除疑虑。她通过将其国王径直带到兰斯，确保了这种合法性获得天堂的批准。她的迅速行动让她战胜了英格兰人，这是加冕礼的决定性好处。②

对于文盲女孩敏锐机智的凸显，使之反过来显得比审判她的博学法官更有力量、更有说服力——此举为我们提供了浪漫主义作家们经常使用的对比与悖论的例证。此类正好相反事物的模糊特征可以进一步增强那种效果。正如米什莱在一个场景中所言："每个人都渴望看到女巫，

---

① Michelet, *Joan of Arc*, pp. 3—4; *Jeanne d'Arc*, p. 2.
② Michelet, *Joan of Arc*, p. 3; *Jeanne d'Arc*, p. 2.

抑或一位受到启示的女孩。"①

　　帕拉茨基如同米什莱那样，也竭力淡化其主人公周围的神话表层。他拒绝相信一则有关胡斯在火刑柱上被焚烧时的流行神话。根据这则流传下来的神话，当一位老妇人穿过人群，狂热般地把一捆木头丢入柴堆时，胡斯回应了下面的话："哦，神圣的单纯。"（O sancta simplicitas.）帕拉茨基的拒绝理由建立在实证主义的基础上：他认为，在当时的情况下，让一位老妇人带着如此沉重的包袱，穿过人群，到达柴堆，这是完全不可能之事。②这位捷克学者还推翻了另一个影响深远的传说。这则传说坚持认为，胡斯在柴堆上预言了一个世纪之后另一位学者的崛起（即马丁·路德）。而这位学者的敌人们不再能够让他保持沉默或将他烧死，他从而也将完成自己的使命。③两位作者都把普通人对敌人的仇恨感情与其主人公的宽容无私并列描述。在米什莱看来，贞德对所有人都表现出她内心的亲切温和。在一场胜利后，她会流泪，也会为那些受伤的英格兰人哭泣。同样，帕拉茨基记录了胡斯在走向柴堆前的最后举动：他转向了护卫，为他们的体贴行为表达了自己的感激之情。④

　　当两位历史学家写到主人公遭受背叛时（这是历史书写中一种流行的比喻），他们将其描述建立于历史证据的基础上。正如我们看到的那样，贞德曾受查理七世的保护，而胡斯也得到过皇帝西吉斯蒙德的安全保障承诺。但是最终，这些皇室成员却撤回了他们的支持：查理七世没有插手去拯救这位少女，而西吉斯蒙德的安全保障承诺不啻一张废纸。这两位作者都指出了不同统治者在这一背景下犯错的良心。对于米什莱而言，贞德从未想到自己会被抛弃。她信任自己的国王，期待会被释放。米什莱愤怒地问道："当英格兰人竭力去摧毁这位少女时，查理七世是否做了一些事去拯救她呢？什么也没做，看起来就是如此。"⑤

---

① Michelet，*Joan of Arc*，p. 19；*Jeanne d'Arc*，p. 22.

② Palacký，*Dějiny národu českého v Čechách a v Moravě*，vol. IIII，p. 181.

③ Palacký，*Dějiny národu českého v Čechách a v Moravě*，vol. III，p. 181.

④ Palacký，*Dějiny národu českého v Čechách a v Moravě*，vol. I，p. 180.

⑤ Michelet，*Joan of Arc*，p. 66；*Jeanne d'Arc*，p. 84.

帕拉茨基同样对皇帝西吉斯蒙德未能拯救胡斯而感到悲哀。他断言说，面对胡斯之言，西吉斯蒙德羞愧难当。帕拉茨基还补充说，西吉斯蒙德的后继者查理五世曾听说过这段插曲，并在 1521 年沃尔姆斯（Worms）的帝国会议（Imperial Diet）上被人请求去逮捕路德——尽管他曾给路德一份保障安全的信件。但是，据说查理五世拒绝这样做，并回答说："朕不像先皇西吉斯蒙德，要避免羞愧难当。"[1]当两位英雄被捕入狱后，都患上了严重疾病。有关他们死讯的流言四起。贞德一再努力逃离监狱。当人们对此提出疑问时，她以下列广为人知的格言做出回答："自助者天助也。"（Aide-toi, dieu te aidera.）史料也曾对胡斯企图逃离的尝试表示质疑，但帕拉茨基认为这些质疑都是不正确的。

米什莱感到遗憾的是，负责审判贞德的法官未能理解贞德一些行为背后的理性解释。在各种控诉里，关键一点是指责贞德穿着男性制服的习惯：事实上，在当时，一位女性穿上男性服装之举被视作最糟糕的罪行。但米什莱却指责法官"盲目死抠字眼而不关注精神"，这导致了他们无法认识到，贞德身处在一群相信其力量在于贞洁之中的男性间，她的最后保护屏障就是男性制服。[2]

142

两位历史学家都评述了其笔下英雄们的非凡智慧。由于敌人们试图欺骗与误导英雄们的失败企图，这些智慧显得更为清晰。两位英雄从未屈服于那种审判，并机智地与之抗衡。米什莱相信，正是贞德的常识连同她的兴奋激怒了法官：

　　　　那些因贞德宣称受到天启而痛恨她的繁琐哲学家、逻辑学家是更为残酷的一群人，因为他们无法把贞德仅仅贬低为精神失常者。这是由于贞德不止一次地引证更为崇高的理由来让他们的论证哑火。[3]

---

① Palacký, *Dějiny národu českého v Čechách a v Moravě*, vol. I, p. 179.

② Michelet, *Joan of Arc*, p. 92; *Jeanne d'Arc*, pp. 113—114.

③ Michelet, *Joan of Arc*, p. 53; *Jeanne d'Arc*, pp. 65—66.

　　贞德这位对神学问题一无所知的人，经常会让她的听众大吃一惊，而这些听众由那个时代最著名的神学教授组成。米什莱记录下他的女英雄在面对下列问题时的回答："贞德，你相信自己处于恩宠中吗？"她的法官们期待她找不到走出这一花招的方法：如果她的回答是否定的，那么她便证明自己不配做上帝的工具；而另一方面，如果回答是肯定的，那么便显示出回答者的极端傲慢，只有最大胆鲁莽者，那些最远离恩宠的人才会这么说。但是，与法官们的期待不同，"她快刀斩乱麻，英雄般的、基督教徒般的直截了当地回答：'如果我不是（处于恩宠状态），愿上帝带我进入这种状态；假如我是（处于恩宠状态），那么他会让我一直处于其中。'伪君子们立时惊呆了。"①类似的情节也出现在胡斯的故事中。当时，胡斯正被关在监狱里。一位方济各会（Minorite）②的教士来访问他。这位教士称自己毫无学问，头脑简单，寻求胡斯在一些神学问题上的见解。胡斯很快注意到他的邪恶用心，并以下面的话予以回应："兄弟，你说自己愚蠢而简单，但我却发现你耍着两面派，因为你的言行完全不同。"③

　　这两位历史学家有关胡斯和贞德淡然而决绝的要旨，又由于他们所运用的文体策略而得以加强，亦即运用了有力的对话。紧张气氛是通过审判期间问答的快速切换而创造出来的。这一场面为展现贞德和胡斯的机智提供了绝佳契机。而这一点又因为如下事实而得以增强：这些问题都是由一群博学之人组成的团队所提出来的，而贞德和胡斯两人却只能依赖自己的力量来做出回应。他们表现得越精彩，施加于他们身上的不公便显得越清晰：最终，他们都被教会所拒斥，用布道的话来说："当教会的肢体受损，整个教会也会生病。"

　　米什莱与帕拉茨基都注意到他们的主人公不愿意屈服于法官们所施

---

①　Michelet, *Joan of Arc*, pp. 76—77；*Jeanne d'Arc*, p. 96.

②　基督教托钵僧宗教团体，1209 年由圣方济各建立。该团体坚持创始人及其主要合伙人和追随者的教义和精神纪律，保持贫穷在街上旅行和传教。——译者注

③　Palacký, *Dějiny národu českého v Čechách a v Moravě*, vol. III, p. 149.

加的压力，并把这种立场视作其信仰的一种信号：两位主人公都相信存在一种力量，这种"无形教会"要比"有形"建立起来的教会，代表着更高权威。用米什莱的话来说，"庸人眼中看不见它，但虔诚的姑娘却平静地看着它，不间断地凝视着它，在她内心中倾听它的声音"。正因如此，贞德宣称，她相信教皇和教士们应该坚持基督教信仰，甚至惩罚那些失去信仰的人，但是，"就我的行为而言，我应该把自己仅仅交付给天上教会，交付给上帝，交付给童贞玛利亚，交付给天堂乐园中的圣人们"。[1]胡斯的法官无法在经文证据的基础上证明胡斯教导中的错误。在帕拉茨基看来，在这种证据缺失的情况下，胡斯有两种选择：要么精神死亡，要么肉体死亡。胡斯拒绝放弃他的教义以拯救自己的生命，因为

> 作为基督新教的创始人与发起人，作为精神自由及信仰选择自由的代表，他本可能通过放弃自己的原则，而背叛自己的精神。他只有两种选择：肉体死亡或精神死亡。他选择了前者。他的决定开创了基督教历史的一个新时代。这个新时代不再受限于僵化的等级制权威，而是向精神自由的新观念敞开了大门。[2]

正如这段引文显示的那样，帕拉茨基把胡斯从仅仅作为宗教改革的先行者提升为新教教义的创立者和宿命论的发明者，并坚称，早在路德和加尔文出现很久以前，他的教义便完全直抵新教信仰的本质核心。帕拉茨基认为，胡斯所主张的精神自由就是新教教义的根本原则，它是同天主教会所要求的顺从理念相对立的。帕拉茨基对胡斯殉道的深刻描绘，已成为捷克史学中最关键的时刻。胡斯的勇气让他在道德上超越了宗教会议上判处其火刑的成员们。这一点还被胡斯的忠诚之心所证明。即便在他身受巨大痛苦之时，他也仍然抱有这颗忠诚之心：当火焰燃

---

① Michelet, *Joan of Arc*, p. 90; *Jeanne d'Arc*, pp. 112—113.
② Palacký, *Dějiny národu českého v Čechách a v Moravě*, vol. III, pp. 177—178.

起，胡斯抬头看了一下天空，唱起了赞美诗，直至熊熊烈火让他静默。帕拉茨基提示说，胡斯的勇气与毫无畏惧的精神，甚至得到了最为凶残的敌人们之敬仰。

144 人们普遍认为，米什莱对贞德的描述，是其对中世纪人物描写的巅峰之作。特别是他笔下这位女英雄的生命最后篇章，构成了米什莱叙事最为深刻的一部分。[①]贞德勇敢地面对自己的命运："我来自上帝。在这里，我已无事可做。把我交还给上帝吧，那是我来的地方。"米什莱凸显了法官们的残酷性，因为他们特意布置了柴堆，以至于火焰并不能简单地吞噬贞德的身躯：他们确实希望贞德被活着焚烧，并且希望，这种被拖长的燃烧能让这位少女由于恐惧之心而精神错乱，从而至少让她暴露出一些羞耻和丢脸的行为。[②]但是，这种期待失败了：她表现得十分谦逊而优雅，并且据传，这一点让主教们、甚至英格兰人都感动得落泪。她继续向圣徒们祈祷。在她的头颅垂下时，贞德发出了最后的呼唤："耶稣啊"。在此时：

> 万人悲戚……只有一些英格兰人在大笑，或者试图大笑。其中一人，最兴高采烈的那些人之一，曾发誓要放一堆木头到柴堆上。当他把木头放上去时，贞德去世了，而这个英格兰人也晕了过去。他的战友们把他拖到小酒馆，给了他一些酒喝，让他恢复精神。但他却无法恢复如昔。"我看到了"，他发狂般地说，"我看到，她咽下最后一口气时，一只鸽子从她的嘴里飞了出来。"其他人也读出了在火焰中她一直念叨的名字"耶稣！"。行刑者在那天晚上去找伊桑巴德修士（Brother Isambart）[③]；他因恐惧而深受打击。他做了

---

① E. Neff, *The Poetry of History: the Contribution of Literature and Literary Scholarship to the Writing of History Since Voltaire* (New York, 1947), pp. 142—143.

② Michelet, *Joan of Arc*, p. 116; *Jeanne d'Arc*, p. 145.

③ 法国的一位方济各会（一说为多明我会）修士，曾应邀出席对贞德的审判并为贞德的表现所折服，成为了贞德的朋友。——译者注

忏悔，但又不相信上帝会原谅自己。英格兰国王的一位秘书回来时大叫："我们输掉了，我们烧死了一位圣徒。"①

　　胡斯和贞德的牺牲绝非徒劳。它累积起道德荣誉，并通过他们对民族共同体及人类共同体的形成之贡献来获得意义。浪漫主义史学经常包含着一种救世主式的视角。如此，举例而言，它将民族神圣化，并把一种宗教口吻融入民族历史书写之中，浪漫主义历史学家把救世主式的腔调嵌入一种普世主义的背景之中。正如我们业已看到的那样，米什莱把贞德描述为革命的先行者。进一步而言，他断言，革命的天赐之物是消除人与人之间的所有差异：无论是年轻人与老年人、男人和女人、还是富人和穷人。圣女贞德的形象象征着这种完美融合的状态。②与此同时，米什莱共和主义的普世观不仅仅把贞德的殉道之举与法兰西的得救相联系：对于他而言，对"祖国"（patrie）的热爱，等同于对人类的热爱。同样道理，胡斯证明了一个弱小且实力较差的民族同样能够实现精神上的卓越。不过，其光荣之死的意义远远超越了波西米亚的疆界所限。当 145 帕拉茨基把他的主人公塑造为精神自由与思想自由的代表，并在其理想与欧洲宗教改革的理想之间直接画上等号时，它便获得了普世意义。

　　无论捷克历史学家还是法国历史学家都没有把他们的叙事终结于对其主人公殉道之举的描述中。帕拉茨基继续大段描述胡斯战争，详细叙述不同派别之间不断产生的敌对现象。他认为，许多现代政治信条与哲学体系，如理性主义、社会主义、共产主义、民主、民族主义、泛神论和泛斯拉夫主义，都能在胡斯派教义中追寻到一些早期蛛丝马迹。③米什莱的叙事则在贞德之死后采取了一些不同的转折，因为贞德之死并没有

---

　　①　Michelet, *Joan of Arc*, p. 122; *Jeanne d'Arc*, p. 152.

　　②　H. White, *Metahistory: The Historical Imagination in Nineteenth-Century Europe* (Baltimore, MD, and London, 1973), p. 157.

　　③　Palacký, *Die Geschichte des Hussitenthums und Prof. Constantin Höfler: Kritische Studien* (Prague, 1868), p. 186.

产生类似于胡斯派那样的运动。法兰西人并没有在少女精神中追求解放自我。随之而来的是一种缓慢而无意识的恢复。在这一点上，米什莱对时代的卓越理解力得以显现。19 世纪历史学家都信仰进步，以至于不再允许把历史设想为循环或停滞。而米什莱的概念却允许回归和重复，因而保留了与早期史学传统的延续性。其构思的特征不是进步，而是永不停息地流动，但偶尔这种流动会被打破，以便允许一种"突然爆发"的出现，如同贞德奇事或法国大革命那样。①

正如上文表明的那样，两位历史学家叙事的情感力量与感召力，极大地促进了他们的成功。在此背景下，米什莱才引人关注地把他的历史书写之目标界定为复活，即努力让历史的沉默者说话。②我们同样也看到，两位作家十分清晰地认同自己的主人公，甚至把他们作为发言人，而非仅仅视作主题：米什莱与贞德，帕拉茨基与胡斯就是一体的。③我们在米什莱与帕拉茨基的叙事建构、运用文体策略以及他们的意识形态信息中可以找到无数相似性。毫无疑问，其中一些源自浪漫主义时代自由派民族历史学家的共同想法，以及该时期民族史学所运用的典型策略与惯用语句。

两位历史学家的书写都把个人关注包容在内。对于帕拉茨基而言，这种个人关注首先是政治性的：他把胡斯反抗中世纪教会的立场解释为捷克人与信仰天主教的奥地利发生历史冲突的显而易见的象征。因此，帕拉茨基不得不与奥地利帝国的审查官就其解释进行激烈斗争也就不足为奇了。另一方面，米什莱为了反映自己生活中的一些重要插曲，他存在着一种转变其笔下人物的倾向。特别是他的后期作品拥有一种强烈的个人口吻，甚至是一种幻觉般的口吻。例如，据猜测，米什莱对女性的看法深深影响着他对贞德的表现。而他确实与其母亲的关系非常糟糕，

146

---

　① L. Orr 指出了这一点，参见他的 *Jules Michelet：Nature，History and Language*，p. 100，同时借助了 Roland Barthes 的研究。

　② 参见从其 *Le People*（1846）中摘录出来的片段，in F. Stern (ed.)，*The Varieties of History，from Voltaire to the Present*（New York，1973），p. 117.

　③ Guérard，'Introduction'，in Michelet，*Joan of Arc*，p. vii.

他的妻子去世，尤其是他在 1841 年从鲁昂其朋友的母亲杜梅斯尼尔夫人（Madame Dumesnil，1799—1842）①身上所看到的东西。很快，他在贞德这位中世纪末期被神化的女英雄身上看到了法兰西民族意识的萌芽，但他最初只是聚焦于贞德及法兰西作为处女的品格，亦即她不是一位母亲的身份。在 19 世纪 30 年代，他强调说，当英格兰人焚烧这位少女并试图凌辱她时，他们正在强奸法兰西。②在其对鲁昂进行重要访问后，杜梅斯尼尔夫人为其儿子做出的牺牲深深影响了米什莱，或许也激发了他对于贞德为法兰西做出牺牲的看法。米什莱把贞德从童贞的象征领域内转移，将之置于文艺复兴时代的背景下。这是一个强调"生殖力与为母之道"的时代。他不再把这位少女与中世纪僵化的基督教相联系，而是与圣方济各（St Francis，1181 或 1182—1226）、但丁（Dante，约 1265—1321）③及其追随者的基督教神秘主义所带来的解放力量相联系。④正是在 1841 年，在其访问鲁昂后，米什莱宣布："法兰西的救世主必须是一位女性。法兰西自己就是女性。"⑤

结　语

米什莱与帕拉茨基的著作包含着一些错误，其中不少论点都已被取代。但是，这些瑕疵并不重要，因为他们在使过去复活的努力中获得了引人注目的胜利：他们的描述仍强大有力、非凡独特、栩栩如生。

这两位学者借助自己炽热而动人的描绘，激发人们关注当时仍被忽

---

①　她是法国作家 Alfred Dumesnil 的母亲。该作家娶了米什莱的女儿，还做过米什莱著作的校对员。

②　Michelet，*Journal*，vol. I，ed. Paul Viallaneix (Paris，1969)，p. 247. 引自 A. Mitzman，*Michelet，Historian：Rebirth and Romanticism in Nineteenth-Century France* (New Haven and London，1990)，p. 38.

③　意大利诗人、作家与哲学家。——译者注

④　Mitzman，*Michelet*，p. 39.

⑤　Mitzman，*Michelet*，p. 39.

视的中世纪时代，并开启了贞德和胡斯作为民族身份认同提供者的事业。研究米什莱的专家古斯塔夫·鲁德勒尔（Gustave Rudler，1872—1957）①对法国历史学家所说的话，或许同样适用于帕拉茨基：

> 当他说自己为贞德所做的事情后无来者时，他没有错。他的著作仍是唯一一本由富有才华的作家来完成的作品。这本书也是唯一一本拥有生命的著作，结合了理性主义与信仰主义（这是一种相信信仰潜力的思想）的著作……米什莱表现出如此的温情。他对苦难表现出如此感人的同情，对崇高事业表现出如此的正义信念，以至于在最为彻底的讨论后，学术性批判必须承认其局限性，并暂时对情感做出让步。②

这两位历史学家在其主人公的愿望与民族共同体的愿望之间建立了明确联系，并让他们在民族万神殿内获得了一个永不消逝的地位。一位杰出学者弗兰蒂泽克·格劳斯（František Graus，1921—1989）③在贞德的例子中写道："在教会把贞德神圣化之前将近一个世纪，史学（以米什莱为代表）已如此为之了。"④当两位历史学家的表现在民族记忆与欧洲记忆内获得持续性的热情欢迎时，这种表现的动力和长寿变得显而易见。反过来，这种接受模式也充当了欧洲政治、学术与文化舞台上的明显指示器。

贞德被贴上了"捍卫者圣徒"（Sainte de la patrie）的标签。这暗示，此前保皇主义与共和主义之间不可逾越的二分法则被克服。贞德的故事可以调和天主教会的代表与新教徒的代表。这或许是因为贞德所留下来的有力遗产让天主教徒并不愿意把她丢弃给反教权的共和派。正因

---

① 法国文学研究者与大学教师。——译者注
② G. Rudler, *Michelet historien de Jeanne d'Arc*, vol. II (Paris, 1926), p. 17. 引自 Guérard, 'Introduction', in Michelet, *Joan of Arc*, p. v.
③ 捷克历史学家。——译者注
④ Graus, *Lebendige Vergangenheit*, p. 300.

如此，1920 年，贞德被天主教会封圣。同样，社会的碎裂化也能通过对贞德的呼唤来获得调和。正是在此背景下，马克思主义学者也将之提升为无产者的代表。

在 1870—1871 年普法战争中，法国人的败局让贞德的遗产获得了新的重要性。这场战争让法国失去了阿尔萨斯-洛林（Alsace-Lorraine）。贞德出生于栋雷米村（Donremy），此地属于阿尔萨斯，但并不属于割让给德国的那一部分。尽管如此，她的形象仍再次得到利用，成为动员力量。在 19 世纪末，贞德还被反犹主义思想的代表称赞。这些人认为，她属于高等高卢种族的成员。她的农村出身则被用来与犹太人的城市趋向作比较。[1]在第二次世界大战期间，抵抗运动者与维希政权的意识形态追随者都召唤贞德的遗产。这位少女的奇特故事还在法国内外引发了不可胜数的艺术创作之灵感，其中包括（此处仅列举一二）席勒的戏剧、阿纳托尔·法朗士（Anatole France，1844—1924）[2]的传记、萧伯纳（Bernard Shaw，1856—1950）[3]的戏剧、奥涅格（Arthur Honegger，1892—1955）[4]的清唱剧、卡尔·德莱叶（Carl Dreyer，1889—1968）[5]与罗伯特·布列松（Robert Bresson，1901—1999）[6]的电影。

尽管帕拉茨基倾向于设想胡斯同欧洲宗教改革存在着一种紧密而直接的联系，但他提出这样一个例子较少是为了新教传统，而更多是为了一种个人所构想的宗教信仰。这种信仰基于种族原则，而非教义和圣礼。[7]帕拉茨基的目的不是去动员新教徒，而是寻求把天主教教义从一种

148

---

① Wynock，'Joan of Arc'，p. 463.
② 法国作家。——译者注
③ 英国戏剧家。——译者注
④ 法国出生的瑞士作曲家，一生大部分时间都居于法国。——译者注
⑤ 丹麦导演、剧作家。——译者注
⑥ 法国导演、剧作家。——译者注
⑦ M. Schulze Wessel，'Die Konfessionalisierung der tschechischen Nation'，in H. - G. Haupt and D. Langewiesche（eds），*Nation und Religion in Europa. Mehrkonfessionelle Gesellschaften im 19. und 20. Jahrhundert*（Frankfurt/M. And New York，2004），pp. 135—149，此处是 p. 139.

有关民族的世俗化理解中排斥出去。正是本着这一精神，到 19 世纪后半叶，青年捷克党（Young Czech party）在推动捷克人成为一种"异端的"与反教权主义的民族时，便诉诸于胡斯。[1]胡斯对促进捷克语言与文学发展的贡献，受到了帕拉茨基的敬仰，并提供了一种视角，让人们可以用来提升捷克人的文化统一性。在宗教信仰无法统一的情况下，这种文化统一性显得尤为重要。捷克爱国者正是以这样一种方式，为自己在哈布斯堡君主国统治下的语言权利而斗争，并赞美胡斯坚持在宗教生活中使用本土语言的做法。

在两次世界大战之间，马萨里克（Masaryk，1850—1937）[2]总统宣布，捷克斯洛伐克的基本原则之一是政教分离。这使该国与哈布斯堡帝国的遗产相分离。但是，存在矛盾的地方是，在新国家里，宗教象征继续渗透在新国家的政治话语中。[3]1925 年，这是胡斯在康斯坦茨被处死的周年纪念年。7 月 9 日被宣布为国家节日。两年后，对于这一天的纪念引发了国家与天主教会之间的严重冲突。其结果是，教皇召回了他在布拉格的代表。对于天主教徒在人口中占据多数的欧洲国家而言，教皇此举造成了一个前所未有的局面。[4]因此，有关胡斯的记忆，不同于贞德的遗产。它并没有轻易地让自己成为统合性的民族意识形态。由此，人们只能通过同时唤起另一位民族偶像瓦茨拉夫国王（King Venceslas，约 911—935）[5]，才能实现和解。这位国王的形象同样能被信仰天主教

---

①　Langewiesche, *Nation und Religion in Europa*, p. 141.

②　即 Tomáš Garrigue Masaryk，捷克斯洛伐克政治家、社会学家和哲学家，捷克斯洛伐克第一任总统。

③　C. J. Paces, 'Religious Heroes for a Secular State: Commemorating Jan Hus and St Wenceslas in 1920s Czechoslovakia', in M. Bucur and N. Wingfield (eds), *Staging the Past: The Politics of Commemoration in Habsburg Central Europe*, *1848 to the Present* (West Lafayette and Indiana, 2001), pp. 209—235, 此处是 p. 210.

④　M. Bucur and N. Wingfield, *Staging the Past*, p. 209.

⑤　指波西米亚公爵瓦茨拉夫一世，虽然他只是公爵，但人们都习惯称他为国王以示尊敬。他 13 岁就继承爵位，非常虔诚，20 多岁时就被弟弟阴谋杀害。他在去世后，作为殉教者被封为圣人，称"圣瓦茨拉夫"。在捷克传说中，瓦茨拉夫在死后成为了波西米亚的守护神，在民族危亡时，他就会复活并消灭敌人。——译者注

的民众所接受。在 1945 年后，胡斯作为一个世俗民族的象征，被整合到马克思主义传统中。胡斯派的格言"真理获胜"（pravda vítězí）出现在捷克斯洛伐克的徽章上。1948 年，宪法序言提及了作为一种进步传统的胡斯派革命。

第七章　史学与政治：维多利亚时代的爱尔兰对近代早期的征服与宗教改革之解释

马克·卡巴尔（Marc Caball）

　　艾丽丝·斯托普福德·格林（Alice Stopford Green，1847—1929）是一位以民族为信念的爱尔兰历史学家。1912 年，她曾如此报怨爱尔兰的历史书写："与其他国家相比，在爱尔兰，史学太落后了。"她在预热了自己的主题后，继续指出，"史学可能被设想为一种科学，受到人们的处置。或者，它也许会被解释为一出壮丽的自然戏剧抑或一首诗歌。对它而言，无论哪种方式都可以展开很多。在其他国家，两种方式都得到了认真的尝试。然而在爱尔兰，没有一种方式被人们考虑过。在这里，史学有着一种怪异的厄运。"①格林认为，爱尔兰的历史写作拥有宿命论式的一般特征。事实上，本章所讨论的历史学家之著作，却明白无误地反驳了格林的这种概括。本章对比研究了 19 世纪三位爱尔兰作家的作品。他们是斯坦迪什·詹姆斯·奥格拉迪（Standish James O'Grady，1846—1928）、理查德·巴格威尔（Richard Bagwell，1840—1918）和亚历山大·马丁·苏利文（Alexander Martin Sullivan，1829—1884）。他们共同提供了一幅有趣的微观画面。在这幅画面里，维多利

---

　　① A. Stopford Green，*The Old Irish World*（London，1912），p. 9. 参见 R. F. Foster，'History and the Irish Question'，*Transactions of the Royal Historical Society* 33（5th Serieis）（1983），pp. 169—192，此处是 p. 169.

亚时代爱尔兰的三位历史学家表现出学术与意识形态方面的抱负。本章通过主题聚焦的方式，来考察和比较每一位历史学家如何评估 16 到 17 世纪上半叶都铎王朝（Tudor）征服爱尔兰一事。1541 年，亨利八世及其继承者被宣布为爱尔兰国王。此事是都铎王朝历代君主于 16 世纪进程中不断推动的结晶。他们旨在用集权化的国家权力来取代中世纪末期被爱尔兰岛上盖尔王室与盎格鲁—诺曼王室精英所享有的高度地方自治权。①政府主导下把政治、司法、文化与宗教信仰归并至王权主权之下的行动，时常是零零碎碎的，而且不断被推后。但在 1601 年，当阿尔斯特（Ulster）的盖尔领主在金塞尔之战（Battle of Kinsale）中败北时，这一进程终于得以实现。随后，北部省份中的一大片领土被分配给来自不列颠的定居者。这正处于 1609 年国家资助下开启的垦殖进程背景之下。与此相比，19 世纪爱尔兰天主教民族主义的崛起和稳固，连带它同时对政治自主权、经济自主权与教派信仰自主权的诉求，则标志着爱尔兰新教支配地位的退却与最终消亡。而这种支配地位的意识形态血统可被追溯至都铎王朝征服爱尔兰之时。在维多利亚时代的爱尔兰，早期的现代政治和文化经历不仅仅是一个古文物研究者感兴趣的问题，因为它产生的共鸣反映并回应了极具争议性的当代政治、宗教与文化之争。

尽管奥格拉迪与巴格威尔都是新教精英，都拥有着盎格鲁—爱尔兰背景，在学术与情感两方面都是广义上的联合主义者，但他们却各自以一种极具特色的方式来看待爱尔兰历史，并得出了迥异的成果。奥格拉迪坚定地以平民主义与浪漫主义的方式来解读爱尔兰历史，公开尝试推动他的读者们去重新发现过去，以期将其教训运用于当代爱尔兰。另一方面，巴格威尔虽然也在联合主义政治中表现积极，但他坚持的史学主张优先重视事实的准确性及解释上的客观性，超越公开的意识形态偏见。奥格拉迪的著作，特别是他的两卷本《爱尔兰史》（*History of Ire-*

---

① S. J. Connolly, *Contested Island：Ireland*，1460—1630 (Oxford，2007)，p. 74.

land) 出版于 1878 年和 1880 年。他们因其对凯尔特复兴的作者们产生了重要影响而出名。这种凯尔特复兴思想中的文化民族主义明显推动了政治分离主义的出现，并导致 1922 年爱尔兰自由国（Irish Free State）的创立。① 颇具讽刺意义的是，奥格拉迪的史学志向部分得以实现是因为其著作为更大范围内的文化与政治运动作出了贡献，但他却并不对由此产生的政治解决方案感到满意。巴格威尔的影响则没有那么快体现出来，它在焦点上更为专业化。这种影响很大程度上通过他出版于 1885 年和 1889 年的三卷本《都铎王朝统治下的爱尔兰》（*Ireland under the Tudors*）得以传播。20 世纪 30 年代以来，巴格威尔的影响体现在爱尔兰史学研究与教学的职业化进程之中。亚历山大·马丁·苏利文是一位记者兼信仰天主教的民族主义者。他或许是 19 世纪所有爱尔兰历史学家中最具影响力者。他的著作《爱尔兰的故事》（*The Story of Ireland*，1867 年）被人们广为阅读。该书特别有效地展现出苏利文如何戏剧化和浪漫化地描述爱尔兰反抗英格兰统治束缚的英勇斗争。② 表面上，苏利文为一批青年读者写作。他拒绝承认在其历史写作中存在着任何原创志向或深度报道。相反，他在这部著作中试图通过使用一种"愉快的谈话"来让年轻的读者们产生兴趣。他在一定程度上显得像个讲故事者，不用复杂、枯燥而令人不快的历史细节来让他的听众们感到困惑。苏利文并没有多大雄心壮志，而是寻求让他的读者们对本国感兴趣，为他们提供一种有趣的叙事，"充满着扣人心弦、光辉灿烂且美丽动人的情节"。③ 苏利文

---

① A. T. Seaman，'Celtic myth as perceived in eighteenth and nineteenth-century literature in English'，in C. J. Byrne, M. Harry and P. Ó Siadhail（eds），*Celtic Languages and Celtic Peoples：Proceedings of the second North American Congress of Celtic Studies*（D'Arcy McGee Chair of Irish Studies, St Mary's University：Halifax, Nova Scotia, 1992），pp. 443—460, 456—459; E. A. Hagan, '*High Nonsensical Words*'：*A study of the works of Standish James O'Grady*（New York, 1986），p. 1.

② D. George Boyce，*Nationalism in Ireland*，2nd edn（London，1991），pp. 247—249.

③ A. M Sullivan，*The Story of Ireland*（Dublin，1867），p. 7. 参见 A. Rigney，*The Rhetoric of Historical Representation：Three narrative histories of the French revolution*（Cambridge，1990），p. 2.

计划让他的史书成为青年人感到愉悦且从中受到教育的著作。他特别意识到，他的年轻读者们将在不久之后成为"爱尔兰必须依仗的人"。苏利文把自己的著作献给"未来的爱尔兰民族"，并表达了自己的信念。他相信，"我的年轻朋友们不会读错《爱尔兰的故事》所传授的训诫"。[1]

巴格威尔是一位深思熟虑的科学派历史学家。奥格拉迪与苏利文是平民主义的历史学家。他们三人在方法论和文学风格上很少拥有共同点。但是，我们可以指出的是，巴格威尔与奥格拉迪尽管在各自解释焦点上存在差异，却都在各自史学生涯中受到了相似的影响。这种影响是：19世纪盎格鲁—爱尔兰精英的政治存在感受到削弱，以及随之而来的愿望，即通过历史书写来重申盎格鲁—爱尔兰的政治完整与目标之共同意识。另一方面，苏利文的史学研究对象及意识形态上的研究对象都被同样政治化了。不过，在这一例证里，苏利文是为一个突然出现的爱尔兰天主教中产阶层书写历史的。追求民族政治与经济自治权的雄心壮志，推动着这一阶层的发展，而来自威斯特敏斯特（Westminster）的授权[2]再次促进了他们的愿望。笔者计划对比上述三位历史学家有关16世纪都铎王朝征服爱尔兰一事的解读，特别是关注与此相伴发生的宗教改革过程，同时观察他们如何呈现证据、如何进行描述、如何搭建解释框架。尽管他们拥有着不同的史学风格与政治目标，但很有意思的是，这三位历史学家都以当下为中心，并将之体现在自己对16世纪爱尔兰所进行的分析和评价中。所有三个人，或多或少地都寻求从历史经历中总结教训，以便让当代的政治意识形态富有正当性。[3]

斯坦迪什·奥格拉迪于1846年出生于西科克（West Cork）。他的父亲是一位爱尔兰新教圣公会教士，母亲出生于一个小地方的农业主家庭。[4] 152

---

① Sullivan, *The Story of Ireland*, pp. 7—8.
② 因英国议会位于威斯特敏斯特宫，所以常以威斯特敏斯特代指英国议会。——译者注
③ 关于18世纪末19世纪初爱尔兰的历史争议"以其他方式表现为政治"，可参见 O. Mac-Donagh, *States of Mind: A study of Anglo-Irish conflict 1780—1980* (London, 1983), p. 6.
④ H. A. O'Grady, *Standish James O'Grady: The man & the Writer* (Dublin, 1929), p. 25.

奥格拉迪从小成长于十分严格的新教家庭，耳濡目染了许多经文和古典文化。他最初在地方学校接受教育，偶尔自由地在父亲教区中与各阶层民众往来。①1868年，他结束大学学习时，曾短暂想过跟随父亲的脚步，成为一位教士，并在随后两年学习神学。但不久，他转而选择成为一位律师，并在1872年进入爱尔兰法律界（Irish Bar）工作。②奥格拉迪最初为一些期刊杂志撰写文章，如保守的《都柏林每日快报》（*Dublin Daily Express*）和《绅士杂志》（*Gentleman's Magazine*）。③据奥格拉迪自己所言，他对爱尔兰历史的兴趣出现在一个下雨日。那一天，他在爱尔兰西部，被困于一座农家图书馆。在那里，他偶然读到了一本爱尔兰历史书。④随后，他进一步在皇家爱尔兰学院（Royal Irish Academy）的图书馆内阅读，并在1878年和1880年出版了自己的著作《爱尔兰史：英雄时代》（*History of Ireland：The heroic period*）。由于奥格拉迪不懂爱尔兰语，他以神话英雄库夫林（Cú Chulainn）为中心重构的爱尔兰史很大程度上是一部凭想象自说自话的作品。奥格拉迪在其第一卷的导言中指出，历史著作必须拥有的特征是"同情、想象、创造"。⑤他称赞被自己称为早期爱尔兰"男女英雄"的人们，并反映出卡莱尔（Carlyle，1795—1881）⑥有关英雄的论述。他强调（以一种回顾的方式，这似乎是一种典型的维多利亚时代视角）人们想象中的骑士精神与荣誉感，以及对吟咏文学的尊敬——在奥格拉迪看来，这种黄金时代已经大部分由于

---

① 诗人 Alfred Perceval Graves 强调指出了古典文学对 O'Grady 产生的早期影响："事实上，毫无疑问的是，他对荷马的兴趣，以及希腊悲剧和抒情诗，都极大影响了他后来在文学方面选择英雄题材。"H. A. O'Grady, *Standish James O'Grady*, p. 10.

② D. G. Boyce, 'O'Grady, Standish James（1846—1928）', in *Oxford Dictionary of National Biography*.

③ P. S. O'Hegarty, *A Bibliography of Books Wirtten by Standish O'Grady*（Dublin, 1930）, p. 1.

④ H. A. O'Grady, *Standish James O'Grady*, p. 13.

⑤ Standish O'Grady, *History of Ireland：The heroic period*, vol. I（London, Dublin, 1878）, p. iv; G. Castle, 'Nobler forms：Standish James O'Grady's *History of Ireland* and the Irish Literary Revival', in L. W. McBride, *Reading Irish Histories*（Dublin, 2003）, pp. 156—177.

⑥ 即 Thomas Carlyle，苏格兰历史学家、作家与哲学家。——译者注

和平主义的基督教信仰来到爱尔兰而消失。①詹姆斯·麦克弗森（James Macpherson，1736—1796）②的诗集出版于 1760 至 1763 年间，据传是翻译假定生活于 3 世纪的苏格兰诗人莪相（Ossian）的作品。这一著作十分出名，奥格拉迪回应时欣然承认，"在领会诗人们的基础上，我已经增加了一种更强烈的理解，用更接近这种高贵形式的方式书写，而这种高贵形式的外形或多或少地在诗歌文学中还不那么明确无误。"③他在重构爱尔兰早期国王和英雄时，呈现的主要目标是为爱尔兰人讲述他们英雄祖先之故事。④为了吸引读者，结局需要证明意义的合理性。因此，他改写了最初大纲，以便让那些肯定对"纯粹故事"不感兴趣的目标读者也能参与其中。⑤奥格拉迪通过反复向读者致歉，说爱尔兰史学的学术理路只能回溯到 16—17 世纪，其目的是为了普及早期爱尔兰文明推定获得的成就之知识，由此影响那个时代的爱国情感。⑥

　　奥格拉迪对早期爱尔兰社会不合时宜的再创之举，深受维多利亚时

153

---

　　①　S. O'Grady, *History of Ireland*, p. vii. O'Grady 看起来在有关基督教出现上的负面解读观念来自 18 世纪利姆利克古物研究者兼军医 Sylvester O'Halloran（1728—1807 年）类似观点的影响。例如参见 O'Halloran, *An Introduction to the Study of the History and Antiquities of Ireland*（Dublin，1772），p. 220. 关于 O'Halloran，可参见 J. B. Lyons, 'Sylvester O'Halloran，1728—1897', *Eighteenth-Century Ireland Iris an dá chultúr* IV (1989)，pp. 65—74.

　　②　苏格兰作家、诗人与政治家。——译者注

　　③　S. O'Grady, *History of Ireland*, p. vi. 关于 Macpherson 的 Ossian 对爱尔兰古代历史之争与认同的影响，参见 C. O'Halloran, 'Irish re-creation of the Gaelic past: The challenge of Macpherson's Ossian', *Past and Present*, 124 (August, 1989), pp. 69—95; C. Kidd, 'Gaelic antiquity and national identity in enlightenment Ireland and Scotland', *English Historical Review* 109: 434 (November, 1994), pp. 1197—1214.

　　④　"我渴望把这一英雄时代再次塑造为这个国家的一部分想象，并将它的主要特征如同此前那样为我们人民所熟知"。S. O'Grady, *Early Bardic Literature*, *Ireland* (London, 1879), pp. 17—18.

　　⑤　"但是，这些文学作品，都没有付梓印刷，也未得到过翻译。它们继续在欧洲的公共博物馆中腐烂。那些并不承认是爱尔兰学者的人（如我这样），有义务收集这些信息，一条条地从英语或拉丁语写成的引文及典故中收集出来。" S. O'Grady, *Early Bardic Literature*, pp. 17—18, 43. 关于 O'Grady 在早期爱尔兰文学方面的史料来源问题，可参见 V. H. S. Mercier, 'Don Quisote as scholar: The sources of Standish James O'Grady's "History of Ireland"', *Long Room* 22—23 (Spring-Autumn, 1981), pp. 19—24; Hagan, '*High Nonsenscial Wards*', ch. 2.

　　⑥　Kidd, 'Gaelic antiquity and national identity in enlightenment Ireland and Scotland', pp. 1198—1200; Hagan, '*High Nonsensical Words*', p. 41.

代有关封建主义和骑士精神理念的影响。与此同时，他的早期政治保守立场也脱不了干系。他认为，爱尔兰拥有土地的精英是该国富裕幸福的关键因素。他曾在 1881 年担任过都柏林举行的地主会议荣誉秘书。这次会议反对土地联合会（Land League）的政策，并深受伦道夫·丘吉尔勋爵（Lord Randolph Churchill，1849—1895）①有关"托利民主"（Tory democracy）观念的影响。1886 年，他出版了《托利主义与托利民主》（*Toryism and the Tory Democracy*）一书。在该书中，他提出的方案是，让地主作为领袖，在其领地内行动，并与其佃农和谐相处。但是，奥格拉迪这样一种修正的封建关系观，最终却因盎格鲁—爱尔兰的影响和特权的消减而一蹶不振。前后相继的各种土地法令，让佃农得以购买自己租种的土地，从而推动了上述发展。②当他有关农业阶层的期待

154 落空后，他转而为城市贫民的事业奋斗。他认为，这些城市贫民深受现代工业主义的压迫，因而他号召建立一些田园牧歌式的农业劳动垦殖园。③到 19 世纪 80 年代，奥格拉迪对都铎王朝统治下的爱尔兰产生了浓烈兴趣。其结果是他出版了一系列浪漫主义文化故事作品，如《红休之囚》（*Red Hugh's Captivity*，1889 年）、《乌尔里克：有准备的人》（*Ulrick the Ready*，1896 年）、《鹰扬》（*The Fight of the Eagle*，1897 年）。④1894 年，他出版了《爱尔兰的故事》（*The Story of Ireland*）。此书试图用易于理解和发散性的风格把爱尔兰历史呈现给更广阔的读者群。他借助这一标题，肯定期望效仿苏利文所著《爱尔兰的故事》所获的巨大成功。⑤

---

　　① 英国政治家，后来的英国首相温斯顿·丘吉尔之父。——译者注

　　② E. A. Boyd, *Appreciations and Depreciations*: *Irish literary studies* (Dublin, 1917), pp. 4, 8; Boyce, 'O'Grady, Standish James (186—1928) '.

　　③ Standish James O'Grady, *Sun and Wind*, ed. E. A. Hagan (Dublin, 2004), pp. xvi—xvii. Hagan 认为，O'Grady 在 1900 年之前的写作表明，他受到了一些无政府主义和社会主义思想家的影响，如 Charles Fourier, Prince Peter Alekseyevich Kropotkin 和 Henry George (*Sun and Wind*, p. vii)。

　　④ 关于 O'Grady 的完整著作目录，参加，O'Grady, *A Bibliography of Books Written by Standish O'Grady*.

　　⑤ Boyce, *Nationalism in Ireland*, pp. 247—249; J. Waddell, *Foundation Myths*: *The beginnings of Irish archaeology* (Bray, 2005), p. 131.

为理解奥格拉迪对都铎王朝征服的处理，对我们而言，富有教益的做法是去回顾他给《红休之囚》撰写的长篇且极具辩论特色的史学导论。这本著作类型上是一篇小说，它历史性地描述了 16 世纪末阿尔斯特的盖尔领主奥唐奈（O'Donnell，死于 1602 年）。在九年战争时期（1594—1603），当伊丽莎白统治下的英格兰向爱尔兰扩张时，奥唐奈是盖尔人进行抵抗的关键人物。①奥格拉迪把 16 世纪视作爱尔兰历史的关键时刻，并坚称，"它比其他任何世纪都重要，它似乎决定了爱尔兰的命运。"②奥格拉迪在导言中写道，17 世纪见证了爱尔兰社会里的一次革命。爱尔兰社会得到了彻底重塑，因为它逐渐从一大堆碎裂化的领主转向一个集中化的国家，并听从王权的权威领导。③这次革命在其政治影响和社会影响上都是全面的。这场革命让爱尔兰获得了巨大收益，并让该国与英格兰王室紧密相连，走向和平与稳定。在奥格拉迪看来，现在，爱尔兰"首次与自己和平相处，并与帝国相联合，作为其不可分割的、忠诚的组成部分"。④他认为，伊丽莎白对爱尔兰的征服是不可避免的，而且肯定是这个国家应该"从野蛮走向文明，从'独裁统治'的野性统治走向普世法则的治理"所经历的命运。这种征服建立起爱尔兰与英格兰之间的永恒连结。奥格拉迪也反思了当时存在的政治张力。他认为，无论爱尔兰的未来究竟"是成为更大范围的自治政府之一，还是与英格兰保持一种更为紧密的、更有活力的联合"，爱尔兰"现在是、未来也

155

---

①　Edward Hagan 已经注意到，O'Grady 在 19 世纪 90 年代有关伊丽莎白时代的爱尔兰之著作，以及同一时期面向男孩写的故事，"或许实际上表现了奥格拉迪最好的写作成果，尽管事实是，他主要是由于翻译游吟诗文学作品而闻名于世的"。Hagan, 'High Nonsenscial Wards', p. 154.

②　S. O'Grady, The Bog of Stars and Other Stories and Sketches of Elizabethan Ireland (London, 1893), pp. 5—6.

③　"在此世纪初，爱尔兰的精髓核心是中世纪的、封建的。17 世纪初，这些首领的统治被王权的绝对权威所替代。不重要的君王消失了；普遍法则的优势建立起来；和平统治万物。而且在和平中，所有我们所知的现代文明开始孕育成长"。S. O'Grady, Red Hugh's Captivity: A Picture of Ireland, social and political in the reign of Queen Elizabeth (London, 1889), p. 1.

④　S. O'Grady, Red Hugh's Captivity, p. 2.

是广阔世界范围内各种说英语之种族的一部分"。[①]在爱尔兰同其与"强大的说英语种族"的持久联盟之间，存在着 16 世纪的爱尔兰首领。因此，当他们站在爱尔兰通往现代性的道路上时，这些爱尔兰领主"被消灭或被征服"既是必要的，也是不可避免的。[②]不过，作为个体，这些反叛者也有一些主张，值得后世子孙关注，特别是维多利亚时代的爱尔兰已具有相对安全的回顾距离。虽然这些人有些野性，但他们的生活并非从未接触过"中世纪的骑士精神和浪漫精神"。[③]事实上，正是因为 16 世纪的极端暴力和混乱局面，才使这段历史显得如此有趣，吸引读者。[④]

　　奥格拉迪在处置"极度悲剧性但又充满浪漫色彩"的历史时期时，主张一种"传记式的、趣闻式的"史学路径。这样一种方法是同另一种方法相对立的，即"哲学式的历史，追溯因果关系，显示看上去纯属偶然的事件如何在已知人类天性法则之下发生"。[⑤]这样的历史无法抓住读者的心，如同哲学那样，"它对理解的要求太高，但对心灵和想象的诉求不多"。无论如何，在一种历史哲学成为可能之前，人们必须形成一段叙述。因此，奥格拉迪把这一著作视为"收集与展现一些事实的努力"，且旨在为一位具有哲学思维能力的历史学家提供可做解释之基础。[⑥]奥格拉迪提到了有关都铎王朝统治下爱尔兰的大量原始材料，特别是当时代历史学家的著作及国家文件证明。他声明，自己挑选了一种观察红休生命的视角，包括他去抢劫、被捕后关在都柏林城堡，随后努力奋斗——这一切是一种连续的叙述。当这一传说故事自身并没有

156

---

① S. O'Grady, *Red Hugh's Captivity*, p. 4. E. Hagan 认为，O'Grady 受到 Barthold Georg Niebuhr（1776—1831）的影响，明显赞同从前历史到历史的发展之演化范式。参见 *Sun and Wind*, p. xi.

② S. O'Grady, *Red Hugh's Captivity*, p. 5；S. O' Grady（ed.），*Pacata Hibernia or a History of the Wars in Ireland During the Reign of Queen Elizabeth*, 2 vols（London，1896），vol. I, p. xxi.

③ S. O'Grady, *Red Hugh's Captivity*, p. 5.

④ "在历史中，许多结果，和平、繁荣和满足感，都不如阅读时来得那么让人感到开心——这一点真是悲哀。" S. O'Grady, *Red Hugh's Captivity*，p. 9.

⑤⑥ S. O'Grady, *Red Hugh's Captivity*, p. 12.

"任何宏大历史意义"时，奥格拉迪却在其中连结上当时更为广阔的爱尔兰史。①再者，过多的古物研究细节，并不能吸引一般读者的兴趣。他时刻记住，一般读者对阴暗乏味、佶屈聱牙的历史不感兴趣。因此，他采取了一个新视角来呈现 16 世纪的爱尔兰。②特别是，他发誓自己不会让毫无防备的读者突然面对"密密麻麻堆满大量名字的篇章，而这些名字充满了凯尔特式的粗俗与赤裸裸，无法使人产生联想，它们没有其他效果而只能让读者感到恶心"。③他使用了一种典型怪异的修辞方法，拒绝在有关 16 世纪爱尔兰的历史书写中使用晦涩难懂且本质上主观性的方法——此举让他的写作与其说是关于都铎王朝统治下的爱尔兰生活，倒不如说是他对 19 世纪的意识之反思。在这一方面，国家文献证据可以被用来支持完全不同的、存在矛盾的解释。④若历史失去趣闻与传记之特色，便是艰涩难懂、毫无魅力的。现在，奥格拉迪把他对奥唐奈的描述作为一扇窗——在此之上，他为不熟悉伊丽莎白时代的爱尔兰广大读者呈现出该时期的国内生活与社会生活。⑤

从个性与见解来看，理查德·巴格威尔冷静而有反思性，而奥格拉迪则不切实际、焦躁不安。1840 年，巴格威尔出生于蒂伯雷里（Tipperary）郡的克朗梅尔（Clonmel）。在 18 世纪，巴格威尔家族经历了从克朗梅尔的商人阶层向农业主阶层的转变过程。理查德是克朗梅尔地区议员（1857—1874）约翰·巴格威尔（John Bagwell，1811—1883）的长子，在哈罗公学（Harrow）和剑桥的基督教堂学院（Christ Church, Oxford）接受教育。尽管巴格威尔曾在 1866 年曾被召唤到内殿法律学院（Inner Temple），但他从未从事过实际的法律工作，而是回到家乡，依赖于克朗梅尔之外的家族产业而生活。1883 年，他继承了父亲的遗

---

① S. O'Grady, *Red Hugh's Captivity*, pp. 15, 17.

② S. O'Grady, *Red Hugh's Captivity*, pp. 18—20.

③ S. O'Grady, *Red Hugh's Captivity*, p. 20.

④ "国家文献是多种多样的，而且代表着各种想法，所以从中出来的引文可能是经过挑选的，以便支持历史学家或许认为正确的任何观点"，S. O'Grady, *Red Hugh's Captivity*, p. 23.

⑤ S. O'Grady, *Red Hugh's Captivity*, pp. 24—25.

产，成为马尔菲尔德庄园（Marlfield House）的主人。①巴格威尔与奥格
拉迪相似，同样认为庄园主对爱尔兰历史做出过贡献。他在地方政府中
表现活跃。1869 年，他成为蒂伯雷里郡的高级官员。随后，他成为太平
绅士（justice of the peace）②、治安官及该郡陪审团的首席陪审员。巴格
威尔是一位坚定的联合主义者，参与创立爱尔兰忠诚与爱国联盟（Irish
Loyal and Patriotic Union）。该组织是 1885 年由南方联合主义者创建
的，其目的是反对爱尔兰的地方自治派（Home Rule）。后来，他还成
为爱尔兰联合主义联盟（Irish Unionist Alliance）成员。1898 年，他被
任命为地方政府委员会（Local Government Board）成员，以监督同年
颁布的地方政府法令之实施。随后，他还成为国家教育委员会（National
Board of Education）的成员。③他的妻子哈里特（Harriet，约 1853—
1937）曾撰写过一本有关其丈夫家族的历史著作。该书只是手稿，未曾
出版，标记日期大约为 1930 年。它描写了理查德是如何为公共生活做
准备的。但他在 1874 年丢掉了其父在威斯特敏斯特的议席。此外，新
兴的支持自治情绪有效打击了他的政治雄心。④

　　据哈里特·巴格威尔所言，她的丈夫"本性是如此活跃，以至于没
有工作便无法生活"，而其结果是，他"把自己的注意力转向了文学"。
正是在 1883 年巴格威尔接替父亲成为马尔菲尔德庄园主人之前的岁月
里，他进行过大量研究，为其鸿篇巨著 3 卷本的《都铎王朝统治下的爱

---

　　① *Burke's genealogical and heraldic history of the landed gentry of Ireland*（London，
4ᵗʰ edn，1958），p. 46；Mary O'Dowd，'Bagwell，Richard（1840—1918）'，in *Oxford
Dictionary of National Biography.* 也可参见 W. P. Burke，*History of Clonmel*（Waterford，
1907；重印 Kilkenny，1983），pp. 175，325—326.
　　② 太平绅士即政府委任民间人士担任的维持社区安宁、防止非法处罚及处理一些简单法
律程序之职衔。——译者注
　　③ Mary O'Dowd，'Bagwell，Richard（1840—1918）'；R. Bagwell，'The basis of Irish
nationalism'，*The Dublin University Magazine* XC；DXXXV（1877），pp. 93—106.
　　④ "理查德原本准备投身于公共生活的。他在成长时也带着未来将代表克朗梅尔前往议
会的想法——这是其家族几代人所经历的。他是一位好的演说者和领导者。但是，当 1874 年
地方自治问题凸显出来时——这一年，他父亲失去了已有 18 年之久的议席——他感到这一事
业已经向自己关上了大门。我经常听他说'我不能成为一位地方自治者。这会造成派系林立的
政府，并把爱尔兰一分为二。'"National Library of Ireland（NLI），MS. 32，617（'History of
the Bagwell Family by Harriet Bagwell'），无页码。

尔兰》（*Ireland under the Tudors*，1885—1890 年）做好了准备。随后，他又根据历时性原则，在其有关都铎王朝统治下的爱尔兰之研究后，出版了《斯图亚特王朝统治下的爱尔兰》（*Ireland under the Stuarts*，3 卷本，1909—1916 年）。除了上述六卷有关近代早期爱尔兰历史的著作外，巴格威尔的另外一本重要历史著作集中于他对《民族传记字典》（*Dictionary of National Biography*）中 17 世纪爱尔兰人物的研究。[①]R. W. 达德利·爱德华兹（R. W. Dudley Edwards，1909—1988）与玛丽·奥多德（Mary O'Dowd）[②]在 1985 年全面回顾了有关近代早期爱尔兰的研究。在该书里，他们承认了巴格威尔的贡献，认为其贡献体现在仔细描述了都铎王朝和斯图亚特王朝统治时期，且这些描述大部分基于国家文献的证据之上。不过，他们也批评巴格威尔过多体现了不自信的一面。他们的结论是，或许巴格威尔并不确定自己有能力保持客观。[③]若我们把巴格威尔与奥格拉迪及苏利文的强硬风格加以着重比较，那么巴格威尔显然在其有关历史叙事的主张上更为矜持，而且对当代人从过去中吸取教训一事表现得更为谨慎。一份匿名小册子包含了 1870 年巴格威尔在克朗梅尔工人俱乐部里所做的爱尔兰历史讲座。在这里，他提供了一份较早期的有关现代爱尔兰历史的奇特个人总结。即便在其历史事业的早期阶段，巴格威尔仍强调他的解读基于当代印刷出来的史料。贵族式的服务意识还促使他宣布，出版物的每一分收益都将捐献出来，用于改善沃特福德（Waterford）郡的村庄教会。[④]

158

---

① Mary O'Dowd, 'Bagwell, Richard (1840—1918) '.

② 两人都是爱尔兰历史学家。——译者注

③ R. W. Dudley Edwards and Mary O'Dowd, *Sources for Early Modern Irish History*, *1534—1641* (Cambridge, 1985)，p. 194.

④ R. Bagwell, *Modern Irish History*：*A lecture delivered in the Mechanics' Institute Clonmel Tuesday*，*3ʳᵈ May*，*1870* (Clonmel, 1870)，无页码，前言。在 1923 年爱尔兰内战期间，当马尔菲尔德庄园被焚毁时，巴格威尔的手稿与图书馆也遭到毁坏。他的住宅之所以受到攻击，则是因为巴格威尔的儿子 John 在 1922 年接受了爱尔兰自由国家参议院的议席。不过，巴格威尔的一份手稿幸存下来——但现在又遗失了。这份手稿是工作笔记，它是由爱尔兰教会的教会记录委员会教士 J. B. Leslie 在 20 世纪 30 年代找到的。这份笔记表明，巴格威尔对广泛的史料持小心谨慎的态度。(Representative Church Body Library, Dublin, MS. GS. 2/7/3/21)

如同奥格拉迪一样，巴格威尔也认为，现代爱尔兰史开启于伊丽莎白一世的统治。正是在当时，爱尔兰的领主，包括盖尔人和盎格鲁—诺曼人，首次受到抑制；由此，王权成为爱尔兰的唯一权威——当然，王权的延伸有时也存在局限。他提到了伊丽莎白统治期间出现的各种爱尔兰反叛事件，也指出了女王政府管理不善的地方。在伊丽莎白到来之前，爱尔兰这个国家或许已十分落后了，而女王对修道院的镇压之举切断了爱尔兰与欧洲其他地区间的联系。①到 17 世纪初，与奥格拉迪使用"黄金帝国时代之黎明"这一术语相反，巴格威尔坚持认为，爱尔兰处于一种大幅衰退的状态之中。一方面，统治爱尔兰的诸多困境总是形成挑战，以至于伊丽莎白政府内部面临着各种相互竞争的宫廷派系；另一方面，女王强行把新教改革施加在巴格威尔称作"不情愿的平民"身上，此举被证明是灾难性的错误策略。民众和教士都不接受新的国家教派。爱尔兰的圣公会本质上是一种"进口"现象，其教士能力通常不令人感到满意。由此，它无法以任何有意义的方式来增进爱尔兰的忠诚感。巴格威尔一方面以大胆的方式向其学生们传授旨在打破历史偶像的见解，另一方面其本人又是爱尔兰圣公会的忠诚教徒。他最终只能拒绝接受长期以来所坚称的自圣帕特里克以降的主教续任制度。他认为，如果伊丽莎白有意识地允许两种信仰并排繁荣发展，那么爱尔兰接下去所遭遇的大部分不幸本来是可得以避免的。事实上，他感到悲哀的是，容忍观念在那个时代闻所未闻。"即便存在一些受到迫害的教派分子可做例外，但一般而言，他们也总是做好反过来成为压迫者的准备"。②

159

再者，英格兰人废除了古代的本地法律，但又没有有效地用习惯法来取代它们。在这一点上，巴格威尔发现，"我们今天正在深受这一政策所造成的影响"。詹姆斯一世（James I，1566—1625）获得王位后，

---

① Bagwell, *Modern Irish History*, pp. 5—10.
② Bagwell, *Modern Irish History*, p. 15.

更加剧了问题的严峻性，因为他是"愚蠢而荒唐的君主"。[1]随后，巴格威尔给出了一个"总结"（tour d'horizon），描述了 17—18 世纪爱尔兰历史中他认为重要的事件。沿着这一路径，他批评了英格兰人对爱尔兰南部农业和手工业发展的压制政策，（向下）质疑新教徒在 1641 年起义中被屠杀的人数，谴责克伦威尔在德罗赫达（Drogheda）的行径[2]，指责詹姆斯二世"无法容忍的暴政"让每个爱尔兰新教徒都变成了他"愤愤不平的敌人"，并喟叹 18 世纪爱尔兰天主教徒所遭受的不公，以及那些他认为的 18 世纪盎格鲁—爱尔兰人的浮夸奢侈之举。[3]他本人曾是一位勤勤恳恳的庄园主，但他仍然挑出"在外地主经济制"（absenteeism）[4]并加以谴责，认为它是 18 世纪的"大恶"，而且在其生活时代，依然如此。[5]当巴格威尔在结语中说，爱尔兰岛的历史是天主教徒与新教徒之间受到潜在联合力量的推动，共享一种对共同国家的承诺时，这种情感显然得到了克朗梅尔听众们的热烈欢迎。[6]

巴格威尔在其 1885 年出版的《都铎王朝统治下的爱尔兰》第一卷导言中，十分细致（甚至谨慎）地在序言中宣称，这是对都铎王朝统治时期的爱尔兰所进行的首次全面研究。如果史学确实拥有某种服务作用，那么书写历史便是为了传递教导，而不仅仅是为了支持流行偏见。他坚称，历史学家的求真职能就是去扮演法官。而法官的职责是排列有

---

[1]　Bagwell, *Modern Irish History*, p. 16.

[2]　1649 年克伦威尔攻占爱尔兰德罗赫达后，声称要讨还血债，凡是手拿武器者格杀勿论，造成两天里许多爱尔兰平民遇害。——译者注

[3]　"假如当时少一些涂脂抹粉的男仆，少一些赛马，少一些六轮马车，那么也许我们现在会有更多铁路，更多商业，更多手工业，更好的农业。"Bagwell, *Modern Irish History*, p. 32.

[4]　即土地主人不居住在自己的土地上，委托他人收取地租。——译者注

[5]　Bagwell, *Modern Irish History*, p. 32. 巴格威尔在运行马尔菲尔德庄园时比较积极（参见提到他的 "Cashbook of the Bagwell estate, Marlfield, Clonmel, Co. Tipperary, 1892—1904"：National Library of Ireland［NLI］MS. 25, 278）。他还被卷入在 1885 年建立 "马尔菲尔德刺绣厂"（Marlfield Embroideries）。该厂为其庄园中的妇女提供定期就业岗位。（参见 NLI MS. 32, 617，无页码）

[6]　"对于我们而言，培养历史的仁爱之心，淹没种子之间的不同之处，在共同国家的意识中结交朋友（掌声）"：Bagwell, *Modern Irish History*, p. 36.

形事实"连同对这些事实的解释，使之有可能让他的陪审团把天平砝码倾向于自己。正在阅读中的公众就是陪审团。"①他指出，自己写作该书，并不旨在取悦任何特殊政党或派别，而是仅仅遵循一种客观性的信仰。的确，爱尔兰史让人感到悲哀，但有关它的研究若以求真精神来推进，就很难不让人们变得更宽容。如同最初由凯尔特人所定居的其他国家那样，爱尔兰无法抵挡"条顿"（Teutonic）入侵者——亦即维京人（Viking）和盎格鲁—诺曼人——的更强力量。但是，在盎格鲁人—诺曼人入侵的例证中，英格兰君主对爱尔兰的忽视态度，也削弱了他们的长期地位。简言之，存在问题的国王们都是在外地主（absentee），如同他们在现代拥有土地的相似阶层那样，"一般只是居高临下地把爱尔兰视作纸上农庄而已"。在红白玫瑰战争（Wars of the Roses）期间，盎格鲁—诺曼人的垦殖地遭到了进一步削弱，英格兰的语言和权力在爱尔兰似乎已濒临灭绝。

最后，亨利八世认识到他在爱尔兰的责任。其出发点看上去是为了在宗教改革把一切变得更糟之前，来赢得本土爱尔兰人的忠诚之心。②不过，事实上，圣方济各会士与耶稣会士全力以赴的工作，使得国王试图在爱尔兰推进圣公会的想法受到了阻碍。很快，一种强有力的、持久性的把新教教义与国王所宣称的主权加以结合起来的流行做法，在爱尔兰出现了。③伊丽莎白在宗教层面上继承了现有模式，但其针对爱尔兰的更为宽泛的政策却由于资源缺失和动荡而受到阻碍。④现在，巴格威尔转向实际关怀。他指出，他已使用现代方法来拼写爱尔兰名字，使用英格兰

---

① R. Bagwell, *Ireland under the Tudors*, 3 vols (London, 1885—1890), vol. I, p. v.

② "宗教信仰中的革命改变了每一样东西，并且从中产生了许多被视作无法解决的爱尔兰问题"，Bagwell, *Ireland under the Tudors*, vol. I, pp. vi—vii.

③ "如此，当爱尔兰人对英格兰的仇恨之情不断增强，他们与罗马之间的归属感也日渐接近。亨利每一次安抚他们的举动，都会由于爱尔兰人的精神指引而无效。这些精神指引警告爱尔兰人，必须注意到这么一个完美真相，即亨利是一位通奸者、一位暴君、一位血腥之人。这些修士们拿着这样的牌，当然几乎不会输掉这场游戏。他们毫无困难地向那些充满期待的听众去证明，这位国王的先祖是从教皇手中接过爱尔兰的，因此他的背叛之举已让他置于封臣失信的地步了。"Bagwell, *Ireland under the Tudors*, vol. I, p. viii.

④ "爱尔兰总是承受、而且始终严重地承受缺乏坚定之苦。"Bagwell, *Ireland under the Tudors*, vol. I, p. ix.

文献，因为"对于一般读者而言，爱尔兰历史存在的大量未知事实已足够让人感到厌烦；倘若再加入其中的可怕之处，则未免太残酷了"。①值得注意的是，他特别强调，自己充分使用了从公共档案馆（Public Record Office）有关爱尔兰的国家文献中收集的一手证据。此外，他同样运用了盖尔人的史料，特别是约翰·奥多诺万（John O'Donovan，1806—1861）②编辑的《四位领主年鉴》（*Annals of the Four Master*）。该书最初是在圣方济各会教士迈克尔·奥克莱里（Mícheaél Ó Cléirigh，约1590—约1643）③的监督下，以17世纪30年代的原始材料汇编而成。另一本得到参考的著作是不太全面的《洛赫·策年鉴》（*Annals of Loch Cé*）。他感到沮丧的是，他从谱系上关注盖尔人年鉴，却发现它们对当时代的日常生活并未产生影响。由于缺失盖尔人视角出发的证据，巴格威尔承认，历史学家被迫依仗英格兰官方及旅行者提供的证据，而这些证据经常充满敌意，而且错误连连。④不过，尽管巴格威尔与奥格拉迪一样，厌恶爱尔兰语中原来的名称，但假如我们考虑到其写作的时代及其摆脱当时代党争与政治仇恨的努力，那么他对都铎王朝历史的结构设想明显是不偏不倚的。但是，他的史学目标既不是进行单纯的古文物研究，也不涉及为其自身目的而对历史叙事加以重构。巴格威尔在其研究的公开路径中，赞同性地引用了迪斯雷利（Disraeli，1804—1881）⑤的格言"爱尔兰政治就是爱尔兰历史"——这一点证明，他相信研究历史能发挥教育功能。⑥

161

---

①　Bagwell, *Ireland under the Tudors*, vol. I, p. x.

②　爱尔兰语言学家。——译者注

③　爱尔兰编年史家、古文物研究者。——译者注

④　"所有的本土年鉴作者幼稚到极端地步。谱系学看上去对他们真的很重要，以至于他们完全不关注民族的状态。"Bagwell, *Ireland under the Tudors*, vol. I, p. xii.

⑤　即 Benjamin Disraeli, 1st Earl of Beaconsfield, 英国政治家，曾两度出任英国首相。——译者注

⑥　Disraeli 先生在下议院说道："爱尔兰政治就是爱尔兰历史。我不相信任何试图拯救爱尔兰不幸的政治家。他们要么忽视过去，要么不从过去中吸取教训。"Bagwell, *Ireland under the Tudors*, vol. I, p. v. 关于19世纪爱尔兰的早期血统如何把历史观作为政治启蒙的资源，可参见 Donald MacCartney, 'The writing of history in Ireland, 1800—1830', *Irish Historical Studies* X：40 (1957), pp. 347—362, 此处是 p. 352.

1829 年，亚历山大·马丁·苏利文出生在西考克。他的父亲是房屋油漆工，母亲是女教师。他是父母的第二个孩子。他在地方上接受教育，随后成为班特里（Bantry）济贫联盟的救济官员。1853 年，他前往都柏林，成为了一名记者。他曾为许多报纸工作。1855 年，他作为合伙人，接手《民族报》（The Nation）。1858 年，他成为该报的唯一拥有者和编辑。他利用《民族报》及其他为自己所控的报纸，推动旨在为爱尔兰寻求某种自治权的立宪运动。尽管他反对激进的民族主义，但在芬尼亚会（Fenian）1867 年起义①失败后，仍然为其辩护，并由此扩大了他的政治立场。在 19 世纪 70 年代早期，苏利文在地方执政联合会（Home Government Association）积极活动，并在 1873 年参与成立地方自治联盟（Home Rule League）。1874 至 1880 年间，他是劳斯郡（Louth）议员。1880 至 1882 年间，他是米特郡（Meath）议员。苏利文作为温和派，对土地战争（the land war，1879—1882）②的激进主义保持谨慎态度。尽管如此，政府决定推行强硬措施之举，却导致他最终加入议会故意妨碍议案通过者的行列。1881 年初，苏利文是 30 位被暂停议员职位的地方自治者之一。1882 年，他由于健康恶化，同时也带着某种对政治的失望之情，离开了议会。他的历史重要性并不在于议会生涯，而是在于他作为训练有素的沟通者之胜利。他提供了一种平民主义式的文化民族主义思想，其中充满了爱尔兰人对英格兰人的道德优越感。③

苏利文的民族叙事在其对爱尔兰抵抗外国统治的史诗般表现上是无缝的。从最初时代开始，爱尔兰人便在道德层面上绝对高于相邻岛屿上

---

① 1867 年，由爱尔兰共和兄弟会（Irish Republican Brotherhood）发起的旨在推翻英国统治的起义。由于计划不力和英国人对民族主义者的渗透，起义规模不大，大多数爱尔兰领导人都被捕。——译者注

② 爱尔兰农村的一段土地动乱时期，这场运动由爱尔兰国家土地联盟及其继任者爱尔兰国家联盟和爱尔兰联合联盟领导，旨在确保公平租金、免费销售、佃农土地保有权的固定性以及农民对他们工作的土地的所有权。——译者注

③ R. Moran, 'Sullivan, Alexander Martin (1829—1884)', Oxford Dictionary of National Biography; R. Moran, 'Alexander Martin Sullivan (1829—1884) and Irish cultural nationalism'（未出版的硕士论文，爱尔兰国立大学，大学学院，Cork，1993）。

的民族。早期爱尔兰的文明化得到了特别称赞，并被呈现为爱尔兰历史上的文化制高点。塔拉山（Hill of Tara）①上的贵族联合会议被难以置信地描绘为"19世纪引以为傲的立宪政府的"前身。②古爱尔兰人在军事上保有强大实力，以至于罗马人聪明地停止了他们入侵该岛的步伐。当不列颠人在罗马束缚下默不作声时，爱尔兰却享受着一段文明有礼的黄金时期。并且严格来说，爱尔兰人是欧洲各民族中为拥抱基督教信仰而准备得最充分的民族。从那时开始，爱尔兰人"在很大程度上就是值得尊重的民族，因而也特别容易受到宗教信仰的感召"。③由圣帕特里克引入爱尔兰的信仰正是"毫无改变且无法改变的天主教会"。④但是，被苏利文界定为"五百年军事传说和五百年基督教荣光"的年代开始落下帷幕时，爱尔兰遭遇了维京人的入侵。此事出现在8世纪末，并持续到9世纪。这些"残酷血腥的野蛮人"到来后，开启了爱尔兰人"被痛苦奴役的数个世纪"。⑤更为悲惨的是，民族内部的不团结状态，助长了盎格鲁—诺曼人在12世纪的爱尔兰占有优势。在苏利文看来，盎格鲁—诺曼人入侵后的四个世纪，可被概括为"充满着野蛮的、混乱的、毫无秩序之冲突的时期"。不过，这一时期的细节得到了作者很好的处理，以免让他的年轻读者感到困惑。⑥重要的是，随后苏利文又开始更为详细地叙述16世纪的到来。在他看来，16世纪是爱尔兰历史的关键时期。

　　苏利文对16世纪爱尔兰的描述是通过一种解释框架来进行的。这一解释框架基于英格兰人的背叛及其对爱尔兰岛的贪婪之心。英格兰和爱尔兰对宗教改革的接受程度在各自国家内存在着显著差异，而它们的反应也凸显出相互对立的道德观念。亨利八世主要受其政治目标的驱动，即他与罗马中断关系，主要是渴望接手教会财产，确保自己的优

¹⁶³

---

① 爱尔兰的一座山丘，传说故事中认为这里一直是爱尔兰至高王的加冕地。——译者注
② Sullivan, *Story of Ireland*, p. 20.
③ Sullivan, *Story of Ireland*, pp. 25, 46—47.
④ Sullivan, *Story of Ireland*, p. 51.
⑤ Sullivan, *Story of Ireland*, pp. 75—77.
⑥ Sullivan, *Story of Ireland*, pp. 114, 137.

势。国王显然并不太关注教义或神学理论。实际上，苏利文断言，倘若
无法攫取任何教会财产，就不会存在什么宗教改革。但是，天主教会坚
决反对亨利及其英格兰、盎格鲁—爱尔兰贵族同谋者的掠夺行径——他
们都是"一群品质恶劣、胆怯懦弱的人"。①他们的道德品质如同加略人
犹大（Judas Iscariot）"为了三十银币而出卖了我们的主"。②然而爱尔兰
人依然立场坚定地站在罗马一边。但具有讽刺意味的是在 1155 年教廷
颁布的教皇《褒扬令》（Laudabiliter），正是授权亨利二世以改革爱尔
兰岛上的信仰为目的，去征服爱尔兰。事实上，假如爱尔兰人允许自己
在这一点上"成为英格兰统治范围的组成部分"，那么爱尔兰也会迟早
失去它的古老信仰。爱尔兰的领主们十分忠诚于罗马教廷（Holy See）
的权威，带着"尊崇与尊敬"之心接受了教皇禁令，即便这些明显损害
了其利益。然而，现在，罗马终于认识到其处置爱尔兰方法是错误的，
因此"要求勇敢地、不可更改地站在她的一边"。③

　　亨利八世统治期间，另一种关于更新民族意识的批判性主张也出现
了。苏利文指出，当 1514 年都柏林议会宣布亨利成为爱尔兰国王后，
那些"投票"支持他登上爱尔兰王位的盎格鲁—爱尔兰与盖尔精英实际
上放弃了所有的政治期望，完全屈服于英格兰政权。然而，许多盖尔人
氏族开始与其领袖们承认王权统治之举划清界限，并可能罢免了这些领
袖，然后"选举"新领袖。④实际上，普通人显然是不屈服的。他们献身
于抵抗特权的战斗中。⑤这种面对逆境的弹性和自信心，在这个处于分
水岭的国家里反复出现。亨利的继承者，爱德华（Edward，1537—
1553）⑥、玛丽（Mary，1516—1558）⑦和伊丽莎白，在爱尔兰问题上，

① Sullivan，*Story of Ireland*，pp. 208—210.
② Sullivan，*Story of Ireland*，p. 211.
③ Sullivan，*Story of Ireland*，pp. 211—213.
④ Sullivan，*Story of Ireland*，p. 213.
⑤ Sullivan，*Story of Ireland*，p. 216.
⑥ 指英国都铎王朝国王爱德华六世，亨利八世之子。——译者注
⑦ 指英国都铎王朝女王玛丽一世，又称"血腥玛丽"，亨利八世之女。——译者注

有效地持续推进和改善了亨利的方案。在苏利文看来，这一政策在本质上就是压迫、掠夺和灭绝。①特别是伊丽莎白统治时期，被苏利文解释为爱尔兰历史进程中的重要时期，因为它见证了一种崭新的、强有力的、与罗马天主教教义联系起来的爱尔兰民族意识之发展。苏利文一方面把伊丽莎白形容为"英格兰君主中最伟大的一位"，另一方面又说她"天生怪异"，是一位试图摧毁爱尔兰民族的"怪物"。②爱尔兰的新一代领导层受爱国情感及其对罗马天主教会效忠之心的激励，于该时期出现在针对王权试图征服爱尔兰之举的广泛抗争中。苏利文介绍了一系列英雄，使之可被列入早期现代民族主义万神殿之中。例如来自德斯蒙德的詹姆斯·菲茨莫里斯（James Fitzmaurice of Desmond，死于 1579 年）③，此人在 1579 年带着教皇格里高利十三世（Gregory XIII，1502—1585）提供的一支远征军，在爱尔兰的西海岸登陆，超越了狭隘的王朝利益，提出要为"信仰和国家的事业"而战。④与此类似，1580 年，弗拉赫·麦克休·奥拜恩（Fiach MacHugh O'Byrne，1534—1597）⑤在为"上帝和爱尔兰"服务中，于威克洛山脉（Wicklow mountains）击败了格雷·德威尔顿男爵（Barron Grey de Wilton，1536—1593）⑥指挥的军队。后者是刚被任命的爱尔兰总督（lord deputy）。⑦这样一些人物便是生机勃勃的民族意识之象征，而爱尔兰的民族特性正是由爱国主义及其向罗马的效忠之心所决定的。

　　苏利文把休·奥尼尔（Hugh O'Neill，约 1550—1616）这位邓尼嫩

------

①　Sullivan, *Story of Ireland*, p. 217.

②　Sullivan, *Story of Ireland*, p. 218.

③　他是 16 世纪统治爱尔兰芒斯特的王朝之一员，在都铎王朝开始征服爱尔兰后反抗伊丽莎白一世。他曾在 1569 年领导过第一次德斯蒙德叛乱，失败后流亡欧洲大陆。——译者注

④　Sullivan, *Story of Ireland*, p. 223.

⑤　爱尔兰当地领主，1579 年参与了第二次德斯蒙德叛乱。——译者注

⑥　即 Arthur Grey，第 14 代格雷·德威尔顿男爵，于 1580 至 1582 年之间任爱尔兰总督。从 12 世纪诺曼人入侵爱尔兰开始，爱尔兰首席长官的英文名称发生过多次变动，此处沿用惯例通译为总督。——译者注

⑦　Sullivan, *Story of Ireland*, p. 233.

（Dungannon）男爵和蒂龙（Tyrone）伯爵呈现为伊丽莎白统治下爱尔兰中的一位杰出民族领袖。奥尼尔出生于 1550 年左右，是一个阿尔斯特盖尔人领袖家族的成员。他最初受到都柏林政府的支持，并在政治联盟与精心编织网络的策略政策基础上，与西阿尔斯特的奥唐奈联合，最终让自己成为颇具实力的地方大佬。奥尼尔是导致九年战争（1594—1603）爆发之一系列事件的核心人物。接下来，他与红休奥唐奈联合，成为爱尔兰军事力量领导层中的重要指挥者，并加入一场军事冲突中——它被形容为"都铎王朝治下爱尔兰所经历的最具破坏性的军事冲突"。[1]据苏利文猜测，奥尼尔可能是"反抗盎格鲁—诺曼人压迫的众多斗争中最大斗争的领导者"，其名字注定"只要爱尔兰种族还存在，便将长久流传于歌曲与故事之中。"这位阿尔斯特贵族"把自己的一生都奉献给一个永恒不变的目标，即推翻英格兰人的统治，让他的祖国实现自由"。[2]1846 年，民族主义记者兼理论家约翰·米切尔（John Mitchel，1815—1875）曾出版过有关奥尼尔的传记。苏利文承认自己受到该传记的影响，但仍然精心描写了这位阿尔斯特领主，并强调了他作为民族领袖投身于国家和教会所起的作用。[3]在九年战争期间，奥尼尔克服了派系与家族之间的敌对关系，号召人们"为民族独立和自由的共同事业"而奋斗。然而，尽管西班牙进行了军事干涉，但"重构的爱尔兰民族仍然被英格兰的优势力量所征服"。[4]1601 年，西班牙远征军在金赛尔（Kinsale）溃败，从而为真正的英格兰军事暴政建立统治铺平了道路，而此时爱尔兰才实现了和平。在苏利文看来，这种和平化进程是典型的英格兰统治，其残酷性绝无仅有，并且严格来说其"在世界各民族中的……臭名昭著也绝无仅有——无论异教徒还是天主教徒，都完全受到了英格

---

① Connolly, *Contested Island*, p. 233.
② Sullivan, *Story of Ireland*, pp. 235—238.
③ J. Mitchel, *The Life and Times of Aodh O'Neil*, *Prince of Ulster* (Dublin, 1846).
④ Sullivan, *Story of Ireland*, pp. 273—278.

兰的独裁统治。"①事实上，苏利文在修辞学意义上要求他的读者们，无论爱尔兰人或英格兰人，若读到这一时期的档案材料时，都不得不被迫"承认，这不是最严重意义上的**战争**，而是最令人惊骇、无情无义的暴行意义上的**谋杀**——此类谋杀曾在压迫过程中被加诸于爱尔兰民族。"②尽管爱尔兰人徒劳地将希望寄托在 1603 年继承英格兰王位的詹姆斯一世身上，但"这个民族仍然匍匐在地（倒下但未被征服地）不情愿地让步，它太虚弱了以至于无法奋起"。③北方两位伯爵——罗里·奥唐奈（Rory O'Donnell，1575—1608）与休·奥尼尔——的战斗及其 1607 年前往大陆一事，标志着盖尔爱尔兰落幕的最后场景。苏利文强调了这一时期在爱尔兰历史上的重要性，因为它见证了"**古代本土统治的最后斗争**，彰显了古代本土统治在征服者面前维护自我及其民事和宗教行为准则上的司法规定"。因此，爱尔兰是一个"臣服于苏格兰—英格兰统治者的王国"。④更为重要的是，当苏利文利用历史来清楚发出一种当代政治信息时，他戏剧性地宣称，上帝"保护着被囚禁、流亡之中的爱尔兰民族"。尽管存在着各种不幸与敌视，爱尔兰人"并没有如其驱逐者所期待的那样溶解消失"。即便到了那一天，苏利文说，爱尔兰人依然保有自己作为"以色列人之子"的天定命运，"如以色列人在巴比伦或埃及那样"。⑤实际上，苏利文明确地提请人们注意自己所认为能够从爱尔兰历史中学到的首要教训。他在追溯被其称作爱尔兰民族的审判与不幸时，强调了自己的主要结论就是，天意决定了"这个民族是为伟大目的而生的，是为一个光荣命运而在的"。⑥

　　所有上述三位历史学家都赞同，16 世纪是爱尔兰历史中的分水岭。在此之后，中世纪的盖尔人世界便完全被都铎国家的统治所取代。至关

---

①② Sullivan，*Story of Ireland*，p. 291.
③ Sullivan，*Story of Ireland*，p. 324.
④ Sullivan，*Story of Ireland*，p. 342.
⑤ Sullivan，*Story of Ireland*，pp. 343—344.
⑥ Sullivan，*Story of Ireland*，p. 583.

重要的是，在他们解读这种政治文化上的根本转变，并赋予其长时段的历史意义时，三人存在着差异。在苏利文看来，伊丽莎白及其总督们在爱尔兰的侵略行径轻微，但激起了一种强大而持久的爱尔兰天主教民族意识。他把爱尔兰人对英格兰人扩张政策的抵抗呈现为一个民族为争取自决权而进行的史诗般斗争中的光辉插曲。苏利文一贯把爱尔兰的民族意识与罗马天主教教义作为其意识形态模板的双重因素来加以呈现。相反，奥格拉迪和巴格威尔是新教徒，他们鼓吹爱尔兰应该融入不列颠国家之中。因此，对于都铎王朝征服的描述，特别是在宗教改革方面，对这两人而言，都产生了复杂的史学挑战和政治挑战。巴格威尔处理该主题更为圆满、更为成功。事实上，奥格拉迪在其《爱尔兰的故事》中对该主题的论述，略微短小奇特。R. F. 福斯特（R. F. Foster，1949—　　）①早已暗示说，这种离奇的、片段式的著作是蓄意所为，当然它不太成功，但显然是从一种反民族主义的视角出发，以回应苏利文极受欢迎的民族主义历史故事。福斯特曾对奥格拉迪与伊塔诺·卡尔维诺（Italo Calvino，1923—1985）②两人作品的叙事结构进行过比较。奥格拉迪的著作是由短小而相互联系的故事组成的，经常带着神秘性。③奥格拉迪集中关注古代爱尔兰的传说和男女英雄们，对于盎格鲁—诺曼人登岛到帕内尔（Parnell，1846—1891）④时代之间的爱尔兰史着墨不多。奥格拉迪详细描述了早期曾在《红休之囚》（1889 年）中表达过的一个关于现代化的论点，他认为，爱尔兰人联合伊丽莎白，使这个国家摆脱了无法跟上时代发展的君主和地方领主，从而开创了一个和平繁荣的新时代。⑤宗教信仰上的不和问题被掩饰过去。女王在爱尔兰受到欢迎的关键因素被

---

① 爱尔兰历史学家。——译者注

② 意大利作家。——译者注

③ R. F. Foster, *The Irish Story: Telling tales and making it up in Ireland* (London, 2001), p. 14.

④ 指 Charles Stewart Parnell，爱尔兰民族主义政治家，爱尔兰国家土地联盟的建立者。——译者注

⑤ S. O'Grady, *The Story of Ireland* (London, 1894), p. 121.

解释为她的灵活性，特别是颁布新的宗教立法这一点。实际上，爱尔兰天主教徒被允许继续不受干扰地表现他们效忠罗马之心，这种"事实上"（de facto）的宽容确保了伊丽莎白对爱尔兰的控制。①因此，尽管存在着宗教信仰上的差异，但爱尔兰仍证明自己全身心地支持王权。②奥格拉迪在混淆宗教信仰变迁的问题后，迅速转向为克伦威尔的爱尔兰事业恢复名誉，平息当时代民族主义者对该事业的极端怒火。③奥格拉迪仅仅粗略概览宗教改革。这表明，他所拥有的当时代联合主义方案决定了他在呈现近代早期宗教冲突时采用不同方式，以便努力在一个主要由不列颠新教徒组成的国家里缓和爱尔兰天主教徒的担忧。

　　巴格威尔在其三卷本《都铎王朝统治下的爱尔兰》中讨论宗教历史时是毫无感情色彩的。他重构了一种公平的细节叙事，展现了 16 世纪爱尔兰的宗教事务情况，既包括天主教，也包括新教。巴格威尔限制自己不要进行过度分析或解释。他提出的理论是，宗教改革在爱尔兰注定会遭遇失败。这一理论后来还得到了推进。例如，他认为，即便盖尔精英非常容易在经济上受到亨利八世的刺激，从而默许了他的教会政策，但人们的忠诚心却并不那么容易获得。倘若这个民族是野蛮的，那么他们仍然可以欣赏修士们的美德和榜样作用。而对于这些修士，亨利没有适当的补救措施。改革教会的命令极少超过都柏林城堡的范围，而且其"仅有的真诚支持者是一些从英格兰过来的新人"。圣方济各会士到处处于优势地位，"每一种感受，民族的、多愁善感的感受，都让爱尔兰人倾向于相信他们自己的判断"。圣公会主要是由权力来推动的，由少数说英语的牧师加以普及的，由那些愤世嫉俗的寻求自我者来试图推动发展的。④英格兰与爱尔兰已有教会之间的差异是对抗性的："在英格兰，

167

---

① O'Grady, *The Story of Ireland*, p. 121.
② O'Grady, *The Story of Ireland*, p. 122.
③ O'Grady, *The Story of Ireland*, pp. 123—138；Foster, *The Irish Story*, p. 15.
④ O'Grady, *The Story of Ireland*, p. 311.

国教教义是民族独立的成果；在爱尔兰，它是征服的象征。"①语言上的差异性，从根本上阻碍了不熟悉盖尔文化的教会；而且圣公会牧师大部分无法在说爱尔兰语的民众中传播福音。②巴格威尔在其三卷本都铎王朝研究的短小导言里，把伊丽莎白征服爱尔兰一事描述为残酷之举，因为王国政府很穷。没有报酬的士兵造成了贫穷的变革倡导者，进而必然被假借为压迫者。他声称，假如英格兰如同统治印度那样来治理爱尔兰，爱尔兰历史会变得完全不同。在印度，英格兰的统治"是由科学的管理者推行的，他们容忍所有教派，并尊重所有成见"。③巴格威尔对宗教改革的论述及其对帝国在印度的容忍态度之引述，存在着一种当时代隐喻。这种隐喻进一步地凸显了作者的信仰：即巴格威尔相信历史的整合能力，也相信来自过去的教训或许可以用于当下和未来的政治之中。事实上，巴格威尔对宽容的影射，并不仅仅是一种简单的渴望。而他对新教改革的批判同样明显是坦荡而率直的。

　　阿尔文·杰克森（Alvin Jackson，1950—　）④曾评述说，19 世纪晚期，联合主义史学同其民族主义史学对手一样，很大程度上都是对当时政治环境的一种回应，特别是在 19 世纪 70 年代后爱尔兰政治激进化的背景下。⑤事实上，在爱尔兰，新教精英的权力与地位之削弱早已开始。当时，爱尔兰推动了一系列立法措施，为罗马天主教徒赋予了更多公民权利。此类立法包括《天主教救济令》（*Catholic Relief Act*，1829年）、《改革令》（*Reform Act*，1832 年）、《市政改革令》（*Municipal Reform Act*，1840 年）。⑥与此同时，在 19 世纪爱尔兰民族主义的发展

---

①　O'Grady，*The Story of Ireland*，p. 312.
②　"人们不可能同兰开夏（Lancashire）那样，在爱尔兰提供情感热烈、奔放并具有说服力的牧师，因为兰开夏民众可以用自己的语言来进行表达，而爱尔兰人却无法做到。在爱尔兰，演讲术的力量完全站在罗马一边。"Bagwell，*Ireland under the Tudors*，vol. III，pp. 475—476.
③　Bagwell，*Ireland under the Tudors*，vol. III，pp. vi—vii.
④　英国历史学家。——译者注
⑤　A. Jackson，'Unionist history'，in C. Brady（ed.），*Interpreting Irish History：The debate on historical revisionism 1938—1994*（Dublin，1994），pp. 253—268，此处是 p. 256.
⑥　D. Murray，*Romanticism，Nationalism and Irish Antiquarian Societies，1840—1880*（Maynooth，2000），p. 7.

中，把盖尔人的文化与文学的残余传播到一种城市性的、主要由中产阶层盎格鲁—爱尔兰人所构成的环境，也是一个关键要素。[1]尽管奥格拉迪与巴格威尔使用了完全不同的史学方法，但他们分享了一种共有观念，即确信一种盎格鲁—爱尔兰意识由于对爱尔兰历史体验的集体参与而出现了。如乔普·莱尔森（Joep Leerssen，1955—　）[2]证实的那样，在19世纪的爱尔兰，文化民族主义的发展是更大范围内欧洲范式的组成部分。[3]但是，如此一种文化民族主义在爱尔兰的崛起，却对那些拥有联合主义思想的知识分子构成了一种特殊挑战。这些知识分子产生了更大范围内研究爱尔兰古文物与盖尔文学的兴趣。文化民族主义与政治民族主义之间的边界是含糊不清且不断变动的。尽管奥格拉迪与巴格威尔最终在思想上存在差异，但的确，他们两人都寻求有效调用历史来作为影响当时代政治辩论和政策的机制。每一个案中的成果如同其研究对象那样各有不同。奥格拉迪呈现了一种想象的民族史诗。此举释放了被乔治·鲁塞尔（George Russell，1867—1935）[4]称作"未经修饰的民族文化之河"，并一再让爱尔兰民族获得"有关民族精神的故事"。[5]奥格拉迪则计划促成一种生机勃勃的爱尔兰文化身份认同感。实际上，它是一种杰出爱国主义形式，补足了一个统一的不列颠国家之政治框架。然而，此举在两个关键层面上存在问题。当奥格拉迪把都铎王朝的征服展现为爱尔兰史上一次可喜的变革之开端时，他肯定意识到在这种论证里隐含着讽刺意味。事实上，爱尔兰最终被纳入王权管辖范围，使精英中的盖尔文

---

[1]　J. Leerssen, 'Irish cultural nationalism and its European context', in B. Stewart (ed.), *Hearts and Minds: Irish culture and society under the act of union* (Gerrards Cross, Princess Grace Irish Library 13, 2002), pp. 170—187, 此处是 p. 170.

[2]　荷兰历史学家。——译者注

[3]　J. Leerssen, 'Irish cultural nationalism', p. 178.

[4]　爱尔兰作家、诗人、画家与民族主义者。——译者注

[5]　"在奥格拉迪的书写中，未经修饰的民族文化之河再次升起，闪耀的激流。当我在这条河流中享受时，我意识到，一个民族强加于另一个民族之上的最大的精神之恶是将其同民族精神的故事切割开来。" H. A. O'Grady, *Standish James O'Grandy: The man & the writer*, p. 64.

明的实际毁灭成为必然——在奥格拉迪的文化观中，这种盖尔文明构成了一种关键要素，当然也是以一种被削弱的形式存在——以及爱尔兰的大多数人在教派归属上疏远信仰新教的不列颠国家。16 世纪的爱尔兰作为联盟内鼓吹文化爱国主义的基础，提供的并非是确凿无疑的历史基石。作为对比，一位更世俗化的 19 世纪联合派历史学家托马斯·邓巴·英格拉姆（Thomas Dunbar Ingram，1826—1901）便漠视了（假如不是敌视）盖尔人文化，仅仅将之视作伊丽莎白征服之前不可挽回的、野蛮的爱尔兰社会而予以拒斥。从本质上而言，英格拉姆的设想是，爱尔兰由于英格兰人的入侵而实现了文明化。①很明显，奥格拉迪的政治观极大程度上让其史学变得复杂不堪。另一方面，巴格威尔的著作追求客观性，提供基于一手史料的详细叙事。但它在当时仍保持在更为狭窄的学术历史范畴之内。苏利文的历史既不受政治暧昧的限制，也在宗教信仰上毫不含糊。他的叙事有意识地为政治及信仰上的多数派提供一首流行且畅快的史诗。他所进行的详细描述，针对的是一种据说是不可更改的、令人尊重的民族故事。这些故事影响及确证了有关爱尔兰民族特性与身份认同的大众观念。苏利文通过一种可被理解的、最终向前展望的民族史诗，影响了接下去的数代读者，并在 20 世纪爱尔兰独立后新形成的精英中赢得了好感。②从整体上而言，这些作家是爱尔兰历史的通俗版本和学术版本之间长期存在的紧张关系之例证。他们的史书都是 19世纪爱尔兰历史书写所拥有的以当下为中心之性质的象征。③

---

① T. D. Ingram，*A Critical Examination of Irish History*，2 vols（London，1900），vol. I，pp. 13—14.

② Moran，'Alexander Martin Sullivan（1829—1884）and Irish cultural nationalism'，p. 366.

③ "但是，令人感到沮丧的教训是，或许被学者所设想的'历史'，并不等同于被广大民众所理解的'历史'概念。在后者那里，'神话'或许才是正确的（即便已经被过度使用的）人类学术语。而且历史学家或许过度估计自己的重要性，以为他们的著作对这些大众概念而言总是重要的；特别在爱尔兰，就是如此。" Foster，'History and the Irish question'，p. 192.

第八章　叙述一个小民族的建立：爱沙尼亚"民族觉醒"史学中的异同性，1868—2005 年

约尔格·哈克曼（Jörg Hackmann）

1988 年，《作为民族建构者的历史学家》（*Historians as Nation-Builders*）这本"纪念文集"（Festschrift）献给了休·斯顿-沃森（Hugh Seton-Watson，1916—1984）。①该书不仅暗指这位斯拉夫与东欧研究学院（School for Slavonic and East European Studies，SSES）院长的主要研究兴趣②，而且还让人们想起其父亲罗伯特·威廉·斯顿-沃森（Robert William Seton-Watson，1879—1951）的政治行为。③1915 年，老斯顿-沃森在伦敦建立了斯拉夫与东欧研究学院。其合作者是托马斯·伽里格·马萨里克（Tomáš Garrigue Masaryk，1850—1937）。几年后，此人成为捷克斯洛伐克的第一任总统。当苏联霸权崩溃，在爱沙尼亚与阿尔巴尼亚之间出现了各种新老主权民族国家后，历史学家的角色再次发生了变化。如果说他们在 1918 年后便已卷入民族与国家的建

---

① D. Deletant and H. Hanak（eds），*Historians as Nation-Builders*：*Central and South-East Europe*（Basingstoke，1988）.

② 休·斯顿-沃森是英国历史学家，主要研究俄罗斯。其父也是历史学家与政治活动家，在第一次世界大战期间及其之后，积极支持奥匈帝国的解体以及捷克斯洛伐克与南斯拉夫的独立。——译者注

③ 关于 R. W. Seton-Watson 在哈布斯堡君主制崩溃时的政治行动，可参见其儿子的著作：H. Seton-Watson and C. Seton-Watson，*The Making of a New Europe*：*R. W. Seton-Watson and the Last Years of Austria-Hungary*（Seattle，1981）.

构中，那么 1945 年后的时代，首先是由关于民族建构的学术研究所形塑的。但自 20 世纪 80 年代末以来，许多历史学家再次积极参与到重建新的国家与民族社会的行动之中。在东北欧，这种类型的代表之一，值得我们做进一步关注的对象是马尔特·拉尔（Mart Laar, 1960—　）。他是 1991 年爱沙尼亚独立后的首任总理。2005 年，他在塔尔图（Tartu）大学因其对爱沙尼亚民族觉醒运动的研究而获得博士学位。[①]一般而言，人们几乎无法忽视的事实是，尽管存在着各种结构主义的尝试，但书写民族依然看起来是一种具有吸引力的行动。这一点首先适用于更为广阔的公共空间，但同样也适用于史学学术研究的内部。

171　　　　本章从这一观察出发，将分析有关爱沙尼亚民族建构的历史叙事。把爱沙尼亚人转化为一个拥有自主文化与政治机制的现代民族，并使之拥有一种固定的种族—语言集体民族身份认同，这是相对较新的发展。直到 19 世纪中叶，爱沙尼亚人并不把自己视作一个种族统一体，而是"占有土地的族群"（landed people，爱沙尼亚语称作"maa-rahvas"）。[②]他们把自己勾勒为迟到者、孱弱者。从长期来看，这种自我想象毫无疑问是一个小民族之史学的主要表现。让爱沙尼亚例证显得更有趣的原因在于如下事实：在学者中，建构主义观念之间的张力及那些基于假定现代民族拥有种族根基的观念颇有吸引力。厄内斯特·格尔纳（Ernest Gellner, 1925—1995）[③]把爱沙尼亚民族视作一种杰出（par excellence）的发明结果，而米罗斯拉夫·赫罗奇（Miroslav Hroch, 1932—　）[④]及

---

① M. Laar, *Äratajad. Rahvuslik ärkamisaeg Eestis 19. Sajandil ja selle kandjad* (The awakeners: The national awakening in nineteenth-century Estonia and its agents) (Tartu, 2005).

② 笔者不打算深入有关民族与民族主义的几乎毫无尽头的争辩中，而是仅仅想指出，有关民族的种族构想及市民构想是无法彼此分离的。在这里，笔者受到 A. D. Smith, *The Ethnic Origins of Nations* (Oxford, 1986) 的影响。在有关爱沙尼亚的讨论中，这种联系是表现在"族群"（rahvas，英语是"ethnic group"，德语是"Volk"）和"民族"（rahvus，英语是"nation"）之间的区别。这种区别首先出现在 19 世纪 60 年代。

③ 英国与捷克哲学家，生于法国，父母是波西米亚（后来捷克斯洛伐克的一部分）人。格尔纳一生中由于捷克政治形势的变化而在捷克与英国之间辗转。——译者注

④ 捷克历史学家与政治理论家。——译者注

其他人则提及爱沙尼亚例证以支持第二种假设。[1]

　　本章还将从爱沙尼亚的“他者”视角出发，来观察有关爱沙尼亚民族建构的叙述。在我们的例证中，这些“他者”主要指德意志史学和俄罗斯史学。今天，我们已习惯于把俄罗斯人视作波罗的海地区的主要“他者”。然而，从历史的视角出发，这一角色首先是由波罗的海德意志人（Baltic German）扮演的。正如以下将要简单概述的那样，从 19 世纪中叶以降，德俄互动已为有关种族性与民族的争辩准备好了舞台。最后，本章还将描述一个独立的爱沙尼亚国家重新出现以来有关当前社会发展的历史叙事概览。

　　我们之所以把焦点置于爱沙尼亚之上，则是基于这样一种事实：在1918 年爱沙尼亚国家形成之前，在民族建构进程中，存在着至少三种民族派系之间的频繁互动：首先，正在形成中的爱沙尼亚“小”民族正谋求得到承认；其次，占据优势的德意志团体竭力保持他们作为精英的地位；最后，沙皇俄国在该地区的行政机构与俄罗斯人主要把兴趣放在引入本国管理实践，提升俄语在西部“边疆”的地位。所有这些政策都拥有与之相随的历史叙事。或者说，它们都反映在历史叙事之中。再者，至少对爱沙尼亚人而言，史学与民族建构之间的连结，直至今天仍然是重要的。最后，我们或许注意到，在爱沙尼亚，针对这些问题，仍存在着一种持久性高水平的（自我）反思。[2]

　　上述三类历史学家的书写将被挑选出来，以作进一步分析。第一位

172

---

① 关于 Gellner，参见 T. U. Raun, 'Nineteenth- and Early Twentieth-Century Estonian Nationalism Revisited', *Nations and Nationalism* 9：1 (2003)，pp. 129—147, 此处是 p. 132.

② 例如参见：J. Kivimäe, 'Re-Writing Estonia history?', in M. Branch (ed.), *National History and Identity：Approaches to the Writing of National History in the North-East Baltic Region Nineteenth and Twentieth Centuries* (Helsinki, 1999)，pp. 205—212；J. Kivimäe and S. Kivimäe, 'Geschichtsschreibung und Geschichtsforschung in Estland 1988—2001', *Österreichische Osthefte* 44：1—2 (2002)，pp. 159—170；'Kuidaskirjutada Eestiajalugu?' (How to write Estonian history?), *Vikerkaar* 8/9 (2000)；K. Brüggemann, 'von der Renationalisierung zur Demontage nationaler Helden. Oder："Wie schreibt man estnische Geschichte?"', *Osteuropa* 51 (2001)，pp. 810—819.

是汉斯·克鲁斯（Hans Kruus，1891—1976）。他是第一位爱沙尼亚历史学家，作为大学教授，传授爱沙尼亚史（且在"北欧史"的框架内）。第二位是莱茵哈德·维特拉姆（Reinhard Wittram，1901—1973）。他是首位研究民族建构问题的波罗的海德意志历史学家。第三位是易厄·詹森（Ea Jansen，1921—2005）。他是汉斯·克鲁斯最重要的学生。无论是苏联时期，还是 1991 年以来更新的爱沙尼亚国家时期，他都持续性地为爱沙尼亚民族建构而书写。

在 19 世纪德意志、俄罗斯与爱沙尼亚视角中的波罗的海地区

为搭建有关爱沙尼亚民族建构的叙事框架，我们必须首先对 18 世纪末以来该地区的社会与政治辩论加以概述。当时，作为少数种族的爱沙尼亚与拉脱维亚农民成为了启蒙讨论的对象。加尔里布·默克尔（Garlieb Merkel，1769—1850）[1]、约翰·佩特里（Johann Petri，1762—1851）[2]及其他学者（不仅仅路德派牧师）都要求废除农奴制，改善这些农民的社会地位。[3]其他人关注他们的文化状况，用他们的语言来印刷书籍和报纸，并遵循赫尔德的传统来收集民间诗歌。

自 19 世纪 30 年代以来，这些农民发起了各种社会骚乱（当然，这些骚乱此前也曾发生过）。但此时的社会骚乱与俄罗斯的政策混杂在一起。当时，利沃尼亚（Livonia）的爱沙尼亚和拉脱维亚农民开始皈依东正教，并期待获得沙皇支持。他们相信，沙皇会把温暖南方的土地赐予他们。[4]

---

[1] G. H. Merkel, *Die Letten vorzüglich in Liefland am Ende des philosophischen Jahrhunderts* (Wedemark, 1998)，初版于 1796 年。波罗的海德意志作家与活动家。——译者注

[2] J. C. Petri, *Ehsland und die Ehsten oder historish-geographisch-statistisches Gemälde von Ehstland. Ein Seitenstück zu Merkel über die Letten*, 3 vols (Gotha, 1802). 爱沙尼亚教育学家与历史学家。——译者注

[3] 关于这一点的背景，可参见 I. Jürjo, *Aufklärung im Baltikum: Leben und Werk des livländischen Gelehrten August Wilhelm Hupel* (1737—1819) (Cologne, 2006).

[4] 英文学界的最好概述是 T. U. Raun, *Estonia and the Estonians* (Stanford, CA, 1991), pp. 37—95.

在这一点上，俄罗斯的政论家开始对波罗的海地区产生了更进一步的兴趣。此地早已获得了一种混合词"ostzeiskii"作为名字，意思是"波罗的海"（Baltic Sea），德语称作"Ostsee"。亲斯拉夫派伊瑞·萨玛林 173（Iurii Samarin，1819—1876）在 1847 至 1849 年间的里加（Riga）担任沙皇官员。此人或许可被视作第一位更近距离关注波罗的海历史的俄罗斯历史学家。他的想法是把该区域从传统上认为属于德意志的土地转变为"俄罗斯的波罗的海边疆"。①萨玛林有关波罗的海的历史叙事，最早表述在自己的《里加来信》（*Letters from Riga*）中。②这已成为亲斯拉夫派的叙事主线。它基于一种对德意志人在波罗的海地区扮演的负面角色所进行的批判。这些德意志人被设想为霸占者、对爱沙尼亚人与拉脱维亚人进行压迫的族群。而在德意志人征服该地区之前，据说爱沙尼亚人与拉脱维亚人已倾向于靠近他们的东部邻居。针对当时代，萨玛林谴责德意志精英阻碍了拉脱维亚人的和平解放行动。从这一视角出发，19 世纪 40 年代，拉脱维亚人皈依东正教的运动便被视作迈向正确方向的一步，特别被视作波罗的海边疆地区与俄罗斯之间自然"追求统一"之举，因为并不存在任何"虚假的煽动"，而是"整体民族绝对自由且自发地朝向俄罗斯靠近的运动"。③相反，德意志人则被指责对爱沙尼亚人与拉脱维亚人推行了巩固德意志化的政策。但是，从亲斯拉夫派的视

---

① J. Samarin, *Okrainy Rossii. Seriia 1: Russkoe Baltiiskoe pomor'e* ［Russia's borderlands. Series 1: The Russian Baltic littoral］（Prague，1868），重印同上 *Sochineniia*，vol. 8（Moscow，1890），pp. 1—176；关于 Samarin，参见 E. C. Thaden，'Iurii Fedorovich Samarin and Baltic History'，*Journal of Baltic Studies* 17（1986），pp. 321—328；E. C. Thaden，'Samarin's "Okrainy Rossii" and Official Policy in the Baltic Provinces'，*Russian Review* 33（1984），pp. 405—415. Samarin 的著作很快被 Julius Eckardt 于 1869 年翻译成德语，题目是 "Juri Samarins Anklage gegen die Ostseeprovinzen Russlands"，重印于 Jurij Samarin，*Das russisch-baltische Küstenland im gegenwärtigen Augenblick*（Münster，1996）.

② Iurii F. Samarin，*Sochineniia*，vol. 7：*Pis'ma iz Rigi I istoriia Rigi* ［Letters from Ria and history of Riga］（Moscow，1889）.

③ Samarin，*Sochineniia*，vol. 8，pp. 67，121—122，139，155. 参见 K. Brüggemann，'Das Baltikum im russischen Blick: Rußland und sein Anspruch auf die baltischen Staaten in der Perspektive des 19. Jahrhunderts'，in J. Hackmann and R. Schweitzer（eds.），*Nordosteuropa als Geschichtsregion*（Helsinki and Lübeck，2006），pp. 392—411.

角出发，在俄罗斯人、德意志人和地区族群之间的这种三角关系里，拉脱维亚人和爱沙尼亚人首先被界定为德意志对手的敌人，而不是首先作为一种独立主体。

　　萨玛林的"波罗的海边疆"说引发了卡尔·席尔伦（Carl Schirren，1826—1910）的激烈反对。后者是多尔帕特（Dorpat）大学（位于塔尔图）的历史学教授。1869 年，当席尔伦出版《利沃尼亚人的回答》（*Livonian Answer*）后，又不得不很快改变了自己的立场。[①]在席尔伦的论辩中，拉脱维亚人与爱沙尼亚人都不扮演任何重要角色，即便他已察觉到正在发展中的民族建构进程。19 世纪 60 年代，席尔伦成为多尔帕特的爱沙尼亚博学学会（Learned Estonian Society）主席。该学会在爱沙尼亚民族建构的第一阶段扮演着决定性角色。在席尔伦看来，有关该地区的争论只是围绕其德意志特征或俄罗斯特征而展开的。[②]在这样一种解读里，爱沙尼亚人与拉脱维亚人拥有的选择仅仅只是成为德意志人，或成为俄罗斯人。[③]

　　萨玛林与席尔伦的上述争议，塑造了接下去一个多世纪的俄罗斯观点与德意志观点。在俄罗斯方面，融入（sliianie）是主要焦点；而在席尔伦之后，波罗的海德意志人的立场包含着两个方面，一方面是"固守"（Ausharren）以抵抗帝国权力所带来的困境，另一方面则是发动民族运动。尽管族群意义上的爱沙尼亚人向现代民族（从"maa-rahvas"转向"Eesti rahvus"）的转型业已受到关注，但人们并没有想到去改变该地区的社会、政治和文化霸权结构。直至 1918 年，德意志作家们依然继续把爱沙尼亚人和拉脱维亚人称作"我们的国民"，而在针对所谓非民族的波罗的海德意志人时清晰表达"相异性"。

---

　　① C. Schirren, *Livländische Antwort an Herrn Juri Samarin* (Leipzig, 1869). 关于 Schirren, 可参见 G. von Pistohlkors, *Baltische Länder* (Berlin, 1994), pp. 3379—3382; R. Wittram, *Das Nationale als europäisches Problem: Beiträge zur Geschichte des Nationalitätsprizips vornehmlich im 19. Jahrhundert* (Göttingen, 1954), pp. 161—182.

　　② C. Schirren, *Livländische Antwort*, p. 194.

　　③ J. Eckardt 对 Samarin 的评论, *Das russisch-baltische Küstenland*, p. 260.

在此背景下，爱沙尼亚的"民族觉醒"成为 19 世纪该地区爱沙尼亚叙事的中心并不令人感到惊奇。其民族建构的主要事件包括：19 世纪中叶一个社会和经济地位独立的农民阶层的出现、学术精英开始把自己界定为爱沙尼亚人、1917 年前政治兴趣的不断积累。①这些进程，包括他们形容为"觉醒"（爱沙尼亚语称为"ärkamisaeg"）的界定，早在这一小民族社会建构的初期，便已成为一种强大历史叙事形成的基础。换言之，社会进程从与之相伴的爱沙尼亚历史三阶段的历史叙事中汲取了很多动力。历史三阶段指的是：史前时代的"明亮期"，随后是在德意志统治下长达七世纪的"黑暗期"，19 世纪 60 年代后的"新黎明"。在爱沙尼亚背景下，这种三阶段观念是由卡尔·罗伯特·雅各布森（Carl Robert Jakobsen，1841—1882)②于 1869 年提出的。③但这一观念早在此之前便已流行开来。自 20 世纪初以来，爱沙尼亚的出版物都在纪念并歌颂"觉醒"中的英雄们。④

175

汉斯·克鲁斯：有关爱沙尼亚民族的一种市民观念

汉斯·克鲁斯既是一位历史学家，也是一位政治家。乍看之下，他

---

①　以西方语言进行概览的作品中，比较好的是：Ü. Sihver, 'Konzeptionen des "Nationalen Erwachens". Der persönliche Beitrag von Johann Voldemar Jannsen, Johann Köhler, Carl Robert Jakobson und Jakob Hurt zur estnischen Bewegung in der zweiten Hälfte des 19. Jahrhundert', in K. Garber and M. Klöker (eds), *Kulturgeschichte der baltischen Länder in der Frühen Neuzeit* (Tübingen, 2003), pp. 463—482; E. Jansen, 'Esten im 19. Jahrhundert—Bauernstand, Volk oder Nation?', in J. E. Olsson, Y. Varpio and M. Zadencka (eds), *Literatur und nationale Identität I: Ausgangspunkte bei der Erforschung des literarischen Nationalismus und der nationalen Literaturen im Ostseeraum* (Tampere, 1997), pp. 50—70; Raum, *Estonia*; A. Loit, 'Nationale Bewegungen und regionle Identität im Baltkum', *Nordost-Archiv N. F. 7: 1* (1998), pp. 219—233.

②　爱沙尼亚记者、作家与教育家。——译者注

③　C. R. Jakobson, *Kolm isamaa kõnet. Kriitiline väljaanne käsikirjast kommentaaride ja järelsõnaga* [Three speeches about the fatherland. Critically edited from the manuscript with commentaries and afterword] (Tallinn, 1991).

④　H. Rosenthal, *Kulturbestrebungen des estnischen Volkes während eines Menschenalters (1869—1900)*, *Erinnerungen.* (Reval, 1912).

代表了 20 世纪 20 至 50 年代的一种令人惊讶的史学延续性，即从 1918 年第一个独立的爱沙尼亚共和国到 1940 年及 1944 年分别成为苏联统治下的爱沙尼亚。[1]再者，他还是左翼民族主义的一位代表。[2]他没有融入保守主义的、原生论的民族主义框架中，而后者曾在东欧非常流行。从 1917 年 9 月起，他成为社会主义革命党（Socialist-Revolutionary Party）爱沙尼亚支部的主席。该党在 1917 年 12 月首先公开要求成立一个独立的爱沙尼亚国。1922 年，克鲁斯回到塔尔图大学。他出版了自己有关 19 世纪 40 年代爱沙尼亚农民皈依东正教运动的研究。[3]而后在 1931 年，他成为该校有关爱沙尼亚及北欧国家史的教授。1940 年 6 月，克鲁斯进入由约翰内斯·瓦勒斯（Johannes Vares，1890—1946）[4]领导的第一个苏维埃爱沙尼亚政府，担任教育部长兼副总理。第二次世界大战后，他成为爱沙尼亚苏维埃社会主义共和国（ESSR）的外交部长兼爱沙尼亚科学院（Academy of Science）院长。从 1950 年 10 月到 1954 年 1 月，他由于政治原因被捕。他在被释放后又回到科学院从事学术研究。因此，他的经历揭示了其政治行动与历史行动之间的紧密关系，而这些行动把 20 世纪爱沙尼亚历史的主要转折点都连接了起来。

---

① 1940 年，苏联出兵占领爱沙尼亚，使爱沙尼亚成为苏联的一个加盟共和国。1941 年苏德战争爆发，德国占领爱沙尼亚。1944 年，德军从爱沙尼亚撤退，苏军进入，爱沙尼亚重新成为苏联的一部分。——译者注

② 关于 Kruus，可以参见 J. Kivimäe and S. Kivimäe, 'Hans Kruus und die deutsch-estnische Kontroverse', in M. Garleff (ed.), *Zwischen Konfrontation und Kompromiß. Oldenburger Symposium*：'*Interethnische Beziehungen in Ostmitteleuropa als historiographisches Problem der 1930er/1940er Jahr*' (Munich, 1995), pp. 155—170; J. Kahk and V. Sirk 的导论，见 J. Kahk (ed.), *Studia historica in honorem Hans Kruus* (Tallinn, 1971), pp. 18—65. 自传见 Hans Kruus, *Personnallnimestik* [Personal bibliography] (Tallinn, 1988). Kruus 还出版了革命之间时期的回忆录：H. Kruus, *Ajaratta uutes ringides. Mälestusi 1907—1917* [In new turns of the wheel of times. Memories 1907—1917] (Tallinn, 1979), pp. 3—65.

③ H. Kruus, *Talurahva käärimine Lõuna-Eestis XIX sajandi 40-ndail aastail* [The peasants' movement in South Estonia in the 1840s] (Tartu, 1930).

④ 爱沙尼亚诗人及政治家。1940 年 6 月苏联军队占领爱沙尼亚后，迫使当时的爱沙尼亚总统任命瓦勒斯为总理。7 月总统辞职，瓦勒斯以总理名义接管了大部分总统职责。8 月 6 日，爱沙尼亚被苏联吞并，此时瓦勒斯仍是名义上的国家元首。直到 1941 年德国入侵爱沙尼亚后，瓦勒斯逃往苏联。——译者注

　　为了分析民族觉醒运动在爱沙尼亚史学中的重要性，我们必须简单勾勒两次世界大战期间爱沙尼亚学术性历史研究的发展。爱沙尼亚的第一代历史学家都渴望与波罗的海德意志史学加以切割。克鲁斯的同事彼得·特赖贝格（Peeter Treiberg，即后来的"塔瓦尔"[Tarvel]，1894—1953）在 1930 年写道，在 1919 年爱沙尼亚大学成立之前，针对波罗的海与爱沙尼亚历史的研究都掌控在波罗的海德意志历史学家手中。尽管这些历史学家的著作很有价值，也值得尊重，但他们并没有满足业已唤醒民族自我意识的爱沙尼亚民族之需求和兴趣。再者，特赖贝格还指责德意志历史学家忽视爱沙尼亚人与拉脱维亚人的历史贡献，并且毫无理由地美化德意志要素。①在克鲁斯看来，自 1918 年起，在政治与史学层面上，"没有历史的"爱沙尼亚民族已成为历史研究的主题。由此，这种重新定位引导人们去讨论新爱沙尼亚史学的主要分期与主题。

　　与保守的民族建构者不同，克鲁斯并不相信爱沙尼亚人拥有永恒的种族统一性，而是强调了阶级差异。在其 1920 年出版的小册子《爱沙尼亚的城镇与农村》（*Town and Village in Estonia*）中，②他与当时爱沙尼亚讨论的主流相反，强调了城市化对爱沙尼亚历史的影响。在该书中，他把主要说爱沙尼亚语的工人数量与那些积极支持爱沙尼亚语言教育及爱沙尼亚文学者的社会结构变化结合起来。1873 年，爱沙尼亚爱国者还主要是由占有土地的学校教师组成，而到 1916 年，大部分爱国者主要生活在城镇里。③在后面几章中，克鲁斯与报纸编辑兼政论家贾恩·乔纳森（Jaan Tõnisson，1868—1941?)④进行了辩论。后者是有关爱沙

176

---

　　①　P. Treiberg, 'Bericht über die Tätigkeit der Akademischen Historischen Gesellschaft in den Jahren 1920—1930', in *Õpetatud Eesti Seltsi Aastaraamat/Sitzungsberichte der Gelehrten Estnischen Gesellschaft*（1929 [1930]），pp. 200—208；P. Treiberg, 'Akadeemiline Ajaloo-Selts aastail 1920—1930' [The Academic Historical Society，1920—1930]，*Ajalooline Ajakiri* 9：1—2 (1930)，pp. 1—10.

　　②　H. Kruus, *Linn ja küla Eestis* [Town and village in Estonia] (Tartu, 1920).

　　③　Kruus, *Küla Eestis*, pp. 39—44.

　　④　他同时也是爱沙尼亚政治家，曾两度出任爱沙尼亚总理，两度出任爱沙尼亚总统，还担任过爱沙尼亚外交部长。——译者注

尼亚民族的保守主义、自然主义观念的领袖人物，而且还是爱沙尼亚农民联合会的最重要组织者之一。克鲁斯在爱沙尼亚爱国者中的主要参考点是激进的报纸编辑卡尔·罗伯特·雅各布森——但克鲁斯也承认，雅各布森也未能把城镇作为爱沙尼亚民族建构核心中的积极观念。①不过，克鲁斯把自己置于雅各布森的传统之中，尽力把爱沙尼亚民族愿景现代化为一种市民愿景。然而，克鲁斯的市民性民族依然主要用语言和文化术语来界定爱沙尼亚民族。

尽管史前的"明亮期"（valguse aeg）——用雅各布森的范式来说——在 20 世纪上半叶的爱沙尼亚公众和许多历史学家那里获得很多关注，②但民族觉醒的历史（雅各布森称之为"koiduaeg"，即"黎明时期"）在克鲁斯的史学书写中占据着重要地位。在 1927 至 1928 年间，他出版了《最近时期的爱沙尼亚史》（*Estonian History of the Latest Time*），③覆盖了 1710 至 1920 年之间的时期。该书第二卷主要涉及 1920 年爱沙尼亚国成立之前民族觉醒运动及其发展。当克鲁斯把该书修改后，以德语出版（名称是"爱沙尼亚民族史概要"）时，这一重心安排也未发生改变。④在德文版中，他增加了简短的两章叙述 1710 年前的时期，但在之后的章节中直接过渡到民族觉醒运动。这一处理方式让克鲁斯的叙事与两次世界大战期间爱沙尼亚民族史学的宏大叙事形成了对比，因为后者的开端是受到称赞的史前时期。⑤

177

---

① Kruus, *Küla Eestis*, pp. 53—64.

② R. Helme, 'Die estnische Historiographie', in Garleff (ed.), *Zwischen Konfrontation und Kompromiß*, pp. 139—154; E. Laul, 'Eesti ajalooteaduse Leninliku etapi põhijooni [Outlines of the Leninst stage in Estonian historiography] ', in ibid. (ed.), *Leninlik etapp Eesti ajalooteaduses artikleid* (Tallinn, 1970), pp. 13—48; A. Baron Taube, 'Estnische Geschichtsforschung und Geschichtsschreibung', *Jomsburg* 2 (1938), pp. 45—61. 对于史前时期的聚焦，在下列著作中是看得见的：H. Kruus et al. (eds), *Eesti ajalugu* [Estonian History], 3 vols (Tartu, 1935—1940); J. Libe et al. (eds), *Eesti rahva ajalugu* [History of the Estonian people], 3 vols (Tallinn, 1932—1937); H. Moora, *Die Vorzeit Eslands* (Tartu, 1932).

③ H. Kruus, *Eesti ajalugu kõige uuemal ajal* [Estonian History of the Latest Time], 2 vols (Tartu, 1927—1928).

④ H. Kruus, *Grundriss der Geschichte des estnischen Volkes* (Tartu, 1932).

⑤ Kivimäe and Kivimäe, 'Hans Kruus', pp. 166, 提到了 *Eesti rahva ajalugu*.

早前叙事重点突出"瓦内穆因"（Vanemuine）歌唱社团是爱沙尼亚第一个建立的民族团体。1869 年举行的爱沙尼亚歌唱节被视作第一个独立的文化表现形式，因此也是爱沙尼亚民族之诞生。与此不同，克鲁斯则在早期农民暴动中看到了爱沙尼亚民族的开端。尽管这种暴动并未导致一种民族身份认同的表达，但它却造成了民众在政治上同德意志农庄主与教会精英保持距离。①但是，农民们转向东正教的动机并非宗教信仰上的改变。因此，这种举动既不能导致积极后果，也无法改善农民们的境遇。克鲁斯总结说，只有这种发现才能让人们理解雅各布森在 19 世纪 60 年代要求提升爱沙尼亚人教育水准之观念的重要性。②克鲁斯考察了 19 世纪 60 至 80 年代这一在文化与政治方面建构民族的关键时期，认为与教育有关的那些主要协会扮演了关键角色，例如主张高中用爱沙尼亚语教学的亚历山大学校运动（Alexander School movement）以及爱沙尼亚博学学会（Eesti Kirjameeste Selts）。在后一个学会中，作为知识分子的学校教师和农民一起参与活动。除此之外，克鲁斯还指出了一家航运公司琳达（Linda）所扮演的角色。这是一家股份公司，它把经营商船当作一项民族事业。克鲁斯进一步强调的话题还包括民族意识形态的出现，以及一家爱沙尼亚语出版社的成立。克鲁斯强调指出，所有这 178
些行动都是在卡尔·罗伯特·雅各布森影响下出现的。雅各布森编辑出版报纸《萨卡拉》（*Sakala*），本人是民族运动激进一翼的领袖人物。克鲁斯明显对雅各布森和油画家约翰·科勒（Johann Köler，1826—1899）领导下的激进爱国者报以同情之心。不过，约翰·沃尔德玛·詹森（Johann Woldemar Jannsen，1819—1890）③这位 1869 年爱沙尼亚歌唱节的组织者、第一份强调爱沙尼亚人为一个民族的报纸《爱沙尼亚邮递员报》（*Eesti Postimees*）的编辑，却由于他对波罗的海德意志精英持调解立场，而不太受到克鲁斯的关注，也遭到了克鲁斯的批评。尽管如此，

---

① 　Kruus, *Talurahva käärimine*.
② 　Kruus, *Talurahva käärimine*, p. 410.
③ 　爱沙尼亚记者与诗人。其姓名亦可拼写为 Johann Voldemar Jannsen。——译者注

克鲁斯并没有把民族觉醒运动仅仅限于关注激进爱国者。他也给出了路
德教区牧师雅各布·胡尔特（Jakob Hurt，1839—1907）的正面形象。
此人是爱沙尼亚民族文化建构的精神领袖，但他与雅各布森在爱沙尼亚博
学学会和亚历山大学校运动中均存在争议。假如我们考虑到胡尔特在苏联
时期受到的关注特别少这一事实，那么上述现象是极为重要的。克鲁斯把
19世纪80年代初之前雅各布森与胡尔特的正面形象，同雅各布森1882年
去世后爱沙尼亚政论家对其的消极刻画进行了比较。在克鲁斯看来，这些
政论家对沙皇政权采取了完全不批判的立场。因此，克鲁斯指出，只有
在1905年后，民族运动才经历了一次重生。当时，出现了一大批爱沙
尼亚教育和文化联合会，其中包括其政治对手贾恩·乔纳森的活动。克
鲁斯曾在其有关《城镇与乡村》的小册子中，广泛批判过乔纳森。①

　　克鲁斯在其观念写作中，同样强调了民族觉醒运动是爱沙尼亚历史
上的关键时期。1930年，他提出从政治、文化和经济视角来研究"觉醒
时期"，并把有关爱沙尼亚民族的史学关注及其对民族建构之承诺，描
述为民族觉醒运动中那些领袖人物的遗产。②总之，他自视为处于从雅各
布森和胡尔特以来直线性延续发展的路线之上。在1934年后爱沙尼亚
的专制统治期间，克鲁斯的叙事重点进一步转移到雅各布·胡尔特身
179　上，特别关注小民族内文化身份认同的问题。③战时期间，克鲁斯也出版

---

　　① Kruus, *Eesti ajalugu kõige uuemal ajal*, vol 2, pp. 100—133. 关于 Tõnisson, 可参见
Kruus, *Linn ja küla*（参见同上），pp. 55—58, 67—70, 83—84; Kruus, *Jaan Tõnisson Eesti ko-
danluse juhina*［Jaan Tõnisson as Leader of the Estonian Bourgeoisie］（Tartu, 1921）; Hans
Kruus, Juhan Kõpp et al. (eds.), *Jaan Tõnisson töös ja võitluses. Koguteos tema seitsmekümnenda
sünnipäeva puhul*［Jaan Tõnisson at work and in battle; A collection dedicated to his 70th birth-
day］（Tartu, 1938）.

　　② H. Kruus, 'Ärkimisaja pärandus Eesti ajaloo uurimisele'［The heritage of the awaken-
ing ear for the researcher of Estonian history］, *Ajalooline Ajakiri* 9; 3 (1930), pp. 124—138,
此处是 p. 133.

　　③ H. Kruus, *Eesti Aleksandrikool*［The Estonian Alexander School］（Tartu, 1939）,
H. Kruus, 'Väikerahvalik tunnetus eesti ühiskondlikus mõttes. Jakob Hurda 100. sünnepäeva pu-
hul'［The small nation consciousness in Estonian social thought. On the occasion of Jakob Hurt's
100th birthday］, *Ajalooline Ajakiri* (1939), pp. 136—147. 参见 T. Karjahärm and V. Sirk,
Vaim ja võim. Eesti haritlaskond 1917—1940［Spirit and power; The Estonian intellectuals
1917—1940］（Tallinn, 2001）, pp. 259—261, 266—268.

了一些著作，如有关1343年爱沙尼亚人起义的研究。①但如果抛开该书不谈，人们或许可以总结说，他在1957年重新转到学术研究后，才继续推进了对此前主题的研究。他重新关注了农业历史的经济视角。该主题在社会主义史学的框架内赢得了重要地位。但除此之外，我们发现他的研究自两次世界大战期间以来存在着叙事的延续性，特别是有关激进派爱国者及其行动所扮演的角色。克鲁斯保持了同其早期研究相一致的立场，反对把民族觉醒运动仅仅视作资产阶级民族主义的一种形式。这种延续性的影响将在下文有关易厄·詹森的历史书写中继续加以讨论，因为詹森在1968年正是作为汉斯·克鲁斯的学生，完成了自己博士论文答辩。

莱茵哈德·维特拉姆：德意志"族民史"（Volksgeschichte）的失败

首先，莱茵哈德·维特拉姆或许会被视作波罗的海德意志历史学家中有关"德意志东方研究"（German Ostforschung）观念的杰出鼓吹者。②如同上文提及的爱沙尼亚历史学家一样，维特拉姆是从批判波罗的海德意志史学的反民族传统中开始自己论述的。他旨在通过从一种德意志"族民"（völkisch）视角出发，强调民族建构问题，来为波罗的海—德意志历史提供一种新导向。

---

① H. Kruus, *Jüriöö ülestōusu ajaloolised käsud tänapäevale* [The historical instruction of St George's Night Uprising for today] (Moscow, 1943).

② 关于东方研究的观念，可参见 E. Mühle, 'The European East on the Mental Map of German Ostforschung', in Mühle (ed.), *Germany and the European East in the Short Twentieth Century* (Oxford, New York, 2003), pp. 107—130; E. Mühle, ' "Ostforschung". Beobachtungen zu Aufstieg und Niedergang eines geschichtswissenschaftlichen Paradigmas', *Zeitschrift für Ostmitteleuropaforschung* 46: 3 (1997), pp. 317—350; J. Hackmann, ' "Deutsche Ostforschung" und Geschichtswissenschaft', in J. M. Piskorski, J. Hackmann and R. Jaworski (eds), '*Deutsche Ostforschung* ' und '*polnische Westforschung* ' im Spannungsfeld von Wissenschaft und Politik. Disziplinen im Vergleich (Osnabrück and Poznan, 2002), pp. 26—45; 关于波罗的海德意志背景，参见 J. Hackmann, 'Contemporary Baltic History and German Ostforschung 1918—1945. Concept, Images and Notions', *Journal of Baltic Studies* 30 (1999), pp. 322—337.

　　维特拉姆出生于里加附近，毕业于德国的大学。1928 年起，他在里加的德意志赫尔德研究所（German Herde-Institute）教授历史。[1]他还为一本里加出版的月刊撰写文章。该月刊从 20 世纪 30 年代初开始便介绍了德国有关"族民"议题的相关讨论。在德意志"东方研究"的背景180 中，德意志历史中的种族概念（"族民史"［Völksgeschichte］）得到那些历史学家的推崇，用于论述所谓受到威胁的德意志边疆。例如，当埃里希·凯尔（Erich Keyer，1893—1968）和特奥道尔·席德尔（Theodor Schieder，1908—1984）[2]正在把此类概念用于东普鲁士和西普鲁士时，维特拉姆以及汉斯·罗特菲尔斯（Hans Rothfels，1891—1976）[3]便是在波罗的海区域推进"东方研究"的主要倡导者。1940 年，维特拉姆被任命为波森（Posen）帝国大学（Reichsuniversität）的教授。在那里，他于1942 年做了一系列讲座，题目定为"回到帝国"（Return to the Reich）。其中，他表示，波罗的海德意志人作为最古老的德意志殖民者，已经回到了"德意志在东方之任务的更大使命中"，以便与德意志士兵一起完成他们的"历史任务"。[4]战后，他成为哥廷根大学的教授。在那里，他逃避众人，进行公开的新教忏悔，但却从来没有仔细指出自己的畸变。[5]

　　在维特拉姆的历史书写里，重要之处在于，在波罗的海德意志历史学家中，他绝对是一战后最支持德意志人进行民族新定位的学者。在维特拉姆看来，民族主义与在种族或语言基础上的民族建构，业已作为一种原则，从外向内地深入波罗的海地区。因此，维特拉姆说，这些进程

---

　　① 关于 1945 年前的 Wittram，可参见 G. von Pistohlkors，'Ethnos und Geschichtsschreibung der dreißiger und vierziger Jahre in Deutschland und Ostmitteleuropa'，in Garleff（ed.），*Zwischen Konfrontation und Kompromiß*，pp. 11—24；二战后时期的情况，可参见 von Pistohlkors，'Die Stellung der Deutschen in der Geschichte der Ersten，Letten und Litauer'，*Nordost-Archiv* 1：1（1992），pp. 89—122.

　　② 两人都是德国历史学家，纳粹支持者。——译者注

　　③ 德国历史学家。——译者注

　　④ R. Wittram，*Rückkehr ins Reich. Vorträge und Aufsätze aus den Jahren 1939/1940*（Posen，1942）.

　　⑤ 关于 Wittram 处理过去的细节问题，可参见 N. Berg，*Der Holocaust und die westdeutschen Historiker：Erforschung und Erinnerung*（Göttingen，2003），pp. 220—269.

不是从单一族群的意图中产生的，而是必须被视作俄罗斯民族主义的产物（如萨玛林的"俄罗斯波罗的海边疆"所言），或一种新时代的普遍特征。[①]但是，维特拉姆并没有重复萨玛林对手卡尔·席尔伦的观点，即坚决反对一切民族主义挑战。实际上，维特拉姆认为，波罗的海德意志人应把自己转变为一种民族共同体，类似于 20 世纪 60 年代后爱沙尼亚人与拉脱维亚人推进的民族运动之努力。就史学而言，这一观点是对另一类波罗的海德意志人的尖锐批判，因为这些人不承认民族建构（的观念）已对 19 世纪期间庄园社会的碎裂化解体产生了影响。在维特拉姆看来，这些人是由贵族中的保守派组成的。他们担心小民族的觉醒运动所带来的冲击，担心这些运动对传统社会结构产生的威胁。相比之下，自由主义者意识到他们克服民族差异的能力。[②]维特拉姆指出，当贵族与 181 农民之间的传统联系被削弱时，对于德意志人而言，只有一种解决办法：他们不得不寻找一种"民族主义的"框架，以便让波罗的海德意志人在此之内只能成为整个德意志"民族躯体"（Volkskörper）不可分离的组成部分。[③]自 20 世纪 30 年代起，正是从这一观点出发，维特拉姆分析了 19 世纪后半叶的情况。他谴责俄罗斯民族主义在该地区产生了消极影响，并要求波罗的海德意志人应该转向德意志民族身份认同。其理由是，波罗的海德意志人只有一种选择，即融入德意志民族中——这一点同样构成了维特拉姆《波罗的海史》的叙事。该书在 1939 年、1945 年（战争结束之前）和 1954 年共出版了三次。[④]在该书中，东欧族群进

---

① R. Wittram, *Meinungskämpfe im baltischen Deutschtum während der Reformepoche des 19. Jahrhunderts. Festschrift der Gesellschaft für Geschichte und Altertumskunde zu Riga zu ihrer Hundertjahrfeier am 6. Dezember 1934* (Riga, 1934), pp. 75, 110; Wittram, *Baltische Geschichte. Die Ostseelande Livland, Estland, Kurland 1180—1918. Grundzüge und Deurchblicke* (Munich, 1954), pp. 183—196.

② Wittram, *Meinungskämpfe*, pp. 65—66, 74—75, 91—92, 102—105.

③ R. Wittram, 'Die Wendung zur Volksgeschichte', *Baltische Monatshefte* (1936), pp. 566—571.

④ R. Wittram, *Geschichte der baltischen Deutschen. Grundzüge und Durchblicke* (Stuttgart, 1939); R. Wittram, *Baltische Geschichte* (1954); R. Wittram, *Geschichte der Ostseelande Livland, Estland, Kurland 1180—1918. Umrisse und Querschnitte* (Munich, 1945).

行民族建构的第一步，被归因于约翰·戈特弗里德·赫尔德对强化民俗文化的兴趣，因而也被揭示为一种德意志文化迁移。维特拉姆论证说，正是由于波罗的海德意志人不愿提出一种深思熟虑的德意志化政策，从而为爱沙尼亚人和拉脱维亚人的民族运动铺平了道路。[①]但是，这种朝民族建构方向的发展并没有得到德意志精英的正确理解。维特拉姆指出，他们应该采取行动，向德意志民族建构前进，而不是坚持站在庄园社会的过时结构中。当这一切发生了四十年后，当德意志民族联合会于1905年革命之后成立时，他们与爱沙尼亚人及拉脱维亚人的竞争已经变得太迟了。[②]正如维特拉姆所言，假如民族化是德意志人的正确发展方向的话，那么这构成了他们有别于拉脱维亚人和爱沙尼亚人的清晰分界线。到1939年为止，维特拉姆都支持有关波罗的海德意志人应该融入德意志人"民族主义"讨论之中的观点：波罗的海德意志人应该关注德意志事务，而爱沙尼亚人与拉脱维亚人应关注他们自己民族团体的事务。如同汉斯·克鲁斯认为自己的使命在于推动爱沙尼亚民族那样，维特拉姆以类似方式坚持撰写"政治史学"，并将之称为德意志波罗的海史学的主要趋势。[③]

　　维特拉姆与大多数德意志历史学家保持一致，确信波罗的海德意志人对其非德意志邻居处于文化霸权地位。爱沙尼亚人与拉脱维亚人的民族觉醒运动只是由于德意志精英所带来的文化及经济基础而发生。这种观点引导维特拉姆在1941年发生根本性政治变化后得出如下结论：小民族被包容到一种新框架内，看上去如同"侏儒人"那样，无法保持它们的政治独立性。[④]这一点解释了维特拉姆何以放弃了他在1939年曾表

182

---

①　Wittram, *Geschichte der baltischen Deutschen*, pp. 161—162; Wittram, *Baltische Geschichte*, pp. 197—201.

②　Wittram, *Geschichte der baltischen Deutschen*, pp. 168—169.

③　Wittram, *Meinungskämpfe*, p. viii.

④　R. Wittram, 'Die deutsche Geschichtsforschung in den baltischen Landen. Wandlungen, Ergebnisse, Aufgaben', in H. Aubin et al. (eds) *Deutsche Ostforschung. Ergebnisse und Aufgaben seit dem ersten Weltkrieg*, vol. 1 (Leipzig, 1942), pp. 447—460, 此处是 p. 448.

达过的观点，不再表述截然分离的不同民族叙事，而是回到了一种更为广阔的地区视野，把波罗的海民族视作德意志统治下的底层。不过，在此框架中，存在着针对爱沙尼亚与拉脱维亚民族觉醒运动加以进一步描述的更多空间。这些内容仅仅只做了细微修改后，在 1954 年维特拉姆的《波罗的海史》议题中再次出现。①

　　战后，维特拉姆修改了这种地区叙事，删除了“族民史”的元素。当时，地区史不再仅仅被视作民族史学的组成部分。实际上，它被视作一种方法，以便为人们提供在 1945 年后走出“族民史”困境的途径。但是，此前叙事的一些元素，例如德意志文化霸权的观点及其对小民族的责任意识等，仍被保留在新框架内。②尽管如此，维特拉姆类似特奥道尔·席德尔那样，也开始把民族建构视作现代欧洲历史的一种普遍进程。③尽管维特拉姆只是间接地提及爱沙尼亚史学，但毫无疑问的是，他创建一种有关波罗的海德意志史的“民族主义”叙事之努力，正是对汉斯·克鲁斯等人提出的观念之回应。④然而，1945 年后，维特拉姆从“族民史”转向一种新的“地区史”（Landesgeschichte）之举，并没有导致它与爱沙尼亚或拉脱维亚叙事之间趋于一致，而是产生了一种针对波罗的海史的新西德观点。现在，这种观点强调的是波罗的海德意志贵族中间的自由倾向。⑤

---

① Wittram, *Geschichte der Ostseeland*, pp. 177—183；Wittram, *Baltische Geschichte*, pp. 197—206.

② R. Wittram, *Drei Generationen：Deutschland-Livland-Rußland 1830—1914. Erinnerungen und Lebensformen baltisch-deutscher Familien* (Göttingen, 1949). 在该文中，Wittram 转向了明显非政治性的家族史焦点。参见该文 pp. 101—104.

③ Wittram, *Das Nationale als europäisches Problem*.

④ 这一点已被下文所注意到：Taube, 'Estnische Geschichtsforschung und Geschichtsschreibung'.

⑤ 在这里，Gert von Pistohlkors 的书写早已得到关注。特别重要的例证如：G. von Pistohlkors, *Ritterschaftliche Reformpolitik zwischen Russifizierung und Revolution. Historische Studien zum Problem der politischen Selbsteinschätzung der deutschen Oberschicht in den Ostseeprovinzen Rußland im Krisenjahr 1905* (Göttingen, 1978)；Pistohlkors, 'Führende Schicht oder nationale Minderheit? Die Revolution von 1905/06 und die Kennzeichnung der politischen Situation der deutschen Balten zwischen 1840 und 1906 in der zeitgenössischen deutsch-baltischen Geschichtsforschung', *Zeitschrift für Ostforschung* 21：4 (1972)，pp. 601—618.

183 ## 俄罗斯关于波罗的海小民族的观点

当维特拉姆针对民族建构进程的叙事——特别是在其早期书写中——把爱沙尼亚与拉脱维亚的运动塑造为德意志的他者时，人们可能会问道：在俄罗斯有关波罗的海地区的历史叙事中，是否存在着相似的趋向？正如上文业已指出的那样，萨玛林颇具影响力的叙述，在历史与地缘政治上，把该地区描绘为俄罗斯帝国不可分割的一部分。在如此叙述中，波罗的海民族的建构几乎很难占据任何重要地位。反之，与农民得到解放、上文提到的皈依东正教运动等相联系的问题，则被视作把该地区融入俄罗斯版图的相应步骤。当一种特殊的俄罗斯波罗的海视角出现时，这种图景并没有发生变化。艾弗格拉夫·V. 切希克欣（Efgraf V. Cheshikhin，1865—1934）是一位来自里加的政论家。他同样相信，波罗的海地区的命运将同大俄罗斯祖国合并起来。①因此，他不断地强调这样一个事实，即并没有明确的边界把波罗的海边疆与俄罗斯相分离。然而，我们也可能注意到俄罗斯历史学家与爱沙尼亚历史学家之间存在一些趋同倾向。也有一些俄罗斯历史学家支持雅各布森有关爱沙尼亚民族的观点。同样，在用俄语写作但来自爱沙尼亚家庭的东正教神父中，也存在着一些对小民族的特殊兴趣。②

第一次世界大战后，爱沙尼亚人与拉脱维亚人中追求自治权的努力无法再被忽视。一些俄罗斯学者更进一步地研究了爱沙尼亚（及拉脱维亚）的民族建构。在 1916 年由米哈伊尔·赖斯纳（Mikhail Reisner，

---

① E. V. Cheshikhin, *Kratkaia istoriia pribaltikskago kraia* [A short history of the Baltic Land] (Rigam 1894)，参见 T. Rosenberg, 'Die russische baltische Historiographie in der zweiten Häfte des 19. und zu Beginn des 20. Jahrhunderts', in O. Mertelsmann (ed.), *Esland und Russland. Aspekte der Beziehungen beider Länder* (Hamburg, 2005), pp. 77—108，此处是 pp. 78—84；Brüggemann, 'Das Baltikum im russischen Blick'.

② 关于更多细节，可参见 Rosenberg, 'Die russische baltische Historiographie', pp. 100—106.

1868—1928)①编辑的一本书中，爱沙尼亚人已被呈现为一个独立的文化整体。在爱沙尼亚知识分子那里，文学、戏剧和社团生活被提高到如同社会政治那样的目标定位，但当时并没有人特别提到民族觉醒运动，并将之作为一种概念来统领所有各种各样的趋向。②该书首先表明，（从俄罗斯）分离出来及亲德意志的举动，对于爱沙尼亚人和拉脱维亚人而言，都是不可想象的。③总的来说，其动机如同莱茵哈德·维特拉姆在二战期间转向小民族那样。正是因为它们被宣称是抗击战争敌人的潜在盟友，所以它们才被承认为自成一体的民族实体。而在两次世界大战之间的时期，在俄罗斯少数民族中，的确也存在一种趋向，即对爱沙尼亚文化与民族建构产生更浓的兴趣，但这几乎没有反映在历史书写中。我们可以发现，在谢尔盖·伊萨科夫（Sergei Isakov，1969—　）的书写中，存在着爱沙尼亚叙述与俄罗斯叙述之间大量和解的迹象。此人是塔尔图大学的斯拉夫哲学教授，20 世纪 90 年代曾担任爱沙尼亚国会议员。在其有关《俄罗斯媒体中的波罗的海问题》（*Baltic Question in the Russian Press*）的著作中，他进一步分析了小民族的社会、文化、政治事务究竟是如何在俄罗斯得到反映的。他强调说，爱沙尼亚的爱国者们发现民族主义的俄罗斯媒体向他们提供了"客观"帮助，使之攻击德意志贵族。对于双方而言，这种爱沙尼亚和拉脱维亚民族运动与俄罗斯媒体之间的联合，看上去是相互增益的。④但是，伊萨科夫对俄罗斯媒体的关注，同样也表明，在俄罗斯人与波罗的海德意志贵族（ostzeitsy）的主要冲突中，爱沙尼亚与拉脱维亚事务只是次要问题。

184

---

①　俄罗斯作家、社会心理学家与历史学家。——译者注

②　P. Semenov, 'sty. Kul'turno-istoricheskii ocherk' [The Estonians. A cultural-historical sketch], in M. A. Reisner (ed.), *Esty I Latyshi*, *ikh istoriia I byt* (Moskva, 1916), pp. 145—174; P. Ia. Rubel, 'O social'no-politicheskikh stremleniiakh estskoi intelligentsii' [On the socio-economic aspirations of the Estonian intellecturals], in Reisner (ed.), *Esty I Latyshi*, pp. 175—189.

③　Reisner (ed.), *Esty I Latyshi*, p. xi.

④　S. G. Isakov, *Ostzeiskii vopros v russkoi pechati 1860-kh godov* (Tartu, 1961), pp. 30, 42.

易厄·詹森：从苏联统治下的小民族叙述转向市民社会观念

1945 年后，在苏联控制下的爱沙尼亚，有关爱沙尼亚民族的叙事被紧密地联系到普遍的苏联宏大叙事中。与此同时，与波罗的海德意志史学的争议业已丧失了此前的重要性。现在，这种争议首先作为服务于践行苏联框架的一种模式。①这种模式除了众所周知的强调十月革命作为历史发展中最具有决定性意义的转折点外，爱沙尼亚民族觉醒运动在苏联叙事中也获得了一种特殊地位，因为后者拥有一种通往伟大十月的进步传统。在社会主义氛围下，民族觉醒运动叙事的紧密延续性，似乎成为爱沙尼亚个案的一种特殊性。在一些方面，这是一种令人感到震惊的发展，因为这场民族运动的象征，如国歌与国旗在苏联时期都是遭到禁止的，而且被另一些新的国歌与国旗所取代。再者，其史学也屈服于苏联有关分期与内容结构的指导原则。②此处，笔者将讨论的问题是：这种有关民族觉醒运动的叙事究竟是如何在苏联条件下发生转换的？笔者参照的例证是易厄·詹森的写作。

1920 年，易厄·詹森出生在一个爱沙尼亚资产阶级家庭中。1944 至 1949 年间，她在塔尔图大学学习历史学。③1949 年起，她在塔林（Tallinn）的社会科学院历史研究所工作。1954 年，她完成了博士候选人

---

① 例如参见 M. M. Dukhanov, *Ostzeicy. Politika ostzeiskogo dvorianstva v 50—70-kh gg. XIX v. I Kritika ee apologeticheskoi istoriografii* [The Baltic Sea people. The politics of the Baltic estate owners in the 1850s—1870s and criticism of their apologetic historiography] (Riga 1978).

② G. Naan, 'Eestlaste liitumine rahvuseks ja rahvusliku liikumise tekkimine' [The Estonians 'coalescence as a nation and the rise of the national movement], *Eesti Bolsevik* 18 (1946), pp. 1310—1342; G. Naan, *Eesti kodanlike natsionalistide ideoloogia reaktsiooniline olemus* [The reactionary character of the Estonian bourgeois nationalists' ideology] (Tallinn, 1947). 参见 I. Kakhk, 'Razvitie istoricheskoi nauki v Sovetskoi Estonii', *Voprosy istorii* 8 (1965), pp. 3—13.

③ P. Raudkivi, 'Ajaloodoktor Ea Janseni juubeliks' [Dr. Ea Jansen's anniversary], *Acta Historica Tallinnensia* 5 (2001), pp. 5—6; A. Viires, 'Ühe tulemusrikka el mälestuseks. E. Jansen 14. XI 1921—20. IV 2005' [In remembrance of a fruitful life. Ea Jansen 14. 11. 1921—20. 4. 2005], *Keel ja kirjandus* 6 (2005), pp. 512—514; E. Jansen, *Eestlane muutuvas ajas. Seisusühiskonnast kodanikuühiskonda* [The Estonian in a changing time: From the Estates society to civic society] (Tartu, 2007), pp. 507—508.

185

论文，研究对象是弗里德里希·莱茵霍尔德·克洛茨瓦尔德（Friedrich Reinhold Kreutzwald，1803—1822）这位爱沙尼亚民族叙事诗《卡列维波埃格》（*Kalevipoeg*）的编者。詹森还编辑了他的书信集。1968 年，她有关卡尔·罗伯特·雅各布森的报纸《萨卡拉》（*Sakala*）的博士论文进行了答辩。①在接下去数年间，易厄·詹森出版了一本有关雅各布森的传记及数本关于此人及其生活环境的书籍。②

詹森研究雅各布森的论辩，类似于 1920 年汉斯·克鲁斯业已给出过的论点。他们都指出了雅各布森观点的政治激进主义，及其与波罗的海德意志精英之间的争论，并且两人的论点都包含了划分"民族主义—理想主义"观点的代表与"幼稚民族主义"观点的代表之举。③当然，这种区别并非仅仅是由克鲁斯的观念所提出，而且还符合了 1947 年古斯塔法·纳恩（Gustav Naan，1919—1994）④提出的意识形态纲领——不过，这种纲领在本质上同克鲁斯的立场并无二致。因此，詹森并非被迫进入狭窄的意识形态框架，而是深入探讨了"资产阶级"史学的视角和概念，以及两次世界大战期间以来各种解释之间的冲突之处。⑤在官方出版的《爱沙尼亚苏维埃共和国历史》（*History of the Estonian SSR*）中，存在着讨论 19 世纪爱沙尼亚民族运动的章节，而詹森则撰写了有关民族觉醒运动的内容。这一点表明，当时在苏联控制下的爱沙尼亚，关于这一问题，并不存在根本性冲突。⑥在这里，她对觉醒运动进行了广

---

① E. Jansen, *C. R. Jakobsoni 'Sakala'* [C. R. Jakobson's 'Sakala'] (Tallinn, 1971).

② E. Jansen and R. Põldmäe, *Carl Robert Jakobson. Lühimonograafia* [Carl Robert Jakobson: A short monography] (Tallinn, 1968)；例如还有 E. Jansen and J. Peegel, *C. R. Jakobsoni 'Sakala' ja eesti ajakirjanduse teed. Artiklite kogumik* [C. R. Jakobson's 'Sakala' and the paths of Estonian journalism. Collected articles] (Tallinn, 1979).

③ Kruus, *Linn ja küla*, pp. 40—52；Jansen, *C. R. Jakobsoni 'Sakala'*, pp. 7—8, 41.

④ 爱沙尼亚物理学家与哲学家。——译者注

⑤ 在 Jansen 的史学概览中，Kruus 被列为前苏联时期唯物主义史学的代表。参见 Jansen, *C. R. Jakobsoni 'Sakala'*, pp. 47—54.

⑥ 参见 Jansen 的各种论文，收录于 J. Saat et al. (eds), *Eesti NSV ajalugum*, vol. 2：*XIX sajandi 50-ndaist aastaist kuni 1917. Aasta märtsini* [History of the Estonian SSR, vol 2：From the 1850s until March 1917] (Tallin, 1963)；俄文版初版于 1966 年：*Istoriia Estonskoi SSR v trekhtomakh*, vol 2：*S 50-chgodov XIX veka pomart 1917 goda* (Tallin, 1966).

泛概述，其中包括了这场运动的文化视角。然而，在上文提及的组织和
186 行动中，"爱沙尼亚学生社团"（Eesti Üliõpilaste Selts）这一首个提出
爱沙尼亚国旗的组织却被遗漏了。此外，这里存在着向马克思列宁主义
理论进行的强制性致意。①

　　就功能而言，在克鲁斯的叙事与以詹森为代表的苏联时期叙事之
间，存在着显著差异。克鲁斯的焦点是由爱沙尼亚政治精英内部争议所
塑造的。但在爱沙尼亚被并入苏联后，人们便不可能在激进的民族建构
与消极的民族建构这两种观念之间加以选择了。正因如此，在我们的讨
论中，重要问题是：激进且爱国的爱沙尼亚人作为爱沙尼亚民族建构的
主角，是如何拓宽他们的宏大叙事，在对政治和社会性民族建构加以狭
义理解外，进而包容其他观点的？易厄·詹森在 1977 年的一篇论文中
继续推进她对民族运动的研究，提到了爱沙尼亚民族意识的产生。②这一
点或许听起来十分具有革命性，但在那篇论文中，她开始以西方研究
为基础，讨论了农村人口中社会动员的早期（宗教）形式。③因此，此
举是把集体身份认同问题从马克思主义唯物主义原初论中区分开来。她
把 18 世纪和 19 世纪初摩拉维亚兄弟会的集会呈现为爱沙尼亚人中首批
联合会之一，并认为它们的社会角色随后被 19 世纪中叶新的、世俗性
的文化联合会所替代。④再者，她凸显了种族性文化联合会的角色，例如
唱诗与歌咏联合会。因此，关于爱沙尼亚民族建构的叙事不再仅仅聚焦
于雅各布森及其政治行动，而是涵盖了更为广泛的地区性文化行动，而
这些行动却很难被形容为前革命性质的努力。在更为广泛的背景下，这

---

① *Istoriia Estonskoi SSR v trekhtomakh*, vol. 2, pp. 144, 158.

② E. Jansen, 'Eesti talurahva rahvusliku teadvuse kujunemiesest XIX sajandil' [The development of national consciousness among the Estonian peasants' in the 19ᵗʰ century], in J. Kahk, E. Jansen and A. Vassar (eds), *Eesti talurahva sotsiaalseid vaateid XIX sajandil* (Tallinn, 1977), pp. 67—123.

③ 首先是：G. Philipp, *Die Wirksamkeit der Herrnhuter Brüdergemeine unter den Esten und Letten zur Zeit der Bauernbefreiung vom Ausgang des 18. bis über die Mitte des 19. Jhs.* (Cologne, 1974).

④ Jansen, 'Eesti talurahva rahvusliku teadvuse kujunemisest', pp. 99—117.

篇 1977 年的论文提供了一种视角，让人们超越爱沙尼亚与苏联的视野，并把民族觉醒运动置于由米罗斯拉夫·赫洛赫（Miroslav Hroch，1932— ）①影响深远的小民族之民族主义观念所提出的框架中。②从今天的视角来看，更为重要的是，这种更宽阔的视角，在 20 世纪 80 年代爱沙尼亚独立运动中，得到了越来越多人的关注。后一种运动还把 19 世纪德意志视角下的波罗的海历史融入在内，③超越了传统的负面刻板印象。

187

1991 年后，在爱沙尼亚重获独立的时期，易厄·詹森继续并加强自己有关民族建构问题的研究。总体而言，爱沙尼亚民族建构的新叙述仍然爱惜早期写作的传统，但相较过去，它在更大程度上包容了有关爱沙尼亚史的德意志视角，特别是有关自发组织的联合会之研究。④那些研究文本的核心概念，现在变成了公共领域与市民社会。此前几乎得不到重视的德意志人联合会，现在则被视作模板，得到爱沙尼亚人的接受与适应。⑤另一方面，易厄·詹森继续对爱沙尼亚民族建构持一种功能性观察视角，即坚持一种日益消失的观点，认为爱沙尼亚民族志向最终导致了当代民族国家的建立，而德意志封建社会或庄园社会的残余物则失去了

---

① 捷克历史学家与政治理论家。——译者注

② M. Hroch, *Die Vorkämpfer der nationalen Bewegung bei den kleinen Völker Europas. Eine vergleichende Analyse zur gesellschaftlichen Schichtung der patriotischen Gruppen* (Prague, 1968), pp. 72—80 是关于爱沙尼亚的。

③ E. Jansen, 'Estonskaja kul'tura XIX veka' [19th century Estonian culture], *Voprosy istorii* 2 (1984), pp. 89—101. 这并非是为了此前德意志人而提出历史公正之要求。毋宁说，这揭示了在解构冷战意识形态的进程中政治禁忌是如何得到使用的。可观察 Józef Lipski 在撰写波兰历史中所扮演的类似角色。参见 J. J. Lipski, *Powiedzieć sobie wszystko* [……]: *eseje o sqsiedztwie polskoniemieckim. Wir müssen uns alles sagen* [……]: *Essays zur deutsch-polnischen Nachbarschaft* (Warsaw, 1998).

④ E. Jansen and J. Arukaevu (eds), *Seltsid ja ühiskonna muutumine. Talupojaühiskonnast rahvusriigini. Artiklite kogumik* [Association and changes of society: From peasants' society to the national state. Collected articles] (Tartu, Tallinn, 1995).

⑤ E. Jansen, 'Voluntary associations in Estonia. The model of the 19th century', *Eesti Teaduste Akadeemia Toimetised. Humanitaar-ja Sotsiaalteadused* 42: 2 (1993), pp. 115—125. E. Jansen, 'Eestlaste rahvuslik ärkamisaeg' [The Estonians' era of national awakening], in A. Bertricau [= Jean-Jacques Subrenat] (ed.) *Eesti identiteet ja iseseisvus* (Tallinn, 2011), pp. 89—135, 后用英文发表在 J. -J. Subrenat (ed.), *Estonia Identity and Independence* (Amsterdam; New York, 2004).

其重要性。①1991 年后爱沙尼亚民族在文化与政治上的恢复原状，同詹森的终身研究及其有关爱沙尼亚民族觉醒运动的历史书写存在着联系。而这种联系特别表现在她的最后一本著作里。该书是由陶努·唐贝格（Tōnu Tannberg，1961—　　）②于 2007 年编辑出版的，直接面向爱沙尼亚读者。③尽管詹森的主要焦点是爱沙尼亚社会的现代化，但她也开始关注 20 世纪初该地区的两种市民文化与三种相互竞争之文化（德意志、爱沙尼亚和俄罗斯）的观念。在这种视角中，对爱沙尼亚民族建构的关注，主要不是基于历史学家的民族偏见，而是基于一个小民族的成功崛起。

188　　　　汉斯·克鲁斯与易厄·詹森的叙述都没有把爱沙尼亚的民族建构描绘为一种永恒的、现存的种族共同体的觉醒运动，而是首先视之为从庄园社会的传统精英及后来沙皇统治下解放出来的一种社会、政治和文化进程。沙皇统治的目标是把其对象俄罗斯化，以便于更容易地进行统治，并对所有骚动形式都保持高度怀疑。因此，有关 19 世纪中叶以来社会变化的德意志叙事与俄罗斯叙事只有批判统治精英的立场，才能接近爱沙尼亚叙事。正如上文所展示的那样，这一点部分实现在维特拉姆的书写中，但他尽力提供了一种竞争性的叙事，来论证德意志人口之所以表现虚弱，正是由于德意志民族建构的缺失所致。正因如此，他有关市民社会形成的观念继续牢牢地保留在种族界限之内。直到 20 世纪 90 年代，才由易厄·詹森提出了一种面向多种族观的开放立场。

流亡中的波罗的海史学

　　流亡中的爱沙尼亚史学与苏联统治下爱沙尼亚提出的叙事相比，并不存在本质差异。如果我们看一下米罗斯拉夫·赫罗奇有关小民族之民

---

① E. Jansen, 'Tagasi ajalukku' [Back to history], *Tuna* 6：2 (2003)，pp. 131—136.

② 爱沙尼亚历史学家。——译者注

③ Jansen, *Eestlane muutuvas ajas*, p. 508.

族主义研究的爱沙尼亚批判，这一点便一目了然。赫罗奇的研究聚焦爱沙尼亚，并首先参考了易厄·詹森的研究。尽管批评者指出，赫罗奇"过于强调社会经济因素"，而且缺少对宗教方面的考虑，①但他们大体赞同他的论点。在流亡的爱沙尼亚历史学家中，最重要的一位是托伊沃·劳恩（Toivo Raun，1943—　）。他同样把研究重点置于民族建构时代，也同样凸显这一时代的政治意涵。②倘若真要说存在一种重要区别的话，那么在劳恩的研究中，不存在任何苏联意识形态框架，允许人们去讨论那些在苏联占领下的爱沙尼亚没有得到表现，或者仅仅被间接表现的议题，例如沙皇的俄罗斯化政策与1905年革命。③然而，同样变得清晰起来的，还包括爱沙尼亚问题与拉脱维亚问题之间的差异。与爱沙尼亚的例子不同，在苏联占领下的拉脱维亚，拉脱维亚民族觉醒运动问题以高度碎裂化且政治化的方式得到讨论。正因如此，拉脱维亚民族觉醒运动的非社会主义特性，只有在流亡史学中才得到讨论。④

189

马尔特·拉尔与20世纪80年代后的第二次民族觉醒运动

除了有关爱沙尼亚民族建构之视角得到拓宽外，我们或许还能发现

---

① T. U. Raun and A. Plakans, 'The Estonian and Latvian National Movements. An Assessment of Miroslav Hroch's Model', *Journal of Baltic Studies* 21 (1990), pp. 131—144, 此处是 p. 141.

② Toivo Ülo Raun, *The Revolution of 1905 and the Movement for Estonian National Autonomy, 1896—1907*, PhD (Princeton, NJ, 1969). 基于这篇博士论文，Raun 已经发表了数篇亚久爱沙尼亚民族运动的论文，例如：'The Revolution of 1905 in the Baltic provinces and Finland', *Slavic Review* 43: 3 (1984), pp. 453—467; '1905 As a Turning Point in Estonian History', *East European Quarterly* 14: 3 (1980), pp. 327—333; 'Nineteenth-and early twentieth-century Estonian nationalism', *Nations and Nationalism* 9: 1 (January 2003), pp. 129—147.

③ 参见 E. C. Thaden (ed.), *Russification in the Baltic Provinces and Finland, 1855—1914* (Princeton, NJ, 1981); 在爱沙尼亚，俄罗斯化作为史学研究中的问题，只出现在20世纪90年代，参见 T. Karjahärm, *Venestamine Eestis 1880—1917. Dokumente ja materjale* [Russification in Estonia, 1880—1917: Documents and materials] (Tallinn, 1997); Karjahärm, *Ida ja lääne vahel. Eesti-vene suhted 1850—1917* [Between East and West: Estonian-Russian relations 1850—1917] (Tallinn, 1998).

④ 更为重要的是下面这篇论文：A. Plakans, *The National Awakening in Latvia*, PhD (Cambridge, MA, 1969).

一种新导向，其方向是在文化意义上对爱沙尼亚民族加以更为细致的观察。在这里，历史学家兼保守派政治家马尔特·拉尔必须首先得到提及。拉尔有关民族觉醒运动的叙述，并不仅仅是由一种政治性的（反苏联式的）立场来决定的。他或许也可被视作立足于一条可回溯至汉斯·克鲁斯与易厄·詹森的延续性轨道。一方面，拉尔促进了学界对雅各布·胡尔特的重新发现。他首先论证胡尔特在苏联时期被忽略的事实。在朝胡尔特转向的同时，还伴随着 20 世纪 80 年代爱沙尼亚独立运动的一部分被自我识别为"新塔尔图运动"（new Tartu movement）或"第二次觉醒运动"（second awakening）。①而在此类运动中，拉尔也扮演了重要角色。据此，19 世纪的文化民族觉醒运动被表现为"歌唱革命"（singing revolution）的一段直接前史。另一方面，马尔特·拉尔将其有关爱沙尼亚"觉醒者"的研究置于米罗斯拉夫·赫罗奇有关小民族形成的理论基础之上。该理论早在 20 世纪 70 年代便被易厄·詹森引入爱沙尼亚的讨论中。但是，拉尔并未提供进一步统计数据来验证赫罗奇的模型，而是相反，其行动的目的是为了收集关于民族行为的所有可用信息，从有意识的民族行动的程度到自愿消防队成员，以便把它们都保存在爱沙尼亚的集体记忆里。②与此同时，拉尔形成了典型的有关民族建构的原初论，而这一点使之有别于克鲁斯和詹森的路径。在拉尔看来，早在 13 世纪，爱沙尼亚人在可以建立自己的国家之前，便已被征服。因此，民族建构只能在 19 世纪中叶启动。首先，拉尔希望修正有关民族发展的图像，因为他发现，民族行为比历史著作中所描写的情况更加普遍。其次，他明确地希望离开马克思唯物主义理论。拉尔论证说，民族行为不能仅仅从社会经济前提或文化前提中产生——包括摩拉维亚兄弟

190

---

① M. Laar, U. Ott and S. Endre (eds), *Teine Eesti. Eesti iseseisvuse taassünd 1986—1991* [The Other Estonia: The rebirth of Estonian independence 1986—1991] (Tallinn, 2000), pp. 135—138.

② Laar, *Äratajad*, pp. 141—143.

会运动也是如此。他通过引证自己的主人公之一，主张人比环境更重要。①更小部分的"觉醒者"被宣称为民族建构的真正基石，并由此类推，他们比其他更大规模的行动者团体显得更为重要。因此，并非偶然的是，拉尔把赫罗奇的模型朝上转动，将之从大规模行动者团体转向民族精英代言人——他称之为"觉醒者"。拉尔认为，这些"觉醒者"是民族建构最重要的代言人。这一观察，在当代依然有效。或许这一点至少指向他自己在爱沙尼亚民族建构复兴中所扮演的角色。

总结评论

这种对爱沙尼亚民族建构中的不同叙事所进行的分析究竟揭示了什么呢？正如马尔特·拉尔的观念所显示的那样，民族觉醒运动问题在今天爱沙尼亚的公众生活中仍是得到热烈讨论的对象，并构成了民族集体记忆的重要支柱。直到 1940 年，有关现代社会经济前提之影响的政治分歧，导致出现了有关爱沙尼亚民族的两种观念：原初论和建构论。汉斯·克鲁斯作为两次世界大战期间爱沙尼亚史的杰出历史学家，坚持第二种观念，并基于左翼视角创造了有关民族觉醒运动的宏大叙事。1945年后，这种观念得以渗入苏联的爱沙尼亚历史观，尽管情况已截然不同。我们还注意到，即便有关爱沙尼亚民族的资产阶级观念遭到公开贬斥，但原初论却在流行观念中得以幸存。这种流行观念认为，爱沙尼亚人在爱沙尼亚已生活了 5 000 年，而所有周围族群移居进入的时间明显较晚。②然而，拉尔与其他人作为"第二次民族觉醒运动"的领导者，他们的自我解释指向由汉斯·克鲁斯与易厄·詹森所形塑的那种叙事，并部分如那些建构苏联时期史学的叙事那样，制造了限制条件。约翰·沃

---

① Laar，*Äratajad*，p. 391：Villem Reiman.
② 这是 1991 年后爱沙尼亚第一任总统 Lennart Meri 经常指出的问题。

尔德玛·詹森和贾恩·乔纳森始终不被视作爱沙尼亚民族建构的核心人物，即便他们的影响显然是重要的。

总而言之，1945 年以来有关民族建构的叙事不再指向一个民族上的他者。相反，这些叙事都是自我指向的。这一点并不是更多由于爱沙尼亚历史学家自身，而是由于德意志历史学家和俄罗斯历史学家从这些话题中的后撤，尽管有关俄罗斯或苏联影响的争论仍在爱沙尼亚（如同俄国那样）热烈展开。再者，人们可能会说，马尔特·拉尔的观念与其说是针对欧洲小民族形成的一种超民族范式，倒不如说他之所以如此，则是因为爱沙尼亚人拥有成为一个羽翼丰满的民族实体之自信。因此，仍留待人们讨论的问题是：倘若有关爱沙尼亚民族的叙事并非仅仅基于种族—语言及文化前提的话，那么还有可做替代的其他重要叙事吗？尽管本文业已指出，这些种族问题并不能被人从有关（主要在）欧洲之小民族的史学叙事中排斥出去。但易厄·詹森的观点却显示出，通往爱沙尼亚社会观念的方向不仅存在于种族层面上，也存在于市民方面中。

第九章 "科学"史学在东南欧的理论化及其实践 (19—20 世纪)：施皮利顿·兰姆布罗斯和尼古拉·约尔加*

艾菲·加济（Effi Gazi）

　　在历史书写中，科学原则的出现与明确，首先同 18 世纪进程中人们知识观的巨大变化相联系。人们之所以朝经验知识转向，是因为人们越来越对史学方法及其研究的特殊规则抱有兴趣。在 18—19 世纪之交，科学性业已崛起成为史学的一个核心目标。这一点主要同 19 世纪进程中，在历史研究的职业化与机制化背景下出现的以实证为基础的批判性研究相联系。①在各种欧洲背景下，史学的职业化与机制化对民族同化进程所做出的贡献，或许是与这些发展相关的最重要的现象。因此，这一包含追求科学性的进程并不具有普遍性、统一性。相反，每一次语境化都暗示着不同的再定位与再适应的策略，也暗示着不同的解释方案，而且这些方案都将之转向本土传统内的"情景知识"。②对于整个 19 世纪及 20 世纪上半叶民族历史书写中的科学性流播及其与民族同化的关系而言，希腊和罗马尼亚例证提供了重要的研究空间。

　　＊　本文基于笔者的著作：Effi Gazi, *Scientific National History：The Greek Case in Comparative Perspective*（1850—1920）(Peter Lang, 2000)，特别是 pp. 75—85，143—154.

　　①　H. Feldner, 'The New scientificity in historical writing around 1800', in S. Berger, H. Feldner and K. Passmore (eds) *Writing History：Theory and Practice* (London, 2003), pp. 3—22.

　　②　P. Lambert, 'The professionalization and institutionalization of history', in Berger, F. Feldner and Passmore, *Writing History*, p. 47.

在情景中的"科学"史学

1902 年，希腊历史学家施皮利顿·兰姆布罗斯（Spyridon Lambros，1851—1919）翻译并编辑出版了查理·维克托尔·朗格卢瓦（Charles Victoir Langlois，1863—1929）①与查尔斯·赛尼奥伯斯（Charles Seignobos，1854—1942）②所著《历史研究导论》（*Introduction aux Etudes Historiques*）。③该书是一系列讲座汇编，旨在为历史学专业的学生提供一份详细的方法论指引。其视角基于如下假设：即"历史研究多少都依赖于证据之组织"④，因为"实际上，每一个事实都是独特的"⑤，而且"历史学家并无必要去考虑他所描述之现象的因果关系：历史是一系列显而易见的、不可否认的偶然事件"。⑥

希腊传统中的一些特征值得一提。兰姆布罗斯尽力把西欧范式与希腊的类似观点相联系。这种西欧范式既被视作原型，又成为使当时的文化秩序与政治秩序合法化的源泉。在谈到研究原始文献的问题时，兰姆布罗斯加入了一个注释，告知读者，由他自己和阿萨纳修斯·帕帕佐普洛斯（Athanassios Papadopoulos，1856—1922）⑦汇编的来自阿方索山（Mount Athos）修道院的手稿目录业已在希腊出版。⑧在提到图书与目录索引时，兰姆布罗斯强调自己努力编辑了一本有关 1821 年希腊起义

---

① 此处原文有误，其名字一般写作 Charles-Victor Langlois。他是法国历史学家与古文书学家。——译者注

② 法国历史学家。——译者注

③ C. V. Langlois and C. Seignobos, Εισαγωγή εις τας ιστορικάς σπονδάς [Introduction to Historical Studies], trans. Spyridon P. Lambros (Athens, 1902).

④ C. V. Langlois and C. Seignobos, *Introction aux Etudes Historiques* (Paris, 1898), p. 275.

⑤ C. V. Langlois and C. Seignobos, *Introction aux Etudes Historiques* (Paris, 1898), p. 204.

⑥ C. V. Langlois and C. Seignobos, *Introction aux Etudes Historiques* (Paris, 1898), p. 253.

⑦ 希腊学者，长期从事文献整理工作。——译者注

⑧ C. V. Langlois and C. Seignobos, Εισαγωγή εις τάς ιστορικάς σπονδάς, p. 24.

的著作目录。①在提到朗格卢瓦和赛尼奥伯斯在辅助科学方面的兴趣时，兰姆布罗斯又强调，他早已在 1878 年把古文书学引入雅典大学，而且还对其他辅助学科进行了介绍，但当时他的建议却被视作过于前卫而遭到拒绝。②除了兰姆布罗斯试图确立自己的地位这一目的外，这种在原始文献与兰姆布罗斯注释及参考书目之间的"对话"有助于建构一种"自主文本"（autonomous text）。此类文本尝试在一种共同道路上建立学术实践的不同形式——在这一点上，所谓学术实践，指的是西欧的史学范式与希腊的历史研究。

倘若我们研究这位历史学家的教育背景与学术背景，或许就能更好理解他上述的尝试。1867 至 1871 年间，兰姆布罗斯在雅典国立大学（National University of Athens）的文学系就读。1872 至 1875 年间，他继续在柏林和莱比锡学习。1873 年，他在莱比锡大学获得博士学位。③ 194
当他在柏林和莱比锡时，参加过特奥道尔·蒙森（Theodor Mommsen，1817—1903）、约翰·古斯塔夫·德罗伊森（Johan Gustav Droysen，1808—1883）、海因里希·冯·特莱奇克（Heinrich von Treitschke，1834—1897）、威廉·瓦滕巴赫（Wilhelm Wattenbach，1819—1897）和恩斯特·科休斯（Ernst Curtius，1814—1896）的研讨班。④与成熟的德意志学术型史学之间的互动，在兰姆布罗斯的著作中表现得十分明显。不过，尽管他在德意志大学接受训练，但他决定翻译一部法国的方

---

① C. V. Langlois and C. Seignobos, *Εισαγωγή εις τάς ιστορικάς σπονδάς*, p. 46.

② C. V. Langlois and C. Seignobos, *Εισαγωγή εις τάς ιστορικάς σπονδάς*, p. 63.

③ S. P. Lambros, *De conditorum coloniarum graecarum indole praemiisque et honoribus*, *Dissertatio inauguralis historica quam consensus et auctoritate Amplissimi Philosophorum Ordinis in Universitate Literarum Georgia Augusta Lipsiensi pro Summis in Philosophia Honoribus rite capessendis* (Lipsiae, 1873).

④ S. P. Lambros, *De conditorum coloniarum graecarum*, p. 60. 关于 Lambros 的研究，也可参见 Evangelos Fotiadis, *Σπυρίδων Λάμπρος. Επικήδειοι Λόγοι* [Spyridon Lambros. Obituaries] (Athens, 1961)；E. Stephanou, *Spyridon Lambors*, *1851—1919* (Athens, 1930)；D. Balanos, *Spyridon Lambros*, *1851—1919* (Athens, 1929). 这些都是当时德国的知名历史学家。——译者注

法论指引。在朗格卢瓦与赛尼奥伯斯的著作中，并没有任何参考书目指向德意志历史学派的方法论准则。甚至连兰克都没有被提到。然而，这本《导论》却在很大程度上反思了 1870 年法国战败后法兰西历史研究重新定位的目标。书写历史的"德意志模式"看起来是当时最适合的一种。

1875 年，兰姆布罗斯开始了他的讲座课。其首要主题是关于一手史料的运用。对古文书学（兰姆布罗斯最初称之为"graphognossia"）的引入直接同历史研究的构想相联系。他认为，对于一手史料的关注，如同让研究者以最清晰的方式来观察过去。这位历史学家在一次早期讲座中指出："尽管历史视野是宽广的，但历史研究方法已变得更为谨慎。我们不应该忘记自己生活在一个明显的实证主义世纪里。而这个世纪的特征就是由实用科学及其对实验和剖检的强调所带来的显著进步"。[①]他认为，历史之"科学"多多少少地奠基于对一手史料的考证性研究中。这一点在兰姆布罗斯与历史学家帕夫罗斯·卡罗莱德斯（Pavlos Karolides，1849—1930）有关历史研究的标准之争中表现得最为明显。兰姆布罗斯坚持认为，"在某个时刻，通过维科、赫尔德与黑格尔的杰出精神……对于历史的哲学观念（现在称之为历史哲学）……被引介到科学中……然而现在，历史科学却已抛弃了这一传统……而转向呈现经过特殊研究后所发现的东西……哲学审视……遮蔽了叙事的简朴与清晰，未能将之变得更为明白。"[②]他定义历史研究的实践为一种基于"运用考证方法的……积极且耐心的档案研究"。[③]

在兰姆布罗斯的方法论话语中，持续构成"科学"史学标准的那些

195

---

① S. P. Lambros, Λόγοςεισιτήριος εις την διδασκαλίαν της Γενικής Ιστορίας [Inaugural Lecture to the Subject of General History], inΛόγοικαί Άρθρα [Lectures and Articles]（Athens，1902），pp. 174—191，175.

② S. P. Lambros, Καρολίδειοι Ανεπιστασίαι [Karolides's Inattentions]（Athens，1892），pp. 8—9.

③ S. P. Lambros, Περάπηγών και ασκήσεωνφροντιστηρίου [Notes of the Seminars on Historical Sources], File no. 5, Lambors's Archive [Dept. of History and Archaeology, University of Athens].

原则，即历史真相的客观性、事实优先于观念、所有历史事件独一无二等，都变得突出起来。根据这种论点，历史首先是由暗含于史料中的真实情况及特殊的研究技巧来加以界定的。事实上，这些特殊的研究技巧并不是新的，而是或多或少属于文献学方法在历史研究中的运用，用以通过史料把握真实情况。

这种对于历史研究标准的持久兴趣、在一手史料和二手史料之间的区分、把考证方法引入对史料的评估中，以及在普遍意义上对证据加以批判审查以便保证客观性与真实性，都在一个概念框架中发挥作用。而该框架的特征以"经验现实"（empirical reality）这一观念作为标志。从最初开始，经验现实的观念便同历史学科塑造的进程紧密相连，特别是因为在希腊和欧洲其他国家，历史研究成为学科的时代正好以意识形态与政治立场的强烈对立为特征。[①]其结果是，对于现实主义的诉求获得了特别重要的地位，因为界定那些可以让某种政治方案变为现实的历史事实变得极为关键。以希腊为例，这一点主要体现在吸纳历史学的民族核心、提升民族政治方案的努力。在某种意义上，历史学作为一门学科得以确立，是基于它与历史哲学间的分离。学科化的历史被设想为现实性的，而历史哲学则被视作形而上的、乌托邦的。于是，作为结果，历史研究既成为一门学科，也成为一种职业——甚至还是一种值得教授的对象，但其前提是它已经被建设成为一种认知领域，并同现实主义观紧密相连，成为当代政治思想与实践的伴生物。就希腊的例证而言，民族历史之过去的现实性便成为主要话题。与此同时，它还伴随着以实现伟大理想为核心的政治目标，即小民族国家扩张的希腊方案。

然而在兰姆布罗斯的著作里，这幅画面变得有些模糊不清。这主要是因为他把"艺术"作为"科学"的一个组成部分来加以吸纳。他坚持认为，史学既是一门艺术，也是一门科学，并把美学特质融入史学中。

---

① 特别参见 H. White, 'The Politics of Historical Interpretation: Discipline and De-Sublimation', in White, *The Content of the Form* (Baltimore, MD, and London, 1985), pp. 58—82.

196　他说，"历史学家的技艺包含着诗学"。"为那些不能生动活泼地**想象**过
去的历史学家感到悲哀；为那些不能**重建**荒芜城市、无法复活死去经年
者的历史学家感到悲哀——他们无法将这些人安置于历史的舞台上，让
他们如同活人，而非偶像。"①假如方法论是经验性的，那么历史的书写
则仍然是诗性的。这两种概念化不应该被视作相互排斥的，而是应该被
视为相互包容的。兰姆布罗斯可能把自己视作一位"科学的"历史学
家，他主要致力于发掘和批判性评估一手史料。不过，在他的概念化之
下，仍然有着一种浪漫主义的基石。对于他而言，历史和艺术是在一种
彼此关系中得到界定的，两者并非相互敌视。兰姆布罗斯的历史研究是
一种浪漫主义的历史科学。它宣称自己是客观的，但这一宣称却以如此
激昂的方式得到表达，以至于它存在着自我冲突的地方。②

　　当兰姆布罗斯在雅典大学教书时，引介历史研究的新方法与新观念
成为他的主要工作。在雅典大学于 1837 年成立时，历史长时段与普遍
性主题还是研究者的核心兴趣所在。尽管历史课程被赋予了特殊重要地
位，而且所有院系的大学生都必修历史，但有关历史的讲授工作却没有
任何普遍目标或概念核心。例如君士坦丁·斯基纳斯（Konstantinos
Schinas，1801—1857）教授普遍意义上的古代世界历史，而塞奥佐罗
斯·马努西斯（Theodoros Manoussis，1793—1858）则在上一门他称作
"欧洲政治学"（politeiografia）的课程，即对不同的欧洲政权及其政治
体系加以研究。后者还教授另一些课程，如通史和中世纪史。1853 年，
君士坦丁·巴巴利格布罗斯（Konstantinos Paparrigopoulos，1815—
1891）针对"希腊民族史"做了一系列讲座。此举可被视作雅典大学教
授民族史的开端，因为它强调了希腊民族历史的统一性和延续性。但

---

　　①　S. P. Lambros, *Περί πηγών και ασκήσεωνφροντιστηρίου* ［Notes of the Seminars on Historical
Sources］，斜体是由笔者所加。——这里改为黑体加着重号。——译者注
　　②　关于"浪漫主义的历史科学"，可参见 L. Orr, *Headless History：Nineteenth-century
French Historiography of the Revolution* (Cornell, NY, 1990). 也可参见 S. Bann, *Romanticism and
the Rise of History* (New York, 1995).

是，即便是这一主题，在范围上也颇为宽广，它更多强调的是总体设计，而非具体要点。①

1878年，兰姆布罗斯开始讲授有关"伯里克利世纪之历史"的课程。②尽管他本人的研究兴趣集中在拜占庭史与中世纪史，但他讲授的绝大多数内容却聚焦于古希腊。倘若我们注意到，当时拜占庭还未被纳入希腊的民族叙事中，而古典时代业已在叙事中得到很好反映时，这一点并不令人感到惊奇。

兰姆布罗斯的主要贡献体现在他革新了研讨课上教授历史的方法。研讨课曾经是古希腊与拉丁文学课程的组成部分。该课程为学生们提供机会，让他们通过对希腊语文本与拉丁语文本进行批判性讨论，从而提升自己的分析能力。与此相对，兰姆布罗斯却把研讨课提供给历史学习者，使之可以熟悉一手史料。兰姆布罗斯首先以有关古文书学的研讨会启动其教学工作。正如上文提到的，这也是他引入大学的一门课程。③次年，他又增加了一门有关铭文学的研讨课。④在这些研讨课里，兰姆布罗斯投入了自己有关拜占庭历史的所有兴趣和知识。他讲授古文书学，介绍学生们熟悉批判性分析文献的各种技巧，指导他们编辑分属于不同雅典图书馆的手稿目录。⑤兰姆布罗斯的研讨课借鉴了那些在德国大学实践的方法；⑥在19世纪，历史研讨课已成为德国讲授历史的核心机制。人

197

---

① 对雅典大学历史课程的总结性分析，参见 V. Karamanolakis, *Η Συγκρότηση της Ιστορικής Επιστήμης και η Διδασκαλία της Ιστορίας στοΠανεπιστημιο Αθήνων*（*1837—1932*）[The Formation of Historical Science and the Teaching of History at the University of Athens, 1837—1932]（Athens, 2006）.

② S. P. Lambros, *Ό Αιών του Περικλέους* [Pericles's century], in *ΜικταΣελίδες* [Mixed Pages], pp. 243—258, 243.

③ *ΠρακτικάΣυνεδριώντηςΦιλοσοφίκήςΣχολής* [Proceeding of the Assemblies of the School of Philosophy], Assembly of 13. February, 1878.

④ *ΠρακτικάΣυνεδριώντηςΦιλοσοφίκήςΣχολής* [Proceeding of the Assemblies of the School of Philosophy], Assembly of 29. October, 1879.

⑤ S. P. Lambros, *Αι ιστορικαίμελέται εν Ελλάδι από τον αγένα της Παλιγγενεσίας μέχριτηςσήμερον* [Historical Studies in Greece from the Resurrection Struggle up to the Present], unpublished manuscript, ch. 17, p. 6a, Fille H3, Lambros's Archive [Dept. of History and Archaeology, University of Athens].

⑥ Peter Lambert, 'The professionalization and institutionalization of history', p. 47.

264 把过去民族化：作为现代欧洲民族建构者的历史学家们

们称赞兰克首先引入了这一历史训练的新方法，因为正是兰克建立了新的历史研讨课，或如他称呼的那样——"实践课"。在此类研讨课中，学生们把新的批判性历史加以实践。通过这些训练，兰克得以复制自己在莱比锡大学哲学研讨课上接受教育的模式。尽管第一个历史研讨课直到 1832 年才得以建立（在哈勒［Halle］），但第一个哲学研讨课却在 1764 年由约翰·克里斯托弗·加特勒尔（Johann Christoph Gatterer, 1727—1799）[①]在哥廷根大学（成立于 1737 年）推行。哥廷根研讨课是原创性的，其唯一目标是哲学研究，而不是基于教育兴趣或神学兴趣的哲学研究。不管怎样，到 1858 年为止，大多数德意志大学都拥有了哲学研讨课。

兰姆布罗斯在其讲座与写作中所强调的有关历史研究的原则，反映了他有关民族政治的观点，特别是他针对当时代历史文化的感受。1905 年，他指出：

198

> （历史学家的）责任既是科学的，也是民族的。只有历史学家的笔，才能与武器竞争。因此，那些还没有完成最高使命、取得民族统一的民族，应该把他们潜在的民族伟业绑在两根支柱上：军事组织与历史研究之发展……实际上，没有任何一种伙伴关系能够胜过历史学家书桌与军营之间的友谊……。[②]

在兰姆布罗斯心中，他持久性地关注历史研究的民族导向之举，看起来并未同他所追求的一种科学的历史学科之目标——实现最大可能的客观性与公正性——相冲突。正如他指出的，历史客观性的观念"并没

---

① 德意志历史学家。——译者注

② S. P. Lambros, *ΝέαΟρίζοντες εν τη ιστορική ερεύνη. Λόγος απαγγελθείς εν τω ΕθνικώΠανεπιστημίω τη 15 Ιανουαρίου 1905 υπό Σπ. Λάμπρου αναλαμβάνοντος επισήμως τηρπρυτανείαν του ακαδημαϊκού έτους 1904—5* [New Horizons in Historical Research. A lecture delivered at the National University on 15. January 1905 on the occasion of the inauguration of his Rectorship for the academic year 1904—5] (Athens, 1905), p. 28.

有把历史判断里的某种热情排除在外，特别是当这种判断指向这位历史学家的祖国之时；同样，它同历史书写的民族特征并不矛盾。"①兰姆布罗斯在一个理论框架中跨越了其方法论原则与一般观点之间的鸿沟。他的理论框架更侧重于特定研究与一般连贯性之间的衔接而非断裂。在他的理论框架里，每一历史研究中的"民族核心"观念都至关重要。他的策略是：在方法上可以是特殊性的，甚至个人化的，但在对象上则应是全才，如同对象是民族的历史一般。他的贡献不仅仅在于让历史研究在希腊成为一门科学性的学科。其成功还体现在把"民族核心"观念转变为一种关键的方法论、甚或史学原则——这一原则体现了兰姆布罗斯对历史方法与历史理论的反思。

兰姆布罗斯的想法与行动在东南欧另一个新建民族国家中存在着一个重要的对等物。事实上，尼古拉·约尔加（Nicolae Iorga，1871—1940）在19世纪下半叶很快成为罗马尼亚国内外公认的一位杰出知识分子。他是亚历山大·色诺波（Alexander Xénopol，1847—1920）的学生，曾在雅西（Jassy）大学学习历史。随后，他在巴黎继续研究，先后师从布列尔·莫诺（Gabriel Monod，1844—1912）和查理·朗格卢瓦（1863—1929）。在此之后，他前往柏林和莱比锡，并于1893年在莱比锡完成博士论文（《萨卢佐侯爵托马斯三世》*Thomas III, marquis de Saluces*）。其导师是卡尔·兰普莱希特。当约尔加出国时，如同兰姆布罗斯那样，游历了欧洲许多城市，收集了他后来付梓出版的史料。他在布加勒斯特大学开启自己的学术生涯。当时，布加勒斯特大学是民族史学发展的主要组织机构。 199

约尔加的学术成长背景类似于兰姆布罗斯，他主要集中精力于三件大事。首先，他把历史研究的新方法引入罗马尼亚，并改进了历史学习（的途径）；其次，他把一种有关民族历史的新观念加以制度化，以便让

---

① S. P. Lambros, *Αι ιστορικαίμελέτσι εν Ελλάδι* [Historical Studies in Greece], File H3, ch. 1, p. 4, Lambors's Archive [Dept. of History and Archaeology, University of Athens].

它更好地服务于民族发展；最后，他采取了一些更有效提升民族利益的政治行动。事实上，除了学术生涯外，约尔加还通过成立政党、并在 20 世纪 30 年代初作为国会议员和首相而卷入政治中。[1]

如同兰姆布罗斯那样，约尔加同样相信，史学只有建立在系统分析及详细阐述一手史料的基础之上，才能获得科学地位。他的方法论基于如下假设：只有出版大量史料，才能产生一种有关过去的全面知识。约尔加的方法论话语主要由科学性历史学科这一理念所主导。但是，他的写作却混杂着另一种 19 世纪浪漫主义历史科学的观念：亦即有关历史的诗学观。史学尽管成为了一门科学，但它仍然需要直觉，一种深层次的艺术共情，以便让历史学家能够想象并重建过去。"我希望自己拥有更多的诗学天赋，以便更接近真相"，约尔加如此写道[2]——这让人想起兰姆布罗斯的类似关怀。

约尔加在其学术生涯之初便已指出，历史课程主要针对的那些学生对学术研究并不特别感兴趣，大部分人将来会在中学做老师。学生们没有参考书目或者研讨课，而且他们在未曾看过一手史料的情况下竟然就可以获得学位。学生们认为档案与编年史非常无聊。[3]约尔加把历史研究首先界定为与收集并分析史料相联系的行为。在他的研究中，他聚焦于方法论问题，并通过研究历史辅助学科的演化与发展来支持这种学科。

约尔加游历整个欧洲，在佛罗伦萨、那不勒斯、费拉拉（Ferrara）、博洛尼亚（Bologna）、杜波罗夫尼克（Dubrovnik）、维也纳和因斯布鲁克（Innsbruck）等档案馆里进行研究。1895 年，他在布加勒斯特出版了一大本档案集，将之命名为《西方文献库中收集的罗马尼亚历史的行动与碎片》（*Actes et fragments concernant l'histoire des Rounmains colligés*

---

① Radu Ioanid, 'Nicolae Iroga and Fascism', *Journal of Contemporary History* 27：1 (1992), pp. 467—492.

② 引自 F. Kellogg, *A History of Romanian Historical Writing* (Bakersfield, 1990), p. 37.

③ N. Iorga, *Opinions sincères. La vie intellectuelle des Roumains en 1899* (Burcharest, 1899), pp. 43—51. 所有英译是由笔者完成的。

dans les dépôts des manuscripts d'Occident）。约尔加把这部作品献给他
的老师兼导师 A. D. 色诺波。他在前言中还写道，在罗马尼亚史的写作 200
中，之所以存在前后矛盾的地方，大部分原因是缺少史料。①

约尔加凭借他的高超研究能力及超强记忆，持续性地出版史料集，
特别聚焦于胡尔穆扎基文献集。欧多西乌·胡尔穆扎基（Eudoxiu Hur-
muzaki，1812—1874）是第一位探访维也纳哈布斯堡帝国档案馆的学
者。胡尔穆扎基在抄写员的帮助下，收集了 13 至 19 世纪有关摩尔达维
亚（Moldavia）和瓦拉几亚（Wallachia）的信息。他的整个文集后来得
到扩展，并得到其他学者不时的编辑。在胡尔穆扎基去世后，在 1876
至 1946 年间，这些档案集以不同版本出版，总题目定为"罗马尼亚史
文件集"（*Document privitóre la istoria Românilor*）。约尔加编辑了九
卷，篇幅超过 7 000 页。除了胡尔穆扎基收集的文献外，约尔加还出版
了一个大型文献集，题为《15 世纪十字军东征的笔记与节选》（*Notes et
extraits pour server à l'histoire des croisades au XVe siècle*，1899 年）。
这部著作被视作有关 14—15 世纪东西方关系研究中最重要的贡献之
一。②由约尔加编辑的其他文献集也陆续得到出版，它们主要出版于 20
世纪的第一个十年。③

施皮利顿·兰姆布罗斯和尼古拉·约尔加分别是希腊和罗马尼亚建
立科学性历史学科过程中的引领者。他们的研究、历史书写和学术传
授，都在特殊背景下为科学性的追求做出了重要贡献。因此，除非我们
进一步地观察相关主题，在两国民族史更为广阔的框架下探究这些主题
之间的联系，不然我们对于这些努力的分析将只是片面的。

---

① N. Iorga（ed.），*Actes et fragments concernant l'histoire des Roumains colligés dans les
dépôts de manuscipts d'Occident*（Bucharest，1894），p. 3.

② 参见德国历史学家 R. Röhricht 的批评，in I. Ionascu，'N. Iorga, éditeur de sources
historiques'，in D. N. Pippidi（ed.），*Nicolas Iorga. L'Homme et l'Oeuvre*，à l'occasion du
centième anniversaire de sa naissance（Burcharest，1972），pp. 21—113，此处是 p. 103.

③ 关于 Iorga 编辑作品的细致调研，可参见 I. Ionascu，'N. Iorga, éditeur de sources his-
toriques'，in Pippidi，*Iorga*，pp. 21—113.

在"科学"史学核心中的中世纪与拜占庭

在希腊，特别是 19 世纪上半叶，拜占庭史与中世纪史完全被人们所拒斥。启蒙运动对"专制主义的、政治上腐烂堕落的"拜占庭充满厌恶之情，是上述态度的主要成因。后来，人们将关注的重点置于古典时期。这两种做法彼此联系。它们反映了西欧观念的入侵，以及新进成立的希腊国家试图获得西欧公众舆论与政府认可及称赞之努力。

201　　　然而，很快，人们明白了，古代希腊与现代希腊之间的鸿沟必须要被跨越。这一点在 1830 年后更为如此。当时，雅各布·菲利普·法尔梅瑞尔（Jacob Philipp Fallmerayer，1790—1861）①出版了自己的著作《中世纪期间的摩里亚半岛史》（*Geschichte der Halbinsel Morea während des Mittelalters*）。希腊知识分子转向了拜占庭，以便驳斥法尔梅瑞尔的观点。后者认为，希腊的斯拉夫化是 6 世纪末到 10 世纪间伯罗奔尼撒半岛受到斯拉夫人占领后的结果。施皮利顿·萨姆贝利奥斯（Spyridon Zambelios，1815—1881）②于 1857 年出版了《拜占庭研究》（*Byzantine Studies*）一书。他指出，在大众文化方面，拜占庭提供了连结古代与现代的必要纽结。康斯坦丁·帕帕里戈普洛斯（Konstantinos Paparrigopoulos，1815—1891）③的《从上古时代到当代的希腊民族史》（*History of the Greek Nation from the Most Ancient Times until the Present*）宣称，希腊民族拥有一种从未被中断的延续性。他提出的希腊"古代—中世纪—现代"三段发展范式，使拜占庭有可能作为这一链条的第二个纽结而被融入到希腊民族叙事中。④

---

①　德意志蒂罗尔（今属奥地利）旅行家、政治家与历史学家。——译者注
②　希腊哲学家与历史学家。——译者注
③　希腊历史学家，被认为是现代希腊史学的奠基者。——译者注
④　关于 Paparrigopoulous 观点的概括，请参加他的 *Histoire de la civilization hellénique*（Paris，1878）.

施皮利顿·兰姆布罗斯对拜占庭史拥有着特别的兴趣。他在信仰历史研究的"科学"本质的同时，把自己的精力集中于收集与分析拜占庭史料。1880 年，在希腊国会的资助下，这位历史学家接过了研究阿索斯山（Mount Athos）①的使命。1881 年，他的报告被译成德语，并在维也纳和波恩出版。②其深入研究的成果后来在 1895 年与 1990 年分两卷出版，题目为《阿索斯图书馆中希腊手稿目录》（*A Catalogue of the Greek Manuscripts in the Libraries of Athos*）。

除了研究与批判性分析一手史料外，拜占庭与中世纪研究还需要一个特殊的参考视角。兰姆布罗斯坚持认为，希腊的学术共同体"需要一种用于研究拜占庭世界的特殊工具"。③最终，在 1904 年，他创立了期刊《新海伦诺姆》（*Neos Hellenomnemon*）。④这是一本专注于拜占庭与"后拜占庭"研究的历史书评杂志。它是希腊第一本拥有强烈学术导向和专业化特殊领域的历史期刊。就这一点而言，它有助于在历史研究中形成学科标准和职业标准。在接下去几乎 13 年间，直至兰姆布罗斯去世，该期刊都是希腊最具影响力的历史期刊。它的大部分文章由兰姆布罗斯自己撰写，但它也刊登图书馆与档案馆的目录、书评，一些译介而来的杰出历史论文。它学习的榜样是拜占庭研究领域内的第一本期刊——克卢姆巴赫（Krumbacher，1856—1909）⑤的《拜占庭杂志》（*Byzantinische Zeitschrift*）。兰姆布罗斯发表了大量主题同拜占庭史与中世纪史相关的

202

---

① 希腊东北部的一座山脉，东正教修道院的重要中心。其基督教传统可以追溯到公元 800 年。山上保存有大量文物、古代文献与珍本。——译者注

② *Ein Besuch auf dem Berge Athos，Bericht des Dr. Sp. Lambros，an die griechische Kammer ueber seine Sendug nach den hl. Berge im Sommer 1880，aus dem neugriechischen，von dem Verfasser genehmigte und durchgesehene Uebersetzung v. P. Heinrich von Riechenbach O. S. B. Würzburg，Wien，1881；Die Bibliotheken der Klöster des Athos，nach dem Rechenschaftsbericht des Prof. Sp. Lambros an die griechischen Kammern，deutsch von Prof. August Boltz*（Bonn，1881）.

③ S. P. Lambros，*'Ελλάςκαι Βυζάντιον'*［Greece and Byzantium］，in*Λόγοικαι'Αρθρα*［Speeches and Articles］（Athens，1902），pp. 384—387，385.

④ 该期刊是根据 Andreas Moustoxidis 的期刊 *Ελληρομνήμων* 来命名的。

⑤ 即 Karl Krumbacher，德国学者，拜占庭希腊语言、文学、历史和文化方面的专家。他是作为一门学科的拜占庭研究的主要创始人之一。——译者注

著述作品，主要是专著，还有一些期刊上发表的文章及合集。

其研究的大部分内容，在本质上都不仅仅关注拜占庭，而且还涉及东地中海地区被威尼斯人和法兰克人占领的时代。这一点并不奇怪。19世纪的希腊史学并没有在拜占庭与所谓"后拜占庭时代"之间设置明确的分界线，因为它对民族连续体抱有兴趣。兰姆布罗斯的著作主题广泛，对其做出任何分类都存在局限。不过，我们仍有可能去辨别一些普遍性话题。首先，许多著作和论文聚焦于雅典。尽管雅典因其古典历史而受到极大称赞——特别是因为它的古典遗产而使这座小镇成为了希腊国家的首都——但人们对其在稍后历史时期的发展明显缺少兴趣。雅典在中世纪的衰落这一事实，未能引发人们的研究兴趣。兰姆布罗斯在其研究①中，发掘了中世纪期间雅典史的未知面向。在他看来，中世纪的雅典史把这座城市同其古典过去相联系，并且重建了历史连续体。

其次，兰姆布罗斯转向伯罗奔尼撒半岛之历史。这一区域已成为新民族国家的最初核心。法尔梅瑞尔有关希腊人在种族上并不纯粹的理论，强化了人们对于这一区域的兴趣。但是，兰姆布罗斯的视角更为广阔。在他的范式中，当君士坦丁堡（Constantinople）于 1204 年被第四次十字军东征占领后，伯罗奔尼撒半岛构成了原初的"希腊实体"。②据

203

---

① 主要参见 Ανέκδοτον Χρονικόν περί Αθηνών κατά τον 16ον αιώνα [An Unpublished Chronicle of Athens in the 16th c.]（Athens，1877）；Αι Αθήναι κατά τα τέλη του 12ον αιώνος κατά πηγάς ανεκδότους [Athens at the end of the 12th C. A. study based on unpublished sources]（Athens，1878）；Σεισμοί εν Αθήναις προ του 1821 [Earthquakes in Athens before 1821]（Athens，1881）；Πρόχειρα τινά περί της ιστορίας των Αθηνών κατά τους μέσους αιώνας και επί Τουρκοκρατίας [Notes concerning the history of Athens in the Middles Ages and under Ottoman Rule]（Athens，1881）；Αι Αθήναι προ της συστάσεως του βασιλείου [Athens before the formation of the kindom]（Athens，1889）；Ηονοματολογία της Αττικής και η εις τηρ Χώραν εποίκισις των Αλβανών [Space-names in Athens and the Albanian Settlement]（Athens，1896）；Ecthesis Chronica and Chronicon Athenarum；edited with critical notes and indices by Sp. Lambros（London，1902）；Αθηναίοι βιβλιογράφοι και κτήτορες κωδίκων κατά τους μέσους αιώνας και επί Τουρκοκρατίας [Athenian bibliographers and owners of codes in the Middle Ages and under Ottoman rule]；'Περί Αθηνών' [On Athens]，Νέος Ελληνομνήμων 18（1924），pp. 254—275；'Οι δούκες των Αθηνών' [The dukes of Athens] Νέος Ελληνομνήμων 19（1925），pp. 335—368；'Αι Αθήναι υπό τους Φράγκους' [Athens under Frankish domination]，Νέος Ελληνομνήμων 20（1925），pp. 67—103；'Αι Αθήναι υπό τους Φλωρεντίνους' [Athens under Florentines]，Νέος Ελληνομνήμων 20（1925），pp. 244—272.

② 此时的伯罗奔尼撒半岛大部分实际上由十字军建立的拉丁帝国之附属国亚该亚侯国所控制。——译者注

此论点，由于奥斯曼人的持续扩张，拜占庭的缓慢衰败不可避免；而只有在伯罗奔尼撒半岛——当时受巴里奥略王朝（Palaeologian dynasty）[①]成员统治——才有可能重构一种新的希腊"城邦"（polis），并为学术和文化之发展提供相应空间。1912 年，这位历史学家出版了两大卷有关伯罗奔尼撒史的文献集，其中包括了之前未知的文献材料。[②]这部作品题为《论巴里奥略王朝和伯罗奔尼撒半岛》（*On the Palaeologian Dynasty and the Peloponnese*）。该书特别热心于把伯罗奔尼撒半岛树立为君士坦丁堡陷落后的最后一个拜占庭王朝的中心，因而也将之树立为拜占庭帝国的合法继承者。兰姆布罗斯还研究了威尼斯人统治时期。1900 年，他在威尼斯档案馆发现了威尼斯督查（proveditori）[③]的报告，后来将之编辑出版。[④]

当兰姆布罗斯及其之后的历史学家把拜占庭视作古代希腊与现代希腊的关键连结时，尼古拉·约尔加却确信拜占庭史直接与罗马尼亚人及

---

① 拜占庭希腊家族，在 1204 年十字军占领君士坦丁堡后逃往尼西亚帝国，并在那里占据高位。1261 年，在尼西亚帝国光复君士坦丁堡重建拜占庭帝国后，巴里奥略家族的米海尔八世废黜了皇帝自己取而代之。从此，巴里奥略王朝统治拜占庭帝国直到 1453 年帝国灭亡。君士坦丁堡陷落后，最后一位皇帝君士坦丁十一世的两个弟弟仍统治着伯罗奔尼撒半岛，奥斯曼苏丹穆罕默德二世允许它作为奥斯曼帝国的附庸保留头衔和土地。1460 年，穆罕默德入侵并将半岛并入奥斯曼帝国。——译者注

② 另两卷是其逝世后由 I. K. Vogiatzides 及 "施皮利顿·P. 兰姆布罗斯未发表著作逝世后出版委员会"编辑和出版的。

③ 威尼斯共和国海外领土的地方长官，一般由贵族担任，作为其职业生涯的跳板。——译者注

④ Sp. P. Lambros, *Εκθέσεις των Βενετών Γενικών Προνοητών της Πελοποννήσου, νυν τοπρώτον εκ των αρχείων της Πελοποννήσου εκδιδόμεναι* [Reports of the Venetian proveditori on the Peloponnese] (Athens, Sakellariou, 1900). 也可参见 Sp. P. Lambros, 'Εκθέσεις των Βενετών Προνοητών της Πελοποννήσου, νυν τοπρώτον εκ των αρχείων της Πελοποννήσου εκδιδόμεναι' [Reports of the Venetian Proveditori of the Peloponnese in the Venetian archives, first published], *Δελτίον της Ιστορικής και Εθνολογικής ΕταιρείαςτηςΕλλάδος* [Bulletin of the Historical and Ethnological Society of Greece], 5 (1896—1899), pp. 425—567, 605—823; 'Τα Βενετικά Αρχεία και η αναφορά περίΠελοποννήσου του Μ. Μικέλ' [The Venetian Archives and the report on the Peloponnese of M. Mikel], *Ιστορκα ιΜελέται* [Historical Studies] (Athens, 1884), pp. 173—220; 'Η περίΠελοποννήσου 'Εκθεσιςτων Βενετών Προνοητών Κόρνερκαι Γραδενίγου' [The reports on the Peloponnese of the Venetian Proveditori Corner and Gradenigo], *Δελτίον της Ιστορικής και ΕθνολογικήςΕταιρείας της Ελλάδος* [Bulletin of the Historical and Ethnological Society of Greece] 2 (1885), pp. 282—317; 5 (1896—1899), pp. 228—251.

东南欧其他民族的历史相连。他将其注意力聚焦于中世纪时期。当他在法国学习时，这一兴趣得到了增强。尽管在他之前的其他罗马尼亚历史学家早已表达过对中世纪时期的兴趣，如色诺波便是其中的佼佼者，但约尔加是第一个把有关这一时期的研究转变为罗马尼亚史学内独立领域的人。

204

约尔加确信，对于罗马尼亚民族的形成而言，中世纪是极为关键的时期。如同兰姆布罗斯那样，约尔加聚焦于政治史——这种政治史在当时特别有影响力，并且没有在民族之外，给阶级问题或性别问题的讨论留下太多空间。不过，约尔加把注意力放在更为广阔的社会问题上，以便探究罗马尼亚共同体在中世纪的形成。在他的框架内，农民是这一共同体的核心。他指出，自由农民的原初管理模式存在于罗马尼亚的土地之上。在特兰西瓦尼亚（Transylvania），这些农村社群一直存在到8世纪，直至马扎尔人（Magyar）的封建领主侵占这些农民的权利。在摩尔达维亚和瓦拉几亚，他们一直存在至15世纪。外来军队的入侵，剥夺了罗马尼亚人的权利，特别是在特兰西瓦尼亚。近代早期的起义只能被解释为农民对外来政权施加的不公所进行的反应。幸存下来的农村社群得益于国内手工贸易的发展。罗马尼亚土地上的贸易发展表明，早在三个地区实现政治统一之前①，它们彼此之间已经存在着持久互动。约尔加的分析既出于上述他对于罗马尼亚土地的构想，同时也基于他对东南欧其他由农业社会组成的地区之观察——他强调了在拜占庭与奥斯曼统治期间他们的共同遗产。不同于当时代观点的是，他还坚持认为，奥斯曼的统治废除了地方封建领主的糜烂治权，有助于农民社会与文化的独立身份认同。②他指出，在16世纪，出现了繁荣的文化活动，产生了新形式的宗教建筑，诞生了罗马尼亚语言的书写形式、历史书写及引人关

---

① 罗马尼亚由瓦拉几亚公国、摩尔达维亚公国和特兰西瓦尼亚公国合并而成，故称三个地区。1859 年，瓦拉几亚公国与摩尔达维尔公国合并为罗马尼亚公国，1881 年建立罗马尼亚王国。1918 年，特兰西瓦尼亚公国与罗马尼亚王国合并，罗马尼亚正式统一。——译者注

② 关于这位历史学家的解释范式，可参见 N. Iorga, *Histoire des États balcaniquesà l'époque modern* (Bucharest, 1914). 也可参见 M. M. Alexandrescu-Derska Bulgaru 的研究: *N. Iorga—A Romanian Historian of the Ottoman Empire* (Bucharest, 1972).

注的艺术作品。约尔加把这一时期的艺术界定为一种结合东西方影响后的产物。他把这一时期描述为"新拜占庭"，意思是罗马尼亚土地保卫着拜占庭传统——对于东南欧民族而言，这一点首先通过东正教会而得以体验。

同时期的大部分罗马尼亚知识分子对拜占庭与奥斯曼统治持敌视态度，将之与希腊在罗马尼亚土地的影响和统治相结合——特别是在法纳尔人（Phanariot）于瓦拉几亚与摩尔达维亚建立政权之后。他们怨恨希腊人对东正教传统的垄断。然而对于约尔加而言，16 世纪后，希腊人通过在该地区建立希腊语共同体来加强影响之举，象征着希腊人与罗马尼亚人拥有了共同的遗产。它还表明，不仅是希腊人，还有罗马尼亚人保卫着拜占庭传统与东正教信仰。约尔加试图**重新界定**拜占庭的历史，其方法是指出"希腊学者经常犯的错误类似于某某人把拜占庭视作一个'下帝国'（Bas-Empire）①。把古希腊这一完全不同的世界与拜占庭联系在一起——拜占庭在其出身与本质上都源于罗马——它们应该仅仅被视作其民族发展的一个阶段；根本不存在一种独一无二民族的、不可变化的、而大多数种族天然拥有的本质"。约尔加认为，"拜占庭并不仅仅代表着物质力量"；尽管"罗马尼亚人不能、也未曾与拜占庭领土存在任何关系……**但拜占庭不仅仅是帝国，而且主要还是教会。**"②

他的观点是，东南欧的所有民族都共享这种东正教传统；东南欧的所有民族（不仅是希腊人）都对这一东正教传统拥有相同权利。③对于约

205

———————————————

    ① 这是法国学者使用的一个概念，时间上继"上帝国"（Haut-Empire）之后，是罗马帝国的第二个历史时期，也是最后一个时期。其使用可以追溯到 1752 年，最初形容词"下"的使用并无贬义，只是指最接近现在的时期。但启蒙时代的历史学家赋予了该词贬义，他们认为这是一个以君主专制和教会权力为标志的颓废时期。该词涵盖的具体时期存在争议，开端一般在公元 2 到 3 世纪。结束时间对于西罗马帝国而言，一般认为是 476 年，而就东罗马帝国而言存在争议，没有准确的时间节点。在这一时期，帝国经历了一系列危机使其逐渐确立了一种新的强权政体代替了奥古斯都建立的开明专制的"上帝国"。——译者注

    ② N. Iorga, *La Place des Roumains dans l'Histoire Universelle*（Bucharest，1935），pp. 18—19，21，原文为重点符号。

    ③ 特别参见这一章"L'Etat Roumain Devant l'Empire Byzantin"，in *Place des Roumains*，pp. 18—25.

尔加而言，希腊语的优势地位并不必然意味着希腊文化在拜占庭的优势地位，因为他认为，语言的运用纯粹是操作性的，"对于帝国而言，希腊语只是另一种语言……它是一种操作性的语言……帝国使用了一些工具，而希腊语在当时不过是一个有用的工具。这正是它何以获得重要性的原因。"①

正是因为约尔加以上述方式来界定希腊的存在，所以并不令人感到惊奇的是，与大多数前人和同时代学者不同，他把法纳尔人统治时期界定为罗马尼亚历史上的重要阶段。之所以如此，则是因为他把这一时期视作一种共同遗产的进一步证据，并认为，有关社会与政治改革的启蒙观念也在这一阶段得以引介和巩固。他并没有把法纳尔人政权描绘为罗马尼亚人所拥护的对象；但他也并不认同将之形容为全面崩溃和衰落的时期。②尽管拜占庭在两位历史学家之间成为存在争议的对象，但他们也有兴趣进行彼此之间的联络与合作。例如，兰姆布罗斯对约尔加的著作产生了强烈兴趣，并计划将之翻译为希腊语。在兰姆布罗斯去世后，"施皮利顿·P. 兰姆布罗斯未发表著作逝世后出版委员会"（Committee for the Posthumous Publication of Spyridon P. Lambros's Unpublished Works）

206 联系尼古拉·约尔加，并试图募集资金以出版其著作的希腊语版本。约尔加应允说，他将"号召布加勒斯特的希腊人社群"资助这项出版。③

约尔加是第一位对非民族历史产生如此浓厚兴趣的东南欧历史学

---

① N. Iorga, *Formes Byzantines et réalités Balkaniques. Leçons faites à la Sorbonne* (Bucharest and Paris 1922), pp. 33—34.

② 特别参见这一章 "Développement de la civilization roumaine au XVIe et XVIIe siècle", pp. 164—199, 以及 "Décadence phanariote sur le Danube", in N. Iorga, *Histoire des Roumains et de leur Civilisation* (Paris, 1920), pp. 199—235. 关于 Iorga 有关中世纪与拜占庭时期的构想, 可参见 S. Pascu, 'N. Iorga, Historien du Moyen Âge Roumain', in D. M. Pippidi (ed.), *Nicolas Iorga. L'Homme et l'Oeuvre. A l'occasion du centième anniversaire de sa naissance* (Bucharest, 1972), pp. 251—266; D. A. Stamatopoulos, *Το Βυζάντιο μετά το Έθνος. Το πρόβλημα της συνέχειας στις βαλκανικές ιστοριογραφίες* [Byzantium after the Nation. The Question of Continuity in Balkan Historiographies] (Athens. 2009), 特别是 pp. 348—353.

③ 参见 G. Haritakis 标注为 1921 年 9 月 22 日的信和 N. Iorga 标注为 1921 年 11 月 10 日的信, in File 10, *Επιτροπή Εκδόσεως Καταλοίπων* [Committee of Posthumous Publications], Lambros's Archive, Archive of the University of Athens.

家。他研究过中世纪史、拜占庭史、奥斯曼帝国史、东南欧史、西欧史，甚至"人类史"。[1]今天，东南欧史的任何领域都留下了他的足迹。不过，尽管他的兴趣广泛，但他的史学仍然是一种带着跨文化视野的民族史。作为19世纪下半叶"浪漫主义历史科学"的代表之一，约尔加确信，只有对不同领域加以深入研究，才有可能书写一种可被信赖的民族历史。他相信，自己民族之历史只能在国际情境与跨欧洲情境下得到理解。他的动力在于如下强烈渴望：即为"被遗忘的罗马尼亚人"提供机会，让他们在国际史中赢得自己的地位。这一点并不令人感到惊奇，因为他所遵循的"科学典范"形成于西欧共同体中，而这种典范认为，西南欧的所有民族都首先得益于希腊人。约尔加在其《罗马尼亚人在世界历史上的地位》（*La Place des Roumains dans l'Histoire Universelle*，1935年）中雄辩式地指出：

> 在那些至今未曾融入人类历史的民族中……人们必须考虑到1400万至今仍拥有罗马人名字的东方拉丁人。他们不是因为征服的结果而恰巧与拜占庭人和现代希腊人一同出现，而是因为他们是中世纪自治罗马尼亚地区的后人。[2]

约尔加并不讳言罗马尼亚人的拉丁缘起。他还试图挑战希腊人宣称他们完全掌控了启蒙观念的传递与流播这一观点。他争辩说，

> 把西方文明传播到东欧的事业是奇特的，并且与希腊爱国者团体联系在一起。它由里加斯（Rhigas，1757—1798）[3]推动，而此人

---

[1] 例如参见 N. Iroga, *Essai de synthèse de l'histoire de l'humanité* (Paris, 1926).

[2] N. Iorga, *La place des Roumains dans l'Histoire Universelle*，前言 p. 1，笔者加的重点符号。

[3] 即 Antonios Rigas Velestinlis，希腊作家、政治思想家与革命家。1793年左右，他前往维也纳。约尔加是用其时代的称呼将维也纳称为奥地利帝国的首都。实际上，奥地利帝国在1804年才建立，里加斯前往维也纳时期，帝国的国号仍是神圣罗马帝国。——译者注

207 生活在奥地利帝国生机盎然的首都……但是，资助出版哲学著作的商人们，在很大程度上，都是马其顿的罗马尼亚人，而它们的读者绝大多数由罗马尼亚特权阶层（boyars）组成。①

除了研究与写作外，约尔加对将经过可靠研究的历史知识加以制度化与通俗化感兴趣。他建立并积极参与了许多学术性组织，如东南欧研究所（Institut de studii sud-est europene，1914 年）。他编辑出版了一些历史杂志，如《史学通讯》（*Bulletin de la Section Historique*，1912—1939 年）、《东南欧研究所通讯》（*Bulletin de l'Institut pour l'étude l'Europe sud-orientale*，1914—1924 年）——后改名为《东南欧史评论》（*Revue historique du sud-est européen*，1924—1940 年），以及《史学评论》（*Revista istorica*，1918—1940 年）。

并列案例

科学性民族史的发展，在希腊和罗马尼亚出现了惊人的相似性。但是，两地也存在着重要差别。在两个地区，由于 18 世纪启蒙观念的影响，民族意识日益发展，并很快破坏了东正教徒这一集体身份认同。历史时间根据新前提而得以重构。目的论式的、宗教编年史的时间维度被一种新叙事所取代。这种新叙事强调几个世纪以来族群的命运和天数。当然，希腊人与罗马尼亚人以不同方式去解释和运用启蒙观念。这首先是因为他们在奥斯曼帝国及欧洲的政治社会背景下自身关系的特点所致，特别是法纳尔人政权在多瑙河各邦建立政权之后。希腊人进行了一种文化布道，旨在让他们的文化被认为是优越的且独一无二的。然而这种教义的接收者（包括罗马尼亚人）很快采取了抵制行动。抛开这些

---

① N. Iorga, *Les Latins d'Orient. Conférences données en janvier 1921 au Collège de France* (Paris, 1921), p. 48.

主张的争议性，其结果是类似的。从中产生的民族意识首先同重新发现过去之举相联系。于希腊和罗马尼亚而言，过去通过与拜占庭、古希腊和古罗马不同但极为相似的身份认同而受到颂扬。这一过去不仅构建了一种文化论点，而且还很快被表达为一种寻求政治独立和解放的政治教义。

希腊人和罗马尼亚人首先把他们的"独一无二性"建立在自己源于辉煌祖先的假设中。在两个例证里，古代都扮演着重要角色。希腊人强调古希腊的荣耀，罗马尼亚人强调古罗马的荣耀。除了文化维度外，还存在着一种政治理由，即两个民族都把自己置于欧洲进步和文明化的启蒙讨论中，把自己视作文明世界的一员。

民族国家的形成，加强了对于统一性和延续性的需求。强调这些观念的历史叙事很快得以机制化，并得到促进以支持民族融合与民族巩固。到19世纪中叶，两个国家都拥有自己关于民族史的视角，把历史时间分为古代、中世纪和现代，并让它们按照线性模式加以展示。

对于两个国家而言，主要的转折点发生在19世纪后半叶。它们拥有两个普遍特点：第一，建构旨在把史学转变为科学的拥有研究标准和规范的新范式；第二，对于中世纪和拜占庭的兴趣被构思为"民族精神"的时间核心。希腊的施皮利顿·兰姆布罗斯和罗马尼亚的尼古拉·约尔加都完成了自己的使命，即围绕单个分类体系组织民族史，并促进针对科学性的研究。他们都接受历史实证观的方法论，把深入研究首先建立在一手档案资料的基础之上。他们的民族观在把史学建构为一种"科学"学科的理论框架中产生。再者，尽管这种历史新学科并没有排斥其他类型的历史书写，但它把这种"科学"描述机制化，将之提升为有关民族之历史的正当视角。

在兰姆布罗斯和约尔加的两个例证里，新的方法论主要是在与中世纪时期和拜占庭史相关的知识领域内得到了特别的发展。不过，尽管两人拥有类似的方法论假设，都试图提升一种强烈的客观性感觉，通过一种新类型史学来追求真相，但他们有关拜占庭史的描述却不同。一方面，兰姆布罗斯聚焦于一种希腊人的拜占庭；另一方面，约尔加则把东正教传统刻画为一种共同的文化遗产。文化主题拥有着一种明显的政治维度——而在当时，民族融合与领土收复主义都特别强烈，而且被人们期望能够形塑民族之未来。当希腊人的"伟大观念"在强调拜占庭的希腊特征之观念框架内发展起来并得到论证时，罗马尼亚人却主张他们共享的东正教信仰，并把他们的宗教认同构想为民族共同体的首要元素。

　　19世纪的浪漫主义历史科学，如兰姆布罗斯和约尔加所实践的那样，业已在两个国家内支持民族抱负。当然，"科学的"真相仍然被视作组织原则，但很明显，并不仅仅存在一个真相，因为历史研究很容易提供两种不同的版本。在各自相异的背景下，这两种不同版本得到了很好的确立，并被人们接受为颠扑不破且合情合理的真理。

第十章 戏剧史与民族身份认同构建：以挪威与芬兰 为例

伊洛娜·皮卡宁（Ilona Pikkanen）

在本章中，笔者讨论的是有关 19/20 世纪之交两个民族戏剧机构的史书，即：埃利尔·阿斯佩林-哈普基莱（Eliel Aspelin-Haapkylä）的《芬兰戏剧史》（*Suomalaisen teatterin historia*，第 1—4 卷，出版于 1906—1910年）和塔拉尔德·布朗克（Tharald Blanc）的《克里斯蒂尼亚戏剧史》（*Christiania Theaters Historie. Tidsrummet 1827—1877*，出版于 1899 年）。这两部史书撰写之时，正值两国首都克里斯蒂尼亚（Christiania）①与赫尔辛基（Helsinki）的专业或半专业戏剧团体在城市中心建成新的大型剧院——这些剧院后来被正式更名为"国家剧院"。绝非偶然的是，剧院机构的改名及其迁往新建筑之举也发生在同一时期。因为城郊的老旧木结构剧院，或许会让民族文化成熟的特殊图景存在争议。从根本上而言，在创造、传播与维护有关民族历史的特殊性及其意象中，特别在19—20 世纪欧洲构建新民族国家的进程里，戏剧是核心手段之一。

同样，并非巧合的是，上述两部史书付梓出版（挪威）或受托撰写（芬兰）之前，国家剧院正好启幕使用。机构需要史书——特别是在变迁时刻，必定需要人们对该机构走过的道路、其存在的合法性达成一致

---

① 1624 年，该城名字从奥斯陆（Oslo）改为克里斯蒂尼亚（Christiania）。1877 年，该城名字从"Christiania"改为"Kristiania"。1925 年，城名又改回奥斯陆。

意见，拥有共同理解。鉴于上述因素，那么即便我们没有阅读过这两本史书，也会很容易地对它们作出相当令人信服的判断：这两部史书是目的论式的、意识形态化的，甚至存在时代错置的问题。正因如此，本章得出的结论并不令人感到惊讶。笔者认为，布朗克与阿斯佩林-哈普基莱的戏剧史构建了一种延续性的、连贯性的叙事，以便在一种正在变化的历史情景里，在他们面临更多外在压力的情势下，为给定文化的民族独特性与独立性辩护。

尽管如此，笔者仍然认为，对这些叙事加以进一步观察也是有趣的。在下文实际分析的第一部分里，笔者将对作者们（特别是阿斯佩林-哈普基莱）用以创建上述连贯故事的叙述策略与修辞手法加以评论。笔者也将思考他们是如何使用——或者在一些情况下是如何放弃——史学著作的惯例来表现他们的权威性。在此之后，笔者讨论作者们有关全部剧目的观点，并追问观众及演员曾被允许在这些史书中扮演怎样的角色。对此，主要的问题是：叙事策略及作者所强调的部分剧目是否揭示了他们各自的民族主义立场？以及有关民族戏剧的界定如何反映了国民政治？①

挪威与芬兰之比较

挪威与芬兰之所以是进行比较研究的好例证，是因为就民族和民族国家的建构而言，它们的相似度很高。在这两个国家，民族主义都发端于 19 世纪初不断变化的政治环境所引发的觉醒浪潮。当时，这股浪潮使人们有可能把文化认同和政治认同与最新得以界定、但在政治上并未取得独立的民族国家的领土框架联系起来。②正因如此，在这两个国家里，地方政治精英与文化精英都承担起建构民族和国家的使命。在此过

---

① L. Kruger, *The National Stage：Theatre and cultural legitimation in England, France and America* (Chicago, 1992), pp. 4—5.

② 不过，我们必须注意到，与瑞典和丹麦不同，有关民族特殊性和差异性的观念，早在 18 世纪末，便已在学术圈内引起了关注。

程中，学术语言扮演着重要角色。

丹麦与挪威之间的联合，始于 1380 年。当时，这两个独立的王国联合起来。[①]到 16 世纪，挪威降格为丹麦的区区一个省。[②]1814 年，丹麦把挪威割让给瑞典。挪威人对独立的渴望导致他们在政治混乱期间草拟过一部新宪法。这一次，挪威不再成为一个省，而是被瑞典允许保留其大部分宪法，并拥有自己独立的议会。[③]不过，直至 19 世纪后半叶，挪威在文化上仍然是丹麦的一个省。在斯堪的纳维亚半岛的另一面，瑞典王国的东部八省（即今天我们知道的芬兰这片区域）则于 1808 年被并入俄罗斯，在 1809 年被重组为俄罗斯帝国内部的大公国。[④]然而，芬兰仍然拥有自己的行政结构及教会机构和文化机构。[⑤]

当拿破仑战争重塑欧洲版图后，挪威文化民族与芬兰文化民族得以界定。其间，语言与历史是关键概念。在这两个国家里，地方文化精英与政治精英使用一种不同于绝大多数人的语言：在挪威，他们使用丹麦语；在芬兰，他们使用瑞典语。在 19 世纪的进程里，一部分精英开始在本国语（即便当时还不是标准语）的基础上建立本国的民族身份认

211

---

① 1375 年，时任丹麦国王瓦尔德马四世去世，其外孙、时任挪威国王哈康六世之子被选为丹麦国王，称奥拉夫三世。1380 年，哈康六世去世，奥拉夫三世继承挪威王位，称奥拉夫四世，丹麦与挪威从此开始由一位君主统治，即成为联合君主国，这是一种共主邦联，各成员国仍保留各自王国地位，具有一定独立性。——译者注

② 1534 年，挪威被取消王国地位，成为丹麦的一个省。——译者注

③ 1814 年 1 月 14 日，瑞典和丹麦签订《基尔条约》，在拿破仑战争中战败的丹麦把挪威割让给瑞典以换取瑞典的波美拉尼亚。然而条约并未正式实行，普鲁士在 9 月召开的维也纳会议上获得了波美拉尼亚。同年 4 月挪威颁布宪法，5 月选举丹麦储君兼挪威驻副总督克里斯蒂安·弗雷德里克为国王并宣告独立。随后瑞典入侵挪威，迫使弗雷德里克于 10 月退位，而挪威议会对宪法进行了修改，并于 11 月选瑞典国王卡尔十三世为王。至此，瑞典和挪威成为联合君主国，而挪威的三个属地——格陵兰、冰岛与法罗群岛仍属丹麦。——译者注

④ 1808 年，第八次俄瑞战争，即芬兰战争爆发，年底俄军占领芬兰全境。1809 年，俄军进攻瑞典本土，9 月瑞典被迫签订《弗里德里希港和约》割让芬兰。俄皇亚历山大一世建芬兰大公国并自任大公，使芬兰成为俄罗斯帝国的附属自治大公国。——译者注

⑤ U. Østergård, 'The Geopolitics of Nordic Identity', in B. Stråth and Ø. Sørensen (eds), *The Cultural Construction of Norden* (Oslo, Stockholm and Copenhagen, 1997), pp. 26, 48—62; T. M. S. Lehtonen, 'Suomi ennen Suomea. Raja-alueen kiinnittyminen eurooppalaiseen kulttuuripiiriin', in T. M. S. Lehtonen (ed.), *Suomi. Outo pohjoinen maa? Näkökulmia Euroopan äären ja kulttuuriin* (Porvoo, 1999), pp. 20—47; T. K. Derry, *A History of Modern Norway 1814—1972* (Oxford, 1973), pp. 1—16.

同，并促进本国行政语言与文化语言的发展。①换言之，这两个民族建构自己的身份认同时，并非与当时的政治情势相联系，而是与它们过去归属的政治实体相联系。

不过，两个国家之间也存在着明显差异。在挪威，地方上的农村丹麦—挪威方言与精英们说的丹麦语之间，并没有很大的语言落差。人们可以在哥本哈根（Copenhagen）使用丹麦—挪威语，而且能够被人理解。自然，在本国语已成为文化独特性的象征与安全避难所，且依次使之在欧洲民族国家的版图占有席位时，对于新民族而言，上述现象确有问题。因此，在整个 19 世纪期间，有关更挪威化的语言之讨论持续进行。尽管语言问题仍未得到解决，②但它对挪威民族的界定却起到了决定性的作用。

在芬兰，身份认同的问题出现在说瑞典语的上层人士中。这些人深受浪漫主义思潮以及赫尔德观点（他认为语言、政治民族与人民极为重要）的影响。随后出现了持续不断寻找和创造一种芬兰身份认同的努力。一个名叫"芬诺曼人"（Fennomans）的团体由热衷于芬兰语的人组成。他们来自说瑞典语的知识圈，但丢弃了有关双语民族的观念。他们的目标是创建一种说芬兰语的高级文化（书面语和口语），并在 19 世纪的进程里通过接受一种新语言来实现自身的"转型"。这一点在某种程度上而言是令人烦恼的使命，因为上述两种语言属于完全不同的语族，而且芬兰语还必须在此进程里实现标准化。直至 20 世纪，这种语言情势仍然是政治生活与文化生活中的分裂线。③

212

---

① L. S. Vikør，'Northen Europe：Languages as Prime Markers of Ethnic and National Identity'，in S. Barbour and C. Carmichael（eds），*Language and Nationalism in Europe*（Oxford，2000），各处。

② 兰茨莫尔语（landsmål，农村语言）是 19 世纪 40—50 年代发明的挪威语言。但在整个 19 世纪，知识阶层使用的是一种本质上的丹麦语，即瑞克斯马尔语（riksmål，官方语言）。即便到今天，博克马尔语（Bokmål，就是此前的瑞克斯马尔语）仍然是典型的丹麦—挪威语。兰茨莫尔语的后代是尼诺斯克语（Nynorsk，即新挪威语）。

③ I. Sulkunen，*Suomalaisen Kirjallisuuden Seura 1831—1892*（Helsinki，2004），pp. 121—137.

戏剧与民族主义

研究民族主义的学者都一致认为，文化在民族主义中拥有重要地位。人们早已宣称，种族身份认同及民族身份认同与文化领域之间的连接，让这些认同变得比（例如）以阶级为基础的身份认同或地区身份认同更为强大，也更为牢固。这一点或许可以解释民族主义在世界范围内的高歌凯旋与持久存在。[①]因此，戏剧以及有关戏剧的史学著作，同样为我们提供了一种观察民族建构实际进程的有趣视角，而这种视角此前极少被用于研究民族主义或民族主义史学。

第一部被贴上"民族"标签的戏剧出现在 18 世纪初。展现民族是人们常用的方式之一，其目的是回答所有民族主义者与研究民族主义的现代学者们所共同关注的问题：我们的民族有多么古老？在欧洲的东部与北部，创作民族的、本国语的戏剧，正是抵抗外国文化霸权的一种方式。这种外国文化霸权体现在（例如）法兰西主导下的新古典主义戏剧传统[②]。所以，此举指向正处于讨论中的该民族之民族特性。[③]从英语地区和德语地区传来的浪漫主义运动珍视古代的民族历史与莎士比亚（Shakespeare，1564—1616）这样的原创性剧作家。

在此进程中，戏剧开始作为一种艺术形式与文化形式得到人们的严肃关注。它此前曾是宫廷或市场上的娱乐活动，而现在则转变为一种资产阶级的政治论坛，民族身份认同的焦点，甚至是革命的舞台。特别是

[①] J. Remy, 'Onko modernisaatio vai etnisyys kansakunnan perusta?', in J. Pakkasvirta and P. Saukkonen (eds), *Nationalismit* (Porvoo, 2005), pp. 60—61.

[②] 新古典主义戏剧是 17 世纪中期至 18 世纪初的一场运动，艺术家认为之前的作品过于宽松，过分注重情感和个人，而他们试图加强作品的集体性。于是，他们从古希腊和古罗马人的文化中寻找创作灵感，故称新古典主义。该运动起源于法国。——译者注

[③] T. Moi, *Henrik Ibsen and the Birth of Modernism* (Oxford, 2006), pp. 113—117; S. E. Wilmer, 'German Romanticism and its Influence on Finnish and Irish Theatre', in H. Mäkinen, S. E. Wilmer and W. B. Worthen (eds), *Theatre, History, and National Identities* (Helsinki, 2001), p. 25.

213　歌剧，在整个 19 世纪的欧洲，都是政治炸药，曾受到过严格审查。[1]演员们开始缓慢地转变自己的社会地位，从之前与卖淫者和杂耍者同等地位，到变成了受人尊敬的社会成员。

　　对笔者而言，戏剧史看上去经常把民族戏剧的概念及其本土的民族特点视作不证自明的事物。但是，在欧洲的不同区域，民族戏剧的创建并非是统一现象。事实上，研究者已经强调指出，在看似统一的"民族戏剧"这一词汇背后，存在着不同的意识形态和结构。大部分情况依仗于特殊的历史情势，特别是权势者与政治体[2]之间的关系。[3]

两部史书的叙事梗概

　　民族曾经是、且今天仍是由其各自历史文化所塑造的。其中一部分历史文化就是持续书写与重写它的历史。19 世纪新的专业史学强调严肃性、中立性与客观性。但是，即便在当时，虚构式叙事与非虚构式叙事的作者们，都通过运用特定的语篇与叙述技巧，以其别具一格的书写艺术，来让他们的读者信以为真。[4]笔者在此讨论的两部史学书写作品，碰巧都处于客观性与主观性、实在性与貌似真实的叙述技巧之间的边界线上。这两部史书（至少部分）是见证者记录，特别是阿斯佩林-哈普基

---

① P. Holland and M. Patterson, 'Eighteenth-Century Theatre', in J. R. Brown (ed.), *The Oxford Illustrated History of the Theatre* (Oxford 2001), pp. 261, 274—276, 298; H. -J. Lampila, 'Suomen musiikin hidas kasvukausi', in R. Knapas and N. E. Forsgård (eds), *Suomen kulttuurihistoria 2 : tunne ja tieto* (Helsinki, 2002), pp. 382—383.

② 指一个政府的全体人民，从政府领导人到普通公民。——译者注

③ Kruger, *The National Stage*, 各处。

④ M. Lehtimäki, 'The Rhetoric of Literary Nonfiction. The Example of Norman Mailer', in M. Lehtimäki, S. Leisti and M. Rytkönen (eds), *Real Stories, Imagined Realities : Fictionality and non-fictionality in literary constructs and historical contexts* (Tampere, 2007), pp. 29—32; A. Rigney, *The Rhetoric of Historical Representation : Three narrative histories of the French Revolution* (Cambridge, 1990), pp. 1—16; J. Burrow, *A History of Histories. Epics, Chronicles, Romances and Inquiries from Herodotus and Thycydides to the Twentieth Century* (London, 2007), p. 455.

莱的史书是该作者思想自传的重要组成部分。

埃利尔·阿斯佩林-哈普基莱①（1847—1917）是卡尔·贝格鲍姆（Karl Bergbom，1843—1906）和埃米莉·贝格鲍姆（Emilie Bergbom，1834—1905）的好友。后二人是从 1872 年初建直至 20 世纪初负责运营芬兰戏剧公司（Finnish Theatre Company）的姐弟。当这段历史的第一部分拉开帷幕时，阿斯佩林-哈普基莱在赫尔辛基的帝国亚历山大大学（Imperial Alexander University）刚刚开启美学与现代文学的教授生涯。在其职业研究之外，他在 19 世纪末 20 世纪初界定芬兰文化民族的最重要机构里扮演着核心角色。他是芬兰文学社团（Finnish Literature Society）的副主席，芬兰戏剧公司（后来的芬兰国家剧院［Finnish National Theatre］）董事会成员，国家古迹董事会（National Board of Antiquities）副主席。②他属于老年芬人党（Old Finnish Party）。该党对俄罗斯当局采取了一种调和式的立场。不过，阿斯佩林-哈普基莱同样与那些属于青年芬人运动（Young Finnish movement）③的艺术家们保持着紧密联系。④

另一方面，在挪威，塔拉尔德·布朗克（1838—1921）正触及学术型历史书写的皮毛。他在大学学习法学，随后在克里斯蒂尼亚高等法院从事秘书工作。他曾为《智慧》（*Intelligenssedlerne*）和《晚邮报》（*Aftenposten*）撰写音乐会和戏剧表演的评论文章。不过，他为挪威民族文化做出的主要贡献，同时也是他被列入《挪威国家传记》（*National Biography of Norway*，1925 年）的原因则是他的三部戏剧史：《挪威的第一个民族布景》（*Norges Første Nationale Scene*，1884 年）、《克里斯蒂尼亚剧院史》（*Christiania Theaters Historie*，1899 年）和《亨利克·易卜生与克

214

---

① 1906 年，阿斯佩林-哈普基莱对其双姓氏增加了芬兰语的附注。

② H. Selkokari, *Kalleuksia isänmaalle. Eliel Aspelin-Haapkylä teiteen kerääjänä ja taidehistorioisijana* (Helsinki, 2008), pp. 48, 89—101.

③ 19 世纪 80 年代芬人党分裂为互相对立的老年芬人党和青年芬人党两派，青年芬人党主要由年轻的自由派成员组成，主张自由民主，对沙皇的俄罗斯化政策进行消极抵抗。——译者注

④ 20 世纪初，青年芬人在保卫宪法的运动中号召进行消极抵抗。

里斯蒂尼亚剧院》（*Henrik Ibsen og Christiania Theater*，1906 年）。①

尽管这两部史书在容量上完全不对等——阿斯佩林-哈普基莱的四卷本史书超过 1 200 页，而布朗克的书写相对节制，只有 308 页——两人的威望也有很大不同，但这两部史书都在各自民族戏剧的研究传统中确立了主要范式的一些内容，而这些范式直到今天仍然为历史学家所重复使用。当布朗克与阿斯佩林-哈普基莱接触民族戏剧史时，他们并非在一种解释真空里进行书写。在两个国家，早在第一个常设剧院开幕后，在报纸上针对单部演出进行评论，把戏剧作为一种意识形态来加以争辩的写作已经出现，且两位作者同样已经为这种解释框架做出过贡献。但是，这些研究是有关被改名为"国家剧院"的戏剧机构及这种建构式叙事的第一批史学著作。

阿斯佩林-哈普基莱与布朗克都把 1827 年在克里斯蒂尼亚及赫尔辛基第一座永久剧院建筑的启用作为各自国家剧院的起点，而不顾实际上瑞典人约翰·彼得·斯特伦伯格（Johan Peter Strömberg，1773—1834）②才是第一个在克里斯蒂尼亚经营此种生意的人，在赫尔辛基则是外国的巡回剧团占据了舞台。这两个国家都属于北欧戏剧文化的更大背景，都受到德意志的强烈影响，并且拥有着定期跨国巡回演出的剧团。③

布朗克的目的是展示克里斯蒂尼亚剧院挪威化的缓慢进程。他首先介绍了所谓的斯特伦伯格剧院（Theatre of Strömberg）。该剧院由一位215　瑞典演员兼导演于 1827 年在克里斯蒂亚尼亚建立，次年因财政困难而关闭。斯特伦伯格的企业由克里斯蒂尼亚公共剧院（Christiania Public Theatre）继承，后者于 1835 年被烧毁，1837 年作为克里斯蒂尼亚剧院（Christiania Theatre）重新开放。后来，在 1863 年由于克里斯蒂尼亚挪

---

① J. P. Bull，'Tharald Blanc'，in *Norsk Biografisk Leksikon*（Oslo，1925），pp. 5—6.
② 瑞典舞蹈家与戏剧导演。——译者注
③ S. Hirn，*Alati kiertueella. Teatterimme varhaisvaiheita vuoteen 1870*（Helsinki，1998），*passim*.

威剧院（Christiania Norwegian Theatre）破产，克里斯蒂尼亚剧院与之合并。最终，合并后的新剧院于 1899 年 6 月歇业。随后，国家剧院的新建筑，更名为挪威国家剧院（National Theatre of Norway），占据了历史舞台的中心。换言之，布朗克在叙事框架里把三个依序出现的、独立的剧院机构结合在一起，并将它们作为挪威国家剧院的前史来加以呈现。

布朗克以比较斯堪的纳维亚半岛上国家来开始其史书。他将克里斯蒂尼亚缺乏专业剧院的情况与哥本哈根（Copenhagen）和斯德哥尔摩（Stockholm）的繁荣文化生活作对比。之后，在其史书的第二部分，布朗克总结了他的故事情节：斯特伦伯格剧院将成为创造一个真正的国家剧院（其叙述的终点）之灵感，虽然斯特伦伯格"不属于挪威民族"。①因此，前北欧戏剧文化的国际性被重新定义为具有民族性的特征，而叙述的核心将是挪威戏剧文化的发展对抗该国占主导地位的非挪威文化，即丹麦文化。

布朗克的史书出版于 1899 年，当时克里斯蒂尼亚剧院被更名为挪威国家剧院，并且克里斯蒂尼亚剧院的全体职工搬到了专为其建造的建筑物里。七年前，他在一篇文章中称斯特伦伯格剧院是"挪威的"，并给该词加上了引号，以此表达他对斯特伦伯格剧院是否拥有挪威特征的怀疑态度。②然而，在他现在的史书里，布朗克的民族主义、回顾式的眼光，却将 19 世纪初的戏剧与政治和文化背景分离。现在，斯特伦伯格的企业成了挪威戏剧传统的开端，而斯特伦伯格剧院的倒闭意味着"第一个挪威舞台的时代终结了"。③将斯特伦伯格剧院表述为出发点是布朗克故事情节的中心，这样接下来的丹麦克里斯蒂尼亚剧院时期就可被视作两个挪威剧院时代的中间阶段。④事实上，布朗克在其史书的第二章中声

---

① T. Blanc, *Christiania Theaters Historie. Tidsrummet 1827—1877*（Christiania, 1899）pp. 3—4.

② T. Berg, *Når, hvor og hvordan ble teater I Norge norsk teater?*（*Skriftserie fra Institutt fordrama, film og teater* 3, 1996），p. 10.

③ Blanc, *Christiania Theaters*, p. 25.

④ 布朗克本人在论述 19 世纪 30 年代克里斯蒂尼亚剧院的情形时使用了"临时的"（provisional）一词。Blanc, *Christiania Theaters*, p. 41.

明"从现在起，可以把丹麦元素视为挪威首都公共剧院的主要（特征）。"①

216　　在芬兰的例子里，剧院在其存在的头 30 年里一直掌握在同一个人手中，并与卡尔·贝格鲍姆和他的姐姐有着强烈的联系。阿斯佩林-哈普基莱在其史书里也在书写这对姐弟的传记②并且承担着两项核心任务：挽救由贝格鲍姆管理和经营的芬兰戏剧公司之遗产以及维持芬兰人民团结的修辞③，从而保留老年芬人党强大的基督教理想主义民族意识形态。笔者之后将论及这些问题。

千篇一律与反复强调

重复或复现是历史学家用以进行统一连贯、连续叙事的方法之一。④两位戏剧史学家，阿斯佩林-哈普基莱与布朗克频繁回到某些主题并在整个叙事里使用某些关键概念。这是一种在研究过程中定义、讨论和发展其成套概念工具的方法，也是一种强调反复出现的主题之重要性的方法。

除此之外，还有一些笔者称为创作重复的事物，这在阿斯佩林-哈普基莱的史书里尤其明显。阿斯佩林-哈普基莱严格按照时间顺序来组织研究，即在周期性基础上无休止地重复每年在剧院的例行公事。因此他的史书被描述为一部目录也就毫不奇怪了。⑤然而，罗列事情有其意义：它是内容丰富的标志，并因此是完成阿斯佩林-哈普基莱所承担任

---

① Blanc, *Christiania Theaters*, p. 57.

② Cf. E. Aspelin-Haapkylä, *Suomalaisen teatterin historia III* (Helsinki, 1909), p. 201.

③ 当芬诺曼精英开始以人民的名义提出政治要求时，"人民"（The People）是 19 世纪末芬兰民族主义的关键概念之一。参见 J. Kurunmäki, 'A Parliament for the Unity of the People: On the Rhetoricof Legitimisation in the Debate over Finnish Parliamentary Reform in 1906', in L. -F. Landgrén and P. Hautamäki (eds), *People, Citizen, Nation* (Helsinki, 2005), pp. 116—28; I. Liikanen, 'The Ironies of People's Power', in Landgrén and Hautamäki (eds), *People, Citizen*, p. 70.

④ Rigney, *The Rhetoric*, pp. 81—90.

⑤ H. K. Riikonen, 'Eliel Aspelin-Haapkylä', in Oiva Kuisma and H. K. Riikonen (eds), *Estetiikan syntysanat. Suomalaisen estetiikan avainkirjoituksia valistusajalta 1970—luvunalkuun* (Helsinki, 2005), p. 106.

务的重要方法——展示所做的工作量，展示贝格鲍姆姐弟以及间接上其他芬诺曼人被迫承接的重担。①此外，重复也一点一点地将对每一单个事件、每一季的开始、每一在剧院庆祝的民族纪念活动、每一个演员从观众那里得到的致敬的重要性，灌输给读者，并使它们成为一根链条、一种传统。而创造民族传统正是芬兰戏剧公司的奋斗目标之一。②然而，罗 217
列事件也可能是一种非叙述的方式，即它给人一种没有选择和解释余地的印象，从而给读者提供一个更真实的有关过去的叙述。

在阿斯佩林-哈普基莱的戏剧史里，大多数单个事件都于千篇一律的周期性描述中隐去了。然而，在一些地方，作者放慢了叙述的流动，从而延展了他所讨论的事件，使它们在整个叙事里具有比其真实持续时长可能暗示的意义而言更具决定性。③作者不再只是编目，而是转向一种更具感情色彩的修辞手法，并将注意力集中在主人公的期望和经历之上。因此，读者突然对此有所关注。同时即使在作者没有特别通过解释来加以干预的情况下，他所描述的事件也能获得象征意义。

阿斯佩林-哈普基莱叙事中这些观点的一个重要特点是其强烈的视觉性。他把叙事内的某些关键时刻组织成一系列的生动画面。在这些地方，被广泛或生动描述的片段涌现出来，渲染了转折点或象征着整个故事情节，从而推动了有关背景的更为复杂的解释。④

阿斯佩林-哈普基莱史书里最显著的描述之一是他对阿莱克西斯·基维（Aleksis Kivi）⑤所作剧本《利亚》（*Lea*）1869 年 5 月首演的表现。

---

① E. Aspelin-Haapkylä, *Suomalaisen teatterin historia IV* (Helsinki, 1910), pp. 303—304.

② E. Aspelin-Haapkylä, *Suomalaisen IV*, p. 300.

③ Rigney, *The Rhetoric*, p. 75.

④ 活生生的图像或生动的画面经常模仿流行戏剧中的民族浪漫题材或场景的绘画，参见 A. Schmiesing, *Norway's Christiania Theatre, 1827—1867: From Danish Showhouse to National Stage* (Fairleigh Dickinson, NJ, 2006), pp. 99—103；M. Hatavara, *Historia ja poetiikka Fredrika Runebergin ja Zacharias Topeliuksen historiallisissaromaaneissa* (Helsinki, 2007), p. 276.

⑤ 阿莱克西斯·基维（斯滕瓦尔）（1834—1872）被描述为芬兰语文学之父，虽然他关于农村人口的现实主义戏剧在其在世时并未被作为老练的作品而得到普遍接受。

正因如此，这一片段在芬兰戏剧史上占有一席之地。据阿斯佩林-哈普基莱所说，他所属的热情的芬兰语学生社团以及对学生民族主义愿望表示同情的绅士家庭，决定于 1869 年 5 月组织一场使用芬兰语的戏剧演出。在寻找一个合适的芬兰语剧本时，他们遇到了一些困难，但后来《利亚》便出现了。用阿斯佩林-哈普基莱的话说，它是"一部几乎像是从天堂落下的剧本"。[①]下一个问题是找到一个能专业扮演《利亚》主角的女演员。年轻芬诺曼人中的戏迷们与新剧院（New Theatre）的明星女演员瑞典人夏洛特·罗（Charlotta Raa，1838—1907）是朋友。罗根本不懂芬兰语，但还是同意扮演这一角色，并在讲瑞典语的芬诺曼人的指导下记住了自己出演的部分。

阿斯佩林-哈普基莱简要描述了春天期间的阅读练习和热情安排，接着停下来讲述实际表演。读者们得到了有关夏洛特·罗登台前时刻的描述：她在后台如此紧张，以至于朋友们搀扶着她。但当她走到观众面前时，她"感到某种更崇高的力量已经让负担放下——她松了口气"。这次活动的主要组织者，芬兰剧院的未来领导人卡尔·贝格鲍姆和埃米莉·贝格鲍姆负责筹备工作，他们"在别人安睡时依然醒着"。演出结束后，在随后的庆祝活动中，该事件现在拥有了历史意义，"每个人都感到芬兰语剧院的建立离得不远了"。[②]作者运用宗教性的修辞并将芬诺曼社群几乎表现为一场复兴运动倡导者的运动，而这场运动同时存在于两个现实里：在当下和未来的当下。所谓"未来的当下"是指在一个新的现实中，那里与当下的边界仍然充满了艰辛，而理想变得清晰可见、触手可及。

阿斯佩林-哈普基莱没有向读者提供他的史料来源。换言之，他一定很有信心，认为读者会接受他的描述。但是，当谈到《利亚》时，这种情感上引人入胜、几乎是虚构的描述还有另一种可能的解释：贝格鲍

---

① E. Aspelin-Haapkylä, *Suomalaisen teatterin historia I* (Helsinki, 1906)，p. 126.

② Aspelin-Haapkylä, *Suomalaisen I*, pp. 138，141.

姆姐弟早在 1879 年，即最初表演的十年后，就怀疑是否要和罗重演这出剧，因为罗的芬兰语发音被认为很糟糕。①阿斯佩林-哈普基莱正以此方式试图把芬兰语戏剧史上的这一中心事件奉为正典。

阿斯佩林-哈普基莱使用艺术和小说的方法与习惯（生动的画面与全知视角的对话②以及对主人公情感的描述）来强调作者所描述的意识形态氛围，并通过强调本土舞台民族主义节目的集体性来加强这一节目。而这种强调通过以复调方式表现它才得以实现。跨越非虚构与虚构之间的界限也可用于创造和保持对某一叙事关键时刻的记忆，矛盾的是它也可主张作者陈述的真实价值。换言之，笔者想表达的是，在非虚构叙事中的虚构段落可能会建立一个盲信的空间，因为虚构段落的读者应是全神贯注的，亦即放弃了批判思考并相信这一故事。

219

我们有历史吗？

戏剧史学家无法回避剧目的问题：表演了什么，在什么时候，由谁表演，谁负责编剧？尽管布朗克有着作为戏剧相关资料的谨慎收集者和统计计算的汇编者之名声，但他并不以任何方法论的方式来呈现克里斯蒂尼亚剧院的剧目，也不对之加以分析。阿斯佩林-哈普基莱也没有这样做，不过剧目在其研究中受到了相当多的关注，书中包括了一个附录，附有芬兰剧院成立后 30 年里演出的所有剧目。当然，这些统计数字也可以用来为剧院机构争取更多的国家补贴。

笔者现在将继续从阿莱克西斯·基维的《利亚》开始讨论历史学家在其叙事中特别注意的那些体裁、剧本和表演。如前所述，《利亚》是19 世纪芬兰戏剧里反复出现的关键剧目之一。小说、民族史诗和史学为

---

①　参见如 Emilie Bergbom to Kaarlo Bergbom 23. 6. 1879. Letter collection 45，TheLiterary Archive of the Finnish Literature Society.

②　参见如阿斯佩林-哈普基莱描述的 Oskar Gröneqvist 与 Fredrik Cygnaeus 之间的对话。Aspelin-Haapkylä, *Suomalaisen I*, pp. 16—17.

作者们提供了人物、重大转折点和故事，即可讨论的民族主题。全欧洲的国家剧院都通过将这些故事形象化来建立各自民族过去的意象，并且教育观众或将观众转变为拥有民族性的人。然而，我们当代对各自民族文化基石和中心转折点的理解，引导我们从历史中寻找这些现象的痕迹——例如，在芬兰的例子中，它是由民族史诗《卡勒瓦拉》（*Kalevala*出版于 1835 年和 1849 年）所激发的表演。然而，如果人们更仔细地观察剧目，并将其与戏剧史中所使用的修辞加以比较，这种清晰而明显的画面就会变得稍微模糊。

在 1910 年阿斯佩林-哈普基莱史书的最后一卷中，他描述了 1894 年12 月 9 日的戏剧庆典。这是庆祝古斯塔夫二世阿道夫（Gustav II Adolph，1594—1632）①国王诞辰三百周年纪念活动的一部分。剧院演出了扎克里斯·托皮留斯（Zachris Topelius，1818—1898）②的《里贾纳·冯·埃默里茨》（Regina von Emmeritz）。该剧背景是三十年战争时期。该剧"从这样一个布景开始：一个英勇的国王被他的瑞典和芬兰士兵环绕，同时表演的是赞美诗《上帝是我们的堡垒》（*Jumala om pi linnamme*）③。［……］这部戏本身也一如既往地在观众中激起了爱国的气氛和热情".④

220　托皮留斯的《里贾纳·冯·埃默里茨》反映了瑞典（在某种程度上也反映了芬兰）19 世纪史学对古斯塔夫二世阿道夫国王的崇敬态度。⑤在涉及 18 世纪与 19 世纪早期战争的戏剧里，芬兰作为瑞典的一部分，正面对着敌人（这一敌人通常是俄罗斯帝国），并且通常被描绘成道德

---

① 1611 到 1632 年间的瑞典国王，以其将瑞典打造为欧洲强国而闻名。他带领瑞典参加三十年战争并征服了德意志许多地区。——译者注

② 芬兰作家、诗人与历史学家。——译者注

③ 即马丁·路德的《坚固的堡垒》（*Ein feste Burg*）。路德作品的全称为《我们的上帝是坚固的堡垒》（*Ein feste Burg ist unser Gott*）。——译者注

④ Aspelin-Haapkylä, *Suomalaisen IV*, p. 37.

⑤ 参见如 M. Klinge, *Idylli ja uhka. Topeliuksen aatteita ja politiikkaa*（Helsinki, 1998），p. 302.

上的胜利者（即使在被打败的情况下）。在 19 世纪最后几十年，当语言问题将政治精英与文化精英分为讲瑞典语的斯维克曼人（Svecoman）和讲芬兰语的芬诺曼人时，战士话语对芬诺曼人而言极其常见。而在 1908 年开始的所谓芬兰大公国第二次俄罗斯化时期，这种战士话语变得更为热门。①同时，这些戏剧往往聚焦于勇敢、正直和忠诚的芬兰特征，并与瑞典特征和俄罗斯特征形成对比。

　　总而言之，阿斯佩林-哈普基莱的兴趣似乎在于反映芬兰是瑞典王国一部分之时代的戏剧，因此他赋予这些戏剧比它们在整个剧目框架中实际拥有的地位更为突出的位置。阿斯佩林-哈普基莱对戏剧的描述不可避免地以民族史诗《卡勒瓦拉》激励所产生的戏剧、舞台造型和再现历史的游行来描绘卡勒瓦拉的过去。这部史诗在民族艺术领域有着突出的地位，特别是从 19 世纪 90 年代起。有关这一形象的描述尤其被用于节日场合。阿斯佩林-哈普基莱也提到著名的农民戏剧（例如基维的《数字》［Nummisuutarit］）是不同纪念日的必要组成部分，但他在整个研究过程中并没有特别注意这些戏剧。当谈到以明娜·康特（Minna Canth，1844—1897）②为代表的芬兰近代戏剧时，阿斯佩林-哈普基莱关注的焦点是它所引起的争议，而非有关表演本身的描述。当然，可以说这些经典作品在芬兰语言文化中有着如此突出的地位，仅仅是间接提及就足以唤起它们。但是，当代芬兰所在区域依附于西方教会和世界的瑞典时代，受到的关注是其他芬兰性场景的两倍，并且相应描绘拥有着突出的情感力量。

　　因此，在阿斯佩林-哈普基莱的戏剧史中，他仍在回答一个问题：芬兰人民有历史吗？（Äger Finska Folket en historie?）这一问题由诗人、小说家、未来的芬兰历史学教授扎克里斯·托皮留斯（1818—

---

①　第一次俄罗斯化时期从 1899 年持续到 1905 年，而第二次俄罗斯化时期从 1908 年持续到 1917 年。在这些时期，芬兰被引导接近俄罗斯的立法和国家行政。

②　芬兰作家与社会活动家。——译者注

1898）在 1843 年提出。①当时托皮留斯认为芬兰的历史始于 1808 年或

221　1809 年，虽然他后来强调了几个世纪以来一直存在着芬兰民族天才。阿斯佩林-哈普基莱可以与这种对原生芬兰性的寻找努力联系在一起，因为他强调了他那一代历史学家、小说家和剧作家所写的文本。这些文本正是从瑞典历史中寻找具有芬兰特性的主题。然而，尽管这一观点来自政治上温和的阿斯佩林-哈普基莱，但强调芬兰的瑞典过去也有可能是批评芬兰的俄罗斯当下的一种谨慎方式，甚至这可能是在新的政治形势下，在沙皇不再遵守其神圣诺言的情况下，对托皮留斯有关国王和其人民间神圣联合的理想②的拙劣模仿。③

　　通过上演经典作品、创造和界定民族文学正典来教育观众的民族计划，只是剧院日常生活的一部分。为了保持剧院的正常运转，导演们不得不考虑观众的意见，因为后者喜欢轻喜剧和情节剧。因此，在很大程度上，克里斯蒂尼亚剧院和芬兰剧院的剧目依赖经过翻译的外国剧目。它们是主要来源于法国、德国、英国和丹麦文学的喜剧、歌剧及情节剧。以芬兰为例，在芬兰剧院头五年最受欢迎的十部戏剧中，只有一部源于芬兰的戏剧（A. 基维的《数字》）。④

　　总而言之，19 世纪的国家剧院是一个真正的跨民族协商领域，它们要处理在欧洲各地传播的思想、文本、戏剧创新和新技术的本土化问题。这些思想、文本、戏剧创新和新技术为不同的民族主义服务，并用

---

　　① 参见 Klinge，*Idylli ja uhka*，pp. 26，244，273.

　　② Z. 托皮留斯在戏剧、小说和其他作品中，提出了国王和人民之间进行理想联合。这一点被解释为展现和鼓励芬兰人对其尊贵统治者的忠诚。而在托皮留斯时代，实际上是人们对第一次俄罗斯化努力之前的俄罗斯沙皇之忠诚。参见如 Klinge，*Idylli ja uhka*，*passim*. **然而，在笔者的解释中，**阿斯佩林-哈普基莱提到这些戏剧，是为了强调芬兰与西方文化传统的长期联系，并在新的政治形势下赋予它们新的象征意义。

　　③ 阿斯佩林-哈普基莱把俄罗斯尼古拉二世（Nicholas II）的统治，以及芬兰人对他确认芬兰宪法的期望，描述为一个"在芬兰，我们仍然不怀疑皇帝话语的神圣性"之时期。Aspelin-Haapkylä，*Suomalaisen IV*，p. 33. **这似乎表明，在第二个俄罗斯化时期的进程中，人们的态度和期望发生了变化。**

　　④ 关于芬兰剧院的剧目，参见如 H. Suutela，*Impyet. Näyttelijättäret Suomalaisen Teatterinpalveluksessa*（Helsinki，2005），p. 34；以及 Aspelin-Haapkylä，*Suomalaisen IV*，appendix.

各种民族修辞加以装饰。差异与凝聚、民族与国际不是对立的概念，而是同一进程的组成部分。①尽管如此，国家剧院的跨民族性，例如，从其他国家（以改编或翻译的形式）引进戏剧之举往往被排除在国家剧院的历史之外。②

但也有一些外国杰作是新兴民族国家文化成熟的试金石。莎士比亚戏剧的上演是整个欧洲在民族文化发展的阶梯上登上一个台阶的标志。③在阿斯佩林-哈普基莱的戏剧史中，它也占有重要地位。然而，即使涉及这些正典般的戏剧，它也不仅仅是一个遵循或照搬外国戏剧传统的问题。

在由赫尔德所激发的中东欧"民族觉醒"里，语言作为每个民族深厚文化精髓的创造者、保存者和传播者，具有重要地位。④在阿斯佩林-哈普基莱的戏剧史中，由一位芬兰演员扮演的巴巴基诺（Papageno）⑤本质上是一个芬兰农民角色。⑥如此，外国文化因素发生了变化，可以说当它们被翻译成不同语言的戏剧时，它们被重新民族化，并在剧院中以不同的语言得到表演。文本和角色开始反映接受方文化的问题。

另一方面，观众又想要体验"原汁原味"的表演，也就是说，看这出戏要像它在巴黎或伦敦表演一样。阿斯佩林-哈普基莱描述了剧院在表演一出法国戏剧时为营造法国氛围所做的努力，上演易卜生如同在挪威上演那样时所付出的艰辛，以及当匈牙利人对演出芬兰戏剧感兴趣时向他们

222

---

① 这一思路的思想背景可以从赫尔德对民族性和民族文化发展的定义中找到。参见如 H. Rantala, 'J. V. Snellmanin historiakäsityksen herderiläisistä piirteistä', in Sakari Ollitervo andKari Immonen (eds), *Herder*, *Suomi*, *Eurooppa* (Helsinki 2006), pp. 399—400; P. Karkama, *Kansakunnan asialla*. *Elias Lönnrot ja ajan aatteet* (Helsinki, 2001), p. 386.

② S. E. Wilmer, 'On Writing National Theatre Histories', in S. E. Wilmer (ed.), *Writing and Rewriting National Theatre Histories* (Iowa, 2004), pp. 24—26.

③ L. Senelick, 'General Introduction', in L. Senelick (ed.), *National Theatre in Northern andEastern Europe* (Cambridge, 1991), p. 4.

④ S. Ollitervo and K. Immonen, 'Johdanto', in Herder, *Suomi*, pp. 8, 22; M. Jalava, 'Hegeliläisyys 1800—luvun Suomessa', *Suomen kulttuurihistoria* 2, pp. 447—448.

⑤ 巴巴基诺是莫扎特的著名歌剧《魔笛》中的一位捕鸟人。——译者注

⑥ 参见如 E. Aspelin-Haapkylä, *Suomalaisen teatterin historia II* (Helsinki, 1907), pp. 149, 435.

发送服装照片所做的努力。但是，对阿斯佩林-哈普基莱而言，未能将戏演得完全与法国一样，似乎等同于无法满足人们对真实性的渴望。[①]这可能被解释为一种强调自身民族性的反向策略。事实上，舞台上的是自己所属的民族，与剧中陌生、有时甚至是奇异的文化背景形成了对比。[②]

223　　因此，如果说这个民族一直在舞台上得以再现而外国戏剧占主导地位，那么欧洲剧目在民族特点的建构上，就比这些史书所意图制造的民族正典具有更大的意义。[③]在此情况下，阿斯佩林-哈普基莱面临着双重任务：强调芬兰戏剧公司真实上演这些外国戏剧的能力，同时推广民族舞台的理念，而这一理念旨在创造一种原始的民族戏剧文化。

　　当一个熟悉事态发展的读者开始阅读布朗克时，他的期望是后者将重点放在古挪威语身份认同和悠久的维京人过去[④]上，而亨利克·易卜生的作品将作为该民族文化成熟的标志而受到关注。诚然，挪威剧作家确实转向了维京时代和萨迦[⑤]（saga）。根据布朗克的说法，观众喜欢这些题材，但他自己似乎并不欣赏由萨迦或民族浪漫主义戏剧所启发的历史剧，他认为这些戏剧描绘了农村人口"穿着他们的周日服装"[⑥]绕着峡

---

①　参见如 Aspelin-Haapkylä, *Suomalaisen IV*, pp. 6, 17.

②　阿斯佩林-哈普基莱使用的引文不仅将芬兰人与其他民族并列，也突出了北方或斯堪的纳维亚人的集体身份，尽管斯堪的纳维亚主义总体上主要是瑞典人和丹麦人的计划。Aspelin-Haapkylä, *Suomalaisen II*, p. 107, *Suomalaisen III*, p. 335; N. Witoszek, 'Fugitives fromUtopia', in *The Cultural Construction*, p. 82; B. Stråth, 'The Idea of a Scandinavian Nation', in Landgrén and Hautamäki *People*, *Citizen*, p. 210.

③　1905 年大罢工后，芬兰知识界开始争论外国对芬兰性的影响。只有到那时人们才普遍认为，应该抛弃欧洲或西方的影响，创造一个更强大、更有活力的芬兰文化。参见 H. Kokko, 'Sivistyksen surkea tila', in P. Haapala et al.（eds）, *Kansa kaikkivaltias. SuurlakkoSuomessa 1905*（Helsinki, 2008）, pp. 297—319.

④　丹麦维京专家 Else Roesdahl 认为，在丹麦维京时代的概念可以追溯到 19 世纪初。然而，直到进入 19 世纪，Saxo Grammaticus 的《丹麦人的事迹》（*Gesta Danorum*）中提出的所谓"传奇时代"比公元 800—1050 年的维京时代是更重要的民族认同对象。Østergård, 'The Geopolitics', pp. 34—35.

⑤　这是一种北欧故事文体，萨迦意为话语，实际是一种短故事。13 世纪前后，冰岛和挪威人用该文体记载古代民间口传故事，包括神话和历史传奇。——译者注

⑥　天主教以周日为主日，所以有在周日进行宗教仪式的传统，农民参加宗教仪式时一般会穿着最好的衣服出席。——译者注

湾奔跑的场景。①

19 世纪 60 年代挪威近代戏剧的繁荣，特别是易卜生和比约森（Bjørnson，1832—1910）②的出现，是故事的高潮，也是布朗克在整个叙事过程中所期待的。但是，布朗克实际上并未讨论这些作者对挪威文化身份认同的意义，也未描述他们的国际声誉和影响，尤其是易卜生的影响力。读者得到的印象是，尽管布朗克努力构建了一个缓慢挪威化的克里斯蒂尼亚剧院史以及由此而来的挪威文化之胜利，但真正的挪威精神——即他叙事的主角把整段时间更多用于其他地方而非剧院。也许，在布朗克看来，近代挪威剧目并没有成功创造出一种真正的挪威戏剧。在此框架下，甚至改变了欧洲戏剧文学的易卜生也不值得关注。总体而言，易卜生和比约森在他们的祖国并没有得到真正的欣赏。易卜生在国外待了很长时间，而这不能提高他在 19 世纪挪威文化氛围中的流行度。③

总而言之，与阿斯佩林-哈普基莱的描写性不同，布朗克没有花太多时间在表演中营造气氛，也没有将任何单场表演提升为挪威戏剧艺术发展的典型或中心里程碑。他对全部剧目的中立且经济上的讨论终结于 1876 年 2 月 24 日克里斯蒂尼亚剧院上演亨利克·易卜生的《培尔·金特》（Peer Gynt）。布朗克描述了易卜生如何在 1874 年与导演约瑟夫森（Josephson，1832—1899）④讨论该剧，爱德华·格里格（Edward Grieg，1843—1907）⑤为之谱曲，挪威艺术家装饰了舞台，观众从晚上 7 点到 11 点 45 分全神贯注地观看了首演。然而，对该剧演出的描述以火焰告终：1877 年 1 月，在《培尔·金特》演出了 36 次（这对 19 世纪的剧院来说是巨大数量的重演）后，剧院被烧毁，为该剧设计的大部分布景都

224

---

① Blanc, *Christiania Theaters*, pp. 132—133.

② 即 Bjørnstjerne Martinius Bjørnson，挪威作家，1903 年获得诺贝尔文学奖。——译者注

③ Schmiesing, *Norway's Christiania Theatre*, pp. 220—222.

④ 即 Ludvig Oskar Josephson，瑞典剧作家、演员与剧院经理，1873—1877 年时他执掌克里斯蒂尼亚剧院。——译者注

⑤ 挪威作曲家与钢琴家。他为《培尔·金特》谱写的配乐部分后来又被他自己选编为两套组曲，便是其代表作《培尔·金特组曲》。——译者注

被毁坏了。尽管戏剧表演总是一种独特的体验，而且永远不会完全重复，但摧毁克里斯蒂尼亚剧院建筑的火焰构成了布朗克叙事中易卜生戏剧和剧院后续阶段的完美背景。挪威性的全面登台化为泡影，在布朗克的故事情节里，此后两段简短总结国家剧院开幕前二十年之文字，正是对 19 世纪 70 年代"蓬勃发展的挪威戏剧"①的一种讽刺。

如同民族的剧院

在本章的最后部分里，笔者要问：在阿斯佩林-哈普基莱和布朗克的叙事中，谁是真正的活跃主体——主人公呢？笔者将通过深思作者如何论述戏剧的内在动力来解决这个问题。笔者也会考察他们对示威、吹口哨、打架及观众喝倒彩等行为的讨论。观众是旁观者还是参与者？是无限定的人群还是一个成熟的民族？用民族修辞使自身存在合法化的戏剧机构，对其观众们抱有什么期待？

根据阿斯佩林-哈普基莱美学政治理想主义，受赫尔德以语言为基础的民族性思想和黑格尔国家主义②在芬兰的应用之影响，每个"戏剧共同体"都受到内部分歧的威胁，而这些分歧阻止它成为"理想国家"。③芬兰剧院的理想公司是由"才华横溢的"卡尔·贝格鲍姆领导的，他是"上帝慈悲赐予的一位领袖，是在创建国家剧院时所急需的人才"。④这不仅是将传神的修辞与所有伟人的历史紧密相连。阿斯佩林-哈

225

---

① Blanc, *Christiania Theaters*, p. 268.

② 参见如 Ollitervo and Immonen, *Herder*, *Suomi*；Karkama, *Kansakunnan*；T. Pulkkinen, 'Kansalaisyhteiskunta ja valtio', in R. Alapuro, I. Liikanen, K. Smeds and H. Stenius (eds), *Kansa liikkeessä* (Helsinki, 1987), T. Pulkkinen, 'Kielen ja mielen ykseys. 1800-luvun-suomalaisen nationalismin erityispiirteistä ja perinnöstä poliittisessa ajattelussa', in *Suomi. Outo*；M. Jalava, *Minä ja maailmanhenki. Moderni subjekti kristills-idealistisessa kansallisajattelussaja Rolf Lagerborgin kulttuuriradikalismissa n. 1800—1914* (Helsinki, 2005).

③ Aspelin-Haapkylä, *Suomalaisen III*, pp. 329—330.

④ 卡尔·贝格鲍姆还被描述为一个"绝对正确的"领导人，他"像爱孩子一样爱人民"。Aspelin-Haapkylä, *Suomalaisen I*, pp. 45—46, 60—61；*Suomalaisen III*, pp. 201, 331；*Suomalaisen IV*, p. 297.

普基莱也努力建立关于贝格鲍姆的剧院及贝格鲍姆在后贝格鲍姆时代领导地位的解释框架。他还为贝格鲍姆剧院的表演传统和剧目在 19 世纪最后几十年开始受到的批评作辩护。

戏剧呈现了"缩影般的社会"，[①]并且它和所有社会一样，被利益冲突所撕裂。人们普遍认为，19 世纪后半叶剧院的特征是以导演为中心。两部史书都强调了强有力领导的必要性。[②]但是，不仅是剧团受到了指导。通过讨论导演与观众以及导演与对民族文学做出贡献的作者之间的关系，历史学家不仅揭示了其研究对象的权力结构，而且还就当时政治形势下的理想状态发表了看法。

在阿斯佩林-哈普基莱理想中的公司里，他预期有权对角色分配施加影响的机制是少数人和智者的寡头政治。剧作家和翻译家则以愿意与剧院领导合作的态度为特征。在演员方面，芬兰剧院只有几名受过训练的演员，而克里斯蒂尼亚剧院的丹麦专业演员则不然。演员也主要来自下层阶级，虽然很少直接来自工人阶级。[③]阿斯佩林-哈普基莱对剧院内部关系的描述再现了 19 世纪剧院领导层和普通职工之间的社会等级制度。它反映了芬兰党（老年芬人）在 20 世纪初对工人阶级和低层次农村人口的态度——当时社会民主党在 1907 年芬兰大公国第一次一院制议会选举中表现出巨大的吸引力。

当人们将阿斯佩林-哈普基莱有关芬兰歌剧部（1873 年至 1879 年期间运作）的描述与有关戏剧部的描述加以比较时，图像最为鲜明。[④]前往歌剧院成为 19 世纪欧洲资产阶级最重要的文化仪式之一，而且克里斯

226

---

①　Aspelin-Haapkylä *Suomalaisen II*，p. 136.

②　Aspelin-Haapkylä，*Suomalaisen II*，p. 425；Blanc，*Christiania Theaters*，p. 214；M. R. Booth，'Nineteenth-century theatre'，in J. R. Brown (ed.)，*The Oxford Illustrated History of Theatre* (New York，1995)，pp. 299—340，here p. 331.

③　Suutela，*Impyet*，pp. 116—132.

④　在克里斯蒂尼亚剧院也有一个短命的歌剧部，但布朗克只用几句话描述了这一事业。这与阿斯佩林-哈普基莱将自己史书的第二部分奉献给歌剧的做法形成了鲜明对比。

蒂尼亚剧院和芬兰剧院都设立了歌剧部。①芬兰戏剧公司歌剧部的官方舞台语言是芬兰语，但由于不得不从国外雇用歌手，最终结果便是在演出中让"一个通晓多种语言的人"②使用几种语言。虽然阿斯佩林-哈普基莱没有特别明确指出这一点。然而，这并不重要，因为设在赫尔辛基的歌剧部的任务与大部分时间都在芬兰农村旅行的戏剧部不同。在戏剧部的演员没有足够经验上演古典剧目之前，歌剧院的存在是为了吸引上层阶级观众观看芬兰语表演，并展示民族培养艺术家及参与欧洲高级文化的能力。本质上正如阿斯佩林-哈普基莱所说，芬兰歌剧是一场"展览"。③

与戏剧部不同，芬兰歌剧演员主要来自上层阶级家庭。因此，在歌剧表演中，表演者和观众有着相同的文化背景。阿斯佩林-哈普基莱对歌剧表演所表达的最突出特点是这些事件的集体性、统一性：观众及其反应都受到瞩目。作者认为存在着一种独特的互动感，即存在"舞台与观众之间的电线，能神秘地鼓舞和触动人们"。④这种特殊的联系将前往芬兰歌剧院的体验与在国外观看和聆听高质量歌剧的体验分隔开来。歌剧为国家大剧院应该提供的体验确立了基准。⑤

当歌剧部的内在动力被抛诸脑后，而戏剧部所引发的问题却间接地启发了读者。阿斯佩林-哈普基莱多次提及部内导演和演员之间的争吵，尽管"它们不值得历史学家注意"。⑥同时，剧院被描绘成"一个没有任何阶级界限的家庭"，但这只存在于"家庭"聚集于上层权威的仁慈之下时。⑦学徒们是根据严格的标准被选入剧院的，⑧他们被期待生活在导演们所制定的规矩和控制下，这在阿斯佩林-哈普基莱的史书中是无可

227

①　Suutela, *Impyet*, pp. 39—40.
②　Aspelin-Haapkylä, *Suomalaisen II*, pp. 219—234.
③　Aspelin-Haapkylä, *Suomalaisen II*, p. 257.
④　Aspelin-Haapkylä, *Suomalaisen I*, p. 180; *Suomalaisen II*, pp. 111, 295.
⑤　Aspelin-Haapkylä, *Suomalaisen III*, p. 81.
⑥　参见如 Aspelin-Haapkylä, *Suomalaisen I*, p. 134; *Suomalaisen III*, p. 329; *Suomalaisen IV*, p. 246.
⑦　Aspelin-Haapkylä, *Suomalaisen III*, pp. 28—29.
⑧　Suutela, *Impyet*, p. 117.

非议的自然状态。他认为戏剧职员的聚集是建立平等主义共同体的一个机会，但这一论点只会加强阶级的重要性。而这里的阶级是对人在社会中地位的最终界定。

剧目和演员都掌握在导演手中，但观众是更难控制的。这一点在阿斯佩林-哈普基莱的（大多数消极性的）定义中非常突出。[①]阿斯佩林-哈普基莱只有在观众的参与性行动符合其叙事中民族的芬诺曼共识时才会强调它，[②]例如，当观众一致颂扬明星演员和剧院的女主角演员，从而形成对鲜活民族共同体的一种表达时。在 19 世纪的剧院里极为常见的抗议示威，在阿斯佩林-哈普基莱的整个叙事过程中只被提及两次，并且这些具体的抗议是针对新剧院里的瑞典语，而不是针对贝格鲍姆及其剧团。[③]

与阿斯佩林-哈普基莱致力于描述演出气氛的努力不同，戏剧活动本身的集体经验或民族共识在布朗克的史书里并不占重要地位。布朗克描述了他自己的资产阶级区域——一个城市剧院，它反映了城市知识阶层（甚至被一些现代历史学家称为文官阶层[④]）和地理重心在挪威南部和西部乡村的流行反文化之间的社会差异与文化差异。此外，挪威精英的部门中也有强烈的反丹麦思潮。[⑤]布朗克叙事的重点是克里斯蒂尼亚主 228 舞台的丹麦性所引发的争议和论战，而主要故事情节集中在公共讨论领域的活动上。[⑥]

---

① Aspelin-Haapkylä *Suomalaisen II*，pp. 20，102，*Suomalaisen III*，pp. 99，333，347，*Suomalaisen IV*，p. 294.

② 尽管大部分研究人员强调北欧政治文化的妥协性质，但 Pauli Kettunen 主张芬兰有一种特定的共同意识形态。妥协表明有分歧和协商，而共识是对当务之急的（民族）利益已有的、集体共同理解。P. Kettunen, *Globalisaatioja kansallinen me. Kansallisen katseen historial-linen kritiikki* (Tampere，2008)，pp. 86—87；B. Stråth and Ø. Sørensen, 'Introduction: The Cultural Construction of Norden', in *The Cultural Construction*，p. 20.

③ Aspelin-Haapkylä, *Suomalaisen II*，p. 288，Aspelin-Haapkylä, *Suomalaisen IV*，p. 42 (footnote).

④ Stråth and Sørensen, 'Introduction', p. 6.

⑤ Ø. Sørensen, 'What's in a Name?', in *The Cultural Construction*，pp. 122—123；Østergård, *The Geopolitics*，p. 54.

⑥ J. Leerssen, *National Thought in Europe: A Cultural History* (Amsterdam，2006)，pp. 94—97.

因此，与阿斯佩林-哈普基莱戏剧史中的观众不同，克里斯蒂尼亚的观众"有权表达自己特别的好恶"。①布朗克仔细描述了戏剧表演所引起的不同论战和混乱，这往往与挪威性倡导者（爱国者）和丹麦性倡导者之间的复杂争端有关。《克里斯蒂尼亚剧院史》也如同19世纪报纸那样，设身处地地讨论剧院的历史。但是，这些在挪威剧院后来历史中反复出现的争议、战斗和争斗②，并非真正标志着新时代的回顾性转折点。在布朗克描述的整个时期，克里斯蒂尼亚剧院被视为丹麦及之后瑞典的戏剧影响的拥护者，尽管挪威剧目在某些时期更为显著。因此，这些论战和争议标志着19世纪挪威性的基本底色，以及挪威公民质疑当局的批判性、独立性和反思性。克里斯蒂尼亚剧院尤其是挪威性与外国元素和外来性作战的催化剂。这种外来性必须得到不断强调，因为它在文化上具有相似性。

在19世纪的最后几十年里，瑞典和挪威之间的联合一直处于严重的争端中，这也导致人们更为严厉地质疑挪威与丹麦的文化关系。③布朗克在论及克里斯蒂尼亚剧院（直到19世纪60年代前还主要使用丹麦语）的演员时反复使用的一个词是"**协助**"。④因此，读者对丹麦专业演员的印象仅仅是他们协助了挪威演员。由此，这种叙述承认了丹麦的一些影响，但否认了挪威戏剧生活的丹麦性。

229　　与阿斯佩林-哈普基莱形成对比的是，布朗克有关剧院职工和观众的描述中并不存在家长式语气。简而言之，示威抗议是克里斯蒂尼亚剧

---

① Blanc, *Christiania Theaters*, pp. 127—128.

② 在目录中，共有七个标题强调剧院是一个示威的斗争场所：《爱国者与丹麦性倡导者之间的斗争》（*Striden mellem Patrioten og Danomaner*）、《坎贝尔之战》（*Campbellerslaget*）、《1856年5月6日剧院战役》（*Theaterslaget den 6. Maj 1856*）、《新斗争》（*Nye Stridspunkter*）、《反对管理的示威》（*Demonstrationer mod Direktionen*）、《对同一个（约瑟夫森）的反对》（*Oppositionen mod same*）、《他被任命期间在剧院的示威》（*Demostrationerne i Theatret ved hans Tiltraedelse*）。Blanc, *Christiania Theaters*, pp. VII—VIII.

③ Cf. Moi, *Henrik Ibsen*, p. 42.

④ "外国协助"（'Fremmed assistance'），参见如 Blanc, *Christiania Theaters*, pp. 41, 65, 120, 149, 214.

院历史上的挪威元素，而阿斯佩林-哈普基莱芬兰性的核心是剧院的团结，即民族共同体，即一种有关民族文化以及创造它所需手段和牺牲的统一理解。

在阿斯佩林-哈普基莱的讨论中，芬兰性在语言和种族上是一个庞大而单一的、不容置疑的实体。他解释了导演和演员如何成为"丹麦人"或"挪威人"——有时当他们受到不同文化影响时甚至呈现"非民族化"。①如果有可能变得非民族化，那么也许，以后有机会返回，再重新民族化？因此，在笔者看来，布朗克的叙述比阿斯佩林-哈普基莱的叙述拥有更多的个人选择。

芬兰的政治和思想文化与其异常强烈的黑格尔主义及其西方邻国更具自由倾向的民族主义运动之间的差异，已经出现在之前的研究中，而且笔者对两部戏剧史的比较也证实了这些结果。②芬兰语文化建设的结果以及这一进程所附带的权力政治辩论是一种思想文化。在该文化中，人们强调的是道德生活（在黑格尔的伦理［Sittlichkeit］意义上③）、民族团结和高于所有个人愿望的民族利益。因此，芬兰性本质上是个人与共同体之间关系的问题：个人主义（以及由此而来的对多元性的容忍态度）对集体的强迫性。④

结　语

在历史学家的叙事中，他们可以，而且通常为了准确起见，必须提出不协调之处。尽管如此，他们还是能通过选择叙述和修辞的方法来引

---

①　布朗克史书中所用的词为"fornorskelsen, daniserede, denationalisered"。Blanc, *Christiania Theaters*, pp. 135—138, 229, 275.

②　Jalava, 'Hegeliläisyys', p. 301; Pulkkinen, 'Kansalaisyhteiskunta', pp. 54—68; Witoszek, 'Fugitives', *passim*; L. Trägårdh, 'Statist Individualism: On the Culturality of the Nordic Welfare State', in *The Cultural Construction*, *passim*.

③　黑格尔赋予伦理人类群体生活中的规范、价值观念和制度的意义。——译者注

④　Jalava, *Minä ja maailmanhenki*, pp. 67, 172—183, 236—240, 432.

导读者朝着某个方向前进。这两位历史学家，布朗克与阿斯佩林-哈普基莱，抓住了机会，书写了一种连贯而合乎逻辑的叙事，确认了其本土民族戏剧文化的诞生和成熟。阿斯佩林-哈普基莱的任务是使芬兰国家剧院的建立成为民族形成必然过程的终点，并使读者相信自己老年芬人党观点——有关新政治和文化形势下的社会关系与知识氛围——的价值。在这种形势下，民族想象中的凝聚力由于俄罗斯帝国更为激进的政策而受到持续威胁。根据其基督教理想主义和美学民族主义，艺术被用以塑造民族的客观愿望，艺术家（在此框架内也是历史学家）的最高使命是成为本民族的先知。①

230

布朗克没有接受，或者也许没有被赋予如此不言而喻的先知任务。总体而言，其史书中的叙述张力是围绕着如何使克里斯蒂尼亚戏剧的丹麦性成为独立挪威戏剧发展的先决条件，同时又是一种外来的、有别于挪威性文化本质的事物这一问题所建构起来的。布朗克似乎偶尔也在为自己的克里斯蒂尼亚剧院挪威化的故事情节而挣扎。没有一位读者不能感受到在 1899 年国家剧院成立之前作者对克里斯蒂尼亚剧院最后几十年的失望。该剧院全盛时期是在比约尔斯杰恩·比约森管理下，接下来是一段"软弱导演"时期，他们混合了丹麦—挪威方言和瑞典语。剧院的衰落在布朗克的叙述中找到了一个合乎逻辑的终点，那就是 19 世纪末吞噬剧院的火焰。

这两部史书都必须被置于北欧史学、芬兰史学和挪威史学的框架内。在 19 世纪初的政治变革之后，北欧国家的历史学家与更广泛的文化精英开始为各自的民族国家（即瑞典和丹麦在失去其以前的地缘政治疆域之后的情况）书写新的理想历史，或为新兴民族国家（挪威、芬兰）书写历史。因此，瑞典和丹麦依赖于一种存在久远的、不间断的历史之观念，而芬兰和挪威则需要研究和书写"新的过去"，从而强调它

---

①　Moi, *Henrik Ibsen*, p. 161.

们与相邻民族国家的差异性，声称它们有权作为独立的民族而存在——如果还未独立的话，则是作为文化和政治实体而存在。①

　　然而，挪威和芬兰的史学似乎存在一种区别，至少在阿斯佩林-哈普基莱和布朗克的戏剧史上是如此。后者在孤立主义史学的范式下书写，强调纯粹的挪威过去，没有任何来自外部的文化影响。而且由此，通过减少外国文化的影响，挪威恢复了真正的、土生土长的民族特性。在芬兰，从 19 世纪开始，史学就由于语言障碍被大致划分为两个不同的派别。②阿斯佩林-哈普基莱的叙述构成了芬兰语芬兰性宏大叙事的重要组成部分。这受到大多数芬兰语史学家的推崇和瑞典语史学家的批判。然而，与此同时，他将芬兰性与西欧的文化传统联系起来。这是阿斯佩林-哈普基莱和卡尔·贝格博姆从其学生时代的壮游开始就了解并依附的文化遗产。相比之下，被《卡勒瓦拉》激发的古代历史对他们这一代人来说大多还是陌生的。然而，受瑞典时代启发的戏剧可能实际上与瑞典和瑞典性本身没有任何关系。它们的表演已经是戏剧传统的一部分，具有在新形势下观众创造性地加以重新评价的内涵。

　　这两部史书也都有北欧史学的倾向，即在贫穷和失败中看到伟大和尊严。③然而，这两部史书之间最明显的差异之一是由阿斯佩林-哈普基莱书写一部传记（以及一定程度上一部自传）的任务所造成的。正因如此，他可以使用行之有效的、情感上引人入胜的修辞手段，为读者提供明确的论点。④总而言之，阿斯佩林-哈普基莱的主要任务是建构和巩固 19 世纪芬兰戏剧的记忆——赞美其戏剧表演成就的理想型家长式共同体的记忆。

　　在阿斯佩林-哈普基莱的戏剧史中，人民团结的修辞力量是如此强大，以至于它几乎使芬兰戏剧史的读者相信，存在着一个面向整个民

231

---

①　Stråth and Sørensen, 'Introduction', pp. 14—15; Østergård, *The Geopolitics*, pp. 46—59.

②　P. Tommila, 'Kansallisen historiankirjoituksen synty', in P. Tommila（ed.）, *Suomentieteen historia*（Porvoo 2000），pp. 69—71.

③　Stråth and Sørensen, 'Introduction', pp. 14—16.

④　例如，在他史书第一部分和最后一部分终幕的传统主题。Aspelin-Haapkylä, *Suomalaisen I*, p. 50; *Suomalaisen IV*, pp. 276—277.

族，包括社会各阶层的剧院。不过，或许剧院在那里是面向整个芬兰民族的，但舞台和观众之间的对话——按照阿斯佩林－哈普基莱的观点——应该仅仅是单向的。换言之，戏剧呈现的是民族性的独白，理想的芬兰标准语言的独白，民族类型和特征的独白，甚至是理想芬兰面貌的独白。这些独白是如此有力，以至于相反的故事或分歧甚至不值得历史学家或戏剧导演加以关注。

布朗克在其史书中强调了挪威公众讨论在界定戏剧以及由此发展而来的民族方面的积极作用。尽管围绕克里斯蒂尼亚剧院的争论自然涉及首都城市人口，但布朗克并未将人民的概念纳入其关于需要国家剧院和独立民族文化的论证之中。布朗克叙事的主角是公共领域，即首都的知识界和富有的资产阶级。因此，我们必须指出的是，两位作者都没有关注或分析观众的社会构成，他们也忽视了去剧院观剧的能力反映了社会等级这一问题。

在这两部史书里，对自身文化身份认同的高度重视是非常明显的，这对于那些努力确立自己在欧洲民族版图之地位的国家来说是合理的。[①]然而，在笔者看来，挪威案例更是如此。布朗克通过将克里斯蒂尼亚的情况与哥本哈根和斯德哥尔摩的情况加以比较来开始其史书，但他随后却放弃了比较的角度。挪威戏剧的历史是严格从民族角度来得到书写的。关于挪威著名剧作家在 19 世纪最后几十年对欧洲影响的讨论则被排除在故事之外。总而言之，挪威戏剧史制造了挪威文化与丹麦文化影响的强大边界，这正是因为丹麦语和挪威语在语言上存在相似性，它构建了一种例外论的修辞。这种修辞建立在语言以外某种事物的基础上。而在芬兰，芬兰语不仅是关于戏剧的所有构想的核心所在，而且是关于作为整体的人民、民族和公民的所有构想之核心问题。

---

① 参见 Østergård, 'The Geopolitics', pp. 47—8；Pulkkinen, 'Kielen ja mielen ykseys', p. 118；P. Saukkonen, 'Porvari ja talonpoika. Kansanluonteen 'kansa' Zachris Topeliuksellaja Robert Fruinilla', in Marja Keränen (ed.), *Kansallisvaltion kielioppi* (Jyväskylä 1998), *passim*.

第十一章　民族、国家与帝国：英帝国与俄帝国的 　　　　　　　"新帝国主义"史学

安德鲁·迈科克（Andrew Mycock）与玛丽娜·洛斯科托娃（Marina Loskoutova）

引　言

在 19 世纪末的"新帝国主义"（high imperialism）①时代，帝国的规模及其人口越来越被视为这些国家在世界强权政治中维护地位的经济权力及军事权力之补充。然而，这也激发了一系列严峻挑战的出现。它们考验了大多数欧洲帝国的帝国合法性与凝聚力。在这些挑战中，最紧迫的问题是：帝国如何适应民族主义和民主意识形态的扩散而不消融其自身的领土主权？在 19 世纪末的一个短暂时期内，欧洲帝国的许多精英们采取了类似的做法，即试图基于共同的种族或民族宗教驱动力，来促进同质、但等级森严和排他的民族帝国之身份认同，以建构民族帝国。

这些挑战的共性在大英帝国和俄罗斯帝国表现得尤为明显，尽管它们的反应有很大差异。在英国，政治精英推动帝国核心务实且相对和平的民主化，并最终实现非殖民化。俄国的经历被证明是更痛苦的，一系

---

① 字面意思是"高级帝国主义"，中文学界一般译为"新帝国主义"。——译者注

列暴力革命导致了共产主义统治的建立。对许多人来说，俄罗斯帝国统治的延伸直到 1991 年才结束。对多米尼克·列文（Dominic Lieven，1952— ）①而言，这种差异反映了帝国权力构成方式的不同，突出了"落后和边缘的俄罗斯与非凡的英国"独特的政治文化和经济环境。尽管这两个帝国的本土核心都位于欧洲的边缘，但列文认为，英国是"靠海的与岛屿的帝国"，而俄罗斯是"一个大型的大陆帝国"。②

234 如果这种差异得到承认，那么值得注意的是，英帝国与俄帝国在其扩张和组成上又有着许多共同方面，因此对之进行比较研究颇有裨益。这两个帝国的本土与外围领土都具有明确而有意识的多民族特征。这意味着帝国核心与外围之间的边界存在着相当大的模糊性，且这种模糊性通过从核心到殖民地领土的大量移民而被进一步扩大。因此，领土扩大同时也模糊了民族、国家与帝国的政治、经济和文化边界。

因此，建构合乎逻辑的民族帝国叙事，以形成一个共同身份认同与爱国主义之挑战，两个帝国在许多方面是相似的。史学也不能不受到而且确实受到了这些思潮的影响，帝国叙事得以重构。一些历史学家重新划定了核心和外围之间的文化、宗教与民族边界，以提升共性。本章首先探讨了民族、国家与帝国三分法对 19 世纪末帝国史学发展的影响。笔者仔细考察了该时期两位富有影响力的历史学家的关键文本，约翰·罗伯特·西利（John Robert Seeley，1834—1895）所著《英格兰的扩张：两门讲座课程》（*The Expansion of England：Two Courses of Lectures*）以及瓦西里·奥西波维奇·克柳切夫斯基（Vasily Osipovich Klyuchevsky，1841—1911）所著《俄国史教程》（俄语"Курс русской истории"，英语 *Course of Russian History*）。笔者重点讨论了两位作者

---

① 英国历史学家。——译者注
② D. Lieven, *Empire：The Russian Empire and its Rivals*（New Haven, CT, 2000），pp. 120—127.

在以下方面的共同动机，即重新接受英国和俄罗斯之民族帝国叙事以扩展历史书写边界，以及扩展其他概念，特别是人种、种族和宗教，以影响帝国民族内部排斥和包容叙事的塑造。笔者评估了作者们在扩展的帝国背景下成功地重新阐述英格兰民族与俄罗斯民族之历史的程度，并最终思考其方法给后来史学所留下的遗产。

克柳切夫斯基、西利与"新帝国主义"史学

英帝国与俄帝国在多民族与种族文化上的多元构成，鼓励英格兰人与俄罗斯国民（Staatsvolk）[1]拒绝接受各自民族群体的特殊民族意识形态或身份认同。这意味着英国和俄罗斯的民族帝国身份认同是作为其主导民族群体的一种政治延伸而得以发展起来的，两者之间几乎没有明显的区别。[2]这两个帝国的发展是由两个相互联系和重叠的阶段所决定的。第一个是内部的帝国，人们能看到殖民民族群体建立了一个帝国核心，其历史过去与相匹配的身份认同主要反映了他们自身，但他们仍处于更广泛的多民族公民框架内。[3]一个"外部"帝国的扩张与向一些获得的领土移民同步发生。这种同步被证明是在帝国竞争对手与殖民地人民的"他者身份"基础上创建一种第二平行历史话语的关键。[4]因此，英格兰

235

---

[1] 国民是由国家统治团结在一起的人民之整体，为国际法上国家的构成要素之一，有时会以"人口"代替。此处俄罗斯指俄罗斯主体民族俄罗斯人，并非以俄罗斯为国籍的俄罗斯人，后文俄罗斯人的含义均为前者。——译者注

[2] W. Connor, 'A Nation is a Nation, is a State, is an Ethnic Group is a...,' in *Ethnic and Racial Studies* 1：4 (1978), pp. 378—397.

[3] 这在多大程度上应被视为更广泛的帝国计划的一部分，仍是一个有争议的问题。关于英帝国与俄帝国内部的发展，参见 M. Hechter, *Internal Colonialism：Celtic Fringe in British National Development*, *1536—1966* (London, 1975); A. Kappeler, *Russland als Vielvölkerreich：Enstehung, Geschichte, Zerfall* (Munich, 1992); G. Hosking, *Russia, People and Empire*, *1552—1917* (London, 1997).

[4] Pagden 指出，尽管西班牙和法国历史学家倾向于认为殖民地与主权不可分割，但英国人越来越多地将其视为独特的、自愿形成的、内部自治的社会，A. Pagden, *Lords of all the World：Ideologies of Empire in Spain, Britain and France*, *c.1500—c.1800* (New Haven, CT, 1995).

人与俄罗斯人被构想为二元帝国人民，他们利用混合的（多）民族帝国史学来提升和颂扬其政治与民族文化价值观和制度。

这为其他某些民族群体提供了一些公认的共性，尽管占主导地位的种族—民族群体的救世主品德不断得到强调。①帝国的民族历史被描绘为英格兰人与俄罗斯人不断通过"教化"（civilizing）其他民族或种族群体而发展的进程。库马尔（Kumar，1942—　）②认为，这可以被理解为一种"传教士民族主义"（missionary nationalism），它利用了语言、历史和文化等关键的种族—民族元素，但在更广泛的民族帝国的政治国家中寻求表达。③但是，库马尔的这一命题调用了民族主义理论的规范，即一块确定的领土或以"民族家园"为核心，但又在跨民族背景下将之稀释。因此，更恰当的做法是将其所采用的方法描述为"传教士帝国主义"（missionary imperialism）——民族主义的沙文主义在使帝国臣民"英格兰化"或"俄罗斯化"的努力中得到零星表达，同时有意识地避免通过故意不对等的公民权利分化来建设帝国型民族国家。④

236　　　因此，不列颠民族帝国与俄罗斯民族帝国身份认同的强度实质上取决于人们所承认的民族、种族和宗教共性的程度，以及帝国臣民与占主导地位的殖民群体的感知接近程度。⑤对差异性和多元性的承认，虽然往

---

①　参见 L. Colley, *Britons: Forging the Nation* 1707—1837 (London, 1992); Y. Slezkine, 'Naturalists versus Nations: Eighteenth-Century Russian Scholars Confront Ethnic Diversity', in D. R. Brower and E. J. Lazzerini (eds), *Russia's Orient: Imperial Borderlands and Peoples*, 1700—1917 (Bloomington, IN, 1997).

②　即 Krishan Kumar，英国社会学家。——译者注

③　压制民族"快感"（euphoria）可以看作是对自我膨胀的民族主义于民族、国家和帝国建设的潜在影响的一种心照不宣之意识。参见 K. Kumar, 'Nation and Empire: English and British National Identity in Comparative Perspective', *Theory and Society* 29 (2000), pp. 575—608.

④　参见 D. Yaroshevski, 'Empire and Citizenship', in D. R. Brower and E. J. Lazzerini (eds), *Russia's Orient: Imperial Borderlands and Peoples*, 1700—1917 (Bloomington, IN, 1997); K. McClelland and S. O. Rose, 'Citizenship and empire, 1867—1928', in C. Hall and S. O. Rose (eds), *At Home with the Empire: Metropolitan Culture and the Imperial World* (Cambridge, 2006).

⑤　参见 A. Stoler, 'On Degrees of Imperial Sovereignty', *Public Culture* 18 (2006), pp. 125—146.

往是心照不宣的，但保证了建构基于一致历史叙事上的民族帝国身份认同之努力。不过，在 19 世纪的进程里，这种历史叙事日益加剧了两个帝国内追求民族自决的民族主义者之间的对立。[①]正是鉴于这些挑战，19 世纪末，英国和俄罗斯出现了一种"新帝国主义"史学。帝国扩张和殖民主义成为主要的史学主题，它们重构了民族历史叙事，使之成为阐明帝国民族过去的重要解释手段。人们希望这种努力能通过构想一种共同的跨民族历史叙述，以加强对共同帝国目标与身份认同的归属感。西利与克柳切夫斯基都在力争重新界定各自民族的历史，以便将帝国维度带入重要位置。他们的著作建立在各自对帝国过度扩张的共同关注之上。这种过度扩张所产生的重负显而易见，并且由于过去政治或宗教分裂的持续后遗症而变得愈加恶化。

从 1869 年直到 1895 年去世，西利一直是剑桥大学的历史学钦定讲座教授（Regius Professor）。他在 1881 年至 1882 年讲授关于大英帝国的课程，讲义随后于 1883 年出版。《英格兰的扩张》对帝国主义的动机没有多少新的认识，尽管它声称要反对（匿名的）平民主义历史学家的业余之举，因为这些历史学家的写作方式类似于"小说家"或"报刊政论家"，[②]不过西利本人却拒绝接受他在文本中所称赞的那种对历史"科学性"的实践。[③]然而，这本书对英美史学和公众意识却产生了重大影

① 参见，例如 T. Weeks, *Nation and State in Late Imperial Russia*: *Nationalism and Russification on the Western Frontiers*, *1863—1914* (DeKalb, 1996); A. Miller, *The Ukrainian Question*: *The Russian Empire and Nationalism in the 19th Century* (Budapest, 2003); R. G. Suny, *The Making of the Georgian Nation* (London, 1988); T. M Devine, *The Scottish Nation 1707—2000* (Harmondsworth, 1999); G. A. Williams, *When Was Wales? A History of the Welsh* (London, 1991); R. F. Foster, *Modern Ireland 1600—1972* (London, 1988).

② J. R. Seeley, *The Expansion of England*: *Two Course of Lectures* (London, 1883) (reprinted 1931), p. 166. K. Robbins 指出西利相信"坚实与精炼的事实比 Macaulay 或 Carlyle 等'假内行'的作品更受欢迎"，K. Robbins, 'Ethnicity, Religion, Class and Gender and the "Island Story/ies": Great Britain and Ireland', in S. Berger and C. Lorenz (eds) *Society and the Nation*: *Ethnicity*, *Class*, *Religion and Gender* (Basingstoke, 2008).

③ D. Wormell, *Sir John Seeley and the Uses of History* (Cambridge, 1980).

237　响，确立了帝国主义成为英国近代史的一大中心主题。①尽管西利提倡的
　　　"大大不列颠"（Greater Britain）②概念本身并不新鲜，③它提议重新安排
　　　帝国以建立一个基于共同种族和宗教的"联邦联盟"（federal union）。他
　　　有句著名的断言，称英格兰人"似乎是在心不在焉的情况下征服并住满了
　　　半个世界"，但"并不指望我们的殖民地真正属于我们"。西利忧虑的是，
　　　虽然"大大不列颠的成长是一个重量级事件"，但英格兰人对他们的帝国
　　　缺乏自豪感，并且不确定"我们的增长值得我们欢悦还是懊悔"。④

　　　　　于西利而言，因美国独立而导致"大大不列颠分裂"的矛盾对立，
　　　再次威胁到整个帝国的英格兰人共同体。他强调存在一场挑战维多利亚
　　　自由主义核心原则的知识危机，⑤这意味着帝国的动机部分是"出于征服
　　　的空洞野心，部分是出于结束巨大邪恶的慈善愿望"。⑥西利认为，英格
　　　兰人"不仅仅是一个统治的种族，而且是一个有教养与传播文明的种
　　　族"，⑦这与维多利亚帝国主义者提出的一个成为共识的正当理由相呼
　　　应。⑧西利确信，英帝国聚焦于印度帝国的扩张是考虑不周的，因为它带

---

①　19世纪英帝国与英国社会心态的共鸣，引发了激烈的学术争论。许多历史学家认为，
媒体新闻报道、大众娱乐和其他流行文化习俗受到英国帝国主义追求的强烈影响，这对维多利
亚时代晚期大众的态度产生了重大影响。参见如 J. M. MacKenzie, *Propaganda and Empire*:
The Manipulation of British Public Opinion (Manchester, 1984); A. Thompson, *Imperial
Britain*: *The Empire in British Politics c.1880—1932* (Harlow, 2000); and E. Said, *Culture
and Imperialism* (London, 1993). 但是，Bernard Porter 认为，帝国至少直到19世纪后期前并未
在大众文化尤其是在工人阶级中占据显著地位。参见 B. Porter, *Absent-Minded Imperialists*:
Empire, *Society and Culture* (Oxford, 2005).

②　区别于译为大不列颠的"Great Britain"，"大大不列颠"为19世纪末20世纪初一度流
行的提案。该提案要求建立一个包括各殖民地在内的联邦联盟以代替现有的大英帝国，亦可被
称为"帝国联邦"（Imperial Federation），这一构想最终未能实现。——译者注

③　"大大不列颠"一词的起源归功于 Sir Charles Dilke，他在1868年出版的帝国游记中用
这个词来描述他在"白人领地"的旅行。参见 C. W. Dilke, *Greater Britain*: *A Record of
Travel in the English-Speaking Countries during 1866 and 1867*, 3 vols (London, 1868).

④　Seeley, *The Expansion of England*, pp. 10—14.

⑤　Burroughs, 'John Robert Seeley and British Imperial History', *The Journal of Impe-
rial and Commonwealth History* 1: 2 (1973), 191—211, here p. 202.

⑥　Seeley, *The Expansion of England*, p. 353.

⑦　Seeley, *The Expansion of England*, p. 302.

⑧　K. Kumar, 'Empire and English Nationalism', *Nations and Nationalism* 12: 1
(2006), pp. 1—13, esp. p. 2.

来了"庞大的责任，而这些责任没有得到有任何好处的补偿"。随着英帝国与美国及俄国日益激烈的竞争逐渐浮现——后者被视为"永远使人恐惧的国家"，[1]这种竞争挑战了英帝国的经济和军事主导地位。西利主张从印度撤退，与"生活在不列颠诸岛之外的一千万英格兰人"基于"种族共同体、宗教共同体、利益共同体"，建立一个"联邦联盟"。[2]他断言，"如果完全意义上的大大不列颠真的存在，加拿大和澳大利亚对我们来说就是肯特郡（Kent）和康沃尔郡（Cornwall）。"[3]

19 世纪俄罗斯面临的"帝国困境"即将结束，其核心是如何用一种陈旧的准封建专制政治制度来管理庞大且不断增长的多民族人口和领土，因为这种制度阻碍了连贯的现代国家建设计划的发展。[4]建立一种民族意识的努力不断受到以下因素的影响：大部分农民人口不识字，通讯网络不发达，以及空前的种族与语言多样性（当然是在欧洲背景下）。[5]在 19 世纪，俄罗斯知识分子投入讨论了俄罗斯民族的构成、包括或排除非俄罗斯民族群体的限度，以及俄罗斯民族塑造方法与其他国家特别是西欧国家所采用方法的相对性。[6]俄罗斯民族主义历史学家，部分是为了回应克里米亚（Crimea）的军事失败和 1863 年波兰起义（以及西方对俄罗斯反应的批评），试图提出一种更宏大的俄罗斯性概念，即俄罗斯性是源于泛斯拉夫主义，但发展为一个单一的公民民族帝国共同体。[7]

克柳切夫斯基是众多俄罗斯民族主义历史学家中的一员。这些历史

---

① Seeley, *The Expansion of England*, p. 353.

②③ Seeley, *The Expansion of England*, p. 13.

④ D. Lieven, *Empire: The Russian Empire and its Rivals* (New Haven, CT, 2000), pp. 265—267.

⑤ 参见如 G. Hosking, *Russia and the Russians* (London, 2001), pp. 1—6; V. Tolz, *Inventing the Nation: Russia* (London, 2001), pp. 1—18.

⑥ 关于 19 世纪俄罗斯民族建设的不同方法，特别是"西化论者"与"斯拉夫优越论者"互相竞争的民族设想之概述，参见 V. Tolz, 'Russia: Empire or a Nation-State-in-the-Making?', in T. Baycroft and M. Hewitson (eds), *What is a Nation?* (Oxford, 2006).

⑦ Tolz, *Russia*, pp. 301—303.

学家试图推动产生一个包容广泛的俄罗斯民族和文化，从而同化各种（但不是所有）少数民族。①他相信"俄罗斯帝国的形成需要几个世纪的努力和自我牺牲；然而，形成这个国家的人民还没有在欧洲民族的前列占据一席之地，而这个位置正是凭借其道德与物质资源才能获得的"。②

239　这种同化主义的方法强调了俄罗斯帝国建设与西方同类之间的差异，并与克柳切夫斯基紧密联系在一起。③这一看法形成了其多卷本研究杰作《教程》的概念基础。该书是他 19 世纪 70 年代在莫斯科大学（Moscow University）、莫斯科神学院（Moscow Theological Academy）和莫斯科女子高等课程（Moscow Higher Women's Courses）的教学生涯中探索所得，并最终于 1904 年到 1910 年间出版。④克柳切夫斯基相信，俄罗斯民族共同体的"道德整体性"已因帝国精英准备接受西方实践和文化而破碎，其"教会情感"反映在 17 世纪俄罗斯东正教会的分裂中。⑤

对这两位作者而言，我们所选择的作品被证明是其著作中最受认可和最重要的成果。它们最初是为大学听众准备的课程而构思，但也得到了相当多的公众关注。他们坚信自己作为历史学家的任务在于引导公众

①　R. F. Byrnes, 'Kliuchevskii's View of the Flow of Russian History', *The Review of Politics* 55：4 (1993), pp. 565—591.

②　V. O. Klyuchevsky, *A History of Russia*, vol. 1, trans. C. J. Hogarth (London, 1911), p. 1.

③　关于克柳切夫斯基，参见 V. A. Aleksandrov, 'Vasilii Osipovich Kliuchevskii (1841—1911)：The 150th centenary of his birth', *History of the USSR* 6 (1991), 57—69; M. V. Nevchika., *Vasilii Osipovich Kliuchevskii: The History of his Life and Works* (Moscow, 1981); R. A. Kireeva., *Vasilii Osipovich Kliuchevskii as a Historian of Russian Historical Science* (Moscow, 1968); A. A. Zimin, 'The formation of Vasilii Osipovich Kliuchevskii's historical outlook in the 1860s', *Historical Notes* 69 (1961), 178—196; R. F. Byrnes, 'The Survey Course that became a Classic Set: Kliuchevskii's Course of Russian History', *The Journal of Modern History* 66：4 (1994), 737—754; G. Vernadsky, *Russian Historiography. A History* (Belmont, MA, 1978).

④　克柳切夫斯基于 19 世纪 90 年代中期开始准备出版他的《教程》。1904—1910 年，在他的亲自监督下，该书在莫斯科出版了四卷。《教程》的最后一卷也是第五卷涵盖了从叶卡捷琳娜大帝到 1861 年废除农奴制之间的时期，该卷于 1921 年在克柳切夫斯基的前学生及准备前四卷时的助手 Yakov Barskov 的监督下出版。这些书的铅印版在出版前可供学生阅读。

⑤　V. O. Klyuchevsky, *History of Russia*, vol. 3, trans. C. J. Hogarth (London, 1913), p. 374.

舆论，并在某种意义上纠正民族的自我意识。西利相信历史学家的主要作用是作为民族和帝国的教育家，特别是政治教育家，以确保历史应"以某种可以被称为道德的东西结束"。①他强调历史在了解现在和未来方面的贡献，认为"我们毫无疑问都应成为'事后诸葛亮'；我们研究历史才可能成为'事后诸葛亮'"。②克柳切夫斯基同样相信历史应该用以从过去中学习，并设想其扮演的角色所起的作用更为重要。他认为历史学家至少在塑造民族意识上与统治者或关键事件一样重要。③

240

　　两位历史学家都明确试图挑战各自国家的既有史学传统，因为这些传统只关注国家机构、法律和"高层"政治的发展。西利寻求通过拒斥持久存在的支持帝国扩张历史的"辉格式"（Whiggish）④宪法主题，以扩大英美史学的范围；"从更大的距离和更全面的角度看待事物［……］将英格兰之名扩展到全球其他国家"。⑤他准备贬低与他同时代"夸夸其谈历史学派"的一些人，因为他们将历史关注带入歧途。他断言对"历史清醒的看法应关注的对象主要不是英格兰人或在英格兰做的有趣事情，而应是被视作一个民族与一个国家的英格兰本身"。⑥在克柳切夫斯基的学术和教学生涯中，他表现为谢尔盖·索洛维约夫（Sergei Solovyov，1820—1879）的主要竞争者与对手。后者是前者的导师以及之前一任莫斯科大学俄罗斯历史讲席教授，还是俄罗斯史学中"国家学派"（state

---

　　① Seeley, *The Expansion of England*, p. 1.

　　② Seeley, *The Expansion of England*, p. 169.

　　③ R. F. Byrnes, *V. O. Kliuchevskii, Historian of Russia* (Bloomington, IN, 1995), pp. 128—129.

　　④ 英国历史上曾存在两个对立的政党——辉格党与托利党。辉格党是自由党的前身，倡导以君主立宪代替神权统治，支持资产阶级与国会。19世纪初期，一些属于辉格党的历史学家写作符合辉格党观点与利益的史著。到1931年，英国历史学家巴特菲尔德创造了"辉格史"这一词汇来形容这些作品——译者注，

　　⑤ Seeley, *The Expansion of England*, p. 9. See also M. Lee, 'The Story of Greater Britain: What Lessons does it Teach?', *National Identities* 6: 2 (2004), p. 126.

　　⑥ Seeley, *The Expansion of England*, pp. 341, 357. Seeley cites Thomas Babington Macaulay and G. M. Trevelyan as the main proponents. See J. Hamburger, *Macaulay and the Whig Tradition* (Chicago, 1976); J. W. Burrow, *A Liberal Descent: Victorian historians and the English past* (Cambridge, 1981).

school）的领导人。"国家学派"的历史学家主要关注俄罗斯国家的历史、其制度和法律形式，而克柳切夫斯基通过关注民族本身、其经济活动、大众信仰，定居模式及其跨越地理空间的殖民动力，将一种新面向引入俄罗斯历史的宏大叙事中。①

在西利的《扩张》与克柳切夫斯基的《教程》中，他们各自民族的历史都采用了一种相当客观的脉络，由过程而非大人物和事件所主导。虽然西利批评了许多政治领袖和君主，特别是那些与失去美洲殖民地一事相关的人物，但他承认自己"并非如传记作家"一样写作。②克柳切夫斯基详细地描绘了俄罗斯历史中下述主要人物的详细心理画像，如恐怖的伊凡（Ivan the Terrible，1530—1584）、彼得大帝（Peter the Great，1672—1725）、叶卡捷琳娜大帝（Catherine the Great，1729—1796）③以及许多其他统治者、政治家、教会要人、作家与思想家。但是，几乎所有这些肖像都是突出和探讨俄罗斯社会整体或其统治阶级在特定时期的道德和心理观念之手段。值得注意的是，两位历史学家都没有回避承认统治者在其民族领土扩张的关键时期品质平庸。西利对汉诺威王朝（Hanoverian）君主的评价非常严厉，尤其针对乔治一世（George I，1660—1727）和乔治二世（George II，1683—1760）的"模糊身影"。④与此类似，克柳切夫斯基将 14 世纪和 15 世纪的莫斯科大公展现为"相当无趣的人物"，他们具有"一种格外稳定的平庸"，并且缺乏道德勇气、伟大精神、甚至是明显的邪恶和激情。⑤因此两人都寻求把英格兰或俄罗斯的扩张抬高到一个超出统治者、军事指挥官或敌对贵族派系个人际遇所能及的层次。

---

① Byrnes, *Flow of Russian History*, pp. 586—589.
② Seeley, *The Expansion of England*, p. 156.
③ 以上三位是著名的俄罗斯沙皇。——译者注
④ Seeley, *The Expansion of England*, p. 20.
⑤ V. O. Klyuchevsky, *History of Russia*, vol. 2, trans. C. J. Hogarth (London, 1912), pp. 46—47.

扩展民族帝国的边界

　　西利与克柳切夫斯基寻求界定各自帝国民族的起源和扩张如同有机体。于西利而言，英格兰向"大大不列颠"的扩张应被视为"在某种天然意义上"是一个"由健壮的男孩发展而来的成年巨人"。[1]英格兰历史"充满着伟大成果"，甚至连美国的失去都被视为自然的，殖民地——像果实一样很可能"一成熟就从树上落下来"。[2]克柳切夫斯基同样认为俄罗斯帝国扩张是通过"自然和必要的"一系列"重要或自然的联盟"。[3]但是，他利用自然界为帝国扩张提供了隐喻，以一系列"从一个地区到另一地区的小鸟短途飞行，放弃他们曾经去过的地方而进入新的地方"来描述莫斯科人的迁徙。[4]此外，"对现代俄罗斯进程中压力的担忧让人想起了一只鸟的飞行，它在顺风推动下无法充分利用翅膀。"[5]

　　在这两个文本里，战争在帝国建设中的作用都被贬低了，持续殖民中的胁迫或暴力本性也被置于次要地位。与这一时期的许多民族塑造叙事不同，帝国扩张被描绘成基本上是和平与非暴力的进程。西利解释称，英格兰获得的领土大部分无人居住，这确保了帝国扩张是和平的——"我们的帝国根本不是这个词一般意义上的帝国。它不由用暴力联合起来的民族集团所组成。"[6]克柳切夫斯基对俄罗斯过去的选择性描述避免了许多与其帝国扩张相关的政治纷争和战争。正如伯恩斯指出的那样，克柳切夫斯基的帝国观是"除了叶卡捷琳娜大帝统治时期外一个

242

---

①　Seeley, *The Expansion of England*, p. 190.

②　Seeley, *The Expansion of England*, p. 359, 180—181.

③　Byrnes, *Flow of Russian History*, p. 572. 亦可参见 Tolz, *Russia*, p. 303.

④　Klyuchevsky, *History of Russia*, vol. 1, 1911, p. 50.

⑤　Klyuchecsky, *History of Russia*, vol. 3, 1911, p. 4.

⑥　Seeley, *The Expansion of England*, p. 60.

无可阻挡的和平进程，仅有一些例外或伤亡"。[1]

两位作者基本上都采用了目的论的方法来推进一部明确是命中注定的民族帝国之历史。在这两种叙述里，帝国的领土扩张都由两民族的地理位置所决定。英格兰的位置——"考虑到我们岛屿的西方和北方面朝大西洋"，这促成了"英格兰的海上伟大"，而西利认为，这是英帝国成功的关键。[2]获得新领土是对不列颠过度拥挤的一种合乎逻辑与必要的反应，尽管西利试图强调，殖民者只"占据了地球上的部分地区，且这些地区是如此空旷而为新的定居点提供了无限的范围"。[3]英国只是在"无限的领土"上表达其对"无主财富"的道德权利，在那里"我们的语言得到使用，我们的宗教被宣扬并且我们的法律得以确立"。[4]

对克柳切夫斯基而言，俄罗斯民族和国家的扩张受到欧洲东部辽阔平原的地理条件之影响。透过他的导师谢尔盖·索洛维约夫，克柳切夫斯基采纳了地理环境塑造俄罗斯历史的观点。[5]他在《教程》的引言讲座中着重强调，在俄罗斯帝国的早期历史里，"无垠与荒凉的"东欧平原"始终没有人定居"。[6]东欧平原对俄罗斯帝国的崛起和扩张没有造成任何天然障碍。南部大草原也是如此，它可以被看作是东欧平原的直接延伸。在解释是什么使莫斯科成为"伟大俄罗斯人民真正的人种论意义上之中心"和"俄罗斯土地的集大成者"时，克柳切夫斯基阐述了这座城市"优越地理位置"的概念。莫斯科地处战略要道和水路交汇处，相对而言不受鞑靼人的袭击，这促使克柳切夫斯基将随后俄罗斯从平原中部

243

---

① Byrnes, *Kliuchevskii*, *Historian of Russia*, p. 140. Nicholas V. Riasanovsky 指出，克柳切夫斯基确认了获得领土的五种主要方法：购买、武力占领、外交夺取、与封建王公签订服务协议以及莫斯科人的定居。参见 N. V. Riasanovsky, *Russian Identities*：*A Historical Survey* (New York, 2005).

② Seeley, *The Expansion of England*, pp. 94—95.

③ Seeley, *The Expansion of England*, p. 55.

④ Seeley, *The Expansion of England*, pp. 55—70.

⑤ 参见 Mark Bassin, 'Turner, Solov'ev, and the "Frontier Hypothesis"：The Nationalist Signification of Open Spaces', *The Journal of Modern History* 65：3（1993），473—511，esp. 491—494.

⑥ Klyuchevsky, *History of Russia*, vol. 1, 1911, p. 2；vol. 5, 1931, p. 208.

到河流沿岸周边地区的殖民活动概括为一个自然而不可避免的进程。①

因此，领土扩张被认为是正当合理的，并反映了历史赋予其民族的帝国品质。两位历史学家通过将英格兰和俄罗斯的历史重新界定为正当合理的领土扩张史，都把帝国民族的边界表述为可塑的、流动的、含混的，但通过广泛定居于稀疏或无人居住的领土而变得合理。因此，帝国民族并非由他们在"起源"时定居的祖传民族家园所定义。于西利而言，这意味着大大不列颠的领土是"英格兰国家的真正扩大"，而克柳切夫斯基则认为"俄罗斯的历史，自始至终都是一个国家经历殖民与使该殖民区域和其国家的扩大互相同步之历史"。②

两位历史学家认定扩张是各自民族帝国历史上的关键因素，他们重新考虑了作为其叙述框架的年代划分。西利聚焦于 18 世纪，把它描绘成英格兰历史上一个独特而幸运的时期，它见证了"大大不列颠"的诞生，但"已经淡出了我们的想象"。③对克柳切夫斯基来说，俄罗斯的历史和莫斯科国家的本质，与横跨东欧平原的殖民运动轨迹相一致。④然而于两位作者而言，正是他们各自历史中的最新阶段为民族帝国扩张的成功提供了证据，尽管这也存在问题，并对帝国凝聚力造成了新的威胁。

于西利而言，安妮女王（Queen Anne，1665—1714）治下大不列颠的联盟⑤与在北美定居是并行的，美国的脱离证明了英格兰帝国主义第一阶段的成功——这是一个持续的变革，它强调"与大陆国家相比，自 244

---

① Klychevsky, *History of Russia*, vol. 1, 1911, pp. 272—276.

② Seeley, *The Expansion of England*, p. 51；Klyuchevsky, *History of Russia*, vol. 5, 1931, p. 209.

③ Seeley, *The Expansion of England*, p. 26.

④ Klyuchevsky, vol. 5, 1931, p. 210—12, 概述了俄罗斯殖民的四个时期：8 世纪至 12 世纪的"第聂伯河罗斯"（the Dnieper Rus）、13 世纪至 15 世纪初的"上伏尔加河罗斯"（Upper Volga Rus）、15 世纪末至 17 世纪初莫斯科大公国的"大俄罗斯"（Great Russia），以及"全俄罗斯"（俄语 Всероссийский，英语 All-Russian）或帝国时期。在这最后一个时期，专制制度和贵族成为主要政治力量，以 1613 年罗曼诺夫王朝（Romanovs）登上俄罗斯王位直到 19 世纪中叶废除农奴制为标志。

⑤ 指安妮女王统治时期英格兰与苏格兰的正式合并。——译者注

由当然是英格兰的主要特征"。①然而，帝国的第二波扩张证明了英格兰帝国模式的成功，特别是"白人领地"定居点的建立。西利的"大大不列颠"包括"四大领土、加拿大自治领、南非的大量属地、澳大利亚集团（包括新西兰）和西印度群岛"，这些地区"主要或大部分由英格兰人居住，并服从王国政府"。②他对导致美国脱离的问题很敏锐，尤其指出英帝国为了"金钱利益"而过度征税，这是"分裂"的关键。③由于西利担忧未来出现分裂，他认为，"母国"应该停止对殖民地"提出不公正的要求和强加恼人的限制"，并确保"独立存在风险，更不用说它会造成智识的贫乏"。④

克柳切夫斯基发现，在"动乱时期"结束和罗曼诺夫王朝登基后，殖民进程处于一个截然不同的阶段，这突出了俄罗斯帝国主义的合理性。通过小俄罗斯（乌克兰）和波兰—立陶宛联邦（Polish-Lithuanian Commonwealth）等其他土地的"加入"、西伯利亚的开发以及波罗的海与黑海沿海地区的获得，俄罗斯已经超越了大俄罗斯核心的领土，并从一个民族国家转变为帝国。克柳切夫斯基通过将 17 世纪、18 世纪和 19 世纪上半叶合并为单一时期，暗中打破了一个既有传统，将圣彼得时代描绘成俄罗斯历史上的主要分水岭，它将"旧的"俄罗斯和"新的"俄罗斯分开。⑤克柳切夫斯基反复强调俄罗斯社会内部的"分裂"，即受西方影响造成普通民众和上层阶级失去共同的道德与知识背景的情形，早在彼得大帝之前就已出现，并且在一定程度上受到 17 世纪莫斯科国家扩张的影响。于克柳切夫斯基而言，"莫斯科的对外政策具有启发一种共同民族、一种共同国家的理论之作用。"⑥但是，17 世纪和 18 世纪帝

① Seeley, *The Expansion of England*, p. 8.
② Seeley, *The Expansion of England*, p. 12.
③ Seeley, *The Expansion of England*, p. 176.
④ Seeley, *The Expansion of England*, p. 346.
⑤ V. O. Klyuchevsky, *History of Russia*, vol. 4, trans. C. J. Hogarth (London, 1926), pp. 345—351.
⑥ Klyuchevsky, *History of Russia*, vol. 2, 1912, p. 13.

国在大俄罗斯核心之外的扩张使俄罗斯受到了欧洲的影响，并将国家带到了欧洲政治的重要位置。这使俄罗斯精英的精神道德观与广大俄罗斯人民疏远，因此削弱了俄罗斯人民的民族自觉。[1]对克柳切夫斯基来说，俄罗斯在欧洲边缘的扩张不是一种优势，而是一个安全问题，甚至几乎是一个祸根，并且让进一步入侵亚洲大草原的行动"变得越来越复杂和艰巨"。[2]

帝国民族的包容与排斥

然而，英格兰帝国民族与俄罗斯帝国民族的历史学边界扩张建立在一种选择性的方法之上。这种方法包括故意排除一些领土，特别是那些被认为已经有人居住的领土。西利设想"大大不列颠"在"由英格兰人占主体及多数"的各处是现代的。相反，殖民时期的印度凸显了过度扩张的潜在问题，它是一个"拥有古老文明的拥挤地区，拥有自己的语言、宗教、哲学和文学"。[3]这是一个"宪法上和财政上都独立的帝国"[4]，在这里，帝国"盲目地"采取了一种不同的"殖民"方式，而这种方式"深刻地改变了我们的国家"。[5]印度是与众不同的，并有着独特问题——"它只是通过征服的纽带才与我们联系在一起"，并拥有"庞大的本地出生人口"，这个殖民地"最不可能从自身中发展出一个稳定的政府"。征服和殖民不是由英格兰进行的，而是由东印度公司（East India Company）出于商业原因进行的。这导致了不必要的战争，造成了"几乎无法忍受的责任"，从而使议会负担过重并对自由的进步提出了挑战。[6]因此，西利质疑是否有能力在印度以及"白人领地"边缘

---

① Klyuchevsky, *History of Russia*, vol. 3, 1913, pp. 374—376.
② Klyuchevsky, *History of Russia* vol. 3, 1913, p. 129.
③ Seeley, *The Expansion of England*, p. 217.
④ Seeley, *The Expansion of England*, p. 295.
⑤ Seeley, *The Expansion of England*, pp. 206—207.
⑥ Seeley, *The Expansion of England*, pp. 212, 296.

移民领土维持和管理一个帝国，并指出印度"暴力拒斥"英格兰只是时间问题。[1]

克柳切夫斯基的论题聚焦于对"俄罗斯平原"的同化、扩展地理边界和人民移民的限制，以统一"俄罗斯土地的所有部分"，包括小俄罗斯、白俄罗斯和新俄罗斯。他视此为一个"全俄罗斯帝国"。[2]然而，尽管领土、文化和种族似乎结合在一起，使俄罗斯向西部和南部的扩张合理化，但重要的是俄罗斯帝国向东的发展并不符合他对俄罗斯帝国民族的看法。克柳

246 切夫斯基认为帝国的扩张，特别是在叶卡捷琳娜大帝统治下在高加索地区（Caucasus）的扩张是"对人力资源的巨大压力和消耗"。[3]除了讨论西伯利亚铁路的成就外，他很少提及俄罗斯向中亚或远东的扩张；他的俄罗斯主要是欧洲的俄罗斯。尽管他承认乌拉尔山脉（Urals）以外领土的获得和一些俄罗斯人的迁居，但他认为"俄罗斯历史上绝非亚洲"。[4]

两位作者都强调了人种和种族在规划民族帝国共同体意识上的中心地位。虽然一些人否认西利是一位种族主义者或沙文主义者，[5]但该书的结构推动人种成为一个关键类别，使一些人认为他是出于"种族夸夸其谈和自鸣得意的信仰"之动机。[6]事实上，"移民"帝国和"殖民"帝国之间的区别反映了种族在帝国概念中日益重要，特别是在西利开始其系列讲座之前的时期。[7]像那个时期的许多英格兰历史学家一样，他把"英格兰的"与"不列颠的"天衣无缝地融合在一起；[8]英格兰是"大大不列

① Seeley, *The Expansion of England*, pp. 204—220.

② Klyuchevsky, *History of Russia*, vol. 5, 1931, pp. 211—212.

③ Klyuchevsky, *History of Russia*, vol. 3, 1913, p. 8.

④ Klyuchevsky, *History of Russia*, vol. 5, 1931, p. 225.

⑤ O. Chadwick, 'Historian of Empire', *Modern Asian Studies* 15：4 (1981), p. 879.

⑥ E. H. Gould, 'A Virtual Nation：Greater Britain and the Imperial Legacy of the American Revolution', *American Historical Review* 104：2 (1999), pp. 476—489, esp. p. 486.

⑦ C. Hall, *Civilising Subjects：Metropole and Colony in the English Imagination 1830—1867* (Chicago, 2002).

⑧ H. Kearney, *The British Isles：A History of Four Nations*, 2nd edn (Cambridge, 2005), pp. 2—5.

颠"的核心，提供了"共同的民族、共同的宗教和共同的利益"，①由"几千万英格兰人"建立。②然而，英格兰作为帝国不列颠性核心的设想，因对英国多民族性的某种认同而有所缓和。在苏格兰、威尔士和爱尔兰存在"完全无法理解的凯尔特血统和凯尔特语言"一事暗示了非英格兰民族特征的可能性，尽管这并没有削弱"整体的民族团结"。③

于西利而言，种族多样性不能削弱或限制其理想主义的"大大不列颠"概念。④正如他所指出的，"大大不列颠不仅仅是一个帝国，尽管我们经常这样称呼它。其联盟更为重要。它是由血缘和宗教联合在一起的。"⑤他相信"英格兰帝国充满了文明之血"，包括西印度群岛，"虽然它有奴隶人口"。西利的担忧集中在英格兰种族可能被稀释的问题上，因为"野蛮混合导致的民族类型退化"已经证明西班牙帝国和法兰西帝国无法成立。⑥他指出，尽管英格兰帝国实际上摆脱了"不相容民族的勉强联合"，但四个"大集团"是"相当大的削弱因素"。在这些群体中，澳大利亚土著人种"在民族学上是如此低等因而从不会造成一点点麻烦"，而西印度群岛的奴隶，虽然"在肤色和身体类型上贴合得如此明显"，却被视为"没有感情的共同体"。在南非，"模糊不清的土著人口"被视为"一种联合和进步的力量，就像红种人（Red Indian）⑦从未表现出来的那样"。事实证明，荷兰移民对英格兰殖民具有抵抗力，不像他们在加拿大的法国同类"很可能在英国移民人数中迷失"。但是，西利对这种群体在大大不列颠的存在持务实态度。他指出，鉴于英格兰民族已经接纳了威尔士人、苏格兰人和爱尔兰人，"在帝国中，许多法兰西人与荷兰人以及众多卡菲人（Caffre）⑧和毛利人（Maori）⑨可以被接纳，

247

----

①③　Seeley，*The Expansion of England*，p. 59.

②　Seeley，*The Expansion of England*，p. 13.

④　Burroughs，'John Robert Seeley and British Imperial History'，pp. 199，206—207.

⑤　Seeley，*The Expansion of England*，p. 60.

⑥　Seeley，*The Expansion of England*，p. 161.

⑦　对印第安人的蔑称。——译者注

⑧　南非班图人的支系。——译者注

⑨　新西兰的原住民和少数民族。——译者注

而不会损害整个人种学上的团结"。①

然而，印度帝国内部的人种分化更为持久。西利很清楚，"毫无疑问，英属印度占支配地位的人种比土著人种拥有更高等、更有活力的文明"。西利认为存在两个不同的人口阶层，"一个皮肤白皙的人种和一个皮肤黝黑的人种"，后者"在许多地方是不文明的，应该被归类为野蛮的"。②印度被视为"没有人种或宗教共同体"，且"与英格兰人没有任何血缘关系"。③此外，由于"人种混杂，通过人种进行人种统治"，"印度的民族观念似乎被彻底混淆了"。④这意味着"那里不存在同质共同体"，而是"两个或三个人种互相仇恨"。西利认为，这种弱点是印度殖民主义的核心，因为"他们没有爱国主义，只有乡村爱国主义"。⑤因此，印度"不应该被归入英格兰或法兰西这样的名称"，因为它不是一个民族或一个国家，而是一个"地理表达"与"许多民族和许多语言的领土"。⑥

对俄罗斯"血统"中心地位的阐述在克柳切夫斯基的论题中并没有那么明确或核心；事实上，他公开承认"人口中的多人种和分散因素组成一个整体，由此产生了大俄罗斯民族"。⑦然而，他明确区分了西化的"日耳曼斯拉夫人"和"东方斯拉夫人"，后者是"固定在地理和人种背景下俄罗斯民族的原始祖先"。⑧桑德斯（Sanders）⑨认为，克柳切夫斯基把俄罗斯历史看作在两个因素的作用下一个民族在殖民自身，⑩"种族融合和自然环境"产生了一种"特殊的民族性"，产生了俄罗斯民族的一

248

---

① Seeley, *The Expansion of England*, p. 59.

② Seeley, *The Expansion of England*, pp. 277—280.

③ Seeley, *The Expansion of England*, pp. 204, 214.

④ Seeley, *The Expansion of England*, p. 237.

⑤ Seeley, *The Expansion of England*, pp. 237—238.

⑥ Seeley, *The Expansion of England*, pp. 256—257.

⑦ Klyuchevsky, *History of Russia*, vol. 3, 1913, p. 9.

⑧ Klyuchevsky, *History of Russia*, vol. 1, 1911, p. 2.

⑨ 即 Thomas J. Sanders，美国历史学家。——译者注

⑩ T. Sanders, 'Introduction', in T. Sanders (ed.), *Historiography of Imperial Russia：The Profession and Writing of History in a Multinational State* (Armonk, NY, 1999), p. 8.

个独特"分支"——大俄罗斯人。①克柳切夫斯基看到了家庭、部落和民族之间的直接联系。这种联系建立在由"血统"、"精神统一"和"历史财富和利益的一致"联系在一起的宗教、法律、语言和文化共同点之上。②他相信这些性质是"大俄罗斯血统"所固有的，这是由来自基辅罗斯（Kievan Rus）和芬兰土著（Aborigines）的俄罗斯移民合并而成的。他们从莫斯科大公国的腹地向外扩张，整合了南部大草原上的小俄罗斯人、白俄罗斯人和"新"俄罗斯人。③这一合并意味着"我们人种的三个主要分支，大俄罗斯人与小俄罗斯人的比例为三比一，而小俄罗斯人与白俄罗斯人的比例相当"。④

　　由于《教程》的重点是扩展与合理化俄罗斯民族帝国的边界，少数民族只被视为俄罗斯民族的对手。因此，鞑靼人被视为"创造俄罗斯政治和民众力量的盲目工具"，这意味着俄罗斯帝国扩张是"欧洲文明的先锋和后卫"。⑤高加索部落是"好战的"，而中亚的可汗则因"采取敌对态度"而遭到谴责。⑥大俄罗斯血统兴起的核心是从"民族奴役者"中解放；"鞑靼人和立陶宛人地区不断增加的阵雨般的打击"产生了"激发共同民族理论"的效果。⑦克柳切夫斯基坚持俄罗斯既有史学传统，拒绝承认金帐汗国（Golden Horde）、立陶宛大公国（Grand Duchy of Lithuania）或波兰—立陶宛联邦对基辅罗斯解体后的人口产生过任何积极的文化或政治影响。"吃生肉"的鞑靼人、"奸诈的"立陶宛人，以及波兰人都被克柳切夫斯基视为俄罗斯历史上纯粹的外部因素。波兰人被视为 "一个不需要的朋友"，而且还是俄罗斯土地和人民不断聚集与民族生存

249

①　Klyuchevsky, *History of Russia*, vol. 1, 1911, pp. 295—316, esp. pp. 295—296.

②　Klyuchevsky, *History of Russia*, vol. 5, 1931, p. 200.

③　Klyucheveky, *History of Russia*, vol. 3, 1913, pp. 2—3; and vol. 1, 1911, pp. 209—213.

④　Klyuchevsky, *History of Russia*, vol. 1, 1911, p. 203.

⑤　Klyuchevsky, *History of Russia*, vol. 1, 1911, p. 288; vol. 2, 1912, p. 321.

⑥　Klyuchevsky, *History of Russia*, vol. 5, 1931, p. 263.

⑦　Klyuchevsky, *History of Russia*, vol. 2, 1912, pp. 13, 319.

的威胁。①

宗教在确立英格兰帝国民族与俄罗斯帝国民族的共性和差异性方面也发挥了关键作用。西利指出，尽管宗教曾分裂了欧洲，但帝国的建立意味着"宗教问题及其所有宏伟事物已经平息"。②他相信"在我看来，宗教是构成民族的所有因素中最强大和最重要的"，一般而言，基督教，特别是新教促进了"某种统一"。③西利还指出，英格兰人"一直宣称我们对宗教宽容的原则是神圣的"，虽然这是基于"我们遵从的理解"。④他指出，印度的宗教多样性为英国撤退提供了另一个动机。印度的多宗教构成意味着"我们作为基督徒来到被婆罗门教（Brahminism）和伊斯兰教（Mohammedism）分割的人口中"。⑤印度的宗教多元性被认为是不断破坏印度民族出现的因素，虽然西利指出"在婆罗门教中，印度有一个胚芽，它迟早会生长为一个印度民族"。⑥

克柳切夫斯基对俄罗斯东正教的设想，掩盖了教会相对于国家的确定地位及其在帝国扩张过程中创造包容性俄罗斯民族意识和文化的作用。一个人如果不是一个东正教基督徒，就不可能是俄罗斯人。⑦他认为俄罗斯教会的分裂是"由西方文化引起的俄罗斯公众道德分歧的一种基督教会表达"。⑧因此，他阐述了东方斯拉夫人对俄罗斯东正教的共同归属，指出"一个受过教育的俄罗斯人不可能是一个不信上帝的人"。但是，通常克柳切夫斯基认为教会和宗教在俄罗斯历史上的作用不大，当它与其有关过去的看法相冲突时，他简单地将之从《教程》中删除了。⑨

两位作者都寻求利用人种、种族和宗教来推动连贯的叙述，以反复

① Klyuchevsky, *History of Russia*, vol. 1, 1911, p. 293; vol. 5, 1931, pp. 255—256.
② Seeley, *The Expansion of England*, p. 93.
③⑥　Seeley, *The Expansion of England*, p. 261.
④ Seeley, *The Expansion of England*, p. 322.
⑤ Seeley, *The Expansion of England*, p. 215.
⑦ Byrnes, *Kliuchevskii, Historian of Russia*, p. 171.
⑧ Klyuchevsky, *History of Russia*, vol. 3, 1913, p. 374.
⑨ 伯恩斯指出克柳切夫斯基有意识地避免了"神圣俄罗斯"一词。参见 Byrnes, *Kliuchevskii, Historian of Russia*, ch. 11.

灌输一种民族帝国共同体的复兴意识。如果这些主题的影响违背了叙述的统一性，特别是宗教，它们往往被作者所忽略。西利与克柳切夫斯基刻意建构通过帝国种族—民族群体的迁徙或解放以证明扩张合理性的历史，这些帝国种族—民族群体仍然被血缘、宗教和共同文化联系在一起。这种统一与空间上亲密无间的表达相联系；一个由他们居住的由领土所界定的帝国共同体。这些框架在界定谁将被排除在民族帝国共同体之外方面同样重要。比历史或叙事一致性更重要的是利用包容和排斥的能指（signifier）①来提供共性的范围，这些范围融合并超越了民族、国家和帝国的标准。但是，这意味着他们各自的民族帝国叙事在建立一种历史共性的意识方面是至关重要的，同时也提供了一种界定挑战帝国合法性之史学的"他者性"。

"新帝国主义"史学中的局限性

　　西利与克柳切夫斯基鼓励发展一种明确的民族帝国史学。据此，帝国和民族是在一种基于共同公民权基础上的共生关系中构想产生的，而界定这种共生关系的关键机构则坚决反对仅建立在本土强权和恭顺的殖民地基础上的单维等级观念。由于西利正在写作一部海洋帝国之历史，本土和海外殖民地之间的基本区别似乎有些不言而喻。他的任务正是证明横跨大洋民族的统一性，以证明英格兰"不是一个帝国，只是一个非常大的国家，这是因为整个国家的人口都是英格兰人，机构制度也是相同的"。②对克柳切夫斯基来说，同样显而易见的是，俄罗斯移民在殖民过程中保留了自己的民族身份认同，无论他们在东欧平原和其他地区散布得多远。俄罗斯民族国家的领土扩张可能会刺激国家和社会之间及内部的一些紧张关系，但不会刺激俄罗斯帝国民族

---

① 瑞士索绪尔结构语言学中的专有术语，能指指单词的词形或词音。——译者注
② Seeley，*The Expansion of England*，p. 350.

250

的中心—外围。

　　然而，我们必须质疑的是：这两位作者究竟在多大程度上成功拒绝了既有的民族主义方法？他们在阐述不列颠帝国民族或俄罗斯帝国民族时究竟在多大程度上创造了一种独特的民族帝国历史书写？对民族帝国主义叙事回顾性的重新阐述，表明 19 世纪末的防御性帝国主义试图使每个帝国民族合理化，同时也突出了其传教士帝国主义动机的不确定性。于西利而言，印度帝国的道德问题就出现了，这表明"我们的西方文明也许不是我们想象中的那种绝对光荣的事物"。在反问印度是否从英格兰殖民统治中获益时，他指出"他们看到了许多被摧毁的、被损坏的事物"。[1]虽然克柳切夫斯基没有质疑帝国的使命，但他批评了大俄罗斯人的保守性格，因为这使他们对共同体问题或与"同胞"的关系麻木不仁。大俄罗斯人习惯于沮丧，也缺乏有助于长期持续、有条理地辛勤劳动的品质。[2]

　　更重要的是，两位作者都未能抑制自己的种族—民族出身，未能对帝国民族进行更具包容性的叙述。因此，本章所讨论的"新帝国主义史学"建立在一种线性的、连续的进程上。它借鉴了救世主的主题，更类似于既有的民族主义的历史书写方法，但将之置于更广泛的帝国背景之下。文本既没有全盘否定英格兰人或大俄罗斯人是二元帝国人民的观点，作者们也没有试图承认英帝国或俄帝国的文化多元化或政治多元化。尽管历史叙述的边界可能已经扩大，但没有迹象表明，帝国扩张的经历对帝国民族的历史或身份认同做出了积极贡献或将之重塑。因此，英格兰史学与俄罗斯史学的中心目的继续向外投射一种既自我维持又自我辩护的沙文主义叙述。

　　为引起共同意识而采用的叙述方法存在着固有矛盾，这突出了阐述

---

[1]　Seeley, *The Expansion of England*, pp. 354—355.

[2]　克柳切夫斯基将俄罗斯未能像西欧国家那样实现工业化归因于大俄罗斯种族特征的弱点。参见 Kluchevsky, *History of Russia*, vol. 1, 1911, pp. 218—220.

一种有机而包容的民族帝国史学之挑战。在这两个文本中，在"大大不列颠"、全俄罗斯帝国和通过更具侵略性手段征服的各自殖民领土的和平合并之间，存在着有意为之的区别。然而，这种和平移民领土的设想有待商榷。英国人在澳大利亚、新西兰、加拿大和南非的移民都是通过与当地人或其他帝国竞争者的暴力交换而形成的。[1]同样，俄罗斯在小俄罗斯与白俄罗斯的扩张是由不亚于和平移民数量的冲突斗争所塑造的。[2] 252
虽然两位作者都没有提出任何基本领土要求，但帝国民族的确切边界仍普遍不确定。西利在阐述"大大不列颠"的构成或四个领地本身边界的不确定性时，忽略了其他地方的正式帝国殖民和非正式帝国殖民。克柳切夫斯基的大俄罗斯与其整个殖民帝国之间的边界从未得到界定。尽管他指出俄罗斯的中亚领地"一直延伸到阿富汗的边界"，但俄罗斯作为"东欧东正教斯拉夫人的召唤者"之普遍观念导致了它进一步向南和向西的扩张，以将之"合并成一个单一的东正教斯拉夫帝国"。[3]

虽然西利提倡联邦制，但几乎没有证据表明，帝国民族的扩张被认为是起源于多民族或跨民族的不列颠，而非英格兰。"盎格鲁—撒克逊人种天赋"的中心地位是至高无上的，它支撑了英国辉格式历史上许多熟悉的主题，特别是在更广泛的帝国框架内扩展自由的概念。[4]苏格兰对帝国的贡献被视为英格兰人的无私行为。他们将苏格兰人从"国家的贫困"中解脱出来，表现为"从那以后，没有哪个民族像苏格兰人那样相比其数量而言从新大陆收割了如此多的好处"。[5]当然，西利忽略了一个

---

[1]　参见 D. K. Richter, 'Native Peoples of North America and the Eighteenth-Century British Empire', in P. J. Marshall, *The Oxford History of the British Empire*: *The Eighteenth Century* (Oxford, 1998); C. A. Bayly, 'Encounters between British and "indigenous" peoples, c.1500—c.1800', in M. Daunton and R. Halpern (eds), *Empire and Others*: *British Encounters with Indigenous Peoples*, 1600—1850 (Philadelphia, 1999).

[2]　M. Raeff, 'Patterns of Russian Imperial Policy Toward the Nationalities', in E. Allworth (ed.), *Soviet Nationalities Problems* (New York, 1971).

[3]　Klyuchevsky, *History of Russia*, vol. 5, 1931, p. 129.

[4]　Seeley, *The Expansion of England*, p. 94.

[5]　Seeley, *The Expansion of England*, pp. 152—153.

事实：从比例上看，自愿扩张帝国的苏格兰人多于英格兰人。[1]事实上，作者提出"大大不列颠在民族上是同质的"，而没有提及不列颠群岛上尤其是在爱尔兰相互竞争的民族主义运动或宗教分裂。[2]同样，西利忽视了移民共同体也有能力和意愿去建构相互竞争的民族意识形态的可能性，而这些意识形态挑战了其"大大不列颠"的合理性。[3]

253　　克柳切夫斯基关于通过殖民来建立俄罗斯民族和血统的详细理论，对所有东斯拉夫人的共同民族帝国身份认同产生了许多潜在的危险影响。正是因为他的帝国概念非常重视帝国民族及其物质文化、语言、记忆和"自我意识"，他才能够有力地描述东北部的殖民以及那里出现了一支与众不同的俄罗斯人"分支"——大俄罗斯人。乌克兰人是古代基辅罗斯人的直系后裔，因此本质上属于一个"更大的俄罗斯民族"的主张，[4]加强了后一概念，并起到了抵制波兰对旧波兰—立陶宛联邦土地主张的作用。因此，基辅应被视为"俄罗斯民族的摇篮"、"俄罗斯其他城市之母"，事实上"俄罗斯土地的理念"最早也出现在这里。[5]

　　然而，12世纪和13世纪大俄罗斯人民的"分散"造成了历史上的分裂，这意味着无法对"西南罗斯"进行连贯的叙述。这突出了在悲惨的"民族破裂"之后，关于俄罗斯民族两个"分支"命运的描述之间的明显差异，暗示乌克兰人对基辅罗斯遗产的主张比俄国人更强烈。克柳切夫斯基当然坚决反对这种推论。但他的概念只需要再向前迈出一小

---

[1]　Seeley, *The Expansion of England*, p. 152. 关于对苏格兰于英帝国发展和统治的广泛贡献之讨论，参见 M. Fry, *The Scottish Empire* (Edinburgh, 2002); T. M. Devine, *Scotland's Empire: 1600—1815* (London, 2004).

[2]　参见 S. Howe, *Ireland and Empire: Colonial Legacies in Irish History and Culture* (Oxford, 2002).

[3]　参见如《牛津英帝国史》丛书中关于澳大利亚和加拿大独特民族文化和身份认同发展的几卷，D. M. Schreuder and S. Ward (eds), *Australia's Empire* (Oxford, 2008); P. Buckner (ed.), *Canada and the British Empire* (Oxford, 2008).

[4]　关于该概念在19世纪俄罗斯的历史，参见 A. Miller, *Imperial Authorities, Russian Public Opinion and Ukrainian Nationalism in the Second Half of the 19th Century* (St. Petersburg, 2000).

[5]　Klyuchevsky, *History of Russia*, vol. 1, 1911, pp. 94, 284, 291.

步，就可以宣称乌克兰人并非一个"分支"，而是一个有着自己独特历史和特点的民族——正是这个民族才是古代基辅罗斯的唯一真正继承人。①同样，立陶宛人独特民族的悠久历史也被作者所忽视，②东正教破碎的性质或其他信仰特别是天主教和伊斯兰教在帝国西部和中部地区，在建构相互竞争的非俄罗斯身份认同方面的作用也被忽视了。③

两位作者都没有试图灌输一种平等主义的民族帝国公民意识；阶级和性别没有被用来增强一种共同感。尽管克柳切夫斯基更愿意承认"人民"，特别是俄罗斯农民在整个帝国的中心地位，但他与一些同行不一样，他并不崇敬他们。④他认为卑躬屈膝和农奴制是俄罗斯人民"在 17 世纪为安全和外部保护而进行的斗争中被迫作出的"一种必要牺牲。⑤虽然西利准备承认中下层民众在公共事务中的影响日益扩大，但没有承认移民共同体之内的政治权利不对称现象。⑥两位作者都给出了其国家的性别化民族模式化观念，但性别并非其论题的中心。西利描绘了一个母权的英格兰帝国民族，与"她"不那么成功的欧洲对手相比，"她"在道德上与众不同，而且更关心他人。⑦克柳切夫斯基将不断扩张的俄罗斯土地视为一个"共同的祖国父亲（fatherland）"，而非一个更加仁慈、和

254

---

① 乌克兰历史学家 Mykhaylo Hrushevsky 在他的《关于乌克兰人民历史的短文》（*Essay on the History of the Ukrainian People*，1906）与多卷本《乌克兰—罗斯的历史》（*History of the Ukraine—Rus*，1913）中发展了这些主题，参见 A. Miller, 'The Empire and the Nation in the Imagination of Russian Nationalism', in A. Miller and A. Rieber (eds), *Imperial Rule* (Budapest，2004).

② Byrnes, *Kliuchevskii*, *Historian of Russia*, pp. 144—145.

③ 参见 R. P. Geraci and M. Khordarkovsky (eds), *Of Religion and Empire*：*Missions*, *Conversions and Tolerance in Tsarist Russia* (Ithaca，NY，2001); P. W. Werth, *At the Margins of Orthodoxy*：*Mission*, *governance and confessional politics in Russia's Volga-Kama Regions*, *1827—1905* (Ithaca，NY，2001).

④ R. F. Byrnes, 'Kluichevskii's View of the Flow of Russian History', in T. Sanders (ed.), *Historiography of Imperial Russia*：*The Profession and Writing of History in a Multi-national State* (Armonk，NY，1999), p. 254.

⑤ V. O. Klyuchevsky, *The Good People of old Russia*：*Essays and Speeches*, *The second collection of articles* (Moscow，1913), p. 157, cited in Byrnes and Kliuchevskii, *Historian of Russia*, p. 151.

⑥ Seeley, *The Expansion of England*, p. 9.

⑦ Seeley, *The Expansion of England*, pp. 112—113.

平与长期受苦的农妇，也不是更为种族排斥的"俄罗斯母亲"（Mother Russia）。[1]

西利与克柳切夫斯基之间存在着巨大差异，这源于他们对民族、国家和帝国的构想方式，以及他们如何看待各自帝国所面临的重大挑战之本质。于克柳切夫斯基而言，俄罗斯被视为一个整体并且不可分割——一个"寻求成为最高等级的民族国家"；[2]虽然官僚绝对主义沙皇国家的低效是多方面的，从而限制了灌输帝国民族常识的潜力，[3]但他没有考虑任何针对独裁专制的必要限制，或鼓励允许更多参与并可能促进非俄罗斯分离主义民族主义出现的政治制度。在克柳切夫斯基看来，在多数情况下，俄罗斯帝国面临的主要挑战是社会问题；也就是政府和受教育的社会之间，以及受教育的社会和作为俄罗斯核心的广大人口之间缺乏团结。他预见到帝国核心内部的社会凝聚力即将崩溃——但并非帝国外围的解体。然而，在他的解释框架里，俄罗斯核心的社会稳定问题与俄罗斯帝国的领土扩张直接相关。

尽管西利热衷于提倡联邦化的"大大不列颠"，但很少有人认同这样一种政治制度有提供替代性公民中心的可能性。它将淡化或扭曲西利对历史和身份认同的盎格鲁中心主义概念。目前尚不清楚这一忽略是故意的，还是显示出西利缺乏对整个英国及其帝国正在上升的民族意识的理解。西利指出，虽然英格兰移民带去了他们的民族和女王陛下的主权，[4]"但加拿大人和维多利亚人（Victorian）[5]并不完全像英格兰人"。[6]他所追求的联邦将会编织一系列微妙的关系，规划一种平等主义的不列颠性概念，而对他的大多数英格兰同胞而言，这种概念将会被证明是不可

① Klyuchevsky, *History of Russia*, vol. 5, 1931, p. 220.
② Klyuchevsky, *History of Russia*, vol. 1, 1911, p. 1.
③ Byrnes, *Kliuchevskii, Historian of Russia*, pp. 190—195.
④ Wormell, *Sir John Seeley*, p. 96.
⑤ 指澳大利亚维多利亚州人。——译者注
⑥ Seeley, *The Expansion of England*, p. 15.

接受的。①事实上，西利如此热心地宣扬美国联邦制的例子也突显了其"大大不列颠"论题的缺陷。这种宣扬表明，他准备接受修改后的英国联邦身份认同，而这一点破坏了他试图提倡的既有益格鲁—不列颠性的卓越性。

这种差异是解释英俄帝国民族不同概念的基础。克柳切夫斯基的民族主义更多建立在俄罗斯通过帝国扩张所积聚的殖民地领土上，而西利则寻求建立跨越"大大不列颠"的种族共同体。因此，西利非常清晰地阐述了英国历史的帝国方面与殖民方面，而克柳切夫斯基书写的俄罗斯史学，则把帝国维度构想为有关俄罗斯人民的更大范围叙事的一部分。即使殖民与扩张的结构理念确实扩大了俄国史学的范围，但他的意图是书写民族历史而非帝国历史。

结语——新帝国主义史学的不朽遗产

我们应该从克柳切夫斯基与西利成功地重构英帝国和俄帝国的叙述来看其重要性。这种重构超越了既有的或正统的民族范围，以鼓励跨民族史学和共同身份认同。在这方面，可以看出他们取得了短期和长期的成功。每位作者不仅影响了公众对帝国的看法，而且在各自新兴的国家教育体系中显著改变了民族历史课堂的教学内容。西利的书在学校里得到广泛使用，并至少直到 1930 年持续对历史教科书的书写产生了强烈影响。②直到 20 世纪 60 年代初，该书还在教室里，特别是在整个帝国的教室里，产生了共鸣。③1899 年，还在为出版《教程》做准备的克柳切夫斯基为俄罗

---

① A. Pagden, 'The Empire's New Clothes：From Empire to Federation, yesterday and today', *Common Knowledge* 12：1 (2006), pp. 36—46, 40.

② 《英格兰的扩张》一直持续出版到 1956 年，1971 年又再版。亦可参见 P. Horn, 'English Elementary Education and the Growth of the Imperial Ideal 1880—1914', in J. A. Mangan (ed.), *Benefits Bestowed：Education and British Imperialism* (London, 1988), p. 39. 还可参见 P. Yeandle, 'Englishness in Retrospect：Rewriting the National Past for the Children of the English Working Classes, c.1880—1919', *Studies in Ethnicity and Nationalism* 6：2 (2006), pp. 9—26.

③ D. Cannadine, *Ornamentalism：How the British Saw Their Empire* (London, 2001).

斯中学编写了一本该书简化版，作为教科书。到 1917 年，它已经出版了八次，还被翻译成许多其他语言，并在革命后时期继续在一些学校得到使用。[1]

　　但是，在一个民族自我意识不断增强的时期，许多帝国臣民没有完全赞同作者重新唤起民族帝国爱国主义意识的呼吁。这一点并不奇怪。实际上，20 世纪初的事件，以及帝国体系最终未能发展出能够中和与抵制分离民族主义主张的共同身份认同和政策的现实问题，很快破坏了两位作者的愿望。[2]克柳切夫斯基有关俄罗斯过去的观点很快就被摧毁了，因为俄国革命缩小了沙皇帝国民族，而沙皇帝国民族的历史正是他极力记录的。[3]由于苏俄奉行列宁主义的苏维埃民族政策，鼓励非俄罗斯民族话语的传播（本土化政策 korenizatsiya）以及对俄罗斯沙文主义的排斥，他的亲俄叙述很快就遭到了质疑。[4]

　　斯大林对俄罗斯化苏联历史的推动实用主义地始于 20 世纪 30 年代，并在伟大卫国战争（Great Fatherland War）[5]期间得到加强，确保了克柳切夫斯基的影响力得以持久。[6]因此，苏联历史学家效仿革命前的

257

---

　　① 关于克柳切夫斯基及其他人撰写的中学历史课本，参见 A. N. Fuchs, *School Textbooks on Russian History* (1861—1917) (Moscow, 1985). Fuchs 统计了俄罗斯帝国在 19 世纪末和 20 世纪初使用的 22 本中学历史教科书中的"自由主义趋势"，这些教科书与"克柳切夫斯基学派"有关（第 43—46 页）。

　　② 对于帝国体系未能解决分离民族主义在整个欧洲兴起的出色分析，参见 T. Rakowska-Harmstone, 'Main Themes—A Commentary', pp. 295—304, in R. L. Rudolph and D. F. Good (eds), *Nationalism and Empire*：*The Habsburg Empire and the Soviet Empire* (New York, 1992).

　　③ D. G. Rowley, 'Imperial versus national discourse：The case of Russia', *Nations and Nationalism* 6：2 (2000), pp. 23—42.

　　④ 第一代苏联马克思主义历史学家，尤其是 M. N. Pokrovsky 对历史缺乏一元论的理论理解提出了强烈批评。参见 T. Emmons, 'Kliuchevskii's Pupils', in Sanders, *Historiography of Imperial Russia*, p. 134.

　　⑤ 即第二次世界大战中的苏德战争。——译者注

　　⑥ 关于克柳切夫斯基以及在他的教导下出现的俄罗斯历史学家"莫斯科学派"的影响，观点各不相同。伯恩斯将克柳切夫斯基视为"俄罗斯最伟大的历史学家"，他的学生塑造了苏联和美国的历史书写，参见 Byrnes, 'Flow of Russian History', p. 565—7. Emmons 提供了一个更平衡的关于克柳切夫斯基对俄罗斯帝国和苏联史学贡献的概述，参见 T. Emmons, 'Kliuchevskii's Pupils', in T. Sanders, *Historiography of Imperial Russia*：*The Profession and Writing of History in a Multinational State* (Armonk, N. Y, 1999), pp. 118—145, esp. pp. 134—140.

同僚，鼓励俄罗斯人将自己的民族家乡与苏维埃帝国的家乡等同。[1]索洛维约夫与克柳切夫斯基等俄罗斯自由主义历史学家把俄罗斯帝国视作俄罗斯民族国家的观点，在苏联时期的大部分时间里一直得以持续。人们利用了关于帝国种族有机领土和文化扩张的共同帝国神话。[2]事实上，随着苏联体制停滞不前，在持分离主义态度的共和国里，新兴的非俄罗斯民族主义话语越来越多地挑战既有的苏联叙事，[3]克柳切夫斯基的论题再次上升到重要地位，一些俄罗斯民族主义运动推动《教程》在 1987 年再版，且该书在两年内售出 25 万册。[4]它继续影响着后苏联时期俄罗斯学校的历史教科书，而这些教科书借鉴了克柳切夫斯基所倡导的许多历史主题，其中最重要的是继续定义着种族—民族意识和身份认同的俄罗斯之"天定命运"。因此，对许多人来说，"什么是俄罗斯"的问题继续延伸到其被烙下的边界之外，并仍然被一个融合了民族、国家和（前）帝国的持久的传教士帝国主义所界定。

于西利而言，英格兰民族主义的二元性保证了其关于帝国盎格鲁—不列颠性的观念从未被人们完全接受。帝国身份认同的渗透是值得怀疑的，弥漫的"小英格兰人"情绪确保了联邦从未在政治上或情感上为多数人所接受。[5]在道德上对不列颠帝国主义的质疑，加上未能平息整个帝国和帝国核心不列颠群岛内的民族主义愿望，确保了帝国缓慢而长期的退却。[6]西利希望看到一个"大大不列颠"崛起的愿望被第一次世界大战的影响与英国议会拒绝同意在主权和权力问题上采取妥协的态度所破坏。[7]此

---

[1] Tolz, *Russia*, p. 184.

[2] Tolz, *Russia*, p. 172.

[3] 参见 R. G. Suny, *The Revenge of the Past*: *Nationalism*, *Revolution and the Collapse of the Soviet Union* (Stanford, CA, 1993), esp. ch. 4.

[4] Byrnes, 'Flow of Russian History', p. 566.

[5] 参见 B. Porter, *The Lion's Share*: *A Short History of British Imperialism*, 1850—1983 (London, 1984).

[6] J. A. Hobson, *Imperialism*: *A Study* (New York, 1902), pp. 2—5; R. Hyam, *Britain's Declining Empire*: *The Road to Decolonisation 1918—1968* (Cambridge, 2006).

[7] J. A. Pocock, 'The New British History in Atlantic Perspective: An Antipodean Commentary', *American Historical Review* 104: 2 (1999), pp. 490—500, here 491.

外，人们也质疑西利综合民族历史与帝国历史之举的长期有效性，因为这反而创造了一个新的清晰而不同的帝国史子领域。[①]重要的是，它也未能阻止辉格式和民族的（而非民族帝国）英格兰历史学家与英格兰历史的产生。[②]

然而，英帝国史作为一个明确而公认的历史研究领域的确立，是英国以外的历史学家在很大程度上追求的目标。这对西利本人及之后的世代产生了深远影响。[③]奥尔德里奇和沃德在本书中间接提到的英国史学中在后帝国时代的失忆症[④]，在过去 25 年左右已经开始得到纠正。[⑤]同样，苏联解体后，对俄罗斯帝国主义的探索，无论是沙皇的还是苏联的，也得到了加强。[⑥]帝国与国家之间的历史关系，尤其是跨民族历史，正在再次引起人们的兴趣，而且最明显的是有关身份认同和文化的争论。虽然人们对帝国的理解越来越多样化，并且更愿意对英国和俄罗斯殖民政策的道德性提出质疑，[⑦]但传教士帝国主义的首要主题继续影响着人们对帝国的一些描述，这意味着"新帝国主义"史学的一些核心主题仍将持久存在。[⑧]

[①] J. R. Tanner, 'John Robert Seeley', *The English Historical Review* 10：39 (1895), pp. 514—517，514；D. Armitage, *The Ideological Origins of the British Empire* (Cambridge, 2000), p. 17.

[②] 参见 P. B. M. Blaas, *Continuity and Anachronism：Parliamentary and constitutional development in Whig historiography and in the anti-Whig reaction between 1890 and 1930* (The Hague, 1978)；N. Jardine, 'Whigs and Stories：Herbert Butterfield and the Historiography of Science', *History of Science* 41 (2003), pp. 125—140.

[③] Burroughs, 'John Robert Seeley and British Imperial History', p. 192.

[④] 参见本书第十二章。——译者注

[⑤] 亦可参见 J. Gascoigne, 'The Expanding Historiography of British Imperialism', *The Historical Journal* 49：2 (2006), pp. 577—592.

[⑥] 对于俄罗斯新帝国历史概念挑战的极好概述，参见 I. Gerasimov, S. Glebov, A. Kaplunovski, M. Mogilner and A. Semyonov, 'In Search of a New Imperial History', *Ab Imperio* 6：1 (2005), pp. 33—56.

[⑦] 参见如 C. Elkins, *Britain's Gulag：The Brutal End of Empire in Kenya* (London, 2005)；A. Applebaum, *Gulag：A History of the Soviet Camps* (New York, 2004).

[⑧] N. Ferguson, *Empire：The Rise and Demise of the British World Order and the Lessons for Global Power* (London, 2004)；Y. Gaidar, *Collapse of an Empire：Lessons for Modern Russia*, trans. Antonia W. Bouis (Washington, 2007).

第十二章　帝国的终结：英法史学中民族的非殖民化

罗伯特·奥尔德里奇（Robert Aldrich）与斯图尔特·沃德
（Stuart Ward）

本章旨在比较英法两国民族史学中的非殖民化影响。首先，它关注的是出自 20 世纪 60 年代以来帝国史这一分支学科中更为广泛的解释趋势。在这里，笔者将表明，英法两国的史学遵循了非常相似的轨迹，即在 20 世纪 80 年代，最初阶段的"忽视帝国"倾向让位于对帝国和本土文化之间关系的重新关注，且这种关注一直持续至今。此外，我们还将探讨：非殖民化可能在多大程度上影响了两国有关"民族"历史的构想？帝国的终结给法国带来的政治动荡与社会动荡比联合王国更大，这是几代英国学者所认同的一条公理。然而从长期看，我们却可以说，"法国"作为历史探究的核心本体论主题，已被证明更加稳定而富有弹性。

对这些更广泛的问题与趋势的考察，将穿插在我们有关非殖民化过程如何在不同时期影响特定历史作品的讨论之中。然而，这是一项困难重重的尝试。在任何特定的领域或时间范围内，确定政治背景和社会背景对更广泛的历史书写模式之影响是一回事，以非还原的方式将这些影响归因于特定的作者或文本却是另一回事。正如弗雷德里克·库珀（Frederick Cooper，1947—　）①最近在《被质疑的殖民主义》（*Coloni-*

---

① 美国历史学家。——译者注

alism in Question）中所表达的："是什么让知识分子认为其所思考的事物总是难以捉摸的——质疑中的知识分子也许是最后一个知道的人——而弄清楚什么能引起更广泛公众的共鸣则更难以捉摸。"[1]因此，我们将努力在更广阔的英法史学文献中定位我们对具体文本的分析。

具体而言，笔者将考察最近复兴的一种研究兴趣。研究者热衷于探讨导致非殖民化的殖民地战争。笔者将论及本杰明·斯托拉（Benjamin Stora）关于阿尔及利亚（Algeria）的作品，及卡洛琳·埃金斯（Caroline Elkins）关于肯尼亚（Kenya）的作品。这两位作者在文体形式与方法论上都以"打破沉默"的意图来接近其主题，即揭露以维护帝国最后堡垒为名而造成的最大程度的恐怖和虐待之举。这种技巧不仅使他们的作品拥有更高程度的批判性参与，而且还引起了有关后帝国时代民族伦理基础的更广泛辩论。

后帝国失忆症

也许非殖民化最直接的影响——在英国和法国都是如此——是帝国历史实际上被放逐至民族史学的边缘地带。帝国的终结带来了民族历史与帝国历史的割裂——研究者明显犹豫不决，不愿将帝国纳入民族故事的叙事之中。虽然长期以来，民族史学家和帝国史学家之间存在着默契分工，但从 20 世纪 50 年代到 80 年代初，随着非殖民化的步伐，两者间的分隔似乎越来越大。在英国案例里，这在一定程度上是由于新民族史在整个前殖民地世界的扩散。新史学、新杂志与不再把英国放在中心位置的历史学家之新事业，支撑着初出茅庐的新民族国家。当牛津大学的专家如休·特雷弗-罗珀（Hugh Trevor-Roper，1913—2003）[2]继续争论非洲是否有一段"历史"（或者仅仅是他于 1968 年寡廉鲜耻地称之为

---

① F. Cooper, *Colonialism in Question* (Berkeley, CA, 2006), p. 35.
② 英国历史学家。——译者注

"野蛮部落的无意义回旋往复"）时，新史学正在其他地方得以书写。《非洲历史杂志》（*Journal of African History*）创立于 1960 年，紧随其后的是《东南亚历史杂志》（*Journal of Southeast Asian History*）和《太平洋历史杂志》（*Journal of Pacific History*）——当时曼宁·克拉克（Manning Clark，1915—1991）[1]已经开始了被他称为"对澳大利亚历史的发现"。[2]这种关注点与专业知识的碎裂化虽然是更广泛的非殖民化进程的合情合理、甚至可能是必要的必然结果，但它并不适合保持"英国历史"帝国层面上的维度。约翰·西利（John Seeley）1880 年的经典之作《英格兰的扩张》（*The Expansion of England*）于 1956 年停止印刷，而这一年英帝国的虚饰在苏伊士（Suez）被戳破。[3]虽然帝国史继续得到书写和教授，但它本身更像是一块飞地，而不是民族史的一个子专业。它的许多研究者对此有着强烈感受，并憎恨依附于这一主题的帝国怀旧症之污名。

　　法国在后帝国失忆症中也有同样的经历，因为 1945 年后的学者们为不同的史学重点而斗争。革命与社会运动，以及共和主义及其反对者，尤其是年鉴式的"自下而上"与"长时段"（longue durée）社会史，引起了人们的关注，而这些领域的研究者——从研究法国大革命的勒费弗尔（Georges Lefèbve，1874—1959）[4]以及索布尔（Albert Soboul，1914—1982）到弗雷（Francois Furet，1927—1997），年鉴学派历史学家从"学派"创始人到布罗代尔（Braudel，1902—1985）和勒华拉杜里，没人过多讨论殖民主义。关于马克思主义和非马克思主义、导向 1789 年的社会政治动态之辩论及其后果表明，尽管受到殖民世界发生革命性变革和意识形态竞争的影响，仍然存在着一种有关法国本土的纯粹

261

---

① 澳大利亚历史学家。——译者注
② 参见，如 Clark's 1976 Boyer Lectures, *A Discovery of Australia* (Sydney，1976).
③ 指 1956 年埃及总统纳赛尔宣布将英法掌握的苏伊士运河收归国有。英法随之与以色列一同入侵埃及，但遭到了全世界的一致谴责，最终被迫撤军。——译者注
④ 原文有误，应为 Lefebvre，法国历史学家。——译者注

法兰西式的长期思考。布罗代尔无意将其《腓力二世时代的地中海和地中海世界》（*The Mediterranean and the Mediterranean World in the Age of Philip II*）的开创性研究延伸到近代晚期，而正是在近代晚期，法国越来越密集地投入北非和中东；勒华拉杜里的里程碑式研究把近代早期的法国外省作为其研究领域。前殖民地继续得到研究——重要的作品有查尔斯-安德烈·朱利安（Charles-André Julien，1891—1991）和查理·罗贝尔·阿热龙（Charles Robert Ageron，1923—2008）针对北非的著作、亨利·不伦瑞克（Henri Brunschwig，1904—1989）、凯瑟琳·科克里-维德罗维奇（Catherine Coquery-Vidrovitch，1935—　）和马克·米歇尔（Marc Michel，1935—　）①针对撒哈拉以南非洲的著作。但它们大多都仅聚焦于前殖民地民族主义的兴起。

　　正如让-路易·特里奥（Jean-Louis Triaud）②一针见血指出的那样，非洲新历史学家所确立的疏远传统殖民历史的立场是刻意为之的。"殖民史"常常被认为通过与殖民主义联系而得到妥协，甚至被判断为（并非完全准确）是殖民主义本身的学术武器之一。新历史学家希望关注非洲人民的历史，而非仅仅关注非洲的法国人；他们对殖民前的非洲和殖民时代同样感兴趣。他们更关心殖民主义的影响，而非殖民政策的表达；他们记录了人们对殖民主义的抵抗和反殖民民族主义的诞生。这种历史书写因此往往试图使自己与殖民主义分离，实现以地区或国家为中心，而非以帝国为中心。③20世纪60年代当查尔斯·安德烈·朱利安（一位著名的反殖民主义非洲问题专家）在索邦大学殖民史教授职位上退休时，其教席，这唯一专门研究"殖民史"的位置无人填补，然而就在几年后，法国大学开始设立非洲史教席。"殖民地的"（colonial）这个词，或在20世纪30年代很大程度上替代了该词的委婉说法"海外

---

　　①　以上五位均为法国历史学家。——译者注
　　②　法国历史学家。——译者注
　　③　J. -L. Triaud，'Histoire coloniale: le retour'，*Afrique et histoire* 6: 2（2006），pp. 237—247.

的"（overseas），现在似乎被怀疑是那些必定如同公共领域中其他殖民主义的物质痕迹一样被抹去的研究领域和机构所命名。

　　正如弗雷德里克·库珀所评论的那样，"到 20 世纪 70 年代，殖民帝国的研究已经成为史学中最死气沉沉的过时领域之一。"①一些研究殖民地的专家可能不同意这一笼统的论断，他们引用了法国从 20 世纪 60 年代到 80 年代早期发表的一长串值得称赞的论文；然而，这一论断却是正确的。研究非洲和殖民主义的主要历史学家之一凯瑟琳·科克里·维德罗维奇指出，在拉乌尔·吉拉德（Raoul Girardet，1917—2013）1972 年关于法国殖民理念的著作到 1984 年雅克·马赛勒（Jacques Marseille，1945—2010）对法兰西帝国经济的研究之间 12 年里，法国殖民主义思想和政策方面的重要著作相对缺乏。即使出现了新的史学策略，人们针对殖民问题的沉默态度也显而易见。例如，皮埃尔·诺拉在 20 世纪 80 年代末和 90 年代初出版的一套权威性多卷本著作集中引入了有关"记忆之场"（lieux de mémoire）的研究，但只有关于 1931 年巴黎举行的殖民展览一章是研究帝国的。然而，科克里·维德罗维奇认为，对"殖民"历史缺乏关注，与其说是像最近一些评论家所宣称的那样是旨在忘却或隐藏殖民的过去，不如说是一代历史学家和普通公众对这一主题相对漠不关心，以及将注意力转移到其他领域，包括许多"第三世界"专家关注以非洲为中心的研究。②与此同时，作为一个 1962 年后没有重要殖民地的国家，法国不得不为后殖民历史重新定义自身——而殖民史被认为对这一项目贡献甚微。

　　这并非是说非殖民化在该时代的民族史学上没有留下任何印记。但它的影响是微妙而含蓄的，因为新历史重新划定了民族主题的边界。正

　　① Cooper, *Colonialism in Question*, p. 13.
　　② C. Coquery-Vidrovitch, 'Histoire de la colonisation et anti-colonialisme: Souvenirs des Années 1960—1980', *Afrique et histoire* 6: 2 (2006), pp. 247—261. (引自 R. Girardet, *L'Idée coloniale en France* (Paris, 1972); J. Marseille, *Empire colonial et capitalisme français: histoire d'un divorce* (Paris, 1984) and P. Nora, *Les Lieux de mémoire* (Paris, 1984—1992).)

如后殖民时期亚非新民族国家为其民族存在寻求新的史学基础一样，前帝国本土也必须在后帝国模具中加以改变。这里特别重要的是 J. G. A. 波考克（J. G. A. Pocock，1924—2023）在 1973 年发表的关于不列颠史性质与维度的极具影响力的演讲。①波考克在儿时居住地克赖斯特彻奇（Christchurch）②以"不列颠史：对一门新学科的呼吁"这样一个能唤起感情的题目发表讲话。他呼吁不列颠民族史学的轮廓与命名方式实施一种决定性转变。③据波考克所说，正是 A. J. P. 泰勒（A. J. P. Taylor，1906—1990）完全否认了"不列颠"史（作为与"英国"史相对）的可能性，才使他有了寻找新方式来构思自己主题的想法。④泰勒的评论出现在《牛津英格兰史》（*Oxford History of England*，1965）的最后一卷中。该书本身就是一次重新思考民族史主题的努力。泰勒毫无拘束地承认，相比其前任在早先几卷中的内容，他所写的是一种不同的实体。他评论称，在该系列最初于 20 世纪 30 年代受委托撰写时，"'英国（England）'仍然是一个包罗万象的词。它不加选择地指英格兰和

263

---

①　1974 年在《新西兰历史杂志》（*New Zealand Journal of History*）首次发表，次年在《现代历史杂志》（*Journal of Modern History*）上再次发表。J. G. A. Pocock, 'British History: A Plea for a New Subject', *New Zealand Journal of History* 8 (1974), pp. 3—21 and *The Journal of Modern History* 47: 4 (Dec 1975), pp. 626—628.

②　新西兰第三大城市，并非英国英格兰多塞特郡的一座同名城镇，波考克 1924 年生于英国伦敦，1927 年搬往新西兰居住。——译者注

③　波考克的影响可以在例如以下杰出作品中被直接或间接地追踪到：H. Kearney, *The British Isles: A History of Four Nations* (Cambridge, 1989); L. Colley, *Britons: Forging the Nation 1707—1837* (New Haven, CT, 1992); S. Ellis and S. Barber (eds), *Conquest and Union: Fashioning a British State, 1485—1735* (London, 1995); A. Grant and K. J. Stringer (eds), *Uniting the Kingdom? The Making of British History* (London, 1995); B. Bradshaw and J. S. Morrill (eds), *The British Problem 1534—1707* (Basingstoke, 1996); B. Bradshaw and P. Roberts (eds), *British Consciousness and Identity: The Making of Britain, 1533—1707* (Cambridge, 1998); A. Murdoch, *British History, 1660—1832: National Identity and Local Culture* (Basingstoke, 1998); S. J. Connolly (ed.), *Kingdoms United? Great Britain and Ireland since 1500: Integration and Diversity* (Dublin, 1998); L. W. B. Brockliss and D. Eastwood (eds), *A Union of Multiple Identities: The British Isles, 1750—1850* (Manchester, 1997); R. Phillips and H, Brocklehurst (eds), *History, Nationhood, and the Question of Britain* (Basingstoke, 2004).

④　如波考克质疑的那样，"A. J. P. 泰勒的一卷《牛津英国史》开篇就直截了当地否认了'不列颠'一词有任何含义。"J. G. A. Pocock, 'British History: A Plea for a New Subject', *New Zealand Journal of History* 8 (1974), pp. 3—21, here 3.

威尔士；大不列颠；联合王国；甚至大英帝国。"①但泰勒有意回避这种做法，他将威尔士、苏格兰、爱尔兰和帝国的人民纳入其著作中，但在融入程度上，他们仅仅与英格兰拥有共同的历史。

在此方面，泰勒与同时代的伊诺克·鲍威尔（Enoch Powell，1912—1998）②有着难以想象的相似性。鲍威尔发起了一系列关于"英格兰"（Englishness）本质的公众讲座，其共鸣贯穿整个20世纪60年代。鲍威尔的"英格兰"被明确地置于一个衰落帝国的背景下："今天，处于一个不复存在的帝国之心脏，四周是被摧毁荣耀碎片的我们，似乎发现，就像她自己的橡树之一那样，矗立和生长着，树液仍从她古老的根中上升，与春天相逢，与英格兰自己相逢。"③鲍威尔的"英格兰"超越了帝国的可疑遗产，因为它在前帝国时代的土壤中有着更深的根基，"早于18世纪的掷弹兵和哲学家，早于17世纪的长矛兵和牧师，回到了伊丽莎白一世的耀眼冒险时代和都铎王朝的冷酷物质主义时期"。鲍威尔看到的必定是从灰烬中崛起的"英格兰"，而非"不列颠"。④尽管泰勒从政治光谱的另一端书写，但他与鲍威尔看到了同样的东西。他也从一个稳定的"英格兰"历史观念中找到了安慰——这是一种可以抵御帝国衰落的外部冲击之历史。

波考克的回应更具创新性，并且最终更长远。尽管他承认英格兰在不列颠的任何历史中都不可避免地显得举足轻重，但他还是提出了一种更加多元化和一体化的英国史，围绕着他所称的"北大西洋群岛"（North Atlantic Archipelago）中"社会与文化之间的冲突与创造"这一宏大主题。他认为，这种范式不仅能为理解不列颠群岛的历史经验提供更有用

① A. J. P. Taylor, *The Oxford History of England*, vol XV: *English History*, 1914—1945 (Oxford, 1965), p. v.

② 英国保守派政治家，曾任英国卫生部长。——译者注

③ 转引自 Cited in S. Heffer, *Like the Roman: The Life of Enoch Powell* (London, 1998), pp. 335—336.

④ 参见 Heffer, *Roman*, pp. 334—340.

的路径，它同样可以追溯 17 世纪到 20 世纪不列颠共同体在海外扩张的历史——首先跨越大西洋到达北美殖民者的定居点，然后扩展其分析范围，将南半球的殖民者定居点也包括在内。虽然这些理念只是最近才被广阔的英国与大西洋世界所接受（而且只是暂时性的），但波考克遗留下来的不那么集中、不那么"民族化"的不列颠史——即其各个组成部分的总和，已经证明比泰勒的盎格鲁中心主义（Anglo-centrism）更为持久。

在波考克的作品中被忽视的是非殖民化进程，而这一点恰是其注入迫切感的请求。①尽管他对泰勒这样的"小英格兰人"（little-Englanders）②不耐烦，但波考克也是从后帝国时代迷失方向的角度来写作的——考虑到他的新西兰出身和演讲时的地理位置，确实是如此。就在几个月前，英国终于加入了欧洲经济共同体（European Economic Community，简称 EEC）③——这一进程已迁延了超过 13 年，最重要的是，它象征着英国从全球、海洋和帝国强权向欧洲国家的过渡。仔细审视他的文章，可以揭示出一个看到自己世界物质基础和政治基础，自诩为"不列颠人"的新西兰人的主观性——因此他作为一个历史学家的主体性——正在慢慢消失。此处仅引用他 1973 年演讲中最有说服力的例子：

> 在这里每个人的记忆中，英格兰人越来越愿意宣称，帝国和英联邦在他们的意识中从未有过太多意义，他们在内心中一直是欧洲人［……］我怀疑我们当中最坚定的民族主义者能否说出，"不列颠"一词的所有含义消失对他的身份认同感毫无意义。我要提出这样一个主张，即我们有必要恢复"不列颠历史"一词，并重新赋予它以意义，因为这与维持一些以历史为基础的身份认同有关。④

---

① D. Armitage 在这里是个例外，他注意到"在（波考克）的请求背后，可以听到帝国多么漫长而退却的咆哮"。参见 D. Armitage, 'Greater Britain: A useful category of historical analysis?', *American Historical Review* 104: 2 (April 1999), pp. 427—445.

② 指反对英国的国际作用和政策的一类人。——译者注

③ 这里的时间是相对波考克而言的，1973 年 1 月 22 日，英国正式加入欧共体，随后波考克发表了他的演讲。——译者注

④ Pocock, 'British History', pp. 4—5.

与当代围绕英国加入欧共体的大部分辩论形成对比的是，波考克关注的并非是新西兰作为英国边缘经济体的地位会受到的潜在灾难性经济影响，而是新西兰作为"边缘文化"可能受到的影响。[①]正是这一点，使他的演讲在其所处时空拥有了一种特殊的紧迫感。于波考克而言，帝国的终结将整个不列颠性世界置于一种"突发事件的状况"，[②]只能要求彻底重构不列颠史的主题。这种构成背景已在随后的史学中消失了——在波考克的追随者与对手之间——这本身就是个有趣的问题，值得我们进一步研究。

这些年来，法国史学界没有出现明确能与泰勒或波考克相比肩的对应人物，法国史的一元性也几乎没有受到相同的审视。乍一看，这似乎自相矛盾。法国在殖民化进程上远远超越英国，在宪法上同化了其海外帝国的一部分〔它使阿尔及利亚成为三个综合完整的省，然后在 1946 年将旧殖民地马提尼克（Martinique）、瓜德罗普（Guadeloupe）、圭亚那（Guyane）和留尼旺（La Réunion）转变为省〕。它拒绝了权力下放和自治的概念。到 20 世纪 50 年代，它已经把完整公民身份扩大到殖民地居民。殖民主义者认为"土著"确实可以变成"法籍黑人"（或其他肤色的成熟法籍男女）。正如库珀所指出的，在 17 世纪中期之后的三个世纪里本应被视为"帝国型国家"的民族，现在不得不作为"民族国家"来重新确立自身。然而在面对帝国衰落时，法国观念似乎由于某种原因比英国更具弹性。

很明显，这在很大程度上是由于不列颠本土组成了一个"联合"王国，其女王在帝国建立后继续统治着各种王国和领土，至少名义上如此。然而，尽管非殖民化对法国史学家的影响与英国完全不同，但仍有可能辨认出帝国末期，特别是阿尔及利亚战争所引起的法国民族概念框

---

① Pocock, 'British History', p. 17.

② J. G. A Pocock, 'Conclusion：Contingency, Identity, Sovereignty', in A. Grant and K. Stringer (eds), *Uniting the Kingdom* (London, 1995), pp. 292—302.

架下同样重要、甚至更微妙的变化。其中一个例子是六边形象征作为法国民族视觉上简略表达的出现。这种形象的确切起源仍不清楚，但人们经常指出，它只是在 20 世纪 60 年代才完全流行起来的。这个时刻非常重要，正如艾维尔·罗什瓦尔德（Aviel Roshwald，1962—　）①所阐述的那样：

> 拥抱六边形是一种必要的美德。20 世纪 60 年代初，在最终放弃了阿尔及利亚和法国其他大部分海外殖民地后，戴高乐总统在紧随而至的 20 世纪中期苦涩分歧中，将六边形作为民族团结与和谐的象征。他使用几何/地理象征作为调和失去帝国地位之国家的一种方式，通过试图使人们确信它的新限定形式来体现独特的法国理性主义与普遍主义神秘性。②

在该时代史学中出现的有关法国更为限制性的概念也是如此。戴高乐总统领导下的法国政治领袖们创造了一种新的正统观念。他们认为，法国是伟大的非殖民化者、解放价值观的拥护者和第三世界需求的特别代理者。此外，正如托德·谢泼德（Todd Shepard，1969—　）③所论证的那样，"非殖民化"这一概念本身得到运用便已是姗姗来迟。它作为一种强调丧失阿尔及利亚的历史必然性之手段，突出了被剥夺殖民地财产的法国本土的历史完整性。或者正如谢泼德自己所说，"出现了一种假说，即'阿尔及利亚经历'是一条不幸的殖民弯路，法兰西共和国现在已经从中逃脱了"。他进一步提出，法国殖民主义历史记录中随之而

---

①　美国历史学家。——译者注

②　A. Rothswald, *The Endurance of Nationalism* (Cambridge, 2006), p. 222; See also N. B. Smith, 'The Idea of the French Hexagon', *French Historical Studies* 6: 2 (Autumn 1969), pp. 139—155; E. Weber, 'L'Hexagone', in P. Nora, (ed.), *Les Lieux de Mémoire*, vol. II, *La Nation* (Paris, 1984).

③　美国历史学家，着力于探索帝国主义和跨民族发展如何塑造 20 世纪末的法国。——译者注

来的沉默是重新调整大众历史意识趋向更窄视野的重要手段。①

在 20 世纪 80 年代末与 90 年代初，有三部百科全书式的法兰西帝国史在法国得到出版。该书的编辑和撰稿人名单相当于对 1962 年后致力于该主题（即使主要是以地区主义的方法）的一代人进行了点名，尽管其地位有些边缘化。各卷在计划的受众与隐含的意识形态立场上各不相同。德诺埃尔出版社（Denoël）的多卷本《法国的殖民冒险》（*L'aventure coloniale de la France*）囊括了按时间顺序对旧政权以来法兰西帝国主义的考察。该书面向受过教育的公众，而非学术读者，同时还有一个配套主题系列探讨了从传教士与海军的作用直至梅蒂人（métis）②在帝国中的位置等话题。③法亚尔出版社（Fayard）与阿尔芒·科兰出版社（Armand Colin）的多卷本作品——每一部都是一套两本极其笨重、相当枯燥但权威的作品，它们试图综合研究殖民地史，而阿尔芒·科兰出版社的那部著作对帝国记录进行了更严厉的批判。④尽管每部作品都提供了有关殖民地过去的知识总结，但回想一番，这些作品的传统性质是显而易见的——一种按时间顺序排列的方法，强调政治史与经济史，围绕特定殖民地来组织大部分文本。殖民主义与其说是被视为法国民族史的一个组成部分，不如说是法国海外事业的一个组成部分，只是不定期地（例如，在 19 世纪 80 年代推翻过渡政府的关于扩张之辩论

267

----

①　T. Sheperd, *The Invention of Decolonization*: *The Algerian War and the Remaking of France* (Ithaca, NY, 2006), p. 11.

②　加拿大原住民的一个族群，为原住民与早期法裔加拿大人的混血儿。——译者注

③　按时间顺序的系列包括 J. Martin, *L'Empire renaissant*, *1789/1871* (Paris, 1987)；G. Comte, *L'Empire triomphant*, *1871/1936*, vol. 1. *Afrique occidentale et équatoriale* (Paris, 1988)；J. Martin, *L'Empire triomphant*, *1871/1936*, vol. 2. *Maghreb*, *Indochine*, *Madagascar*, *Iles et comptoirs* (Paris, 1990)；P. -M. de la Gorce, *L'Empire écartelé*, *1936/1946* (Paris, 1987)；and J. Planchais, *L'Empire embrasé*, *1946/1962* (Paris, 1990).

④　阿尔芒·科兰的系列是 J. Meyer, J. Tarrade, A. Rey-Goldzeiguer and J. Thobie, *Histoire de la France coloniale*: *des origines à 1914* (Paris, 1991)；and J. Thobie, G. Meynier, C. Coquery-Vidrovitch and C. -R. Ageron, *Histoire de la France coloniale*, *1914—1990* (Paris, 1990)；Fayard's is P. Pluchon, *L'Histoire de la colonisation française*, vol. I, *Le Premier empire colonial*: *des origines à la Restauration* (Paris, 1991), and D. Bouche, vol. II, *Flux et reflux* (*1815—1962*) (Paris, 1991).

或阿尔及利亚战争造成的自相残杀中）对法国本身产生了重大影响。这些作品将 20 世纪 60 年代至 80 年代的殖民主义研究结合起来，展现了帝国的终结所带来的民族历史意识的微妙变化。

帝国复兴："帝国与本土文化"的繁荣

到 20 世纪 80 年代，帝国再次激发了学术热情，部分原因是爱德华·赛义德的《东方主义》（*Orientalism*，1978）及其引发的批评。经济原因曾被认为是帝国主义的主要根源，现在焦点转向了文化——"他者"的意识形态、帝国主义各种形态的表现、殖民地物质和文化引进对本土生活的渗透。虽然并非所有的新殖民主义历史学家都遵循赛义德的观点（或必然采用文化主义的帝国观），但赛义德与米歇尔·福柯（Michel Foucault，1926—1984）[1]的著作、后现代主义（post-modernism）与后结构主义（poststructuralism）的思想以及史学中的"文化转向"对史学回归帝国一事起到了作用。几十年来，民族史的帝国维度曾受人忽视，但 20 世纪 80 年代中期后，历史学家（在 90 年代获得了更大的力量）重新发现了他们的海外帝国。

新帝国史的一股潮流伴随人们对帝国文化产生兴趣而出现。这一潮流受到历史方法论中普遍的"文化转向"的影响，并至少间接地受到与殖民研究、庶民研究（subaltern studies）[2]和后殖民主义相关思想的影响。[3]虽然早期的作者没有忽视文化的作用（尤其是殖民地世界在文学中的地位），但一批新兴的历史学家，包括帕斯卡·布朗夏尔（Pascal Blan-

---

① 法国哲学家、历史学家与文学评论家。——译者注

② 该研究最早源于一群研究现代南亚的历史学家之著作。这些历史学家的作品最早在 1982 年发表于《庶民研究》丛刊上。"庶民"一词借用于意大利马克思主义者葛兰西。庶民研究反对过去的精英史学，着力探讨两个重要主题：一是殖民主义和民族主义精英的政治目标与方法，同庶民阶级的政治目标与方法之间的差异；二是庶民意识的自主性。——译者注

③ 参见 J. -L. Triaud, 'Histoire coloniale：le retour', *Afrique et histoire* 6：2（2006），pp. 237—247.

chard，1964—　）和尼古拉斯·班塞尔（Nicolas Bancel，1965—　）①
等学者，在 20 世纪 90 年代初以来出版的一系列书籍和图片集里，特别　268
关注了帝国图像学——绘画、照片、明信片，电影艺术。②他们论证称，
被殖民的"他者"之视觉表现揭示了人们对非欧洲人民潜在的文化成见
和种族成见，以及基于帝国这种"文化根源"的意识形态和政治政策。
这种成见通过插图期刊、海报，特别是在 19 世纪 50 年代至 20 世纪 40
年代于法国举行的殖民展览中广泛传播。

　　布朗夏尔、班塞尔和其他历史学家也批评他们的前辈和历史学界的
许多同事普遍缺乏对帝国的关注，指责学术界、国家机构和公众曾故意
忽视或忘记法国史的殖民面向，特别是殖民主义的恶行。他们有时会以
挑衅性的方式，将人们的注意力吸引到"人类动物园"（zoos humains）
上——展示被带到法国的殖民地人民，并让他们在重建的"典型"栖息
地中定居，表演"传统"娱乐或展示"土著"手工技艺。这样的表演不
仅使帝国成为地方居民的家，而且也证明了非欧洲人民服从欧洲统治以
构成帝国计划的基础。③这些历史学家的方法是将注意力转移到殖民主义
的文化产物与其得以展现的姿态上，但也表明殖民主义并非如历史学家
早些时候达成共识的那样，是殖民时期法国一个特定"殖民游说团体"
的商业利益。在现实生活中，异国情调的想象充斥着法国人的生活，甚
至被用于推销日常生活用品的广告形象和口号上。香烟盒上的阿拉伯
人、一盒米或茶上的印度支那人、一瓶朗姆酒上的西印度群岛人的图
片，都凸显了殖民地人民与文化的物化，以及殖民地产品的商品化。而
所有这些都为本土带来了更大利益。

---

　　① 两人都是法国历史学家。——译者注
　　② P. Blanchard and A. Chatelier (eds)，*Images et colonies* (Paris，1993)；P. Blanchard et al.，*L'Autre et Nous*：'*Scènes et types*' (Paris，1995)；N. Bancel，P. Blanchard and F. Delabarre (eds)，*Images d'Empire*，*1930—1960*：*Trente ans de photographies officielles sur l'Afrique française* (Paris，1997).
　　③ N. Bancel et. Al.，*Zoos humains*：*De la Vénus hottentote aux Reality Shows* (Paris，2002).

　　在英国，帝国史也在20世纪80年代通过把话题内向为帝国本土的文化而卷土重来。约翰·麦肯齐（John MacKenzie，1943—　）①的《宣传与帝国》（*Propaganda and Empire*，1984）是一项里程碑式的研究，挑战了"英国人民［……］对帝国主义漠不关心"的固有观点。麦肯齐把注意力转向了"帝国宣传的载体"，从剧院到电影院、广播、展览、学校教科书与少年文学，展示了这些东西如何共同投射出一种"帝国民族主义，它由君主制、军国主义和社会达尔文主义混合而成。借此，英国人确立了他们相对于世界其他地区的独特优势"。②麦肯齐的早期尝试很快就得到了一大片作者一连串有着相似重点作品的追随：有《帝国主义与大众文化》（*Imperialism and Popular Culture*）、《不列颠尼亚之子》（*Britannia's Children*）、《帝国之眼》（*Imperial Eyes*）以及《游戏伦理与帝国主义》（*The Games Ethic and Imperialism*）等等。③正是出于对这一迅速发展领域的兴趣，曼彻斯特大学出版社（Manchester University Press）推出了一系列由麦肯齐掌舵的非常成功且内容丰富的"帝国主义研究"。直到今天，这一系列中装饰着每一个新版本的刊头宣称"视帝国主义为一种文化现象的看法，于占主导地位的社会和从属社会有着同样重要的影响"。

　　然而，这种关于殖民地在民族生活中无处不在的"最大主义"（maximalist）解释并未赢得历史学家的一致同意。在法英两国，重要学者都公开反对他们认为是在有选择性地排布证据以描绘大众对帝国抱有共鸣的夸张图像之举。伯纳德·波特（Bernard Porter，1941—　）④在

---

　　①　即 John MacDonald MacKenzie，英国历史学家。——译者注

　　②　J. M. MacKenzie, *Propaganda and Empire: The Manipulation of British Public Opinion* (Manchester, 1984), pp. 1, 253.

　　③　参见 J. M. Mackenzie (ed.), *Imperialism and Popular Culture* (Manchester, 1986); J. A. Mangan, *The Games Ethic and Imperialism: Aspects of the Diffusion of an Ideal* (Harmondsworth, 1986); M. L. Pratt, *Imperial Eyes: Travel Writing and Transculturation* (London, 1992); K. Castle, *Britannia's Children: Reading Colonialism through Children's Books and Magazines* (Manchester, 1996). 这只是一个指向性的例子。

　　④　英国历史学家。——译者注

《健忘的帝国主义者》（*The Absent-Minded Imperialists*）中提出了最为持久与基于经验的批判，其结论是后殖民主义理论与麦肯齐学派的共同影响，只是用一种新的、同样僵硬的正统观念取代了旧的那个观念罢了。①波特的回应在一些有影响力的地方得到了热烈支持。伊恩·菲米斯特（Ian Phimister）②在《英国历史评论》（*English Historical Review*）上称赞它，认为它"在政治正确上是任何进一步简单概括尝试的一个巨大障碍"，而罗纳德·海姆（Ronald Hyam，1936—　）③则有力地宣称，"波特让那些认为影响微乎其微的人赢得了辩论"（同时用一个形容词"狂喜的"摒弃了麦肯齐的全部贡献）。④同样在法国，也有人对过分强调殖民想象而非帝国的政治、社会与经济内容表示了质疑。⑤这种强调殖民想象的做法在很大程度上贬低了有关土著人民的描绘，也引起了反对的声音。让-米歇尔·贝古尼乌（Jean-Michel Bergougniou）、雷米·克利涅（Remi Clignet，1931—　）与菲利普·大卫（Philippe David，1957—　）⑥提出了不同于班塞尔及其同僚的有关"人类动物园"之解释。他们认为，即使在失去尊严的情况下，非洲人的存在，也提供了人们进一步了解与同情殖民化的可能性。⑦其他历史学家驳斥了如下一种含蓄论点，即对帝国不正当行为与罪行保持学术沉默，以及摒弃更多早期研究。但也有人谴责他们所认为的"政治正确"方法，不过是将殖民主义简化为一长串罪行罢了。⑧

270

①　Bernard Porter，*The Absent-Minded Imperialists*（Oxford，2004）.

②　南非奥兰治自由洲大学历史教授，生于北罗德西亚（今赞比亚）。——译者注

③　英国历史学家。——译者注

④　参见 I. Phimister in *English Historical Review* 120（2005），1061—1063；R. Hyam，*Britain's Declining Empire：The Road to Decolonisation，1918—1968*（Cambridge，2006），p. 2.

⑤　例如，马赛与里昂的历史学家认为，这些城市支持殖民主义——在这些城市，帝国贸易特别重要——与其说是因为对帝国的热情，不如说是商业机会主义，而且在这两个城市中对法国扩张政策的支持还远未普遍。

⑥　克利涅为英国社会学家，大卫为加拿大政治学家。——译者注

⑦　J. -M. Bergougniou, R. Clignet and P. David, '*Villages noirs' et autres visiteurs africains et malgaches en France et en Europe 1870—1940*（Paris，2001）.

⑧　参见如以下附带评论，J. Frémigacci, 'Du Passé faisons table rase, un avatar inattendu', *Afrique et histoire* 6：2（2006），pp. 262—268.

这些辩论的语言、修辞和情绪强烈地表明，当今关于种族、多元文化主义与帝国遗产的政治议题已经陷入有关帝国过去的讨论中。在英法两国，纪念活动、立法和诉讼都与历史研究及在克服殖民过去的进程中书写并驾齐驱。严格来说，这远比一些较小的学术争论更重要。帝国的复兴，以及由此引发的争论，从根本上说是关于民族的范围、性质，尤其是特征的争论。从此意义上说，帝国史学本身已经成为非殖民化进程的必要部分。

控诉国家，质疑民族？

这一点可以通过比较两位杰出历史学家（分别针对英国和法国的非殖民化）而得到更仔细的考察。他们的作品使人们重新回忆起殖民过去的不愉快记忆，即本杰明·斯托拉有关阿尔及利亚的研究和卡罗琳·埃金斯有关肯尼亚的研究。两位作者都在关注导致帝国衰落的旷日持久冲突时，使读者面对帝国终结游戏中不得体的那一面。两位作者都以顶尖学术机构为基地，而且都成功地将其研究成果投射到学界壁垒之外。他们的作品都成为了广为传播的电视纪录片节目的主题——《阿尔及利亚年代》(Les Années algériennes，1991 年) 和《肯尼亚：白色恐怖》(Kenya：White Terror，2002 年)。最重要的是他们考察的问题——阿尔及利亚战争与茅茅"叛乱"（Mau Mau 'insurgency'）①几乎同时发生，并且受到同样的外部意识形态压力和内部道德辩论的影响。因此，它们提供了一个理想的比较点。

在法国，对阿尔及利亚战争兴趣的恢复是历史研究与当代政治辩论借以相互交织的主要工具。20 世纪 90 年代，阿尔及利亚卷入了长

---

①　1952 年到 1960 年间肯尼亚土地与自由军，又称为"茅茅"与英国殖民当局的战争。"茅茅"的意义说法不一，尚无定论。一说为当地人举行反英秘密宣誓时，在门外放哨的儿童发现异常情况时常发出"茅——茅"的呼喊声作为警告。——译者注

达 10 年的实际上的内战，法国开始重新发现自己在阿尔及利亚历史上长达 132 年的参与。本杰明·斯托拉的作品不仅对重新评估这场争论 271 至关重要，而且对整个殖民历史的复兴也至关重要。斯托拉是当代一流的阿尔及利亚殖民地与阿尔及利亚战争史学家，他本人是一位"黑脚"（pied-noir）①，1950 年出生于君士坦丁（Constantine）②的一个犹太家庭。他的作品包括一篇关于梅萨利·哈吉（Messali Hadj，1898—1974）③的论文、阿尔及利亚历史概述、法国对阿尔及利亚战争看法与美国对越南战争看法的比较研究、阿尔及利亚和摩洛哥的比较历史以及一本有关阿尔及利亚犹太人"三次流亡"的书。④斯托拉通过 1991 年的三个系列电视节目《阿尔及利亚年代》引起了公众注意。其中他采访了在冲突中作战的法国士兵以及一些政治家与活动家。这部纪实节目相当于马塞尔·奥弗尔斯（Marcel Ophuls，1927— ）⑤于 1971 年在法国开启有关维希时代大辩论的《悲伤与怜悯》（*Le Chagrin et la pitié*）。斯托拉将节目中的材料编入了研究阿尔及利亚战争记忆的《溃疡与遗忘》（*La Gangrène et l'oubli*）。该书至今仍是关于这场战争及其遗产的

---

① 指 1830 年至 1962 年法国统治期间出生在阿尔及利亚的法国人与其他欧洲血统的人，其名称来源众说纷纭，尚无定论。——译者注

② 阿尔及利亚东部城市，以君士坦丁大帝之名命名。——译者注

③ 阿尔及利亚民族主义政治家，常被称为阿尔及利亚民族主义之父，其领导的政党阿尔及利亚民族运动党在阿尔及利亚战争中与最后夺取政权的民族解放阵线对立。——译者注

④ 斯托拉著有 *Dictionnaire biographique de militants nationalistes algériens* （Paris，1985），*Messali Hadj* （Paris，1986），*Nationalistes algériens et révolutionnaires français au temps du Front populaire* （Paris，1987），*Les Sources du nationalisme algérien* （Paris，1989），*Histoire de l'Algérie coloniale* （1830—1954） （Paris，1991），*La Gangrène et l'oubli：la mémoire de la guerre d'Algérie* （Paris，1991），*Ils venaient d'Algérie：L'immigration algérienne en France* （Paris，1992），*Aide-mémoire de l'immigration algérienne* （1922—1962） （Paris，1992），*Histoire de la guerre d'Algérie* （1954—1962） （Paris，1993），*Histoire de l'Algérie depuis l'indépendance* （1962—1994） （Paris，1994），*Imaginaires de guerre：Les images dans les guerres d'Algérie et du Viêt-nam* （Paris，1997），*Le Transfert d'une mémoire：de l'Algérie française au racisme anti-arabe* （Paris，1999），*La Guerre invisible：Algérie 1999* （Paris，2001），*Algérie，Maroc：histories parallèles，destines croises* （Paris，2002），*La Dernière Génération d'octobre* （Paris，2003），*Les trois exils juifs d'Algérie* （Paris，2006），*Le Mystère de Gaulle：Son choix pour l'Algérie* （Paris，2009）and *Le Nationalisme algérien*. 他还是众多其他作品的共同作者以及编者。

⑤ 德裔法国纪录片制作人与演员。——译者注

关键文本。①

斯托拉的作品对法国（和阿尔及利亚）民族史写作具有直接意义上的广泛重要性。首先，他认为从 20 世纪 60 年代到 70 年代，甚至更晚，法国和阿尔及利亚对这场战争都只有不完全回忆。尽管有大量书籍——据斯托拉统计自 1962 年起在法国有超过一千本以上，但几十年来许多书籍仍然停留在（用他的话来说）"秘密""沉默""欲说还休"与故意的"遗忘"（oubli）之领域。战争年代被"埋藏"或"束之高阁"；想要避免令人不安的战争记录等于"丧失意识"。戴高乐与法国人构建了一个基于"抵抗运动神话"、成功的非殖民化、冲向现代化和消费主义的身份认同：第五共和国（Fifth Republic）政权"确实为自己在战争期间的诞生感到羞耻"②。这场战争的主题并非太多"健忘症"，③而是各派参与者所保存的一段被封闭的记忆："黑脚"们与哈基人（harkis）（曾与法国并肩作战）、老兵与民族解放阵线（FLN）④活动家。有关战争的作品主要包括回忆录、自传与不置可否的辩解，而非基于历史的分析。阿尔及利亚也表现出类似的半记半忘状态，特别是考虑到那里独裁政权的政策。斯托拉建议法国和阿尔及利亚避免战争的阴暗面，而这一隐藏的骨架已在战争年代中通过宣传和审查准备好了。法国人甚至拒绝承认"维持秩序行动"是一场"战争"，士兵们被剥夺了全额退休金，他们的服役也从来没有得到赞颂且常常被否认。1962 年与 1968 年的大赦免除了审判那些犯下战时罪行之人，法国人施行的折磨被视为一则禁忌话题，法国人抛弃支持他们一方的穆斯林之做法同样为人们所忽视。

272

---

① 《溃疡与遗忘》的名字来源于几位作家所使用的隐喻，包括 Frantz Fanon，他指的是政治化的阿尔及利亚农民，他们将"成为永远存在于殖民统治心脏的溃疡"，以及 Benoist Rey 的一本书《溃疡》（La Gangrène），该书受到法国当局的审查。

② 法兰西第五共和国诞生于 1958 年，此时阿尔及利亚战争仍在进行。——译者注

③ "当这个时期被唤起时，为什么人们会提到'健忘症'？因为对书写下的文字与视觉图像之间的混淆得以确立"（第 248 页）。"如果有健忘症的话，那么首先能找到的是对（电影）场面调度（mise en scène）的拒绝"（第 255 页）。

④ FLN 即阿尔及利亚战争里其中一个反法政党民族解放阵线（Front de libération nationale）的简称。——译者注

　　斯托拉接着讨论了从 20 世纪 80 年代中期到晚期，记者与历史学家逐渐打破法国（但在阿尔及利亚仅仅微不足道）的"沉默"之步骤，然后从那时起这种打破的力度越来越大。"在 1982 年最后特赦参加（1961 年反对与民族主义者谈判）政变的将军与 1991 年海湾战争（Gulf War）之间，围绕种族主义、公民法和伊斯兰教徒在法之地位等主题的讨论和动员出现了［……］沉默的时代已经终结了。"①之后，斯托拉按时间顺序记述了从 20 世纪 90 年代末以来对这场战争的重新发现与"记忆加速"，将其与衰老的亲历者记录其记忆之愿望、档案的公开、1998 年对莫里斯·帕彭（Maurice Papon，1910—2007）②的审判、2000 年法军在阿尔及利亚的酷刑被曝光，以及当今法国的阿尔及利亚移民之不满等因素联系起来。随着这场讨论的进行，人们从大量涌现的历史著作中可以看出，这场讨论已经成为公众姿态——1999 年议会承认这场冲突确实是一场"战争"，2001 年巴黎的社会党市政府为 1961 年 10 月被杀的反战示威者竖立了一块颇有争议的纪念碑，2002 年开创了对法国战死者的民族纪念。所有这些，对斯托拉来说，都意味着"健忘症的终结"。③

　　斯托拉的著作对殖民主义的历史性和公众性得以重新发现做出了分析和贡献。但《溃疡与遗忘》也强调了"遗忘"对法国身份认同的影响："这种否认（dénégation）像一颗毒瘤，像溃疡一样继续侵蚀着法国社会的基础。"④战争和法国遭受的政治失败产生了"意识危机"："阿尔及利亚战争确实在法国民族主义，法国的某些概念、其角色、其在殖民地的'文明使命'中造成了一场危机。它引入了一个悖论：如果

273

────────

①　Stora, *La Gangrène*, p. 280.
②　1961 年 10 月巴黎大屠杀时的巴黎警察局长，二战时曾与纳粹合作迫害犹太人，战后曾在阿尔及利亚镇压当地人。——译者注
③　B. Stora, '1999—2003, guerre d'Algérie, les accélérations de la mémoire', in B. Stora and M. Harbi, *La Guerre d'Algérie：1954—2004, la fin de l'amnésie* (Paris, 2004), pp. 501—514；亦可参见以下作品的引言 Harbi and Stora, 'La guerre d'Algérie：de la mémoire à l'Histoire', pp. 9—13.
④　Stora, *La Gangrène*, p. 8.

说这一时期激起了 1958 年建设一个强大国家之举（戴高乐建立第五共和国），而它最终却导致了法国民族主义及其集权控制、雅各宾传统的危机。"①

19 世纪末和 20 世纪的叙述展望了法国从欧洲的"六边形"延伸到殖民地世界。在殖民地，法国人承载着自由、平等和博爱、经济发展与法律的理想。这场战争质疑了法国民主的确定性、军队对民政当局的服从、法国人民的团结、非欧洲人成为正式公民的可能性。作为回应，在一代人的时间里，帝国在很大程度上于民族自我认知中被抹去了。斯托拉表明，在超越过去而书写帝国时，却留下了有关法国遗产支离破碎和扭曲的描述。现在的任务是在将帝国主义纳入考虑的情况下克服殖民过去，并利用这一过程来重塑法国民族主义与身份认同。斯托拉不仅把这种必要性与历史责任相连，而且与法国面对新环境的需求相连，特别考虑到非欧洲移民（及其在法国出生的后代）在政治体中的存在。毕竟，对移民的反应来自殖民记忆；反移民的国民阵线（Front National）领导人让-玛丽·勒庞（Jean-Marie Le Pen，1928—　）"持续提及阿尔及利亚战争，并继续不受惩罚地对撕裂和痛苦的记忆施以反复电击"。②此外，"阿尔及利亚战争通过反对伊斯兰教的斗争（今天，这场斗争以反对伊斯兰原教旨主义为幌子）仍在持续中"。③正如斯托拉表明的那样："马格里布人④ ［……］可能会成为更令人厌恶的对象，因为他们的存在让人回忆起法国上一次打过（并输掉）的战争，而这场战争造成了一个从未愈合的民族创伤。"⑤法国不再是帝国主义的法国，但无法在否认殖民过去及其遗产的情况下生存下去。

斯托拉的作品提供了一个有启发性的例子，说明了个人、政治和史

---

① Stora, *La Gangrène*, p. 113.
② Stora, *La Gangrène*, p. 290.
③ Stora, *La Gangrène*, p. 291.
④ 马格里布为一个专有地理名称，传统上指非洲西北部的一片地区，包括阿尔及利亚、突尼斯、摩洛哥等。——译者注
⑤ Stora, *La Gangrène*, p. 289.

学如何结合起来。它们将焦点转向帝国本土，从而把帝国史带回民族史 274
辩论。在 2003 年出版的一本自传体书里，斯托拉将其对阿尔及利亚殖
民时期和独立战争的职业兴趣追溯到自己的家庭背景和托洛茨基主义政
治的战斗性——从 1968 年他在巴黎的学生时代一直到 1986 年他退出一
个小托洛茨基主义组织"国际主义共产党"（Parti Communiste Interna-
tionaliste）。他的一些观察是生动的。例如，他详细回忆了 1962 年 6 月
12 岁的他离开阿尔及利亚时所受的创伤，他知道自己永远无法以同样的
条件回到自己的故乡："我不再属于那种家庭是幸福与安全生活象征的
人。现在我身后什么都没有了，再也不可能回到我童年的地方了。"①之
后他回忆起 1968 年巴黎之春（Paris spring of 1968）②时他作为一个学生
的经历如何不亚于一次启示："5 月这个关键的月份让我再次看到阿尔及
利亚的光芒，它把我带出了我的中学（lycée），并驱使我离开郊区。"③
斯托拉说，1968 年的事件几乎确实帮他找到了自己的声音，将自己的经
历与被阿尔及利亚惨败留下痕迹的法国社会之经历相提并论："六八年，
对我来说，是走出沉默的一条路。在过去的几年里，我们承受着被打败
的重担，也因阿尔及利亚悲剧的沉重责任受到了太多谴责。这种双重耻
辱迫使我们面对流亡时无法发表言论、陷入缄默状态的现实。"④1968 年
的理念提供了一种个人解放，并且在他们的托洛茨基主义表述中，提供
了一个网格，使斯托拉通过它可以开始阅读殖民主义的历史。

　　因此，考虑到斯托拉的背景和兴趣，其主要学术专长是阿尔及利亚
民族主义历史、独立战争以及法国观念中战争被记住、遗忘和掩盖的方
式也就不足为奇了。虽然斯托拉以个人回忆指导其作品，以其托洛茨基
主义思想主导了他的分析。这种方式对一位历史学家而言过于狡黠。但
他提供了一个特别清晰的例子，说明了历史学家同其学术项目之间的联

---

① B. Stora, *La dernière génération d'Octobre* (Paris，2008 [2003])，p. 18.
② 即法国五月风暴。——译者注
③ Stora, *La Gangrène*，p. 20.
④ Stora, *La Gangrène*，p. 35.

系，即他早年在阿尔及利亚生活的危机，他在 1968 年狂热的托洛茨基主义意识形态中的政治化，以及他努力结束健忘症以减少法国人对阿尔及利亚殖民时期历史的沉默态度。斯托拉继续跟踪调查、分析和评论法阿关系，现在关注的是"记忆之战"（guerre des mémoires），以及法国继续努力与阿尔及利亚战争和后殖民时代大量阿尔及利亚人作为移民来到法国生存一事相妥协。[①]

275 　　斯托拉坦率地承认，正是"直接地通过政治参与，我'回到'了阿尔及利亚"[②]，这一点同样适用于近几十年来从事"帝国与本土文化"研究的许多历史学家。这当然可以解释为什么该领域内辩论如此激烈。斯托拉自己的立场招致了那些怀念法属阿尔及利亚（Algérie française）之人的仇恨——包括死亡威胁，这迫使他在海外生活了数年。他因为揭开痛苦的伤疤、强调殖民主义有害的一面，质疑民族完整与军队荣誉而受人批判。关于阿尔及利亚（以及通常是殖民主义）的辩论在法国继续进行，斯托拉是主要的介入式（engagé）参与者，讨论被卷入当代政治问题、通过历史学家的工作而逐渐恢复的集体记忆，以及将帝国重新写入法国民族历史的迟来意愿。

　　卡洛琳·埃金斯获得普利策奖的《不列颠的古拉格》（*Britain's Gulag*）也提出了关于记忆与遗忘的类似政治问题。当然，我们早就明确肯尼亚英国当局在 20 世纪 50 年代受到茅茅起义的挑战，这最终导致了英国安全部队与基库尤（Kikuyu）"叛乱分子"之间满腔仇恨且残酷的斗争。但是，埃金斯揭露的是一个被隐藏的故事，即殖民政府如何不仅针对武装叛乱分子，而且针对整个基库尤人民进行了报复。她收集了一

---

① 参见 B. Stora, *La Guerre des mémoires：La France face à son passé coloniall—Entretiens avec Thierry Leclère* (Paris, 2007)，在采访中，斯托拉谈到了史学研究和保存那些被阿尔及利亚战争触动之人的集体记忆的必要性，但他也警告了共同体主义、殖民者和被殖民者之间的"永久怨恨"，以及为了当下政治利益操纵殖民记忆的危险性。关于斯托拉对法国近期发展的看法，参见其 'Le poids de la guerre d'Algérie dans les représentations mémorielles du temps colonial. Les années 2006 et 2007', *Cultures Sud* 165 (April-June 2007), pp. 71—76.

② Stora, *La dernière génération d'Octobre*, p. 207.

系列令人印象深刻的档案证据和口头证词，以证明迄今为止几乎对整个基库尤人族群所施加的折磨、强迫移居、不公正与拘留等无法想象的举动。曾经一度被视为自由有序的权力交接中一个不幸污点的事物，在她的表达中，现在作为针对帝国终结时英国殖民国家的控诉而出现。

从一开始，埃金斯就对英国档案记录的可靠性提出了质疑，而英国档案记录曾是以前论述这一主题不可或缺的指南。她指出，作为在肯尼亚独立前夕大规模清理殖民地档案的结果，巨大的空白和沉默出现了。她不仅通过利用肯尼亚档案资源，而且更重要的是利用目前拘留系统幸存者的口头证词，试图纠正这一点。这种对基库尤资料的依仗，以及她对官方记录天生的谨慎态度，是为历史学家和读者提供一个不同视角这一压倒一切的目的服务的——即无数恐怖和受虐的非洲受害者之视角。 276
埃金斯把这种方法描述为"追究铁丝网背后的真相"——近几十年来，历史学家们在各种后殖民背景下运用过这一技巧。①此外，埃金斯巧妙地将自己的主观性融入到文本中，以此让读者对其材料做出回应。她记录下了在其计划的早期阶段她能处理的只有英国方面史料时，"我打算写一部英国在肯尼亚拘留营的成功教化任务之历史"。②因此，她为作者和读者设置了背景，让他们逐渐从关于英国非殖民化进程相对和善的由来已久的历史记忆中醒悟过来。正是传统记忆与埃金斯非传统史料的披露之间的相互作用，为她的历史叙述提供了内在动力。

然而，不仅仅是其史料来源使埃金斯的作品处于"铁丝网背后"。同样重要的是，她用语言和意象来描绘其故事中许多个人和群体的性格与动机。以前的许多作品对"茅茅运动"作为一场民族解放斗争的地位和合法性持矛盾态度，而埃金斯强调了这场运动的"政治复杂性"与"群众基础"。③一种甚至更重大的逾越之举是她对茅茅宣誓行为的描

① Elkins, *Frontier*, p. 371. Henry Reynolds 关于驱逐澳大利亚土著的开创性作品的标题中也利用了类似吸睛技巧，*The Other Side of the Frontier* (Ringwood，Vic.，1982).

② Elkins，*Frontier*，p. x.

③ Elkins，*Frontier*，pp. 36，58.

述——传统上这被视为茅茅残暴与野蛮的试金石。埃金斯将之放入几代被迫移居的基库尤人所遭受的社会经济困难的背景中。她认为，基库尤人将"逻辑和目的"投入宣誓仪式。从基库尤人合情合理的抱怨角度来看，起义似乎是"农村人民的理性反应［……］试图集体回应新的不公正现实"。①

　　反过来说，埃金斯在描述殖民统治时期的主要人物时，摒弃了误导性的无私传统形象，更愿意全神贯注于帝国计划的道德破产。这一意图在早期叙述中通过贬义地引入剧中人物的身体素质和社会习惯的方式来加以表达。因此乔莫·肯雅塔（Jomo Kenyatta，约 1897—1978）②的审判法官是"一个上了年纪、大腹便便、戴着眼镜的葺屋者"；总督菲利普·米切尔（Philip Mitchell，1890—1964）③是"一个矮小、胖墩墩且据说相当不讨人喜欢的人"；米切尔的继任者艾弗林·巴林（Evelyn Baring，1903—1973）④的头脑"更适合他最喜欢的野花采集和观鸟活动"；而殖民地事务大臣亚历克斯·伦诺克斯·博伊德（Alex Lennox-Boyd，1904—1983）深受"讲究自我打扮的嗜好"之苦。⑤虽然这些段落本身平庸，但在引导读者了解这一主题方面起着关键的结构性作用，并为此前基库尤被拘留者对其捕获者之行为令人震惊的回忆作了铺垫。这并不是说埃金斯不留意那些深切关注肯尼亚暴行的殖民者与本土人中间的揭发者。但是像英国的芭芭拉·卡素尔（Barbara Castle，1910—2002）⑥和芬纳·布罗克韦（Fenner Brockway，1888—1988）⑦，以及未来的肯尼

277

---

　　①　Elkins, *Frontier*, pp. 27—28.
　　②　肯尼亚反殖民主义活动家和政治家，1963 年至 1964 年任肯尼亚总理，1964 年任肯尼亚第一任总统。1952 年，他因被怀疑组织了茅茅起义而被捕。——译者注
　　③　英国殖民官员，1944—1952 年间任肯尼亚总督。——译者注
　　④　即 1st Baron Howick of Glendale，1952—1959 年间任肯尼亚总督，在镇压茅茅起义中起了重要作用。——译者注
　　⑤　Elkins, *Frontier*, pp. 29, 40, 34, 138.
　　⑥　英国工党政治家，1945—1979 年间担任国会议员。她被认为是工党最重要的政治家之一，曾在内阁中担任过多个职务。——译者注
　　⑦　英国社会党政治家、人道主义活动家和反战活动家，曾抗议英国政府对茅茅起义的镇压。——译者注

亚改革者托马斯·阿斯克威思（Thomas Askwith，1911—2001）①这样的人物，与其说他们表现为一个道德上复杂的帝国综合体中自由主义的一面，不如说是帝国的道德结局。在这一点上，埃金斯对肯尼亚口头证言的使用在其评价中产生了明显的回声："是阿斯克威思弄错了英国在肯尼亚殖民统治的性质。"②

这表明，"追究铁丝网背后的真相"比记录被边缘化的人们迄今为止遭到掩盖的经历拥有更多意义。于埃金斯而言，这也为解释英国本土的帝国过去之意义与重要性提供了一种全新的诠释视角。埃金斯对政治犯的认同、她对共情的运用、她由内而外的观点，不可避免地会引发读者的回应。他们会被激起一种沮丧的感觉，因为英国人可能会表现得如此堕落（并且正如后续章节所记述的那样，如此故意地掩盖它）。从此意义上说，英国人及其移民后代仍是埃金斯书中的持久主题。例如，第五章的结论详细说明了在"管道"拘留制度中，数万基库尤人遭受了骇人听闻的暴行：

> 管道是一个缩影［……］在那里，铁丝网后面的世界，英国殖民计划的黑暗面第一次变得完全透明。伪善、剥削、暴力和苦难都暴露在管道中。正是在那里，英国最终揭示了其文明使命的真实本质。
>
> 　　　　　　　　　　　　　　　（《边疆》（*Frontier*），第 153 页）

从"铁丝网后面"书写历史为埃金斯提供了一种将镜头转回英国人的方法，从而以一种完全不同的方式描绘了英国人。同样的倾向在该书

---

① 英国赛艇运动员与殖民官员，1936 年起在肯尼亚担任殖民官员。后来他奉命管理在镇压茅茅起义中被监禁的人。期间他建议政府应该更加人道，减少使用暴力，于是被解职。——译者注

② Elkins, *Frontier*, p. 328.

的整体结构中也很明显。在第五章到第八章中，基库尤人的主体性得到细致的描述，随后是两个结论章节。这两章将重点放回英国本土，以及殖民官僚机构正准备竭尽全力压制管道中浮现的不道德故事。无论是故事的哪一方或是对史料来源的选择，只采用一边的情况下都不会产生同样的效果。正是这二者的结合，使叙述拥有令人不安的质量，因为它依赖于读者假设英国非殖民化独有一种和善本质，而这种假设此前未经考验。如果没有这一关键因素，埃金斯的史料来源可能会导向一个完全不同的、或许更具地方性的议程。但正如她在标题——《不列颠的古拉格》① 中使用的所有格表明的那样，这在很大程度上是不列颠的故事。

历史学家将永远有他们的故事要讲，并将适当地保留选择其主题和重点的权利。对我们的目的而言，有趣的是一个自觉超越欧洲殖民史学视野的研究问题与方法论，最终能够对西方的帝国遗产说得同样多——如果不是更多。按照斯托拉在法国的影响来看，最近帝国史——特别是非殖民化历史的繁荣，可能是由帝国建设者自身罪责尚未解决的道德问题而得以维系的。斯托拉将其作品源头定位于 20 世纪 60 年代其个人的政治参与。可以想象，《不列颠的古拉格》在 20 世纪 90 年代北美学术界的政治文化中也有类似的起源。种族政策在美国总是以不同的方式引起共鸣，而斯托拉之阿尔及利亚的一个英国对应者恰恰在此背景下出现是意义重大的。同样，在这两种情况下，局外人的观点对于批评英国和法国"掩盖过去"的倾向也至关重要。②

对埃金斯著作的批判性回应或许最生动地表达了政治参与的问题。与斯托拉的作品一样，埃金斯的发现招致了许多反对声——尤其是在英国。而且似乎很明显，对于许多人来说，仅仅提出英国人会设计自己的"古拉格"这一点就是不可想象的。一些评论家抨击了埃金斯计算受害者人数的方法——这个问题在澳大利亚等前帝国的其他角落激起了情绪

---

① 原美国版本的副标题和英国版本的主标题。

② C. Elkins, *Britain's Gulag*, quoting Iain Macleod, p. 363.

化的辩论。①大卫・埃尔斯坦（David Elstein，1944—　）②认为，埃金斯
估计有大约 30 万人死亡和 32 万人被拘留，这一数字远远偏离了实际情
况："一个夸大自己研究规模和意义的学者破坏了自己的案例。"③人们还
对埃金斯从其数字中得出的历史相似之处提出了疑问。尼尔・弗格森　279
（Niall Ferguson，1964—　）④并非唯一一个提出指责的人："把镇压茅
茅和斯大林的恐怖相提并论，实在过于极端。"他将埃金斯的数字与斯
大林和毛泽东的受害者数量进行了比较，断定"即使（埃金斯）关于茅
茅死亡人数的数字没有过于夸张，它们仍然应该小三个数量级差不多。
不列颠的古拉格？如果你还不明白其中的区别，那就读点索尔仁尼琴
（Solzhenitsyn，1918—2008）⑤吧。"⑥其他人则把注意力转向他们所看到
的埃金斯历史散文中满载的沉重文字与修辞。理查德・道登（Richard
Dowden，1949—　）⑦的批判是具有代表性的："对被拘留者的采访——
尤其是对女性的采访，会撕裂你的灵魂，但埃金斯在其作品中灌满了沉
重的讽刺，这对被拘留者们的目标毫无帮助。"⑧对我们来说，最重要的
是尼古拉斯・贝斯特（Nicholas Best，1948—　）⑨的评论。他抗议埃金
斯展现了"成千上万的医生、兽医、护士、教师、农民、工程师、地区

---

①　参见，如关于数字的激烈辩论引起了下书的出版 K. Windschuttle's *The Fabrication of Aboriginal History*（Sydney，2002）.

②　美国电影制片人。——译者注

③　D. Elstein，'The End of the Mau Mau'，*New York Review of Books* 52：11（June 2005）. 有趣的是，在批判性回应中，埃金斯有关肯尼亚损失的估算显得比在原书中更为突出。在原书中，它占据了后记倒数第二页的两段，几乎只是顺便呈现为一种"有根据的估计"。埃金斯承认，不可能完全获得一个决定性的数字，但她认为这无关紧要。

④　英国与美国历史学家。——译者注

⑤　俄罗斯作家，《古拉格群岛》的作者。——译者注

⑥　*The Independent*，14 June 2006. 另一些人则反对提及纳粹，他们许多本身就出现在史料中。然而，埃金斯对类比犹太大屠杀的做法持模棱两可的态度。参见 Elkins，*Britain's Gulag*，pp. 49，60—61（"历史记录中没有任何东西表明肯尼亚遭受了自己版本的阿道夫・希特勒之苦"），89，90，147，153（"英国殖民政府在肯尼亚的劳动营并非完全不同于在纳粹德国和斯大林治下俄罗斯所发生的那些事情"），p. 372.

⑦　英国新闻工作者。——译者注

⑧　*The Guardian*，5 February 2005.

⑨　英国作家，在肯尼亚长大并在肯尼亚求学——译者注

和行政官员难以辨认的英国形象，而他们为那样一个国家献出了生命，自己却从未折磨、强奸或谋杀过任何人。"①埃金斯的作品应该因为其主题的自我形象而受到检验，这恰恰表明了她（与斯托拉）着手探究的问题。即使是像尼尔·阿舍森（Neal Ascherson，1932— ）②这样表示支持的评论家，在引用埃金斯的一段更为可憎的话时，也承认"那些话很伤人"。他在其结束句中强调了什么是最关键的："除非他们明白原因，消化（这本书）所说的话，否则英国人不会理解自己。"③在这里，我们看到与斯托拉对"溃疡"的强调有直接关联，"溃疡"继续蚕食着法国本土的结构。在这两种批评——不管是有根据的还是其他的批评背后，都有这样一种暗示，即埃金斯和斯托拉通过起诉殖民国家而质疑了民族性。因此，他们的作品代表了他们为这场辩论做出的主要贡献，确实，这场辩论切中要害。

结　语

显然，殖民史见证了一场复兴，并且（也许同样重要的是）比较性殖民史在法国和英国都取得了相似进展。同样值得注意的是，各种周年纪念——1998 年法兰西帝国彻底废除奴隶制 150 周年纪念、2007 年英国废除奴隶制 200 周年纪念、2004 年奠边府（Dien Bien Phu）战役以及法国从印度支那撤军 50 周年纪念，以及 2007 年英国从印度撤军 60 周年纪念也引发了欧洲与其他地区对帝国的研究。在加勒比学者的积极参与下，关于奴隶制与西印度群岛（West Indies）历史的辩论特别活跃，殖民时代的印度、非洲和印度支那的历史研究近年来也迅猛发展。

其中许多研究不仅加深了人们有关殖民主义的理解，而且对民族历

---

①　*The Telegraph*，16 January 2005.

②　英国新闻工作者与作家。——译者注

③　*New York Review of Books* 52：6（April 2005）.

史本身的叙述也提出了重大问题。关于帝国在民族生活中地位的辩论——海外扩张的中心地位或边缘地位、帝国主义在政治、文化和身份认同中的作用、殖民主义在英国和法国本土的遗产、当下问题与帝国遗产之间的联系、克服帝国过去或与之妥协，现在这些正发生在公共论坛以及学术圈中。

关于殖民主义的讨论政治化最明显的表现发生在 2005 年。当时法国议会通过了一项规定，要求学校教授殖民历史，特别是法国在北非记录的"积极"方面。这项立法由雅克·希拉克（Jacques Chirac，1932—2019）[1]领导的执政党中的保守派成员发起。它引起了历史学家（及其他人）的强烈抗议，他们反对政治家干预历史研究和历史教学，并认为这项立法规定了一种针对殖民历史的党派的、甚至是修正主义的看法。面对抗议，希拉克总统使用行政技术手段废止了有关教学的条款，尽管该法律向北非法国人致敬的其余部分仍然存在争议。[2]虽然英国没有发生同样的直接政治干预，但仍有类似辩论的影子。例如，2003 年 7 月，威尔士亲王夏校（Prince of Wales Summer School）英语与历史学科的主要学者宣称"英帝国的过去被忽视太久了，它应该重新进入中学课程的核心。"整个事件在新闻界引起了深深的疑虑——影响太大以至于圣詹姆斯宫（St James's Palace）[3]发表通告，否认查尔斯王子（Prince Charles，1948—   ）[4]发起个人运动要求恢复帝国历史。[5]

然而，这个例子也指出了我们两个案例研究之间的一些细微差别。与英国相比，法国史学不可避免地受到帝国退却时自相残杀的暴力之影响。尽管英国经历了非殖民化战争——而埃金斯也经历了，但没有能与　281

---

① 法国政治家，1995—2007 年间任法国总统。——译者注

② 参见 R. Aldrich, 'Colonial Past, Post-Colonial Present: History Wars French-Style', *History Australia* 3: 1 (June 2006).

③ 圣詹姆斯宫是英国君主的正式王宫，离白金汉宫不远。此时是查尔斯王子的办公地点与住所。——译者注

④ 英国国王查理三世，当时为王储、威尔士亲王。——译者注

⑤ 参见 *The Guardian*，5 July 2003.

阿尔及利亚战争完全相等的事物。北爱尔兰的"麻烦"与权力下放的压力或许是英国最接近本土非殖民化危机的地方。然而这些议题仍然很难得到界定，因为爱尔兰在英帝国内地位的史学争论仍在进行之中。尽管人们对英国在北爱尔兰的历史记录有着激烈争论，但它只能部分类比"黑脚"、移民与他们各自在法国的支持者之间相关帝国记录的易燃性问题。在法国舆论界和学术界，殖民主义仍然是一个高度政治化的话题，像 2005 年法国通过法令这样的行动在英国是很难想象的。但是，这些辩论也明确表明，法英两国都不能脱离各自的帝国过去，殖民地必须重新被写入民族叙事中。

　　关于帝国在国内事务中的影响程度、殖民文化在本土社会中的广度、或殖民现象与后殖民现象之间确切联系的争论可能会继续进行，但历史学家在其民族叙事中越来越难以避免针对殖民历史加以实质性讨论。具有讽刺意味的是，英法两国表面上也面临着这样一种需求：帝国终结后的一代人似乎切断了本国与殖民地世界的正式纽带——以根据帝国在其文化和社会中留下的持久遗产，重新定义自己的民族意识。历史是这一进程的最前沿——这一进程与二战后英国和法国的前殖民地与自治领打造新的民族历史并非完全不同。在为民族历史主题建立一个新的、后帝国时代基础的过程中，历史学家在当代欧洲民族国家的非殖民化中起着积极作用。

第十三章 由内而外：弗里德里希·梅尼克（Friedrich Meinecke）与罗贝尔·阿隆（Robert Aron）在民族灾难解释中的形式目的

雨果·弗雷（Hugo Frey）与斯特凡·约尔丹（Stefan Jordan）

本章比较了一位德国历史学家与一位法国历史学家是如何书写其时代的即时性当代史的：弗里德里希·梅尼克（1862—1954）所著《德国的浩劫：反思与回忆》（*Die deutsche Katastrophe. Betrachtungen und Erinnerungen*，1946 年）①与罗贝尔·阿隆（1898—1975）所著《历史学习中的陷阱》（*Le Piègeoù nous a prisl'histoire*）。②我们的重点将放在历史学家用以支撑其作品的论据形式上，以及这一论据形式塑造其交流意识形态假设的方法。梅尼克给他的作品添加了副标题"反思与回忆"，但其简短作品并无很强的自传性质。该书的唯一特点是他试图修订自己的历史思想，及其对德国精英文化可以对抗民族社会主义野蛮行径的信心。一般而言，其论证是抽象的。他把《德国的浩劫》设计为对比种种

---

① 梅尼克，又译"迈内克"，《德国的浩劫》一书已被译为中文。可参见弗里德里希·迈内克：《德国的浩劫》，何兆武（译），北京：商务印书馆，2012 年。——译者注

② F. Meinecke, *Die deutsche Katastrophe. Betrachtungen und Erinnerungen* (Wiesbaden, 1947)，本文引文来自 Sidney B. Fay 的英语译本。Robert Aron, *Le Piège où nous a pris l'histoire* (Paris, 1950). 这一作品的大量段落之前发表在其共同编辑的杂志《方舟》（*La Nef*，1944—1945）第 1 到 3 期上。《陷阱》大部分也被编辑入阿隆死后出版的《生活的碎片》（*Fragments d'unevie*，preface by D. de Rougemont，Paris，1981）。这些出版物都未被翻译过，本章中所引均由作者译为英语。

国际趋势与民族趋势及社会模式，以此发展出一系列关于德国为什么落入希特勒（Hitler）之手的论题。相反，罗贝尔·阿隆以亲身经历——即关于他从法国飞往自由的阿尔及尔（Algiers）之信息——描绘了维希（Vichy）政权，其间还混杂了一些针对首要合作主义者的人物特写。因此，当代史的两种书写形式似乎是对立的。

事实上，相较于以上分析而言，历史学家的话语看来拥有更多共同点。他们本质上都是用类型学的模式来书写过去。德国历史学家建立了一套解释历史的思想和概念体系，而法国人列出并暗中划分人物、地点和经历。两位历史学家都避免采用传统的叙述性方法和描述性方法。他们使用密集的类型学模式，来帮助他们指出其中的强大政治意义。梅尼克与阿隆在其松散的分类与分析之间，隐匿性地坚持自己的民族观点。此外，他们解释或至少描述犹太大屠杀（Holocaust）的努力证明，在战争结束后的几年里，历史学家无法立刻把犹太大屠杀整合入自己的作品中。①于梅尼克和阿隆而言，在他们的复杂论证体系中，其他需要考虑的事件较这一主题地位更高。

两位作者拥有类似的政治生平资历，以使其作品正当合理，并部分解释了为什么他们能够书写并发表其所写内容。重要的是，他们与民族社会主义（National Socialism）②和法国法西斯主义保持着距离。因此，两人没有因为与前政权直接合作而受到玷污。他们在 20 世纪 30 年代和战争期间遭受的不同程度的苦难，使自己成为前纳粹/法西斯民族传统的重要代言人。

1918 年，德意志民主党（Deutsche Demokratische Partei，简称 DDP）的创始人之一梅尼克主张效仿美国政治制度的例子，建立一个总统制共和国。他视自己为一个"理性的共和者"（Vernunftrepublikaner）③，

---

① 参见，如 Z. Waxman, *Writing the Holocaust* (Oxford, 2006)。
② 即纳粹主义。——译者注
③ 不反对宪法，但也不相信宪法所能带来的进步，更愿意指出民主弊病的一类人。——译者注

并且由于民族社会主义者对他所施加的公众压力，他最终放弃了在德国
历史研究中的领导地位（作为《历史杂志》[*Historische Zeitschrift*] 编
辑，1893—1935 年，以及国家历史委员会 [Historische Reichskommis-
sion] 成员，1928—1934 年）。正如他的传记作者经常指出的那样，梅
尼克在柏林以一种"内心流放"的状态度过了民族社会主义时期，并
且他认为自己是第三帝国（Third Reich）时期"最私人的私人个体"
之一。①1936 年他访问哈佛大学（Harvard University）并接受荣誉博
士学位的举动是他对德国政权批判思想的含蓄展示。正是由于这些
行为，许多当代观察家认定，梅尼克是德国自由民族思维模式的拥
护者，他在没有受到任何精神损害的情况下，成功地从民族社会主
义中逃离并幸存下来。对观察家而言，他是一种德国智识文化可接受
潮流的化身。即使在 1945 年后数年内，在巴黎，一些思想家继续畏惧
着德国，但梅尼克的作品也吸引到了崇拜者。例如，著名社会学家亨
利·贝尔（Henri Berr，1863—1954）②就强调指出了梅尼克如何在其
作品中代表了一种积极的德国愿景。③同样，梅尼克曾经的许多学生流
亡美国，而他们与梅尼克保持着良好联系。④简而言之，梅尼克被认为
是德国良知的无垢代表，他在战后作为道德情操的典范而受到美军
欢迎。

284

罗贝尔·阿隆在成为维希政府反犹法律的受害者后，写下了他对维
希政府的描述。1941 年，阿隆在维希政府早期的一次反犹攻击中被围
捕，并被囚于波尔多（Bordeaux）附近的梅里尼亚克-博-德赛集中营

① 梅尼克的自我界定转引自 J. B. Knudsen, 'Friedrich Meinecke', in H. Lehmann and
J. Van Horn Melton (eds), *Paths of Continuity: Central and East European Historiography
from the 1930s through the 1950s* (Washington, DC, 1994), p. 49.

② 法国社会学家与哲学家。——译者注

③ H. Berr, *Le Mal de la jeunesse allemande* (Paris, 1946), p. 75. 关于战后巴黎对德国
持续的敌意，参见 H. Massis, *Allemagne d'hier et d'après-demain* (Paris, 1949).

④ F. Meinecke, *Akademischer Lehrer und emigrierte Schüler. Briefe und Aufzeichnungen
1910—1977*, ed. G. A. Ritter (Munich, 2006).

(Mérignac-Beau-Désert camp)。①在他从那里逃脱到开始由法国至阿尔及尔的艰苦秘密旅行之间，维希政府高级官员让·贾尔丁（Jean Jardin，1904—1976）②将他藏在靠近维希镇的自己家中。③随后，阿隆在法国流亡政府任职，与吉罗将军（General Giraud，1879—1949）④和随后的戴高乐将军（General de Gaulle，1890—1970）⑤共事。正是在阿尔及尔，他重新开始了脑力活动，成为期刊《方舟》（La Nef）的创始者之一。解放后，他的独特经历使阿隆之名在中右翼知识界各派系中都吃得开。他既不是一个传统的贝当主义者（Pétainist），也不是一个纯粹的戴高乐主义者（Gaullist）⑥，当然他也不与共产主义同一战线。因此，就像梅尼克一样，他很适合讨论新近的历史。这两位历史学家都离他们的主题足够近，使其写下的相关内容拥有一种权威感，然而他们也都离主题足够远，因此他们避免了被错误政治判断或极端意识形态所污染。

在 1945 年至 1950 年期间，共情的观察者不会把梅尼克或阿隆视为法西斯主义的同谋。事实上，在战后这关键几年里，他们同时关联的传统是欧洲联邦主义。非常明确的是，梅尼克创作《德国的浩劫》不仅是为了历史解释，而且是为了倡导德国融入一个新的西欧联盟。阿隆也是一位欧洲主义的热心支持者。在出版《陷阱》的同时，他还广泛地写

---

① 参见 R. Aron, *Fragments d'une vie* (Paris, 1981)；R. Poznanski, *Jews in France during World War II* (London, 2001), p. 64.

② 法国官员，维希政府总理赖伐尔的办公室主任。——译者注

③ 这段经历在《陷阱》与《生活的碎片》中都有描述。在下书中，前者被作为准确的史料来源得到引用：P. Assouline, *Une éminence grise—Jean Jardin*, *1904—1976* (Paris, 1988), pp. 141—146.

④ 即 Henri Honoré Giraud，法国陆军上将，二战中在法国战役时被德军俘虏，翌年越狱，随即参加法国抵抗运动，后任北非法军司令，与盟国合作。1943 年他与戴高乐共同担任法兰西民族解放委员会（即文中所称的法国流亡政府、法国抵抗运动的最高指挥机构）的主席。1944 年，吉罗辞职，戴高乐成为唯一的主席。——译者注

⑤ 即 Charles André Joseph Marie de Gaulle，法国政治家与军事家。戴高乐在法国战役开始后获得临时准将军衔，故尊称其为戴高乐将军。他在法国战败后于英国建立"自由法国"坚持抵抗。二战结束后曾任法国总理与总统。——译者注

⑥ 二战中，贝当在法国战败后任维希政府首脑，主张与胜利的德国合作，而戴高乐则主张坚决抵抗。——译者注

作，来支持战后德国的联邦政府，并在整个 20 世纪 50 年代编辑出版了
法兰西欧洲联邦主义者的书籍与期刊。①

　　从 20 世纪 60 年代开始，学者们对历史学家的名誉更为挑剔。伊曼　　285
纽尔·盖斯（Immanuel Geiss，1931—2012）②攻击梅尼克，将之重新定
位为一个保守历史主义者和民族主义者。③年轻的德国左倾历史学家重复
了这些批评，尽管最近，其他一些历史学家将梅尼克描绘成一个持有民
主理念并试图将 19 世纪新教"教化理念"（Bildungsideal）的遗产带入
新共和政体的自由主义思想家。④在法国，有关死后名誉的问题同样尖
锐。在过去的 30 年里，阿隆的作品与政见也受到年轻历史学家的猛烈
批判。罗伯特·帕克斯顿（Robert Paxton，1932—　）⑤有关维希政权
的主要研究修订了阿隆的早期贡献，并使之黯然失色。⑥此外，阿隆还因
他在 20 世纪 30 年代的哲学贡献且这些贡献与法西斯主义和纳粹主义接
近，而遭到几位当代智识生活中重要的历史学家批评。1931 年，阿隆曾
是人格主义思想评论《新秩序》（Ordre nouveau）⑦的创立者之一。他与

---

　　①　参见 R. Aron, Le Fédéralisme (Paris, 1955). 关于阿隆对德国的一种联邦制解决方案
之讨论，参见其 'Avenir de l'Allemagne? Unité allemande oufédéralisme', La Nef, 22 (Sep-
tember 1946), pp. 46—56. 关于一项优秀的总体文本调查，参见 W. Lipgens, Die Anfänge der
europäischen Einigungspolitik (Stuttgart, 1977). 关于战后德国文化与社会中的"西方"(Oc-
cident) 主题，参见极为杰出的 Stephen Brockmann, 'Germany as Occident at the Zero Hour',
German Studies Review 25：3 (2002), pp. 477—496.

　　②　德国历史学家，曾经站在左翼阵营，晚年转向民族主义。——译者注

　　③　I. Geiss, 'Kritischer Rückblick auf Friedrich Meinecke', in I. Geiss (ed.), Studien über
Geschichte und Geschichtswissenschaft (Frankfurt/M., 1972), pp. 89—107.

　　④　关于其他批判性解释，参见 B. Faulenbach, Ideologie des deutschen Weges. Die
deutsche Gesichichte in der Historiographie zwischen Kaisseriech und Nationalsozialismus (Mu-
nich, 1980). 关于越来越多学者更同情梅尼克，参见 G. A. Ritter's Introduction to Meinecke：
Akademischer Lehrer；G. A. Ritter, 'Meinecke's Protégés：German Émigré Historians between
two worlds', in German Historical Institute Bulletin 39 (2006), pp. 23—43；G. Bock and
D. Schönpflug (eds), Friedrich Meinecke in seiner Zeit. Studien zu Leben und Werk (Stuttgart,
2006)；N. Wehrs, 'Von den Schwierigkeiten einer Geschichtsrevision. Friedrich Meineckes
Rückblick auf die "deutsche Katastrophe"', in J. Danyel, J. -H. Kirsch and M. Sabrow (eds),
50 Klassiker der Zeitgeschichte (Göttingen, 2007).

　　⑤　美国政治学家与历史学家。——译者注

　　⑥　R. Paxton, Vichy France (New York, 1972).

　　⑦　1933 年，阿隆与丹迪厄创办了《新秩序》杂志，让·贾尔丁也是杂志的合作者。——
译者注

阿尔诺·丹迪厄（Arnaud Dandieu，1897—1933）①合作，完成了许多反理性主义文章，包括一篇臭名昭著的攻击美国之文章《美国癌症》（*Le Cancer américain*，1931）。②这个圈子的成员，如瑞士知识分子丹尼·德·鲁格蒙（Denis de Rougemont，1906—1985）③通过奥托·阿贝兹（Otto Abetz，1903—1958）的办公室，把法国知识界与纳粹德国联系起来。而阿贝兹后来成为了德国大使，驻于被占领的巴黎。④阿隆曾参加墨索里尼（Mussolini，1883—1945）治下意大利所举办的学术会议。历史学家泽夫·施坦赫尔（ZeevSternhell，1935—2020）、约翰·赫尔曼（John Hellman，1940— ）与保罗·马兹加（Paul Mazgaj，1942— ）⑤在他们富有影响力的研究中，介绍阿隆参与了这些干预措施，以及《新秩序》的其他行动与其信条的变化。⑥阿隆的作品与名誉不像梅尼克那样，没有吸引任何再评价。尽管他的个人文件在巴黎有存档，但他还没有吸引到一位知识分子作家为他做传。更令人惊讶的是，他在神学和历史方面都发表了广泛的文章，而且他对 20 世纪 30 年代年轻保守派个人主义运动都产生了非常重要的影响。将他与自由主义哲学家雷蒙·阿隆（Raymond Aron，1905—1983）混淆之举依然很常见，尽管两人甚至毫无关联。

对情势的比较不能太过火。就历史学家而言，他们清晰的政治哲学形式与其职业道路是不同的。我们必须强调阿隆比梅尼克年轻得多。在写作《陷阱》时，阿隆作为一名专业历史学家的资历远远低于其德国同代人。梅尼克曾在德国大学系统内有着长期而成功的学术生涯，而阿隆

286

---

① 法国作家。——译者注

② R. Aron and A. Dandieu, *Le Cancer américain* (Paris, 1931).

③ 瑞士作家与文化理论家。——译者注

④ B. Lambauer, *Otto Abetz et les Français* (Paris, 2001).

⑤ 施坦赫尔是以色列历史学家，赫尔曼与马兹加均为美国历史学家。——译者注

⑥ J. Hellman, *The Communitarian Third Way: Alexander Marc and Ordre Nouveau 1930—2000* (Montreal, 2002); Z. Sternhell, *Neither Right Nor Left: Fascist Ideology in France* (Princeton, NJ, 1996), pp. 282—283; and P. Mazgaj, *Imagining Fascism: The Cultural Politics of the French Young Right*, *1930—1945* (Newark, NJ, 2007), pp. 65—66, 81.

则从事新闻和出版工作，尤其是担任过著名出版商加斯东·伽利玛
（Gaston Gallimard，1881—1975）的秘书。[1]1950 年，阿隆是一位重要
的右翼非主流思想家，他从战争年代幸存下来，并继续出版、编辑和写
作。但是，他和他的圈子是自己过去的影子，被占主导地位的左翼抵抗
运动政党边缘化。同一时期，梅尼克在德国的地位要高得多，正如 1948
年他被任命为新的（西）柏林自由大学（Free University of（West-）
Berlin）首任校长一事所显示的那样。

　　阿隆与梅尼克都信仰并极其崇拜自己的祖国。1945 年后，他们如
此快地出版了《陷阱》与《德国的浩劫》。他们展开了一场极其相似的
思想努力，以拯救各自民族国家在民族社会主义统治和维希统治之后的
声誉。这是他们采取的一个与欧洲主义相协调的立场，因为要实现大陆
和平，他们的两个民族必须存在，并对自己和各自的过去感到安心。尽
管他们的保守主义形式各有不同，但他们都回顾了 20 世纪的历史，并
对现代性的兴起感到遗憾。梅尼克指出了"大众马基雅维利主义"
（*Massenmachiavellismus*）的兴起——这是一种匿名的大众社会政治，其
特点是纳粹主义的"血与土"意识形态、普鲁士军国主义以及年轻一代由
于第一次世界大战的经历而变得极端化并失去了忍耐力。这种兴起是导致
1933 年和 1945 年倒退的一个基本因素。阿隆更间接地质疑两次大战期
间的法国如何失去了传统的精神价值观，并因此在 1940 年轻易战败并
走向合作。这些专题研究在法德两国发表的许多类似主题的论述中脱颖
而出。其他知识分子和历史学家利用法国最近抵抗运动的历史来支持民
族国家。让-保罗·萨特（Jean-Paul Sartre，1905—1980）[2]提供了关于
合作与反犹主义的意义上更为抽象的哲学意义讨论。[3]阿隆独自一人调查

---

① P. Assouline, *Gaston Gallimard* (Paris, 1997).

② 法国哲学家，存在主义大师。——译者注

③ J. -P. Sartre, *Situations II* (Paris, 1948); and *Réflexions sur la question juive*
(Paris, 1948)；这些遭到了以下严厉批判 J. Judaken, *Jean-Paul Sartre and the Jewish Question*
(Lincoln, 2006).

287　最近的历史，试图将维希的故事整合入 20 世纪法国的较长历史中。他
也是唯一一位在该领域持续工作了几十年的历史学家，在整个 20 世纪
50 年代和 60 年代发表了扩展性论述。①同样，在 20 世纪 50 年代德国出
版的几个早期有关民族社会主义时期的解释中，梅尼克的专题研究也
是与众不同的。他不想如卡尔·雅斯贝尔斯（Karl Jaspers，1883—
1969）②在《论罪责问题》（Die Schuldfrage）中所提出的方法那样，用
历史来指责德国人或德国社会的一部分。③梅尼克对现代性的准抽象解析
讨论的观点也不同于汉斯·埃里克·斯蒂尔（Hans Erich Stier，1902—
1979）④的作品，后者转向了一个更为非政治性的"西方"（Abendland）
传统观念。⑤梅尼克是唯一一位试图对民族社会主义和终结于他所称"教
化"（Bildung）的德国特殊人文主义衰落之原因加以历史哲学分析的人。

　　总而言之，两位作者都是其民族爱国的非共产主义知识界体面形象
的典范。他们书写历史的动机是为应对各自民族的骇人当代记录。他们
离民族社会主义政权和维希政权足够遥远，从而可以发表关于这些主题
的文字，同时也暗中保持一种民族观。两人文章的内容与风格迥然不
同。尽管如此，我们还是认为，他们在寻找正面应对民族历史同时承认
可怕暴行与邪恶的策略上存在着某些相似之处。

论辩形式的不同

　　梅尼克在《德国的浩劫》中几乎使用了自由主义历史传统中的所有
常见比喻。在论述 1945 年似乎已经无效的德意志"特殊道路"（Sonder-
weg）概念时，他基于欧洲和德国的情况作了比较判断，并阐明了二者

---

①　R. Aron and G. Elgey, *Histoire de Vichy* (Paris，1954).
②　德国哲学家。——译者注
③　K. Jaspers, *Die Schuldfrage* (Heidelberg，1946).
④　德国历史学家与政治家。——译者注
⑤　H. E. Stier, *Die geistigen Grundlagen der abendländischen Kultur* (Gütersloh，
1947).

间的关系。他追踪了从大约 19 世纪 80 年代到 20 世纪 30 年代不断变化
的社会政治发展，说明了第一次世界大战的影响，并对德国社会作出了
不同的解释，强调指出了支持纳粹主义的群体：普鲁士军国主义者、年
轻一代，以及特别是资产阶级。他还强调了那些没有这样做的人：真正
的基督徒和那些相信德国传统文化与"教化"价值观的人。

　　梅尼克还提出了一种"偶然性"（contingency）理论来解释希特勒
1933 年就任总理的原因。同样，他讨论了如果其他德国政治家的政治野
心比希特勒更成功，可能会发生什么。在此分析框架中，还有一个相当　288
复杂的关于理性主义对魏玛德国青年影响的心理学与历史学讨论。梅尼
克用悖论来解释这一尖锐矛盾。他认为，人们对科技过分理性的痴
迷——19 世纪末工匠人（homo faber）①作为一种新人类的出现，让一代
德国人很容易受到与此相反倾向，即非理性主义的影响。梅尼克的所有
论点是密集呈现出来的，几乎没有空间对主要证据加以描述或实证分
析，只能有限地对梅尼克自己的经历或采访朋友和同事所得加以引用参
考。尽管如此，比起其他许多方面，他更系统地追求其思想的一些中心
线索。梅尼克认为，将注意力集中在民族社会主义的德国根源之举是一
种误导，相反，他将其成功归因于欧洲历史上两股浪潮之间的根本矛
盾：民族主义运动和社会主义运动。据梅尼克所说，就像其政治盟友弗
里德里希·瑙曼（Friedrich Naumann，1860—1919）②所描述的那样，
德国是唯一无法将民族主义和社会主义以积极方式结合起来的国家。梅
尼克除了指出这些基本上相互关联的因果解释外，还借鉴了传统的新教
与文化价值观，将德国人文主义传统与民族社会主义的非人道做法并
列。他重复指出了民族社会主义群众运动的兴起是如何直接取代自由基
督教个人主义的。他暗示这是希特勒政权最严重的负面后果。元首
（Führer）一直站在用极权主义取代基督教自由主义价值观的最前沿，而

---

　　①　指人类能够通过使用工具来控制自己的命运和环境。——译者注
　　②　德国政治家，德意志民主党的创始人之一。——译者注

后者是强调个人尊严的。于梅尼克而言，像弗里德里希·尼采（Friedrich Nietzsche，1844—1900）①之类的哲学家为灾难指明了道路。

我们之所以对梅尼克的许多论点进行如此冗长的总结，是为更好地总结其书写的形式和口吻特点，而非对任何具体的论点加以辩驳。正如上述描述所表明的，他的常规修辞体系是精心设计的，并建立在提供多种多样解释的愿望之上。这些是自歌德（Goethe，1749—1832）②时代以来有关德国的准系统性评价。研究梅尼克的学者理查德·斯特林（Richard Sterling，1922—　）③用"零碎与矛盾的反思"来形容梅尼克的作品。④但是，更准确地是将《德国的浩劫》描述为一部雄心勃勃、多重动因的作品。它改变了悲剧的古老形式，即对梅尼克而言，除非将德国与其他说德语的欧洲邻国——瑞士和荷兰重新结合，否则别无他法。

罗贝尔·阿隆的文章依赖于一套与梅尼克所采用的策略正好相反的手段。他聚焦于个体与其态度，这通常来源于他与所描述之人直接会面的记忆。他的历史模式是创造一系列生动片段，以及他能够用三四句话抓住一个历史人物的本质从而暗含对其在维希政府统治下所饰角色的解释。⑤阿隆向读者展示了他对知识分子合作主义者与维希政治家的看法。其中包括他对皮埃尔·赖伐尔（Pierre Laval，1883—1945）⑥、皮耶尔·德希厄·拉·侯歇勒（Pierre Drieu La Rochelle，1893—1945）⑦、罗伯特·巴西拉奇（Robert Brasillach，1909—1945）⑧、休伯特·拉加

---

① 德国哲学家。——译者注
② 德意志诗人、剧作家与小说家。——译者注
③ 美国政治学家。——译者注
④ R. Sterling, *Ethics in a World Power. The Political Ideas of Friedrich Meinecke* (Princeton, NJ, 1958), p. 275.
⑤ 这种风格可以在更庄重的以下著作中看到 *Histoire de Vichy* (Paris, 1954).
⑥ 法国政治家，亲纳粹，曾任维希政府总理。——译者注
⑦ 法国小说家，从 20 世纪 30 年代开始成为法西斯主义支持者，德国占领法国期间最著名的合作者之一，最终因为法国解放而自杀。——译者注
⑧ 法国作家与新闻工作者，在报纸上积极鼓吹法西斯主义。1944 年法国解放后，他受审并在戴高乐拒绝赦免他后被处决。——译者注

戴尔（Hubert Lagardelle，1874—1958）①、查尔斯·莫拉斯（Charles
Maurras，1868—1952）②、让·贾尔丁和拉蒙·费尔南德斯（Ramon
Fernandez，1894—1944）③的看法。在每个案例中，阿隆都会快速作出
一种业余心理学解释，探讨个人为什么会犯下加入合作主义的错误。根
据阿隆的说法，他们所有人都似乎缺乏对法兰西民族复兴的信心，但许
多人只是自私所致。例如，拉蒙·费尔南德斯被控利己主义，而巴西拉
奇则被控有过分理智主义的罪恶。此外，拉加戴尔被他说是混淆了维希
政权为其目的所产生的一部分意识形态。只有当阿隆已经给出了许多这
样的生平描绘后，他才开始将偶然变为更一般的命题，即关于维希政府
为什么会形成并且它为什么注定要失败。于阿隆而言，共同的问题，即
对 1940 年失败的许多个人错误反应背后的一个根本解释，正是精神的
衰退。因此，他认为，在 1940 年之前，法国内部已分崩离析，即使表
面意义上领土依然完整。对他来说，1940 年到 1944 年所有个体错误的
浮现，是因为太多政治家与知识分子有着错误的信念，他们认为维希政
权可以实施国家在此时此刻所迫切需要的改革。

　　阿隆说服读者相信，其评论所依靠的是基于他对合作主义社会环境
的第一手知识及其观察群体心理缺陷的智力和能力。然后他就民族历史
的意义得出更为广泛的结论。他深思熟虑与入木三分的写作风格通常能
获得成功。通常，他会指出自己所描述的合作主义者之观念模式的一个
相关特征，然后进一步推进描述该特征来解释此人的根本缺陷。《陷阱》
并非一系列愤愤不平的人身攻击，而是一系列随意的心理侧写。当它们
放在一起得到阅读时，便证实了阿隆关于一代领导人的更为广泛之论
点，即他们不明白维希政权是进行必要改革的错误方式。

---

① 法国革命工团主义的先驱，在维希政权任劳工部长。——译者注
② 法国作家、政治家，"法兰西行动"这一民族主义运动的发起者。他在二战中既反对
戴高乐也反对德国人，在法国解放后因通敌罪受审并被处以无期徒刑。——译者注
③ 法国作家。——译者注

为了将这些比较放在一起，梅尼克在提及具体个案前，提出了他对民族社会主义兴起的既概括又相当复杂的社会历史性解释，而且往往非常简短。阿隆则以一种完全不同的方式来书写历史——他在对这些事情之所以发生做出明确理论解释前，首先详细描述了人物与事件。于阿隆而言，其传记细节的真实性足以证明他可得出一个比较笼统而简单的结论。于梅尼克而言，他详尽复杂巧妙的论点使得有关个人的详细描述都显得多余。

尽管陷入浩劫仍坚持一种温和民族观

两位历史学家通过使用两种完全不同的比较方法，在其文本中找到了提供积极民族榜样的空间。他们这样做时没有书写过黑过白的描述，他们也没有把这些民族历史的积极要素作为唯一甚至完全主导性的趋势。然而这些方面作为关键思想潜台词得到了突显，以便让想象中的读者进行理解与认同。换言之，梅尼克与阿隆的作品在其表面中立的比较模式中，表现出非常相似的价值判断。在每个案例中，作者都加入了一个概念性的评论或主张，清楚地表明他们针对恐怖性的当代历史所怀之伤感。同样，他们都强调了一个事实，即许多社会团体或个人给民族记录带来了耻辱。但是，与这些说法一同得到重复的，是德法两国人民没有做出错误判断，并没有为民族社会主义和维希政府做出贡献。

让我们先看梅尼克。他的多重论证方法是一种特别有用的手段，通过它可以暗示并非整个德国都能等同于希特勒和"希特勒主义"。例如，他在序言中强调了德国生活中的消极要素，并不无遗憾地指出民族社会主义如何与资产阶级的作用和普鲁士—德意志军国主义联系在一起。随后，这种解释得到了推进，因此在第六章中，他强烈批评了普鲁士军国主义。与这些批评交织在一起的是德国历史中的积极主题。根据梅尼克

的说法，德意志民族生活的重要特征与民族社会主义毫无联系，也没有
受到民族社会主义政权的玷污。其中包括弗里德里希·瑙曼的民族社会
运动及其期刊《帮助》（*Die Hilfe*）。于梅尼克而言，这是一次崇高的尝
试，因为它试图把资产阶级民族主义与无产阶级社会主义的力量融合成
一种积极的社会民族政治形态。时机被认为是瑙曼失败的唯一原因。同
样，当梅尼克攻击德国工匠人时，他也强调了文化新教主义的传统是如
何不易受到民族社会主义德意志工人党（Nationalsozialistische Deutsche
Arbeiterpartei，即纳粹党，简称 NSDAP）诱惑的。其次，在对普鲁士
主义的批判性讨论中，梅尼克断言这种社会环境下的一些成员并非民族
社会主义权力所创造的一部分。他认为"确实存在一些更自由、更具政
治感觉的人物"——在解释这一点时，他考虑到的是自己和其朋友这样
的人。梅尼克在讨论他与前国防部长、内务部长威廉·格勒纳（Wilhelm
Groener，1867—1939）和汉斯·冯·海夫顿（Hans von Haeften，
1905—1944）①等类似人物的私人谈话时，几乎顺带断言道："我早就认
识到希特勒与明智的德意志精神之间存在着深渊。"

　　在梅尼克描述 1944 年 7 月 20 日针对希特勒的施陶芬贝格
（Stauffenberg，1907—1944）密谋②时，我们可以找到一个类似的论点。
密谋者受"高尚的动机"驱使，正如梅尼克不断解释的："我只能认为
他们的动机是纯洁和高尚的。他们向全世界证明，在德国军队和德国人
民中，仍有一些人不愿使自己如哑犬一样服从，而且他们还有殉难的勇
气。"（第 102 页）

　　梅尼克为民族社会主义创造了一系列概念性解释，其中包括积极的
民族要素，而阿隆则提出了一系列合作行为的心理动机。维希政府及其

291

---

　　①　德国法学家，抵抗希特勒运动的成员，在 7 月 20 日行刺希特勒行动失败后被捕并被
处决。——译者注
　　②　此处的施陶芬贝格即 Claus Philipp Maria Justinian Schenk Graf von Stauffenberg，他是
一名德国军官，实际执行了 1944 年 7 月 20 日刺杀希特勒的行动，在失败后被捕处决。因而
"施陶芬贝格"密谋即指刺杀希特勒事件。——译者注

支持者出于积极的爱国情绪而合作。因此阿隆高度评价贾尔丁这位帮助拯救其生命的人，以及罗贝尔·卢斯泰（Robert Lousteau）[1]与雅各·勒华拉杜里（Jacques Le Roy Ladurie，1902—1988）[2]。对阿隆来说，他们都是那些真心相信维希政权可能对民族有益之人的好例子。他们错误地把其理解为将法国从 20 世纪 30 年代精神萧条中解脱出来的一种潜在途径。这方面还涉及其他人，包括勒内·吉尔森（René Gilson）、罗伯特·吉布莱特（Robert Gibrat，1904—1980）[3]与加斯东·比格瑞（Gaston Begery，1892—1974）[4]。根据阿隆的说法，他们是怀着爱国主义精神，希望为国家达成好结果，真诚地加入维希国家的。阿隆继续描述 1940 年更大程度上的高尚误解。他讨论了一个匿名的军方人物，将之命名为"路易"（Louis）。阿隆解释说，这位"高级军事人员"（grand militaire）在其对民族复兴的希望上是完全真诚与真实的。阿隆请求他的读者以宽容的方式来解读这些干预措施。他宣称："如果他曾经有罪，他也是以一种无辜的方式如此为之的"（第 99 页）。为了在预期详细的案例研究前进行更全面的概括，他在引言中认为：

> 一个人可以先相信贝当（Pétain，1856—1951），随后相信戴高乐，而不必烧毁他曾经爱过的事物。一个人可以是在维希污浊气候下的爱国者，一个人也可以是在阿尔及尔甚至伦敦晴朗自由天空下却不忘完全相反情况的机会主义者。在这个非人道时期，一个人可能不由自主地在一个或另一个阵营中使我们的民族失败。
>
> （第 16—17 页）

---

① 法国采矿工程师、"新秩序"组织的成员。——译者注
② 法国农学家与政治家，曾担任维希政府的农业部长数月，随后加入抵抗运动。——译者注
③ 法国工程师，与让·贾尔丁一起成为"新秩序"组织的成员，曾任维希政府高官，以阐述吉布莱特定律而闻名。——译者注
④ 法国左翼政治家、合作主义者，曾组织反法西斯运动，在二战前作为国会议员反对战争拨款。维希政权时期曾任法国驻多个国家的大使。——译者注

阿隆所采用的新闻报道分类方法，使他能够作出这种闪现式的判断，而
从不追求一种直接反抵抗运动或完全亲贝当式的评论。正是通过这种方
式，这位历史学家可以给出积极性与批判性的评价，其中包括针对一些
特定维希政府拥护者的积极价值判断。此外，由于他的叙述主线是自己
的故事，以及他前往自由阿尔及尔之旅，因而除了一些提议之外，几乎 　292
没有什么地方可加以补充。阿隆因此采用了一种不着边际的形式。在这
种形式下，一种民族荣誉的话语可以被置于承认最可耻的政治行动与制
度的内部或一边，而不会引发一种有争议的修正主义。①他并未鼓吹民族
辉煌，而是邀请读者仔细思考：并非全体法国人都支持合作，并不是整
个法国都腐朽不堪，或不爱国。这项技巧甚至在阿隆有关皮埃尔·赖伐
尔的讨论中得到了应用。在这篇文章中，阿隆并不试图准备全面辩护。
但是，他确实回忆了赖伐尔的意图曾经是爱国的，当时后者曾试图阻挡
德国和意大利在法国施加影响力。

　　以事后诸葛亮的角度看，梅尼克与阿隆的战后书写显然存在着相似
的修辞效果。他们的风格选择是非常不同的（比较分析与传记调查），
但这两个文本的书写分类模式创造了一个微妙的爱国话语空间。梅尼克
在创作一系列批评德国资产阶级行为的论据同时，找到了关注中立或反
纳粹德国传统的空间。非常相似的是，阿隆的思想植根于维希的动机是
多元的这一信念。他提醒其读者注意清白的合作主义者，或至少是动机
高尚的、可能误入歧途的维希政府支持者。两位作者都是老练的爱国
者。在他们的作品里，民族记录中的积极因素并没有显眼地与有关民族
过去的更具批判性的解释并置。相反，它们巧妙地与许多其他论据或自

---

　　①　1945 年后，在法国公开持贝当主义观点的历史随笔写作是相对普遍的。早期极右翼解
释的例子包括 M. Bardèche, *Nuremberg ou la Terre Promise* (Paris, 1948)；Alfred Fabre-Luce,
Au nom des silencieux (Paris, 1945)；J. Isorni, *Documents pour la révision* (Paris, 1948)；and
L. Rougier, *Mission secrèteàLondres* (Geneva and Paris, 1948). 对于这些作者论题的讨论和反
驳，请参阅包括以下著作在内的其他学术著作 R. Frank, 'Vichy et les Britanniques 1940—
1941：double jeuou double langage?', in J. P. Azéma and F. Bédarida (eds), *Le Régime de Vichy
et les Français* (Paris, 1992), pp. 144—163.

传/传记速写并列出现。那些赞同德国性和法国性的段落总是紧邻于那些对民族错误和耻辱的修辞性哀叹段落旁边。

历史学家对犹太大屠杀的有限论述

与梅尼克和阿隆反复提及德法两国过去的积极要素相比，犹太大屠杀只是以一种相对有限和矛盾的方式得到提及。梅尼克提到了民族社会主义的暴行、反犹主义和毒气室。他尤其为民族社会主义力量的极端暴行感到歉意。他还明确肯定反犹主义是民族社会主义意识形态的原料（第 135 页）。但是，他没有详细描述民族社会主义种族法律，也没有描述犹太大屠杀客观状况。梅尼克更多是把犹太大屠杀与基督教和人文主义理想的丧失联系起来。①他断言：

> 对于其他一切人，首先是万恶的犹太人，就不再存在着什么道德的约束或是承认人权和人的尊严了。这一点并不公开说出来，而且由于策略的原因，有时候还可以弹出别的调子来。但是在集中营煤气室里面，西方基督教文明和人性的最后一息就终于消灭了。
>
> （第 125 页）②

于梅尼克而言，犹太大屠杀本身并不是一个主题；它只是德国社会领导阶层选择的错误道路的一部分。他没有摆脱反犹的模式化观念，以及强烈的反布尔什维克潜台词。他将犹太大屠杀功能化，以显示

---

① 可在其他早期德国著作中找到共同主题，见 M. Bodemann, 'Eclipse of Memory：German Representations of Auschwitz in the Early Postwar Period', *New German Critique* 75 (1998), pp. 57—89.

② 本段译文引自弗里德里希·迈内克：《德国的浩劫》，何兆武（译），北京：商务印书馆，2012 年，第 108 页。——译者注

德国传统人文主义向狂热民族社会主义野蛮的堕落（Entartung）：从
文化骄傲向政治沙文主义（Herrengeist）的转变（第28/39页），从形
而上学到唯物主义（第83页），从赫尔德关于所有"民族"（Völker）
之间和平关系的观点到一个过度膨胀的民族主义（völkisch）运动（第
111页）。

　　与梅尼克不同的是，罗贝尔·阿隆经历了反犹暴力并差点被迫害他
的人谋杀。在《陷阱》中，关于该主题，他给出了比梅尼克更复杂的论
述。关于维希政府对犹太人迫害的一些细节被囊括在内。例如，他写下
了恐惧和痛苦，它们对于1940年到1941年法国犹太人的经历是必不可
少的。他非常清楚地表明，不仅民族社会主义者是迫害的罪魁祸首，维
希也制定了自己的反犹政策。他讲述了维希政策如何迫使自己及其他人
于1941年躲藏在里昂（Lyon）。在作品的第二章中，他详细说明了这一
可怕的经历。他描述了成为维希反犹立法受害者的感受。该立法取消了
他作为公民应享有的就业权和完整的公民身份。在一段特别重要和感人
的段落中，他将犹太人的经历等同于这样一句话："被维希政府施以绝
罚，成为二等公民，像死人一样活着，因为最简单和最基本的权利被撤
销了"（第44—45页）。这是一份有力的目击者证词，而且，阿隆继续
说明受害者如何总是认为他们可以找到合理原因来逃避迫害，但每次都
会受到新的专横制裁。这种时刻是令人震惊的，而阿隆很好地抓住了这
一方面。尽管如此，与阿隆对维希官员的评论或他关于民族精神衰落的
论点相比，他在《陷阱》中纳入的有关犹太大屠杀问题的材料并没有获
得足够的篇幅。正如梅尼克一样，阿隆把他关于犹太迫害的文字定位在
其主要话语框架内有较低文本修辞重要性的部分。他将其视为远离有关
维希主要论述的一个次主题领域。有关反犹主义的段落与任何特别提及
的法国反犹主义者没有直接联系。当合作主义者作为个体得到讨论时，
作者从来没有分析过这些人的反犹仇恨。当作者描述德希厄·拉·侯歇
勒时，是为了表明他相当困惑于民族社会主义者在公共生活中对待犹太

294

人的态度。维希政权的政策得到提及，但完全没有详细说明。此外，阿隆讲述他在里昂秘密生活的段落，以及他在那里遇到的犹太人，都与维希具体政策无关。这里阿隆认为：

> 所有绝罚都是一种极权主义做法，在那里有的是一种狂热因素，并且在那里不接受理性作为论据。现在鼓励这种做法的政权已经不复存在了，那我们自由了吗？毫无疑问，最早的受害者现在摆脱了将他们视为活死人的威胁。但是我们能确定受害者未尝改变吗？我们能确定类似的恐怖策略不正在被持久化吗？我们能否确定在我们的国家，在我们的同胞中，不再有人不是因为他们自己犯下的罪恶，而是因为极权主义判决正在打击他们所属的人种类别或团体而被施以绝罚。每个人都认识一位因为参加过维希政府而被迫退休的公职人员，也许他们在那里成功保持了一种法国的态度，人们也可以列出前议员中的一些类似人物。

（第 45—46 页）

因此，阿隆将其自己的痛苦经历相对化，以便保护前维希官员免受战后审判，并控告针对前合作主义者的新共和党立法。他提出维希的反犹主义作为一个教训可提供给抵抗运动和战后政府学习，以免出现类似的做法。因此，阿隆加入维希法国反犹主义的故事，是为了尝试在战后给抵抗者与合作者带来统一愿景。他的强调暗示了，对他来说，新的民族政治统一压倒了一种对维希凶残种族主义的历史思考。对他来说，一种形式的极权主义与另一种形式的极权主义别无二致。

295　　阿隆没有在《陷阱》中收入任何关于他自己被监禁和逃离梅里尼亚克集中营的材料。不知道此事的读者在阅读该书时不会获得任何有关此事的感觉。关于这段经历的简短记录，可能写于 1945—1950 年，事实上发表在阿隆 1981 年的遗作回忆录中。似乎这个话题对他在《陷阱》

中纳入民族团结的实际情况来说过于痛苦和令人不安了。①阿隆的沉默是常见的。正如琼·沃尔夫（Joan Wolf）②所表明的，法国犹太社群不希望引起人们关注其独特而可怕的经历。③出于害怕再次遭受迫害、社会压力和爱国主义的原因，他们宁愿重新使自己融入民族共同体，惧怕提及迫害历史会使他们再次与其他公民区分开来。因此，阿隆决定不详细说明自己受迫害的故事，这一点符合该趋势。同样，我们可以推断，阿隆省略了其反犹主义经历中最严酷方面的细节，是因为他想利用《陷阱》来试图回忆 20 世纪 30 年代末的精神危机，并试图将一些选定的维希派人士与抵抗主义斗士重新融入新的政治民族团结之中。于他而言，这些主题和论点比完全公开讨论犹太大屠杀更有意义。

再说一遍，两位历史学家确实纳入了一些与犹太大屠杀相关的材料。但是，他们论述的其他众多次方面取代了该主题。他们将之置于作品的一个边缘位置。在梅尼克的例子里，其论点的性质尤其两极化。当他写下德国历史的内容时，他发现了有关民族社会主义兴起的重要而仍耐人寻味的解释。然而，当他写关于"犹太人"和"犹太人问题"的内容时，他陷入了重新使用模式化观念的窠臼。④但是，他和阿隆都认为他们需要纳入一些对犹太大屠杀的论述，以使他们的作品显得可信。同样重要的是，作者要强调，他们两人都可能假定其读者将会了解这些曾经发生的暴行之细节，因为作为同时代人，他们亲眼见证了其中的部分，或曾接触到新闻短片或去纳粹化电影中民族社会主义集中营的画面。历史学家与其时代保持一致并附加了文化氛围。我们再次重申，阿隆的零

---

①　这是 P. Birnbaum 在阅读阿隆后来的著作《维希史》（*Histoire de Vichy*，1954 年）时提出的一种解释。参见 P. Birnbaum, '*La France aux Français*'：*Histoire des Haines Nationalistes*（Paris，2006），pp. 167—170.

②　美国历史学家。——译者注

③　J. B. Wolf. *Harnessing the Holocaust*：*The Politics of Memory in France*（Stanford, CA，2004）.

④　这是被 R. Pois, *Friedrich Meinecke and German Politics in the Twentieth Century*（Berkeley, CA，1972）指出的潜台词。

碎方法是法国早期犹太大屠杀讨论中更广泛模式的例证。梅尼克的方法，对整个再次接纳受害者的德国社会来说，也是典型的。

结　语

我们已经讨论了两种不同形式的历史书写如何依赖于相似的类型学方法。在每一个案例中，这种方法都能让民族历史学家讲述一个关于他们祖国与其最近历史的复杂故事。梅尼克对民族社会主义更为抽象的解释目录中包含了许多表现可敬德国历史的部分。同样，阿隆发现了维希政府中比其他人更不腐败的人物。在处理比格瑞、贾尔丁与勒华拉杜里的人物形象时，他将之描绘为"诚实的"、也许误入歧途的、爱国之人。他急切地把包括维希在内的民族问题的起因归咎于 20 世纪 30 年代的堕落，因此这些问题并非该政权所独有。

两位历史学家并没有忽视犹太大屠杀或反犹主义的主题。但是，他们确实限制了这一讨论，并且与其他自己所关注的问题相比明显贬低了该话题。多方面（类型学）方法促进了这种话语。这也意味着，每位历史学家都可以公开宣称，他们面对的是这一时期最困难、最可怕的话题，即使在其文本中没有完全优先考虑该话题。我们找出的类型学方法允许将这些复杂的位置与众多其他主题绘制到一起。当然，这两本书的要素在历史学上也很有意思，而非"本身"带有意识形态色彩。梅尼克对普鲁士军国主义与科学理性主义/非理性主义突破的关注，为 20 世纪 20 年代和 30 年代民族社会主义意识形态的传播提供了一种仍然耐人寻味的解释。上面没有提及，阿隆对自己在阿尔及尔的经历进行了相当广泛的讨论。这是一个引人入胜和有益的提醒，让人想起这个关键的地方和它在战时法国与殖民地历史中的作用。这是一个必然很快被重新载入 20 世纪 40 年代法国历史的主题。还有人可能会补充说，阿隆认为人们应该把维希作为一个模棱两可的主题来解读的主张，几乎正是这个领域

最新方法的出发点。①当代历史学家朱利安·杰克逊（Julian Jackson，
1954—　　）②并非出于塑造阿隆思想的同样政治动机而提出这一论点，但
他确实要求学习维希时期的学生在模棱两可的指导思想下再次阅读阿隆
的作品。

　　梅尼克与阿隆发展的话语并不像传统叙事史那样具有说服力。他们
发展的类型学方法之代价是使论证支离破碎和相互矛盾。这些作品有一
种不寻常的空洞感。它们拥有许多有趣的子部分，但其中心缺乏连贯
性。正因如此，它们更缺少说服力。最后，必须重申的是，在形式和论
点的层面上，这两位历史学家提供了可做比较的著作。几乎所有文本的
表层内容都是不同的，就像民族社会主义德国不是维希法国，反之亦
然。然而，当人们重读和比较这些作品的书写方式时：两位历史学家在
经历了深刻而可怕的危机之后，在一个民族煽动而另一个民族合作的犹
太大屠杀之后，第一次如何理解民族历史时，他们出乎意料地彼此
相似。

297

---

　　①　参见 J. Jackson, *France：The Dark Years 1940—44*（Oxford，2000），pp. 3—4. 杰克逊
评论道："一个亲贝当主义的反抗者；一个亲英和反德的贝当主义者；一个亲犹太的贝当主
义者；两个反犹的抵抗者：这些不是我们所预期的分类。他们揭示了法国人对占领反应的复
杂性［……］。"
　　②　英国历史学家，主要研究 20 世纪 30 年代至 40 年代的法国史。——译者注

第十四章　社会主义民族历史中的克里奥（Clio）[①]与阶级斗争：罗伯特·格里姆与爱德华·伯恩斯坦著作之比较，1910—1920 年

托马斯·韦尔斯科普（Thomas Welskopp）

　　德语国家的民族史上为什么不包含社会主义的内容？在 19 世纪与 20 世纪早期的德国，"科学"历史书写的主导范式仍聚焦于"自上而下的"民族建设，并以政治家和国家为中心的狭隘叙述范围为特色。此外，德国史学有着被称为"历史知识理论"（Historik）[②]的方法论布局，而它对社会变革却一无所知——事实上，这种变革正伴随着姗姗来迟但迅速发生的工业化进程而到来。此外，它在研究标准上的霸权阻止了某种形式的实证主义在该领域扎根，而这种实证主义本应允许通过专业化的方式以形成一种真正的"社会史"。相反，社会问题与"阶级冲突"这一大主题被塞进了相邻的社会学和"政治经济学"（political economics）领域。[③]由于社会主义知识分子长期被排斥在德国学术机构之外，社会民主"环境"（milieu）的孤立性进一步增强了。德国既没有与英国费边主

---

　　① 克里奥为希腊神话中九位缪斯女神中司掌历史的女神。——译者注
　　② 由德国著名历史学家约翰·古斯塔夫·德罗伊森在该词同名名著中提出，他想借该词确立一门新的专门考查历史研究中理论问题之学科。——译者注
　　③ T. Welskopp, 'Social history', in S. Berger, H. Feldner and K. Passmore (eds), *Writing History. Theory and Practice* (London, 2003), pp. 203—222, esp. p. 205.

义者（Fabians）①对等的事物，而这些费边主义者曾把社会史的一种社会主义传统注入联合王国的民族叙事中；德国也没有等同于美国"新历史学家"（New Historians）特别是查尔斯·A. 比尔德（Charles A. Beard，1874—1948）这样的人物。

因此，如果德国、瑞士和奥地利的工人运动渴望对他们自己的影响进行历史记录，或仅仅是从一种社会主义角度来解释"阶级斗争"，那么他们就只能依靠自己的资源。这并不意味着他们的专业人员，即葛兰西（Gramsci，1891—1937）②意义上的"有机知识分子"（organic intellectuals），缺乏在与当代学术水平相同的基础上撰写历史著作所必需的才能。③在欣欣向荣的党报上，有潜力的作者已作为新闻记者脱颖而出。 299 他们作为党报的专业编辑，或是设法通过为党工作而从中谋生的自由撰稿人，深谙尖刻的社论与振奋人心的小册子的写法，知晓无须运用如史诗般的历史书写之庄严笔调。然而他们作为自学成才者，也已煞费苦心地使自己熟悉了**主流**史学的整个领域。一些人已将文学与历史方面的专长作为自己模仿受过教育的"资产阶级"生活方式的一部分。④

这一章将表明，一些来自工人运动的历史学家关于民族历史的著作如此博学，以至于他们对自己潜在的统治性"宏大叙事"拥有着透彻了解。因此，他们不仅了解写自己社会主义历史时的"吃饭家伙"，而且也对通常历史写作的任何建设性方式抱有敏锐意识。此外，他们没有仅仅利用这种观念来批判"资产阶级"主流史学所存在的偏见与思想缺

---

① 提倡费边主义之人，他们结为一派称为费边社，是 20 世纪初英国的一个工人社会主义派别。——译者注

② 安东尼奥·葛兰西为意大利共产党创始人。后文的有机知识分子，指这些知识分子是某个组织的有机组成部分。——译者注

③ T. Welskopp, ' "Arbeiterintellektuelle", "sozialdemokratische Bohemiens" und "Chefideologen": Der Wandel der Intellektuellen in der frühen deutschen Sozialdemokratie. Ein Fallbeispiel', in U. von Alemann, G. Cepl-Kaufmann, H. Hecker and B. Witte (eds), *Intellektuelle und Sozialdemokratie* (Opladen, 2000), pp. 43—58.

④ A. Laschitza, *Im Lebensrausch, trotz alledem. Rosa Luxemburg. Eine Biographie* (Berlin, 1996).

陷。相反，他们把自己在历史书写领域的冒险举动理解为历史建构主义的努力，并对这一事实加以反思。

这给我们带来了以下比较性微观研究所提出的问题。20 世纪之交的工人运动究竟在怎样的环境下感到有必要在历史学中发出自己的声音？这些环境是否以一种特定方式塑造了历史叙事？作者们是如何从激烈辩论的新闻工作转向严厉苛刻的学术工作的？他们是如何选择自己的"宏大叙事"以及他们又是如何证明其选择的正确性？他们采用了什么样的修辞与叙述方法？在他们看来，这样一项不同寻常的事业之目的又是什么？

笔者的假设是，来自工人运动队伍的历史著作试图克服紧迫的合法性危机。为达此结果，他们力争将"工人阶级"与工人运动写入民族传统，以证明他们确实属于一个特定的民族共同体，无论后者是否接受他们。出于该目的，社会主义作家反思了主流"宏大叙事"，并有意识地加以模仿，尽管他们要在意识形态上去颠覆它。在这种努力下，他们比其"资产阶级"对手更工具性地运用了历史建构主义。这意味着，本章所考察时代的社会主义历史实际上更多是战术性的，而非战略性的。他们并不渴望像那个时代的伟大历史学者那样，将一个共同的民族身份认同之不朽组成部分遗赠给社会。他们为当时的政治需要而写作，且从这个意义上而言，他们仍然是业余历史学家与政治记者。

本章要比较的两部作品是这种靠自主学习写作的社会主义史的极好实例。以下部分将详述与分析爱德华·伯恩斯坦（Eduard Bernstein，1850—1932）出版于 1907 年到 1910 年间的三卷本《柏林工人运动史》（*Die Geschichte der Berliner Arbeiter-Bewegung*）。①第二部分将介绍和审

---

①　E. Bernstein, *Die Geschichte der Berliner Arbeiter-Bewegung. Ein Kapitel zur Geschichte der deutschen Sozialdemokratie. Erster Teil: Vom Jahre 1848 bis zum Erlass des Sozialistengesetzes* (Berlin, 1907); Zweiter Teil: *Die Geschichte des Sozialistengesetzes in Berlin* (Berlin, 1907); Dritter Teil: *Fünfzehn Jahre Berliner Arbeiterbewegung unter dem gemeinen Recht* (Berlin, 1910); reprints of the original edition (Glashütten and Taunus, 1972).

视罗伯特·格里姆（Robert Grimm，1881—1958）于 1920 年出版的《从
阶级斗争看瑞士历史》（*Geschichte der Schweiz in ihren Klassenkämpfen*）。[①]
这些来自使用同一语言国家的作品一方面足够相似，从而可以进行比
较。二书都代表了由专业学院外的工人运动代表所撰写的稀有类型的
"民族"历史。二书的目标都是把社会主义工人运动嵌入更大的民族传
统中。二书都写于第一次世界大战前后不久，这是整个欧洲工人运动的
一个重大转折点，它们所处理的大致是同一个当下政治问题：此时的工
人运动实际希望发挥什么作用？这两部作品写作时，都发端于各自社会
体系和政治体系中的孤立位置。

　　另一方面，这些社会主义史又足够不同，从而得以展示有趣的对
比，这可能使我们对这种由外行撰写的史学之状况与运作有一些一般性
见解。首先，它们被置于两个不同的民族背景中。在近一个世纪的进程
里，这些背景产生了关于各自民族过去的鲜明公共形象。因此，为了把
工人运动的历史嵌入这些现存的民族"宏大叙事"中，我们考察的两位
作者必须稍微遵循不同的叙述策略。

　　爱德华·伯恩斯坦面对着一种对德国历史的统治性解读，即由德意
志帝国霍亨索伦家族（Hohenzollern）所代表的专制民族国家的成功故
事。据此，普鲁士在 1871 年领导了一系列"自上而下的革命"，实现了
德国的统一。在威廉二世时代，这个民族成功故事已迸发为一种自大的
德意志民族主义。1910 年，这种民族主义又接近于歇斯底里的民族过度
表现。尽管德国有殖民野心并在海军上挑战联合王国，但它所谓的历史
终极目的（telos）不知何故已丢失于半路。伯恩斯坦记录了工人运动组
织上的繁荣，从而对抗德国的既有形象，即德国是一个欣欣向荣、但有
点"幼稚"与躁动不安的未来世界强国。他的故事情节基于这样一种观
念，即社会民主主义的成就为民族的辉煌崛起做出了重大贡献。的确，　301

[①]　R. Grimm，*Geschichte der Schweiz in ihren Klassenkämpfen*（Bern，1920）.

他把工人阶级及其社会主义代表描绘成社会中真正负责任的力量。他们代替不负责任的君主、无情的资本家与煽动战争的军队，准备并有权控制和管理国家。然而这并非革命故事。由于工人运动组织得很巧妙，它以零碎而和平的方式渗入社会。正是这种庄严的责任，使德国工人运动既区别于当时的散漫统治者，又使自身有资格进行治理。

相反，罗伯特·格里姆在其被单独监禁于军事监狱的六个月中，撰写了他对瑞士历史的简要概述。他的书是在一场灾难性夭折的大罢工，即 1918 年 11 月 11 日至 14 日发生的"全国总罢工"（Landesstreik）两年后出版的。在那次大罢工中，格里姆担任了组织领导人之一。由于瑞士自由派大肆宣扬反社会主义的看法，指责暴动是苏俄大使馆所指挥的共产主义阴谋，罢工被苏黎世（Zurich）等城市的军队镇压。[1]思想上，罢工已成为一种民族创伤。在随后的几年里，这导致部分瑞士工人运动者被视作敌对外国势力的"非瑞士"代理人而"他者化"。瑞士社会民主党人感到自己被这些诡计"扔出了历史"。像格里姆这样的领导人认为，工人运动从一开始就不是民族"官方"历史遗产的一部分。恰恰相反，瑞士历史的和谐公共形象是一个进步自由的半神话故事，最终以宣誓的同志形象出现（同盟 Eidgenossen）。这完全忽视了工人阶级的斗争。这种认为瑞士是一个坚定的自由主义者之民族的统治性观点，长期以来一直牢牢控制着瑞士工人运动的大部分成员。1838 年以来，瑞士工人运动一直在爱国的古胡特里（Grütli）[2]工人教育协会中加以组织。它犹豫不决地结合其他工人团体与工会，于 1888 年成立了瑞士社会民主党。在此前行动彻底失败，同时也标志着瑞士工人运动与体制合作开始的情况下，格里姆把瑞士民族史改写为阶级斗争史。他的叙述重点并非

---

① W. Gautschi, *Der Landesstreik 1918* (Zurich, 1968); B. Degen, 'Arbeiterbewegung und Politik in der Geschichtsschreibung', in B. Studer and F. Vallotton (eds), *Histoire sociale et mouvement ouvrier*: *un bilan historiographique 1848—1998／Sozialgeschichte und Arbeiterbewegung*: *eine historiographische Bilanz 1848—1998* (Zurich, 1997), pp. 33—60.

② 瑞士乌里州的一片山地草地，又称吕特里（Rütli），1291 年乌里、施瓦茨、下瓦尔登三州为对抗哈布斯堡家族在此结成瑞士永久同盟。——译者注

从各种外国压迫者手中争取"自由"的好战行动——它们现在被视作官
方民族传统所宣扬的被压迫的瑞士人民渴望权力的暴力行径——格里姆
叙述的重点是瑞士民族内部的阶级分裂。[①]

主角：爱德华·伯恩斯坦（1850—1932）
与罗伯特·格里姆（1881—1958）

302

虽然两位作者来自不同的社会背景和世代，但在他们撰写历史著作
的那段时间里，他们在各自社会民主党中担任的职务几乎相同。他们都
是专业政党组织的成员，但都不是严格意义上的干部。他们都是靠为
党广为散发的报纸写作为生的。他们担任了党报党刊的责任编辑。
1906 年，伯恩斯坦成为柏林新工会学校的教员。在那里，总务委员会
（General Commission），即社会民主工会联合会的领导委员会，负责培
训下一代领导者。由此，伯恩斯坦与格里姆在其政党的知识分子圈子内
进行社交活动。两人都是高产作者并作为经验丰富的记者而出名。最
后，两人都拥有被本国长期迫害的经历。这种迫害导致伯恩斯坦在苏黎
世和伦敦流亡了 20 年，而格里姆则在 1918 年全国总罢工后被判入狱。
完全融入"政党环境"是他们各自生活世界的中心，因此给他们补充了
一种被社会孤立与受到政治歧视之感。这一点使他们的自我认知和政治
观增添了某种"殉难"感。[②]

伯恩斯坦生于柏林的一个大家庭。他的父亲是一位改宗犹太人，曾
是小水电工，在 19 世纪 60 年代晋升为铁路工程师。他高举 1848 年革命
的民主传统，但完全不喜欢 1871 年后爱德华开始参与的社会民主主义

---

① G. Marchal, 'Les Traditions nationales dans l'historiographie de la Suisse', in W.
Blockmans and J. P. Genet (eds), *Visions sur le développement des états européens : théories et
historiographies de l'état moderne* (Rome，1993)，pp. 271—296, esp. pp. 276 ff.

② T. Welskopp, 'Existenzkampf um Abkömmlichkeit. "Berufspolitiker" in der deutschen
Sozialdemokratie bis zum Sozialistengesetz', in L. Gall (ed.), *Regierung, Parlament und
Öffentlichkeit im Zeitalter Bismarcks. Politikstile im Wandel* (Paderborn，2003)，pp. 185—222.

朋友圈。尽管这个庞大的家庭不得不经历不止一次的极度困境，伯恩斯坦的父亲还是让爱德华进入一所私立学校，后来又让他进入柏林一所精英文理中学，直到财力耗尽。自 1866 年起，伯恩斯坦开始了作为推销员的学徒生涯，并在 1870 年被 S&L 罗斯柴尔德银行柏林分行聘为银行职员。①伯恩斯坦的职业生涯及其政治归属，反映了他一方面拥有雄心壮志与出类拔萃的才能，另一方面却面临着能力不足和受歧视（他的犹太血统增加了受歧视的程度）之间的紧张关系。伯恩斯坦参加了社会主义哲学家欧根·杜林（Eugen Dühring，1833—1921）在柏林大学举办的

303　讲座，并成为知识分子摩尔人俱乐部（Mohrenclub）的一名成员——这是一个由雄心勃勃的年轻工匠、学生及其他左倾学者组成的协会。②

作为一名社团成员，伯恩斯坦在工人教育学校（Workers' Educational School）教授会计学与经济学课程。这所学校是由他的密友、一位富有企业家之子卡尔·赫希柏格（Karl Höchberg，1853—1885）所创办的。赫希柏格在 1878 年前赞助了在柏林新生的社会民主党的许多活动。当 1878 年赫希柏格因《反社会党人非常法》（Anti-Socialist Law）而被迫流亡国外时，伯恩斯坦作为其私人秘书陪同他来到苏黎世。在那里，赫希柏格与人合著了一些纲领性文章，主张德国社会民主党从革命性政党转变为改良主义政党。从 1881 年到 1890 年，伯恩斯坦是在德国各地非法发行之党报《社会民主党人报》（Der Sozialdemokrat）的组织者之一。③1888 年，他被驱逐出瑞士，转而在伦敦继续担任党报编辑。在那里，他与弗里德里希·恩格斯（Friedrich Engels，1820—1895）通信，并经常参加费边社的会议。

---

① F. L. Carsten, *Eduard Bernstein 1850—1932. Eine politische Biographie*（Munich, 1993），pp. 9—17；E. Bernstein, *Sozialdemokratische Lehrjahre. Autobiographien*（Berlin, 1991 [1928]），p. 8 f.；E. Bernstein, *Entwicklungsgang eines Sozialisten*（Leipzig, 1930），pp. 2, 6.

② T. Welskopp, *Das Banner der Brüderlichkeit. Die deutsche Sozialdemokratie vom Vormärz bis zum Sozialistengesetz*（Bonn, 2000），pp. 176 f., 217.

③ V. L. Lidtke, *The Outlawed Party: Social Democracy in Germany*（Princeton, NJ, 1966）.

直到 1901 年，伯恩斯坦都因为一项悬而未决的起诉而无法返回德
国，只能在其伦敦总部从事多项出版事业。他成为理论杂志《新时代》
（*Die Neue Zeit*）的编辑。在那里，他反复发表改良主义社论，并在
1899 年将其凝练为一本书厚度的小册子出版，题为《社会主义的前提和
社会民主党的任务》（*The Preconditions of Socialism and the Tasks of
Social Democracy*）。[①]流亡 22 年后，伯恩斯坦回到德国，成为《社会主
义月刊》（*Sozialistische Monatshefte*）的永久撰稿人，并创办了《社会
主义文献》（*Documents of Socialism*）杂志。在该杂志中，他对工人运
动历史的兴趣首次找到了公开表达的窗口。长期的流亡及其与德国社会
民主党内平台的隔离，使伯恩斯坦成为一个"自由流动"的党内知识分
子。他在党内领导网络中缺乏自己的权力基础。[②]尽管如此，他的纲领性
议程让社会民主派两极分化为改良派和激进派，而伯恩斯坦是极少数能
够用理论上的雄辩论据来支持改良派立场的主角之一。

格里姆 1881 年出生于瓦尔德（Wald，苏黎世州），父亲是一名工
人。他的职业生涯最早从事印刷工和排字工。他在法国、德国和奥地利
作为熟练工工作了几年。1909 年，他被任命为社会民主党报纸《伯尔尼
哨兵报》（*Berner Tagwacht*）的主编。在他的影响下，该报发展成为瑞
士社会民主主义运动的纲领性机关，倡导温和马克思主义路线。从印刷
工或排字工升入新闻业，是真正的工人进入专业"政党环境"的典型向
上流动渠道之一。在一战最后一年，"杰出的演说家"格里姆带头成立了
奥尔滕（Olten）行动委员会。该委员会于 1918 年 11 月组织了大罢工。[③]

304

① E. Bernstein, *Die Voraussetzungen des Sozialismus und die Aufgaben der Sozialde-
mokratie* (Reinbek, 1969 [1899]).

② E. Bernstein, *Aus den Jahren meines Exils (Völker zu Hause)*, 2nd edn (Berlin,
1918).

③ A. McCarthy, *Robert Grimm: der schweizerische Revolutionär* (Bern and Stuttart,
1989), p. 40 f.; C. Voigt and R. Grimm, *Kämpfer, Arbeiterführer, Parlamentarier. Eine pol-
itische Biographie* (Bern, 1980); Schweizerischer Verband des Personals öffentlicher Dienste
(ed.), *Robert Grimm, Revolutionär und Staatsmann* (Zurich, 1958).

作为主席，格里姆与两个关系密切的奥尔滕委员会会员，用格里姆自己的话来说，"由于发表武装反对资产阶级政治和军事独裁的号召而犯下反叛罪"，被判处六个月监禁。当局经过近两年的审讯，但未能证明罢工与所谓的苏俄阴谋或武装起义计划有关。[①]

环　境

格里姆在其人生的一个关键时刻写出了《从阶级斗争看瑞士历史》。全国总罢工的失败也是他个人的失败，这种失败由于国家长期迫害及其在事件发生近两年后最终被监禁而进一步扩大。罢工是在战争开始四年后发起的，当时生活成本激增并导致瑞士许多工人阶级家庭濒临贫困边缘。从 1918 年初开始，工人运动的代表们就寻求与瑞士政府最高行政部门联邦委员会（英语 Federal Council 德语 Bundesrat）进行谈判以降低物价。然而，瑞士政府不仅毫不妥协，还在苏黎世以骑兵冲锋回敬当地抗议游行队伍。总司令要求在苏黎世和伯尔尼（Bern）集中部队，因为两地是预计中大规模起义的中心。

因此，奥尔滕委员会的罢工宣言是对政府和军方挑衅行为的回应。它并非要诉诸暴力手段，而是以务实的要求为中心，如每周 48 小时工作制、比例代表制、女性选举权以及老年和残疾人养老金制度。因此，罢工不是一种革命行为，而是一种政治武器，其目的是为了在既有（或是经过调整的）政治制度的范围内实现激进的改革要求。格里姆的温和马克思主义路线长期以来一直强调"大规模罢工"是一种适当的工具，可以在不诉诸暴力的情况下带来社会的根本变革。早在 1904 年他就倡导过这一立场。当时这位 25 岁的排字工出版了小册子《政治性大罢工》（*Der politische Massenstreik*）。

但瑞士政府和资产阶级自由派社会认为这次罢工是内战的序曲。公

---

① 　Grimm, *Geschichte*, p. viii. 所有从原作中引用的内容均由作者翻译为英语。

共宣传指责罢工为瑞士联邦国家带来了痛苦分裂的恐惧，并宣布这是国家历史上最严重的危机。大规模的部队集结可能使这次和平罢工演变成一场大屠杀。联邦委员会要求工人们无条件复工。面对"投降或内战"的选择，奥尔滕委员会取消了罢工。[1]

尽管显而易见的事实是：政府在"自上而发的阶级斗争"中使用了暴力。但格里姆与其同志们还是因为涉嫌密谋武装起义而面临起诉。他遭到监禁，因而让他在对瑞士工人运动具有重大意义的时刻受到孤立。国家悄悄地批准了每周 48 小时工作制，并在 1919 年全国选举之前建立了比例代表制，使社会民主党在国民院[2]的席位翻倍，从 20 个增加到 41 个。格里姆本人从 1911 年起是代表苏黎世州的国民院议员，并再度当选成为代表伯尔尼州的议员，直到 1955 年。

这为最终将社会民主主义工人运动纳入既有的瑞士政府体制铺平了道路。格里姆后来通过制定一个政党计划放弃"无产阶级专政"并拥护国防建设，为这一进程做出了贡献。然而在 1920 年，政府悄悄对工人运动让步，并同时威胁要用暴力镇压任何进一步大规模抗议。这使格里姆把"大规模罢工"作为政治武器的想法过时了。此外，他的党遭遇了一次分裂。当党拒绝加入第三国际（格里姆支持这项决定）时，党内激进派脱离党组织并成立了瑞士共产党。

在其《斗争史》里，格里姆一个字都没有提到过全国总罢工。"罢工"一词甚至没有出现在索引中。然而他的书必须被解读为其个人通过在瑞士工人运动中激发一种新斗志以克服这一挫折的方式。但是，工人运动因国家让步而得到缓冲、因瑞士爱国主义而被收买，由此产生的调和休战（Burgfrieden）[3]正如同斯库拉[4]。而社会民主派与共产主义派的

---

[1]　McCarthy, *Robert Grimm*, p. 210.

[2]　瑞士实行两院制，瑞士联邦议会以联邦院为上院，国民院为下院。——译者注

[3]　原是德意志中世纪时期使用的一种术语，指在城堡（有时是城堡的庄园）的管辖范围内实行休战状态。在此情况下，禁止私人之间的争斗，即个人之间的冲突。后来被引申为在政治上休战，暂时停止工会罢工支持政府。——译者注

[4]　指古希腊神话中吞吃水手的女海妖。此处形容难以逾越的障碍。——译者注

分裂正如同卡律布狄斯①。瑞士工人运动徘徊在二者之间进退两难。

伯恩斯坦在伦敦流亡多年，这使他有关马克思主义学说的改良主义观点变得更加鲜明。他生活在世界资本主义之都，并未看到经济体系即将崩溃的迹象，也没有看到国家机构在革命群众的冲击下摇摇欲坠的迹象。恰恰相反，他观察到的是一场有意识的工会运动，能够赢得雇主和政客的重大让步。从远处看，德国工人运动的兴起更令人印象深刻，因为它以社会民主党的形式拥有一个真正的政治代表身份供其使用，它在帝国国会中赢得了越来越多的席位。英国工党（British Labour Party）是 1900 年才成立的。此外，1900 年后德国工会将在会员人数和集权程度（如果不是谈判能力）上超越其先驱英国模式。

但是，我们很容易能看出伯恩斯坦是德国社会民主党内一个联合的改良派之领袖。该派与环绕在罗莎·卢森堡（Rosa Luxemburg，1871—1919）和卡尔·李卜克内西（Karl Liebknecht，1871—1919）周围一个同样意见一致的激进革命派对抗。这种对抗最终被奥古斯特·倍倍尔（August Bebel，1840—1913）和卡尔·考茨基（Karl Kautsky，1854—1938）的"中间派"政党领袖平息。②伯恩斯坦不同于工会主义者、劳工部长、公共政治家与国家议员这些与他一起被归为"改良主义"之人。对他来说，"改良主义"意味着"渐进主义"（gradualism）而非"实用主义"（pragmatism）。伯恩斯坦为"改良主义"规划了一个理论地位，而他务实的同僚可能并非如此为之。

伯恩斯坦的立场是将社会向社会主义转变的马克思主义模式与主要关注获得组织力量及实际政治影响力的政党政治相调和。他明确保留了马克思对资本主义的批判，但强调道德问题而非辩证法，并抛弃了其经

①　指古希腊神话中吞噬一切的大漩涡怪。此处形容把工人阶级一分为二的分裂风潮席卷全国。——译者注

②　Cf. H. Grebing, *Geschichte der Arbeiterbewegung. Von der Revolution 1848 bis ins 21. Jahrhundert* (Berlin, 2007), pp. 39 f.

济崩溃的决定论。他设想工人运动凭借组织能动性与政治纪律，将逐步
改造资本主义社会。他的理论被普遍简化为一句口号："运动就是一
切——最终的目的是微不足道的。"（The movement is everything—the
final goal nothing.）

　　伯恩斯坦回到德国后，断断续续地担任国会议员（1902—1908、
1912—1918、1920—1928），并出席了几次党代会。在这里，他面临着激
进派的尖锐批评，以及倍倍尔与考茨基周围"中间派"领导班子相当矜
持的接待。激进分子的发言人与部分党内媒体诽谤他为这项事业的"叛
徒"。①尤其是 1906 年的爱尔福特（Erfurt）大会发动了对伯恩斯坦"改
良主义"的严厉批判。大会赞成教条式的马克思主义"革命等待论"
（revolutionary attentism）②，而该党的日常政治却讲述了一个完全不同
的故事。③

　　当马克思主义辩证决定论丧失的时候，历史作为一种偶然发生而在道
德上振奋人心的进程就具有了至高无上的意义。这也许是伯恩斯坦以多卷
本形式写作柏林劳工运动历史背后的动机。它不是一本关于德国首都的
书，而是一部逐渐被德国工人阶级主导并最终形成的民族历史之转喻。

运动就是一切：伯恩斯坦的《柏林工人运动史》　　　　307

　　伯恩斯坦关于柏林工人运动的历史是一个庞大项目，最终填满了
1 202 页。它戏剧艺术般的构成与叙述系统模型依赖于一位知识渊博而
技巧娴熟的作者。只有一个经验丰富、判断力强的作者，才能把大量数

---

①　Bernstein, *Sozialdemokratische Lehrjahre*, p. 246.

②　马克思认为"无论哪一个社会形态，在它们所能容纳的全部生产力发挥出来以前，是
决不会灭亡的；而新的更高的生产关系，在它存在的物质条件在旧社会的胞胎里成熟以前，是
决不会出现的。"即当条件成熟时，革命自然会发生。此处原文有误，应为 revolutionary at-
tentisme。——译者注

③　D. Groh, *Negative Integration und revolutionärer Attentismus. Die deutsche Sozialde-
mokratie am Vorabend des Ersten Weltkrieges* (Frankfurt/M., 1973).

据、过多到骇人的姓名、日期和人物，以及众多的人物概述塑造为一个
有条理的叙述形态。然而，重要的是伯恩斯坦煞费苦心地尽量减少他作
为作者的存在。他反复指出一个事实，即汇编柏林工人运动历史的计划
源于该运动本身，而他的作者身份则来自地方党组织的明确授权。①在每
一卷中，标题都称伯恩斯坦为作品的"编者"，而非"作者"。在第三卷
中，伯恩斯坦声称他更偏好匿名发表其作品，尽管这种对党谦逊的姿态
似乎是在为自己作为优秀作者而寻求赞美之词。②

　　利奥波德·冯·兰克曾表达自己希望在解释资料来源中"消灭自我
人格"的愿望，伯恩斯坦则追随兰克的理念，淡化了他在叙述尝试上的
创造性方面，并低调地声称自己仅仅是一个事件的编年者：

　　　　我没有以某种方式违背历史真相，没有忘记工人阶级不需要一
　　本吹捧性传记但有权看到现实中所呈现的事物，不过我还是觉得自
　　己本来便是那些发起（这项事业）之人的知己。因此，我把所有文
　　学上的主观修饰放在一边，并接受一项重要的任务，那就是尽可能
　　多地揭示运动中的事实，并通过恰当地将它们置于上下文中，让这
　　些事实尽可能地为自己说话。③

　　伯恩斯坦以此向这场运动在迫害和危机时期的自我牺牲性质致敬。
他的作者身份应该为党服务。

　　但是伯恩斯坦对历史的建构性也有足够的了解。他承认一部无生命
的编年史不会产生他心中的那种历史真相：

　　　　通常如果这本书中的个人记录被推到了背景之后，我仍相信我
　　无权在特殊情况下压制我的个人判断。在这场运动中，有一些事件

308

---

　　①③　Bernstein, *Geschichte*, vol. I, p. iv.
　　②　　Bernstein, *Geschichte*, vol. III, p. v.

第十四章　社会主义民族历史中的克里奥（Clio）与阶级斗争：罗伯特·格里姆与
爱德华·伯恩斯坦著作之比较，1910—1920 年　　　　　　　　　　　　　401

不能简单地被记录编年而不剥离它们的真实性质，且批评领导人物的错误和不幸必然属于（真实地）尊重其成就之举。当然，批评者并非绝对无误，被责难之人亦如此，只有在这个限制条件下，他才能主张承认自己的判断。作者以自己姓名向读者担保，在每个例子中仅在对所有状况严格思考后，才能作出（这个判断）。①

因此再次折返的作者并非一个为其精巧文章感到骄傲的自负宣传者，而是一个权威的解释过去者，他的真实性主张建立在诚实与责任的基础上。换言之，作者在评价这场运动的过去时，经历了一场道德磨难，几乎重温了它的跌宕起伏。在这样做的过程中，他理所当然地赢得了作为这场运动历史之保管人的声望。

在前言中，伯恩斯坦对其介绍所依据的丰富资料来源而感到自豪。实际上，他把自己收集这些文件的努力与工人运动之所以取得全面成功的艰苦活动相提并论。此外，他还煞费苦心地向潜在读者表明，要不是有运动队伍中无数同志的帮助，为他提供丰富的书面材料，他不可能拥有充裕的文献资料："最后，前几卷中已说过的话可正当地在最新一卷中加以强调：从第一手资料的汇编角度看，这本书是一部**集体作品**（伯恩斯坦原作强调）。庞大数量的同志为作者提供了柏林历史这一部分的材料——一部分是应要求提供的，一部分是自愿提供的。"②通过这样做，伯恩斯坦使自己及其史学作品都成为以成功的柏林工人群众运动为代表的巨大集体工程的一部分。他的贡献只是看到他们多年的成就而将之如实载入史册。

伯恩斯坦因亲身参与了当地工人运动而获得了人们对其作为一名作家的认可。他的历史著作就是这场运动的一部分。他对自己被承认为一位可敬的党代表而感到某种满足："我获得写作这本书的委托以及我被

---

① Bernstein, *Geschichte*, vol. I, p. v.
② Bernstein, *Geschichte*, vol. III, p. v.

允许亲自参与这本书所涉及的运动之事实，这两个状况都使我产生了一种兴奋的感觉。撇开对自己的历史责任之意识不谈，这种感觉从未离开过我。"①运动就是一切，作为一个人与一个作者的伯恩斯坦，微不足道。

309 　　伯恩斯坦把柏林工人运动的历史分为三卷，这既非偶然，也不是由于充裕的材料所致。这种布局使我们想起一幅三联圣像画，这种类比至今仍然适用。每一卷都讲述了一个稍有不同的故事，但只有将它们视为一个连贯整体后，隐含的"宏大叙事"的完整含义才得以揭示出来。我们也可以采用三幕戏剧之类比：第一卷论述了 1848 年血腥革命后柏林工人运动的诞生，以及直到 1878 年《反社会党人非常法》通过前时有愚蠢之举的工人运动的青春期。第二卷聚焦党被取缔的 12 年。尽管使用了讽刺的笔调，第二卷主要展现了党通过殉难而得以净化的故事。第三卷按时间顺序记述柏林工人运动的胜利崛起。这是一支纪律严明、艰苦斗争的不断壮大之工人阶级军队，它已经发展成一支不可遏止的历史力量，准备承担起接管整个社会的责任。

　　第一卷设置了舞台。作者通过把工人运动的根源追溯到 1848 年革命，确定了这的确是一场革命运动，但不会轻率地掀起一场革命。正相反，伯恩斯坦仔细区分了形成初期社会民主主义核心的工人（主要是熟练的工匠）和拥挤在街道上的流氓无产者（Lumpenproletariat）。更重要的是，正是君主及其政府的不妥协态度，才几乎迫使工人发动革命。革命被认为是劳动人民抵御不负责任的上层集团的最后手段。虽然伯恩斯坦非常详细地呈现工人们英勇保卫街垒的场景，但他也同样不遗余力地指出，"真正的"工人在冲突中总是充当理性的声音，他们忙于组织自己而非进行无望的街头斗争。

　　这个故事为工人运动接下来三十年的发展铺上了崎岖的道路。尽管伯恩斯坦声称自己是一位谨慎且矜持的作者，但他在这里却表现出学究

---

① Bernstein，*Geschichte*，vol. I，p. v.

式的历史批判精神。他把那些为这场运动的生存做出贡献的事件和人物，以及那些变得反常或背叛这场运动的人加以分门别类。理性的声音、自我牺牲的准则及对运动事业的苦行奉献是整卷书中反复出现的主题，所有这些都是在面对仍然夺走无数事业与生命的持续性国家迫害中出现的。伯恩斯坦并没有避开冲突和竞争，它们不止一次地将社会民主主义带到了灭绝的边缘。然而他不遗余力地证明，他那段日子的近代工人运动有一个积极的传统，它像一条红线一样贯穿了这段有时混乱的历史。

　　第一卷读起来像是一部心理小说，而第二卷看来像是一部讽刺小说。被宣布为非法的党员及其机构的艰难状况在其所受的痛苦（包括在当地"戒严令"期间被驱逐出柏林的全部名单）中体现得淋漓尽致。然而伯恩斯坦要传递的潜在信息是：全面歧视实际上起了反效果，反而团结加强了工人运动。他幸灾乐祸地高度赞扬并说明国家的骚扰越不公正，这种行为对运动的意外后果就越积极。就此而论，当局的行为显得十分笨拙和愚蠢。像《一切都要被压迫》《令人沮丧的间谍故事与党的复兴》《处处是狂风》《大地在颤动》或《非常法的废除》这样的章节标题，也可以作为二流邦级舞台上滑稽戏的预告。

　　党战胜国家恶行的胜利，似乎是一团净化的火焰，烧尽了此前运动中的所有软肋，把它锻造成历史上合法而团结的力量。此外，"戒严令"还把柏林提升为该运动历史的中心。没有地方法律被执行得比这里更残酷。没有其他地方的颠覆性做法比这里的更富创造力、多样化与传播广泛。[1]因此，《反社会党人非常法》是对柏林工人运动的赞扬。从现在起，柏林社会民主党人与工会成员将成为整个德国的运动领袖。社会民主党人的净化把当地历史变成了工人运动转喻式的民族历史。

310

---

[1]　Bernstein, *Geschichte*, vol. II, p. iii.

第三卷有志于把工人运动的历史扩展为 1890 年《反社会党人非常法》废除后 15 年间转喻式的德国通史与柏林通史。关于"1890 年以来德国国内事务的发展"之序章，或多或少是通过社会民主党国会派系的镜子，对国内政策和德国殖民主义行径进行了建设性评论。归根结底，这是社会民主党人在议会活动中所积累的经济知识和政治知识的展示，也是他们发展起来的议会技能之演示。事实上，这一章暗示称，运动已经发展为拥有负责任的且政治家般的成熟度，它可以被委托分享一部分政治权力。

关于"1890 年至 1905 年柏林的社会发展"之第二章结合了柏林工人阶级居住区悲惨生活水平的记录和近代社会技术专业知识的展示——这是社会民主主义的公共政治家和卫生委员会成员多年积累的结果。伯恩斯坦再次把这场运动描述为一种对政策施行的等待，即要求政府承认他们最迫切并有合适解决方案的社会需求。第三章记录了党组织在对抗国家当局持续骚扰的情况下所实现的发展。起诉与歧视是第二卷的主题，现在成为社会民主党崛起这部不朽史诗的背景。

311

这部史诗以 17 个有条理的主题章节展开。每一章都论述社会民主工人运动的一个特定分支或一种特殊形式的活动，包括像"1894 年抵制啤酒"到"柏林社会民主代表教育和艺术的创作"等示威活动，这个时代的选举结果，以及五一劳动节庆典的发展。叙述的流动让位于令人印象深刻但最终使人疲倦的资料汇编与数字堆积。伯恩斯坦想要彻底阐明自己的观点，即社会民主主义作为一种不可抗拒的群众运动正在敲响政治才能的大门。于他而言，扩大为群众运动是社会民主主义的历史成就：

> 因此，工人运动的历史学家认为自己一次又一次地受到诱惑。是的，他暴露在报告统计数字的必要性下，因为群众的历史就是统计数字。群众的苦难与成就、斗争与胜利，一切都只能用数字来作充分表达。[……]一种不同的处理方式将不可避免地以一种更突

出的方式发挥作者的个人判断，而无法与这本书本身的发起与完成
是柏林社会民主派的一项集体事业这个事实相符合。①

　　第三卷以对壮观的社会民主派葬礼游行之记录结束。通过这些游
行，该运动纪念他们已故的、往往是事业殉道者的领导人。这并非偶
然，因为自我牺牲与成功之间存在着联系。这种成功是冒着个人生命与
事业的危险而艰难获得的，在这些场合被简要表现出来。此外，一场纪
律严明、全心全意的群众运动在公共空间出现，公开但和平地反抗当局
（在这些游行中展示社会民主主义横幅之举是被禁止的）。庄严沉默如柱
子一般，袖子上戴着悼念的饰有红色康乃馨花环的绸布，身着灰色衣服
的工人们很好地体现了该运动的成就。②最后，伯恩斯坦再次展开了对这
场运动的个人参与同其绝对参与人数之间的辩证关系："除了前文提及
的那些人外，似乎对去世的人也不例外。要让民主的平等观念统治这支
军队，因为它使更大的正义成为必要。我们的运动通过无名的工人而壮
大。"运动就是一切。③

312

自由即是阶级斗争，阶级斗争即是自由：格里姆的《瑞士史》

　　如果说伯恩斯坦需要大量的一手资料来形成他关于柏林工人运动的
历史，格里姆则可以完全不用原始资料来做这项工作。④格里姆不需要原
始文件来建构一个新的基于事实之历史，因为这些事实都是众所周知
的。格里姆不是在事实层面上对瑞士自由主义史学的统治性"宏大叙
事"提出质疑："对我来说，重要的是展示社会的机制，揭示历史现象
的原因。因此，我几乎不涉及实际现象，它们更多是对我所获得见解的

---

① Bernstein, *Geschichte*, vol. III, p. iv f.
② 关于社会民主派的葬礼，参见 Welskopp, *Banner der Brüderlichkeit*, pp. 379 ff.
③ Bernstein, *Geschichte*, vol. III, pp. 438, 439.
④ Grimm, *Geschichte*, p. x.

限制，然而由于这些见解反过来揭示了历史力量发展的连续逻辑路径，关于我国通史的连贯论述则变得黯淡无光。"①格里姆并不关心过去本身，而是关心历史，即把过去塑造成连贯历史演出的模式。

格里姆抨击的是历史事件交织在几乎神话般的瑞士历史公共形象中的方式。这是一个体现在目前直接民主制度中坚定的人民不断向自由迈进的形象。自由派历史学家卡尔·希尔第（Carl Hilty，1833—1909）将哲学蓝图传达给了这个封闭的、目的论的"宏大叙事"，它在吕特里宣誓的同志们与 20 世纪初联邦政府之间划清了界限。②因此，格里姆并未打算找回一段未知的历史。他不得不与这样一个事实作斗争，即自由派历史学家所塑造的民族历史在民众心目中的存在感太强了。

自由主义史学的统治性"宏大叙事"几乎把瑞士人民"洗脑"了："瑞士历史并不缺乏专门性研究和一般性研究。大量的坟墓装饰着公私图书馆；各州的教科书各不相同，将几百年瑞士历史压缩到几十页上；地方历史文章解释了一系列范围更狭窄的事件，分散的论文与增刊勾勒了单一片段的形象；政治与告解讲义试图公正地对待政党和世界观。"这些著述多种多样，而其呈现方式愈加显得一致，格里姆宣称：

> （这些著述）是由统治性社会、阶级、道德的有意识或下意识的代表所写作的。他们的描述具有天真的英雄崇拜和热情洋溢的战斗场面绘画之诗意特征。它们主要强调对外部现象、日期和人物的描述，而非强调历史发展的内在凝聚力与潜在动力。这种方式是服务于意图的，然而这个意图源于让瑞士历史呈现为被选之人的历史任务。③

---

① Bernstein, *Geschichte*, p. vii.

② Marchal, 'Traditions', p. 276 ff.; S. Buchbinder, *Der Wille zur Geschichte. Schweizergeschichte um 1900：die Werke von Wilhelm Oechsli, Johannes Dierauer und Karl Dändliker* (Zurich, 2002), p. 232.

③ Grimm, *Geschichte*, p. iii.

格里姆用几句话勾勒出了这个近乎神话般的故事情节之成分：

人民的自由（Volksfreiheit）以弑杀暴君与反叛为基础，立于
宣誓同志情谊的摇篮上（同盟 Eidgenossenschaft）；在它上升到权
力顶峰的过程中，据称发起于平和美丽的吕特里之联盟摆脱了建立
外国统治的每一次可笑尝试。几个世纪以来，参与誓言的同志们保
持了政治独立，而其他国家更换了统治者，被粉碎、改造和重建。
插入了这个框架，画布便呈现出线性发展的和谐形象，它在英勇斗
争中步步奔腾，不断散播自由来系统培育民主，直至其今天辉煌的
完成。[1]

正如萨沙·布赫宾德（Sascha Buchbinder）所说，这个和谐的故事
是瑞士历史中期"时间冻结"的产物。[2]在吕特里的神话起源之后，"历
史的地平线变暗了。有了古老的瑞士自由，这里变得越来越安静。
[……] 他们迅速越过了无耻的袭击、对附属地的残酷压迫、17 世纪和
18 世纪骇人的战役，这些与先辈们理想化的丰碑形成了鲜明对比。相
反，他们在内部州的最初自由与资产阶级近代民主之间画了一条直线
[……]。"[3]格里姆主张，小学是"新生公民获得其最初历史观念的地
方"，历史以中世纪的结束而结束：不提及农民战争、反对贵族和寡头
政治的叛乱或是使"资产阶级"上台的革命。[4]

值得注意的是，格里姆并未批判这种"戏法"是对历史的非法误
解，而他本可以用隐藏在资料来源中事件的"纯净"可选记录来加以反
驳。他更想挑战迫使瑞士各阶层人民达成虚假和谐共识的统治性公共形
象。这项事业的核心要求不是方法论上的勤勉或"客观"的禁欲主义，

314

---

① 　Grimm, *Geschichte*, p. iii.
② 　Buchbinder, *Wille zur Geschichte*, p. 232.
③④ 　Grimm, *Geschichte*, p. iv.

而是思想上的坚定不移："我的目标不可能只是在这种（传统）史学上再添一块。我在为生存而进行的艰苦斗争中获得了自己的人生观。如果这种人生观没有把我的历史哲学从传统的观念准则中精炼出来，独独我完成这项工作所处的外部环境就会阻止我去尝试这么做。"①在他被关押于监狱中时，从物理上与作为自由人和公民的生活拉开了距离，因此这成为一种对其高于历史证据沼泽和自由主义史学（为诱使瑞士人民陷入爱国主义谵妄而架起的）诡诈桥梁的哲学立场优越性之隐喻。尽管伯恩斯坦为了让"历史"自己说话而否认了自己的作者身份，格里姆则要求一种唯我论的作者身份，把其任务定义为一种有意识的建构行为。格里姆立志成为一个"坦率的"历史学家，不是通过某种天真的"客观主义"，而是通过他对马克思主义历史辩证法的严格遵守而实现。

格里姆认为如果某人仅仅将概念过滤器（在这种情况下是"暴力"）应用于通常和谐的展现过去的表演中，瑞士历史的整体形象就会发生变化。这是格里姆有关全国总罢工的痛苦经验的投射。格里姆因此将军队在罢工期间所犯下的暴力事件置于背景中加以考虑。这让该片段显得只是阶级斗争的另一种表现。据说阶级斗争以比反复出现的进步自由主题更持久的方式来标识着瑞士历史：

> 自建立以来，各社会阶级在联盟中直接对抗彼此，不可调和。争夺政治支配的战斗不会被高贵王侯们的强大力量所掩盖。他们在掌控国家时，使一个阶级对抗另一个阶级从而渔翁得利。各阶级面对面战斗，在没有盘旋于上的国家干扰之情况下了结他们的宿怨，而他们为了扩大自己的权力基础而进行的征服则后果自负。因此，所有这些斗争的形象都比君主制国家更纯粹、更完全，即使宗教冲突不时给它们蒙上阴影。

---

① Grimm, *Geschichte*, p. vi.

　　格里姆接着通过坚称"那些最顽固地（否认暴力）的阶级之代表，　315
最不顾一切地采取实际行动（诉诸暴力）"，而间接提到最近的罢工
暴力。①

　　为什么不使用暴力这个瑞士历史可代替的主旋律来实现瑞士工人阶
级的目标呢？如果所有其他群体都成功地从原始资料中提取出一部最适
合自己的历史（并对其他群体具有吸引力），瑞士工人阶级就有权建构
一部自己的历史，以满足其真正的需要："这不是指以模仿谄媚的全部
爱国者之方式来褒扬英雄崇拜，也不是指被选定的民族注定走向自由和
民主，而是因为阶级战争强大而直接的决心，以及狂热阶级斗争的不断
连锁反应，有时它会达到戏剧性的高潮，瑞士历史必须迎合有思想的工
人和社会主义者。"②

　　于格里姆而言，在部分工人运动者仍然被瑞士爱国主义所迷惑，
而社会主义者被排斥为外国势力的"非瑞士"代理人之情况下，工人
历史意识的这种主动转换是必要的。格里姆相信，社会主义只有根植
于国家的历史传统中，才能在瑞士工人阶级中站稳脚跟："社会主义宣
传确实把无产阶级的阶级斗争解释为在资产阶级剥削下生产力和社会
关系发展造成的必然现象；然而这种现象是以如此抽象形式发生，而
且主要基于经济基础，以至于这种论证还涵盖了任何其他国家，因此
瑞士的社会主义更多呈现为一具外来的身体而非瑞士历史发展的逻辑
结果。"③

　　格里姆想对抗资产阶级爱国主义的威胁，因为这种爱国主义据称在
迷惑工人阶级。因此，他的另类建构是在一场持续了几个世纪至今的历
史阶级斗争背景下，试图调和"瑞士特性"（Swiss-ness）和社会主义。
格里姆成功地将暴力的过去描绘成一系列阶级对立，使之为工人运动提

---

① Grimm，*Geschichte*，p. vii.

② Grimm，*Geschichte*，p. ix

③ Grimm，*Geschichte*，p. x.

供一种完美的合法性，从而帮助他向瑞士工人逐步灌输战斗精神。这种战斗精神将使工人重新认识自由主义者的作用，并意识到资产阶级是真正的阶级敌人："一方面，在农民的早期阶级斗争中，工人的文化抱负及其为了政治权力的艰巨角力找到了他们最荣耀且不容置疑的正当性，因为农民的早期阶级斗争还未受到共产主义、城市工匠制度和资本主义资产阶级的影响，另一方面，只有历史知识才能对当代资产阶级民主作出可靠的判断，对资产阶级民主的不真实评价，无论是否定的还是肯定的，都给工人队伍造成了很大的混乱。"①

316

　　格里姆承认他的历史叙述是基于卡尔·丹德尔克（Karl Dändliker，1849—1910）②、柯蒂（Curti，1848—1914）③、斯特里克（Stricker）④与奥克斯利（Oechsli，1851—1919）⑤的作品。尽管当格里姆构想他对这一进步历史的辩证法变体时，作为向联邦政府发展的"主导思想"之卡尔·希尔第的历史形象得到清晰呈现，但实际上格里姆由于一些原因聚焦于丹德尔克而非其他人。首先，在1900年前后写作的最受欢迎的四位民族历史学家中，只有丹德尔克论述了社会问题，并由此为格里姆的叙述提供了急需的数据资料。其次，丹德尔克明确地将"无产阶级"纳入了他对"瑞士人民"（das Schweizervolk）的爱国定义中。他把他们的社会主义表达为一种可辨识的瑞士变种："经济平等与革命的学说［……］不能吸引人，实际上与瑞士民众的实际感受相矛盾"，丹德尔克说。⑥这种姿态对格里姆而言有利有弊。一方面，丹德尔克甚至将瑞士社会主义者融入了国家的民族传统。但另一方面，他这样做的前提是，瑞

---

① Grimm，*Geschichte*，p. x.
② 瑞士历史学家。——译者注
③ 即Carl Theodor Curti，新闻工作者与政治家。他生于瑞士，1902年成为德国公民，一战后回到瑞士。——译者注
④ 未能查明此人身份。——译者注
⑤ 即Wilhelm Oechsli，瑞士历史学家，试图普及批判史学，挑战关于瑞士民族历史的传说。——译者注
⑥ 转引自Buchbinder，*Wille zur Geschichte*，p. 223.

士工人首先是瑞士爱国者，不过在次要意义上是社会主义者。格里姆在
其书中煞费苦心地转变这种解释，试图挽救国际主义的残余，即使是把
社会主义嵌入一个温和的瑞士过去之中。

　　第三，丹德尔克为农民战争的革命片段平反，而其他大多数民族历
史学家则谴责这些片段是阻碍民族团结的反常现象。他把它们描绘成弱
势的大多数人争取独立自主斗争的一部分。由此，他确立经济冲突和爱
国团结并非互不相容。格里姆只是在这个故事中插入了他对 15 世纪一
些城市在其农村领地建立的附庸属地的激烈批判。对他来说，这些关系
和冲突是阶级斗争的早期表现，而不是争取政治自由的斗争。因此格里
姆划了一条从 15 世纪到现在的界线，并把暴力和阶级斗争描绘成贯穿
瑞士历史的红线。

　　格里姆用希尔第的模型，即从宣誓同志和资产阶级革命到今天自
由民主制的线性发展过程作为支架，并用丹德尔克提出的社会资料和
经济资料来填充它："历史的进步，作为不断发展的结果，是不可否认
的。尽管有深渊和低谷，它如同每个时代起源时的日出，赋予人类逐
渐提升的信仰力量。它是无尽的辛劳和悲伤、无谓的战斗与无数受害
者的奖赏。"[1]格里姆只是以辩证方式强调了希尔第现代化模式中的
"阻碍元素"。因此他提出了至今仍是公认的、但在决定性地强调标志
着瑞士过去的血腥斗争上不同于传统史学的瑞士历史形象。于格里姆
而言，这些斗争是由各自统治阶级发起的战斗，以对抗引起冲突的上
升阶级，保卫他们的权力。格里姆的中心思想是，瑞士人的特点不在
于他们愿意在团结中为自由而战，而在于他们使瑞士社会两极分化
为对立阶级的阶级斗争。他想改变瑞士历史的公共形象，而非历史
本身。格里姆主张，改变历史意识是使工人运动获得政治权力的先
决条件。

317

---

① Grimm, *Geschichte*, p. 406.

社会主义民族历史如同"三分钱歌剧"（Threepenny Operas）①？

盖伊·马夏尔（Guy Marchal，1938—2020）②曾将格里姆的著作称为自由主义史学的"马克思主义解释"，而确实它也没有更多别的了。③因此，他的"历史"是否实现了其政治目的是值得怀疑的。在马克思主义的门面背后，有相当多更传统的、爱国主义的瑞士历史观，以便让甚至是工人阶级读者留在丹德尔克的整合阵营里。至少直到 20 世纪 80 年代，丹德尔克的作品依然是瑞士历史上最受欢迎的书籍之一。④格里姆本人抛弃了他的国际主义信念，并制定了 1935 年的政党纲领，使社会民主党有资格承担政府责任。

爱德华·伯恩斯坦的《柏林工人运动史》获得的反响没有留下良好记录。这两部作品的构想都源于迫切的政治需要而非普遍的历史愿景。它们的作者没有养成当代自由派历史学家将政见提升到史学层面的习惯。与德罗伊森（Droysen，1808—1884）⑤或兰克不同，伯恩斯坦与格里姆并非通过书写引人注目的历史来发表政见；他们将其历史著作仅仅作为日常政治话语中的另一种工具。

这可能是工人运动中类似民族历史的一个普遍特征，也是它们少有持久声名的一个原因，因为它们是为特定场合与特定情况而写的作品。它们是为短期宣传效果而非为了文学名人堂构思的。然而，本章已经表明，这并不意味着界定类似的作品没有内在价值。这两部作品都展示了对所有书面"历史"构造性质的惊人程度的领悟力。他们当然没有与同时代的太多专业历史学家分享这种意识。然而，他们并未从这样一种领

318

---

① 指贝尔托·布莱希特 1928 年的音乐剧，改编自 18 世纪英国的《乞丐歌剧》，这部作品对资本主义世界进行了社会主义批判。——译者注
② 瑞士历史学家。——译者注
③ Marchal, 'Traditions', pp. 279 f.
④ Buchbinder, *Wille zur Geschichte*, p. 202.
⑤ 德国历史学家。——译者注

悟中得出结论，即努力创造一部理论上更先进、方法上更具批判性的未
然历史（alternative history）①。恰恰相反，他们的"党派偏见"清楚显
示在这两部作品的观点中，即建构主义允许一种更唯我论的叙事构成，
以替代此前对其民族过去的统治性解释。对建构主义的解构确认了一种
更具工具性的历史方法，其目的是为了说教，有时是操纵。

　　伯恩斯坦和格里姆写的政治教育作品类似于贝尔托·布莱希特
（Bertolt Brecht，1898—1956）的戏剧，后者的戏剧也将其建构原则暴
露给观众。表演传达信息。无论是思想上还是美学上，这种来自工人运
动队伍的历史书写形式都不可能追求拥有持久的价值。毕竟，这些作品
是政治新闻的副产物。

---

　　①　也称"或然历史"，即历史存在的不同可能性。我们今天所知的历史可称为"已然历
史"，即已然如此发生的历史，而未然历史便是可能发生但实际没有发生的历史。——译者注

第十五章　在战后中欧重写民族历史——用马克思主义来合成奥地利与捷克斯洛伐克的历史：新民族宏大叙事

帕维尔·克拉日（Pavel Kolář）

引　言

自 19 世纪以来，在共同提及哈布斯堡帝国及众多双边关系（如捷克人与德裔奥地利人之间，或匈牙利人与斯洛伐克人之间的双边关系）之基础上，中欧民族的历史宏大叙事形成了一个紧密的表达网络。[①]这种民族历史文化的命运被证明是相当强韧的，因为即使在 1918 年以后，当独特的历史文化由独立民族国家所支撑时，多边和双边的交叉体系也丝毫没有消亡。新的民族历史，虽然是为了加强新民族国家的身份认同而设计的，但它不能简单地摆脱同中欧更辽阔的背景及其哈布斯堡遗产之间的联系。第二次世界大战后，即使当时哈布斯堡的大部分领土都在苏联势力范围内，且新的民族历史书写范式也被自上而下地强制推行，这些联系也无法中断。毫无疑问，新的叙事要素出现了，发展或挑战了以往的叙事要素。它们是阶级概念和历史唯物主义的分期体系。然而，

---

① 参见 G. Heiss, Á. von Klimó, P. Kolář and D. Kovář, 'Habsburg's Difficult Legacy：Comparing and Relating Austrian, Czech, Magyar, and Slovak National Historical Master Narratives', in S. Berger and C. Lorenz (eds), *The Contested Nation：Ethnicity, Class, Religion and Gender in National Histories* (Basingstoke, 2008), pp. 367—404.

即便是马克思主义史学也无法避开中欧的相互依存性。马克思主义民族史要想赢得合法性，也必须吸收现有叙事框架中的某些要素，才能成为既往历史有意义的替代品。鉴于此，它不得不应付连续性和断裂性之间的紧张关系。

　　本章通过借鉴最近史学研究所讨论的宏大叙事概念，①论述了 1945 年后，在战后中欧两个不同的政治背景下，马克思主义者以特定的史学策略，试图在捷克斯洛伐克和奥地利"重写"民族历史。笔者比较考察了两段民族历史综合叙述，将之作为具有代表性的个案研究。它们被设计成公开针对先前资产阶级、法西斯、民族主义和帝国主义叙述的替代品。第一个文本是共产主义者及记者埃娃·普里斯特（Eva Priester，1910—1982）所著《奥地利简史》（*Kurze Geschichte Österreichs*，两卷本，出版于 1946 年与 1949 年）。第二个文本是《捷克斯洛伐克历史概要》（*Přehled československých dějin*，三卷本，出版于 1958 年到 1960 年），它是在马克思主义中世纪研究者弗朗蒂谢克·格劳斯（František Graus，1921—1989）指导下创作的一部结集。这两部作品在这里都接近"宏大叙事"，因为它们都是作为"模范历史"而写作，目的是重塑集体身份认同。尽管在长期史学发展中，这些马克思主义史学常常被视为"死胡同"，虽然这些马克思主义史学在形成的背景、目的与作者身份等方面存在很大不同，但却可以给我们提供有关"重写"（但同时又面临着尊重既有历史解释范式的必然性）这一历史实践的新见解。这项研究的贡献应被看作是对两部民族历史的马克思主义版本加以类比与对比之举。这两部民族史虽然在 1918 年以前联系紧密，并且处理直到以后仍然紧密相关的历史问题，但到现在为止，它们都是被互相分开对待的。考虑到铁幕（Iron Curtain）两侧历史书写的共性与差异性，这样一种比较性的、历史性的探索，可以使我们对冷战时期的中欧历史文化有

320

---

①　K. Thijs, 'The Metaphor of the Master Narrative Hierarchy in National Historical Cultures of Europe', in S. Berger, and C. Lorenz, *Contested Nation*, pp. 60—74.

一个更全面的认识。

　　本章首先概述了 1945 年后捷克斯洛伐克和奥地利更广阔的史学背景。在此背景下，对民族历史的马克思主义"修正"①才得以发展。在回顾 1945 年后作为马克思主义历史话语主导范式的"斯大林主义"历史

321　模式之后，笔者转向描述在重写历史过程中的重要作者生平背景和制度环境，思考作者们先前的生活经历如何影响他们以马克思主义脉络来书写民族历史的决心。然而，这项研究的主要关注点是仔细考察新历史的叙事结构。"马克思主义的重写者"是如何在中欧两种截然不同的战后形势下，应对他们根据马克思主义概念来裁剪民族历史之使命的？笔者特别关注情节编织、敌我形式的主题构成以及时间观念的问题。

1945 年后奥地利与捷克斯洛伐克史学中的马克思主义

　　第二次世界大战后，两个民族社会及其历史文化面临着完全不同的挑战。战后重建的捷克斯洛伐克加入了战胜国阵营。总体政治和文化氛围越来越倾向于同斯大林领导的苏联建立一种"特殊关系"，同时也在松开它与西方的联系。②其社会的总体方向不仅是从根本上反德（从 1945 年后德裔人口的"转移"就表现出来了），而且越来越反西方。这一点高度依赖于对"慕尼黑"（即 1938 年《慕尼黑协定》）的引用，它

---

　　①　尽管近年来历史修正主义观念的使用范围已缩小到涉及将犹太大屠杀相对化的历史书写，但笔者却从更广泛的意义上去理解它，认为它是任何试图重塑现有历史叙述的企图，其目的是建立针对过去的新权威表述。关于不同背景下的历史修正主义，参见 M. Kopeček (ed.), *Past in the Making：Historical Revisionism in Central Europe after 1989* (Budapest and New York, 2008); R. D. Marwick, *Rewriting History in Soviet Russia：The Politics of Revisionist Historiography 1956—1957* (Basingstoke, 2001); F. Fernandez-Armesto, 'Rewriting History：Revisionism', *Index of Censorship* 24 (1995), pp. 25—32; E. MacClarnand, 'The Politics of History and Historical Revisionism：De-Stalinization and the Search for Identity in Gorbachev's Russia', 1985—1991, *The History Teacher* 31 (1998), pp. 153—181.

　　②　参见 C. Bryant, *Prague in Black：Nazi Rule and Czech Nationalism* (Cambridge, 2007); B. Frommer, *National Cleansing：Retribution against Nazi Collaborators in Postwar Czechoslovakia* (Cambridge, 2005); B. F. Abrams, *The Struggle for the Soul of the Nation：Czech Culture and the Rise of Communism* (Lanham, MD, 2004).

被认为是西方的一次背叛之举。尽管这种远离西方和泛斯拉夫趋势的强劲复苏态势覆盖着整个捷克社会，但还是强而有力的捷克斯洛伐克共产党（Czechoslovak Communist Party，它是战后欧洲最强大的共产党，1946 年在捷克土地上，它获得了约 40％的选票）在塑造新的历史文化方面发挥了至关重要的作用。党的主要思想理论家兹德涅克·内耶德利（Zdeněk Nejedlý，1878—1962）以详尽的方式阐述了这一新观点。他强调捷克斯洛伐克历史上的泛斯拉夫、反德国和平民化的特征。①在一些方面，这种新形式的民族历史代表了 19 世纪捷克民族自由运动中所形成的民族历史叙事的激进版本。最重要的是，在叙事中植入阶级斗争和革命观念的新努力。②1948 年共产党夺取政权后，马克思主义世界观被宣布为历史研究中唯一得到允许使用的方法。因此，民族史必须完全按照唯物史观的思路进行书写，而其他形式的历史书写则遭到驳斥。

322

与战后捷克斯洛伐克不同的是，奥地利在 1945 年后是一个被占领的国家，它力争作为一个完全独立于德国、有自主权的民族来构建一种全新的身份认同。③然而，与 1948 年后的捷克斯洛伐克不同，奥地利没有走"社会主义道路"。20 世纪 50 年代期间，奥地利公共话语总体上承认了这样一种观念，即奥地利是希特勒德国的第一个受害者，同时强烈否认它与民族社会主义（National Socialism）的罪行存在任何勾结。国家意识形态，遵循 1955 年的《国家条约》（State Treaty of 1955）④将内部政治共识——所谓的比例代表制（Proporz）体系与对外中立相结合。⑤

① 关于内耶德利，参见 A. Klusák, *Kultura a politika v Československu 1945—1956* (Prague, 1998).

② 参见 M. Górny, Miĕdzy Marksem a Palackým: Historiografia w komunistycznej Czechosłowacji (Warsaw, 2001).

③ 关于战后奥地利，参见 P. Thaler, *The Ambivalence of Identity: The Austrian experience of nation-building in a modern society* (West Lafayette, IN, 2001).

④ 全称《重建独立和民主的奥地利的国家条约》，奥政府与苏美英法四国的外交代表于1955 年 5 月 15 日签署了该条约。条约规定，占领国从奥地利撤出军队，恢复奥地利的领土与主权完整。条约还明确了奥地利法西斯组织的非法性，并限制奥地利发展军事力量。——译者注

⑤ 参见 G. Stourzh, *Um Einheit und Freiheit. Staatsvertrag, Neutralität und das Ende der Ost-West-Besetzung Österreichs 1945—1955* (Vienna, 1998).

从历史争论角度看，最近的历史，即民族社会主义时期的历史被禁止公开谈论，而恢复性的、以共识为导向的史学走在了前列，延续了奥地利史学的一些古老传统。

尽管奥地利与捷克斯洛伐克的政治环境大不相同，但借鉴马克思主义模式的"修正主义"历史同样在第二次世界大战后两个国家的背景下产生。1948 年后，在共产党的直接监督下，一种粗糙的斯大林式民族历史在捷克斯洛伐克得到贯彻。这种新形式的历史并没有完全抛弃捷克史学的旧传统。因此，一个激进的以民族为中心的叙事框架结合了唯物史观，正如它集中体现在斯大林著名的《自 1938 年以来苏共简史》（*Short Course of the History of CPSU from 1938*）里的那样。最近对这一时期捷克共产主义史学的研究强调的是连续性而不是断裂性。[①]然而，这种将捷克共产主义史学仅仅理解为已确立的民族传统之延伸，似乎不仅低估了 20 世纪 40 年代末 50 年代初彻底更新的普遍意识，而且低估了捷克历史叙述构成在经历斯大林主义"修正"期间的变化。虽然新修订的叙述停留在与旧叙述相同的文化基石上，但它并非仅仅是对传统民族主义史学的回归，而是寻求建立一种彻底乐观和未来面向的历史观。结果，一种激进现代性的特殊大杂烩，包括它对共产主义乌托邦计划的乐观信念，以及纪念碑般典型的斯大林主义美学出现了。《捷克斯洛伐克历史概要》是其最重要的表现形式。它既呼应了斯大林晚期的意识形态语境，也呼应了后斯大林主义的意识形态语境。

随着 1956 年后的去斯大林化，"教条主义"在东方国家集团，尤其是在波兰和匈牙利受到猛烈批判。与捷克斯洛伐克不同的是，在这两个国家，马克思主义从未在知识分子中获得更广泛的认可。在相当时间的延误后，对民族历史的新批判观点也在捷克斯洛伐克流行起来。它依赖

---

① 关于这种观点，参见 M. Górny, 'Past in Future: National Tradition and Czechoslovak Marxist Historiography', *European Review of History* 10 (2003), pp. 103—114.

于非正统的马克思主义学术研究，强调社会历史的方方面面。这一新阶段的"修正"意味着彻底告别了《概要》中所体现的斯大林主义宏大叙事。既矛盾但又足够典型的是，在 20 世纪 60 年代，正是那些参与《概要》编撰的历史学家全神贯注于非正统的历史书写。

在奥地利，马克思主义历史书写的发展在 1945 年后远不如捷克斯洛伐克。①虽然在偏左的社会环境下，有关奥地利历史的重新认识曾有过激烈的学术争论，但事实上只有爱娃·普里斯特所著《奥地利简史》才带来了一种民族历史的新综合叙述。它使用了马克思主义史观，谴责了奥地利史学的帝国传统。随着马克思主义文化在奥地利日渐式微，②普里斯特的著作和马克思主义史观总体上对奥地利专业史学与公共历史论战的影响相当有限。取而代之的是，奥地利民族历史的一种保守形式成为主导，以至于这种形式建立在第一共和国③史学的叙述和某种程度的意识形态基础之上。虽然主流史学抛弃了泛德意志思想，但它坚持保守的西方（Abendland）意识形态，承袭了奥地利在中欧和东南欧有着"文明使命"的观念。④

直到 20 世纪 60 年代末，新一代历史学家才明确提出了针对奥地利历史的批判性见解。这些左翼历史学家与主流的、以共识为导向的"联合史学"（Koalitionsgeschichtsschreibung）保持距离，因为后者坚持臭名昭著的"受害者理论"（Opferthese），并复制了一些关于哈布斯堡帝国的保守观点。然而，这些新的趋势并不意味着回到普里斯特所设计的 324

---

① 关于 20 世纪的奥地利史学，参见 F. Fellner, *Geschichtsschreibung und nationale Identität. Probleme und Leistungen der österreichischen Geschichtswissenschaft* (Vienna, 2002).

② 关于 1945 年后奥地利的共产主义知识分子，参见 T. Kroll, *Kommunistische Intellektuellein Westeuropa. Frankreich, Österreich, Italien und Großbritannien im Vergleich* (1945—1956) (Cologne, 2007), pp. 293—356.

③ 即第一次世界大战后建立的奥地利共和国，区别于二战后建立的奥地利第二共和国，第一共和国亡于 1938 年德奥合并。——译者注

④ E. Hanisch, 'Die Dominanz des Staates. Österreichische Zeitgeschichte im Drehkreuz von Politik und Wissenschaft', in A. Nützenadel and W. Schieder (eds), *Zeitgeschichte als Problem. Nationale Traditionen und Perspektiven der Forschung in Europa* (Göttingen, 2004), pp. 54—77.

政治性马克思主义史学，而是倾向于一种不参考任何共产主义项目的社会史的现代版本。①

生平背景和制度环境

普里斯特所著《奥地利简史》与《捷克斯洛伐克历史概要》都或多或少地同当时占主导地位的斯大林主义历史叙事模式相妥协。这种叙事模式通过考虑诸如民族、国家和伟人等上层结构现象，通过对历史的彻底加速、五阶段的历史分期体系（即皮亚齐伦卡理论［pyatitchlenka］）与摩尼教式的世界观②而将自身与旧的马克思主义传统区别开来。③尤其是在共产主义国家，这一模式占主导地位，尽管从来不是统治性的。由于斯大林模式不可能简单地从一个民族背景"转移"或"复制"到另一个民族，因此，即使在官方史学中，也总是有足够的空间来进行各种"偏离"。然而，这一模式划定了所有历史学家必须行动的话语领域，它创造了所有历史都必须接受的规则。在这里，笔者的目的并非去仔细审查这两部历史，并展现它们对"苏联模式"明确的参考及接受。相反，历史表达叙述结构的一致性才是有意义并且最重要的，无论它们是否得到直接采用。

虽然制度和政治背景对这些新历史的形成具有决定性意义，但在两个案例里，作者按照马克思主义模式"重写"民族历史的决心，不能仅仅被认为是"被外部"强迫所致。这同样是由他们的生平经历造成的。

---

① J. Ehmer and A. Müller, 'Sozialgeschichte Österreichs. Traditionen, Entwicklungsstränge und Innovationspotential', in J. Kocka (ed.), *Sozialgeschichte im internationalen Überblick. Ergebnisse und Tendenzen der Forschung* (Darmstadt, 1989), pp. 113 ff.

② 摩尼教教义认为在人类初始时，存在着两种互相对立的世界，即光明与黑暗，它们具体表现在两个界线分明的"国度"里，因而常用以表示非黑即白的概念。——译者注

③ 参见 Á. von Klimó, 'Helden, Völker, Freiheitskämpfe. Zur Ästhetik stalinistischer Geschichtsschreibung in der Sowjetunion, der Volksrepublik Ungarn und der DDR', *Storia della Storiografia* 52 (2007), pp. 83—112; K. Mehnert, *Weltrevolution durch Weltgeschichte. Die Geschichtslehre des Stalinismus* (Stuttgart, 1953).

两位共产主义者的生平，即普里斯特与格劳斯之间的相似之处显而易
见。二者都代表了 20 世纪中欧知识分子命运的经典范例，显示出民族
身份认同的显著转变以及政治观的变化。他们代表了中欧和东欧的"多
重"身份认同，其中一个人是犹太人、俄罗斯人、德意志人和奥地利
人，另一个人是犹太人、捷克人和德意志人。

　　二者相比较，共产主义记者、作家和历史学家爱娃·普里斯特的生
活也许就不那么典型了。爱娃·范斯坦（Eva Feinstein）[1]1910 年出生于
圣彼得堡一个富裕的世俗化犹太家庭。[2]她在俄罗斯受良好教育的中产 325
阶级氛围中长大，除了母语俄语，她还会流利地说法语和德语。这家人
在拒绝接受十月革命后，于 1921 年逃到柏林。年轻的爱娃遵循德国语
言和德国文化，随后开始了她的左翼记者生涯。在加入社会民主党
（Social Democratic Party）很短一段时间后，她转向了更左的德国社会
主义工人党（Sozialistische Arbeiterpartei Deutschlands），并最终于
1933 年加入了德国共产党（KPD）。她在纳粹夺取政权后不久被捕，并
被监禁数月。1935 年，普里斯特移居布拉格，德国和奥地利许多反法西
斯主义者在那里避难。奇怪的是，这里是捷克斯洛伐克的首都，而普里
斯特却在加入了一群流亡的奥地利共产主义者之后转变为一个自命奥地
利人（Wahlösterreicherin），即精神奥地利人。1936 年，她搬到维也纳，
继续为在捷克斯洛伐克出版的奥地利左翼杂志《星期日》（Sonntag）撰
稿。她在布拉格作短暂访问时发生了德奥合并（Anschluss），这使她失
去了返回奥地利的可能性。1938 年，普里斯特在见证了捷克斯洛伐克由

---

　　①　这是普里斯特出生时的名字，她在与律师汉斯·普里斯特（Hans Erich Priester）结婚
后改为现名。——译者注

　　②　关于普里斯特的生平，参见 C. Trost, 'E. Priester, Ein biographischer Abriss',
Quellen & Studien. Alfred-Klahr-Gesellschaft und ihr Archiv, Sonderband（2000），pp. 347—
370；C. Brinson, '"Schlaf ruhig. Die Erde ist dein." Eva Priester, a political poet in exile', *Austrian Studies* 12（2004），pp. 116—133；C. Brinson, '"Immortal Austria". Eva Priester as a
Propagandist for Austria in British Exile', in C. Brinson, R. Dove and J. Taylor（eds），'*Immortal Austria? Austrians in Exile in Britain*（Amsterdam and New York，2007），pp. 93—103.

于《慕尼黑协定》（*Munich Agreement*）而毁灭后，逃亡英国，并在那里加入了奥地利共产主义流亡抵抗运动。正是在英国流亡期间，普里斯特与她的共产主义同志们树立了战后奥地利作为一个自由的社会主义国家之形象。

普里斯特在奥地利移民机关报《时代之镜》（*Zeitspiegel*）上发表了多篇文章，推动了一种亲奥地利和反德国的宣传。她过分强调奥地利内部抵抗的重要性，并广泛忽视大多数奥地利人口的真正一致性。[①]这一时期，她的文章显示出其为奥地利辩护的强烈倾向。她把奥地利描绘成一个被侵占、被征服的国家。"受害者理论"得到了整个奥地利流亡社区的支持，包括共产主义者。这一理论坚持认为，奥地利人有权与德国的其他受害者（如俄罗斯人、法国人、波兰人、捷克人或南斯拉夫人）并列。为了巩固这种声明，流亡的共产主义者开展了一项热情四射的活动。他们以排他性自主的术语重新界定奥地利文化，抹去了它与德国文化的任何共性。

作为奥地利解放进程中最重要的组成部分之一，一个有关奥地利历史的新构想把奥地利历史阐述并视为一个独立民族的发展。普里斯特在发表了几篇关于该问题的文章后，面对战争的结束，假设了构成新奥地利历史综合叙述的任务。只有一个新的综合叙述才是建构特定奥地利身份认同的有效工具，因为它能与奥地利历史书写中的泛德意志与帝国传统相并列。这部"另类奥地利历史"旨在将奥地利历史作为一个自主民族发展的观念同其主要是民主甚至是社会主义的天性相结合。它强调诸如宗教和民族宽容、农民解放与奥地利劳工运动的传统等进步因素。1945 年普里斯特回到奥地利后，很快就发现了奥地利与纳粹合作的真实程度，而国内抵抗相对无足轻重。虽然她的发现使其大失所望，但她仍继续为新奥地利进行宣传斗争。

326

---

① Kroll, *Kommunistische Intellektuelle*, pp. 279—293.

《奥地利简史》被设计为针对 1945 年以前奥地利历史书写传统的一种彻底决裂，而这种传统曾建立在泛德意志和帝国主义的奥地利历史观之上。同时，它也意欲成为第一部马克思主义的奥地利史。正如普里斯特在序言中所承认的，第一卷是在没有获得相关奥地利文献与资料的情况下写成的。她并未声称自己撰写了一部新的权威著作，也没有说这是民族历史的一种"决定性"版本。相反，她将自己的尝试描述为"进一步探讨"的起点。然而，她并未将其对奥地利史一种特定概念的强烈支撑加以隐匿。在她看来，创造一种奥地利史的新叙述是绝对至关重要的，它将成为替代当时奥地利史学主流中大德意志（großdeutsch）、"反奥地利"与"反斯拉夫"趋势的一种选择。这种观点甚至在普里斯特回到奥地利并着手完成第二卷时得到了加强。在冷战即将开始的阴影下，普里斯特将奥地利与西方的一体化视为延续奥地利历史中"反奥地利"构想之举。①

1945 年后捷克斯洛伐克新民族历史的首要倡导者弗朗蒂谢克·格劳斯的生平背景，显示出与爱娃·普里斯特的一些显著相似之处。格劳斯也成长在一个中产阶级、世俗化并说德语的犹太家庭。然而，格劳斯 1921 年出生在摩拉维亚首府布尔诺（Brünn），其周围环境受到日益增长的民族主义紧张局势影响，而非受到"红色威胁"的影响。②由于害怕德语文理中学中日益增长的纳粹倾向，格劳斯的母亲将 14 岁的儿子送入捷克语犹太学校。在这里，格劳斯转向犹太教并开始学习拉丁语、希腊语和希伯来语。1941 年，他与母亲和弟弟一起被驱逐至特雷津（Theresienstadt）。在那里，格劳斯在犹太人区的图书馆工作，登记全欧洲被没收的犹太书籍。正是幸亏这一工作，直到 1944 年秋，他才被驱逐到奥斯威辛（Auschwitz）。在特雷津，格劳斯遇到了另一位生于布尔诺

---

① Priester, *Kurze Geschichte Österreichs*, vol. 2, p. 5.

② 参见以下文章 Z. Beneš, B. Jiroušek and A. Kostlán (eds), *Fratišek Graus-člověk a historic* (Prague, 2004).

又说德语的犹太人——马克思主义社会学家布鲁诺·兹维克（Bruno Zwicker，1907—1944），①兹维克向格劳斯介绍了马克思主义的基础知识。受兹维克启发，格劳斯从没收的犹太人书籍中整理出一个相当不错的马克思主义图书馆，并获得了坚实的马克思主义理论知识。随后，格劳斯成为一个特雷津共产党组织的三人领导层之一。在奥斯威辛短暂停留后，格劳斯被派往莱比锡（Leipzig）的一家军需厂工作。在那里，他经历了战争的结束。

1945 年回到捷克斯洛伐克后，格劳斯计划成为一名共产党官员。但他很快对共产党政治幻灭，转而进入查理大学（Charles University）学习历史和哲学。格劳斯在史学方面显示出特殊的技能，并随后开始了作为一名职业历史学家的生涯。格劳斯在获得中世纪通史的教授任职资格（Habilitation）后，在哲学系作为讲师任教了一小段时间，并于 1953 年成为新成立的科学院历史研究所（Institute of History at the Academy of Sciences）的研究员。正是这所由共产党领导人所设计的研究所，开创了捷克斯洛伐克历史的新马克思主义综合叙述。格劳斯很快就在新研究所站稳脚跟，成为新马克思主义捷克斯洛伐克史学界的一颗新星。他被任命为历史研究所副所长和《捷克斯洛伐克历史评论》（Československýčasopishistorický）的主编。（我们）很容易猜想，格劳斯在创造唯物史观指导下"新捷克斯洛伐克历史"的过程中将起到关键作用。

普里斯特的《奥地利简史》尽管雄心勃勃，但由于该书是一位业余的、单个历史学家，更重要的是一位共产主义者的作品，它在奥地利很难赢得广泛的学术赞誉。相比之下，三卷本的《捷克斯洛伐克历史概要》一开始就被认为是民族历史的权威范式。它被广泛认为是所有单个历史叙述的一种规范模式，它将为捷克和斯洛伐克民族的新历史自我理

---

① 参见 M. Hájek，'Dr. Bruno Zwicker, významný představitel Brněnské sociologické školy', *Sborník prací filosofické fakulty brněnské university* 15 (1971)，řada G, pp. 49—64.

解提供基础。它按照教条式历史唯物主义的思路，将过去、现在和未来合并成一个同质地、不可逆转地走向历史的终点，即无阶级社会形成的事件流。鉴于其重要性，承担这种责任来撰写《概要》的单位显然必须是一个集体。正是新成立的科学院历史研究所被交付了这一任务。《概要》的编撰在中央委员会（Central Committee）的严密监督下，分三个工作阶段进行。在"论题"已被规划好，并且一个"初步版本"（像一个"模型"（Maquette）一样被创造出来）得到讨论后，再编写最终版本。这个由近50位作者组成的庞大集体，在格劳斯指导下，将通过众多"讨论"，对民族历史进行客观、科学和最佳的描述。①然而，这个始于1953年的过程，却变得相当棘手。尤其是分期，即将过去划分为"发展的各个阶段"，被证明是讨论中的一个主要障碍。在"资产阶级"史学中，分期仅仅是一种技术工具。但与"资产阶级"史学不同，新马克思主义史学则认为它是反映历史发展基本原则的关键因素。1952年和1953年举行了两次会议，专门讨论分期问题。不清楚历史发展是否应完全按照"经济基础"的发展来划分，或者按"上层建筑"现象是否也可被接受为标准。显而易见的问题是，人们预计如果使用"基础"作为划分时间的唯一决定性因素，这可能会同在政治事件和文化传统上扮演更重要角色的古老民族叙事发生冲突。

当准备工作还在拖延时，由于20世纪50年代末以来的政治发展，"模型"本身已经过时了。正是作者们未能就论述最近历史（1918年到1948年）的最后一卷达成共识，为《概要》的棺材钉上了一颗钉子。当一个草拟版本最终完成时，由于1962年苏联共产党第二十二次代表大会提出的"新见解"，它不得不再次被废除。②由于臭名昭著的延误和急速改变的政治背景，1958年到1960年间出版的三卷"模型"，在出版之

328

---

①　参见 J. Jilek, František Graus a 'Maketa', in Beneš et at., *František Graus*, pp. 57—68.
②　苏共二十二大于1961年10月17日至31日召开，此处应为作者笔误。——译者注

时就已过时了。诺沃提尼（Novotný，1904—1975）政权的危机，[1]以及历史学术研究的重大转向，本身就有助于关于捷克斯洛伐克民族历史综合体的新观点形成。20 世纪 50 年代初形成的史观越来越受到他们的作者，特别是格劳斯本人的质疑。然而，尽管《概要》的最终版本从未诞生，但在模型中发展起来的叙事结构，塑造了直到 20 世纪 80 年代末捷克斯洛伐克的马克思主义历史，或至少是塑造了在模型之后修订民族历史综合叙述的尝试。《概要》的基本叙事原则并未被彻底打破，其中一些原则甚至在 1989 年后以"反共产主义"（anti-communist）立场撰写的民族历史中依然存在。[2]

329　　　这两段在如此不同情况下被创造出来的马克思主义历史，究竟有什么共同点？正是这种制度状况和政治背景的差异使比较研究富有教益，因为在这两个案例中，最终产物都是民族历史的连贯叙述，它们都以马克思主义历史发展路线为范本。无论其形成条件如何，它们都是"有代表性的"，因为它们都是在这两个民族背景下对一种新马克思主义民族史的首次尝试，其雄心壮志是成为未来详细历史著作的典范叙事。更重要的是，它们不仅在各自的民族文化疆域内拥有这样的雄心壮志，而且也被设计为一种国际级别的突破之举。最后，作者们于生平背景的明显相似性，使我们面临其生平如何塑造其各自写作实践的问题。显然，个人经历与这些历史学家所创造的叙述之间没有直接联系。但关注那些预计可能会反映在历史书写中的问题，则颇有价值。在这一点上，笔者认为有两个重大议题：第一，历史连续性和断裂性的表现，包括分期问

---

① 　安东宁·诺沃提尼于 1953 年至 1968 年担任捷克斯洛伐克共产党第一书记，并于 1957 年至 1968 年担任捷克斯洛伐克总统。诺沃提尼在任上大兴个人崇拜，经济发展停滞，捷克社会各阶层的不满加剧。从 1953 年起，捷克社会骚乱不断。最终 1968 年诺沃提尼倒台，杜布切克上任，"布拉格之春"开始。——译者注

② 　关于这一论点，参见 P. Kolář, 'Die nationalgeschichtlichen master narratives in der tschechischen Geschichtsschreibung der zweiten Hälfte des 20. Jahrhunderts: Entstehungskontexte, Kontinuität und Wandel', in C. Brenner, K. E. Franzen, P. Haslingerand R. Luft（eds），*Geschichtsschreibung zu den böhmischen Ländern im 20. Jahrhundert. Wissenschaftstraditionen—Institutionen—Diskurse*（Munich，2006），pp. 209—241.

题；第二，对民族身份认同的关注，即在肯定的和更为批判性的方法之
间转换。

马克思主义民族历史的叙事结构

普里斯特的叙述被分为两卷。第一卷涵盖了从史前到十七世纪的时
期，而第二卷涉及从十七世纪到 1918 年君主制灭亡的近代。相比中世
纪史，该书把相当多空间奉献给近代史。800 多页中只有 100 页涉及
1526 年以前的历史。该书的时间顺序安排，即揭示作为历史驱动力的
"历史里程碑"之分期与选择，显示出它与当时以斯大林式概念的皮亚
奇伦卡理论①为代表的"教条式"马克思主义存在着相对松散的联系。
尤其涉及旧时代的叙述是围绕政治事件与国家形成组织起来的，即那些
通常被归类为属于"上层建筑"的现象，而非与"社会经济基础"或阶
级斗争有关的变化。诸如"从边疆到公国"、"哈布斯堡统治的开始"、
"绝对主义夺取政权"等章节标题都暴露了它们的主要政治取向。令人
惊讶的是，社会与经济发展仅仅被边缘化为"社会与经济背景"。对于
更现代的时期，普里斯特试图在社会经济与政治历史之间找到平衡。然
而，在第二卷中，也主要是政治事件形成了划分各个时期的决定性"里
程碑"，如 1683 年、1742 年、1809 年或 1848 年。

《奥地利简史》在时间顺序结构上与旧奥地利史学的偏离程度较低， 330
但它的主要新颖之处在于布局的重构。叙述想象中的结尾，即整个历史
发展的目标，是在第一共和国边界内建立一个独立的具有明显共和主义
与社会主义特征的奥地利国家。它是历史上的现实（1918 年与 1945 年
的独立）与尚未成为现实的社会主义国家未来计划的结合。因此，旧有
君主制下的政治发展被建构为预示着 1918 年将是一个新的、更好时代

---

　　①　前苏联时期被普遍应用于历史学、社会学等领域的一种理论，是一种强烈的目的
论。——译者注

的潜在开端，而社会和经济发展则面向社会主义的愿景。

　　这种支配未来之举由频繁使用的隐喻所凸显，而这些隐喻有助于叙述变得更为动态。例如，普里斯特把 1618 年的布拉格掷出窗外事件（Prague defenestration of 1618）描述为"三十年战争的萨拉热窝（Sarajevo）"。[①]在涉及现代历史时，普里斯特提及了马克思/列宁主义"经典"的智慧，以强调其故事的目的论性、明确性与不可逆转性："斯大林关于奥地利社会民主主义时期民族政治后果的预言成真了。"[②]不同于经典的斯大林主义历史，在普里斯特对根本性时代转换的使用中，有关未来规划的支配行动变得显而易见。在某些时期，奥地利的实际历史发展似乎超前于其时代。例如，农民领袖马丁·盖斯迈尔（Martin Gaismayer）被描述为预见了现代社会主义的到来，不幸的是他在历史舞台上出现太早了："盖斯迈尔的规划在许多方面超前于其时代。对于一些问题，诸如社会关怀、农业或矿业，他是个有远见的人。即使在今天，其大部分观点也可几乎不用修改便成为现代社会主义国家规划的一部分。然而，这些观点是为一个仅处于向早期资本主义过渡之初的社会制订的。"[③]因此，尽管皮亚齐伦卡理论没有得到明确运用，但它代表了一种元叙事分镜（meta-narrative storyboard），一种隐藏在实际叙述故事背后的理想发展路径。人物、事件、制度与结构都根据这一"法定的"发展体系而得以评价。为此，时间形容词（temporal adjectives）和比较，如"尚未"（not yet）和"仍然"（still）及其他修辞工具得到反复使用，以构成时间区别。例如，将 16 世纪的奥地利描绘为"仍是一个农村国家"，或将土耳其人描述为一个"年轻的民族"。

　　马克思主义与其他激进的现代主义叙事的典型特征，是动态的进步时期与"缓慢"的停滞时期之间的并列对比。在普里斯特关于更古老历

---

① Priester, *Kurze Geschichte Österreichs*, vol. 1, p. 149. 萨拉热窝事件一般被认为是第一次世界大战的导火索，此处即引申为事件导火索之意。——译者注
② Priester, *Kurze Geschichte Österreichs*, vol. 2, p. 527.
③ Priester, *Kurze Geschichte Österreichs*, vol. 1, p. 106.

史的第一卷中，"发达的"封建主义时期作为一个空前进步的时代得到特别强调，尤其是在经济上以及其他领域中。作者通过频繁使用表达运动、行动和变化的术语，刻画了这个动态的时代。这种应用首先是"发展"（Entwicklung）和"增长"（Erhöhung），还有"高产"（starke Produktio）、"大幅增长"（starke Steigerung），或"紧要关头"（conjuncture）。普里斯特把中世纪的鼎盛时期称为"风暴年代"（Epoche der Sturmjahre）并非偶然。[1]另一方面，经济停滞的缓慢时期，例如三月革命前时期（Vormärz）[2]，以"不发展"（nichtwecklung）等负面词汇为特征。尽管如此，普里斯特的历史似乎缺乏共产主义国家所常见的斯大林主义式革命激进主义叙述。从比较的角度看，革命的概念似乎是相当温和的。例如，"工业革命"一词由于没有准确符合现实而被相对化。[3]

阶级概念是每一部马克思主义历史至关重要的组成部分。普里斯特将之作为民族概念的补充与对手。但同时，阶级斗争的概念极少以一种非常明确的方式出现，而（普里斯特）倾向于用"社会冲突和斗争"等更有区别的表达方式。民族的团结和统一，包括奥地利中产阶级，似乎是叙述的基本主旨。与典型的斯大林主义式叙述不同，资产阶级未来的负面作用未被着重强调。与其说主要的冲突发生在不同阶级间，不如说是发生在"民族"和"政府"之间，后者未被理解为统治阶级的统治工具。以此类推，革命的概念也被用于政治与民族术语，而非社会术语。与其说这是一场阶级斗争，不如说是一场对抗以梅特涅（Metternich）政府为典范的旧政权之斗争。集体革命行动者得到诸如"劳动人民"、"民众"甚至"人群"等中性词汇的描述。1848年革命期间，社会各阶层都参与进来，包括"学生和小资产阶级，工人与工业家，甚至贵族与银行家"。[4]

---

① Priester, *Kurze Geschichte Österreichs*, vol. 1, p. 78.
② 指从 1830 年法国七月革命到 1848 年三月革命间的时期。——译者注
③ Priester, *Kurze Geschichte Österreichs*, vol. 2, p. 229.
④ Priester, *Kurze Geschichte Österreichs*, vol. 2, p. 346.

因此，尽管阶级冲突在叙述中占有重要地位，但它显然从属于奥地利作为一个统一民族的形象，以加强它与德国的区别。这是贯穿普里斯特历史的真正思路。由此，所有的进步成就都是奥地利自主发展的结果，没有德国的任何影响。在某些方面，奥地利甚至被描述为比德国更发达，"更快"，在皮亚奇伦卡理论的赛道上前进时达到更高的速度。奥地利似乎是新进步趋势在整个欧洲传播的发源地。例如，宗教改革据称起源于奥地利，而非德国。早在 1499 年，一位奥地利神甫就把他的"论纲"钉在维也纳圣斯蒂芬大教堂（St Stephen's Cathedral）门上，而其内容与 18 年后路德的论纲几乎一模一样。这种优先的观念也通过给予伟大历史人物以奥地利身份认同而得到支持，诸如帕拉塞尔苏斯（Paracelsus，约 1493—1541）医生，"诚然，他生于瑞士，但他自孩提时代起就在奥地利生活，随后又在此工作。"①

对"奥地利遗产"颇具矛盾的评价着实引人注目。一方面，普里斯特的叙述清楚地区分了"进步的力量"与"反动的力量"。然而另一方面，她往往通过偏袒奥地利在欧洲历史上的民族特性来让这种区别相对化。因此《奥地利简史》高估了奥地利文化的成就，即使在那些读者可能要求马克思主义批判的情况下也是如此。例如，"标准的"马克思主义历史，即使接受了中世纪资产阶级的"进步性"，也往往把其进步特征与其在之后时期将呈现的反动作用联系起来。因此，在整个叙述中，资产阶级始终是大众阶层根本上的"他者"或"敌人"。然而普里斯特并非如此。她对待奥地利资产阶级，尤其是维也纳资产阶级的态度出人意料地温和。例如，她提及维也纳市民的文明礼仪，而没有指出这是以穷人为代价而获得的不适当的奢华生活。②

这种矛盾的评价也适用于哈布斯堡王朝的作用，特别是关于从 15 世纪晚期开始的"哈布斯堡君主制的建立"时期。哈布斯堡家族虽然经

---

① Priester, *Kurze Geschichte Österreichs*, vol. 1, p. 113.
② Priester, *Kurze Geschichte Österreichs*, vol. 1, p. 68.

常因某些行动而受批判，但在叙述中并未作为一个根本上的"他者"出现。尤其对马克西米利安一世（Maximilian I，1459—1519）皇帝的评价相当正面。与俄罗斯的彼得大帝相比，马克西米利安一世被描绘成一位"实施现代化改造者"、"现代奥地利之父"和"其时代最现代、最进步的统治者之一"，一个文化人（Kulturmensch），一位伟大的政治家，然而，他又具有一种人类的维度，包括拥有幽默感，也会冷嘲热讽。绝对主义的其他关键人物，如在捷克民族宏大叙事中得到明显负面描述的皇帝费迪南一世（Ferdinand I，1503—1564）与费迪南二世（Ferdinand II，1578—1637），他们被（普里斯特）以中立甚至积极的方式描述为一个完全独立于德意志的独特奥地利国家的创建者。对他们来说，德意志帝国①的政治事务并非重要问题，他们只是在奥地利事务受其影响时才进行干预。同样，约瑟夫二世（Joseph II，1741—1790）不仅得到了颂扬的描述，更被描绘为一个强有力的历史创造者"自上而下"推行其改革，而"社会力量"还未被考虑在内。因此，约瑟夫被明确地统合入进步的历史潮流——"他的行动是为了释放和解放民族。"②甚至连 1848 年革命中，费迪南五世（Ferdinand V，1793—1875）的行为也被赞为民主之举，"我不会让我的维也纳人遭受射击"。③普里斯特对伟人和诸如国家建设与文化之类"上层建筑"现象的高度重视，表现出一种对以国家为中心甚至奥地利帝国史学古老传统的保留态度。

更异乎寻常的是作者对耶稣会士的评价。他们代表了一个"受欢迎的"与"新的"教会，对平常人的难题与烦恼持开放态度。他们与更老的教会尤其是德国教会形成了鲜明对比。旧教会最主要的代表是教士贵族、"好逸恶劳的主教"与"封建修道院领主"。与教会贵族不同的是，"耶稣会士竭力满足镇民的要求，特别是农民的要求，这些农民想要

333

---

① 指神圣罗马帝国。——译者注
② Priester, *Kurze Geschichte Österreichs*, vol. 2, p. 264.
③ Priester, *Kurze Geschichte Österreichs*, vol. 1, p. 358

'他们自己的'教会来替代旧教会，而这种教会将使用农民的语言并致力于解决他们的困难。"①此外，正是耶稣会士代表了第一个真正的奥地利教会。

那么，在叙述中，谁仍是实际上的"他者"？显然，正是进入奥地利历史的所有德国元素承担了这一角色。普里斯特认为，从远古时代起，奥地利的历史与文化就独立于其北方邻居。事实上，德国历史提供了一种奥地利历史的反面对应物。最消极的"他者"是泛德意志帝国主义，即那些企图使奥地利屈从于德国霸权的势力。因此，对哈布斯堡"遗产"的评价仍然含糊不清：一方面，哈布斯堡在中欧特别是东南欧的政策因其对斯拉夫民族的帝国主义态度而受到谴责；然而另一方面，哈布斯堡统治也得到积极看待，因为它发展了独特的奥地利制度，而这种制度作为一块盾牌来对抗德国扩张。但即使是那些通常被贴上"进步"标签的历史部分，比如农民战争，其一旦被置于德国背景中，也会受到批判看待。例如，德国的农民战争显然是进步的，但不像奥地利的发展那样进步。后者总是表现得更具革命性和前瞻性。

对奥地利历史上任何德国元素的坚决否定，导致了作者将奥地利人与捷克（波西米亚）历史纠缠在一起的企图。例如，普里斯特强调了波西米亚国王普热米斯尔·奥塔卡尔二世（Přemysl Otakar II，约1233—1278）在13世纪对奥地利的统治。这不仅是一个幸福时期，也是"捷克人与奥地利人的第一个共同国家"。一种显然积极呈现胡斯运动（Hussitism）②之举是这两个民族历史交织在一起的另一元素，而胡斯运动迄今为止都是奥地利历史解释稳定的敌人之一。"在胡斯运动时期，维也纳与奥地利其他市镇也出现了胡斯运动，它们遭到了哈布斯堡王朝的暴力镇压。维也纳人文主义者再三提及教会的革新。"③竞争与分歧的

---

① Priester, *Kurze Geschichte Österreichs*, vol. 1, p. 121.
② 15世纪早期约翰·胡斯倡导的反对天主教与德意志统治者的宗教改革运动。——译者注
③ Priester, *Kurze Geschichte Österreichs*, vol. 1, p. 115.

时刻只出现在不重要的领域，例如 15 世纪和 16 世纪两国在白银生产方
面的竞赛。

除了德国人，特别是在近代早期，"土耳其人"作为另一个重要的
"他者"出现在解释中。普里斯特几乎完全再现了 19 世纪奥地利史学中
所盛行的有关奥斯曼人（"土耳其人"）的刻板描绘。奥斯曼帝国对匈
牙利和巴尔干半岛大部分地区的统治不仅被描述为纯粹的恐怖行为，它
造成了"苦难和数以万计人的被杀"。①更重要的是，"土耳其统治的两个
世纪"（即土耳其统治时期 Türkenherschaft）据称造成这些民族社会经
济发展的严重挫折，中断了这些民族的"自然进化路线"，并将它们维
持在早期封建主义阶段直至 19 世纪。②

与《奥地利简史》不同，《捷克斯洛伐克历史概要》这部由许多作
者撰写、长达约 3000 页的巨著，可能具有斯大林主义和不完全去斯大
林化的混合产物之特点。它既显示出与苏联模式的共性，也显示出与苏
联模式的差异。与《简史》一样，《概要》也投入了更多篇幅在近代史，
而非更古老的历史，尽管格劳斯是一位中世纪研究者。它的分期压倒性
地围绕着"基础""生产关系"，特别是阶级斗争中最重要的变化来加以
组织。例如，胡斯运动不像更老的民族史书中一样始于约翰·胡斯在康
斯坦茨（Konstanz）的柱子上被烧死，而只是始于"革命群众的出现"。
胡斯战争之后的时代并未随着 1526 年哈布斯堡王朝的登基③结束，而是
仅仅随着"基础"的重大转变，即 1620 年后"第二次农奴制"（second
serfdom）④的采用而结束。近代的黎明由"封建秩序的衰落"来宣告，
其后是"资本主义秩序的建立"与"帝国主义的兴起"，而诸如"民族
觉醒"等"上层建筑"现象在形成叙述时间顺序中似乎是次要的。

---

①②　Priester, *Kurze Geschichte Österreichs*, vol. 1, p. 94.

③　1526 年匈牙利兼波西米亚国王拉约什二世战死沙场，哈布斯堡王朝的奥地利大公斐迪
南以拉约什妹夫身份即位。——译者注

④　16 世纪以后，东欧出现了农奴制复活并被加强的现象，马克思和恩格斯于 1882 年首
次将这一现象称为"第二次农奴制"。——译者注

与《概要》围绕皮亚奇伦卡理论铁胸衣般的编年组织相对应，各个
335　时代的事件与人物都严格服从粗糙的社会经济决定论与阶级斗争原则。
历史的主体是"人民群众"，即后期的"阶级"，他们的行为与其"客观
利益"一致，而这些利益来源于社会经济对立。叙述中每个人物的特征
都严格从属于一种特定阶级血统。因此，例如故事中为数不多的英雄人
物之一扬·胡斯被描述为站在"人民群众"身边的：他是"其贫穷父母
的幼子"，一位杰出的学者，然而免于"任何多余的、言过其实的学术
研究"，他从未成为一个冷漠的知识分子。①但伟人与草根英雄的问题却
以一种矛盾的方式得到对待。例如，对胡斯运动的描述已经带有 20 世
纪 50 年代后期推进去斯大林化的痕迹。例如，在对胡斯战争中的军事
领袖扬·杰式卡（Jan Žižka，约 1360—1424）的评价中，1956 年的初
步症状②已显而易见，导致了个人崇拜与去斯大林化之间的某种妥协：
一方面，《概要》将"亲切的杰式卡"描述为一位非凡领袖，但同时，
他的"民主化方案"也得到强调。归根结底，杰式卡的历史意义是相对
的。他的死是"一个巨大的，但并非不可替代的损失。这是一个著名的
例子，表明即使是最亲切与最伟大的人物也不能独自扭转事件的进
程"。③决定历史进程的是"人民""劳动群众""革命运动"等明确的集
体行动者，而非个别人。然而在对诸如 1848 年革命之类近代革命的介
绍中，这些集体性主体被描述为不幸的、无方向的，因为他们据称缺乏
像今天的共产党这样的前卫政党之领导。因此，虽然 1848 年"无产阶
级"间出现了一定程度的团结，但革命本身是不可能成功的。因为它只
是一个"自发的人民运动"，而非一个"有组织、成体系的革命斗争"，
即它缺乏一个前卫政党的领导，而这样一个党仅仅在后来才出现在历史

---

① Graus, *Přehled československých dějin*, pt I (Prague, 1958), p. 176.
② 指 1956 年开始的去斯大林化。——译者注
③ Graus, *Přehled*, pt I, p. 206.

舞台上。《概要》与普里斯特的著作不同，或更惊人地与其匈牙利同类
《匈牙利人民的历史》（*History of the Hungarian People*，1951 年）不
同，它似乎不太愿意在革命进程中建构"人民"与其"领袖"之间团结
一致的典型斯大林式形象。①

　　《概要》中有一些斯大林式美学的遗痕。它们在感染力、乐观主义
与激情中尤为明显，这三者是集体与个体行动者都固有的。这种表达频
繁出现，例如"革命热情""狂热决心"或"对阶级敌人的深仇大恨"。
情绪化是为了展示行为主体摧毁内外敌人的决心。不过捷克人民对中欧
其他民族的情感态度仍表现出明显差异。尽管捷克人民（民族 národ）
对他们的斯拉夫邻居如斯洛伐克人、波兰人与俄罗斯人"感到友爱"，
而他们与德国大众（一种限制，即不含"统治阶级"）的关系被描述为
"友谊"。②

　　《概要》中充斥着各种各样的敌人，而实际上只承认一个真正积极
的英雄——捷克民族共同体，当然 1917 年后的苏联除外。"捷克人民"
具有多种多样的阶级属性，表现为一个在历史中行进的同质实体。其存
在从未受到质疑。"非民族因素"如德国人、贵族、教会或后来的资产
阶级，在各种叙述策略的帮助下被排除在民族共同体之外。尽管与苏联
的斯大林式范本不同，该书在叙述中没有帝国主义倾向，但捷克人至少
被认为在采纳和发展进步要素方面比其他邻近民族"更快"。例如，这
种时间上最早的观念表现在这样一个论点中，即胡斯革命至少比世界历
史进程早了一个世纪。③

　　摩尼教式的历史观强调了捷克人民的英雄主义与杰出品质，但其间
也出现各种各样代表着邪恶力量的敌人。这些不良人物的负面内涵主要
有两个方面：一是从民族性角度，二是从阶级性角度。敌人形象的广阔

336

---

①　Von Klimó, 'Helden', p. 98.
②　Graus, *Přehled*, pt I, p. 221.
③　Graus, *Přehled*, pt I, p. 220.

范围包括外部敌人，如德国人、西吉斯蒙德皇帝、卢森堡家族①、哈布斯堡家族（与普里斯特相反，这里还包括约瑟夫二世，其"封建反动特征"得到强调②）、"十字军"（Crusaders）与教会。其次是好坏参半的敌人，如波西米亚贵族或波西米亚德意志人。最后是内部敌人，主要是"叛徒"，如胡斯革命期间的城镇或"贵族阶级"，捷克资产阶级和"捷克社会民主主义时期的右翼领导人"。几个世纪以来，当社会和阶级归属在发展，而民族身份认同固定且几乎不变。捷克民族逐渐缩小为"劳动人民"或"工人阶级"，将"外来元素"如教会、贵族和资产阶级排除在民族躯体之外。然而，阶级与民族的和谐并非绝对的。例如，在对1848 年革命的描述中，阶级的地位明显高于激进的民族主义要求。与普里斯特由于维也纳资产阶级对 1848 年捷克民族运动的民族主义立场而337 将其排除在真正的奥地利民族之外一样，《概要》严厉批评捷克自由派政治家卡雷尔·哈夫利切克（Karel Havlíček, 1821—1856）的"民族主义方案"，因为他没有考虑经济和社会问题。③因此，只有 1848 年运动的激进组成部分——学生、小资产阶级，尤其是"两个民族集团的无产阶级"占据了国际主义与革命的正确位置。这再次预示了未来捷克斯洛伐克共产党的发展，因为该党在捷克斯洛伐克领土上以理想的方式团结了捷克人、德意志人和其他民族人。在对 19 世纪与 20 世纪的记述中，《概要》应用了阶级概念的全部两种不同含义，即一个民族内部斗争的概念（"阶级斗争"）与跨越民族界限的团结概念（"国际主义"）。④马克思主义关于国际工人阶级运动的观念变得强烈，长久对抗"欧洲资产

---

①　1308—1437 年间除了两次打断以外占据神圣罗马帝国皇帝、波西米亚国王、匈牙利国王、克罗地亚国王之位的家族，因发源于卢森堡而得名，西吉斯蒙德也是该家族的一员。——译者注

②　Graus, Přehled, pt II, vol. 2, pp. 587 ff.

③　Graus, Přehled, pt II, vol. 2, p. 35.

④　G. Deneckere and T. Welskopp, 'The "Nation" and the "Class". European National Master-Narratives and their Social "Other" ', in Berger and Lorenz, Contested Nation, pp. 135—170, here p. 135.

阶级的反动势力"。①从该意义上说，斯大林主义把世界划分为朋友与仇敌，它就像一根主线贯穿整个教科书，并以其原始的粗糙形式保留下来。这种划分经常被资产阶级史学的"学术性"话语评论所重申，强调"敌对历史传统"在 20 世纪的延续性。

　　同样，在《概要》的时间结构与激进的进步观方面，也可以找到与"斯大林模式"的对应关系。叙事的流动性严格受制于其双重终极目的，即无阶级社会与民族解放。因此，捷克民族几个世纪以来的整个故事似乎只是未来黄金时代的前奏，是未来共产主义规划的前史。这一点通过聚焦那些虽然尚未完全实现，但据称指向遥远未来的历史现象而得到强调。"早熟的""不成熟的"和"被延迟的"现象与行动以及那些面向未来的、进步的及前瞻性的现象与行动受到强调。比如，像"中世纪进步的捷克人与德意志人之间的理解""1427 年的反动政变"与一个"联合的反教权人民阵线"之类短语得到采用，不仅使叙事更生动可读。它们还表达了一种对历史的新理解，即讲述过去的事件之举完全服从于未来的乌托邦计划，这是一种过去、现在和未来之间界限变得模糊的理解。《概要》缺少任何历史相对性，它依靠基于未来的评价来赋予史实以绝对的效力。任何潜在的替代可能被排除。这种叙述原则可以被称为"以未来性代替历史性"，②能呈现历史发展朝着无产阶级专政和民族解放方向快速前进的确定性与不可逆转性。

338

　　根据历史发展的各种断裂与延续，历史变迁的时间质量在文中得以表现。一方面缓慢历史变迁的进化修辞，与另一面动态的、革命性变化之间存在着相互作用。前者特别应用于由社会与经济改革所主导的旧时期，如关于"建立封建秩序""封建制度重新稳定"和"第二次农奴制

---

① Graus, *Přehled*, pt II, vol. 1, p. 55.

② M. Sabrow, 'Auf der Suche nach dem materialistischen Meisterton. Bauformen einer nationalen Gegenerzählung in der DDR', in K. H. Jarausch and M. Sabrow (eds), *Die historische Meistererzählung* (Göttingen, 2002), pp. 33—77.

的采用与巩固"章节所反映的那样。另一方面，在近代，更多断裂被考
虑在内，这表明工人阶级作为一个新的关键行动者出现在历史舞台上。
在封建秩序"解体"之后的章节中，更多动态元素被注入叙述中，特别
是"斗争"与"革命"的概念占据了其时间结构。这强化了"斯大林
式"的历史讲述模式，因为这种加速既强调了时间的单线概念，又强调
了叙述结构上对单线行动的严密关注。

结语：跨越铁幕的马克思主义民族史？

正如以上考察所显示的，两部马克思主义"修正主义"的史书都采
用了它们试图否定的旧历史书写的一些典型叙述原则。由于它们是以为
共产主义改革赢得合法性之目的而写的，无论是真实的还是想象的，它
们必然反映了民族自我认知中的某些普遍期望。因此，普里斯特的《奥
地利简史》不能被当作一部与历史话语毫无关联的局外人之作品而遭到
摒弃，《概要》也不能被视为不代表捷克人民"真正历史意识"的纯粹
宣传品。它们的意义远远超出了各自文本，因为它们成为了政治合法化
与集体身份认同新形式的典范。

鉴于这一历史意义，显而易见二者与当时占主导地位的"苏联模
式"历史写作既有共同点又有不同点。马克思列宁主义"重写"历史的
中心问题是，诸如"阶级"与"革命"等概念以及唯物史观的分期方法
同已确立的民族宏大叙事相调和或整合的方式。事实上，这两部史书都
以不同的叙述方法使用了"马克思主义"。尽管《概要》中充满了对马
列"经典"的引用从而强化其真理主张，但《奥地利简史》在较小程度
上也采用了这种叙述策略。后者似乎相当松散地建立在"马克思主义"
假设的基础上，而这些假设产生了一套主题的重点，例如关于劳工历史
或经济发展的强调。普里斯特很少使用阶级的概念，而是更喜欢谈论劳动
人民。同样，阶级斗争的形象受到使用的频率也相当低。因此，在普里斯

特的叙述中，社会经济力量与其说是代表了历史的实际决策部门，不如说
是用来说明民族与政治的发展。另一方面，普里斯特的叙述似乎与"斯大
林模式"一致的是对伟人及其与"人民"的密切关系之评价，以及对民
族团结的总体重视。相反，《概要》则明确地基于激进的基础决定论和
集体行动者的决定性作用，同时毫不隐瞒地削弱了伟人的重要性。

更重要的是，捷克斯洛伐克教科书更公开地通过支持阶级导向和国
际主义身份认同来揭露民族共同体内部的分歧。与普里斯特的《简史》
中民族看起来比阶级更重要形成鲜明对比的是，《概要》对阶级斗争和
民族内部分裂的凸显，清楚地展示了早期马列主义史学在捷克民族史书
写发展中所带来的断裂。在奥地利版的马克思主义历史中，将"人民的
历史"简化为"阶级历史"是不可能的，因为普里斯特发现，要将平民
民主要素融入她的新民族历史中更为困难。确实，这显示出将奥地利人
民单纯地作为"被压迫者"，而同时保留奥地利国家的一些进步痕迹，
是极其复杂难懂的。普里斯特不能简单地放弃奥地利独立国家的理念及
其"历史任务"，因为这对于区分奥地利民族和德国至关重要。

1952 年，普里斯特《奥地利简史》的俄文版出现。随后 1954 年，
该书的捷克语译本在布拉格出版。其反响清楚地表明，即使是一个共同
的马克思主义"平台"，也不能完全弥合不同历史传统间的鸿沟。尽管
普里斯特的书被誉为"进步史学"的一部巨著，捷克评论家们却不能搁
置马克思主义民族史的两种构想间的相关差异。根据一位捷克历史学家
所写序言，这本书有"长处"，但也有重要的"缺陷"。除了它的公开政
治功能——"一件反对泛德意志民族主义和德奥合并思想的武器"之
外，这本书还强调了将奥地利历史视为"法定进程"的马克思主义方
法。普里斯特之所以受到赞扬，是因为她"不仅关注生产力量的历史，
而且关注生产关系的历史、社会的阶级结构。"①另一方面，"错误"包括

340

---

① 'Předmluva redakce českého vydání', in Eva Priesterová, Stručné dějiny Rakouska
(Prague，1954)，p. 11.

对奥地利历史上"反动教权主义"的评价批判性不足，过高评价约瑟夫二世的功绩，对奥地利社会民主主义时期的叙述"不准确"，以及"原则性错误"，如没有引用马列经典。

尽管两本书存在着明显的差异，笔者还是试图用冷战时期中欧历史文化的不连续性这一术语来描绘这两部史书。最重要的是，它们带来了一种有关时间与进步的新理解。这对于激进现代性而言是典型的。它包括旨在使民族社会同质化的全面社会变革之构想。在此进程中，前卫派使用暴力之举得到了明确的允许，个人可以为集体福利而牺牲。平等主义的感染力与未来乌托邦的绝对确定性齐头并进。

此外，本章还显示出 1945 年后中欧马克思主义民族史跨越铁幕而相互纠缠，尽管同时本章也揭示了即使在唯物史观的共同框架下书写，将不同的民族历史传统统一起来有多么困难。虽然两种叙述都是关于中欧进步的乐观故事，但它们各自不同的视角和叙述结构阻止了中欧历史出现一个真正的"国际主义"版本。

第十六章　19 世纪自由主义宏大叙事再观——对久劳·赛克菲和贝奈戴托·克罗齐的比较研究

阿帕德·冯·克利莫（Árpád v. Klimó）

法西斯主义的意大利与摄政海军上将霍尔蒂（Horthy，1868—1957）领导下的匈牙利独裁国家把自己描述为这样一个政权：它彻底否定了 1918 年前占统治地位的自由主义"文化霸权"（葛兰西［Gramsci］语）。在这两个国家，历史学家当时开始质疑现存的有关民族历史的"辉格党式阐释"。在这一政治和知识背景下，贝奈戴托·克罗齐（Benedetto Croce，1866—1952）与久劳·赛克菲（Gyula Szekfű，1883—1955）以其影响深远的书籍，促成了针对各自国家自由主义宏大叙事的修订工作。①

对赛克菲所著《三代人》（*Háromnemzedék*，Budapest，1920）与贝奈戴托·克罗齐所著《1871 年至 1915 年间之意大利历史》（*Storia d'Italia dal 1871 al 1915'*，Bari，1928）的叙事进行比较研究，有助于我们更深入地理解两国民族自由主义宏大叙事的危机以及修改这种叙事

---

① 克罗齐的一些作品被翻译成匈牙利语。他的思想在 20 世纪 30 年代对自由主义的反法西斯主义者产生了一定的影响，尽管这些团体对匈牙利的精神生活没有太大的作用。关于克罗齐对匈牙利的影响，参见 R. Paris，'L'Italiafuorid'Italia'，*Storia d'Italia*，vol. IV/1：*Dall' Unitàaoggi*（Turin，1975），pp. 727—728.

的尝试。①这两位主要历史学家的作品如何反映了两次大战间歇期强烈的反自由主义倾向？他们如何描述和阐释各自国家的自由主义和一般的自由主义？赛克菲和克罗齐都受到德国史学中唯心主义与历史主义学派的影响，其中主要是受弗里德里希·梅尼克和海因里希·冯·特赖奇克的影响。②在两人的文本中，精神史（Geistesgeschichte）是如何得到表现的？赛克菲和克罗齐是如何建构各自民族历史，且如何理解各自民族之"民族精神"的？他们书写民族史的方法是否属于一种典型的方式？政治和社会背景在哪些方面塑造了他们对自由主义宏大叙事的批判、修正或辩护？他们如何看待 19 世纪尤为盛行的"辉格史学"中的进步模式？

赛克菲大多被视为敌视自由主义的天主教保守派。而克罗齐则相反，他被认为是法西斯主义时期勇敢的自由主义辩护者之一。但我们只要仔细观察两人的著作，却会发现他们在史学上存在着惊人的相似之处。这可以从他们的反唯物主义和反实证主义立场来加以解释。下面，笔者将首先简要介绍两位历史学家的生平，以强调他们对各自国家历史书写的非凡影响。然后，笔者将对克罗齐所著《意大利历史》内容加以总结，并分析它所包含的意大利历史叙述。赛克菲所著《三代人》将在本章接下来的部分中得到更详细的讨论。笔者将简要评述该书的结构和内容，接着分析它所包含的叙述。最后，笔者将回到之前提出的关于修改自由主义宏大叙事的问题，并尝试参照这两本书，来回答这些问题。

---

① B. Croce，*Storia d'Italia*，ed. Laterza（Bari，1928）；英语版，*History of Italy*（Oxford，1929）；德语版：*Geschichte Italiens*（Berlin，1928）. Maciej Janowski 曾将赛克菲计入像 Bobrzyński 和 Pekar 一样的保守的中欧历史学家，参见 M. Janowski，'Three historians'，CEU History Department Yearbook（2001—2002），pp. 199—232. 迄今为止对赛克菲最好的研究是一位不知名历史学家的学位论文，不幸的是它从未发表过，并只能通过微缩胶卷来获得：I. Raab Epstein，*Gyula Szekfű，A Study in the Political Basis of Hungarian Historiography*（PhD Thesis，University of Indiana，1974）.

② 参见 L. Raphael，*Geschichtsschreibung im Zeitalter der Extreme*（Munich，2003），p. 161.

克罗齐与赛克菲：自由主义对保守主义？

　　克罗齐与赛克菲不仅是当时意大利和匈牙利的主要历史学家，而且也是施加重要政治影响力的著名知识分子。他们的作品经常会在主流历史学家（二人的思想远远超越这些历史学家）间激起争议。

　　贝奈戴托·克罗齐，生于 1866 年 2 月 25 日，一生大部分时间都在那不勒斯（Naples）度过，1952 年在此去世。他的父母在一次地震中丧生，因此他在政治和思想上都非常有影响力的叔叔西尔维奥·斯帕文塔（Silvio Spaventa，1822—1893）家中长大。斯帕文塔是所谓"右翼历史党"（Destra Storica）的一员，该党是统一后最重要的自由主义政党。克罗齐从 1884 年到 1885 年在罗马学习法律，但他通过在那不勒斯的大量自学积累了大多数知识。纵然他最以哲学家和文学评论家的身份著称，并只做"兼职历史学家"，但他也为史学，尤其是史学理论树立了标准。克罗齐对那个时代的主流自由主义、实证主义意识形态和进步论持怀疑态度，尽管他更加严厉地批评了自由主义的敌人：民族主义、宗教或社会主义的坚定支持者。他试图建立一种新的"历史决定论的人文主义"（historicist humanism），以取代个人自由主义（individualist liberalism）。第一次世界大战结束后，克罗齐最早欢迎作为政治家的墨索里尼（Mussolini），认为墨索里尼将恢复"秩序"，并把意大利从布尔什维克主义（bolshevism）中拯救出来。但克罗齐很快就成了抨击法西斯政权及其政策的孤独知识分子之一。他对意大利思想界和学术界的影响如此之大，以至于连领袖（Duce）都觉得有必要公开反对克罗齐对自由主义的重新评估。克罗齐认为自由主义是"对自由的信仰"，这被理解为他对法西斯主义的拒斥。因为墨索里尼曾写道："人们不应夸大自由主义在上个世纪的重要性，并使之成为当今和未来所有时代的人类信仰，而事实上它只是那个世纪繁荣的众多学说之一。"①

1927 年，克罗齐写下《意大利历史》。这本书被认为是对自由主义意大利的辩护和对法西斯主义的批判，因为它拒绝讲述意大利直接从复兴运动（Risorgimento）走向法西斯主义的故事。他绝非谴责意大利历史上的自由主义阶段是该国民族发展轨迹的反常现象，②而是谋求修改自由主义历史书写中某些过分偏袒本民族的说法。克罗齐强烈反对民族主义思想，特别反对意大利历史从古至今连绵不绝的观念。在他看来，1860 年以前的意大利历史根本不存在。③另一方面，他会为自己的《意大利历史》辩白，称之为"爱国主义作品"（opera pattriotica）。④卡尔·埃贡·洛恩（Karl-Egon Lönne，1933—2006）⑤认为，《意大利历史》在意大利国内外都产生了巨大影响，它被认为是对意大利法西斯主义自我理解的一种根本性批判。这种自我理解曾认为，意大利法西斯主义是一种肩负着战胜自由主义国家历史使命的政治力量。⑥该书是关于意大利历史最好的综合作品之一，尽管，（或者是因为）它有时几乎是以自我为中心的———一种"从贝奈戴托·克罗齐思想的立场来看意大利"的观点。

久劳·赛克菲于 1883 年生于靠近奥地利边境的匈牙利城市斯图尔威森堡（Szekesfehérvár），1955 年逝于布达佩斯（Budapest）。他比克罗齐小17 岁，来自一个天主教中产阶级家庭。其父是律师，弟弟是神父。⑦他

---

① B. Mussolini, *La dottrina del fascismo*, 1929.（view text：http://wings.buffalo.edu/litgloss/mussolini/text2.shtml（accessed 5 May 2009）；English translation cited in M. Mazower, *Dark Continent：Europe's Twentieth Century*（New York，2000），p. 16.

② 这种法西斯主义宏大叙事被如 G. Volpe, *L'Italia in cammino*（Milano，1927）所表达。

③ G. Galasso, *L'Italia come problemastoriografico*（Torino，1979），p. 178（*Storia d'Italia* UTET，Introduzione）.

④ G. Sasso, *La Storia d'Italia' di Benedetto Croce. Cinquant'anni dopo*（Naples，1979），p. 56.

⑤ 德国历史学家，主要研究克罗齐。——译者注

⑥ K. -E. Lönne, 'Benedetto Croce, *Storia d'Italia* [*Geschichte Italiens*] 1871—1915', in V. Reinhardt（ed.），*Hautpwerke der Geschichtsschreibung*（Stuttgart，1997），pp. 116—119.

⑦ G. Bátonyi und G. Szekfű, in K. Boyd（ed.），*Encyclopaedia of Historians and Historical Writings*，vol. 2（London and Chicago，1999），pp. 1166 f.；Irene Raab Epstein, *Gyula Szekfű* （New York，1987）.

在布达佩斯大学获得历史学博士学位后，开始了档案保管员的职业生涯。　344
他首先于 1904 年在布达佩斯工作，随后于 1912 年到维也纳工作。1913
年，赛克菲出版了第一本极有影响力的书。它是关于拉科奇亲王（prince
Rákóczi，1676—1735）的研究。拉科奇亲王是 18 世纪的匈牙利贵族，
领导过各种对抗哈布斯堡统治的起义，是当时民族自由主义史学界最伟
大的英雄之一。[1]赛克菲根据一些只有最近才能获得的史料，把拉科奇描
绘成一个道德上可疑的人物、一位政治冒险家，认为他发动反对哈布斯
堡帝国的起义，不过是借助为保卫祖国而战的借口，来增加自己的个人
权力。

　　非常相似的是，贝奈戴托·克罗齐也曾试图证明，16 世纪至 18 世
纪那不勒斯的各种起义不应被视为"爱国行为"，而应被视作主要由
"实力主义动机"或"个人激情"所驱使的运动。在他看来，那不勒斯
贵族既不关心国家，也不关心君主，更不关心那不勒斯人民："他们的
倾向是相当特殊且目无政府的。"[2]显然，克罗齐和赛克菲都成了尖锐批
评过于简单、片面、不专业、带有党派色彩的历史宏大叙事之人。因此
在世纪之交，他们陷入了漫长的史学辩论和政治辩论之中。他们也同样
对那些心胸狭窄的专家不屑一顾，因为这些专家无法将各自在非常细节
话题上的研究与更一般性的疑问及难题联系起来。

　　例如，克罗齐为其时代历史学家的作品贴上思想狭隘以及"枯燥
的、叙述性的、但不具有反思性、没有任何意义，没有任何吸引力"的
标签。克罗齐称之为"科学家和文献学家"，他们只研究细节话题。与
"英雄的"复兴运动时期的伟大历史学家相比，他们没有把各自研究与
重大问题和更广泛的背景联系起来。与克罗齐相似，赛克菲轻蔑地评论
道："学术圈［……］将自己局限于科学地收集材料，而这些收集面向

---

① G. Szekfű, *A száműzött Rákóczi* [R. in exile], Kir. magy. egy. (Budapest, 1913).

② 引自 B. Croce, *Storia del Regno di Napoli*, 4th edn, (Bari, 1953), pp. 67, 71,
100. W. Mager, *Benedetto Croces literarisches und politisches Interesse an der Geschichte* (Graz,
1965), p. 162.

的是狭窄的圈子，并且他们不敢将其成果展示给更大批的读者。相反，他们出版的书通常面向很少的读者，比如档案管理员。"①

在 1913 年《流亡海外的拉科奇》（*Rákóczi in Exile*）出版后，赛克菲受到自由主义媒体及主要政治家和历史学家的强烈抨击。根据他的传记作家艾琳·拉布·爱泼斯坦（Irene Raab Epstein）的说法，有关这本书的强烈负面反应使赛克菲深受打击，这也是他整整十年没有回到布达佩斯的原因之一。1925 年，他才回国成为母校的现代史教授。

345 　　在第一次世界大战期间，两位历史学家都参加了激烈的政治辩论，但他们处在不同的战线并有着相异的倾向。克罗齐因不参加反对德国文化的宣传战而受到强烈批评，而赛克菲则用德语撰写了一篇有关匈牙利历史的综合性短文，积极地参与同盟国的宣传工作，该文收录于埃里希·马克斯（Erich Marcks，1861—1938）②编辑的系列文集中。③赛克菲似乎想利用政治环境的变化，通过采纳"1914 年思想"④来反击他的自由派对手。他关于匈牙利王国自其由圣斯蒂芬（St Stephen，约 975—1038）国王创立以来的"传记"，强调了弗里德里希·瑙曼和弗里德里希·梅尼克进一步发展的概念，以代替匈牙利对"基督教德意志文化圈"（christlich-germanischer Kulturkreis）的归属。从该角度看，匈牙利民族的悲剧是由分裂成反哈布斯堡、新教徒和自由主义的一派，以及支持哈布斯堡、天主教徒和持异议的一派所造成的。这两个几乎同样强大又都拥有匈牙利社会杰出代表的两极产生了几乎永久性的冲突。这种

---

①　引文出自 Croce, *Geschichte Italiens*, pp. 8, 131; and Szekfű, *Három nemzedék*, p. 351.

②　德国历史学家，其著作支持德国军国主义。——译者注

③　J.［G.］Szekfű, *Der Staat Ungarn. Eine Geschichtsstudie*（Stuttgart and Berlin, 1918）. 关于克罗齐，参见 A. Asor Rosa, *La cultura*（*Einaudi Storia d'Italia dall'unità a oggi*, vol. IV）（Torino, 1975）, pp. 1338—1344.

④　一战初期德国知识分子受到国内普遍爱国热情的启发，尝试发展出一套未来社会新秩序，从而解决一战前国内存在的诸多问题。这一设想涉及政治、经济和社会各个层面的改革，被称为"1914 年思想"。详细可参考邓白桦：《试论德国"1914 年思想"》，《同济大学学报（社会科学版）》，2010 年第 4 期。——译者注

分裂也可被视作一个更古老分裂的延续，它是由斯蒂芬国王将匈牙利王国纳入西方德意志主导的基督教世界中，并将古老的"亚洲的"、非基督教群体与亲西方的（pro-Abendland）、基督教化的、倾向"欧洲的"精英分开所造成的。赛克菲使用梅尼克对"国家民族"（state nation）和"文化民族"（cultural nation）的区分中所衍生出的二元论概念，来证明他比其批评者和同僚要广博得多。这些人大多会坚持较旧的、偏袒一边的匈牙利民族历史版本，因为他们缺乏赛克菲所拥有的更宽广的思维方式。①

与赛克菲不同的是，克罗齐成为中立主义者中的主要知识分子。他坚持认为，他"对真理的责任"优先于自己"对祖国的责任"。他拒绝那些可能危害处于战争状态的社会和文化的激情，尽管他不否认保卫祖国的重要性。②在反对民族主义者的同时，他还强调了欧洲文化的共同点。在他看来，同盟国也属于欧洲文化。③

赛克菲在其著作《三代人》中，再次从"政治现实主义者"的立场尖锐地批评了浪漫主义、新教徒和匈牙利的民族主义。尽管他有一个犹太妻子，但他把1860年后的时期描述为衰退期。他也成为反犹主义和匈牙利政坛新"基督教民族"路线的代言人。④1934年，赛克菲修正了这种新保守主义立场，主要转向天主教的反自由主义，并通过增加新的章节改写了这本书。自20世纪30年代末以来，他一直在靠近社会党的反对派立场，并公开批评霍尔蒂的亲德政策。1944年3月德国占领匈牙利后，赛克菲不得不躲藏起来，因为他被公认为反法西斯抵抗运动的重

346

---

① A. Pók, 'G. Szekfű', in *A Global Encyclopedia of Historical Writing*, vol. II（New York and London，1998），p. 873.

② Asor Rosa，*Cultura*，p. 1343.

③ B. Croce，'Antistoricismo'，in Croce，*Punti di orientamento della filosofia moderna. Antistoricismo*，*Due Letture ai congressi intern. di Filosofia di Cambridge Mass.* 1926 e di Oxford 1930（Bari，1931），p. 34.

④ 关于更大的背景，参见 P. A. Hanebrink，*In Defence of Christian Hungary：Religion，Nationalism，and Antisemitism*，1890—1944（Ithaca，NY，and London，2006）.

要代表。第二次世界大战后，赛克菲与克罗齐都担任过国家高级官员，克罗齐担任过文化部部长，赛克菲担任过驻苏大使。在匈牙利建立斯大林式独裁政权后，赛克菲被新成立的"总统委员会"（Presidential Council）委任，到全权代表处工作。

这两位历史学家都代表了如下类型的知识分子精英：他们并非总是或完全对专制手段免疫，但在第二次世界大战期间采取了明显的反法西斯立场。第一次世界大战及其后果导致两位历史学家的政治方向相异，但他们都与 19 世纪的自由主义保持着复杂而深刻的关系。海登·怀特（Hayden White，1928—2018）①把克罗齐的自由主义历史观描述为"资产阶级意识形态"，它"缓和了那些资产阶级之子们的恐惧。对他们来说，个人主义是一种永恒价值；在把历史知识作为人类个性的知识加以表现时，克罗齐创造了一个障碍，防止过早地将个性一方面同化为科学的普遍真理，另一方面同化为哲学的普遍真理。"②这与赛克菲的怀疑主义和反实证主义的立场相距不远，虽然在赛克菲的例子中，基础是强烈的天主教倾向。他们在历史学方面也有类似的抱负。他们矛盾的政治立场和无疑具有创新性且批判性的方法，是如何在一战后的时期转化为历史综合叙述的，我们将在下面加以分析。

克罗齐所著《1871 年至 1915 年间之意大利历史》
（写于 1926—1927 年，出版于 1928 年）

在 12 个按时间和主题分开的章节里，克罗齐论述了 1870 年占领教皇国并决定使罗马成为新首都后，新意大利民族国家出现的冲突和问题。一开始，他就通过批评意大利民族统一后几年中的政治来设置其章

---

① 美国历史哲学家。——译者注
② H. White, *Metahistory*, *The Historical Imagination in Nineteenth-Century Europe* (Baltimore, MD, and London, 1975), p. 423.

节。克罗齐将后复兴运动时代描述为后英雄时代和官僚主义时代，一个 347
与先前"诗意时代"形成鲜明对比的"平庸时代"。他拒绝了一些负面
的评价，如不公平的指责，错误的、夸大的期望和不切实际的理想之表
达，以明确自己的立场：他的叙述是对自由派领导人的辩护，而这些领
导人中就有他的叔叔西尔维奥·斯帕文塔，并且他的叙述驳斥了自由派
领导人遭受的所有不公正批评。但这只是他多层次叙述的一个层面。更
具普遍性的地方在于，这本书还通过对文学、哲学、艺术、经济等领域
的表现来聚焦时代精神。他把这些斗争和冲突诠释为自由理念的逐步发
展。同时，他的"自由"一词也不是必然或总是由自由主义政治来代
表。克罗齐将自由作为一种理念之无心的、无计划的和完全独立的展
开，与政治阶层的决定和行动区分开来。他认为后者对历史发展的影响
要小得多。理念作为人类精神的表现形式，是历史的动因。它们代表着
人类集体的梦想、雄心与目标，它们只有通过千百万人的行动才能实
现。在这个例子中，它是由意大利民族实现的。精英和决策者只能对这
些集体发展作出反应，而不能真正地指导或控制它们。

　　作为这种体系的一个例证，我们可以看他对19世纪70年代意大
利政府和教皇之间冲突的描述。克罗齐认为，事实上这场冲突并不像
当时许多观察家，尤其是欧洲天主教媒体所解读的那样，代表了意大
利社会的严重分裂。他指出，意大利政府为解决这一问题采取了许多
务实措施，从长远来看，这些措施使这场斗争降温。即使是天主教会
也最终受到了自由理念的影响，尽管它在很长一段时间内尽力阻塞和
减缓这一势不可挡的进程。在他的哲学观中，自由主义可被理解为历
史变革的主要驱动力：相比之下，不同的历史行动者几乎没有自己的
能动性。

　　在该书的第一部分中，克罗齐对两个自由主义的"政党"，即他叔
叔所在的右翼历史党和19世纪70年与80年代统治国家的左翼政党
（Sinistra）进行了相当正面的描绘。之后，他在第七章中尖锐地批评了

弗朗西斯科·克里斯皮（Francesco Crispi，1818—1901）①的政策和习性。克里斯皮曾是一位共和主义者，后来成为俾斯麦的崇拜者。他在19世纪80年代末主导了意大利的政治舞台。这位政治家将民粹主义和专制主义的感染力及方法与反法、亲德的倾向结合起来。因此，在19世纪末，对自由主义制度加以专制主义重塑的类似尝试被解释为与意大利自由理念的背离之举。在这里，克罗齐把克里斯皮描绘成19世纪末新的"非理性的"、民族主义和帝国主义精神的化身。这种精神主要来自其他欧洲国家，尤其是德国。它是一种真正的意大利自由精神所不熟悉的精神。在克罗齐的叙述中，克里斯皮和其他独裁政治家，即法西斯主义的帝国主义和民族主义前辈，在自由的顺利展开过程中扮演着有害角色。

在接下来的章节（第九—十二章）里，克罗齐颂扬乔瓦尼·乔利蒂（Giovanni Giolitti，1842—1928）②。他把乔瓦尼·乔利蒂描绘成一个引入民主元素（男性普选权）并将新兴的社会主义运动和天主教运动中温和部分融入政治体系的自由主义改革者，从而彻底打破了前任的专制企图。与克里斯皮形成鲜明对比的是，乔利蒂带领意大利回到了温和自由主义制度发展的道路上。克罗齐将乔利蒂时代及其非常务实的政治风格（neotrasformismo，giolittismo）形容为一个"宁静、和平、有创造力和成功的时期"（《意大利史》（*Geschichte Italiens*），第215页）。如果史学和哲学能够认识到"黄金时代"之类的东西，那么该时期就是一个黄金时代。与此同时，克罗齐警告说，自由不应被视为"一个高度完美的抽象理想，以至于人们无法接受它的具体存在"（出处同上）。许多批评者认为乔利蒂时代是一个腐败和政治操纵的时代，他们将克罗齐对乔利蒂时代的颂扬解读为一种自传体式的、片面的、过分偏袒的意大利历史

---

① 意大利政治家，1887—1891、1893—1896年间两度出任意大利首相。——译者注
② 意大利政治家，1892—1893年、1903—1905年、1906—1909年、1911—1914年、1920—1921年五度出任意大利首相。——译者注

观。①克罗齐还试图为乔利蒂发动攻击利比亚的帝国主义战争之致命决定
辩护。他声称当时每个国家都有自己的帝国主义。

　　他对乔利蒂及其时代非常正面的评价也是基于如下简单事实：20世
纪初是克罗齐作为唯心主义哲学和美学代表以及他作为议员和自由派成
员职业生涯的上升时期。②然而，对他的评价作出这样的个人解释，不应
妨碍我们更仔细地研究他的论点。正如我们稍后将看到的，克罗齐非常
像赛克菲，他以一位主要政治家及其思想背景作为典型，来评价一个民
族历史上的不同时期。这种思想背景被他视为"此特定民族的特定历史
发展"。在此背景下，意大利是一个被自己的自由理念所感动的"年轻"
民族，尽管他没有明确说明这与其他主要民族理念有何不同。

　　克罗齐称赞乔利蒂是一位代表民族统一所开启的工作顺利继续的政
治家。这项历史任务早在复兴运动之前就已启动，它体现了意大利最高
的价值观和美德，即追求意大利人民的自由，并使之兴旺发达。从这种
长远的历史视角看，乔利蒂可以被解释为在特定的历史背景限制下，最
接近实现意大利历史精神之人。

　　与政治精英卓越而务实的表现形成鲜明对比的是，克罗齐观察到，
不仅在意大利，而且在整个欧洲，精神生活都在衰退。尤其是19世纪
70年代和80年代，以具有开创性的自然主义和怀疑主义倾向为标志，
它们导致了欧洲哲学思想的普遍危机。在精神生活的各个领域，狭隘的
实证主义被"非理性"的反实证主义思想所取代，这阻碍了人们深刻理
解并致力于解决当时的社会问题和政治问题。这种对19世纪后三分之
一时期知识分子历史的负面描述，与克罗齐有关当时政治生活的积极或
辩护性的描绘形成强烈对比，但它与赛克菲关于精神生活"衰落"的论

349

---

① 参见 *La 'Storia d'Italia' di Benedetto Croce*, pp. 58—77; Mager, *Interesse*, p. 211.

② 在 *L'Italia in cammino*（1928）第三版的序言中，Volpe 批评克罗齐的《意大利历史》
是一场"对抗今天意大利"的战斗（p. xxi）。他认为，克罗齐的《历史》无非是"1871年以后
的意大利历史，几乎从目的论上看，是自由主义和自由主义方法的逐步实现，与理想主义意义
上的哲学革新有关"。

述相似。

对于克罗齐来说，史学只有通过新的唯心主义方法之出现才能得到拯救，比如他自己和乔瓦尼·秦梯利（Giovanni Gentile，1875—1944）①的作品。在世纪之交，这两种作品都使糟糕局面得到了改善，但哲学的更新也受到了民族主义和其他非理性思想的挑战，例如以邓南遮（D'Annunzio，1863—1938）②和未来主义为代表的思想。这些都促成了一种氛围，使得意大利在 1915 年作出加入世界大战的决定成为可能——这违逆了乔利蒂和包括克罗齐本人在内的其他自由派政治家的反对。在此之前，在对抗堕落潮流上，意大利自由派精英一直保持坚定的立场，并稳步推进民族事业中自由的发展。在克罗齐与赛克菲的叙述中，关于哲学和精神以及发生在史学上的堕落之理念相似。而且两个作者也表达了同样的观点，即认为这些堕落倾向是背离民族精神的代表。但克罗齐比赛克菲更不愿意详述"民族"和"外国"的影响。究其原因，可能与克罗齐深受德国唯心主义哲学（主要是黑格尔）的影响有关，但他试图创造自己的"意大利"唯心主义。

对克罗齐来说，写作思想史、国家史、政治史、社会史和文化史的历史学家，主要受当时引领性的思想观念之影响。于他而言，哲学代表了每一种文化的源泉，因而被视为一种时代精神能找到其最真实化身的领域。③

在第一次世界大战前的十年里，对实证主义温和且理想主义的批判（克罗齐对之贡献良多）代表了最重要的思想潮流。在此背景下，克罗齐甚至认为马克思主义（克罗齐拒绝接受马克思主义并认为它是一种错误和危险的学说）是他自己攻击实证主义的重要盟友，而实证主义在 19

350

---

① 意大利哲学家、教育家、政治家，自称"法西斯哲学家"，为意大利法西斯政权提供了理论基础。——译者注
② 意大利诗人、剧作家、军官。他对意大利文学有着重要影响。他鼓吹意大利极端民族主义，虽然从未自称法西斯主义者，但其思想和美学都极大影响了墨索里尼。——译者注
③ Croce, *Geschichte Italiens*, p. 239.

世纪中叶统治着意大利哲学家的世界。大战未来将证明社会主义已死，并且"世界历史的行动者是人民和国家，而非阶级。"①他甚至会像赛克菲那样宣称，"阶级"的概念与意大利的社会现实格格不入（《意大利史》（*Geschichte Italiens*），第91页/《意大利历史》（*Storia d'Italia*），第100页）。实证主义的危机源于其内在弱点及其对自然科学的依赖，与以文献学为主导、偏重细节的史学所造成的问题。实证主义的终结即将来临，而古老的民族主义和浪漫主义倾向又再度兴起。最重要的是，以秦梯利—克罗齐为代表的唯心主义哲学开始重新繁荣起来。这一复兴的哲学之成功是压倒性的：甚至经院哲学的拥护者也开始接受它的某些元素。

《意大利历史》接下去的段落（第239—240页，其中部分引用如下）是克罗齐叙述中的典型案例：哲学思想和概念（通常是克罗齐自己的）代表了历史上的主导力量，它们的痕迹可以在不同的现实领域（包括政治）中得以发现。

对于乔利蒂和扎纳尔迪尼（Zanardelli，1826—1903）②这两位主要政治家及新实用自由主义阵营的代表而言，自由主义并不像19世纪60年代和70年代的自由主义者那样是一种"活的信仰"。换言之，它不是"发自内心的"，不是一种包罗万象的燃烧之激情。对他们来说，自由主义是"实际的"和"自然的"（《意大利历史》，第252—253页）。因此，他们可以开始驯服反教权主义，并找到了与梵蒂冈的"妥协"（modus vivendi）之道，正如他们后来整合温和的社会主义者之举。1905年，教皇软化了庇护九世所颁布的"不参政"（Non Expedit）立场，即禁止天主教徒参加国家选举的官方禁令。这些举动在天主教会与自由主义国家和解道路上迈出的第一步，使某些选区的自由派和天主教候选人能够暂时联手，阻止社会党候选人进入议会（《意大利历史》，第223—224页，

---

①　Croce, *Paginesullaguerra*, 2nd edn (Bari, 1928)，p. 109.
②　意大利法学家、政治家，1901—1903年间任意大利首相。——译者注

亦可参见第 93 页）。因此，在克罗齐看来，从实用角度复兴自由主义之举，与梵蒂冈重新审视自由主义国家及其代表的决定及梵蒂冈更加务实的立场是并行的。除却这种思想史和政治史的平行，或者说：克罗齐叙述中哲学思想与政治发展的密切关系外，我们还发现了另一个显著的特点：他广泛使用了生平隐喻和自然主义隐喻。

351   20 世纪初自由主义、天主教和社会主义的实际而"自然"的更新被刻画为一个"政治之春"（《意大利历史》，第 224 页）。自由主义与它的理想状态近在咫尺，并且看起来是最新的，而马克思的社会主义与该时期更新的、改良的、更加务实和反实证主义的新社会主义相比显得"老旧"了。作为一个民族国家，意大利已进入一个"新少年时期"（juvenile freshness），并将统一后头几十年的"婴儿期"抛在后面。克罗齐通过列举意大利自由史上的"青年"，阐述了乔利蒂自由主义的特点，即实用主义、"改造主义"和腐败。与英国或法国不同，意大利历史上并没有留下几个世纪以来为自由所作斗争的痕迹，也缺乏思想基础，尤其是宗教基础，即新教（《意大利历史》，第 253 页）。因此，大多数人对政治不感兴趣，政党也不是围绕着一个像准确的意识形态或政治理想一般强大的信仰而聚集起来，而是围绕着少数政治领袖来运行。即使是社会主义者，也没有一个明确的马克思主义方向。1914 年，社会党的中央党报《前进报》（*Avanti*）的总编墨索里尼因此被描绘成一位"年轻"的政治家，他把社会主义与政治暴力（Sorel）及其他反实证主义概念相结合，发起了社会主义的更新运动。

克罗齐以思想史来讲述他（自传色彩的）自由主义时代的意大利历史。这些思想在接受和转化下变为决定意大利民族历史的政治、经济、社会和文化现实。以他所想，只有对理念的实用主义转化，才能在"年轻"的意大利取得丰硕成果，而所有照本宣科、逐字逐句的实践都会导致危险的狂热举动。这意味着，他批判了自称是自由主义对立面的社会主义、民族主义，尤其是法西斯主义。

赛克菲所著《三代人 1867—1914》（写作并初次发表于 1920 年）

乍一看，赛克菲在《三代人》一书中所讲述的故事与克罗齐在《意大利史》中所呈现的叙事完全相反。在这里，自由主义匈牙利直到 1914 年的发展都不以进步为标志，而是以日益衰败为标志。第三代自由主义者的能力远不如第二代，后者的能力也已不如第一代自由主义政治家。于赛克菲而言，正是自由主义毁了这个国家，而且还是马克思主义的发展、1918—1919 年革命以及主要的民族灾难——《特里亚农和约》（*the peace treaty of Trianon*）①的起因。赛克菲强调外交政策在历史书写中的首要地位，并强调匈牙利在"基督教德意志文化圈"中的地位，以及匈牙利人捍卫西方基督教的使命。他还指出，个人主义的西方自由主义、"犹太影响"和沙文主义是匈牙利衰落及一战后灾难——圣斯蒂芬富有历史的王国之所以毁灭的主要原因。②因此，他使用了"民族传统"的结构，确定了民族"使命"和历史延续性，而克罗齐强烈反对这些"错误理念（复数）"和"神话（复数）"。③

赛克菲所著《三代人》由四本"书"和三十个章节组成。在 1934 年出版的第五版里，增加了关于特里阿农之后时期的第五本书，（它）是对霍尔蒂统治时期占主导地位的"基督教民族国家导向"和"新巴洛克"文化提出的严厉批评。这一版本以一个新的扩展标题发行：《三代人及其后》（*Three Generations and What Followed Afterwards*）。对一些人来说，这标志着赛克菲从一个反犹主义的基督教民族主义者转变为

352

---

① 一战结束后，得胜的协约国与匈牙利在法国凡尔赛的特里亚农宫签订的条约。条约割让了约 70％的匈牙利领土，使匈牙利丧失了大约一半人口，军队不得超过 3 万人。——译者注

② 关于赛克菲把匈牙利作为"基督教堡垒"的新式理念，亦可参见 S. Őze and N. Spannenberger, 'Propugnaculum Christianitatis', in M. Krzoska and H. -C. Maner (eds), *Beruf und Berufung. Geschichtswissenschaft und Nationsbildung in Ostmittel-und Südosteuropa im 19. und 20. Jahrhundert* (Münster, 2005), pp. 19—39.

③ Croce, *Geschichte Italiens*, p. 9.

一个反法西斯的保守主义者，尽管《三代人》的前四本书并没有出现变化。

除了赛克菲和克罗齐对故事的不同塑造，以及他们有关自由主义时期相异的政治解释和使用，如衰落（赛克菲）或进步（克罗齐），我们还发现了许多相似之处。首先，赛克菲还通过研究 1867 年或 1870 年后的三代政治家，将注意力集中在民族历史上。克罗齐笔下的第一代代表人物是 19 世纪 70 年代统治议会和政坛的右翼历史党与左翼政党，而第二代则由那不勒斯政治家弗朗西斯科·克里斯皮所代表。克里斯皮在 19 世纪 80 年代试图引导意大利走上一条更加专制的道路，以俾斯麦治下德国为导向，对抗法国影响。第三代是克罗齐的最爱，由之前已提及的实用自由主义派乔利蒂和扎纳德利为代表。

赛克菲的第一代明星是伊斯特万·塞切尼伯爵（Count István Széchenyi，1791—1860）。他属于复兴运动时代，并一直活跃到 1849 年匈牙利革命失败。在这里，被大多数人认为是受英国榜样启发的自由主义者塞切尼，被抹上了更保守和天主教的色彩。赛克菲夸大了这些属性，而把塞切尼的自由主义倾向更多置于时代背景之下（《三代人》，1938 年，第 18 页）。对赛克菲而言，塞切尼集中代表了匈牙利在外交和国内政策上唯一现实的选择：与哈布斯堡家族结成强有力的联盟，并对匈牙利国家（包括经济结构和社会结构）进行缓慢、温和的改革。这种保守的、天主教的理想被塞切尼视作政治智慧的巅峰。这与克罗齐理想化的作为自由主义意大利化身的乔利蒂形象并非完全不同。两位政治家都代表了理想的历史行动者，他们集中表现了各自政治哲学及其实现。克罗齐与赛克菲把乔利蒂和塞切尼当做一种理想类型。其他大部分不太理想的政治家及其行为则用这两位政治家作为标准来加以衡量。在第一章中，赛克菲塑造了塞切尼的理想化形象。这一章可以理解为赛克菲其余故事的框架。它告诉读者，匈牙利政治家和来自国外的负面"犹太"势力如何摧毁了这位伟大政治家所体现的理想。赛克菲认为，最有利于匈牙利的发展将是匈牙利社会缓慢而保守的转型，因为这不会加强工业阶级和城市无产阶级，而是加强信仰"基督教"的中产阶级及小地主之力量。由于外国，特别是法国的革命、激进之自由民主思想，这一发展从未在匈牙利成为现实。相反，一个过于活跃、过于激进的工业化和城市化进程是由自由主义精英发起的。尽管克罗齐和赛克菲对自由主义的评价不同，但他们都是以描述 19 世纪中叶前后两个民族国家的历史情况开始其叙述的。这一时期，两国的进一步发展仍然可能是开放的，存在着不同道路。①克罗齐和赛克菲一方面区分了历史现实，另一方面区分了可能的民族发展与更符合其民族的"民族精神"之理想道路。

赛克菲笔下的第二代由伊斯特万·迪克（István Deák）及其周围的自由派改革者组成。迪克筹备了匈牙利与奥地利的妥协，并于 1867 年在哈布斯堡帝国内部建立了一个匈牙利民族国家。于赛克菲而言，第二代人仍然有着良好的理念和高超的政治技巧，但已经出现了注定衰落的征兆。他们缺乏塞切尼的远见卓识。更重要的是，他们缺乏前者深厚的宗教信仰。在这一时期，向匈牙利移民（其中主要是犹太移民），开始成为普遍现象。随之而来的是匈牙利对这些新来者的同化和"马扎尔化"（Magyarization），从而产生了新的（在赛克菲眼中）"有害的"知识分子，以及记者和经济精英及专业精英。

这一进程使布达佩斯和匈牙利一些小城镇的工业化及城市化成为可能。这一进程由第三代自由主义者加速了，并直接导致了一场道德灾难和政治灾难，即第一次世界大战后的灾难性崩溃，苏俄布尔什维克主义（1919 年"苏维埃共和国"）的影响以及《特里亚农和约》的痛苦经历。赛克菲特别批评了在匈牙利占主导地位的新教自由主义精英，因为他们在第一次世界大战之前的十年里推动了移民和工业化进程，却没有限制

①　笔者将该术语归功于 J. Leerssen，他引述莱辛 Lessing 为该词发明者，参见 J. Leerssen 对该卷的贡献。

354　由犹太人主导的自由主义城市文化之霸权。这些精英们相信，自由主义政策是从维也纳获得民族独立的唯一途径。主体由匈牙利东部新教绅士代表组成的"独立党"（Independence Party）是主要的反哈布斯堡势力。他们给布达佩斯政府施加了很大压力，要求它与奥地利保持距离。但由于匈牙利是奥地利帝国和俄罗斯帝国之间的一个小国，这种民族独立政策只会导致匈牙利国家的崩溃。自由主义被证明是一条"单行道"（《三代人》，第 318 页）。

　　克罗齐对意大利的内部发展更感兴趣；他拒绝民族"使命"的观念（《意大利历史》，第 9 页），但这也是由于他针对民族主义和法西斯主义的批判态度以及这二者有关意大利"民族"甚至"帝国"使命的强调。赛克菲在《特里亚农和约》（1920 年）的背景下，则强调匈牙利在东南欧的"使命"及其相对于巴尔干半岛的文化优势。[①]

　　赛克菲认为，自由主义是英国的理想政治学说，是英国长期历史发展的结果，但对匈牙利来说则不然。即使在法国，自由理念也只导致产生恐怖和反教权主义、形式主义宪政、"奴役型"资本主义和激进的民族主义。在匈牙利，自由主义缺乏历史和社会先决条件，因为那里没有匈牙利第三等级（tiers état）[②]。实际上，根据赛克菲的说法，所谓第三等级只是后来以德国和犹太移民的名义"进口"而来的，这些移民与马扎尔文化相去甚远（《三代人》，第 114 页）。克罗齐也将意大利自由主义描述为一种不同于法兰西或英格兰模式的思维和政策的具体形式。这是一个并不完全陌生的概念，甚至对当时的一些英国政治家和作家来说也是如此，他们中的不少人最初对意大利法西斯主义表示同情，因为他们认为这可能更符合意大利的"地中海特征"。[③]

---

　　① 正如 Maciej Janowski 正确强调的那样，赛克菲是一个民族主义者，"也许更接近现代民族主义者，而非古典保守主义者"。Janowski, *Three Historians*, p. 221.

　　② 与法国大革命中的第三等级相同。——译者注

　　③ Mazower 引用 1936 年 8 月 10 日的《泰晤士报》（*The Times*）："也许适合大不列颠的议会政府制度不适合其他国家。" Mazower, *Dark Continent*, p. 26.

克罗齐与赛克菲的第二个重要区别在于后者公开的反犹主义立场，
他对民族主义的信仰，以及较小程度的反日耳曼主义思想。自由主义与
资本主义对匈牙利国家和民族都是有害的，因为它们都是非马扎尔的特
征。①匈牙利温和且"保守"的自由主义，正如改革者伊斯特万·塞切尼
所体现的那样，其失败是由于匈牙利与奥地利的关系问题没有随着匈牙
利宪法的改革而得到解决。像科苏特（Kossuth，1802—1894）②这样的
民族运动激进领袖，"完全被欧洲理念所占据"（《三代人》，第 119 页），
代表了一种教条的、外国的自由主义，而这种自由主义不能区分不同的
"民族发展"。因此，他们与维也纳及匈牙利王国的其他民族发生冲突，
导致产生了 1849 年的灾难。后来，流亡于意大利的科苏特施加了一种
消极而浪漫的影响，既加强了匈牙利东部新教绅士反对哈布斯堡王朝的
力量，也增长了共济会的势力（《三代人》，第 129 页）。他的强大影响
力削弱了政府和国家精英，使之不得不依赖"外国"，主要是犹太人、
移民。自由主义导致了腐败、舞弊的选举、腐朽的文化和骇人的黄色报
刊："社会特点是资产阶级的利己主义、政治上的无助和思想上的贫乏"
（《三代人》，第 272 页）。

在意大利史学界，克罗齐的反对者也可能在乔利蒂时代写下同样的
句子。③对乔利蒂最直言不讳的批评者之一是实证主义历史学家盖塔诺·
萨尔维米尼（Gaetano Salvemini，1873—1957）。他称乔利蒂的内阁为
"犯罪部"（il ministro della mala vita）。这种反自由主义立场在激进的社
会主义者中也很常见。赛克菲的反自由主义则是另一种模式，它是一种
强烈的民族主义和反西方的立场："像布料一样，法国裁缝按照英国模

---

① 赛克菲民族概念的民粹基础得到了 A. Miskolczy 的分析。后者还分析了久劳·赛克菲对
"马扎尔精神"的宣传（'magyarjellem'-propagandája），见 Miskolczy, *Szellemésnemzet*［*Spirit
and Nation*］, 2001, pp. 127—144.

② 即 Lajos Kossuth de Udvard et Kossuthfalva, 1849 年匈牙利共和国元首，致力于对抗
奥地利保持匈牙利独立，革命失败后流亡。——译者注

③ G. Salvemini, *Il ministro della mala vita e altri scritti sull'Italia giolittiana*（Milan,
1962）.

式缝制，由东方人穿着［……］仿佛我们因身为匈牙利人而感到羞耻，并试图把自己改造成自由主义和资本主义的西方人"（《三代人》，1938年，第272页）。这背后隐藏着一种天主教保守主义的政治观，而与克罗齐的自由观念完全不同。在赛克菲眼中，自由信条的最大原罪在于它对天主教会的攻击："这里有自由，那里有权威；理性取代道德，无情的法律取代了慈爱"（《三代人》，第86页）。与许多其他天主教知识分子和政治家，尤其是同时期奥地利的知识分子和政治家一样，匈牙利历史学家把匈牙利社会这种激进的自由转变与"表面上被同化的犹太人"联系在一起。①赛克菲的理想是"基督教民族国家"，一个保守的、专制的、基督教的福利国家。②他的反犹主义立场及其对犹太自由布达佩斯文化的排斥态度并非没有区别。他强调指出，人数只有50万的来自加里西亚（Galicia）的犹太移民对匈牙利社会产生了负面影响，而在匈牙利生活了好几代的犹太人则是"有道德和负责任的"（《三代人》，第266页）。只是这些移民建立了集中于首都的"贪婪的"犹太自由世界主义或沙文主义媒体。犹太人的影响甚至被认为是匈牙利历史科学衰落的原因（《三代人》，第162页）。而且在许多方面，赛克菲的一些反犹文字与海因里希·冯·特赖奇克的论述相似。相反，克罗齐说"幸运的是"，在意大利没有发现这种被称为"反犹主义"的愚蠢行为之痕迹。所有问题都可以通过同化来得到解决（《三代人》，第92—93页）。然而，对匈牙利历史学家来说，大规模同化却是个难题。

356

---

① J. Bunzl, 'Zur Geschichte des Antisemitismus in Österreich', in Bunzi and B. Marin, *Antisemitismus in Österreich. Sozialhistorische und soziologische Studien* (Innsbruck, 1983), pp. 9—88; I. A. Hellwing, *Der konfessionelle Antisemitismus im 19. Jahrhundert in Österreich* (Vienna, Freiburg and Basel, 1972); H. Rütgen, *Antisemitismus in allen Lagern. Publizistische Dokumente zur Ersten Republik. Österreich 1918—1938* (Graz, 1989); J. Weiss, *Der lange Weg zum Holocaust; die Geschichte der Judenfeindschaft in Deutschland und Österreich* (Berlin, 1998); D. Sottopietra, *Variationen eines Vorurteils; eine Entwicklungsgeschichte des Antisemitismus in Österreich* (Vienna, 1997).

② 在赛克菲对"国家与民族的稳定"（Állam és Nemzetfenntartás）之研究中得到了进一步发展，*Történetpolitikai Tanulmányok* (Budapest, 1924).

结　语

20世纪20年代，匈牙利、意大利和其他深受一战影响的欧洲国家的思想领域里，强烈的反自由倾向十分明显。克罗齐与赛克菲历史著作的伟大之处，不在于他们试图对抗这些倾向，而是在于其叙述的复杂性，并允许存在多重矛盾。赛克菲想谴责匈牙利的自由主义是民族衰落的主要原因，但他不能不向塞切尼这样的伟大自由派政治家致敬，尽管他还试图把塞切尼转变成一个虔诚的天主教徒。这种矛盾的原因在于匈牙利民族国家是自由民族主义的产物，而这个现代宪政国家则是他叙述中的主要行动者。《三代人》既被设计为对这个"千年王国"的辩护，也是反对《特里亚农和约》的修正主义小册子。但在写匈牙利国家的故事时，作者几乎不可能不从1867年建立的自由民族国家开始。没有19世纪40年代塞切尼的民族自由改革工作，这个国家就不可能成立。通过把塞切尼理想化为匈牙利政治上出类拔萃的天才，赛克菲不得不论述自由主义。他谴责犹太移民是那些通过引进工业主义、花边新闻、社会主义、沙文主义和其他现代疾病来毁掉匈牙利的人。这似乎是一种回避其叙述中主要矛盾的一种努力。通过强调匈牙利自由主义日益"犹太化"、外国化的特性，塞切尼想要实现马扎尔的、保守的、天主教的自由主义，并将之视为一种潜在"优秀的"匈牙利自由主义。不过它并没有被之后几代人所实现。

克罗齐《历史》中的主要矛盾在于，意大利在乔利蒂统治下经历了（几乎是）一个"黄金时代"，而"颓废"的非理性主义越来越强大，直到一战后它以法西斯主义的形式取得了胜利。赛克菲讲述了一个民族衰落的故事，却无法解释他对自由主义的批判立场，而克罗齐的进步故事则与1915年自由主义的崩溃相撞。他们都谈到（非特定的）"外国"理念，大多与实证主义、唯物主义和非理性主义联系在一起。这些思潮对

357

他们的民族产生了破坏性影响。作为精神史（Geistesgeschichte）的代表，克罗齐与赛克菲试图以这些外来思想适应完全不同的民族传统和现实而引起的矛盾，用来解释各自国家政治行动者的相异倾向。一个特定的民族历史道路和特征的概念，虽然没有得到清楚的解释，但都是这两种叙述的基础。乔利蒂和塞切尼被描述为不仅体现了这些民族传统而且还按照这些传统行事的政治家。两人都具有应对民族"精神"的某种敏感性，而这正是他们成为理想政治家的原因。

赛克菲与克罗齐都不喜欢 19 世纪过于简单化的辉格史学，试图用专业的历史文本来取代它们。这些文本不仅关注小细节，而且具有更广泛的哲学视野和政治视野。两位历史学家同其反对者非常相似，都把历史视为**当代史**，在把过去加以知识呈现时，将之作为**对他们各自时代的批判**。他们的观念史方法实际上就是各自民族国家的故事。并非理念"创造历史"，而是理念通过国家机构或政治行动者而得以实现。因此，尽管赛克菲一再提到马扎尔人和民族的"种族精神"，但他反对族民史（Volksgeschichte）。①他的历史主题不是人民或"马扎尔种族"，而是国家或政治权威及代表马扎尔人民的精英们。

---

① Á. von Klimó, 'Volksgeschichte in Ungarn. Chancen, Schwierigkeiten, Folgen eines, deutschen' Projektes', in M. Middell and U. Sommer (eds), *Historische West-und Ostforschung in Zentraleuropa zwischen dem Ersten und dem Zweiten Weltkrieg—Verflechtung und Vergleich* (Leipzig, 2004), pp. 151—178.

第十七章　19世纪史学中的伦巴第联盟——约 1800 年至 1850 年

戴维·拉文（David Laven）

19世纪对中世纪的迷恋是无可争议的。当时，其他任何时期都没有像中世纪那样吸引了历史的想象力。在这种普遍热情下，在亚平宁半岛本地人和非意大利人那里，中世纪意大利促生了特别强烈的学术兴趣，有时也包含并不那么学术性的探索。奇怪的是，从西方帝国①的灭亡到15世纪的意大利历史之所以如此吸引人的一个重要原因是，它居于欧洲通常被中世纪渗透最少的部分：在意大利，通常被用于界定中世纪特征的许多作法和制度最虚弱也最不持久。因此，根据19世纪被普遍接受的史学观念，在整个剩下的欧洲大陆都见证封建君主制高歌凯旋的时期，意大利政治、文化、经济和社会组织的主要单位却是共和政体的城邦。也是在意大利，古罗马的遗产存续得最富有生机，并在市民人文主义和文艺复兴的辉煌中开出绚丽花朵。在意大利，中世纪呈现出一种自相矛盾的状态：强大的共和自由感、对公民美德的重视以及对"公民士兵"的信仰都表明其对古典过去的延续；但它们也暗示了一种现代性形式，它们无疑在查理八世（Charles VIII，1470—1498）②于1494年入侵半岛，以"一支

---

① 指西罗马帝国。——译者注
② 法国国王，路易四世之子。——译者注

粉笔"征服半岛①并再度开始"蛮族统治"后消失了。从中世纪意大利的城市国家（comuni）中能看到在美国革命和法国革命时再次发声之构想的预兆。但到 16 世纪，这些国家显然已经在半岛上消失了（尽管马基雅维利［Machiavelli，1469—1527②对此大声哀悼）。因此，在很大程度上，正是为了解释"意大利例外论"——以及明显的颓废和衰落——学者们才如此专注于意大利的中世纪过去，尤其是城市国家的历史。③

359　　12 世纪意大利北部和中部城市联盟——即所谓的伦巴第联盟（Lombard League）与教皇结盟，以对抗德意志皇帝"红胡子"弗里德里希（Frederick Barbarossa，1122—1190）的帝国构想，于历史学家而言具有特殊意义。人们常常指出，在整个意大利复兴运动（Risorgimento)④期间，该联盟被视为一个本质上的、爱国主义的记忆之场（lieu de mémoire），尽管一些反教权主义的民族主义者认为它令人不安。⑤例如，众所周知，威尔第（Verdi，1813—1901)⑥的《莱尼亚诺战役》（La battaglia di Legnano）于 1849 年 1 月在罗马首次公演时被视为意大利独立的激动人心的战斗口号；正如词作家萨尔瓦托雷·卡马拉诺（Salvatore Cammarano，1801—1852)⑦向作曲家说明的那样，他决心以"意大利历

---

① 当时意大利的领主们忙于内斗，无暇抵抗查理八世的侵略。因此查理八世在征服初期没有受到像样的抵抗。人们称他用"粉笔"征服了意大利，意思是查理八世除了在其士兵沿着半岛行军时要驻扎的房屋上做记号外什么也没做。——译者注

② 意大利外交家、政治家、哲学家与历史学家，著有《君主论》。——译者注

③ 关于对意大利中世纪城市在 19 世纪中重要性的思考，参见 G. Tabacco, 'La città italiana fra germanesimo e latinità nella medievistica ottocentesca', in R. Elze and P. Schiera (eds), *Il Medioevo nell'ottocento in Italia e Germania/Das Mittelalter im 19, Jahrhundert in Italien und Deutschland. Italia e Germania. Immagini, modelli, miti fra due popoli nell'Ottocento: il Medievo/Das Mittelalter. Ansichten, Stereotypen und Mythen zweier Völker im neunzehnten Jahrhundert: Deutschland und Italien* (Bologna and Berlin, 1988), pp. 23—42. 同样有用的是 P. Schiera 在上书中的引言 ibid., pp. 9—22, 以及 I. Porciani, 'Il medioevo nella costruzione dell'Italiaunita: la proposta di un mito', ibid., pp. 163—191.

④ 即 19 世纪至 20 世纪初期，意大利逐渐统一的过程。——译者注

⑤ 关于作为记忆之场的莱尼亚诺（Lennano）和蓬蒂达（Ponida），参见 Brunello, 'Pontida', in M. Isnenghi (ed.), *I luoghi della memoria. Simboli e miti dell'Italia unita* (Rome-Bari, 1996), pp. 16—28.

⑥ 即 Giuseppe Fortunino Francesco Verdi, 意大利作曲家，曾为许多歌剧谱曲，后文的"作曲家"即指威尔第。——译者注

⑦ 意大利词作家与剧作家，《莱尼亚诺战役》由其作词，威尔第谱曲。——译者注

史上最光荣的时代"(l'epoca più gloriosa della storia d'Italia)来写作。①
乔瓦尼·贝谢特(Giovanni Berchet，1783—1851)②于 1829 年发表的
《幻想》(Le fantasie)将联盟时代描述为"意大利历史上最美丽、最辉
煌的时代"(l'epoca più bella, più gloriosa della storia italiana)。③未来的
伦巴第档案馆(Archivio Storico Lombardo)的创始人切萨雷·坎图
(Cesare Cantù，1804—1895)④写下广受欢迎的浪漫诗《阿尔及索与伦
巴第联盟》(Algiso o la Lega Lombarda，1828 年)。⑤与此同时，焦贝蒂
(Gioberti，1801—1852)⑥在 1843 年观察到："在古代和近代史中，
都还没有发现能与伦巴第联盟史诗般的威严相提并论的事物。"(Io
trovo nulla nella storia antica e moderna che in epica maestà pareggi la
confederazione lom barda.)⑦三年后，切萨雷·巴尔博(Cesare Balbo，
1789—1853)⑧将《康斯坦茨和约》(Peace of Constance)⑨之前的一个
世纪(尤其是 1164 年后的时期)⑩称为"我们美丽时代中最美丽的"
(il più bello di nostra bella età)。⑪三十年后，巴尔博创作完成了一部未

---

① 转引自 M. Fubini, 'La Lega Lombarda nella letteratura dell'Ottocento', in Fubini,
*Popolo e stato in Italia nell'età di Federico Barbarossa. Alessandria e la Lega Lombarda. Rela-
zioni e communicazioni al XXXIII congresso della Fondazione di Alessandria* (Turin，1970)，
pp. 401—420，here p. 406.
② 意大利诗人，热心民族主义活动，参加过多次发生在意大利的革命。——译者注
③ Fubini, *Popolo e stato*, p. 17. 关于贝谢特，亦可参见 Fubini, 'La Lega', and A. Lyt-
telton, 'Creating a national past：History, myth and image in the Risorgimento', in A. Russell
Ascoli and K. von Henneberg (eds)，*Making and Remaking Italy：The cultivation of national
identity around the Risorgimento* (Oxford，2001)，pp. 27—74，here pp. 47—48.
④ 意大利历史学家。——译者注
⑤ Lyttelton, 'Creating', pp. 48—49.
⑥ 意大利哲学家、政治家，1848—1849 年间任撒丁王国首相。——译者注
⑦ V. Gioberti, *Del Primato morale e civile degli italiani*，3 vols (Lausanne，1846)，
p. 370.
⑧ 意大利作家、政治家，1848 年任撒丁王国首相。——译者注
⑨ 1183 年，巴巴罗萨与伦巴第联盟签订的条约，结束了双方之间的战争。条约规定皇帝
放弃在北意大利城市任命官员等权利，城市有权选举自己的执政官，但需由皇帝授职。各城市
名义上承认皇帝的宗主权，皇帝派代表在各城市行使司法权。——译者注
⑩ 1167 年建立的伦巴第联盟继承自 1164 年建立的维罗纳联盟，因此 1164 年是意大利城
邦联合反对巴巴罗萨的开端，故巴尔博强调 1164 年后的时期。——译者注
⑪ C. Balbo, *Sommario della storia d'Italia* (Florence，1962)，pp. 182，188.

出版的长篇小说《伦巴第联盟》（*La Lega di Lombardia*）。①马西莫·
达则格里奥（Massimo D'Azeglio，1798—1866）②也开始创作一本名为
《伦巴第联盟》（*La Lega Lombarda*）的小说，并将这一时期描述为
"我们历史上最美丽、最明亮的时期"（la più bella e luminosa della
storia nostra）。③更激进的爱国者同样过分赞扬（伦巴第联盟）：马志尼
（Mazzini，1805—1872）④大喊："噢！从第一次会盟到《康斯坦茨和
约》的十六年，抵得上罗马整整两个世纪！"（Oh! I sedici anni, che
corsero dalla prima congrega alla pace segnata in Costanza valgono due
secoli interi di Roma.）⑤热情并没有在统一的后期或完成后消失：人们
只要简单想想焦苏埃·卡尔杜齐（Giosuè Carducci，1835—1907）⑥的
《莱尼亚诺之歌》（*Canzone di Legnano*）和法西斯主义赞歌《青春》
（*Giovinezza*）。⑦

　　尽管对伦巴第联盟的热情极为巨大（阿德里安·利特尔顿［Adrian
Lyttelton，1937—　　］⑧认为只有所谓的"西西里晚祷"［Sicilian Vespers］
可与之匹敌⑨），但它在数个方面给复辟的民族主义者带来了问题。那些

---

①　Fubini, 'La Lega', p. 405.

②　意大利政治家、小说家，1849—1852 年间任撒丁王国首相。——译者注

③　Fubini, 'La Lega'. 1855 年，d'Azeglio 辩称他已经放弃了其计划，因为他已意识到民族神话错误地把与其主君发生冲突的封臣变成了意大利独立的英雄。Massimo d'Azeglio, *Epistolario*（*1819—1866*），vol. I, ed. G. Virlogeux (Turin, 1987), p. xxxvii.

④　即 Giuseppe Mazzini，意大利革命家、民族解放运动领袖、意大利建国三杰之一，后文他所说的第一次会盟指 1167 年伦巴第联盟建立。——译者注

⑤　E. Sestan, 'Legnanonellastoriaromantica', in G. Pinto (ed.), *Storiografia dell'Ottocento e Novecento* (Florence, 1991), pp. 221—240, here p. 229.

⑥　意大利诗人、作家、文学评论家，1906 年成为第一个获得诺贝尔文学奖的意大利人。——译者注

⑦　Brunello, 'Pontida', p. 25.

⑧　意大利历史学家。——译者注

⑨　Lyttelton, 'Creating', pp. 50—58. 西西里晚祷是 1282 年发生在西西里岛上的一次叛乱。法国国王路易九世的弟弟安茹伯爵查理从 1266 年开始作为西西里王国国王卡洛斯一世统治着西西里。法国人的统治十分残暴，当地人不满情绪逐渐积累。起义始于 1282 年 3 月 30 日复活节在巴勒莫郊外的圣灵教堂开始的晚祷。起义的始作俑者尚不清楚，但各种复述都有共同点。大致是法军士兵骚扰参加活动的妇女，由此触发了暴动。从那天晚上开始，数千名西西里岛的法国居民在六周内被屠杀，随后爆发了西西里晚祷战争。意大利民族主义者着重强调该事件中意大利人反抗外国侵略的特征。——译者注

现代的北方联盟（Lega Nord）①试图将这场斗争作为一个地区性的记忆之场来加以利用的相关做法，暗示了对抗巴巴罗萨之举本质上是北方行动。②但这一段经历也是不同寻常的，因为它代表了意大利人团结一致对抗外国人的罕见例子。正是意大利历史上的这种奇怪之处（不同邦一度形成有效同盟的能力）使 19 世纪许多爱国者感到联盟是光荣的一段经历，它值得效仿，或者至少，它应得到研究，以教会人们一些有关合作与崩溃的经验。然而，当人们关注联盟的荣耀，尤其是它的胜利时，得到的一个明显结果是：它突出了意大利人在其历史上大部分时间里，即使面对入侵，也无法解决他们之间的分歧。他们很容易恢复到自相残杀和派系冲突的状况，更不用说他们经常有着自我毁灭的冲动，甚至邀请外国人跨过阿尔卑斯山来帮助他们与自己的同胞算账。此外，正如我们将要看到的那样，复兴运动时代的意大利内外历史学家都清楚地意识到，即使在半岛过去最辉煌的时期（虽然相当短暂），在半岛过去的片段中，等级经常被打破，而且"德意志"敌人几乎总是得到意大利盟友的支持。

　　本章的目的是考察关于同盟的一些更为严肃的历史研究。这些研究避免了鼓吹者和漫不经心的神话制造者评论中显而易见的最为粗糙的解释。在研究中，笔者将研究历史学家采用的一些策略，因为这些策略可以使联盟得到如此积极的诠释。此外，笔者想探讨不同的历史学家如何使用非常相似的叙事结构，以适应特定的意识形态和修辞目的。同时，笔者将尝试揭开意大利人撰写同盟的方式是否存在独特的"民族"方法，以便使他们与撰写相同主题的外国历史学家区别开来。 361

　　本章内容还远远不够详尽，笔者只是聚焦于一些具有代表性的历史学家。首先，笔者探索了 18 世纪伟大历史学家卢多维科·安东尼奥·

----

① 　意大利一个右翼、民粹主义和保守的政党，成立于 1991 年，由意大利北部和中北部的六个地区政党组成。——译者注

② 　关于对联盟神话现代利用的讨论，参见 E. Coleman，'The Lombard League：History and Myth'，in J. Devlin and H. B. Clarke（eds），*European Encounters：Essays in memory of Albert Lovett*（Dublin，2003），pp. 22—45.

穆拉托里（Ludovico Antonio Muratori，1672—1750）留给19世纪历史学家的遗产。他对事件的基本概述（常常是他的解释）影响了以后一个世纪的所有后续历史学（著作）。然后，笔者将重点介绍意大利学者和非意大利学者的一些作品。这些作品把1152—1183年的事件更广泛地置于中世纪意大利历史的背景下。这些文本是：说法语的瑞士人西蒙德·西斯蒙第（Simonde de Sismondi，1773—1842）所著《意大利共和政体的历史》（*Histoire des républiques italienne*）①；普鲁士人海因里希·利奥（Heinrich Leo，1799—1878）所著《意大利史》（*Geschichte von Italien*）②；还有皮埃蒙特（Piedmontese）的温和派保皇党人切萨雷·巴尔博③及进步的米兰自治论者卡洛·卡塔尼奥（Carlo Cattaneo，1801—1869）之作品。④最后，笔者转向两本翔实的专题著作，它们特别清晰地揭示了如何通过当代政治的透镜来看待有关意大利过去之书写，并借助这种书写以实现当代政治目标。第一本是约翰内斯·沃伊特（Johannes Voigt，1786—1863）所著《伦巴第联盟史》（*Geschichte des Lombarden-Bundes*）。该书最初于1818年以其原初德语版本出版；得益于1848年革命所带来的新政治秩序，显然是经过漫长准备的意大利语译本在五日暴动（cinque giornate）⑤后不久便在米兰出版了。⑥第二本是本笃会会士路易吉·托斯蒂（Luigi Tosti，1811—1897）所著《伦巴第

---

①　J. -C. -L. Simonde de Sismondi，*Histoire des républiques italiennes du moyenâge*，16 vols（Paris，1809）. 之后的参考文献出自1826年的修订版（Paris，1827）。

②　H. Leo，*Geschichte von Italien*（Hamburg，1829）.

③　C. Balbo，*Sommario della Storia d'Italia*，ed. Maria Fubini Leuzzi（Florence，1962）. 该作品最初作为《新编流行百科全书》（*Nuova Enciclopedia Popolare*，Turin，1846）的一部分出现。该作品随后有24个不同的版本被出版，最重要的是《意大利从起源到1814年的历史概要》（*Della Storia d'Italia dalle origini fino all'anno 1814. Sommario*，Lausanne，1846）。这里引用的Sansoni版本是基于1850年的第9版。

④　C. Cattaneo，*Notizie naturali e civili su la Lombardia*（Milan，1844）. 此处的引用来自 C. Cattaneo，*Scritti su Milano e la Lombardia*，ed. Ettore Mazzali（Milan，1990），pp. 167—310.

⑤　1848年，奥地利士兵无端杀害一名米兰人引发了反对奥地利在米兰统治的暴动，暴动持续五天因而得名五日暴动。——译者注

⑥　J. Voigt，*Geschichte des Lombarden-Bundes und seines Kampfes mit Kaiser Friedrich dem Ersten. Aus den Quellen dargestellt*（Königsberg，1818），*Storia della Lega Lombarda e delle sue guerre coll'imperatore Federigo I. Tratto dalle fonti originali*（Milan，1848）.

联盟史》（*Storia della lega lombarda*）。它也是在 1848 年革命（quar-antotto）最令人兴奋的时期所出版的。[1]

穆拉托里

1866 年，历史学家切萨雷·维格纳蒂（Cesare Vignati，1814—1900）为这样一个事实悲叹，即关于联盟的史书很少使用原始史料。[2]他认为，这部分是由于外国入侵者销毁了意大利档案的结果，同时它也源于"对我们古老记忆的糟糕保存"（la mala custodia delle nostre antiche memorie）。但意大利人不仅没有照顾好他们的民族遗产，同时由于文件在不同城市之间分散，使问题变得更加复杂。维格纳蒂有关意大利历史学界缺点的评述是对意大利历史困境的一种隐喻：可恶的外国人只是部分原因，内部分裂和意大利意志的失败加剧了它所面临的困难。[3]维格纳蒂更感到失望的是，即使是容易获得的文件也常常被人们忽视，包括穆拉托里出版的著作中也是这样。[4]尽管维格纳蒂对穆拉托里的忽视感到恼火，但后者的作品在其 1750 年去世后给随后一个世纪的作者们投下了巨大的阴影：穆拉托里体量巨大的文件集——《意大利史料集》（*Rerum italicarum scriptores*，28 vols，1723—1751）和《中世纪意大利古文物》（*Antiquitates italicae medii aevi*，6 vols，1738—1742）——再加上他的《意大利中世纪文物研究》（*Dissertazioni sopra le antichità italiane*）以及《意大利编年史：从 1500 年的庸俗时代开始（到 1749 年）》（*Annali d'Italia dal principio dell'era volgare sino all'anno 1500*（—1749），

---

① L. Tosti，*Storia della lega lombarda*，*illustrata con note e documenti*（Monte-Cassino，1848）．本章未讨论 1867 年至 1876 年间发表的关于伦巴第联盟的各种地方研究。它也没有涉及 G. Di Cesare，*Glorie italiane del XII secolo ossia la lega lombarda*（Naples，1848）．

② C. Vignati，*Storia diplomatica della Lega lombarda con xxv documenti inediti*（Milan，1866）．

③ Vignati，*Storia*，p. 9.

④ Vignati，*Storia*，pp. 11—12.

Milan，12 vols，1744—49）成为了中世纪意大利（包括伦巴第联盟）的后来大部分记载的主要来源依据。①

　　然而，穆拉托里与其 19 世纪继承者之间的联系并不简单。这位 18 世纪的历史学家强调，他渴望纠正历史书写的不平衡感。在他看来，人们一直过分强调古罗马，而忽略了公元 500 年到 1500 年这一时期。实际上，穆拉托里夸大了人们对中世纪的漠视态度：近代早期许多意大利历史学家对该时期表现出了极大兴趣。穆拉托里重视中世纪的原因不仅仅在于弥补空白。他之所以想研究这一时期，是因为"艰难困苦的几个世纪之历史"突出了他有生之年中所发生的进步。与中世纪相比，18 世纪的意大利不仅比中世纪和平得多，而且文学、科学与宗教都比之前的时代更加繁荣。②这种对当代生活极度乐观的看法，会让 19 世纪的爱国主义作者感到不安，因为他们目睹了意大利在外国霸权下备受煎熬。尽管穆拉托里强调了其所处时代的普遍安乐，但他承认了较早时期的积极状况。特别是，他认为，中世纪的意大利并不比西欧的任何其他地方要糟糕，③而且令人惊讶的是，反复的国内冲突也曾带来了明显的好处。在这一点上，他为 19 世纪的几乎所有作者奠定了基础，后者将尽力利用城市国家时代分裂和好战的属性。尽管穆拉托里一再宣称他蔑视蛮族强调武装而非文治的做法，但他认识到动员军队之需求在结束奴隶制方面发挥了重要作用：只有自由人才能被武装起来而不用冒叛乱的风险。此外，在意大利严重分裂的情况下，独立的小城邦与近邻结下血海深仇，这使自由得以发展，尤其是因为逃亡的奴隶能轻易溜进敌方领土。④敌对城市之间不断发生的冲突造成了北意大利的军事化，而军事化带来了苦

---

① 我感谢 Gianluca Raccagni 向我指出，其他更晚的作品仍然如此，包括如 J. Ficker，*Zur Geschichte des Lombardenbundes*（Vienna，1869）.

② G. Falco and F. Forti（eds），*Opere di Lodovico Antonio Muratori*（Milan and Naples，1964），pp. 488—489.

③ Falco and Forti，*Opere*，p. 591.

④ Falco and Forti，*Opere*，pp. 606—607.

难，但却培养了骄傲和自由。①

穆拉托里的矛盾心理在他有关米兰的论述中最为明显，这一点又得到了后来作者的附和。他诋毁这座城市的"贪得无厌"（insaziabil cupidità），②它是不稳定和仇恨的根源。但他又称赞该市居民的精力和韧性。穆拉托里对当时的德意志皇帝③也极为矛盾，穆拉托里承认皇帝拥有"罕见的天赋"（rare doti）以及"无与伦比"的才华（valore impareggiabile），但同时也强调了他的野蛮苛刻与残忍性格，④而它们最终导致皇帝在莱尼亚诺战败。⑤然而，穆拉托里从未忽略过这样一个事实，即尽管北方城市有时结盟，但它们总是优先考虑自己的特定利益而相互冲突。这一点考虑优先于它们抵制外来干预的行动。

西斯蒙第

西斯蒙第对意大利共和政体所进行的意义深远的研究，被认为是该世纪最有影响力的历史书籍之一。这部作品的基本原则是，如果说历史研究教会了我们任何有价值的东西，那就是"政府是人民特性最有效的成因。"（le gouvernment est la cause la plus efficace du caractère des peuples.）⑥在西斯蒙第的描述里，中世纪的意大利共和政体体现了人们 364 夺回恺撒专制统治下所失去自由之行动。因而他的研究"比起意大利的历史更多的是意大利共和政体的历史"（moins l'histoire de l'Italie que l'histoire des républiques italiennes.）。⑦因此，于西斯蒙第而言，意大利

---

① Falco and Forti, *Opere*, pp. 1216—1223.
② Falco and Forti, *Opere*, pp. 710—711. 亦可参见 p. 1236 对米兰赞扬（Lodi）的牢骚。
③ 指"红胡子"弗里德里希。——译者注
④ Falco and Forti, *Opere*, p. 1236.
⑤ Falco and Forti, *Opere*, p. 1254. 于穆拉托里而言，并不是伦巴第联盟使弗里德里希屈膝，而是因为"上帝之手"（la mano di Dio）对皇帝虐待教会和其残暴的惩罚。
⑥ Sismondi, *Républiques italiennes*, vol. I, p. v.
⑦ Sismondi, *Républiques italiennes*, vol. I, p. xiv.

历史上最激动人心的时期是从 10 世纪到 12 世纪，当时意大利的共和政体"对文明、贸易和欧洲政治平衡具有最显著的影响。"（ont eu [...] l'influence la plus marquée sur la civilization，sur le commerce，sur la balance politique de l'Europe'）。①像穆拉托里一样，西斯蒙第也意识到了，意大利被分割成许多狭小领土集团的情况存在着根本弱点：这不仅使它容易受到外部攻击，而且还助长了意大利人与近邻发生冲突的倾向。然而，与他的 18 世纪前辈一样，西斯蒙第看到了这种城市间对立所带来的好处。他认为战争和入侵一直是意大利自由复兴的关键动力。例如，在《意大利共和政体》的第一卷中，西斯蒙第解释说，如果查理曼（Charlemagne，748—814）统治时期所提供的相对稳定性得以维持，这对意大利来说将是灾难性的。一个伟大帝国内部的和平威胁并削弱着任何独立的精神，政府推行的统一之举可以保证短期的安乐，但会导致更长期的停滞："它可能会更早达到文明程度，但它那时会像中国一样静止不动，没有能量、没有力量、没有荣耀、没有天才、没有美德。"（elle seroit arrivée plus tôt peut-être à une demi-civilization；mais elle seroit restée ensuite stationnaire comme la Chine，sans énergie，sans pouvoir，sans gloire，sans génie e sans vertu.）②人类的福祉最终是"把大帝国分成小民族和小政府"（demandoit la division des grands empires en petits peuples），因为"只有小政府 [...] 会仔细关心眼下的事物。"（l'attention minutieuse [...] aux objets qu'ils auroient immédiatement sous les yeux.）③西斯蒙第甚至辩称，一个地区不受强大君主的保护是一种积极优势。因此，如贪婪的萨拉森人（Saracens）和掠夺成性的马扎尔人（Magyar）"产生对自由城市最立竿见影的影响"（onteul'influence la plus immédiate sur la liberté des villes）：由于缺乏强大统治者的保护，

---

① Sismondi，*Républiques italiennes*，vol. I，p. xvii.
② Sismondi，*Républiques italiennes*，vol. I，p. 23.
③ Sismondi，*Républiques italiennes*，vol. I，p. 20.

意大利人为了城市所提供的更高安全性而遗弃乡村。在这样的城市空间里，与分散的乡村社区相比，他们更有可能发展公民品德和政治意识。此外，为了抵抗侵略者，城市既要建立防御工事，又要让公民参加民兵组织，这有助于重建在蛮族统治下变得软弱的意大利人的政治美德。[1]

在西斯蒙第的叙述里（继穆拉托里之后），意大利北部及中部城市规模和独立性的增长伴随着激烈竞争。但他积极地看待由此产生的冲突：正是通过市政自豪感和兵役，爱国主义（在西斯蒙第的《意大利共和政体》中只有在城市中才能找到"祖国"（patrie）的所在[2]）、自由和独立得到了培养。西斯蒙第强调，到 12 世纪，城市国家间的惯常竞争使它们像任何君主一样扩张。相邻的帕维亚和米兰（伦巴第中最强大的两个邦）之间的仇恨导致它们试图通过征服来增加荣耀和安全性。反过来，这使得脆弱的较小邦寻求两个占据统治性地位城市的保护，从而形成了两个敌对的阵营。[3]由此产生的冲突通常远远不是残酷的，[4]而竞争带来了明显的好处：战争使公民忠于自己的城市，并培养了他们对自由的热爱；冲突使公民纪律严明并更加坚强。内战实际上是可取的：当"巴巴罗萨"第一次进军意大利时，其军队的高素质是他们在德意志最近的自相残杀中顽强战斗的直接结果。[5]

尽管西斯蒙第尊重德意志士兵，但他坚持认为，他们与意大利人的战斗方式存在根本区别。对于"巴巴罗萨"的士兵而言，暴行是自然而然的。[6]西斯蒙第认为，德意志的暴行最初与城市国家的人道和文明行为

365

---

[1]　Sismondi, *Républiques italiennes*, vol. I, pp. 36—40.

[2]　西斯蒙第仅使用"祖国"来指代各个城市。参见，如 Sismondi, *Républiques italiennes*, pp. vol. II, 92, 131, 179. 有趣的是，他还提到了"伦巴第民族"（la nation lombarde, p. 155），甚至将各个城市称为"各民族"。Sismondi, *Républiques italiennes*, vol. II, pp. 6—7.

[3]　Sismondi, *Républiques italiennes*, vol. II, pp. 2—4.

[4]　Sismondi, *Républiques italiennes*, vol. II, p. 5. 西斯蒙第确实承认了这一一般规则的例外，尤其是 1111 年米兰人夷平洛迪（Lodi）。Sismondi, *Républiques italiennes*, pp. 6—7.

[5]　Sismondi, *Républiques italiennes*, vol. II, p. 43.

[6]　Sismondi, *Républiques italiennes*, *passim*. 西斯蒙第对德意志军队行为，尤其是胜利后行为的解释变成一种固定公式。参见如对战败城市的简洁描述，vol. II, pp. 53—70.

形成了鲜明对比：伦巴第人甚至在进攻前预先警告敌人。①弗里德里希的战争使意大利变得残酷。随着西斯蒙第叙述的展开，对意大利人掠夺和浪费敌人土地的描写越来越多。然而，他们从来没有真正的"野蛮"：尽管偶尔会采取残酷的行动，伦巴第军队的行为却被捍卫自由、公民自豪感和独立的基本道德之愿望所救赎。即使作为胜利者，他们也保持对被击败之同胞的尊重。例如，在 1158 年迫使洛迪贾尼（Lodigiani）投降时，米兰人只希望宣誓服从，既不要求获得人质，也不在被击败的城市驻军。②在极少数情况下，当伦巴第人从事德意志一般的恶毒行径时，

366　　西斯蒙第寻找借口：当克雷默内西（Cremonesi）和帕韦西（Pavesi）与弗里德里希并肩作战"伴随着野蛮"（avec la barabarie），这是合理的，因为他们受到米兰的"长期压迫"（longue oppression）。③即使在犯下过激行为时，意大利人的行为也是出于自由精神。

　　在西斯蒙第的叙述中，德意志人和伦巴第人之间的差异性不断得到强调。弗里德里希本人被描绘成勇敢与"渴望荣耀的"（avide de gloire）。西斯蒙第笔下的皇帝还决心维护他在意大利的权威，"他认为独立是一种叛乱的状态"（dont，ilconsideroitl'indépendancecomme un état de révolte），④并且他要重新征服"罗马帝国的古老边界"（les anciennes-limites de l'empireromain）。⑤正是这种他对自己拥有（意大利）完全主权的信念，使弗里德里希在追求自己目标时完全是务实的，⑥能够实施惩罚性的报复与骇人听闻的暴行，正如其于 1159 年绞死克雷马（Cremas-

---

① Sismondi，*Républiques italiennes*，vol. II，pp. 56，72.

② Sismondi，*Républiques italiennes*，vol. II，p. 83.

③ Sismondi，*Républiques italiennes*，vol. II，p. 91.

④ Sismondi，*Républiques italiennes*，vol. II，p. 46. 关于弗里德里希对共和主义的仇恨，亦可参见 p. 67.

⑤ Sismondi，*Républiques italiennes*，vol. II，p. 137.

⑥ 参见如西斯蒙第对弗里德里希偏爱帕维亚而非米兰的解释。Sismondi，*Républiques italiennes*，vol. II，p. 52. 关于弗里德里希意识到如何有效地利用分裂和规则，参见 Sismondi，*Républiques italiennes*，vol. II，p. 151.

chi）的俘虏那样。[①]于西斯蒙第而言，所有德意志人都是专制的，放纵的，被一种对鲜血的渴望所驱使。[②]相反，伦巴第人偶尔敢于采取残酷的报复，但他们的动机既有对独立的热爱，[③]也有对意大利同胞的同情，尽管他们之间有着令人悲痛的分歧。后者的最好例子是西斯蒙第有关弗里德里希在 1162 年摧毁米兰后的描述：当"米兰移民"（émigrés milanais）从一个城市流浪到另一个城市，他们没有遇到来自以前敌人的欢呼，取而代之的是敌人们尊重米兰人的勇敢，并在餐桌上欢迎米兰人。[④]

　　西斯蒙第意识到，这种相互支持与意气相投不会持久。即使是在反抗弗里德里希的高潮中（在所谓的维罗纳联盟［League of Verona］期间以及 1167 年伦巴第联盟成立于蓬蒂达（Pontida）后的十年中），帝国的事业仍然得到了很多人支持，城市之间也相互嫉妒。在维罗纳联盟期间，几个城市联合起来支持帝国事业。尽管据西斯蒙第所说，弗里德里希从未信任伦巴第军队。[⑤]西斯蒙第也清楚地表明，这些城邦加入伦巴第联盟往往是三心二意的，当然这种加入也从来没有成为普遍行为。洛迪贾尼长期以来一直拒绝其前盟友克雷默内西的加入邀请，最终，它们只是被军事力量说服了。[⑥]其他城市甚至更不情愿入伙：诺瓦拉（Novara）和科莫（Como）只是在 1168 年弗里德里希已撤退到德意志后才来依附。[⑦]蒙费拉藩侯（Marquis of Monferrat）和帕维亚从未对帝国事业犹豫不决。[⑧]甚至在弗里德里希于 1176 年被打败前，背叛就开始了[⑨]：在莱尼亚诺，科马斯基（Comaschi）与弗里德里希的德意志人一起湮灭。[⑩]其

367

---

①　Sismondi, *Républiques italiennes*, vol. II, p. 111.

②　Sismondi, *Républiques italiennes*, vol. II, p. 55.

③　西斯蒙第强调封建贵族并未分享这种共和主义者对自由的热爱。

④　Sismondi, *Républiques italiennes*, vol. II, p. 132.

⑤　Sismondi, *Républiques italiennes*, vol. II, pp. 146—147.

⑥　Sismondi, *Républiques italiennes*, vol. II, pp. 154—157.

⑦　Sismondi, *Républiques italiennes*, vol. II, p. 169.

⑧　Sismondi, *Républiques italiennes*, vol. II, pp. 170, 174.

⑨　Sismondi, *Républiques italiennes*, vol. II, pp. 183—184, 216.

⑩　Sismondi, *Républiques italiennes*, vol. II, pp. 207—209.

他人在随后的和平谈判中叛逃到弗里德里希的营地。在每个城市中，都有亲帝国派系，"尤其是绅士们"（surtout parmi les gentilshommes）。于西斯蒙第而言，在面对外国入侵时的这种分裂远远不具备教化作用。他特别迅速地谴责了那些在《康斯坦茨和约》后讨好皇帝的贵族和绅士，并把他们的动机归因于这样一个事实，即"虚荣、野心和贪婪只有朝廷的支持才能得到完全满足。"（la vanité，l'ambition，l'avarice n'étoient complètement satisfaites que par les faveurs de la cour.）但他也将许多城市国家的背离归因于"城市之间古老的嫉妒之心"（les anciennes jalousies de ville à ville）①的重新唤醒：地方仇恨与怨恨一直困扰着意大利历史。

西斯蒙第背叛了他的瑞士出身，而对把联邦带给独立的城市国家之可能性被浪费一事感到绝望："这是一个重要的时刻［...］意大利在那里建立了一个共和政体的联邦，不幸的是以失败告终［...］。"（C'étoit un moment important［...］où l'Italie pouvoit établir une république fed-erative：malheureusement il fut perdu［...］.）城市国家未能利用一个共同敌人所产生的联合，来形成某些更持久的东西。②在也许是《意大利共和政体》中最重要的一段话里，西斯蒙第赞扬了"小共和政体"（les petites républiques）的优点，同时强调必须组成"一个联邦政府"（un gouvernement fédératif）。小共和政体对一个人整个生命有着重大影响，"它是他童年的摇篮"（le berceau de votre enfance），"在这个国家内，你们可以与同胞一起分享国家的主权"（l'état entire，dont vous pouvez partager a souveraineté avec vos concitoyens）。然而正是这样的一个共和政体为每个人成为"可能是什么样的人"③（ce que l'homme peut être）提供了完美的舞台，因此，在一个联邦内，每个小共和政体都有机会"尽其所能"（a son tour toute l'énergie dont il est capable）。这种

---

① Sismondi，*Républiques italiennes*，vol. II，pp. 212—214.
②③ Sismondi，*Républiques italiennes*，vol. II，p. 174.

联盟的根本优点在于，它们作为扩张主义者完全是低效的，并与其捍卫
自己主权的能力形成对比。[1]于西斯蒙第而言，悲剧在于对自由的热爱渗
透在伦巴第抵抗"巴巴罗萨"之举中，却没有在莱尼亚诺战役之后导向一
个联邦的建立："[...] 有了联邦制的宪法，意大利仍然是自由的，它的大
门并不会一直向所有玩弄人民幸福的征服者敞开。"（avec une constitution
fédérative, l'Italie seroit demeurée libre, et ses portes n'auroient pas été tou-
jours ouvertes à tous les conquérans qui se jouent du bonheur des peuples）。[2]
因此，以1183年《康斯坦茨和约》为结果的"建立意大利自由之长期斗
争"（la longue lutte pour l'établissement de la liberté italienne），未能创造一   368
个持久的协议以使各共和政体能够在不受外国干涉的情况下繁荣发展。相
反，意大利北部和中部再度陷入"城市内乱与邻国间的竞争"，与此同时
"国家权力被动荡中的贵族或血腥暴君所篡夺。"（l'autorité nationale
futusurpée par une noblesse turbulente, ou par les tyrans sanguinaires）[3]

利　奥

　　西斯蒙第的作品为讨论伦巴第联盟及其在形成共同政治制度和身份
认同方面所扮演的（失败）角色设定了规范。海因里希·利奥是一位从
非常不同的政治与民族角度做出回应的历史学家。利奥不容易得到归
类：他是体操之父弗里德里希·路德维希·雅恩（Father Jahn，1778—
1852）[4]年轻的民族主义支持者；他一度是黑格尔的信徒（利奥最终与其
朋友的想法保持距离）；他是一位主要的虔信主义思想家（尽管如此，
他仍在寻求天主教徒与新教徒之间的和解）；他像俾斯麦一样是格拉赫

---

[1]　Sismondi, *Républiques italiennes*, vol. II, p. 175.
[2]　Sismondi, *Républiques italiennes*, vol. II, p. 176.
[3]　Sismondi, *Républiques italiennes*, vol. II, pp. 233—4.
[4]　雅恩是德意志教育家、体操运动创始人以及民族主义者，他试图以体操激发德意志青
年的民族自觉和爱国热情。——译者注

兄弟（Gerlach brothers）①圈子的一员；他是普鲁士保守派观点的杰出且（有时是）尖酸刻薄的发言人。最重要的是，他也许是最著名的一个令人讨厌的批评兰克的人。②利奥的研究范围最终将遍及整个欧洲历史，但他接受的是成为中世纪学者和意大利专家的学术训练。他 1820 年的博士论文题为《中世纪伦巴第城邦的宪法》（*Über die Verfassung der freyen lombardischen Städte im Mittelalter*）。他 1824 年的教授任教资格论文题为《皇帝弗里德里希一世到意大利前伦巴第城邦的发展与宪法》（*Entwickelung und Verfassung der lombardische Städte bis zur Ankunft Kaiser Friedrichs I. in Italien*）。尽管利奥的长处是文体论和文献学，但他也非常了解有关 12 世纪伦巴第的可用资料来源。③

利奥有关伦巴第联盟的论述基于比西斯蒙第更为细致的理解。普鲁士人避开了轶事趣闻，而西斯蒙第尽管有着宏大的方法论主张，但却如此依赖这些轶事。④此外，尽管西斯蒙第郑重声明民族性格本质上是政府的产物，但其作品是由意大利人和德意志人与生俱来的强大差异感所支撑的。利奥表面上更倾向于将基本特征归因于这两个"国家"。他强调 12 世纪的意大利只能以个人、城市、阶级和国家之间为利益相互竞争的形式来理解。在集体层面上，利益并没有反映出固定特征，而是由经济考虑、思想力量以及法律和制度演变而决定的。利奥对这些影响的敏感使他远没有日内瓦人⑤那样本质主义（essentialist）。

369

---

①　指 19 世纪上半叶普鲁士著名的保守派兄弟，长兄利奥波德·冯·格拉赫曾担任普鲁士国王威廉四世的副官长，对政治有重大影响，弟弟路德维希·冯·格拉赫则是法官和政治家。——译者注

②　关于利奥与兰克的冲突之描述，参见 A. Grafton, *The Footnote：A curious history* (Cambridge, MA, 1997), pp. 65—67.

③　关于利奥的职业生涯，参见 C. Freiherr von Maltzahn, *Heinrich Leo（1799—1878）. Ein politisches Gelehrtenleben zwischen romantischen Konservatismus und Realpolitik*（Göttingen, 1979）；以及 P. Krägelin, *Heinrich Leo：Sein Leben und die Entwickelung seiner religiösen, politischen, und historischen Anschauungen bis zur Höhe seines Mannesalters*（1799—1844）（Leipzig, 1908）.

④　Leo, *Italien*, p. 60.

⑤　指西斯蒙第。——译者注

利奥对意识形态的重视呼应了他对近代和当代政治的关注。因此，他认为弗里德里希在意大利的战争之所以恐怖，并非源于意大利人和德意志人之间的不相容，而是源于他们所代表的意识形态的不同。利奥通过将意大利战争与法国大革命战争及拿破仑战争作含蓄的比较，认为冲突的根源在于"精神旨趣"（geistige Interessen）。因此，战争失去了防御性，成为残酷的意识形态圣战。因此，矛盾将不愿放弃早期所获权利的"德意志人"（die Deutschen）和"意大利人"（Italien）（注意利奥这里指的是一个单一国家）对立起来，后者的精神生活和政治生活刚刚繁荣起来，不会安静地接受一个异族德意志骑士的统治。①根据利奥的说法，"巴巴罗萨"为捍卫自己名字的荣耀与帝国权利而战，米兰人则为他们的自由与独立，以及防止独特的意大利方式被毁灭而战。②这样的解释并非与西斯蒙第完全不同。然而，利奥不像西斯蒙第，他拒绝接受文明的意大利人与野蛮专横的德意志人之二分法。当他讨论弗里德里希的性格和战争的恐怖时，这一点尤为明显。

利奥笔下的弗里德里希是个复杂的人物——他起初就对意大利事务犹豫不定，并且从未（甚至在《康斯坦茨和约》之后）理解它们。事实上，利奥将弗里德里希的第一次意大利之行描述为处理地方政治的一种尝试，而非坚持帝国主张。③利奥将弗里德里希的意大利政策描绘为由于弗里德里希的"陌生感"（Fremdigkeit）而存在严重的先天不足。④此外，他的成长经历使他对自己作为皇帝的角色产生了完全扭曲的观念："弗里德里希对他的帝国荣耀和帝国事业有着完全奇妙的幻想。"（Friedrich hatte von seiner kaiserlichen Würde und von seinem kaiserlichern Berufe eine durchaus phantastische Vorstellung）⑤危险的是，弗里

---

① ② Leo, *Italien*, p. 68.

③ Leo, *Italien*, p. 51. 关于弗里德里希在 1177 年后不能理解他计划的失败，参见 Leo, *Italien*, p. 113.

④ Leo, *Italien*, p. 52.

⑤ Leo, *Italien*, p. 54.

德里希寻找帝国的先例——查理曼、古罗马皇帝们、基督教英雄君士坦丁（Constantine，约 272—337）[1]和伟大的立法者查士丁尼（Justinian，482—565）[2]——以将其渴望在整个意大利获得"荣耀"（Herrlichkeit）之举合法化。[3]但这样做，他不仅使自己站到了意大利习俗和传统的对立面，[4]而且他矛盾地诉诸于历史先例，反对意大利有机且根深蒂固的制度：皇帝自己变成了"革命者"。[5]尚不清楚利奥在做出这种判断时是否考虑了其时代的政治。他是在谴责哈布斯堡对德意志联盟（German Confederation）的统治，还是在攻击最近被打败的拿破仑帝国[6]？我们能够明确的是，利奥把在意大利的皇帝视为一个干涉者，皇帝是一个永远不会理解该半岛的社会或政治性质的局外人：最终是由于这次失败（在这里很难相信利奥没有想到相似于拿破仑之处），弗里德里希不能指望强加其帝国愿望而"没有最恐怖的暴力行为"（ohne fürchterlichste Gewaltsamkeit）。[7]

利奥从未试图粉饰皇帝的性格，并经常强调弗里德里希务实的野蛮行径。[8]但他没有妖魔化皇帝。相反，他将弗里德里希的行为相对化：它们反映了冲突的本质和时代精神。例如弗里德里希在 1162 年米兰投降后夷平它，只是像米兰人在 1111 年对待被征服的洛迪贾尼那样对待米兰人。[9]利奥笔下的弗里德里希也随着时间而改变：四分之一世纪的挫折使执拗而年轻的战士变成了一个柔软而明智的统治者。[10]利奥拒绝赞成德意志人本质上是残暴的。正是为了自由和一种生活方式而不顾一切战斗

---

① 第一位皈依基督教的罗马帝国皇帝，常被称为"君士坦丁大帝"。——译者注

② 拜占庭帝国皇帝，也被称为"查士丁尼大帝"，任内编有《查士丁尼民法大全》。该法被认为是罗马法的最高成就。——译者注

③⑦ Leo, *Italien*, p. 54.

④ Leo, *Italien*, pp. 53—54.

⑤ Leo, *Italien*, p. 55.

⑥ 指拿破仑一世治下的法兰西第一帝国。——译者注

⑧ 参见如 Leo, *Italien*, p. 92.

⑨ Leo, *Italien*, p. 71. 关于弗里德里希类似的夷平克雷马之举，参见 Leo, *Italien*，p. 69.

⑩ Leo, *Italien*, p. 103.

的米兰人带来了战争残暴行为与迂回曲折。普鲁士历史学家明确指出，米兰人的行为迫使弗里德里希的部队抛弃他们的骑士准则，开始像其意大利敌人一样战斗：在 1159 年克雷马围城战（Crema）中，双方都像"易洛魁人"（Irokesen）一样夺走了敌人的头皮。①

利奥对帝国行政程序的容忍度远不及军事暴行。同西斯蒙第一样，利奥在其谴责被任命管理意大利城市的教区神父时是尖酸刻薄的。两位历史学家都认为，帝国市长（podestà）的确立是隆卡利亚会议（Diet of Roncaglia）②最恶性的结果。利奥攻击皇权的这些吸血代理人完全不了解当地的风俗和传统。由于市长，弗里德里希轻易挥霍掉了他通过驯服米兰盛气凌人的野心而在伦巴第大部分地区所建立的信誉。取而代之的是，他用一个更为人所痛恨的行政机构取代了米兰广为厌恶的霸权。市长对其所统治的人民表现出了完全的蔑视态度：城市国家被舞弊者和说谎者占据，人民应为过去对意大利和德意志贵族的傲慢无礼而受到惩罚。这种成见意味着伦巴第人永远不可能希望在帝国的仆人手中得到公正。与此同时，弗里德里希没有意识到意大利和德意志的臣民需要不同的制度和法律。③这意味着帝国政府不会有任何改善：即使单个市长被解雇或者调离，"人变，制不变。"（die Personen wechselten, das System blieb.）④西斯蒙第评判该制度"对自由是致命的"（fatale à la liberté）。⑤于利奥而言，隆卡利亚的制度和法律遗产对弗里德里希比对意大利人来说更具灾难性，因为这将后者推入了共和主义者的阵营或是亚历山大三

371

---

①　Leo, *Italien*, p. 69. 利奥没有说明是谁在克雷马发起了恶行；西斯蒙第直截了当地将之归咎于弗里德里希。*Républiques italiennes*, vol. II, p. 111.

②　1154 与 1158 年在皮亚琴察附近召开的帝国会议，神圣罗马帝国的贵族与意大利北部城市的代表出席，讨论皇帝在这些城市的权利。最终会议的决定有利于皇帝，法学家们承认皇帝的种种特权。城市不愿接受决定，于是双方爆发战争。——译者注

③　Leo, *Italien*, pp. 74—76.

④　Leo, *Italien*, p. 76.

⑤　Sismondi, Républiques italiennes, vol. II, p. 100.

世（Alexander III，约 12 世纪初—1181）①的怀抱：②外国暴政产生了一种复兴的独立精神，它在蓬蒂达宣言中象征着宁愿毁灭而非屈辱地活着。③在这一点上，利奥并非支持意大利的独立国地位，而是揭示了他独特的德意志式浪漫保守主义。他对合理化的法律法规与官僚体制持怀疑态度：法律和制度在有机情况下，在随着时间推移而发展以适应特定的共同体时正常运转。它们不是由上面的一个"巴巴罗萨"，或是一个波拿巴（Bonaparte）④，甚至是一个约瑟夫二世（Joseph II，1741—1790）⑤所强加的。

利奥从意大利城市国家与弗里德里希的冲突中吸取了一些教训。他像所有研究 12 世纪意大利的严肃历史学家一样，充分意识到意大利政治事务中的分歧和裂痕。他还认识到，尽管联盟环绕着诸多荣耀，但其凝聚力是由军事力量而非原则所支撑的：利奥和西斯蒙第同样强调了以下事实，即对战略上重要的洛迪之坚持是通过让民众挨饿而被迫投降才得以实现的。⑥在这里，没有兄弟情谊。当弗里德里希撤退到阿尔卑斯山之外，试图巩固他在德意志的势力后，他意识到联盟持续的时间越长，它就越支离破碎。⑦在利奥的《意大利史》中，意大利城市对相互敌对的容纳能力只有阶级之间、甚至阶级内部的仇恨才能相提并论。⑧

尽管利奥的叙述一再强调意大利人之间的紧张和分歧，但这并不是它的主要信息。隐含于其观察下的核心思想有两部分。首先，一个帝国要想成功，就必须使其政府模式适应任何臣民或被征服土地的传统、法律和习俗。弗里德里希期望伦巴第人民表现得像德意志人一样，这使伦巴第与弗里德里希对立。只有当弗里德里希在《康斯坦茨和约》中接受

---

① 1159—1181 年间任教皇。——译者注
② Leo, *Italien*, p. 76.
③⑥ Leo, *Italien*, p. 91.
④ 波拿巴家族的法兰西帝国皇帝拿破仑一世与拿破仑三世都曾在意大利作战。——译者注
⑤ 神圣罗马帝国皇帝。——译者注
⑦ Leo, *Italien*, p. 93.
⑧ Leo, *Italien*, p. 47. 关于引起的难题，如威尼斯贵族世家间的冲突，参见 p. 94.

伦巴第特权时，他才能确保自己得到广泛承认。①其次，贸易是独立的关
键。弗里德里希灾难性地错误判断了意大利"民族"的本质，试图用纯
粹的军事手段粉碎抵抗。尽管皇帝可能已经**意识到**贸易和繁荣加强了
意大利追求更自由的政治体制之渴望，但他从未完全领悟，仅靠武力
是无法打败这样一个民族的。只有重新引导全球贸易，弗里德里希才
能希望摧毁意大利的抵抗。只要一个"民族"（Volk）在"贸易和教
育"（Handel und Bildung）中占优势，它就永远不会被支配：在战场上
的短期成功和短暂征服是面对"商业的黄金流"（goldene Buch des Han-
dels）时所能达到的全部结果。②西斯蒙第曾辩称，"对自由之爱"
（l'amour per la liberté）是"强大的反专制武器"（arme puissante contre
le despotisme）之关键：对这位日内瓦人而言，这就是为什么奥地利公
爵、腓力二世③和乔治三世（George III，1738—1820）④之统治分别被
瑞士人、荷兰人和美国人推翻的原因。⑤对利奥而言，这是经济学和商业
力量（在起作用）。⑥人们很容易猜测，利奥的立场预示着普鲁士通过关
税同盟（Zollverein）争夺德意志联盟的经济统治地位。

卡塔尼奥与巴尔博

卡塔尼奥是 19 世纪意大利最伟大的思想家。卡塔尼奥是一位博学
家和严谨的实证主义者，是一位民主的联邦主义者。他在米兰的 1848
年革命中扮演了突出角色，同时又令人吃惊地怀念玛丽娅·特蕾莎的统
治。他的《伦巴第的文明与自然知识》（*Notizie naturali e civilisu la*

---

① Leo, *Italien*, p. 113.
② Leo, *Italien*, p. 114.
③ 尼德兰战争时期西班牙国王。——译者注
④ 美国独立战争时期英国国王。——译者注
⑤ Sismondi, *Républiques italiennes*, vol. II, p. 176.
⑥ 利奥没有提及瑞士和美洲殖民地，但把伦巴第联盟和荷兰起义（Dutch Revolt）做了
同样的类比。*Italien*, p. 114.

Lombardia）是在 1844 年 9 月于米兰召开的第六届意大利科学家大会（Congresso degli scienziati italiani）之际写成的。在该文中，他只用了几页高度不精确的文字来描写"巴巴罗萨"的意大利。在卡塔尼奥快速仓促略过事件时，他没有发表任何明确的类似西斯蒙第或利奥书中的那些共和主义声明或反帝国声明：在哈布斯堡治下的伦巴第-威尼西亚王国（Lombardy-Venetia），作者们无法忘记审查官。尽管如此，我们还是可以梳理出卡塔尼奥从这一历史片段中所吸取的教训。城市一直是卡塔尼奥反思中世纪的关键主题。[1]他从不隐匿伦巴第城市国家间的冲突，[2]同时他强调了它们与皇帝的冲突。卡塔尼奥无法翔述弗里德里希的恶行，但他确实从其他方面暗示了弗里德里希的基本残暴行为。例如，在描述米兰受到的围攻和毁灭时，[3]他的语言与几页前描述哥特人（Goths）的过激行为非常相似，尖锐地暗示了 12 世纪的德意志人和 5、6 世纪的蛮族的相似之处。[4]在这断断续续的叙述中，卡塔尼奥的文本对比了弗里德里希军队的力量与最终胜利的意大利城市之勇敢和决心。[5]

但如果卡塔尼奥的关于意大利城邦与弗里德里希冲突之事是一个成功战胜逆境的故事，那么其叙述还有另一个潜台词。与西斯蒙第一样，卡塔尼奥对自由城市作为政治、经济和社会组织的一个单位而深感欣喜。[6]卡塔尼奥也赞同西斯蒙第坚信战争价值观有助于美德产生的至关重要之信念：

　　　　使用武器能重新带来荣誉感 [...]；荣誉产生一切美德；人们

---

① P. Schiera, 'Sviluppo delle scienze sociali e studio del medioevo nell'Ottocento', in *Bulletino dell'Istituto Storico Italiano per il Medio Evo* 100（1995—1996）：*Studi medievali e imagine del medioevo fra ottocento e novecento*（Rome：1997），pp. 65—108, here p. 87. 亦可参见 M. Thom, 'City and language in the thought of Carlo Cattaneo', *Journal of Modern Italian Studies* 5（2001），pp. 1—21.

② 参见如 Cattaneo, *Scritti*, p. 229.

③ Cattaneo, *Scritti*, p. 230.

④ Cattaneo, *Scritti*, pp. 216 and 230.

⑤ Cattaneo, *Scritti*, pp. 230—231.

⑥ 参见如 Cattaneo 对 Alessandria 的评论。Cattaneo, *Scritti*, p. 232.

渴望能够实现某种想法；并有胆识去构思它；心灵仰慕一切优美且伟大的事物。（L'uso delle armi ravviva il senso dell'onore [...]; l'onore genera tutte le virtù; gli uomini sentono di poter compiere un pensiero; e hanno l'audacia di concepirlo; le mente aspirano a tutto ciò ch'è bello e grande.）①

在马基雅维利的影响下，卡塔尼奥认为，并非像许多人说的那样，十字军东征是"欧洲复兴"（risurgimento europeo）的关键。（他认为）复兴由城市之间的冲突引起，继而导向公民军队的建立。②任何一个认为 11 世纪与 12 世纪伦巴第城市国家间冲突削弱了意大利的人都没有抓住重点。"可以说，这些愤怒的城市正在走向灭亡。然而，在这些战斗中，人民不断成长。在这些掠夺中，存在一种别样的繁荣。"（Si direbbe che queste città inferocite corrano all loro distruzione; eppure, fra quelle battaglie il popolo cresce; fra quelle predazioni si svolge un'insolita prosperità.）③与皇帝的战争同样孕育了新的城市荣耀与繁荣："如此，从毁灭中，米兰、克雷马、科莫、阿斯蒂和托尔托纳变得更加强大和美丽。[...]。"（Così dal seno della distruzione surgevano più forti e più belle, Milano, Crema, Como, Asti e Tortona. [...].）④而且卡塔尼奥（他是一个农业、通讯和水利专家）在他观察战争影响的典型结尾中补充说，伦巴第城市的复兴伴随着周边乡村的日益繁荣，而这种繁荣主要基于运河建设。⑤

---

① Cattaneo, *Scritti*, p. 225. Sebastiano Timpanaro 强调了卡塔尼奥在捍卫将单个城市作为"祖国"（patria）与对文化和政治统一的信念间之紧张关系。参见 S. Timpanaro, *Classicismo e illuminismo nell'Ottocento italiano*（Pisa, 1965），pp. 269, 374—375. 亦可参见 Thom, 'City and Language', pp. 4—5 中对 Timpanaro 分析的批判。

② Cattaneo, *Scritti*, p. 226.

③ Cattaneo, *Scritti*, p. 228.

④ Cattaneo, *Scritti*, p. 231.

⑤ Cattaneo, *Scritti*, p. 232.

486 把过去民族化：作为现代欧洲民族建构者的历史学家们

374 　　巴尔博的方法比卡塔尼奥的方法要详细得多。这并不奇怪，因为他是一个更加尽心尽力的中世纪学者。①不过，尽管巴尔博有这一时期百科全书般的知识，②但他并没有努力表明他是公正的。他以最明确的爱国主义纲领写作。与西斯蒙第和卡塔尼奥不同，巴尔博在意大利同胞之间的冲突中看不到任何美德。虽然在《意大利的希望》（Le Speranze d'Italia）中，他认识到现代意大利还没有准备好去建立一个单一、联合的国家，但他对以不和为特征的意大利过去感到绝望。中世纪的意大利不仅被城市之间的地方性冲突所破坏，而且也被城市内部的冲突所损害。这些不和阻碍了意大利崛起以达至"民族的伟大时刻"（la grande occasione nazionale）。相互间的嫉妒腐蚀了意大利人的思维，而"被腐蚀的思维已不足以胜任艰辛的独立事业。"（le menti pervertite non sono più bastanti alle dure imprese d'indipendenza.）③

　　巴尔博的君主主义不允许他尊重西斯蒙第视作自由摇篮、独立学校的"小共和政体"（petites républiques）。相反，巴尔博认为意大利中世纪的"自由"（libertà）是"奴性的"（servile），是17世纪至19世纪意大利屈辱、堕落和几乎完全无足轻重地位的根源。④分裂的意大利很容易受到外国的统治。对巴尔博来说，一个永恒的历史事实是，任何外国政府"不管多好"（quantunque buono），总是比"一个民族的、不管多么糟糕的"（uno nazionale，quantunque pessimo）国家要坏得多。⑤巴尔博的文本清楚地表明，他承认"巴巴罗萨"作为政治家和军事领袖的能力，⑥但他彻底地指责令人厌恶的"德意志人"（tedeschi）在意大利的存

---

① 巴尔博对中世纪兴趣的严肃可以从他翻译利奥的《伦巴第的城邦与宪法》（Entwickelung und Verfassung der lombardische Städte）中得到证明。参见 F. Cardini, 'Federico Barbarossa e il romanticismo italiano', in Elze and Schiera (eds), Il Medioevo nell'ottocento in Italia e Germania, pp. 83—126, here p. 101.

② 参见如他朋友和他堂亲的评论，d'Azeglio. Epistolario, vol. II, p. 234.

③ Balbo, Sommario, p. 176.

④ Balbo, Sommario, pp. 168—169.

⑤ Balbo, Sommario, p. 137.

⑥ Balbo, Sommario, pp. 186—187.

在。以皮埃蒙特的方式写作，就是开始公开挑战哈布斯堡在意大利的霸权地位，巴尔博毫不犹豫地采用了一个直言不讳的反帝国之时间顺序。

在《概要》一书中，与弗里德里希斗争的最好时刻就是莱尼亚诺之胜利。[1]除此以外，对巴尔博而言，联盟是错失的机会。与西斯蒙第哀叹未能建立一个共和政体的邦联不同，巴尔博认为这是失去了摆脱外国统治而独立的机会。1183年《威尼斯和约》（*Peace of Venice*）[2]也许保证了城市的自由，也许是"有用的，甚至进步的"（utile，anche progressivo），但它也是可耻的。意大利人已经失去了彻底击败一个敌人的机会，正如巴尔博在其1850年版著作中所观察到的那样，这一机会665年里不会再来。[3]于巴尔博而言，教训是非常清楚的："谁若无法扛起枪来，那就只能戴上镣铐，保持沉默。"（Chi non sa portar armi in mano，porti catene，e stia zitto.）[4]

375

沃伊特

1818年，柯尼斯堡（Königsberg）历史学教授与档案管理员约翰内斯·沃伊特出版了《伦巴第联盟史》。[5]该书最初并不想进行一项有关弗里德里希意大利政策的离散研究，而是将之作为颂扬整个霍亨施陶芬王朝（Hohenstaufen dynasty）[6]更大项目的一部分。但是沃伊特在首先集中注意力于伦巴第联盟和巴巴罗萨间的冲突时，确立了一个明确的目标：利用意大利历史向德意志警告潜在的灾难。沃伊特相信他是在自路

---

[1]　Balbo，*Sommario*，p. 186.

[2]　此处原文有误，《威尼斯和约》签订于1177年，是皇帝在莱尼亚诺战役惨败以后与伦巴第联盟签订的六年停战条约，随后双方的谈判仍在继续。而1183年，双方最终签订《康斯坦茨和约》结束了争端。——译者注

[3]　Balbo，*Sommario*，p. 188.

[4]　Balbo，*Sommario*，p. 353.

[5]　Voigt，*Lombarden-Bundes*，p. xii.

[6]　1138—1254年间占据神圣罗马帝国帝位的家族，弗里德里希为其中一员。——译者注

德时代以来智识最活跃的时代中写作：最近德意志从拿破仑统治下得到
解放，而这是德意志历史中最伟大的事件之一，为有关"祖国、自由、
宪法和联盟形式"（Vaterland，Freiheit，Verfassung und Bundeswesen）
之辩论开辟了新的可能性。①解放战争期间，德意志的爱国斗争与（伦巴
第）联盟之间同样行为的相似之处显而易见。沃伊特希望将后者的故事
讲述成有关挥霍机会的警示性故事。②当下的德意志人有责任避免过去的
错误。一个共同的敌人将人们聚集到一起"在兄弟联盟中"（im Brüder-
Bunde）。而在和平情况下，他们忽视了共同目标，便有可能失去"爱国
之火"（die Feuergluth der Vaterlandsliebe）。③沃伊特呼吁德意志人保持
1813 年的精神。

　　沃伊特的目标使自己处于尴尬境地：一方面，他想赞颂作为一个英
雄的德意志王朝一员"巴巴罗萨"弗里德里希；另一方面，他想证明抵
抗侵略者是如何团结一个支离破碎的民族的。然而，沃伊特知道，许多
读者很容易把巴巴罗萨等同于拿破仑。如果他把弗里德里希描绘成一个
残忍自负的帝国主义者，非法侵入德意志的民族疆界之外，那就会破坏
自己送给霍亨施陶芬的民族主义赞美诗。如果他试图使弗里德里希的行
为合法化，那么他就承受着为最近被打败的拿破仑进行辩护之风险。沃
伊特避免其英雄和拿破仑之间过于密切联系之方法，就是他实际上从不
说出法国皇帝的名字。④与此同时，虽然他常常采取同情弗里德里希的态
度，但他并没有试图掩盖自己在原始史料中所遇到的缺陷。（本着先驱
[avant la lettre] 兰克之精神，沃伊特在序言中宣布："原始史料几乎是

376

---

① Voigt, *Lombarden-Bundes*, pp. v—vi.
② Voigt, *Lombarden-Bundes*, p. vii.
③ Voigt, *Lombarden-Bundes*, p. x.
④ 没有必要提拿破仑："复辟时期（Restoration）所阐述的征服理论在某种程度上都是
对拿破仑的深思 [...]。" M. Thom, ' "Liberty and truth" or "sovereignty of reason": Carlo Cat-
taneo and the place of politics in the modern world ', *Journal of Modern Italian Studies* 6
(2001), pp. 178—194, here p. 179.

我唯一的指南。"［Die Quellen sind meine fast einzige Führer gewes-en.］① 沃伊特叙述中所描绘的弗里德里希当然不是弗里德里希·吕克特(Friedrich Rückert，1788—1866)②的诗歌《巴巴罗萨》(Barabarossa) 中得到赞颂的神话英雄。沃伊特笔下的皇帝出于统治上意大利的压倒性欲望，③可以对被其打败的敌人既温和又宽宏大量，④也敢于砍断战俘与人质的双手。⑤"巴巴罗萨"对受人爱戴的渴望，⑥以及他的（认为意大利人可能会对他抱有一些喜爱）的乐观主义，⑦因其被轻视时对复仇的强烈渴望而减弱。⑧他犯的主要错误是把意大利土地的统治权交给贪婪专横的代理，⑨以及他残酷处理随后反抗代理者之举。⑩

沃伊特笔下的弗里德里希勇敢而有着通情达理的同情心。沃伊特著作1848年意大利语版本的译者在序言中加以评论说，一个如此正面的皇帝形象不会吸引意大利读者，因为在意大利，"巴巴罗萨"主要是因为他施加于半岛上的破坏、掠夺、渎圣和战争而被人们记住。⑪意大利人也不太可能被沃伊特把暴政的责任从皇帝身上转移到代理身上的努力所说服，更不太可能特别容忍德意志教派对天主教会的挖苦。⑫语境可以从根本上改变意义：尽管沃伊特的书被人从德语非常精确地译为意大利语，但它在出版时经历了一场戏剧性的蜕变。当时，意大利读者正被卷入从哈布斯堡统治下争取独立的斗争。紧随标题页之后，意大利语版自行添加了

---

① Voigt，*Lombarden-Bundes*，p. xi.

② 德意志诗人、翻译家。——译者注

③④ Voigt，*Lombarden-Bundes*，p. 16.

⑤ 参见如 Voigt，*Lombarden-Bundes*，pp. 25，148.

⑥ Voigt，*Lombarden-Bundes*，p. 52.

⑦ Voigt，*Lombarden-Bundes*，p. 99.

⑧ Voigt，*Lombarden-Bundes*，p. 141.

⑨ Voigt，*Lombarden-Bundes*，pp. 41，73—74，92. 沃伊特急于强调弗里德里希的一些下属在其行为上绝非专横。

⑩ Voigt，*Lombarden-Bundes*，p. 92.

⑪ G. Voigt，*Storia della Lega Lombarda e delle sue guerre coll'Imperatore Federico I* (Milan，1848)，p. vii.

⑫ G. Voigt，*Storia*，p. vi.

给"五日暴动"英雄们的献词，他们无畏的行动"他们模仿并通过了莱尼亚诺的考验"（emularono e superarono le prove di Legnano）。①这本书不再是号召德意志人维护解放战争中建立起来的纽带之呼吁。现在，它对于**意大利人**既是一个鼓舞人心的故事，也是一个警告，要他们一起反对外国剥削和军事统治。从意大利爱国主义的角度看，贵族的"祖国之叛徒"（traditori della patria）已经成为拉德茨基（Radetzky，1766—1858）②的合作者。③更重要的是，意大利城市联合行动的需求变得越来越迫切：自私自利的威尼斯人对安科纳（Ancona）的攻击；④克雷莫纳（Cremona）和托尔托纳背叛到帝国阵营；⑤热那亚（Genoa）和比萨之间的不稳定关系；米兰和帕维亚之间的持续敌意……当哈布斯堡帝国军队重新集结起来反攻米兰时，以及当意大利革命性政体的唯一希望似乎是对传统的地方性猜疑加以拒斥时，这些都显露出新的重要性。的确，对于意大利语版的读者来说，很明显，1848 年春季骚乱之后戏剧性地重新出现的地方竞争，对新秩序构成了与拉德茨基麾下的白大衣们⑥一样的潜在巨大威胁。

　　沃伊特强调，一旦敌人撤退，那些聚集在一起击退外来者的意大利人就会四分五裂，使自己再次处于脆弱状态。⑦事实上，对沃伊特和他的译者而言，即使在取得胜利之后失去团结的危险仍是极大的。⑧对沃伊特来说，这是对德意志人未能充分利用莱比锡战役（Leipzig）⑨成果的反

---

①　G. Voigt，*Storia*，pp. ii—iii.

②　波西米亚贵族与奥地利陆军元帅，曾任奥地利陆军总参谋长，被誉为奥地利民族英雄。1830 年他前往意大利服役，1848 年第一次意大利战争期间，他力挽狂澜击败了撒丁王国。随后，他在意大利当地任总督残酷镇压民族主义者。——译者注

③　参见如 1178 年特雷维索（Trevisan）贵族的案例 G. Voigt，*Storia*，p. 197. 德语原文参见 Voigt，*Lombarden-Bundes*，p. 327 for original German.

④　Voigt，*Lega Lombarda*，pp. 128—129，Voigt，*Lombarden-Bundes*，pp. 211—212.

⑤　Voigt，*Lega Lombarda*，p. 169，Voigt，*Lombarden-Bundes*，p. 279.

⑥　指奥地利陆军，因为其士兵身着白色军服。——译者注

⑦　Voigt，*Lombarden-Bundes*，p. 297. See also pp. 326，357.

⑧　Voigt，*Lombarden-Bundes*，p. 278.

⑨　1813 年，由沙皇亚历山大一世和施瓦岑贝格领导的奥地利、普鲁士、瑞典和俄罗斯联军在莱比锡决定性地击败了法国皇帝拿破仑一世的大军。拿破仑于翌年被迫退位，前往厄尔巴岛。沃伊特认为德意志人可以把握这个机会实现统一。——译者注

思。对于其译者而言，这便是一个警告，警示了假若哈布斯堡家族被成
功驱逐，未来的意大利将会发生什么。如果意大利人不吸取联盟和《康
斯坦茨和约》的教训，他们将发现自己永远是外国统治的牺牲品。

托斯蒂

对于 19 世纪的意大利人来说，寻求政治联盟的历史启示和先例，
或找出和利用民族史诗或奠基神话以支撑复兴运动进程的任务是困难
的。①并不令人吃惊的是，1848 年在面对意大利北部哈布斯堡家族的共
同斗争中，伦巴第联盟被证明是一个特别诱人的模板。②正是在这种思潮
下，唐·路易吉·托斯蒂出版了我们迄今为止遇到的针对联盟最具攻击
性的爱国主义叙述。托斯蒂充分意识到，12 世纪的斗争事件具有特别的
当代共鸣。③他还完全相信历史之于动员和皈依的力量："历史也是福音"
（Anche la Storia è un Vangelo），这正是他在献词中向教皇宣告的。④托
斯蒂并不是简单的新归尔甫派（neo-Guelf）⑤，他不会不假思索地指望
教皇来解决外国统治和国内分裂这两个问题。（实际上，托斯蒂在书的
开头给庇护九世［Pius IX，1792—1878］⑥的献词和呼吁中认为，教皇
作为世俗和精神上的君主，必须为意大利历史上的苦难承担一份责任。）

378

---

① D. Laven, 'Italy', in T. Baycroft and M. Hewitson (eds), *What is a Nation? Europe 1789—1914* (Oxford, 2006), pp. 255—271.

② 关于对该事件的介绍，参见 F. Cusani, C. Cantù and D. Locatelli-Spinelli, *La Lega Lombarda giurata in Pontidail 7 aprile 1167, ivi festeggiata il 7 maggio 1848. Descrizione coi discorsi pronunciati dal Sacerdote Locatelli, Cesare. Cantù e Francesco Cusani* (Milano, 1848).

③ Tosti, *Lega Lombarda*, p. 364.

④ Tosti, *Lega Lombarda*, p. 1.

⑤ 源出中世纪归尔甫派，又译为教皇派或教宗派。"归尔甫"为意大利语，系德意志韦尔夫家族一名的音译。因同霍亨施陶芬家族的弗里德里希争夺帝位的奥托属韦尔夫家族，故教皇及其支持者均称自己为归尔甫派。新归尔甫派是 19 世纪意大利的政治运动，目标是使意大利在教皇作为君主的情况下联合起来成为一个王国。——译者注

⑥ 1846—1878 年间任教皇，曾拥护自由主义改革，但后来改弦易辙。在其任上教皇国被并入意大利王国，他拒绝离开梵蒂冈，自称"梵蒂冈之囚"。——译者注

相反，托斯蒂的书试图提出教皇应该在反对外来干涉意大利的斗争中扮演什么角色。[1]

托斯蒂的著作称颂亚历山大三世给予"意大利和教会以新生命"（vita nuova all'Italia ed alla Chiesa）。[2]但对托斯蒂来说最重要的是，亚历山大体现了爱国的美德：他的主要目标是"独立的意大利"（Italiana indipendenza），并驱逐"一个不守纪律和最强大的皇帝"（uno indisciplinato e potentissimo Imperadore）。[3]亚历山大的伟大之处就在于他对外来干预进行了毫不动摇的抵抗。因此，伦巴第人认可亚历山大是"仿佛是由上帝派来解放祖国的使者"（quasi un messo da Dio alla liberazione della loro patria）；[4]如果没有他，"伦巴第联盟就不会再惧怕。"（la Lombarda Lega non avrebbe avuto sangue nelle vene.）[5]托斯蒂最重要的目标是让亚历山大三世作为庇护九世的榜样，这既是宗教上的也是爱国上的。托斯蒂希望借颂扬亚历山大三世而将庇护九世与民族独立斗争牢牢地联系在一起。因为面临着奥地利对意大利新秩序的威胁，（该书的）当代重要性无需解释。在托斯蒂的解释中，有关亚历山大纯粹而彻底的爱国立场的试金石表现为，即使在危机时刻，他也决不会寻求外国帮助以至于承受"让其他陌生人污染祖国"（contaminare la patria con altri forestieri）的风险。[6]（考虑到近来的教皇们对奥地利军队的依赖，这是一个极为重要的论点。）到 1848 年 4 月底，庇护九世对新秩序的支持已经动摇（以他拒绝对战奥地利为代表），托斯蒂给庇护九世的信息是明确的：亚历山大三世把祖国的圣坛与上帝的圣坛合为一体；是时候让"救世主教皇"（Papa redentore）做相同的事了。[7]

---

① Tosti, *Lega Lombarda*, p. 191.
② Tosti, *Lega Lombarda*, p. 249.
③ Tosti, *Lega Lombarda*, pp. 191—192.
④ Tosti, *Lega Lombarda*, p. 205.
⑤ Tosti, *Lega Lombarda*, p. 245.
⑥ Tosti, *Lega Lombarda*, p. 254.
⑦ Tosti, *Lega Lombarda*, p. 285.

对托斯蒂来说，与新归尔甫派一样，教皇职位之所以如此重要，很大程度上是因为它在面对外国压迫时提供了统一的希望。正如其他历史学家所讨论到的那样，托斯蒂充分认识到意大利城市之间的激烈敌意，以及这种分裂所引起的脆弱性。这一点在他有关米兰命运的处理上尤为明显，当然在 1848 年时米兰是意大利所有城市中最勇敢的一个，因为它拒绝了哈布斯堡帝国的统治。值得注意的是，托斯蒂没有粉饰米兰的行为。他从未试图掩盖其有组织的恐吓扩张主义，而如果不是弗里德里希的干预，这种扩张主义会使米兰统治整个伦巴第。[①]托斯蒂也没有掩盖伦巴第主要城市的邻国们对这些主要城市的普遍不满，且这种怨恨经常驱使它们加入帝国阵营。[②]托斯蒂没有掩饰米兰政策所带来的问题，但他采取了两种策略：他试图将米兰对其他伦巴第城市的虐待正当化；并且他像西斯蒙第和卡塔尼奥甚至穆拉托里一样，认为在由此产生的冲突中存在着积极的美德。在任何时候，作为一个爱国者，托斯蒂为米兰人的傲慢态度辩护，理由是米兰本身就足够强大，足以成为对抗帝国野心和上意大利"北部傲慢"（nordica petulanza）的真正堡垒；[③]这座城市既体现了共和政体之梦想，也体现了对德意志人的仇恨之情；[④]在弗里德里希的攻击中首当其冲的是米兰，人们将永远记住它是"意大利自由的主要所在地"（principal sede della italiana libertà）；[⑤]米兰是"意大利独立的基石"（la rocca dell'Italiana indipendenza）。[⑥]这种地位（尤其是考虑到五日暴动产生的共鸣）抵消了米兰的傲慢态度。

托斯蒂对城市间竞争价值的解释，表面上并没有在其他历史学家观点的基础上增加多少。他认为，城市之间的战争产生了军事价值观，并

---

① Tosti, *Lega Lombarda*, pp. 86—87.
② 参见如 Tosti, *Lega Lombarda*, pp. 94, 123—124, 144, 165, 204, 222, 298.
③ Tosti, *Lega Lombarda*, pp. 99, 137—140, 280.
④ Tosti, *Lega Lombarda*, pp. 122, 140—141, 156—157, 162., 341.
⑤ Tosti, *Lega Lombarda*, p. 217.
⑥ Tosti, *Lega Lombarda*, p. 221.

迫使它们养成同盟的习惯（在 1848 年这两种品质都不普遍）。①最重要的是，托斯蒂认为，这种冲突是意大利分裂为各城市国家的结果，而他不会批判这一点。正如他在其书序言中所论证的那样，共和政体的城邦是意大利至高无上地位的基础，因为它是意大利个人主义的关键表现。②无论是在创造财富、培养学术和艺术，或是发动战争和制定法律上，共和政体的城市都是文明的真正宝库，它们体现了意大利个人主义为共同利益而运作的方式。如果代价是将意大利分裂成单独的（有时是敌对的）共和政体，那么这种代价是值得付出的。③然而，（伦巴第）联盟表明，这种个人主义无须阻止意大利人走到一起；事实上，它代表了意大利个人主义的极点。④正是因为它源于个人主义而不是屈从于君主，使这种意大利统一的表达更具价值，它是一种"道德统一"（unità morale）的形式，而非上层强加的粗鲁的"物质统一"（unità materiale），"野蛮民族"（popoli barbari）的"混账统一"（bastarda unità）。⑤托斯蒂与焦贝蒂、西斯蒙第和卡塔尼奥相呼应，通过巧妙的修辞手法，将意大利的弱点变成了道德优越和更高文明的标志。⑥值得注意的是，托斯蒂没能解释为什么意大利人令人吃惊地在联盟的成功基础上失败了，而只是言及中世纪后期城市国家的最大错误是抛弃了它们的民主传统，并接受了贵族的统治。他含糊地把这归因于集体道德的失败，并没有试图提供一个合理的历史解释。

托斯蒂分析的核心是认为意大利人（尤其是共和政体的公民）比德意志人有着根本优势的信念。⑦这在一定程度上呼应了西斯蒙第对政府形式之影响的信念。但托斯蒂清楚地看到，政府形式实际上源于不同民族

---

① Tosti, *Lega Lombarda*, pp. 86—87.

② Tosti, *Lega Lombarda*, p. 12.

③④ Tosti, *Lega Lombarda*, p. 19.

⑤ Tosti, *Lega Lombarda*, p. 20.

⑥ Tosti, *Lega Lombarda*, pp. 363—364.

⑦ 参见如托斯蒂对比民族对勇敢的态度之讨论。Tosti, *Lega Lombarda*, pp. 14, 16—18.

的固有特征：德意志人是不文明、野蛮的外国人，他们甚至不适应意大利的气候。①托斯蒂确实对弗里德里希本人表达了一些勉强的钦佩之情，承认他的军事实力和诡诈手段，尽管托斯蒂同时又嘲笑弗里德里希缺乏文化。②托斯蒂跟随西斯蒙第，强调了"巴巴罗萨"压倒性的雄心壮志，因为后者想让自己身处一个再兴的罗马帝国之顶端。皇帝的统治策略主要是基于武力及利用内部军团，③但他也寻求法律、壮丽的表演、对教会的控制来加强其帝国雄心。④托斯蒂针对允许皇帝追求这些目标的意大利人保留了一些最恶毒的评价：他严厉地抨击了使皇权合法化的教士，攻击了封建贵族对帝国统治的偏好，痛斥帕维亚人对皇帝的忠诚，并指责所有与"巴巴罗萨"并肩作战的人。⑤托斯蒂还谴责海洋共和政体视商业利益高于爱国主义。⑥然而即便有时意大利人帮助弗里德里希推行自私自利的政策，⑦但托斯蒂笔下的主要反派还是皇帝和他的同胞。托斯蒂认为皇帝对意大利的暴政负有个人责任。⑧然而，"德意志人"（il Tedesco）的野蛮和残暴行为只是反映了他的种族：最残酷的暴行对于德意志人来说是自然而然的。他们在战争时期随时准备劫掠、抢夺、焚烧、绞杀和毁坏，而与之相匹配的只能是他们在和平时期的不当统治、过度征税和实施压迫的能力。托斯蒂把愤怒特别指向弗里德里希的**市长**。他把市长描绘成帝国权力最令人作呕的代理人，是外国统治最糟糕一面的化身。⑨

381

---

① Tosti, *Lega Lombarda*, p. 96.

② 托斯蒂确实发现了弗里德里希性格中怯懦的片刻和偶尔的逃跑倾向。参见如 Tosti, *Lega Lombarda*, pp. 210, 303, 337. 关于他在莱尼亚诺的勇敢，参见 Tosti, *Lega Lombarda*, p. 344.

③ Tosti, *Lega Lombarda*, p. 149.

④ Tosti, *Lega Lombarda*, pp. 88—89.

⑤ 参见如 Tosti, *Lega Lombarda*, pp. 103, 121, 144, 150, 165.

⑥ Tosti, *Lega Lombarda*, pp. 308—309.

⑦ 关于弗里德里希划分和统治的政策，参见如 Tosti, *Lega Lombarda*, pp. 91, 97, 147, 240, 251.

⑧ 关于托斯蒂对弗里德里希性格的攻击，参见 Tosti, *Lega Lombarda*, pp. 172, 194, 214, 237, 251 307.

⑨ 关于暴行，特别参见 Tosti, *Lega Lombarda*, pp. 98, 119—120, 169, 215. 关于**市长**，参见 p. 227.

即使是莱尼亚诺也不足以回击他们的暴政。[1]托斯蒂针对这些官员的讽刺观点与恢复时期针对哈布斯堡官僚不公平的横征暴敛之批评如出一辙。托斯蒂对德意志人战时残酷与和平时期暴政的最重要描述是，他论述了它们的积极影响：正因日耳曼人的奴役是如此可恨，于是意大利人联合起来反对巴巴罗萨。身陷枷锁的体验教会了意大利人热爱自由。[2]

于托斯蒂而言，德意志暴政并没有破坏城市国家的意志，而是使意大利人"让自己自由"（mantenersi libere）的渴望得以复苏；[3]他们的共和价值观并没有屈服于德意志人，而是得到了磨炼与加强。[4]每一次抵抗行动，甚至每一次失败的战役，都等同于让意大利人实现一次"复兴"（revirilization），肯定了他们在挑战"德意志人的桎梏"（giogo tedesco）时的团结一致。[5]给 1848 年的讯息是清晰的。首先，意大利人可以而且应该战斗："自由只能以鲜血换得"（la libertà si compra solo col sangue）。[6]"要对得起自由，懂得如何去拼命争取它。"（esser degni di libertà, saperla comprare col sangue.）[7]那些逝去的人们是"居于'祖国祭坛'上的烈士"（vittime immolate sull'altare della patria），[8]每场战役都是一块"意大利美德的永恒纪念碑"（monumento eternale della italiana virtù）。[9]其次，更重要的是，与巴巴罗萨的斗争表明，意大利人可以共同努力追求自由。莱尼亚诺显示出城市国家"懂得放下自身利益，一心只为意大利祖国统一的千秋大业。"（sapessero transandare i materiali confine del municipio, per abbracciare nella unità del concetto nazionale

---

[1] Tosti, *Lega Lombarda*, pp. 227—232.
[2] Tosti, *Lega Lombarda*, p. 225.
[3] Tosti, *Lega Lombarda*, p. 201.
[4] Tosti, *Lega Lombarda*, p. 220.
[5] Tosti, *Lega Lombarda*, p. 105.
[6] Tosti, *Lega Lombarda*, p. 170.
[7] Tosti, *Lega Lombarda*, p. 344.
[8] Tosti, *Lega Lombarda*, p. 171.
[9] 托斯蒂用这个短语来形容莱尼亚诺。Tosti, *Lega Lombarda*, p. 344.

la madre patria Italiana.)①这场胜利不仅仅是伦巴第人战胜了巴巴罗萨，而是一个共和主义理想的联合之举战胜了帝国。这场胜利迫使意大利人认识到需要武力"用以保护自由的宝藏"（a conservare il tesoro della libertà）。②但是托斯蒂不仅仅是为了赞颂来自不同城市的意大利人愿意一起英勇抵抗侵略者，③他还希望展示他们在不受迫切威胁情况下进行合作的能力。因此，他强调了托尔托纳的迅速复原，④以及米兰自身的重建和再加固。⑤克雷马勇敢但最终无果的抵抗或是莱尼亚诺辉煌胜利的遗产只是部分"对美德的记忆，仅此一项就足以荣耀整个民族"（la memoria di una virtù, che sola basterebbe a glorificare tutta una gente.）。⑥这些英勇军事行为的问题在于，它们最终没有实现意大利的独立：甚至在《康斯坦茨和约》之前，迅速的分裂和抛弃联盟以及"城市间嫉妒"（le gelosie municipali）的再现，意味着意大利很快又陷入了"不光彩"（infamia）局面。⑦最重要的是，即使奥地利人被赶出意大利，当代意大利人仍必须领悟合作的必要性并辨别出共同利益。如果他们不这样做，将注定要遭受其中世纪祖先的命运。

结　语

19 世纪上半叶，伦巴第联盟充当着意大利爱国者的核心记忆之场。联盟之所以能够如此，并非因为它是一个毫无争议的号召点（笔者所考察的所有历史学家都接受和承认，这一段经历实际上突出了意大利人之间的分歧和相互仇恨），而是因为意大利过去很少有时期可以吸引爱国

---

① Tosti, *Lega Lombarda*, p. 346.
② Tosti, *Lega Lombarda*, p. 347.
③ 参见如 Tosti, *Lega Lombarda*, p. 165.
④ Tosti, *Lega Lombarda*, p. 107.
⑤ Tosti, *Lega Lombarda*, pp. 286—287.
⑥ Tosti, *Lega Lombarda*, p. 176.
⑦ Tosti, *Lega Lombarda*, p. 149.

者们。当诗人、小说家或是作词家可能会把注意力集中在一个单独事件
（蓬蒂达宣言或莱尼亚诺战役）上时，历史学家不能简单孤立地考察这
些事件。历史背景始终如一地揭示出意大利人倾向于相互争斗，而非反
抗外来统治。然而与此同时，意大利爱国者以及在拿破仑被打败后数十

383　年间写作的外国学者，都可以在伦巴第联盟找到一个实验室，用以考察
一个罕见的例子，即相对成功的小共和政体联盟或教皇对意大利政治的
成功介入。这在 19 世纪 40 年代的意大利具有特殊意义，它紧接着焦贝
蒂所著《论意大利民族在道德和文明方面的优越》（*Il Primato morale
e civile degl'Italiani*）的影响（发表于 1843 年），1846 年庇护九世的当
选，以及 1848 年革命的爆发。当然，任何试图将伦巴第联盟和亚历山
大三世推翻意大利北部霍亨施陶芬家族统治的斗争，与意大利国家和庇
护九世反对哈布斯堡的斗争相比较，总是非常牵强的。到了 1848 年 4
月下旬，鉴于庇护九世政策的变化，这种类比不言而喻是荒谬的。尽管
如此，联盟还是提供了一个榜样，并警告人们，一定不能挥霍机会。事
实上，笔者在这里考察过的 19 世纪所有历史学家都认为，联盟是一个
错失的机会。此外，与"巴巴罗萨"的冲突也带来了一个非常明确的信
息：没有流血，自由就无法实现。自马基雅维利以来，意大利人一直认
为，他们缺少军事长处的问题会导致他们屈服于别国。研究联盟的 19
世纪历史学家热情地讨论了这个主题。尽管 1849 年后共和主义信息逐
渐消失，但意大利人需要再次学习战斗这一论点仍然是爱国主义话语的
老生常谈。事实上，意大利爱国者从 1849 年罗马共和国与威尼斯共和
国的失败中汲取的东西不是共和政体的美德，而是一个英雄的先贤
祠——在这里，这些英雄能与此前丧生于"巴巴罗萨"战斗中的人相提
并论。他们再次证明，意大利人不仅可以勇敢地面对死亡，而且能够作
为爱国者如此为之。

第十八章　文明史：跨民族还是后帝国？一些伊比利亚视角（1870—1930 年）

佐泽-马诺埃尔·努涅斯（Xosé-Manoel Núñez）

　　本章的目的是考察 19 世纪末 20 世纪初二十年间葡西两国一些民族历史学家对伊比利亚历史及世界历史所采取的相异方法。他们努力精心构想以伊比利亚为基础的共享文明之概念。这一举动与边界两边①通过发展伊比利亚国家联盟的概念，以克服两国自 17 世纪中叶以来彼此互不了解的状况之尝试有关。该概念基于一种新的关系形式，旨在调和强权政治目标下针对民族地位的不同主张，并把它们现在与过去的殖民地整合在共同命运里，融合于一种新的命运共同体中。

　　许多当代人认为，这些想法是对伊比利亚国家进入 20 世纪后殖民势力逐渐丧失的补偿之举。于是，"文明"呈现为一个圣杯般的词汇，它可以帮助扩展民族历史宏大叙事所施加的狭窄边界，而这一边界早在 19 世纪末就已经在两国形成了。同时，文明被作为史学工具，以重新强调欧洲中心主义（特别是在西班牙案例中），并在世界级的后帝国维度下，使民族独立与伊比利亚背景相调适。最后不能不提的是，重塑西班牙的/伊比利亚的文明之概念，与重写葡萄牙和西班牙浪漫主义史学及自由主义史学各自宏大叙事的一些主要特征相关联。它通过折衷的方

---

① 指西班牙和葡萄牙。——译者注

式，将受法国实证主义启发的方法论原理与德国哲学采用的唯心主义及有机主义原则相结合而得以实现。

在现代化和"更新"民族历史的书写方式方面，尽管这里分析的伊比利亚历史学家取得了显著成功，但他们试图从根本上重述葡萄牙和西班牙有关过去的流行解释之尝试，或多或少地都以失败告终。他们的后帝国偏见也是同样的命运。这种偏见在很大程度上被前殖民地的民族历史学家所拒斥，特别是在说西班牙语的拉丁美洲。但是，他们重写民族历史的尝试，仍是伊比利亚史学在本章所探讨的时期内最卓越且杰出的努力之一。

385

衰落、新生与伊比利亚主义

在葡萄牙方面，广泛使用伊比利亚文明概念且最有影响力的历史学家，是若阿金·佩德罗·德·奥利韦拉·马丁斯（Joaquim Pedro de Oliveira Martins，1845—1894）。他与诸如普鲁东社会主义者安特罗·德·肯塔尔（Antero de Quental，1842—1891）、共和主义者特奥菲洛·布拉加（Teófilo Braga，1843—1924）以及何塞·玛丽亚·埃萨·德·克罗斯（José Maria Eça de Queiroz，1845—1900）①之类的作者一起，属于所谓的"19世纪70年代有知一代"。奥利维拉·马丁斯的特征是满怀社会改革理念，坚守共和主义信条。他的史学偏好是在解释民族历史时以实证主义结合唯心主义原则。他旨在为解读葡萄牙的过去提供新视角，即强调自由、进步和个人自由等自由价值观，同时维护葡萄牙的历史独特性和文化独特性。由此，共和主义历史学家（如奥利维拉·马丁斯）坚持认为民主不是从法国或英国引进，然后移植到葡萄牙土壤上的。正相反，民主被视为自中世纪以来葡萄牙历史的价值观和独特要

---

① 葡萄牙作家，作品为现实主义风格。——译者注

素的自然产物。在那里，人们找到了一种特殊形式的"卢西塔尼亚式前民主形态"（Lusitanian pre-democracy）。人类的进步和民主的发展，都被描绘为葡萄牙民族主义实现和进化的重要组成部分。①

在奥利维拉·马丁斯致力于解释葡萄牙民族历史的几本书中，这种方法尤为明显，如《葡萄牙历史》（*História de Portugal*，1879 年）、《作为葡萄牙殖民地的巴西》（*O Brazil e as Colónias Portuguesas*，1880 年）和《当代葡萄牙》（*Portugal contemporâneo*，1881 年）。所有这些著述使他成为 19 世纪最后二十五年里葡萄牙最具代表性的历史学家。奥利维拉·马丁斯在青年时代倾向于社会主义思想，但从 19 世纪 70 年代开始，他越来越脱离实证主义，并发展了唯心主义的历史观。这是由于他很大程度上受到了赫尔德、米什莱、普鲁东（Pierre-Joseph Proudhon，1809—1865）②、叔本华（Schopenhauer，1788—1860）③以及社会有机主义思想的法国主要代表的影响。这种唯心主义常常与他的实证主义方法相矛盾。奥利维拉·马丁斯坚信，历史书写的力量可以教育公民，并为其同胞们提供道德课程。④

但是，奥利维拉·马丁斯的最初研究是关于整个伊比利亚半岛的历史，即《伊比利亚文明史》（*História da Civilisaçâo Ibérica*，1879 年）。⑤这项工作是书写伊比利亚半岛跨民族历史最为雄心勃勃的尝试。它在 19 世纪末至 20 世纪初的葡萄牙和西班牙历史学中留下了不朽的痕迹，并

386

---

①　参见 F. Catroga, *História do republicanismoem Portugal. Da formaçâoao 5 de outubro de 1910*, vol. 2 (Coimbra, 1991), pp. 193—214, and F. Catroga, *Antero de Quental：História，socialismo，política* (Lisbon, 2001).

②　法国社会学家、哲学家。——译者注

③　德意志哲学家。——译者注

④　关于奥利维拉·马丁斯在葡萄牙史学中的意义，参见 P. Calafate (ed.), *Oliveira Martins* (Lisbon, 1991)；以及以下的深入分析 F. Catroga, 'História e Ciências Sociaisem Oliveira Martins', in L. Rei Torgal, J. Amado Mendes and F. Catroga (eds), *História da Históriaem Portugal* (Lisbon, 1996), pp. 117—159；还有以下一些见解 C. Maurício, *A invenção de Oliveira Martins. Política，historiografia e identidadenacional no Portugal contemporâneo (1867—1960)* (Lisbon, 2005), pp. 19—40.

⑤　一个英语版本初次出现于 1930 年：参见 A. H. Oliveira Martins, *A History of Iberian Civilization* (London, 1930).

成为 20 世纪葡萄牙历史学家以及特别是西班牙历史学家的崇拜对象。奥利维拉·马丁斯的一些论点在 1890 年 1 月所谓的最后通牒危机（ultimatum crisis）之际再次得到采纳。当时，大不列颠的外交施压迫使葡萄牙放弃了其在安哥拉（Angola）和莫桑比克殖民地之间建立联系的计划。这挫败了葡萄牙实现同质的"葡属南非"之计划，而该计划本将使葡萄牙在非洲大陆的存在等同于英法已享有的地位。对于大多数葡萄牙知识分子来说，这一象征性的失败是一场真正的巨震，并给他们带来了殖民可能失败的感觉。本土中心①在外交影响力、军事力量和经济动力上的虚弱性已经非常明显了。

　　葡萄牙对英国外交上的投降似乎证实了 19 年前安特罗·德·肯塔尔（Antero de Quental，1842—1891）②所概述的观点。肯塔尔在 1871 年的演讲"近三个世纪以来半岛人民衰败的原因"（Causes of the Decadence of the Peninsular Peoples in the Last Three Centuries）中指出，葡萄牙在世界上丧失民族威望始于 16 世纪初曼努埃尔时期（Manueline）③的结束。这一时期广泛被认为是中世纪葡萄牙发展的最高点。衰落原因既有内部的也有外部的。这个国家在建立了海上帝国之后就筋疲力尽了，但最决定性的因素是：中央集权君主制的横征暴敛；一个让人感到压抑的天主教会；年轻的国王塞巴斯蒂昂（Sebastião，1554—1578）在 1578 年的凯比尔堡战役（Battle of El-Ksar el-Kebir）中"失踪"④；西班牙国王腓力二世 1580 年对葡萄牙的占领；以及腓力时期⑤，这一时期

---

　　①　指葡萄牙本国。——译者注
　　②　葡萄牙诗人、哲学家与作家。——译者注
　　③　指葡萄牙国王曼努埃尔一世（1469—1521）统治时期（1495—1521）。曼努埃尔时期，葡萄牙扩张迅速。国王赞助了包括达·伽马在内的许多航海家，极大扩大了葡萄牙的贸易网络与殖民地。——译者注
　　④　凯比尔堡战役即马哈赞河战役。葡萄牙国王塞巴斯蒂昂一世为征服摩洛哥率军渡海亲征，被摩洛哥军队于此役打败。塞巴斯蒂昂一世实际是在战败撤退途中淹死于马哈赞河，但葡萄牙人认为他只是失踪了，将会在葡萄牙最危急的关头出现拯救葡萄牙。——译者注
　　⑤　指从 1580 年西班牙国王腓力二世成为葡萄牙国王开始到 1640 年腓力四世失去葡萄牙之间的时期，其间的西班牙国王（兼葡萄牙国王）都叫腓力。——译者注

被看作是外国压迫性统治下的灰色时代。但是，1640 年民族独立的恢复从未完成，也未能复兴国家曾经的荣光。葡萄牙随后依赖大不列颠的做法，被视为可免于害怕西班牙之保障。事实证明，这种依赖是矛盾的，因为大英帝国永远不能容忍一个竞争性的海外帝国得到巩固的可能性，如此使葡萄牙处于从属地位。①

对于一些代表着该国部分文化精英的意见领袖和新闻工作者而言，葡萄牙对英国利益的依赖与其关于卢西塔尼亚人殖民帝国的计划相冲突。而实际上，在最后通牒危机之后，由于邻国在外交上支持里斯本，出现了一些示威游行。示威者希望葡萄牙能与西班牙相互支持。而且，更令人震惊的是，几家报纸都断言，葡萄牙过去对西班牙君主制的从属体验比它在面对英国新帝国主义的当下经历更温和。②此后，在所谓的"新生时期"（Regeneration period）③，一些有影响力的声音要求改革葡萄牙的国家结构，因为该结构被认为是低效的、前现代的，并受到统治精英操纵的侍从政治网络之支配。他们中的许多人甚至宣称，有必要与令人恐惧的伊比利亚邻国，即西班牙达成和解，以重建一支联邦（或邦联）部队。反过来，该部队将足够强大，以便向海外扩张，并维持住一个雄心勃勃的帝国。奥利维拉·马丁斯是坚持这一观点的最杰出知识分子之一。在最后通牒危机后仅仅几日，他便这样写道："如果伊比利亚国家是同盟，那么强大的国家就会尊重我们。"④

奥利维拉·马丁斯在年轻时是一位坚定的共和派联邦主义者，并且是西班牙的真诚崇拜者。他坚持在相邻的伊比利亚民族国家间建立更紧

---

① A. de Quental, 'Causas da Decadência dos Povos Peninsulares nos Últimos Três Séculos', in J. Serrão (ed.), *Prosas Sócio-Políticas* (Lisbon, 1982), pp. 255—296.

② 参见 J. A. Rocamora, *El nacionalismo ibérico, 1792—1936* (Valladolid, 1994), pp. 119—122. 关于最后通牒危机期间和之后的外交与政治文本，亦可参见 N. S. Teixeira, *O Ultimatum inglês: Política externa e política interna no Portugal de 1890* (Lisbon, 1989).

③ 一般指 1851—1868 年间的葡萄牙君主立宪时期。该时期葡萄牙努力发展经济并力图实现现代化。——译者注

④ J. P. Oliveira Martins, in *O Tempo*, 25 January 1890. See also P. Vázquez Cuesta, 'O amor sen acougo de Oliveira Martins a España', *Grial* 113 (1992), pp. 20—60.

密的关系。他年轻时（1870—1874 年）曾在安达卢西亚（Andalusia）度过几年，此后多次访问西班牙，并与西班牙作家和历史学家保持着定期联系。尽管后来他被许多西班牙作者认为是西葡两国间共和联盟的有力捍卫者，但他从未投入政治和智识思想的**伊比利亚主义**潮流。这是自 19 世纪 30 年代以来的葡西两国知识分子的一股思想潮流，它以中央集权君主政体或联邦共和国的形式，举起了伊比利亚联盟的旗帜。尽管这一信条仅仅是由极少数城市知识分子倡导的，但它却具有惊人的连续性，并激发了葡萄牙社会最倾向民族主义之意见领袖断断续续的回应。有关伊比利亚联盟的提议从模仿德意志模式在半岛一级建立关税同盟，到创立邦联式的伊比利亚共和国，还有采用一种"温和"的经济及文学之联邦制以把伊比利亚联盟纳入赫尔德构想上的欧洲国家联盟。①奥利维拉·马丁斯仅支持在西葡两国间建立更紧密的外交联系和文化联系，但这种联系并不削弱每个个体的民族特色和每个国家的主权。在整个人生中，他依然是一位坚定的葡萄牙爱国者，尽管他还是用伊比利亚术语来思考，因为他认为巩固伊比利亚同盟是维持葡萄牙独立和本国海外利益的最佳途径，以便让本国脱离英国的势力范围。在生命的尽头，奥利维拉·马丁斯被他的几个同胞"指责"过于"伊比利亚主义"，但他始终否认这一点，而且他过去从未质疑过葡萄牙的民族独立。此外，1873 年西班牙第一共和国的失败经验使他更加怀疑联邦制这样一种政体是否适用于"伊比利亚国家"。②

有关衰落的意识不仅仅是葡萄牙人关心的问题。1898 年后，世纪末知识危机（fin-de-siècle intellectual crisis）影响了西班牙的公共领域，八年后在西班牙又发生了一次相对类似的经历。其特点是更为艰难的现

---

① 参见 F. Catroga, 'Nacionalismo e ecumenismo: A questâo ibérica na segunda metade do século XIX', *Cultura História e Filosofia*, IV (1985), pp. 419—483, as well as Rocamora, *El nacionalismo*, pp. 114—118.

② 参见 S. Campos Matos, 'Una perspectiva singular y transnacional sobre España y Portugal', introduction to A. H. Oliveira Marques, *Historia de la Civilización Ibérica* (Pamplona, 2009), pp. IX—LXXXIX. 笔者感谢 Campos Matos 教授允许笔者获得了其未刊论文。

实，它被称为殖民的灾难。这便是西班牙在与美国的短暂战争中失败后，失去了古巴（Cuba）、波多黎各（Puerto Rico）和菲律宾（Philippines）。前帝国最后一批遗存的丧失，被视为一个长期衰落过程的高潮，而这一过程启动于 17 世纪中叶。①

在此情况下，一些西班牙历史学家受到更多欧洲近代史学潮流的启发，试图书写新的民族历史。他们尤其深受法国历史实证主义的影响，特别是一些历史学家，如弗朗索瓦·基佐（François Guizot，1787—1874）[和他的《法国文明史》（*Histoire générale de la Civilisationen France*，1830 年）]、欧内斯特·拉维斯（Ernest Lavisse，1842—1922）、夏尔·瑟诺博司（Charles Seignobos，1854—1942）、查理—V. 朗格诺瓦（Charles-V. Langlois，1863—1929）和欧纳斯特·勒南（Ernest Renan，1823—1892）。西班牙历史学家也受到英国历史学家亨利·T. 巴克尔（Henry T. Buckle，1821—1862）及其非常有影响力的著作《英国文明史》（*History of Civilization in England*，1857—1861年，两卷本）的启迪，尽管巴克尔赞同"黑色传说"（Black Legend）②，389 并且对西班牙的过去持消极看法。他们还接受了一些德意志人输入的信息，特别是兰克学生的史学著作，后者强调了民族的"内部"历史是超越政治领域的东西。继其著作在西班牙被广为阅读的德意志哲学家卡尔·C. F. 克劳斯（Karl C. F. Krause，1781—1832）和阿尔伯特·E. F. 舍夫勒（Albert E. F. Schäffle，1831—1903）的社会科学著作之后，19 世纪晚期西班牙自由主义历史学家，如弗朗西斯科·希内尔·德·洛斯·里奥斯（Francisco Giner de los Ríos，1839—1915）与古梅辛多·德·阿斯卡拉特（Gumersindo de Azcárate，1840—1917），特别

---

① 参见 S. Balfour，*The End of the Spanish Empire*，*1898—1923*（Oxford，1997）.

② 西班牙语 Leyenda Negra，该术语表示对西班牙和西班牙人不利的形象，指责他们残忍和褊狭，该词以前在许多非西班牙人，特别是新教历史学家的作品中普遍存在。——译者注

强调分析各民族的"内部历史"，认为它是由其社会产生的思想和"精神"所塑造的。①

这一历史书写学派最著名的例子之一是拉斐尔·阿尔塔米拉·克雷维亚（Rafael Altamira Crevea, 1866—1951）。他是再生主义者（regen-erationist）②及倾向共和的作家与历史学家，在西班牙外交政策中也发挥了重要作用。他首先在一战后的时期（1918—1920年）担任国际联盟（League of Nations）的西班牙宣传员，而后在整个20世纪20年代担任海牙国际法院的成员。阿尔塔米拉对西班牙史学的贡献是双重的。一方面，他把视线转向历史的"爱国主义"视角，旨在从方法论上克服传统的政治史。另一方面，阿尔塔米拉继续推进详细说明一种（据说是）**跨国的**方法——这种方法继承了一些历史学家（如奥利维拉·马丁斯）的见解，虽然葡萄牙历史学家似乎没有直接影响到他。根据第二条原则，阿尔塔米拉着手构建伊比利亚的全球历史概念。这一概念包括西葡两国的前海外殖民地。西班牙的所谓"九八年一代"③作家对此表示赞同。④

这一新的民族历史从积极方面宣告了西班牙为世界历史所做出的贡献。西班牙过去的足迹主要不在于其帝国遗产，而是一系列普遍之人道主义和自由价值观的假想贡献，包括对和平的促进、个人自由和科学进步，它们在历史发展目的论终点达到顶峰：即实现了自由民主制。⑤这可

---

① 参见 J. López-Morillas, *El krausismo español* (Mexico-Buenos Aires, 1956), pp. 39—47 and 122—141.

② 再生主义运动是19世纪末20世纪初西班牙的一场知识分子和政治运动。它试图对西班牙作为一个国家衰落的原因进行客观和科学的研究，并提出补救措施。它在很大程度上被视为有别于同一时间和地点的另一场运动，即"九八年一代"。——译者注

③ 也被称为"1898年的一代"，是一个由小说家、诗人、散文家和哲学家组成的群体。这一群体在美西战争期间活跃在西班牙，致力于文化和美学的革新，并与现代主义相联系。——译者注

④ 关于拉斐尔·阿尔塔米拉史学著作的英语介绍，参见 J. E. Fagg, 'Rafael Altamira (1866—1951)', in W. Halperin (ed.), *Essays in Modern European Historiography* (Chicago, 1970), pp. 3—21；还有 C. P. Boyd, *Historia Patria: Politics, History, and National Identity in Spain, 1875—1975* (Princeton, NJ, 1997), pp. 134—147.

⑤ R. Altamira, *Filosofía de la Historia y Teoría de la Civilización* (Madrid, 1915).

以解释为过去对未来的地缘政治探索。历史书写成为重新塑造当下新合
法性的工具，以便让西班牙适应政治衰落的现实。根据阿尔塔米拉的说
法，20 世纪西班牙可以通过发扬其固有的知识和艺术潜能来寻求新的**伟
大之路**——就像西班牙以同样方式在自 17 世纪中叶以来第一次帝国衰
落中幸存。当时，一种繁荣的文学文化出现了，它弥补了政治和军事力
量的丧失。在这种伪循环的想象里，"软"文化声望似乎可替代"硬"
军事和经济实力。

书写文明史

　　自 19 世纪中叶以来，"**文明**"一词已在西班牙和葡萄牙的知识环境
中经历了一些流转。但是，在奥利维拉·马丁斯和阿尔塔米拉之前，伊
比利亚史学中有关该概念的理论发展还很少。[①]文明应该是什么？伊比利
亚主义者一方面从雅各布·布克哈特（Jakob Burckhardt，1818—
1897）[②]那里汲取灵感，另一方面从诸如夏尔·瑟诺博司和亨利·皮朗之
类法语历史学家处得到启发。[③]起初，文明被认为是一种基于历史的全面
现实。这意味着它被认为是一种全球化的概念，它融入了人类生活的多
个领域：政治、经济和文化。文明也被认为是个人诞生的意义框架，在
很大程度上制约着他们的集体能动性和个人能动性。被理解为文化共同
体的民族发展出一种共同的文明良心。分享过去也意味着在一套共同的
价值观和看法的基础上，共有一个命运共同体。19 世纪 80 年代和 90 年

---

　　① 　参见 Campos Matos，'Una perspectiva'．在西班牙可以找到使用"文明"一词的一些
例子，最早的例子是 E. de Tapia，*Historia de la Civilización española：desde la invasión de los
árabes hasta la época presente*（Madrid，1840）。

　　② 　瑞士历史学家。——译者注

　　③ 　参见 P. Bourdieu，*Les mots et les choses：Une archéologie des sciences humaines*（Paris，
1986）；N. Elias，*El proceso de la civilización*（Mexico，1993）；J. R. Goberna Falque，
Civilización. Historia de una idea（Santiago de Compostela，1999）；and T. Eagleton，*The Idea
of Culture*（Oxford，2000）。

代的许多西班牙知识分子将这种文明概念等同于一类种族性的民族概念，但它由文化而非生物学来界定。①

属于一种文明，意味着要成为比本民族更广泛的集团之成员，这是当时大多数伊比利亚历史学家所钟爱的概念。民族被认为是历史和文化的产物，它塑造了民族精神的存在，阿尔塔米拉称之为"人群心理"。②但是，对于个人而言，文明也意味着分享一组共同的价值观——过去的起源，以及（特别是）共同的命运，一个"休戚同体"，尽管后来的分裂把那一个体的共同体分成了数个民族，但仍然能够在伊比利亚边界两边及大西洋两岸的民众中间形成一股同情和理解的潮流。尽管过去偶然发生独立战争，造成政治分裂和王朝对立，它们分隔了属于同一文明的人类共同体，但拉斐尔·阿尔塔米拉认为，与之息息相关的各国人民之间建立一种特殊关系只是时间问题。

奥利维拉·马丁斯和拉斐尔·阿尔塔米拉以及他们的一些学生都被迫面对史学和政治方面的挑战。他们必须在遥远的过去上调和统一，接着声称存在一个共同的能促进人类进步的半岛**文明**，并适当强调当前的民族和"民族特色"的重要性。这也使他们在不否认西班牙性和葡萄牙性存在的情况下，强化了共同的伊比利亚性之概念。尽管奥利维拉·马丁斯偶尔宣称要建立一种伊比利亚关税同盟，并且对进步抱有务实的信念，但他后来在 1892 年担任了数个月葡萄牙王国的大臣，也明确提到需要铭记过去辉煌中一些主要葡籍历史人物，尤其是中世纪晚期的历史人物。其中一位是阿勒祖巴洛特战役（battle of Aljubarrota）③中的葡萄牙军队指挥官，通过铭记他以呈现出葡萄牙对"西班牙"入侵的一种英勇抵抗。④

---

① 参见 I. Sepúlveda, *El sueño de la Madre Patria. Hispanoamericanismo y nacionalismo* (Madrid, 2005), pp. 190—191.

② R. Altamira, *Psicología del pueblo español* (Barcelona, 1908).

③ 1385 年，葡萄牙保证自己独立王国地位的决定性一战，终结了卡斯蒂利亚王国对葡萄牙王位的野心。——译者注

④ 参见 J. P. Oliveira Martins, *A Vida de Nun'Alvares. História do estabelecimento da Dinastia de Aviz* (Lisbon, 1984) [1893], and Oliveira Martins, *Os filhos de D. João I* (Lisbon, 1936 [1891]).

在强调"文明"与同时强调"民族"之间存在着微妙的平衡。阿尔塔米拉和奥利维拉·马丁斯从未停止成为各自民族国家的民族历史学家。作为具有自我意识的民族历史学家，他们认为有必要通过各自的学术研究来为民族服务，以加强对西班牙和葡萄牙各自历史宏大叙事的支撑。如上所述，"民族化"的历史，即使以批判性和不带偏见的方式书写，也常常与强调"文明"是公民忠诚的同心领域这一观点相冲突。因此，奥利维拉·马丁斯在其有关葡萄牙历史的主要书籍《葡萄牙历史》（*História de Portugal*）与《当代葡萄牙》中有几页专门解构一些曾得到宣传的传统奠基神话。因此，尽管在与西班牙君主制的政治联合期间（1580—1640 年），葡萄牙海外领土加速丧失，但他并不因此责怪卡斯蒂利亚，并且他坚持认为，葡萄牙从西班牙赢得独立只是得益于里斯本对英国外交利益的屈服。奥利维拉·马丁斯以类似的方式，强调了葡萄牙人民所谓的传统的仇英文化。它可以追溯到中世纪，并且据奥利维拉所说，这解释了为什么英国利益永远不能为支持葡萄牙的殖民扩张梦想而行动。①奥利维拉·马丁斯继承了其师、浪漫主义历史学家亚历山大·赫库拉诺（Alexandre Herculano，1810—1877）的理论遗产，认为葡萄牙是伊比利亚半岛整体的有机组成部分。因此，不可能以人种学术语来谈论葡萄牙的独特"种族"，或是赋予地理决定论以很大价值，因为葡萄牙与邻近地区具有压倒性的相似气候和景观，而不存在明确的自然领土边界。由于加利西亚（Galicia）位于半岛西北角，甚至语言和文化的界限也很模糊。于是，在奥利弗雷·马丁斯的脑海中，葡萄牙并不是一个"国籍"，因为他将该词定义为一个基于原始特征的血缘共同体。葡萄牙人和西班牙人之间在民族相关性方面最具决定性的区别在于集体心理，以及人类行为、政治意愿和"民族精神"的力量。这些因素在中世纪已

392

① 参见 Oliveira Martins，*História de Portugal*，vol. I，11th edn（Lisbon，1927），pp. 108—111 and 154—155，and Oliveira Martins，*Portugal contemporâneo*，vol. 2，5th edn（Lisbon，1919），pp. 270—289；as well as Rocamora，*El nacionalismo*，p. 117.

经存在，它们的相互作用决定了葡萄牙民族主义的形成。但是，奥利维拉·马丁斯也坚持认为，在葡萄牙诞生的过程中，偶发事件、人的能动性和人们对权力的渴望都扮演着重要角色。这个国家是出于一些伯爵的个人野心而创建的①，它由相邻的王国（加利西亚和莱昂［León］）组成。②

伊比利亚主义和西班牙民族主义之间的和解，以及因此导致的对文明之压力与对民族之平行压力之间的和解，也是阿尔塔米拉所关心的主题。他将其更新西班牙专业历史学的努力与致力于编写教科书之举，以及确立必须在中小学教授民族叙事的基本思路相结合。阿尔塔米拉的另一个挑战是使这种理想主义信念（即关于历史的对象应该是什么——集体思想和"民族精神"的研究）与以更加实证主义为导向的方法（写一部历史的方法即是应基于尊重书面证据）互相调和。事实上，阿尔塔米拉非常关心向受过良好教育的听众传播民族历史过去的最新版本，并在西班牙学术环境中使历史研究的实践现代化。③在失去最后一些西班牙殖民地一年后，1899年，他声称，西班牙新生的真正动力必须发自其本民族的"精髓"，正如他在费希特（Fichte，1762—1814）④名著《对德意志民族的演讲》（*Reden an die deutsche Nation*）的西班牙译本中所强调的那样，它们深深植根于民族精神之中。⑤尽管阿尔塔米拉后来在史学上淡化了他的一些民族主义信条，但此后的目标没有改变：通过写作一部新的民族史，将爱国主义注入西班牙社会的颓废之躯，而这部民族史在

---

① 葡萄牙王国开国之君阿方索一世最初继承其父的葡萄牙伯爵封号，其封地位于莱昂王国西部，从属于莱昂国王。在领地内一些小贵族的支持下，阿方索一世开始为摆脱从属地位而斗争。1139年，葡萄牙最终得以独立并成为王国。而莱昂王国的其他土地后来成为西班牙王国的一部分。——译者注

② 参见 Catroga, 'História e Ciências sociais', p. 138；Oliveira Martins, *História de Portugal*, vol. I, p. 45.

③ 参见 R. Altamira, *Cuestiones modernas de historia* (Madrid, 1904).

④ 德意志哲学家。——译者注

⑤ R. Altamira, 'Prólogo', in J. B. Fichte, *Discursos a la nación alemana* (Madrid, 1899). 亦可参见 R. Altamira, *El patriotismo y la Universidad* (Oviedo, 1899).

内容和传播方式上都应该是新的。这与阿尔塔米拉根深蒂固的信念有关，即理念的力量是历史演变的动力。①

对于两位历史学家来说，两个民族国家的分隔是政治问题，而不是自然问题。但它也是过去的经验——特别是两国人民的意愿所维持的一个不可逆转的事实。但是，两个伊比利亚民族国家应该拥有共同的**文明**。这是由文化与艺术、宗教、领土与经济组织、民间传统、观念与制度的聚合而确定的。就其遥远的起源而言，西班牙和葡萄牙都是"西班牙裔"，因为这两个民族国家都源于罗马帝国所塑造的半岛统一格局，而此举将他们称为希斯帕尼亚（Hispania）的地方从行政和政治角度转变成了一个公认的地理单元。阿尔塔米拉认为这种统一如此明显，以至于它甚至受到了罗马帝国灭亡后入侵伊比利亚半岛的哥特国王之尊重。因此，哥特人的目标是在一个共同的王冠下维持半岛所有领土的政治统一。此后这一倾向由于雷卡雷德国王（King Recaredo，约 559—601）治下的西哥特人（Visigoth）改宗天主教而得到加强。当时，统一是一种突现的趋势，它是根据人类行动者的意愿而独立实现的。②

奥利维拉·马丁斯从乔瓦尼·巴蒂斯塔·维柯（Giambattista Vico，1668—1744）③那里获得了什么是文明的概念。他坚信，文明是社会有机发展的产物，可以与自然现象相提并论。但是，与他的意大利老师不同，这位葡萄牙历史学家赋予了作为驱动力的"人种"以紧要角色。种族因素与自然环境、偶然因素以及普遍进步的趋势一起，对塑造历史演变至关重要。④面对被认为是"伊比利亚之它者"的第三国，西班牙和葡

394

---

① 参见 Boyd, *Historia Patria*, pp. 142—3；as well as I. Fox, *La invención de España* (Madrid, 1997), pp. 50—55.

② R. Altamira, *Historia de España y de la Civilización Española*, 4 vols［I—III, 1899—1906；IV, 1911)（Barcelona, 1899—1911）］. 阿尔塔米拉所著的其他书籍中也纳入了他主要作品中的一些发现，它们是 *Los elementos de la civilización y del carácter españoles*（Buenos Aires, 1950），and *Historia de la civilización española*（Barcelona, 1902）. 也可参见他著作的后来版本 *Historia de la Civilización española*（Barcelona, 1988）.

③ 意大利哲学家、历史学家。——译者注

④ 参见 J. P. Oliveira Martins, *As raçashumanas e a civilização primitiva*, 2 vols (Lisbon, 1921)；Catroga, 'História e Ciências sociais', pp. 130—131.

萄牙必须在世界政治中表现出共同的立场，因为他们的认识拥有很强的客观根源，以共同的世界观、对文化的共同解释和有关日常生活的一套价值观为支撑。

但是，阿尔塔米拉和奥利维拉·马丁斯都必须面对进一步的概念性问题：如何铸造一个具有足够可塑性的文明概念，使其既拥有普遍性，同时作为对西班牙和/或葡萄牙（或作为整体的伊比利亚民族）在世界上的"文化霸权和历史霸权"之肯定？

答案再次于理念和价值观领域为人捕获。有一种"半岛思想，一种精神"，它塑造了"伊比利亚所有人口共有的道德面相"，其主要成分是"宗教热情"和"英雄主义"。在赫尔德的意义上，它可以被理解为英雄是民族灵魂最佳品质的代表。①这是伊比利亚人民与北非人民共同起源的结果，它造就了平等主义的精神以及对联邦主义的"自然"倾向。拉丁—罗马的影响意味着这种面相的进化。西哥特人统治时期也暗藏西班牙性一些新特征的出现，例如宗教权力和政治权力之间的联系。在穆斯林统治时期，一个新的西班牙再次诞生，其特征是自发的能量散布在多个王国和语言中。西班牙封建主义并不存在，因为君主政体和自治城市的力量渗透在伊比利亚人的性格中，给予其具有民主导向的基调。这种创造的能量还囊括了未来"西班牙"文明的持久特征：持久地分裂成两个或多个国家，但仍然维持行动、思想和情感上的统一。②

（重新）唤醒伊比利亚人创造性"精神"所需要的是，他们必须面对共同的威胁，要有一个共同的**他者**。8 世纪时，穆斯林入侵伊比利亚半岛正是这样一种情况。但是，重振伊比利亚创造力的更大统一因素是值得为之奋斗的伟大事业。这正是捍卫天主教信仰，以及美洲的被发现、被征服、被福音化曾起到的作用。奥利维拉·马丁斯认为神秘主义

---

① J. P. Oliveira Martins, *História da Civilisação Ibérica* (Lisbon，1994 [1879])，p. 36.

② J. P. Oliveira Martins, 'Os povos peninsulares e a civilização moderna' [1875]，in Oliveira Martins, *Obras completas. Politica e História*，vol. 1 (Lisbon，1953)，pp. 187—191.

已成为近代早期伊比利亚王国进行帝国性扩张背后的主要观念。殖民地人民的命运与葡萄牙历史学家无关：就像过去罗马帝国或现在大英帝国的臣民一样，他们要么被同化，要么消亡。但是，这样一种海外事业耗尽了伊比利亚的能量。自 17 世纪以来，它还使葡萄牙和西班牙都远离了欧洲科学和知识进步的中心。殖民地形成了一个海上帝国，并为欧洲的扩张做出了贡献，但它使伊比利亚民族误入歧途，走上了功利主义、掠夺、重商主义以及与贸易和工业相连的自私自利的道路。事实证明，信仰教条主义并未导致精神落后。伊比利亚民族的古老美德"堕落"了。因此，葡萄牙帝国和西班牙帝国的位置被大英帝国所占据。

这就是伊比利亚民族必须寻找与文化、技术和工业的进步相适应的新道路之原因。所有伊比利亚人都必须找到新的原则，并以与过去一样的动力为之奋斗。他们还必须避免重复帝国衰败时期的相同错误，因为这些错误曾导致美德变成了邪恶和腐败。葡萄牙历史学家现在所遵循的可能只是寻求个人自由、捍卫人的权利及征服现代民主。民主不应被认为是外来的发明，而是一种普遍的事业。它深深扎根于伊比利亚半岛居民的真实品质中，因此据信是伊比利亚个人主义的固有美德及其叛逆精神。这些品质过去曾为消极原则服务，现在应该转向更积极的事业。即使是在为错误的事业而战斗的历史时刻，伊比利亚人也表现出了他们支持普遍原则而不怀有任何利己主义野心的巨大能力。这就是为什么"未来理念倡导者的角色是留给那些曾经的天主教旧教义倡导者的。"①

帝国今夕

伊比利亚/西班牙文明的概念（阿尔塔米拉从未明确使用"伊比利亚文明"［Iberian civilization］这一术语，而是更喜欢说"西班牙文明"

---

① Oliveira Martins, *História da Civilização*, pp. 315—316.

［Hispanic civilization］作为代替）不仅适用于半岛的整个历史，而且适用于旧帝国。奥利维拉·马丁斯在 1875 年就已经谈到了"学术独立"和"人格的高度统一"，它们是"西班牙、葡萄牙、西班牙美洲和巴西"的特征。所有这些都以一种共同的精神团结在一起，可以用"对我们时代的现代成抱有相似态度"来概括。①

396

　　因此，第二个论点是由在地理上传播共享文明的概念所组成的。唯一可能的方向是拉丁美洲，还有以更加有限的方式（共享的）是菲律宾以及葡萄牙在非洲和亚洲的海外领土。阿尔塔米拉和奥利维拉·马丁斯都强调了这样一个理论：即文明由一种共同的遗产构成，它是同过去的前伊比利亚殖民地以及现在的海外领土所共享的。在葡萄牙的例子中，这意味着强调了如下事实，即葡萄牙语和"卢西塔尼亚精神"在巴西的扩展，以及较小程度上在非洲和其他少数亚洲殖民地的扩展，代表了葡萄牙对人类文化的决定性贡献。但是，对殖民地的开发不足，也给葡萄牙带来了衰退和腐败。只要对帝国的成就进行积极的重新定位，就能够在精神上和经济上使宗主国再度振兴。②在西班牙的例子中，美洲西班牙帝国的遗产也被认为是对人类进步的独特贡献。因此，西班牙帝国主义中最良性的方面，例如产生遍布全美洲的梅斯蒂索混血儿（mestizo）③这一长期性民族融合得到强调，并同 20 世纪第一个二十五年中主要欧洲殖民帝国的压迫性和种族歧视性加以显著区隔。前现代帝国被认为产生了一种共存和宽容的模式，与"纯粹剥削"形成鲜明对比。而后一特征则被认为是诸如英、美、法等现代帝国的标志。

　　于阿尔塔米拉而言，强调"西班牙文明"的概念还意味着强调文化、集体心理和世界观中那些被认为是伊比利亚和拉丁美洲国家所共有的要素。这也使他或多或少有意识地书写了一种"后帝国"或"后殖

---

　　① Oliveira Martins, 'Os povos peninsulares', p. 188.
　　② 参见 V. Alexandre, 'Questâo nacional e questão colonial em Oliveira Martins', *Análise Social* 135（1996），pp. 183—201；Maurício, *A invençâo*, pp. 92—94.
　　③ 指有西班牙和美洲土著血统的拉丁美洲人。——译者注

民"历史，阐述了对前现代伊比利亚帝国遗产的积极解释。最重要的是强调历史、语言、文化和民族特征是一个整体，强调它是作为过去不同民族之间现存的共同纽带，而文明则被视为一种包罗万象的概念，能够包含诸如共同价值观和文化之类的要素——特别是语言和"民族精神"。但是，这种策略在世纪之交还唤醒了一种没有帝国主义的"精神"帝国，并举起了与对手盎格鲁—撒克逊"文明"加以象征性斗争的旗帜。这种竞争形象据称具有不宽容、暴力扩张和渴求统治的欲望。尽管没有否认敌人产生物质进步和科学进步的能力，但西班牙和葡萄牙的历史学家认为，如此强调物质价值观之举并不能为持久的文明奠定基础。相反，据称以精神美德胜过物质和理性价值观为特征的伊比利亚"精神"被认为是未来（重新）出现一个真实持久之文明的适当基础。它由理念而非经济利益所巩固。

397

20 世纪前十年，许多拉丁美洲知识分子都对美国企图在整个大陆推行其霸权的做法表示怀疑。此时，拉丁美洲各共和国的一些有影响力的历史学家认为，回归"西班牙文明至上主义"（Hispanism）似乎是一个有吸引力的选项。这种理念由古老的宗主国所提供，但曾被拒斥数十年。

但是，对于西班牙民族历史学家来说，从阿尔塔米拉开始，"文明"的概念具有更激进的含义。他们使用它的方式使自己能够与包括邻国葡萄牙和拉丁美洲各共和国以及菲律宾在内的其他主权民族国家谈论"共同的命运"。对他们来说，尤其是阿尔塔米拉富有影响力的著作，最初是写给中学生和大学生的教科书之《西班牙和西班牙文明之历史》（*Historia de España y la Civilización española*，英语 *A History of Spain and the Spanish Civilization*，1900—1911 年）来说，文明起到一种软性的"新帝国主义"概念之功能，即使它不是帝国历史中以文化霸权取代政治霸权的一种和平替代之举。这并不被视为与阿尔塔米拉的民族宏大叙事相矛盾，因为他在其西班牙民族历史的主要著作中推进了这一叙事。相反，它可以看作是这种叙述的加强：西班牙精神在时空的偶然性上之胜利。对于其他西班牙知识分子而言，将西班牙文明更名为伊比利亚文明之举具有纯粹的功利主义性质。通过成为"伊比利亚人"，西班牙可以扩大其影响范围至辽阔的领土，例如巴西和非洲说葡萄牙语的地区。①

文明的概念不仅被认为比民族的概念更现代，而且不那么具有侵略性，更不用说"帝国"或"后帝国"的历史了。此外，"文明"一词带有一种规范特征，即坚持欧洲作为文明使命之载体的古老帝国思想。②并非所有文明都被赋予了独特文明之证。而且只有欧洲殖民大国才有特权使用文化和历史作为"教化"世界其他地区的方式。文明的舞台是为那些勉力以集体道德准则形式用社会美德补充个人道德属性的民族所保留的，正如普鲁士哲学家伊曼努尔·康德已经定义的那样。遵循欧洲关于"文明"和"文化"间差异之辩论的主要趋势，正如阿尔塔米拉在第一次世界大战期间特别强调的那样，拥有"文明"被认为比拥有"文化"更重要。③与西班牙的1898年一代的几位历史学家和作家（如米格尔·德·乌纳穆诺［Miguel de Unamuno，1864—1936］）不同，拉斐尔·阿尔塔米拉既不打算追求对西班牙的"本土"品质的任何内向强化，也不想放弃任何外来影响，而只是寻求西班牙对整个人类进步的贡献。④

拉斐尔·阿尔塔米拉并不总能在有关政治领域和权力政治的研究中找到论点来强调西班牙在过去的意义，而他与当下的斗争更加艰辛。作为一个坚定的自由共和主义者，他无法忽视整个16世纪和17世纪西班牙在美洲殖民化进程中的犯罪能量。他还清楚地意识到，从纯粹的实证

---

① Sepúlveda，*El sueño*，p. 195.

② 参见以下见解 J. Osterhammel and B. Barth（eds），*Zivilisierungsmissionen*（Konstanz，2005）.

③ Goberna Falque，*Civilización*，pp. 155—160.

④ 参见 J. L. Villacañas Berlanga，'Rafael Altamira y el concepto de civilización española'，in E. Rubio Cremades and E. Mª Valero Juan（eds），*Rafael Altamira：historia，literatura y derecho*（Alicante，2004），pp. 69—76.

主义观点来看，中世纪伊比利亚半岛的穆斯林王国比起他们的基督教对手而言，至少在思想和科学方面更加先进——也就是说，许多要素影响了阿尔塔米拉对文明是什么这一问题的理解。然而，有关西班牙历史的基督教视角却是现代西班牙民族真正和唯一的先驱。拉斐尔·阿尔塔米拉还对自近代早期以来"外国"王朝，尤其是波旁王朝所带来的中央集权和专制的趋势表示遗憾。由于外界"进口"影响（首先是从哈布斯堡王朝，后来是从法国模式）产生的这些恶习，被指责为帝国衰落和那些过去西班牙文明所坚持的价值观之衰退铺平了道路。

但是，阿尔塔米拉对比较史学的重视，尤其是他有关英法殖民帝国的比较，也使他认为，伊比利亚民族，特别是西班牙，对人类演变和民主进步做出了独特贡献。这是事实，即在西班牙君主制下，针对美洲原住民的特定法律法规（《印第安法》[Leyes de Indias]）得以制定。换言之，对于 20 世纪的自由主义解释来说，西班牙人宽容而慷慨的心理，使其帝国更加"可被接受"，从而构成了具有自由主义思想的西班牙人于现在和未来的骄傲所在。阿尔塔米拉尤其非常重视研究美洲西班牙遗产，以及所谓的"印第安法"，还有 16 世纪西班牙征服者对美洲土著的法律处置。①1909 年，对拉美一些国家的访问给阿尔塔米拉有关帝国主义时代"西班牙裔人民"活力的认识留下了深刻的影响，而这种影响又加强了他对上述研究的兴趣。②

399

伊比利亚美洲的史学梦想

阿尔塔米拉在西班牙的读者，以及在拉美历史学界的读者（尤其是

---

① 参见拉斐尔·阿尔塔米拉最新的汇编 *Manual de investigación de la historia del derecho indiano* (Buenos Aires，1950).

② R. Altamira, *Mi viaje a América* (Madrid，1911). 关于阿尔塔米拉的拉美之行以及它与西班牙和其前殖民地之间知识交流出现之关系，参见 G. dalla Corte, 'Luces y sombras de dos paradigmas del americanismo español en la renovación del diálogo hispanoamericano（1909—1911）', *Anuario de Estudios Americanos* 63：2 (2006)，pp. 195—216.

在阿根廷和智利）数量非常庞大。这不仅是因为他的一些作品具有现代性和创新性，而且还因为阿尔塔米拉理念具有直接工具性。[①]阿尔塔米拉宣称与拉丁美洲的知识分子和历史学家建立了对话，他们似乎与他有着同样的主要预设。但是，这仅对这些国家的一部分知识界而言是正确的。尽管西班牙裔美洲命运共同体的主张是由官方仪式所支持的，却很快与拉丁美洲民族宏大叙事发生了冲突。当时，大多数拉丁美洲民族历史学家特别有兴趣探究那些使自己远离被视为古老而颓废的殖民势力之方式。因此，他们更有兴趣去拟订新的、独立的民族叙述。他们专注于各种因素，例如对过去土著时代前西班牙文明的理想化（如墨西哥的阿兹特克文明或是秘鲁的印加文明），通过思想交流和移民到来从而接受其他欧洲国家的影响，以及"边疆神话"的出现。后者经常遵循北美模式，例如在阿根廷，那里的历史学家开始理想化所谓的"沙漠战役"，而该词意味着自 19 世纪 70 年代以来成千上万的土著人被消灭一事。[②]

400　　　阿尔塔米拉时代的拉丁美洲史学主要关注于阐述独立战争的革命神话，以及为未来改造制定一个新计划。这也是为寻求独特的文明模式而提出的。直到 19 世纪末，大部分拉丁美洲民族历史学家认为，西班牙裔的共同起源是某种不受欢迎的遗产，过去的西班牙影响被认为在发展和文化形式上是消极的，它被视作阻止新的美洲民族现代化的真正障碍。[③]尽管许多拉丁美洲历史学家和知识分子认为有必要诉求一种具有欧洲血统的更广泛的文化共同体归属，以作为对抗美帝国主义的手段，但他们中的大多数人更倾向于使用"拉丁"（Latinity）一词，意在取代西班牙（Hispanic/Spanish）文明的概念。这一信息在诸如乌拉圭人何塞·恩里克·罗多（José-Enrique Rodó，1871—1917）的《爱丽儿》（*Ariel*）

---

①　参见 E. Mª Valero Juan, *Rafael Altamira y la 'reconquista' espiritual de América* (Alicante, 2003)；还有 H. Pelosi, *Rafael Altamira y la Argentina* (Alicante, 2005)。

②　Sepúlveda, *El sueño*, pp. 263—268.

③　关于阿根廷的例子，参见 L. A. Bertoni, *Patriotas, cosmopolitas y nacionalistas. La construcción de la nacionalidad argentina a fines del siglo XIX* (Buenos Aires, 2001)；和 N. Shumway, *The Invention of Argentina* (Berkeley, 1991)。

等有影响力的书中是明确的。总体而言，拉丁美洲历史学家、社会学家和作家感到，要强调其作为独立文明形式的共同文化特征之必要性，与采用西班牙文化新帝国主义形式的"陷阱"纠缠的风险之间存在着矛盾。这种矛盾被证明是不可能得到解决的。

在 20 世纪头二十年里，甚至在所有讲西班牙语的领土上，连一种共同语言的存在都是有争议的。一些拉丁美洲知识分子，尤其是在受教育的精英深受强烈法国文化影响的国家，以及在大规模意大利移民十分显著的国家（如阿根廷和乌拉圭），赞扬了一种新的"民族语言"（national language）之发展，并突出了它与半岛上的卡斯蒂利亚语（Castilian）①之间的距离。其他人则恰恰相反：必须在所有西班牙裔土地之间保持一种共同的文化语言，以作为有效对抗美国政治和文化霸权的唯一手段。但与此同时，他们坚持声称拥有"真正的"西班牙语。西班牙裔美洲民族的民族语言来自西班牙，但它不属于西班牙。西班牙是一个差劲的中心，不再被认为能够产生适应现代世界的伟大文化。如果要在不久的将来诞生一个新的讲西班牙语的文明，那么它的中心将设在拉丁美洲的新兴城市中心。因此，例如，阿根廷知识分子通常以 20 世纪 10 年代和 20 年代布宜诺斯艾利斯市（Buenos Aires）蓬勃发展的文化活力为代表，从年轻作家豪尔赫·路易斯·博尔赫斯（Jorge Luis Borges，1899—1986）开始，以此作为西班牙语"文明"真正中心所在的证据。相比之下，博尔赫斯和其他人则把马德里（Madrid）或巴塞罗那（Barcelona）描绘成相当守旧和前现代的。②毫不奇怪，阿根廷主要城市在城市扩张时期的知识氛围里被定义为建设"一个想象中帝国的首都"之尝试。③为了应对来自欧洲的大规模移民（这被视为针对民族同质性的威

401

---

① 即标准西班牙语。——译者注

② 参见 A. L. di Tullio, *Políticas lingüísticas e inmigración. El caso argentino*（Buenos Aires，2003）.

③ H. Vázquez Rial（ed.），*Buenos Aires 1880—1930：La capital de un imperio imaginario*（Madrid，1996）.

胁），拉丁美洲精英们试图使自己的民族"重新西班牙化"。在这种尝试中，提及西班牙"文明"之举十分常见。但在这里，"文明"的提法显然是针对民族而非跨民族事业。[①]

阿尔塔米拉很清楚地强调西班牙裔文明所固有的西班牙本源。但与此同时，他也看到了一些拉丁美洲共和国所经历的进步。他将此看作一个有趣的发展，可以丰富共同的文明，从而再生西班牙的民族精神。然而，该文明的中心是西班牙，而且在未来必须继续是西班牙，因为只有西班牙（更确切地说是卡斯蒂利亚）被置于文明的欧洲核心并在欧洲历史中起到领导作用。[②]但拉丁美洲的知识分子也在欧洲寻找霸权的其他文化模式。首先，他们在法国找到了灵感，而法国在阐述民族历史方面的宏大叙事得到了拉美人的密切模仿。

伊比利亚人与他们的"他者"

部分拉丁美洲知识分子缺乏热情只是问题的一方面。伊比利亚关于如何（重新）命名半岛文明以扩展到全世界的内部共识仍然极为脆弱。葡萄牙历史学家经常称"伊比利亚文明"，有些时候是"西班牙民族"，以分别指称现在和过去。奥利维拉·马丁斯像作家安特罗·德·肯塔尔一样，过去常常通过使西班牙的概念与罗马帝国最初的希斯帕尼亚概念相吻合，以将所有生活于伊比利亚土壤上的民族标记为"西班牙各民族（the Spanish nations）"，或甚至是"西班牙的各民族（the nations of Spain）"。"文明"也成为备受喜爱的文化手工艺品。它在 20 世纪初，将小小的葡萄牙民族国家放入了帝国的世界。因此，葡萄牙殖民帝国被

---

① 参见以下详尽分析 G. H. Prado, *Rafael Altamira, el hispanoamericanismo liberal y la evolución de la historiografía argentina en el primer cuarto del siglo XX* (PhD Thesis, University of Oviedo, 2004).

② 参见 Mª D. de la Calle Velasco, 'España y Castilla en el discurso hispanoamericanista de Rafael Altamira', in A. Morales Moya and M. Esteban de Vega (eds), *¿Alma de España? Castilla en las interpretaciones del pasado español* (Madrid, 2005), pp. 195—220.

视为葡萄牙自己有关一种文明化使命之解释的必然结果。它通过国家的航海事业来扩展"伊比利亚"文明。但是，在葡萄牙的例子中，过分强调共同命运及它与其他伊比利亚民族间的亲密关系，激起了再次觉醒的19 世纪民族主义者的恐惧之平行效应。他们害怕在西班牙/伊比利亚文明的大熔炉中稀释了葡萄牙人的民族特性。

因此，葡萄牙在 1895 年前后的历史教科书里继续强调民族叙事。其中，帝国的过去被视为葡萄牙历史的黄金时代，而 1580 至 1640 年的"西班牙统治"时期被视为衰落期。在那之后，葡萄牙旨在通过强调其伟大英雄从伊比利亚邻国及其他欧洲势力——拿破仑法国，以及最近的英国殖民势力中捍卫了葡萄牙的独立，以重振过去的威望。葡萄牙在地理、历史和帝国经历方面与西班牙的共同特点遭到摒弃，取而代之的是独特的"民族特征"之重要性。这对于葡萄牙民族主义历史而言至关重要。葡萄牙对自由的热爱、缺乏怒气、忧郁（萨乌达德）[①]和个人主义的性格，应该与西班牙更加倾向于统治和傲慢的民族性格完全不同。尽管许多反伊比利亚知识分子承认西班牙和葡萄牙也共享一种类似的"文明"，但他们也担心，一旦建立了半岛形式的政治邦联，这种文化上的共同性可能会加速葡萄牙独立的终结。19 世纪中叶有影响力的历史学家亚历山大·赫库拉诺在其《葡萄牙历史》（*História de Portugal*，1846—1853 年，四卷本）一书中，以浪漫主义历史的模式，确立了葡萄牙民族历史的主要导向。他也赞同前述观点，因为他担心经济联盟的发展会减少如比利时、荷兰和葡萄牙之类欧洲小民族的生存机会。[②]1880 年对民族诗人路易斯·德·卡莫斯（Luis de Camôes，约 1524—1580）

---

①　葡萄牙语 saudade，用以描述一个人的怀旧、乡愁情绪并且表达对已经失去并喜爱的某事或某人之渴望。——译者注

②　参见 S. Campos Matos, 'Historiographie et nationalisme au Portugal du XIXe siècle', in *Storia della Storiografia* 32（1997），pp. 61—69, Campos Matos, *Historiografia e memória nacional no Portugal do século XIX*（*1846—1898*）（Lisbon，1998），particularly pp. 278—313 and 333—336. 关于赫库拉诺的影响，亦可参见 H. Bernstein, *Alexandre Herculano*（*1810—1877*）：*Portugal's prime historian and political novelist*（Paris，1983）.

逝世 300 周年的纪念，以及 1890 年外交上的最后通牒危机后葡萄牙自由派精英们的民族主义反应，加强了人们有关卢西塔尼亚过去的民族主义解释。它强调了葡萄牙的海外命运、葡萄牙历史的帝国维度和殖民主义是使该民族伟大的真正成就。①这种观点在共和时期（1910—1926 年）以及整个军事独裁统治时期和随后的萨拉查（Salazar，1889—1970）②政权（1926—1974 年）期间都得到维持。甚至直到至少 20 世纪 60 年代中期，倾向左翼的民主派历史学家后来提出的关于民族历史的另类观点及论述，都没有质疑葡萄牙的过去和现在的帝国维度。在整个葡萄牙共和时期，史学的特征是存在民族主义偏见，其视角是捍卫民族历史的殖民主义维度（这一点在有关巴西历史的解释中变得尤为明显），以及基于直觉（受到亨利·柏格森的影响［Henri Bergson，1859—1941］）和**民族精神**（Volksgeist）理念的知识理论之影响。这种信念甚至遍布以社会主义为导向的历史学家，例如海梅·科尔特索（Jaime Cortesão，1884—1960)③的作品。④

就旨在书写伊比利亚跨民族的稀少尝试之最终命运这一点而言，伊比利亚联邦主义的葡萄牙知识分子与政治支持者所经历的命运相似：他们不是被指责为天真地背叛了自己国家，就是被无情遗忘。这是葡萄牙保守派甚至共和主义的历史学家与知识分子对奥利维拉·马丁斯"高于一切"的伊比利亚主义的典型解释。尽管 20 世纪 20 年代专制主义的民族主义的一些代表，如安东尼奥·萨尔迪尼亚（António Sardinha，

---

①　参见 A. Freeland, 'The People and the Poet: Portuguese National Identity and the Camões Tercentenary (1880)', in C. Mar-Molinero and A. Smith (eds), *Nationalism and the Nation in the Iberian Peninsula: Competing and Conflicting Identities* (Oxford and Washington, 1997), pp. 53—67.

②　葡萄牙政治家、独裁者，1932—1968 年间任葡萄牙总理。1968 年生病，将权力移交给心腹。1974 年，葡萄牙发生"四二五革命"，独裁政权倒台。——译者注

③　葡萄牙政治家、医生与历史学家。——译者注

④　参见 Mª I. João, 'Historiografia e Identificação de Portugal', in J. Miranda and Mª I. João (eds), *Identidades Nacionaisem Debate* (Oeiras, 2006), pp. 163—187; E. Serpa, 'Portugal no Brasil: A Escrita dos irmâos desavindos', *Revista Brasileira de História* 20: 39 (2000), pp. 81—114.

1887—1925）①也在一定程度上使用了"伊比利亚文明"这一术语，并在保持两国独立的同时，促进了半岛"行动统一"的原则。类似的事情发生在马丁斯的"文明"概念上，它成为了葡萄牙历史进化的补充动力。②最后，许多共和主义者，特别是 20 世纪萨拉查主义的民族历史学家认为，地理决定论、种族因素（包括对特定"种族"的吸引力）和语言是民族建设最具决定性的因素。葡萄牙历史的黄金时代是海上帝国时期。最后一点，但也不容忽视的是，葡萄牙民族建设进程的真正"他者"仍是西班牙。

---

① 葡萄牙作家。——译者注

② 参见 L. Reis Torgal, 'Oliveira Martins visto pelos Integralistas', in *Biblos. Revista da Facultade de Letras da Universidade de Coimbra* 71（1995），pp. 351—360；Maurício, *A invenção*, pp. 81—92, and 109—123.

第十九章　洪水过后：两次世界大战对亨利·皮朗与马克·布洛赫历史著作之影响

彼得·舍特勒尔（Peter Schöttler）

通常，历史学家都在写字台前写作。即使是在反映当下，他们也致力于过去。但有时，例如在战争期间，诸事陷入混乱，历史学家便被推入了"历史"。突然，他们必须做出反应并站队。但是，他们作为历史学家，也可能有机会反思这种参与行动。在本章中，笔者试图展示 20世纪初的两次世界大战如何迫使两位重要的历史学家，比利时人亨利·皮朗和法国人马克·布洛赫（Marc Bloch，1886—1944）以新的方式面对历史。笔者所要聚焦的，并非他们对这些事件的现实反应或政治反应，而是他们的思想反应和智识反应。

亨利·皮朗：以比较对抗民族历史

在"大战"①之前，亨利·皮朗（1862—1936）不仅被认为是比利时最重要的历史学家，而且还是民族历史学家的最佳典范。他的四卷本《比利时史》（*Histoire de Belgique*）已经出版，论述了从远古时代到 17 世纪的比利时历史。②该书被视为同类著作中的丰碑。因此，皮朗

---

① 指第一次世界大战。——译者注
② H. Pirenne, *Histoire de Belgique*, vol. 7 (Brussels, 1932). 关于皮朗的传记，参见 B. Lyon, *Henri Pirenne. A Biographical and Intellectual Study* (Ghent, 1974).

不仅在他的祖国，而且在德国也深受赞誉（他获得了莱比锡大学和图宾根大学的名誉学位）。有趣的是，《比利时史》的第一版受（皮朗的）德国同僚和朋友卡尔·兰普莱希特之托，初次于 1889 年在哥达（Gotha）由德国珀特斯出版社（Perthes）推出，而法文原版则于次年出版。① 皮朗与德国史学的亲密关系，源于他在哥廷根和柏林的学习。在那里，他成为了"专业历史学家联合会"（Akademischer Historischer Verein）的一员。这种亲密关系也体现在他从 1903 年开始参与《社会经济史季刊》（*Vierteljahrschrift für Sozial- und Wirtschaftsgeschichte*）的共同编辑，直到 1914 年戛然而止。皮朗与他的大多数教授同僚一起，抗议德国对自己祖国的入侵和德国的占领政策。德国驻比利时总督冯·比辛（von Bissing，1844—1917）将军试图重新开放入侵后关闭的根特大学，并将其转为佛兰芒语机构。这意味着禁止任何法语授课行为，但皮朗拒绝服从。结果，他与反对派的另一位领导人佛兰芒历史学家保罗·弗雷德里克（Paul Fredericq，1850—1920）于 1916 年 3 月 18 日被捕。尽管他们是平民，却都像战俘一样被流放到德国。② 这一流放迅速在全世界为人所知，引发了抗议风暴。③ 数十个学术机构和政治领导人，特别是中立政府的领导人，甚至是教皇也致函德国皇帝和首相。普林斯顿大学和康奈尔大学等美国大学为之提供职位。另一个建议是，应将两位历史学家释放，让他们到像瑞士这样的中立国家。但是，帝国政府无视所有这些抗议活动，并继续关押比利时囚犯，直到 1918 年 11 月停战协议达成为止。战前，皮

405

---

①　不幸的是从来没有一个英文译本。

②　参见 H. Pirenne, *Souvenirs de captivité en Allemagne*（*Mars 1916—Novembre 1918*）(Brussels, 1920), and Pirenne, *The 'Journal de Guerre' of Henri Pirenne*, ed. B. and M. Lyon (Amsterdam, 1976). 关于一战期间德国占领和"佛兰芒政策"（Flamenpolitik），参见 H. W. Gatzke, *Germany's Drive to the West*（*Drang nach Westen*）: *A Study of Germany's Western War Aims During the First World War* (Baltimore, MD, 1950), pp. 92 ff.; S. de Schaepdrijver, *La Belgique et la Première Guerre Mondiale* (Brussels, 2004), pp. 137 ff. and pp. 159 ff.; L. Zuckerman, *The Rape of Belgium: The Untold Story of World War I* (New York, 2004), pp. 145 ff.

③　参见以下著作中报刊文章与小册子的清单 *Henri Pirenne. Hommages et souvenirs*, vol. 1 (Brussels, 1938), pp. 111 f.

朗便很早就在他的领域——中世纪历史中广为人知，但现在变得更加出名。他不仅是一位伟大的比利时历史学家，而且多年来，他还是欧洲乃至整个西方世界最著名的历史学家。

这次事件背后最有趣不仅是政治议题等等，而是皮朗本人的思想转变，甚至是"内在"转变。在战争期间和战争结束后，我们都可以在其著作中紧紧追踪到这种转变痕迹。对于他的同时代人来说，这种转变的后果在20世纪20年代和30年代既可见又不可见。确实，皮朗成为了举世闻名之人，尤其是对于英美公众而言。这里最典型的事件发生在1919年，当时他与一些著名的军队领导人如霞飞（Joffre，1852—1931）①和潘兴（Pershing，1860—1948）②一样，获得了牛津大学颁发的名誉学位。换言之，皮朗是胜利的协约国阵营的重要人物之一。因此，他当选重要职务，如联合学术国际（Union académique internationale）和国际科学历史协会（Comité international des sciences historiques）的主406席——该协会正在组织历史学界的国际会议。他还应邀在许多国家演讲，尤其是在美国。他在1922年秋天花了两个月时间进行横跨美国东西海岸的旅程，其中包括在白宫的招待会。

但这不仅仅是公众层次的认可。在学术和史学方面，皮朗也获得了与众不同的地位。长期以来，他的名字一直与其关于比利时的著述，或更确切地说，在最终建立比利时民族国家的历史空间上的著述联系在一起。战后，他实际上完成了他的《比利时史》（*History of Belgium*）。该书在1920年至1932年之间又出版了三卷，涉及从西班牙统治终结到1914年德国入侵的历史。但皮朗在继续做其祖国（mère patrie）的历史学家的同时，也为欧洲历史打开了一个更为广阔的国际视野。这就是众

---

① 即 Joseph Jacques Césaire Joffre，法国将军，从一战开始到1916年底一直担任西线法军总司令。他因在战争初期重组撤退的盟军，在具有战略决定性的马恩河战役中击败德国人而闻名。——译者注

② 即 John Joseph Pershing，美国将领，在1917—1918年期间担任前往欧洲的美国远征军西线指挥官。——译者注

所周知的"皮朗命题"（Pirenne-thesis）。

　　这一关于欧洲和中世纪早期被伊斯兰征服的地中海地区之间关系的著名命题，①在皮朗 1920 年代初发表的几篇文章以及一些年后的两本开创性著作《中世纪城市》（*Medieval Cities*，1925 年），以及《穆罕默德和查理曼》（*Mahomet and Charlemagne*，于皮朗死后 1937 年出版）中公之于众。②那时，皮朗还在为某种稍有不同的历史观念而战。自战争以来，他已经在许多场合提出过，特别是在 1923 年布鲁塞尔举行的国际历史科学大会上。在其庄严的开幕演讲"历史研究中的比较方法"（De la méthode comparative en histoire）里，③他以自己的全部声望，提倡历史书写中的一种宏大转变，即从民族视角转向比较且普遍的视角。

　　皮朗提及历史学家必要的"放弃"，即必须克服自己的民族偏见，以便最"公正地"分析历史。皮朗不仅是在进行一次主日学校的演讲或发表雄辩演说（pro domo），而是在恳求支持一种新的学术精神。正如他所说，这种精神不应该是一种"战后"精神。④皮朗通过承认战争期间"双方"都迫使他们的学者"服役"，甚至触碰了禁忌。因为在那之前，只有"德国科学"被认为是"不完全的"并且带有偏见，而西方科学当然不是如此。尽管在有关德国历史学家的著述及其战争中的侵略性行为上，皮朗显得非常挑剔，但他在这里重复了一个自战争以来他在许多场合尤其是在根特大学的三次校长演讲中曾提出过的主题⑤——他仍然拒

407

　　①　参见 B. Lyon, *The Origins of the Middle Ages*：*Pirenne's Challenge to Gibbon*（New York, 1972）；最近的有 T. Kölzer, 'Kulturbruch oder Kulturkontinuität? Europa zwischen Antike und Mittelalter—die Pirenne-These nach 60 Jahren', in K. Rosen (ed.), *Das Mittelmeer—die Wiege der europäischen Kultur*（Bonn, 1998），pp. 208—227.

　　②　H. Pirenne, *Medieval Cities*（Princeton, NJ, 1925；French edition：Brussels, 1927），and Pirenne, *Mahomet et Charlemagne*（Brussels, 1937；English edition：London, 1939）. 后书已译为中文，参见亨利·皮朗：《穆罕默德和查理曼》，王晋新（译），北京：商务印书馆，2021 年。——译者注

　　③　H. Pirenne, *De la méthode comparative en histoire*（Brussels, 1923）.

　　④　Pirenne, *De la méthode comparative en histoire*, p. 4.

　　⑤　H. Pirenne, *La nation belge et l'Allemagne*（Ghent, 1920），Pirenne, *L'Allemagne moderne et l'empire romain du moyen âge*（Ghent, 1921），and Pirenne, *Ce que nous devons désapprendre de l'Allemagne*（Ghent, 1922）.

绝承认"他们"和"我们"之间通常的不对称性。为了超越任何民族或种族的偏见，所有历史学家都应以比较的视角来进行工作。在过去的几十年间，各方都有许多辉煌的历史，但是"科学的客观性，或者说这个词：公正"还不够。①种族、政治或民族偏见过于强烈。将来，仅凭"比较方法"就可以使"历史学家避免陷入他们周围环绕着的陷阱，并以其真实价值和科学真理的确切程度来欣赏他们正在研究的所有事实。在它的帮助下，也只有通过它（比较方法），历史才能成为一门科学，并使自己摆脱感性看法的偶像。她只能通过将更多的普遍性视角带入民族历史来做到这一点。然后，她不仅将变得更加精确，而且将变得更加仁慈。"②

有些人在该演讲中看到的不过是皮朗在特定场合下的恳求，而非任何衷心的建议。毕竟，比较史学在两次世界大战之间从未流行过。③但这是误导。于皮朗而言，比较史学不是建立或捍卫西方思想霸权的"战术问题"，而是与战争期间他自己的"思想转变"相关的史学策略，它应该导向一种更好的历史书写方法，民族且国际的方法。这种转变的痕迹可以在皮朗的著作中找到，尤其是在流放期间。但是由于这种材料都不为他的同时代人（包括马克·布洛赫这样的朋友和仰慕者）所知，而且大部分只有最近十到二十年间才被公开，因此这构成了其发展中的不为人所知的方面。

皮朗在德国的流放可以被分为几个时期。首先，他被送往莱茵兰（Rhineland）克雷菲尔德（Krefeld）附近的一个战俘营，几周后被送至下萨克森（Lower Saxony）霍尔兹明登（Holzminden）附近的另一个战俘营。皮朗被视为军官，甚至被视为"将军"对待（因为进行官方谈判

---

① Pirenne, *De la méthode comparative*, p. 13.

② Pirenne, *De la méthode comparative*, p. 13. 由笔者译出。

③ 参见如 A. Verhulst, 'Marc Bloch and Henri Pirenne on Comparative History. A Biographical Note', *Revue belge de philologie et d'histoire* 79 (2001), 510. 关于历史比较，参见以下总体概述 S. Berger, 'Comparative History', in S. Berger, H. Feldner and K. Passmore (eds), *Writing History: Theory & Practice* (London, 2003), pp. 161—179.

时，德国将军拜访了他①），他的处境相对舒适。他有一个勤务兵，并被
允许授课，而且他是比利时和协约国军官社区的成员。这些成员像尊敬
一个英雄那样尊敬皮朗。但是随后，可能是由于国际社会以及德国学术
界的不断施压，柏林政府决定将皮朗（和弗雷德里克）送往图林根
（Thuringia）一个小小的大学城耶拿（Jena），给他提供一个更加平民化
的环境。尽管城市环境确实更好，而且两位历史学家在日常生活和工作
中获得了更自由的条件，但由于同样原因，他们与其他囚犯和同胞隔绝
了。在被转移到耶拿之后（皮朗于 8 月 29 日到达，弗雷德里克于 9 月 9
日到达），实际上他们只能彼此交谈。当后者（弗雷德里克）陷入抑郁
并拒绝与德国人进行任何接触，且在所有时候挑衅性地讲法语时，皮朗
则试图充分利用这种情况，在大学图书馆工作或与一些他认为文明和体
面的人保持联系。但即使这样的耶拿时期也在几周后突然结束。政府决
定再次将比利时教授分开，并将他们转移到没有学术机构的地方，以避
免他们与广大公众接触。皮朗就是这样来到了爱森纳赫（Eisenach）附
近的威拉河畔克罗伊茨堡（Creutzburg-an-der-Werra）。他在这里要待
18 个月以上，直到 1918 年 11 月被释放。在这第四次也是最长的流放时
期中，除了邮件以及与试图保持友好和礼貌的克罗伊茨堡当地市长及市
民接触外，②皮朗一直处于孤立状态。基本上在此期间，他完成了最重要
的项目，改变了他的史学世界观。

　　从战争的第一天起，皮朗就开始写日记。③在流放之后，这种自我反
省的工作变得尤为重要，并伴随着他在战俘营读书和演讲的许多笔记。④
到达耶拿后，皮朗意识到自己必须走得更远，建立起强有力的工作习

　　① Pirenne, *Journal de Guerre*, p. 126（13 June 1916）.

　　② Pirenne, *Souvenirs*, p. 78 ff.

　　③ 该日记的一小部分（四年中的六个月）已于 1976 年出版。作者与布鲁塞尔自由大学
（Université Libre de Bruxelles）的档案管理员 Didier Devriese 和 Matthias Steinbach（布伦瑞克
工业大学［Technische Universität Braunschweig］）正在准备一个新的且完整的版本，并附有
信件和其他文件。

　　④ 大部分被保留下来并成为了布鲁塞尔自由大学皮朗档案的一部分。

惯，才能避免思想匮乏。在克罗伊茨堡，这成为一个由两部分组成的形式：每天，皮朗除了保持记录《战争日记》（*Journal de guerre*）外，还写几页关于欧洲历史的书，并为他题为"孤独的倒影"（*Réflexions d'un solitaire*，英语 Reflections of a Solitary）之收集做方法论笔记。战后皮朗返回比利时后，这些材料没有出版，几乎无人知晓，因为皮朗从未提及过，甚至在他的《囚禁回忆录》（*Souvenirs de captivité*）中也没有只言片语。①直到1935年皮朗去世后，他儿子才出版了未完成的《欧洲史》（*Histoire de l'Europe*）手稿——不幸的是，这没有受到太多编

409　辑关注。然而，该书清楚表明了，当时代世界闻名的"皮朗命题"是如何在战争期间浮现的。②但战争日记以及"孤独的倒影"的手稿在数十年间一直无人知晓。③

　　这也许可以解释为什么皮朗对其史学方法的修改几乎没有引起注意。但是，这并没有阻止至少一些人意识到其后果，正如人们可以看到德国人，尤其是纳粹，对《欧洲史》和《穆罕默德和查理曼》的反应。自魏玛共和国以来，德国的西方研究（Westforschung）一直将皮朗视为主要批判对象。他的社会经济方法是"部落"范式最危险的替代选项，而这一范式不仅仅被德国历史学家所接受，也为一些荷兰历史学家如彼得·戈耶尔（Pieter Geyl，1887—1966）所接受。④尽管皮朗坚持比利时民族的"自愿"基础，以罗马元素和日耳曼元素构成一种混合物，

---

①　Pirenne，*Souvenirs*.

②　H. Pirenne，*Histoire de l'Europe. Des invasions au XVIe siècle*（Brussels，1936），English edition：*A History of Europe：From the end of the Roman World in the West to the Beginnings of the Western States*（London，1939）.

③　前者部分出版于1976年（Pirenne，*Journal de guerre*），后者出版于1994年：H. Pirenne，'Réflexions d'un solitaire'，ed. B. Lyon，M. Lyon and J. -H. Pirenne，*Bulletin de la Commission Royale d'Histoire* 160（1994），pp. 177—250. 这两个文件都在 B. 里昂（B. Lyon）的传记中首次被提及和引用（*Henri Pirenne*，pp. 227—276）。它们也受到了以下广泛评论 C. Violante，*La fine della 'grande illusione'. Un storico europeo tra guerre e dopoguerra*，*Henri Pirenne*（1914—1923）. *Per una rilettura della 'Histoire de l'Europe'*（Bologna，1997）.

④　参见 P. Schöttler，'Die historische "Westforschung" zwischen "Abwehrkampf" und territorialer Offensive'，in Schöttler（ed.），*Geschichtsschreibung als Legitimationswissenschaft 1918—1945*（Frankfurt/M.，1997），pp. 204—261，here p. 226.

但其他民族主义的（völkisch）对手则坚持浪漫主义的思想，即语言和民族精神（Volksgeist）是或应该是任何民族特征的决定性因素。①据此，皮朗的《比利时史》是完全错误的。当它的最后一卷于 1932 年出版时，一位德国历史学家，后来成为纳粹占领下比利时之主要人物的弗朗兹·佩特里（Franz Petri，1903—1993）写了长达 100 多页的长篇评论，以展示该书之荒谬。②此外，在皮朗死后，同一位历史学家设法为《社会经济史季刊》（皮朗在 1914 年前一直是该期刊编委会的一员）写了一篇讣告。该文以对这位比利时历史学家的全面驳斥而告终。佩特里说，皮朗从来都不明白德国历史最重要的东西是什么，它应是"德国人的心曲和一门为其与人民的联系而奋斗的德国科学［民族联盟（Volksver-bundenheit）］"。③当《欧洲史》面世时，《历史杂志》（Historische Zeitschrift）也有同样的批评。该书作为对自由实证主义历史的一次失败和"过时"的尝试而受人摒弃，因为它缺少"民族"和"人种"的基本维度。④为了掩盖这些缺点，1939 年出版的《穆罕默德和查理曼》的第一个德语译本必须使用完全不同的、更"日耳曼"的标题，并且不得不加上许多补充脚注，而读者无法辨别这是否为编者所加。这些脚注还误导读者认为，作者正在讨论，或将在某时与德国族民史（Volksge-schichte）汇合。⑤但实际上，自一战以来，皮朗就采取了相反的做法，越来越背离德国的史学模式。

410

----

①　参见 M. Beyen, 'National-Born Nations? National Historiography in Belgium and the Netherlands between a "Tribal" and a Social-Cultural Paradigm, 1900—1950', *Storia di Storiografia* 38 (2000), pp. 33—58.

②　F. Petri, 'Staat und Nation in Belgien. Eine grundsätzliche Kritik des Schlußbandes von H. Pirennes 'Histoire de Belgique' und der pirenneschen Auffassung der belgischniederländischen Geschichte', *Rheinische Vierteljahrsblätter* 3 (1933), pp. 91—123, 205—272.

③　F. Petri, 'Henri Pirenne', *Vierteljahrschrift für Sozial- und Wirtschaftsgeschichte 28* (1935), p. 410.

④　W. Kienast, 'Henri Pirennes' "Histoire de l'Europe"', *Historische Zeitschrift* 157 (1938), pp. 527—537.

⑤　H. Pirenne, *Geburt des Abendlandes. Untergang der Antike am Mittelmeer und Aufstieg des germanischen Mittelalters* (Amsterdam-Leipzig, 1939; 2nd edn 1942).

如何描述这种修正主义？尽管皮朗是一位真正的比利时爱国者，并因此而被流放，虽然他的主要研究领域曾是民族史，但他在被囚期间面临着一个恼人的发现：民族史的危险性，**任何**民族史的危险性。至少对于西方观察者来说，显而易见的是，德国历史学家通过其政治宣言来为帝国扩张战略做出了贡献，[例如 1914 年的《对文明世界的呼吁》（Aufruf an die Kulturwelt)①]，其中包括可能吞并比利时的设想。②对于许多西方历史学家，包括皮朗来说，这种对历史的政治工具化之举在德国历史学家的主张背后布下了一个疑问。皮朗认为，他们的工作是"纯粹的科学"，这一主张长期以来一直给皮朗和更广泛的学术界留下了深刻印象。新的问题是，在所有这些著作中，有什么侵略胚胎正在潜在地得到孵化？此外，如果这种侵略胚胎存在，那么在"协约国的"历史学家著作中，它们的对等物是什么呢？

411　　在克罗伊茨堡留下的笔记中，皮朗越来越陷入对民族主义、帝国主义和种族主义时代历史方法的自我批判性反思。1918 年 1 月，他写下了可以针对传统的民族史方法提出批评的完整清单：

> 到目前为止 [⋯⋯] 人们主要写作民族史。这种方法的弊端是显而易见的。以下是其中一些：
>
> 1. 将普遍的事物视为**民族的**事物之危险 [⋯⋯]。
>
> 2. 将**发展中的时间顺序之差异**视为**民族的**差异之危险 [⋯⋯]。
>
> 3. 将仅仅是借来的事物视为**民族的**事物之危险 [⋯⋯]。

---

① 参见 J. v. Ungern-Sternberg and W. v. Ungern-Sternberg, *Der Aufruf an die Kulturwelt!' Das Manifest der 93 und die Anfänge der Kriegspropaganda im Ersten Weltkrieg* (Stuttgart, 1996), the document is reproduced on pp. 144—147.

② 参见 K. Schwabe, *Wissenschaft und Kriegsmoral. Die deutschen Hochschullehrer und die politischen Grundfragen des Ersten Weltkrieges* (Göttingen, 1969), pp. 84 ff. 像 A. Schulte (*Von der Neutralität Belgiens*, Bonn, 1915) 或 K. Hampe (*Belgiens Vergangenheit und Gegenwart*, Berlin, 1915) 一样的历史学家试图使 1914 年的入侵合法化，并呼吁德国至少吞并该国的佛兰芒地区。Hampe 和皮朗一样，也写日记，并已被出版: K. Hampe, *Kriegstagebuch*, *1914—1919*, ed. F. Reichert and E. Wolgast (Munich, 2004).

4. 将国家行动（纪律）的影响视为**民族的**影响之危险。

5. 将经济的结果视为**民族的**结果之危险［……］。

6. 将特定**阶级**的影响视为**民族的**影响之危险［……］。

7. 最重要的是，将过去与其他时期一些积极因素的影响联系起来［……］并赋予它们恒定的价值之危险［……］。

8. 对应事物是正确的，就有将只是**局部的**事物视为普遍的事物之危险。

9. 将**古老**而**堕落的**事物视为**年轻**而**原始的**事物之危险。

在这里堆积例子很容易。这样人们就会看到所谓的民族特征主要对应于人类普遍现象。①

他得出的结论是，必须改变整个观点：历史必须"去民族化"（de-nationalized）。几周前，他在谴责历史性的种族主义甚至仅仅民族主义时就已经对这种思想上的转变发表了评论：

种族主义者（即，以种族术语来谈论民族的历史学家）使人感到可笑的是，他们在其有关人们去民族化的著作中感到极为恐惧。当他们每次发现这个或那个逃脱了浪漫化或自我奴役的危险时，他们都会感到非常高兴，事实上，这是因为德意志化本身的危险从未被人发现。［……］但对于苏格兰人来说，自己被英格兰化会是危险还是仅仅是不幸？这么多人将自己希腊化了是否是一种不幸？这个问题只有傻瓜才容易回答。［……］国际联盟的构想由威尔逊（总统）提出，并被现在（皮朗写于 1917 年 12 月！）共和政体的德国所采纳。这一构想与民族主义完全相反。它立足于人类和进步，就像另一方立足于暴力（对人民的统治等等）和战争一样。②

412

---

① Pirenne, 'Réflexions d'un solitaire', pp. 192—193. 由笔者译出。

② Pirenne, 'Réflexions d'un solitaire', p. 199. 由笔者译出。

在此背景下，皮朗的战后著作变得更加容易理解。即使是他对德国总体思想方法、特别是德国史学的猛烈批判，也不应被理解为它常常被解释为的①纯粹"反德意志精神"（anti-Germanism）之产物，而应被理解为他正在进行的反对历史上的民族主义和种族主义运动的一部分。这一运动是在其挑衅性的座右铭下进行的，即"不从德国学习"（法语Désapprendre de l'Allemagne，英语 unlearn from Germany）。②正如他的书信所显示的，皮朗在任何时候都能够很好地区分不同类型的德国人，无论是民族主义者还是体面的爱国者。他从不拒绝与后者联系。③一个令人印象深刻的例子是他与哲学家、狄尔泰（Dilthey，1833—1911）的一位弟子赫尔曼·诺尔（Hermann Nohl，1879—1960）的友谊。皮朗于1916 年 1 月结识诺尔，当时这位德国人是在根特的一名士兵。诺尔作为一位受人尊敬和敏感的人，在这位历史学家被流放后试图帮助其家人。与此同时，诺尔的妻子住在耶拿，不仅邀请皮朗到他们家，还充当了从根特来的家庭消息的传递渠道。这些消息通过诺尔和军用邮政服务，可以更快发给在耶拿的皮朗。诺尔的妻子甚至带着信息去克罗伊茨堡拜访皮朗。④这就是为什么皮朗在与早期的大多数德国朋友分道扬镳的那一刻，从未忘记过此类德国人，并与他们保持联系的原因。当他和妻子于1927 年到哥廷根参加国际历史科学协会会议（由他担任主席）时，他们

---

① 参见 Lyon, Henri Pirenne, p. 378 ff.; C. Fink and Marc Bloch. *A Life in History* (Cambridge, 1989), p. 107; N. Cantor, *Inventing the Middle Ages: The Lives, Works, and Ideas of the Great Medievalists of the Twentieth Century* (New York, 1991), p. 128 *passim*.

② 参见 Pirenne, *Désapprendre de l'Allemagne*. 关于该格言在法国的共鸣，参见 P. Schöttler, ' "Désapprendre de l'Allemagne". Les "Annales" et l'histoire allemande ', in H. M. Bock, R. Meyer-Kalkus and M. Trebitsch (eds), *Entre Locarno et Vichy. Les relations cul-turelles franco-allemandes dans les années trente*, vol. 1 (Paris, 1993), pp. 439—461.

③ 参见他与德国历史学家 Heinrich Sproemberg 的往来书信，皮朗在 1931 年 3 月写给 Sproemberg 一封信："相信我，我衷心希望比利时工作者和德国工作者之间的科学关系能够像战前一样重新建立起来。"出版于 H. Sproemberg, *Mittelalter und demokratische Geschichtss-chreibung*, ed. M. Unger (Berlin, 1971), p. 440. 也可见于 Sproemberg 的回忆：Pirenne und die deutsche Geschichtswissenschaft', ibid., pp. 377—446.

④ 参见诺尔给他妻子的信：W. Thys (ed.), *Ein Landsturmmann im Himmel. Flandern und der Erste Weltkrieg in den Briefen von Hermann Nohl an seine Frau* (Leipzig, 2005).

宁愿住在诺尔的家中，而不是通常的旅馆。此时，诺尔已成为那里的教授。①

　　这种对保护自己不受任何形式民族主义影响的渴望，于皮朗的历史 413
写作之意义，可以在许多例子中得到展示，但最能说明问题的是他的
《比利时史》。的确，他现在试图将其在克罗伊茨堡所做之批判应用于自
己的伟大项目。在此过程中，他不仅将其想法用于新写的三卷，而且还
对现有的四卷进行了修订，以形成一个新版本。尽管史学家几乎忽略了
皮朗对早期著作的这种自我批评式的改写，②但它非常有说服力地表明，
皮朗决心消除任何种族主义或民族主义的论点。例如，如果我们将战前
版本与战后版本的第一卷进行比较，就会发现一长串典型变化。以下是
第一卷中的一些例子。日耳曼殖民者的高级职位从"散布于外国人中"，
变为"散布于讲拉丁语言的人中"。③中世纪文明，从是"罗马人与日耳
曼人，两个伟大种族的共同创造"，变为是"两个民族的共同创造"。④佛
兰芒政府不再跨越"种族界限"，而是"语言界限"。⑤比利时作为"由两
个不同种族组成的国家"，变成"介于两者之间的国家"。⑥还有许多类似
例子。其他段落已被完全删掉⑦或重写，以显示例如"种族之间的战争
与法兰克殖民统治没有什么不同"。⑧

---

　　①　Université Libre de Bruxelles, Archives Pirenne, correspondance, letter from H. Nohl to H. Pirenne, March 18, 1927.

　　②　参见 P. Schöttler, 'Henri Pirenne face à l'Allemagne de l'après-guerre-ou la (re)naissance du comparatisme en histoire', in S. Jaumain, M. Amara, B. Majerus and A. Vrints (eds), *Une "guerre totale"? La Belgique dans la première guerre mondiale. Nouvelles tendances de la recherche historique* (Brussels, 2004), pp. 514—515.

　　③　Pirenne, *Histoire de Belgique* (3rd edn, 1909), p. 14; (5th edn, 1929), pp. 17—18. 由笔者译出。

　　④　Pirenne, *Histoire de Belgique*, 3rd edn, 1909, p. 30; 5th edn, 1929, p. 35. 由笔者译出。

　　⑤　Pirenne, *Histoire de Belgique*, 3rd edn, 1909, p. 125; 5th edn, 1929, p. 132. 由笔者译出。

　　⑥　Pirenne, *Histoire de Belgique*, 3rd edn, 1909, p. 151; 5th edn, 1929, p. 158. 由笔者译出。

　　⑦　参见如 Pirenne, *Histoire de Belgique*, 3rd edn, 1909, p. 326, 这里关于"佛兰芒种族"的注释被删去 (5th edn, 1929, p. 335)。

　　⑧　Pirenne, *Histoire de Belgique*, 5th edn, 1929, p. 18.

即使 20 世纪初期的"种族"一词有时以更开放的方式得到使用，而并不总是包含"生物学的"偏见，①皮朗还是竭尽所能避免使用德国史学中如此盛行的种族术语，特别是在古代和中世纪早期，取而代之的是更具社会学或地理学意义的新论据。与那段时期的其他民族历史相比，也许这就是为什么他的书至今仍如此易读的原因之一。

在 20 世纪 20 年代和 30 年代，皮朗既被视为比利时英雄，又被视为民族历史学家。自他去世以来，尤其是在 20 世纪的最后几十年，这种情况完全改变了。由于该国已转变为具有较弱民族身份认同的联邦制国家，且这种认同更多由政治利益和经济利益而非历史或文化统一性定义，因此皮朗的"比利时主义"（belgicism），或有时称为"皮朗主义"（Pirennism）已不再被认为是一种有帮助的参考。②他的书很久没有再版。③甚至是他的《欧洲史》和他关于中世纪早期伊斯兰与西方世界冲突的著名"命题"，在被后来的学者特别是在城市考古学中受人篡改后，予以摒弃。④但是皮朗的理念仍然在四分之一个世纪后影响着学术辩论。对许多历史学家来说，《穆罕默德和查理曼》仍然是一本不可替代的书。⑤皮朗本人可能是第一个承认早期论题的弄虚作假为任何科学历史上一个

---

① Cf. M. Rebérioux, 'Le mot "race" au tournant du siècle', *Mots* 33 (1992), 53—58.

② 实际上，在 1935 年 10 月 24 日皮朗去世后，比利时官方几乎立即与这位历史学家保持距离。比利时政府不顾所有期望，拒绝为他举行国葬。参见 Lyon, *Henri Pirenne*, p. 392 ff. 关于我们这个时代一位比利时历史学家对皮朗遗产所做的非凡新评估，参见 Jean Stengers, 'Avant Pirenne: les preuves de l'ancienneté de la nation belge', in Académie Royale de Belgique, *Bulletin de la classe des lettres et des sciences morales et politiques*, 6th series, VII (1996), pp. 551—572, and Stengers, *Les racines de la Belgique* (Brussels, 2000).

③ 但今天，大部分皮朗的著作与文章在互联网上可见：http://digitheque.ulb.ac.be/fr/digitheque-henri-pirenne/index.html.

④ 参见 R. Hodges and D. Whitehouse, *Mohammed*, *Charlemagne and the Origins of Europe*: *Archaeology and the Pirenne Thesis* (Ithaca, NY, 1983).

⑤ Peter Brown, '*Mohammed and Charlemagne* by Henri Pirenne', *Daedalus* 103 (1974), p. 27. 关于从皮朗开始的最近之新方法，参见 M. McCormick, *Origins of the European Economy*: *Communications and Commerce*, A. D. 300—900 (Cambridge, 2001)："即使他（皮朗）大大低估了墨洛温王朝（Merovingian）前的几个世纪中影响高卢地区之地中海经济的变化，并认为伊斯兰教是（造成这种变化的）一个原因，而今天的大多数学者则会认为是罗马晚期经济衰退的后果，但皮朗在从学术上关注来自古代晚期的加洛林王朝（Carolingian）经济时代有多么不同这一点是正确的"（p. 119）。

常见现象之人。尽管如此，使其作品引人注目，而且可能与众不同的原因是，历史学家自己试图反映由一战所引起的转变的内在后果。它表明，皮朗并没有跳出机会主义或因为时代精神（Zeitgeist）而成为一名欧洲人和比较史学家，但在对战争时代精神进行艰苦的思想修正之后，他在孤独的情况下，将其对民族历史新发现的怀疑论应用到了自己的文本之中。

马克·布洛赫：从历史中学到了什么？

马克·布洛赫（1886—1944）比皮朗年轻得多，并拥有不同的社会背景。[①]他的父亲不是一个工业小镇的富裕企业家，而是索邦大学（Sorbonne）的一位古代历史学教授。他竭尽所能鼓励自己的第二个儿子走上与自己同样的道路。在其学生中，老布洛赫被称为"勒梅加"（le Méga 法语"巨人"），而他才华横溢的儿子被昵称为"密梅加斯"（Micromégas 法语"小巨人"），就像伏尔泰短篇小说中的巨人一样。这是个犹太家庭，因此具有反犹背景的德雷福斯危机（Dreyfus-crisis）[②]是布洛赫年轻时期最重要的事件。像皮朗一样，他在德国大学待了两个学期。但与比利时历史学家不同，他从未在柏林或莱比锡与他的德国同仁交往。[③]尽管他非常熟悉德国史学，后来成为该领域最出色的法国专家，并定期撰写相关著作，但他从未像 1914 年前的皮朗那样是德意志世界的崇拜者。实际上，他是英格兰的伟大崇拜者。[④]这就是为什么战争爆发时，与皮朗

415

---

① 关于布洛赫的传记，参见 Fink, *Marc Bloch*；and É. Bloch and A. Cruz-Ramírez（eds），*Marc Bloch 1886—1944. Une biographie impossible—An Impossible Biography*（Limoges，1997）. 你也可以在以下网站上找到丰富的传记材料：www.marcbloch.fr.

② 1894 年法国陆军参谋部的犹太军官德雷福斯被诬陷犯有叛国罪，遭革职并被处以终身流放。法国右翼借此掀起反犹浪潮。即使后来有证据表明德雷福斯的冤情，法国政府也拒绝承认。法国社会各界人士围绕该案件形成两派激烈冲突。直到 1906 年最高法院才彻底给德雷福斯平反。——译者注

③ 参见 P. Schöttler，'Marc Bloch und Deutschland'，in Schöttler（ed.），*Marc Bloch-Historiker und Widerstandskämpfer*（Frankfurt/M.，1999），pp. 33—71.

④ 参见 F. -O. Touati，*Marc Bloch et l'Angleterre*（Paris，2007）.

相比，布洛赫不那么惊讶，甚至也没有感到震惊的原因。布洛赫受到动员并成为一名中士，大部分时间都在前线度过。1919 年，他以上尉军衔离开了军队。①

　　但与皮朗一样，布洛赫也不是沙文主义者。出于其左翼的政治同情，他从不支持战斗到底（guerre à outrance）这一立场。在《凡尔赛条约》之后，他也不支持法国政府针对德国的挑衅性政策。②布洛赫一直是皮朗作品的长期仰慕者。1920 年，他第一次与皮朗在斯特拉斯堡（Strasbourg）会面。布洛赫首先是在他关于法英两国国王疗愈能力的书《国王神迹》（*Les rois thaumaturges*/英语 The Royal Touch）中，然后是 1928 年在奥斯陆国际大会上发表的著名演讲"向欧洲社会的比较史学迈进"（Towards a Comparative History of European Societies），最后是在第二次世界大战开始时出版的两卷《封建社会》（*Feudal Society*）中，分享了他批判史学中民族主义③及其支持比较史学的态度，而比较史学正是他自己试图捍卫和应用的对象。④有关布洛赫在思想上与皮朗靠近的一个特殊证明，人们还应该提到，他和斯特拉斯堡同僚吕西安·费弗尔曾多次请求这位比利时历史学家主持两人在 20 世纪 20 年代试图推出的一本新杂志的编辑工作。该杂志最终于 1929 年以《经济社会史年鉴》（*Annales d'histoire économique et sociale*）的名称出版。⑤尽管皮朗

416

---

　　①　参见 M. Bloch, *Écrits de guerre*（1914—1918）, ed. É. Bloch (Paris, 1997).

　　②　参见他后来的批判，M. Bloch, *Strange Defeat：A Statement of Evidence Written in 1940* (London, 1949), pp. 155, 171 *passim*.

　　③　参见 P. Schöttler, 'Marc Bloch as a Critic of Historiographic Nationalism', in S. Berger, M. Donovan and K. Passmore (eds), *Writing National Histories：Western Europe Since 1800* (London, 1999), pp. 125—136.

　　④　M. Bloch, *The Royal Touch：Sacred Monarchy and Scrofula in England and France* (London, 1973); Bloch, 'A Contribution Towards a Comparative History of European Societies', in Bloch, *Land and Work in Medieval Europe* (London, 1967), pp. 44—81; Bloch, *Feudal Society*, 2 vols (London, 1961).

　　⑤　参见 B. and M. Lyon (eds), *The Birth of Annales History：The Letters of Lucien Febvre and Marc Bloch to Henri Pirenne*（1921—1935）(Brussels, 1991). 不幸的是，这个版本是不完整的，皮朗的大部分信件缺失了。要获得更完整的情况，参见布洛赫与费弗尔往来信函的开篇一卷：B. Müller (ed.), *Marc Bloch, Lucien Febvre et les Annales d'histoire économique et sociale. Correspondance*, vol. I：*1928—1933* (Paris, 1994).

由于自己的项目过多而拒绝了该邀约，但他与布洛赫及费弗尔保持着非常特殊的关系，充当两人杂志的教父，而该杂志的首期也刊登了他的一篇论文。①

布洛赫是个非常有条理的人，他厌恶浪费时间，甚至与皮朗相比有过之而无不及。1939 年 9 月，他在阿尔萨斯加入第一支法国军队，在等待真正战争开始的同时，迫切需要一种思想消遣——一个在军旅孤独中待处理的特定项目。他能做什么？就像布洛赫曾称为"我们时代最伟大的历史学家"②之模范皮朗一样，他决定开始撰写一本新书，其书名是：《欧洲文明史语境下的法国社会史》（*Histoire de la société française dans le cadre de la civilisation européenne*/英语 *History of French Society in the Context of European Civilization*）。他写下的第一句话是如下题献："为了纪念亨利·皮朗，当他的国家正与我的国家一起为正义和文明而战时，他在监禁中写下了欧洲的历史。"③换言之，在新一场对抗德国之战打响的情况下，布洛赫回忆了皮朗通过写作一本具有跨国视角的书来克服民族狂热的孤独努力。即使布洛赫忽略了皮朗未发表的日记与笔记之一切，他也完全理解这位历史学家在被流放期间所发生的重要转变。

不幸的是，有人会说至少乍看之下，布洛赫从未写过他曾计划在 1939 年秋天写作的关于法国和欧洲的著作。我们唯一拥有的片段是方法论介绍的开端，叫做《一个对方法论好奇的读者之思考》（*Réflexions pour un lecteur curieux de méthode*）④。而且因为布洛赫没有像皮朗一样

---

① H. Pirenne, 'L'instruction des marchands au moyen âge', *Annales d'histoire économique et sociale* 1 (1929), pp. 13—28. 皮朗也是《年鉴》编辑委员会的创始成员之一。

② M. Bloch, *La terre et le paysan*, ed. É. Bloch (Paris, 1999), p. 183 (from a lecture of 1938).

③ 转引自 L. Febvre, 'Marc Bloch. Témoignages sur la période 1919—1940. Extraits d'une correspondance inédite', *Annales d'histoire sociale* 3：1 (1945), 16；again in L. Febvre, 'A Note on the Manuscripts of the present Book', in M. Bloch, *The Historian's Craft* (New York, 1953), p. xiv.

④ 第一次由荷兰历史学家 M. Wessel 发表于 *Genèses* 2：3 (1991), 154—161；现在再次收录于（没有提及 Wessel 所做的工作）M. Bloch, *L'histoire, la guerre, la résistance*, ed. A. Becker and É. Bloch (Paris, 2006), pp. 505—515.（不幸的是整个版本在许多方面都有偏见。）

417　记日记，所以我们无法准确了解为什么他放弃或是不再考虑这一项目。取而代之的是，他从闪电战（blitzkrieg）中归来后（布洛赫曾在比利时边境经敦刻尔克［Dunkirk］撤退到英格兰，又立即通过普利茅斯［Plymouth］返回），写了另外两本关于截然不同主题的著作：《奇怪的战败》（*L'Étrange défaite* 英语 *Strange Defeat*）和《历史学家的技艺》（*Apologie pour l'histoire ou Métier d'historien* 英语 *The Historian's Craft*）。①

显然，这两部在布洛赫死于盖世太保（Gestapo）子弹后出版的手稿，并不涉及欧洲历史。在 1940 年 6 月，贝当签署了可耻的停战协议后，布洛赫想到的第一件事便是写一些关于法国的文字。他并不是从民族史的意义，而是为了理解最可怕的战败之根源。今天，他的书，后来被冠以《奇怪的战败》之名，被认为是一部经典。至少与《封建社会》相比，该书在受到长期忽略之后，已成为布洛赫被引用最多的书之一，甚至有人会说：这是他最受喜爱的书。②但这本书并不像肤浅的读者看来一样只是个人回忆录。布洛赫说："我不在这里写下我的回忆。"（Je n'écris pas ici mes souvenirs）。③甚至如果他幸存下来，他起的标题也会改变，变得极其谦虚：《证词》（Témoignage，英语 testimony，deposition of an eyewitness）。他也称之为"事件的书面报告"（procès-verbal），一种

---

① M. Bloch，*L'étrange défaite. Témoignage écrit en 1940*（Paris，1946），Bloch，*Apologie pour l'histoire ou Métier d'historien*，ed. L. Febvre（Paris，1949）.

② 关于布洛赫的崇拜和神化，参见 P. Novick，*That Noble Dream：The 'Objectivity Question' and the American Historical Profession*（Cambridge，1988），p. 376；O. Dumoulin，*Marc Bloch*（Paris，2000），p. 21 ff. 在 2007 年法国总统大选期间，保守派候选人 Nicolas Sarkozy 甚至右翼极端主义者 Jean-Marie Le Pen 多次引用了《奇怪的战败》中的一句名言："有两类法国人永远无法真正理解法国历史的意义：一类是拒绝为我们的国王在兰斯的加冕礼而激动的人，另一类是能够不为所动地阅读（1790 年）联邦节日记述的人。"（Bloch，*Strange Defeat*，pp. 166—167 翻译有所调整）但 M. 布洛赫在第一次世界大战期间已经创造了这句格言，并给了它一个重要的标题："论法国的历史和为什么我不是一个保守主义者"。（Bloch，*Écrits de guerre*，p. 165）

③ Bloch，*Étrange défaite*，p. 29（引自 1990 年出版的新版本）. 英文译本含糊不清，颇为浮夸："我不打算写一本回忆录"（Bloch，*Strange defeat*，p. 1）. 不幸的是，该书自 1948 年以来的整体翻译常常不准确，应予以修订。值得一提的是，英语译本不包括布洛赫 1943 年到 1944 年参加抵抗运动时期的文章。

简单的记录。①这便是他的手稿：这是一位证人，他首先简短介绍了自己及自己在事务中的作用，但几乎没有"主观的"细节（第 1 章）；然后他给出一个"胜利者的证词"（*déposition d'un vaincu*），其中包括他认为自己拥有的所有证据（第 2 章）；最后，作为一位被征服的法国人，他"检查了良心"：法国人的良心检查（*Examen de conscience d'un Français*）（第 3 章）。

显然有不同类型的见证者。有些尽力说实话，而另一些则不然。一些人假装了解，而另一些人则更具批判性，甚至自我批判。在此环境下，布洛赫 1940 年的《证词》是法国社会最具批判性的声明之一，而可以想象，法国被纳粹德国打败是存在必然性的。有些措辞甚至是戏剧性的，例如著名的一句话："我们宁愿将自己锁在研究中恐惧缠身的安宁之下。愿年轻人原谅我们手上的鲜血。"②

这种自我指责的背后，有一种强烈的个人冲动。历史学家以自己的名义说话，对自己过去的社会行为和政治行为负责。但这并不意味着他打算进行情感上的评价。尽管他的书是以一种耳闻目睹的个体证人之方式写的，但该书更多的是分析而不是叙述。它更多与社会科学家的"报告"有关，而不是与前士兵的"故事"有关。书中甚至还有一个强大的方法论层次。当我们阅读这些章节的标题时，它们已经给我们留下了深刻印象。但当我们更深入地研究文本时，这一点就变得更加明显。

布洛赫试图在其想象的观众面前回答的关键问题之一是："让历史为我们战略规划的弱点负责是公平的吗?"③作为专业的历史学家，当他在部队服役期间听到质问"历史教训是否没有使我们误入歧途"这样的

---

① Bloch, *Étrange défaite*, p. 29.

② Bloch, *Strange Defeat*, p. 172.

③ Bloch, *Strange Defeat*, p. 117. 几个月后，它在布洛赫《为历史学辩护》著名的第一句话中复活："告诉我，爸爸。历史究竟有什么用?"（Bloch, *Historian's Craft*, p. 3）此处译文引自马克·布洛克：《历史学家的技艺》，黄艳红（译），北京：中国人民大学出版社，2011 年，第 31 页。——译者注

话时，他特别震惊。①显然，这种批评不是针对历史"本身"（事迹 res gestae），而是针对历史专业人士。他们显然没有及时向公众，尤其是军队，及时通报过去存在的危险。布洛赫最大的困扰是，"历史"在这里"与应该灌输的科学正好相反"。因此，他感到有义务为之辩护，而且这是一致的，他在完成《奇怪的战败》后，开始新的手稿，题为：《为历史学辩护》（*Apologie pour l'histoire*/英语 Apologia for History）。②

419　　　　不过，有趣的是，其论点的实质已经在他 1940 年的证词中出现了。好像《奇怪的战败》中的诊断很大程度上并不取决于他的政治经验和判断，而是取决于强大的方法论。因此，我们读到："从本质上讲，历史是变化的科学。它知道并且教导我们不可能找到两个完全相同的事件，因为它们发生的条件永远都不一致。"③因此，良好的历史与军事学院所教授的外交和作战课程大不相同："没有比如下对历史教学的指控更糟糕的了（在我们军事院校中，对这种教学的实践几乎一成不变），它使我们 1914 年的军事领袖预计迫在眉睫的战争仍与拿破仑发动的战争相似。而那些 25 年后——在 1939 年爆发的战争被认为将是 1914 年战争的重复。"④正如专业历史学家试图书写的那样，历史是不同的。作为一门变化的科学，"它认识到人类进化中存在某些变量，尽管这些变量不是永久性的，但长期存在"，同时包括"几乎无限"数量的"组合"。⑤但

---

①　Bloch，*Strange Defeat*，p. 117.《历史学家的技艺》中提到了相同情节（第 6 页）："难道历史欺骗了我们吗？"此处译文引自马克·布洛赫：《历史学家的技艺》，黄艳红（译），北京：中国人民大学出版社，2011 年，第 32 页。——译者注

②　不幸的是英国和美国版的标题《历史学家的技艺》（*The Historian's Craft*），以及其他译本的标题（如葡萄牙语版的 *Introdução à História* 等等），已删除了这一特定参考资料。该书全名是《为历史学辩护——历史学家的技艺》（*Apologie pour l'histoire ou Métier d'historien*），最初的副标题是《论一名历史学家如何和为何工作》（*ou Comment et pourquoi travaille un historien*）。1949 年，吕西安·费弗尔在出版该著时使用了现在的副标题，该标题随后沿用至今。中译本参照马克·布洛赫：《历史学家的技艺》，黄艳红（译），北京：中国人民大学出版社，2011 年。——译者注

③　Bloch，*Strange Defeat*，p. 117.

④　Bloch，*Strange Defeat*，pp. 118—119.

⑤　Bloch，*Strange Defeat*，pp. 117—118.

是，即使一切都在不断变化，"成功的文明却显示出某些重复性的模式"。这些模式"在决定它们的条件被称为具有家族上的相似性时，它们在总体上彼此相似，但可能在细节上并不相同。"这就是为什么布洛赫以其典型的间接风格指出，历史"甚至可以尝试展望未来，而且我认为并非总是不成功的。"①

至少乍一看，布洛赫的科学乐观主义似乎是自相矛盾的。**因为**历史作为一门科学，是充满变化和惊奇的，所以它可以试图解释甚至预见人类发展的连续性和不连续性。**但是**，这些"教训"并不意味着"昨天发生的事情一定会在明天发生，或者过去将继续自我再现。通过检查昨天与前一天有何不同以及为何与之不同，它（历史）可以得出一些结论，从而可以预见明天与昨天会有什么不同。过去事件留下的痕迹永远不会直线移动，而会在曲线上延伸到未来。"②

在此声明之后有着完整的历史哲学，③描述了历史知识的前景和局限。布洛赫说，当然，历史不是像其他科学那样的实验科学："其对象的本质禁止对实际变量加以修改，而这在实验性学科中却是可能的。"④ 420
但是"那根本不重要"，因为"观察和分析使它能够建立事件之间的关系，这些事件由于一系列表面变化而变得复杂。通过对它们的研究，人们建立了因果科学，并追溯了这些原因可能产生的不同影响。从最真实的意义上讲，历史是一门经验科学（science de l'expérience）。⑤因为通过研究真实事件，并通过将知识应用于问题的分析性比较，它以不断提高的准确性，成功地发现了因果关系的平行运动。物理学家并没有说：

---

① ② Bloch, *Strange Defeat*, p. 118.

③ 在现代，盎格鲁—撒克逊意义上的该词（历史知识的哲学），并非布洛赫自己最常用的意义（过去本身的哲学），他是受 H. Berr 对任何这种哲学批判的影响，*La synthèse en histoire* (Paris, 1911). 也可参见 H. Berr and L. Febvre, 'History', in *Encyclopedia of the Social Sciences*, vol. 7 (New York, 1934), p. 357 ff.

④ Bloch, *Strange Defeat*, p. 118. 这里整句话必须得到重译。

⑤ 在英语版本中，"经验科学"（science de l'expérience）被译为"实验科学"（experimental science），该词在法语中对应的是"science expérimentale"。

'氧是一种气体，因为我们从没有以其他任何形式遇到过它。'他说的是：'在我们宇宙大气中，最常见的温度和压力条件下，氧以气体形式呈现。'同样，历史学家也很清楚，没有两次连续的战争是相同的战争，因为在两次战争之间的这段时间里，国家的社会结构，技术技能的进步以及人们的精神（心态 la mentalité）都发生了一系列改变。"①

布洛赫历史观念的关键钥匙可以在其《为历史学辩护》中找到。但由于手稿尚未完成，因此人们对其理解方式大不相同。仿佛碎片化的字符也允许碎片化的解读。大多数评论者似乎都忘记了布洛赫不仅仅打算再写三章，而且还留下了一些提纲。这尤其适用于第 6 章（"历史解释"）和第 7 章（"预测的问题"）。许多人似乎很高兴，尤其是后者将永远丢失，因为作者不太可能需要整整一章来重复传统的观点，即历史预测是不可能的或荒谬的。相反，如果我们查看《辩护》片段中有关预测（预测 prognosis）的所有段落，并将它们与其他作品如《奇怪的战败》中相同主题的段落进行比较，我们几乎可以重构布洛赫意图写下的实质内容。②

即使布洛赫的论文没有任何草稿，我们至少也可以获得计划章节的详细概要。尽管他在写作过程中会改变其中很多，但一些关键字对他来说显然很重要，并且经过长时间的考虑。它们的内容如下：③

1. 预测是精神上的必须。

2. 预测中的常见错误：经济形势；军事历史。

3. 对人类事务预测的对立面：会破坏预测的预测；意识的作用。

4. 短期预测。

---

① Bloch, *Strange Defeat*, p. 118.

② 关于更多细节，参见 P. Schöttler, 'Marc Bloch, die Lehren der Geschichte und die Möglichkeit historischer Prognosen', *Österreichische Zeitschrift für Geschichtswissenschaften* 16：2 (2005), 104—125.

③ Bloch, *Apologie pour l'histoire* (new edn, 1993), p. 45. 由笔者译出。

5. 规律性。

6. 希望与不确定性。

　　这里，我们必须记住当时的环境。鉴于军事失败和德国占领、维希政权和法国社会的危机，特别需要某种历史预测，以显示局势的严重性并刺激政治变革。在过去十年左右的时间里，从左翼反法西斯主义者到像戴高乐这样批评法国军备不足的保守派，出现了许多警告。但是，包括历史学家在内的大多数学者和科学家几乎保持沉默。这就是为什么布洛赫在《奇怪的战败》中如此自我批判："我所属的这一代人良心不好。"①尽管"不是先知"，但他们至少可以"预见"《凡尔赛条约》和法国对外政策将孤立共和国，并招致新的战争："我们确实意识到，当时的德国有种无论多么胆怯但都表现出一种新的善意精神、一种坦率的和平与坦诚的自由之迹象。唯一需要的是我们政治领导人的鼓励姿态。我们知道这一切，但是由于懒惰，由于怯懦，我们让事情顺其自然。我们不敢在大庭广众之下站起来，却成为荒野中的哭泣声音。"②现在，在战争和被占领的情况下，历史的类比或预测是相当普遍的，甚至是愤世嫉俗的："我们今天听到的那些在最后一小时的打击来临之前宣讲路易十八（Louis XVIII，1755—1824）的黑暗智慧（即投降）③之人，正是，或大致上就是那些在那时（即1918年）敦促我们仿效路易十四（Louis XIV，1638—1715）浮夸的傲慢自大（即强占莱茵兰）之人。"④

　　正是为了反对这种粗心大意的比喻，布洛赫想捍卫他的科学和他的专业，或者就像他在《辩护》开篇时所说的那样：他想防止这样一种情况，即"糟糕的历史学很可能败坏历史学的优良声誉"。⑤即使孔德

422

---

①④　Bloch，*Strange Defeat*，p. 171.

②　Bloch，*Strange Defeat*，p. 172. 翻译经过修改。

③　指 1815 年拿破仑逃离厄尔巴岛返回法国本土时路易十八直接逃亡。——译者注

⑤　Bloch，*Historian's Craft*，p. 5. 此处译文引自马克·布洛克：《历史学家的技艺》，黄艳红（译），北京：中国人民大学出版社，2011 年，第 32 页。——译者注

(Comte，1798—1857)①著名的裁断"知识是为了预见"（savoir pour prévoir）不再是当代历史和社会科学的充分基础，而且如果没有人再"敢像正宗的实证主义者那样，声称研究的价值归根结底要以服务于行动的能力来衡量"②，历史的"有用性"，即基于历史之预测的可能性，仍然是一个重要的问题，尤其在战争情况下。在《辩护》一个鲜为人知直到1993年才出版并从未被翻译过的片段中，布洛赫甚至走得更远："因为被一场愚蠢的悲剧所俘获，这悲剧便是我们被自己的愚蠢所抛弃，所以对我们来说，了解自己很难。但最重要的是，我们希望预见自己的命运，以及，也许可以对它稍作调整。在这种混乱里，在想要了解或猜测的饥渴面前，我们自然而然地转向了过去。一种古老的倾向使我们希望适当地质问（这意味着：以适当的科学方式），它将能够为我们提供当下的秘密……并解锁未来的秘密。"③

　　显然，这样的科学预测有其自身的风险，因为"无论面对现实世界的现象还是社会事实，人类反应的运动都不会像发条一样总是朝着同一方向前进"。④即使他们手头有一些理论模型（在这里，布洛赫想到的是他感到与其很接近的涂尔干社会学 ［Durkheimian sociology］⑤），历史学家也绝不应该接受"任何先验解释"。⑥他们应该始终从标记一个现象的真正起因开始审查，尤其是在结果可能出乎意料的情况下，因为"在历史上，就像在其他地方一样，起因无法被假设。它们应得到

---

① 　法国哲学家与作家。——译者注
② 　Bloch, *Historian's Craft*, p. 9. 此处译文引自马克·布洛克：《历史学家的技艺》，黄艳红（译），北京：中国人民大学出版社，2011年，第34页。——译者注
③ 　Bloch, *Apologie pour l'histoire* (new edn, 1993), pp. 281—282.
④ 　Bloch, *Historian's Craft*, p. 196.
⑤ 　关于布洛赫与涂尔干学派的密切联系，参见 B. Müller, 'Marc Bloch und die Sozialwissenschaften', in Schöttler (ed.), *Marc Bloch*, pp. 72—101；而 S. W. Friedman, *Marc Bloch, Sociology and Geography：Encountering Changing Disciplines* (Cambridge, 1996) 则倾向于低估这种联系。根据新发现对布洛赫的哲学作一般性的重新解释，可参见 P. Schöttler, 'Wie weiter mit-Marc Bloch?' *Sozial. Geschichte online—Social. History online—Histoire. Sociale en ligne* 23：1 (2009), pp. 11—50.
⑥ 　Bloch, *Historian's Craft*, p. 197.

找寻。"①

　　布洛赫在《辩护》中使用的最重要的词可能是"柔韧"（souplesse）或"柔软"（assouplissement），即灵活、柔软。但是，在这些词语的背后，布洛赫并没有丝毫退缩，也没有破坏他的理性主义或其所谓的"批判现实主义"方法的倾向。相反，为什么他要把一本书中可能成为其理论证明的东西拿回来？的确，他比以往更明确强调的是，他相信自 20 世纪 20 年代以来，不仅是在政策中，乃至在整个"精神气候"中都发生了根本变化。即使对于历史学家来说，关键也在于自然科学领域内发生的革命："空气动力学，爱因斯坦的力学、量子论已经深刻地改变了昨日的科学中所形成的观念。"②当物理学家通过"测量的永恒相对性"的概念，用"无限可能"或"严格可测"来代替确定性时，这也该是历史学家和社会科学家从可以追溯到 19 世纪的传统观念中解放出来的时候了。他们变得更加"灵活"，这意味着比过去更开放、更富有想象力，简而言之，相比过去更具实验性。

　　对于布洛赫以及皮朗而言，战争和失败是自我反省的戏剧性时机：是政治的时机、历史的时机和哲学的时机。在其最后著作中，尤其在《奇怪的战败》和《历史学家的技艺》中，布洛赫面对了时代的现实，也面对了自己专业的基础，试图吸取他能吸取的所有教训。皮朗转向古代晚期欧洲历史的根源，将强烈的反德意志批判与其对自己先前关于比利时历史的信念之修订联系起来。而布洛赫则迅速放弃了自己从欧洲视角出发的"皮朗主义"民族历史计划。取而代之的是，在北部前线作战之后，他做了以前一直拒绝做的事情：写了一些关于他自己的当下历史。这是一位中世纪研究者和经济史学家在《奇怪的战败》中第一次提出自己对政府、军队、劳工运动等等的见解，而他之前从未就当代问题

_____

① Bloch, *Historian's Craft*, p. 197.

② Bloch, *Historian's Craft*, pp. 17 f. 此处译文引自马克·布洛克：《历史学家的技艺》，黄艳红（译），北京：中国人民大学出版社，2011 年，第 39 页。——译者注

发声，甚至在纳粹主义上（费弗尔和其他年鉴学派历史学家对它都没有任何不安①）发表过文章。从那时起，如我们所见，他一直代表着严谨的历史观念，而历史学家能做出的最糟糕事情就是给出价值判断。②尽管他在学生时代就曾是社会主义者，但他从未公开支持过一个政党。因此，即使他的孩子们也记得他是一位政治上的缺席者。③但在 1940 年夏天，这种避免党派关系的努力结束了，这也意味着他同情政治左派的遮掩做法走到了尽头。从此时开始，布洛赫再也没有完全从日常政治中退出。在学术著作中，他容忍了政治言论。这对《辩护》来说尤其明显，尽管它是对科学历史（即没有价值判断的历史）的辩护，但其中包含许多关于 1940 年战败、维希和纳粹的引用。

424

但这还不是布洛赫思想转变的最终结果。1942 年底，随着德军占领维希地区，他加入了活跃的法国抵抗运动（Résistance）。尽管他之前已经是抵抗运动的支持者，但他曾考虑前往美国。④然而在 1942 年后，地下斗争成为其人生的主要焦点。不幸的是，没有信件或日记能对这危险的新一步给出明确的解释。但他的最后手稿，如《奇怪的战败》和《为历史学辩护》至少给了我们一些提示：抵抗对布洛赫来说既是道德问题，或如他所说是关于"诚实之人的谦虚美德"（modeste moralité de l'honnête homme）⑤，也是有历史原因的问题。于他而言，历史是教训。

① 参见如 L. Febvre, 'Le régime fasciste, mise en place historique', *Encyclopédie Française*, vol. 10 (Paris, 1935), fasc. 85, pp. 1—5, Febvre, 'Quelques autres régimes autoritaires: l'Autriche', ibid., fasc. 92, pp. 1—8, and Febvre, 'Sur la doctrine national-socialiste: un conflit de tendances', *Annales d'histoire sociale* 1 (1939), pp. 426—428, etc.

② 因此，即使在谈到纳粹历史学家时，他也始终避免在学术出版物中发表政治评论。参见如 P. Schöttler, 'Marc Bloch et Lucien Febvre face à l'Allemagne nazie', *Genèses* 21 (1995), pp. 75—95.

③ É. Bloch, 'Marc Bloch. Souvenirs et réflexions d'un fils sur son père', in H. Atsma and A. Burguière (eds), *Marc Bloch aujourd'hui. Histoire comparée & sciences sociales* (Paris, 1990), p. 28.

④ 1940 年 11 月，布洛赫已经接受了纽约社会研究新学院（New School for Social Research）的邀请，但由于无法带走他的家人（六个孩子），该计划于 1941 年 8 月被取消。参见 P. M. Rutkoff and W. B. Scott, 'Letters to America: The Correspondence of Marc Bloch, 1940—1941', *French Historical Studies* 12 (1981), 277—303; Fink, *Marc Bloch*, pp. 247 ff.

⑤ Bloch, *Strange Defeat*, p. 27.

自 1940 年以来，最重要的是一个"诚实的人"不能避免选边站：在《奇怪的战败》中，"年长的历史学家"说，"我唯一的希望"，"是当时刻到来时，我们有足够的鲜血挥洒，即使它可能是我们最亲爱的人之鲜血（因为我认为我自己微不足道，所以这里并不包括我）。因为没有牺牲就没有救赎，也没有充分意义上的民族自由，除非我们自己努力去实现它。"①在他给地下杂志《政治备忘录》（*Cahiers politiques*）的最后投稿之一中，我们能看到："正是通过乌托邦的力量，现实才最终出现。还有什么比在一个被奴役和被打倒的国家中，将一场绝望的反抗动荡组织成一个庞大的意志网络之理念更乌托邦的呢？但这正是抵抗运动最终实现的方式。"②

　　因此，布洛赫加入抵抗运动的决定不应被理解为存在主义意义上的一位知识分子的参与之举（他无论如何都不喜欢这样③），而是一位学者的决定。他仔细分析过形势，得出了他最合理的结论。

　　乍一看，对于亨利·皮朗和马克·布洛赫而言，战争、失败和孤独的经历本质上激发了某种翻新的爱国主义甚至民族主义，促使他们进行以前未知的政治活动。在皮朗被迫克服其对德国文化的旧幻想时，布洛赫方面不得不放弃一个根深蒂固的信念，即优秀的历史学家应该避免价值判断，特别是政治判断。两人都陷入了反省，不得不考虑新的选择。皮朗在被流放后，发现了一种新型的比较主义史学，并在战后大力提倡它。而马克·布洛赫已在 20 世纪 20 年代遵循这一道路上的比利时模式。他通过加入地下斗争更进一步。在那里，他将成为一位主要的组织者和设计者，并最终付出了自己的生命。在战争的特殊情况下，这两位热爱传统学术工作并曾远离政治的中世纪历史学家，不仅被迫进行自我批评，而且还不得不改变自己的思想立场，并在公共领域内承担起新的责任。

425

---

①　Bloch, *Strange Defeat*, pp. 174—175. 翻译经过修改。

②　Bloch, *Étrange défaite*, p. 244. 该文没有被收录于英语版本中。

③　参见 1939 年 10 月 8 日他给费弗尔的信，B. Müller（ed.），*Marc Bloch, Lucien Febvre et les Annales d'histoire économique et sociale*. Correspondance，vol. III：1938—1943（Paris，2003），p. 67.

第二十章 若凤凰般腾飞——20世纪80年代以来德英两国民族史写作的复兴①

斯特凡·贝格尔

序　言

有一种看法认为，第二次世界大战标志着欧洲民族主义历史上的一次重大断裂。人们对这种观点已有些司空见惯。包括许多历史学家在内的公开意见似乎一致认为，战争的破坏对欧洲各国产生了警醒作用。民族主义遭受负面评价，在冷战期间被共产主义东欧的社会主义的国际主义思想及西欧的欧洲共同市场理念所取代。看来，民族宏大叙事的经典时代已一去不返。然而，正如笔者在其他地方所论证的那样，认为这些民族宏大叙事已处于自1945年以来衰落终点的看法还为时过早。②由于阶级历史在20世纪80年代失去了它们大部分的身份认同主义势力，它为民族作为历史写作之首要身份认同主义焦点的重新出现敞开了大门。事实上，我们发现，几乎在每一个西欧国家都有关于民族史的重大辩论。

---

　　① 本文的最终版本完成于笔者荣幸地在弗莱堡高等研究院历史学部担任高级研究员期间。笔者感谢研究院院长 Jörn Leonhard 和 Ulrich Herbert，因为他们使我在此期间如此富有成效，并且心情愉快。

　　② S. Berger, 'A Return to the National Paradigm? National History Writing in Germany, Italy, France, and Britain from 1945 to the Present', *Journal of Modern History* 77：3 (2005), pp. 629—678.

在西德，20世纪70年代所谓比勒费尔德学派（Bielefeld school）的崛起造成了对德意志特殊道路（German Sonderweg）理论的消极颠倒，并试图把德国历史描述为一系列错误的转向。[①]这只是后民族主义思想与1871年德国统一给欧洲和德国只带来了痛苦这一观念的一小步。自20世纪60年代起，出现了挑战传统民族史的做法。这种民族史以苏格兰和威尔士出现的凯尔特民族史之形式，叙述一种显现于不列颠的完全不同的（民族）种类。这一挑战质疑了联合王国的概念，并质问"不列颠性（Britishness）"是否不是迫使凯尔特外缘（Celtic fringe）被历史遗忘并巩固英格兰人在不列颠群岛统治地位的一种方式。当然，苏格兰和威尔士的凯尔特民族史早在20世纪60年代就得到过很好发掘，但它们之所以如此强大，是因为针对独立国家地位的政治诉求，开始聚拢公众的支持——相较于威尔士的情况，这种支持在苏格兰更多。

然而，可以说，英德两国民族史写作的这一关键阶段，其本身的标志恰恰是对民族史更具批判性的观点，而不是放弃民族史写作本身。在某些方面，德国历史学家总体上继续书写德意志历史，尽管他们使用了一种更具批判性的方式；而英格兰、苏格兰和威尔士的历史学家同样在继续书写民族历史，但不列颠性在这个故事中的地位却越来越不安全。

直到20世纪80年代，两国历史学家才开始越来越多地寻找民族史书写的替代品。毫无疑问，德国的寻求欲望比英国更强烈。比较史学在德国历史学界引人注目的崛起是最为明显的迹象，它表明许多年轻一代历史学家一直在寻找超越狭隘的地方民族视角的方法。[②]随后，关于比较史学是否只是将民族国家具体化为主要的比较单位、文化迁移史的优点，包括

---

① T. Welskopp, 'Identität *ex negativo*. Der "deutsche Sonderweg" als Metaerzählung in der bundesdeutschen Geschichtswissenschaft der siebziger und achtziger Jahre', in K. Jarausch and M. Sabrow (eds), *Die historische Meistererzählung. Deutungslinien der deutschen National-geschichte nach 1945* (Göttingen, 2002), pp. 109—139.

② H. Kaelble, *Der historische Vergleich. Eine Einführung zum 19. und 20. Jahrhundert* (Frankfurt/M., 1999); H. -G. Haupt and J. Kocka (eds), *Geschichte und Vergleich. Ansätze und Ergebnisse international vergleichender Geschichtsschreibung* (Frankfurt/M., 1996).

全球史或世界史在内的跨国历史写作的不同形式的辩论，都出现了。所有这些，都证明了许多德国历史学家希望研究对象不局限于民族史。①甚至在体制上，德国的历史院系也开始摆脱其以德国为中心的招聘惯例，而是以前所未有的方式吸纳欧洲和非欧洲世界的历史学家。

在英国，比较史学的影响要少得多。②英国与其他英语国家几乎没有什么可比性。这与 20 世纪 80 年代以来帝国研究在英国的兴起有很大关系。③帝国史已引起人们更多关注帝国塑造不列颠性的多种方式，以及反过来，不列颠性如何成为英联邦国家不同身份认同的一部分。因此，在某些方面，人们不得不怀疑，这种受后殖民主义和后结构主义方法影响的帝国史是否真的背离了民族史？因为许多专业史学的焦点仍然是关于不列颠性、英国民族身份认同与不列颠性在前殖民地身份中之地位的问题，尽管它们也受到严厉批判。值得一提的是，英国相对缺乏比较研究的另一个原因是英裔英国史学家越来越严重的单语主义（monolingualism）。英国大多数历史学系对历史学家的培养缺乏任何语言要求，这给联合王国带来了可怕的后果。

更重要的是，在 20 世纪 60 年代和 70 年代对传统民族宏大叙事提出挑战之后，20 世纪 80 年代又出现了这种历史民族话语的复兴。在英德两国，这与政治发展密切相关：撒切尔夫人（Thatcher，1925—2013）④身着维多利亚式服装的革命和科尔（HelmutKohl，1930—2017）⑤的"精神与道德转向"（spiritual-moral turn）都在很大程度上依赖于更加

① J. Paulmann, 'Internationaler Vergleich und interkultureller Transfer. Zwei Forschungsansätze zur europäischen Geschichte des 18. bis 20. Jahrhunderts', *Historische Zeitschrift* 267：3 (1998), pp. 649—685.

② G. Crossick, 'And What Should They Know of England? Die vergleichende Geschichtsschreibung im heutigen Grossbritannien', in Haupt and Kocka (eds), *Geschichte und Vergleich*, pp. 61—76.

③ 参见本书中 S. Wards 与 R. Aldrich 的章节。

④ 英国政治家，常被称为"铁娘子"，1979—1990 年间任英国首相。——译者注

⑤ 德国政治家，1982—1990 年间任德意志联邦共和国总理，任内促成了两德统一。——译者注

积极强调民族史的做法——这一点得到了一些史学机构的支持，同时也受到了其他机构的强烈反对。①1990 年德国统一后，围绕民族的辩论激增。它们的中心思想是放弃任何后民族主义的观念，并回到"民族常态"。自 20 世纪 90 年代以来，书店出现了许多德国史著作。一些历史学家在其中明确地寻求为民族话语的正常化做出贡献。②在英国，不列颠性的危机仍在持续，但它也产生了大量民族历史。它们都试图以不同方式向凯尔特民族主义的挑战作出让步。③

于紧要关头书写国家历史：海因里希·奥古斯特·温克勒
（Heinrich August Winkler，1938— ）
与诺曼·戴维斯（Norman Davies，1939— ）的案例

笔者在本章中要做的是两种民族史的比较，一种是德国的，一种是英国的。它们在 20 世纪与 21 世纪之交关于民族身份认同的激烈辩论中占有特别重要的位置。笔者特别要问的是，在两国传统民族范式不断变化的情况下，两国各自的著者如何叙述民族历史？海因里希·奥古斯特·温克勒的《走向西方的漫漫长路》（*The Long Way West*）是以德语出版于 2000 年的两卷本德国历史著作。该书于 2007 年被译为英语，于 2005 年被译为法语。④全书约有 1 400 页。联邦政治教育中心（Federal

429

---

① 德国历史学家之争（Historikerstreit）是阻止德国历史话语再民族化的一次努力。在这次争议中产生了巨量文本，参见 Richard Evans，*In Hitler's Shadow. West German Historians and the Attempt to Escape the Nazi Past*（New York，1989）. 在英国，20 世纪 80 年代早期历史工作坊运动转向对爱国主义的调查，是对福克兰群岛战争在英国引发有关民族主义的震惊和恐惧的直接反应。参见 Raphael Samuel（ed.），*Patriotism：The Making and Unmaking of British National Identity*，3 vols（London，1989）.

② S. Berger，*The Search for Normality. National Identity and Historical Consciousness in Germany since 1800*，2nd edn（Oxford，2003）.

③ 参见，如 R. Cohen，'The Incredible Vagueness of Being British/English'，*International Affairs* 76：3（2000），pp. 575—582.

④ H. A. Winkler，*Der lange Weg nach Westen*，2 vols（Munich，2000）. The English translation：*The Long Road West*，1789—1990，2 vols（Oxford，2007）；the French translation：*Histoire de l'Allemagne*，XIXe-Xxe siècle：*le long chemin vers l'Occident*，2 vols（Paris，2005）. 所有页码均引自德语版，所有译文均为笔者译出。

Institute for Political Education 德语 Bundeszentrale für politische Bildung）将该书纳入了免费发行的图书计划，从而推动了该书的销售。德国政府还资助该书翻译为法语，从而确认了温克勒民族史的半官方地位。他曾在 20 世纪 90 年代围绕德国身份认同再民族化的辩论中非常突出。温克勒是 20 世纪 70 年代批判史学的代表。但到了 80 年代，他转而支持后民族主义，并公开呼吁放弃两德统一的愿望——1989 年或 1990 年对温克勒来说是一个宣泄感情的时刻。他开始争辩说，德国历史学家的后民族范式是另一种形式的傲慢，因为它试图告诉其他欧洲国家在对民族国家的原则完全满意时应该放弃它。温克勒没有坚持过时的后民族主义形式，而是呼吁采取新的爱国主义，这将使德国与其他欧洲民族国家保持一致，即让德国的身份认同"正常化"。他的《走向西方的漫漫长路》雄心勃勃地尝试提供历史宏大叙事，以巩固这种正常化。

　　诺曼·戴维斯的《群岛》（*The Isle*）于 1999 年以单本门闩式（doorstopper）图书的形式出版，长约 1 200 页。[①]他的民族史被设置在完全不同于温克勒的背景中。首先，直到写作《群岛》前，他还没有集中参与过有关不列颠性的辩论。他曾是一位有名望的民族史学家，但主要讨论的民族是波兰。他也是受到高度评价的欧洲史学家。他转向英国的民族史，不是要为英国提供民族宏大叙事，而是要将其埋葬。他试图用某种方式叙述不列颠群岛的故事，以允许这些群岛的不同部分将来能走上自己的道路。他所书写的绝非后民族史。它也不是民族史本身，但戴维斯要攻击的正是英国民族史。他谋求将爱尔兰、苏格兰和威尔士的民族史从不列颠性日渐衰落的控制中解放出来。如果说温克勒要为德国建立一个新的民族宏大叙事，那么戴维斯就是要摧毁英国的旧民族宏大叙事，以解放群岛四个构成部分的民族宏大叙事。显然两人都以同一时代辩论及其思维中最重要的想法来书写历史。这两位作者都明确宣布，

---

① N. Davies, *The Isles: A History* (London, 2000).

他们意图为比历史专家和历史学系的学生更广泛的受众写作，从而突显出他们干预有关民族走向的广泛公共辩论的野心。

　　针对这两本书的评论很快就赋予它们史学里程碑、象征着两国史学传统变革的决定性时刻之地位。休戈·扬（Hugo Young，1938—2003）[①]称"《群岛》［……］是它那个时期一本关键的书。它抓住了当下的传统智慧，并摧毁了其大多数基础。"[②]尼尔·弗格森写道："诺曼·戴维斯《群岛》的出版是一个史学里程碑，是一代学者多年修正主义的顶峰。他们的共同目的是拆解英国历史的'盎格鲁中心主义'版本。"[③]因此，弗格森将戴维斯视为处于一种可以说是从汤姆·奈伦（Tom Nairn，1932—2023）[④]、迈克尔·赫克特（Michael Hechter，1943—2023）[⑤]与休·卡尼（Hugh Kearney，1924—2017）[⑥]出版物所开启的传统。他们都以不同方式坚持消除不列颠性观念。[⑦]当弗里德里希·艾伯特基金会（Friedrich Ebert Foundation）授予温克勒"政治图书奖"（Das politische Buch）时，克劳斯·霍菲尔德（Klaus Hohlfeld，1939—　）[⑧]在他的颁奖词（Laudatio）中强调，这本书不仅对历史编撰学，而且对德意志民族国家未来概念的辩论做出了重大贡献。[⑨]埃克哈德·福尔（Eckhard Fuhr，1954—　）[⑩]在《世界报》（Die Welt）上欢迎温克勒以同新柏林共和国（new Berlin Republic）基本原理一致的方式来重写德国民族历

---

① 英国记者、专栏作家。——译者注

② H. Young, 'Little More than an Extension of France', *London Review of Books*, 6 January 2000.

③ 尼尔·弗格森在《星期天时报》（*Sunday Times*）上的评论于《群岛》平装版内封上被引用。

④ 英国政治学家。——译者注

⑤ 美国社会学家。——译者注

⑥ 英国历史学家。——译者注

⑦ M. Hechter, *Internal Colonialism*: The Celtic Fringe in British National Development 1536—1966 (London, 1975); T. Nairn, *The Break-Up of Britain*: Crisis and Neo-Nationalism (London, 1977); H. Kearney, *The British Isles*: A History of Four Nations (Cambridge, 1989).

⑧ 德国历史学家、图书学家。——译者注

⑨ http://www.fes.de/daspolitischebuch/buch2001_index.htm（accessed 17 Oct. 2007）.

⑩ 德国记者与作家。——译者注

史。1989 年或 1990 年的划时代变化，使人们对德国民族史有了新观
点。①安塞尔姆·杜林-曼塔菲（Anselm Doering-Manteuffel，1949— ）②
认为，温克勒的民族史有意创造了一种民族宏大叙事，这让重新统一的
德意志民族国家中拥有社会自由主义倾向的西德人感到安心："温克勒
对德国政治与思想气候的描绘创造了历史以外的意义，并为感兴趣的当
代人解释了事物以它们的方式发展的原因。"③

　　从时间顺序角度看，二书有很大不同。温克勒的书涉及 19 世纪和
20 世纪，而戴维斯的书则始于史前时代，并将故事推向 21 世纪。戴维
斯的章节一次论述几个世纪，而温克勒的章节通常论述二十到三十年。
温克勒并未完全忽略 1800 年前的时期。由于民族建立过程是他宣称的
重点，因此他在第一章《千年遗产》中论述了近一千年的历史。在整个
研究里最具分析性的一章中，他把注意力集中于他所认为的民族建设的
"三次浪潮"之上。在 1000 年到 1500 年间，他追踪到了"德国志民族
形成的一个渐进过程"（《走向西方的漫漫长路》，第 34、35 页）。在两
次独立的浪潮中，一次约在 1000 年，另一次约在 1500 年，语言出现并
成为民族意识发展的关键因素（第 6 页）。在 16 世纪，宗派分裂也为德
意志土地上的民族形成作出了重要贡献。德意志人文主义者在传播民族
观念方面至关重要（第 12 页）。第三次浪潮被确定为从 18 世纪 70 年代
至 19 世纪 30 年代间的时期（第 39 页）。因此，温克勒并非没有使用支
撑如此多民族叙事的长时段理论（longue durée），但他用该理论为他只
论述 19 世纪和 20 世纪的真正历史设定了背景。他用宽泛的笔触描绘了
法国大革命前的民族发展。于他而言，这仍然是前现代民族意识和现代
民族意识之间的决定性分界线。由于他的历史是关于现代民族意识的发

---

① E. Fuhr, 'Geschichte mit Happy End', *Die Welt*, 18 October 2000.
② 德国历史学家。——译者注
③ A. Doering-Manteuffel, 'Eine politische Nationalgeschichte für die Berliner Republik: Überlegungen zu Heinrich August Winklers "Der lange Weg nach Westen"', *Geschichte und Gesellschaft* 27：3 (2001), pp. 446—462, quote on p. 462.

展，因而此前的历史很重要，但仅被用作背景。在戴维斯的历史中，我们没有发现这种民族意识和民族历史的前现代形式与现代形式之间的任何区别。在前几章中，他确实提醒读者，迄今为止人们都未能理解英格兰民族，更不用说英国民族了。但他确实早在中世纪就开始看到民族意识的一些形式。

透视：开端与终结的重要性

正如保罗·利科的名言："开端、中间与结束的概念并非来自经验：它们不是真实行为的特征，而是如诗般排列的效果。"①包括历史在内的故事之开端，决定了要讲述内容的叙述框架，以及可以说与不可说的内容。温克勒的历史始于一个分析性问题：德意志特殊道路是否存在？这确实是其史书中的关键组织方法之一，即试图证明德国民族历史有一条据称在 1990 年才结束的"特殊道路"。德国的民族历史是"特殊的"，因为它不同于西方。温克勒使用"西方"作为"正常"民族发展的基准。西方代表着早期民族国家的形成、成功的议会化与民主化以及随后解决社会问题的道路。相比之下，德国则是迟到的民族国家与失败的议会化之典型。此外，德国的特殊之处在于民主化和"社会问题"的挑战与民族问题同时发生。第二卷的引言再次强调，这本书的重点是德国历史上民主与民族之间的关系。温克勒证实，这是从"西方民主"价值观之角度来书写的民族历史。他所描述的有史以来最重要的德国宪法——1949 年《基本法》（*Basic Law*）视该价值观为典范（《走向西方的漫漫长路》第二卷，序言第 9 页）。

当西德人终于在 1945 年之后走上通往议会化、民主化和解决"社会问题"的道路时，根据温克勒的说法，他们仍然走在一条特殊道路

432

---

① P. Ricoeur, *La Métaphor vive* (Paris, 1975), p. 67.

上，因为他们越来越忽略并回避民族问题。只有从 1990 年的角度来看，德国人才有史以来第一次在民主意识和社会意识的同时发展了民族意识。直到现在，统一的德国才能够完全放弃自己的特殊道路，成为"西方"的正式成员。温克勒所赞同的德意志特殊道路因此也许是有着幸福结局的特殊道路。

这种观点的问题在于，它依赖于"西方"是什么的高度理想化的规范假设，而它在西方民族国家历史中却没有任何基础。例如，它完全忽略了西方的正常民族国家在何种程度上形成于帝国主义背景下并穿越该背景——而这正是戴维斯在其英国史中所强调的。因此，温克勒的民族史因缺乏对"西方"的概念化而存在缺憾。实际上，这种缺乏概念化（的现象）可以说是这段历史的组成部分。2009 年，温克勒出版了旨在填补这一概念空缺的《西方史》第一卷，但是，正如几位评论家所指出的那样，他的《西方史》是高度理想化的历史，仅仅用人权、人民主权、法治、民主、宪政和自由来鉴定西方概念。①

戴维斯对比了英国的"单岛恒定"（one-island fixation）（《群岛》，序言第 29 页）与字典定义的多样性和主要图书馆的不同分类系统，以此开始他的故事。他列出了几个世纪以来占据岛屿空间的所有不同国家（序言第 39，40 页）。而所有这些都有效质疑了英国民族史拥有不间断连续性概念的观点。在第一章中，戴维斯再次强调："这些岛屿从未表现出统一性。重要的区域变化总是存在的［……］"（第 27 页）。有趣的是，他从连续性的概念中看到了一些特别英格兰或不列颠的东西："大多数欧洲民族都意识到他们现在的领土曾经被外国势力统治过，被不同的文化支配过，或被异乡人居住过"（第 35 页），而民族主义的比较史学家可能会这样回答：不，他们没有。实际上，构建在时间迷雾中

433

---

① Heinrich August Winkler, *Geschichte des Westens. Von den Anfängen in der Antike bis zum 20. Jahrhundert* (Munich, 2009). See the multiple reviews in *sehepunkte* 10 (2010), no. 6 [15. 6. 2010], http://www.sehepunkte.de/2010/06/16866.html (accessed 13. 7. 2010).

迷失自我的连续性倒是所有民族历史的特征。我们再次发现针对特殊性的主张被夸大了。

戴维斯的第一章实际上是在提醒人们，群岛的早期历史还不是民族史："英格兰人还未到来。英语还未被发明。"读者可能会问，为什么以这样一种非开端模式开始民族历史，当然在某些方面，《群岛》更是一个反民族的历史而非民族历史，因为它的主要目的是挑战一个永恒的英国民族之观念。因此，它也需要质疑民族史的传统开端。这一主题在第二章中得以继续。在这里，戴维斯指出，大多数英国历史是如何开始于罗马人的到来（第73页）。凯尔特人被写在民族史之外，因为数十年的传统教育使受过教育的英国人更认同罗马人，而不是"野蛮的凯尔特人"。因为19世纪凯尔特复兴与苏格兰、爱尔兰和威尔士新生的民族主义联系在一起；这使得它在英格兰更受质疑。然而，戴维斯对罗马人的共鸣微乎其微——在他眼中，罗马人不过是如英格兰一样的另一股帝国势力。他认为，是"自负"使这些罗马人入侵了群岛。他重点强调了不列颠的抵抗和殖民的过度扩张。他将罗马治下的不列颠描述为一个不安全的边境省份。他承认，罗马化的程度不同，但总体来说，罗马人在群岛上没有留下任何持久遗产（第118页）。根据戴维斯的说法，罗马人离开后，群岛上的人可能将自己称为"前罗马不列颠尼亚行省"。他坚称，最肯定的是，那时还没有"英格兰性"。

他降低了1066年①作为民族元素的价值，认为这不是英格兰人与法兰西人的战斗，而是维京治下的争夺英格兰之举（第236页）。戴维斯只有在阿尔弗雷德（Alfred，848或849—899）中才看到了英格兰这个民族的起源。他将这位撒克逊国王描述为"英格兰"（Engla land）②的"一个新的联合民族之奠基者"（第229，222页）。当然，这在某种程度

---

① 1066年，诺曼底公爵威廉率军入侵英格兰，英王哈罗德战死于黑斯廷斯战役，威廉加冕为英格兰国王威廉一世，是为诺曼征服。——译者注

② 即England的古英语写法，意为盎格鲁人的土地。——译者注

上是对 19 世纪痴迷于崇拜阿尔弗雷德的盎格鲁—撒克逊主义的确认。戴维斯写道："到 14 世纪，毫无疑问，群岛上居住着四种历史悠久的民族。"（第 325 页）他们之中的两种，英格兰人和苏格兰人，都有自己的国家政体，而威尔士人和爱尔兰人则在一个"民族不幸"的时代被拒之门外（第 327 页）。后一判断显示了戴维斯是如何将凯尔特民族叙述以一种浪漫的模式投射出来，而这种模式在他叙述英格兰民族历史的方式中却完全不存在。

　　但是，在戴维斯否认民族连续性方面也存在一些惊人的矛盾之处。例如，在第一章中讨论"峡谷穴居人"（Canyon Cave Man）[①]时，戴维斯很快断言："他当然不是英格兰人"（第 3 页），只是继续提到英格兰人基因构成的强烈连续性。所有入侵和迁徙似乎对英格兰人的基因库影响不大，英格兰人的基因组成几乎保持不变（第 167 页）。尽管他并未真正讨论此遗传密码会告诉我们有关个人或民族性格特征的某些东西，但它使读者产生几千年来当地亲缘群体的连续性并未中断的感觉。

　　在两种历史里，开端都与终结相一致。毕竟，温克勒以德国的统一作为结束，这使得整个民族历史的"正常化"成为可能，从而赋予温克勒的特殊道路式的民族历史以结构和意义。最后一章《与所有特殊道路告别》对前几章的主要论点进行了简要总结，以对德国 1945 年以后克服西方化的缺失以及 1990 年后克服其后民族特殊道路作为结尾。

　　戴维斯在书的结尾处也有类似结构。《群岛》有一个很长的结语。戴维斯在其中预言英国将会分裂。他认为，联合王国是否能活到 2007 年迎来百年诞辰是值得怀疑的（《群岛》，第 881 页）。成立联合王国是为帝国的利益服务，而在帝国灭亡之后，它已变得多余。欧洲是不列颠群岛新的地平线（第 870 页及以后）。戴维斯的一些单句生动地强调了这本书的信息："英国不是，也从来不是一个民族国家。"它的解体"不

---

① 指在英国切德峡谷的高夫洞穴发现的古人类遗骸。其中 1903 年发现的一具英国最古老的完整人类骨骼，被命名为切德人，可追溯到约公元前 7150 年。——译者注

一定是一场彻头彻尾的悲剧",因为"爱国主义是一种健康的品质"(第882 页),因此岛内不同民族国家的出现一点也不坏:"即使英国解体,所有真正有价值的东西都会保留下来"(第 883 页)。

戴维斯的结尾实际上突显了他整个抨击不列颠性的思想根源并不源于普遍的反民族主义或自嘲情绪,而是源于对欧洲次要民族及其民族愿望的同情。在英国这个例子中,它们就是爱尔兰人、苏格兰人和威尔士人。戴维斯以引用"局外人"费利佩·费尔南德斯·阿梅斯托(Felipe Fernandez Armesto,1950—)[1]与比尔·布莱森(Bill Bryson,1951—)[2]的表达对英格兰和英国之爱的两句宣言作为结尾。戴维斯再次强调了自己对群岛的情感承诺,尽管不是对不列颠群岛或联合王国的承诺。然后,戴维斯和温克勒都写下一些用劳伦斯·斯通(Lawrence Stone,1919—1999)[3]的话来说是由某种"孕育原则"指导的叙述,并且它们有一个主题和一个论点。[4]两位作者都承认视角性对于历史书写的重要性,因此他们接受针对英德两国民族历史有可能存在大量视角。由此,他们将自己的历史可能具备的任何真实相对化,这表明它们与该民族 19 世纪经典民族宏大叙事存在很大不同。但在这方面,戴维斯比温克勒更为激进。

温克勒在第二卷的引言中承认,他对自己的判断越不确定,就越接近他所处的当下。对于最近的过去,他明确允许读者做出不同的判断。在这一警告的背后,有黑格尔的著名训诫,即密涅瓦的猫头鹰只在黄昏时起飞。通过倒转,人们还可以读出温克勒有关早期历史的判断更为"科学",因此不太具有争辩性和争议性。温克勒为自己在德国民族历史上的专业素养和专业知识而感到自豪,并从一开始就明确表示他可以利

435

---

① 英国历史学家,父亲是西班牙人。——译者注
② 作家,生于美国,大部分时间生活在英国,拥有美国与英国双重国籍。——译者注
③ 英国历史学家。——译者注
④ L. Stone, 'The Revival of Narrative: Reflections on a new old history', *Past and Present* 85 (1979), pp. 3—24, quote on p. 3.

用大量的原始资料。确实，他详尽地引用了知识分子的辩论与议会正式记录。他在提出特定要点时，也经常提及其他历史学家的权威论述，并援引德国民族史上的知名权威来强调他所提出的特定要点。（参见如《走向西方的漫漫长路》，第二卷，第 17，25，185，236，257 页及之后数页。）

戴维斯的历史中有一种更加严格的唯意志论。实际上，历史学家必须选择如何将他的故事以最好方式编织在一起："历史是由多方面构成的。[……]历史学家必须以某种方式将这种纷乱减少到可处理和可理解的比例"（《群岛》，第 585 页）。与温克勒形成鲜明对比的是，戴维斯一开始就坦率地承认，他不是英国民族史专家，几乎完全依赖二手材料。他得到了一系列知名民族专家的帮助，而这些专家对他的不同章节发表了评论。像他的英雄 G. M. 屈维廉（G. M. Trevelyan，1876—1962）①一样，戴维斯渴望为更广泛的公众写作并"从职业竞赛中逃脱"。像温克勒一样，戴维斯也喜欢引用一些文字，但这主要来自文学及其他对民族史上特定事件的丰富多彩的描述。总的来说，我们可以看到，戴维斯是如何有意识地将自己的努力与英国民族史写作中强大的"业余"传统联系起来的，而温克勒则是同样坚定地坚持可追溯到利奥波德·冯·兰克及其弟子的专业水准之子。

两位作者都将自己带入了故事之中。从 20 世纪 80 年代开始，历史学家温克勒作为历史行动者温克勒出现。他与其他公共知识分子一起，警告人们不要有反西方情绪，不要放松与美国的关系（《走向西方的漫漫长路》，第二卷，第 415 页）。他还称自己是双重民族主义（bi-nationalism）②思想的主要反对者，在 20 世纪 80 年代的联邦德国（FRG）中间偏左的历史学家和知识分子中颇为突出（《走向西方的漫漫长路》，第二卷，第 434，435 页）。最后，他解释了自己在历史学家之争中的立场

---

① 英国历史学家。——译者注
② 指一个国家容纳两种民族共存。——译者注

（第二卷，第 445 页）。历史学家温克勒以第三人称谈论历史行动者温克勒，从而使他作为历史叙述者与其历史的另一个自我拉开了距离。

戴维斯在他的叙述中不是一个历史行动者，但他毫不犹豫地将他的书描述为"一个非常个人的历史观"（《群岛》，序言第 24 页）。他对其所认为的历史领域狭隘的专业化进行了抨击，直接将之归咎于其指称的历史之于公众重要性的弱化。戴维斯在展现"现代史的博尔顿视角"时，也乐于以北方人的身份自豪地展示自己。这一史观都是关于工业革命和现代世界是如何在戴维斯的出生地博尔顿（Bolton）开始的（第634 页及之后数页）。

温克勒的民族历史是一种经典的事件历史，一件接着该死的又一件。具有特色的是，温克勒的许多段落都以相关时间开头，如"在……的秋天"，"在……的结尾"，"在 12 月 30 日"等。这种时间顺序突出了历史学家作为事件编年者的作用。这些事件以这样一种方式联系在一起，整个历史过程似乎是一个合乎逻辑的进程。[①]生活经验的许多线索并没有出现在这里，取而代之的是作者意图强调跟随民族史这一条线。事实的选择遵循一种叙述顺序的强制要求，这就关闭了其他可能与叙述框架相矛盾的探索途径。然而，有时，事件的叙述似乎占据了主导地位，并将叙述框架推向幕后。在引言中，温克勒宣布打算将重点放在对过去的解释（Geschichtsdeutungen 德语"历史阐释"）上，但他在正文中对事件历史的强调并不能有效地做到这一点。

戴维斯的民族历史叙述更雄心勃勃，因为他没有遵循直截了当的事件历史。取而代之的是，他的每一章都以一个插曲作为开篇。该插曲应该捕捉到一个重要时刻，或对该章所论述的民族史时期作一个概括性描述。然后是有关这一时期的叙述，随后每一章的最后一节专门讨论针对该时期的史学辩论。戴维斯在这里显示出他十分了解历史编撰学，

436

---

① 　R. Aminzade，'Historical Sociology and Time'，*Sociological Methods and Research* 20：4 (1992)，pp. 403—427.

因为他不仅经常讨论历史学家，而且更广泛地讨论文学、传奇故事和已发表的观点。特别是在前面的章节中，当戴维斯面临缺乏历史上可靠的消息来源时，他一次又一次地提到神话传说，大篇幅地引用它们，并认为它们很可能包含着真相的内核。当然，他在神话与"已知"历史之间并没有划清界限。取而代之的是，有很多关于"费解"和"未知"的提法，还有一种信念，即"传说是故事中不可避免的一部分"（《群岛》，第 151 页）。

民族的政治框架

温克勒的历史大体上是政治史和思想史，关于社会、文化和经济发展的信息非常有限。他热衷于追踪政党和议会政治，并回顾 19—20 世纪德国历史上各种关于民族身份认同的辩论。缓慢的议会化进程，与迟到但成功的民族形成以及 1945 年以前议会制度的不足形成了鲜明对比。温克勒将普鲁士描述为"军事国家"，而这一特点阻止了该国全面朝着法治方向的发展（《走向西方的漫漫长路》，第一卷，第 33 页）。尤其是封建的普鲁士东部（第一卷，第 27 页）被视为对西方化的损害，弗里德里希二世被认为是普鲁士再封建化的罪魁祸首（第一卷，第 28、31 页）。

温克勒提出普鲁士"自上而下革命"的概念，作为对法国暴力革命的回应。普鲁士自上而下的革命使之成为欧洲最先进的国家，但这种行政现代化同时也打断了普鲁士的政治现代化。因此，温克勒得出结论，在德国背景下，进步成为"束缚"。由于德国的民族主义本身就是对拿破仑的一种反应（第一卷，第 54 页），因此对抗法国的民族主义界定是一个过程。这一过程一直持续到 1840 年的莱茵危机（第一卷，第 87 页）和 20 世纪上半叶的两次世界大战。费希特和其他人对祖国的神圣化，是为越出德国相对于共和的、"西方的"法国之自卑情结而诞生的。

温克勒认为，德国的自由主义"太孱弱"（第三章），无法同时实现自由和统一。1848 年革命让普鲁士立宪是一项影响持久的成就（第一卷，第 128 页），但并未启动"追赶"西方议会制的重要进程。在 19 世纪 60 年代，大多数德意志自由主义者把自由放在首位。温克勒强调，德意志的自由主义选择与专制主义的德意志邦国结盟，以便抗击社会主义的强大挑战，同时继续希望（徒劳地）实现专制主义国家的缓慢议会化和民主化（第一卷，第 237 页及之后数页，第 302，332 页）。

温克勒在第五章和第六章中重点论述民族主义改变了统一的德国之政治立场。最初它是要求政治解放的政治左派之武器（第一卷，第 70，75 页），现在它成为巩固专制的普鲁士—德意志国家的政治权力之工具。德国的自由主义者被认为过于软弱，无法反对民族观念的右转趋向（第一卷，第 246 页）。特别是容克（Junker）们被视为抵抗德国皇帝任何有效西化举动的最重要社会力量（第一卷，第 268 页）。

温克勒强调，1918 年"自上而下的革命"结束了纸面上的德国议会制所处的落后局面（第一卷，第 366 页）。在魏玛，坚持专制国家的立场仍然很顽固。实际上，兴登堡当选总统一事被描述为"反对议会民主制的公民投票"之结果（第一卷，第 460 页）。总体而言，温克勒强调，德国土地上的专制、反民主倾向为民族社会主义的成功铺平了道路。因此，他坚持用强烈的目的论来从 1933 年这一有利时刻来解读德国历史的倒退。

温克勒的第二卷也把重点放在政党和议会政治上。加入欧盟和北约（NATO）之举在西德完成了一次精神上的西化，其历史可以追溯到 20 世纪 50 年代，并且在西德长期的政治发展中取得了成果。社会市场经济被誉为"革命性创新"（第二卷，第 178 页），它与政治领域的《基本法》相对应，标志着对西方政治框架的突破。战后的经济繁荣时期极大地帮助人们接受《基本法》和西式的议会民主制（第二卷，第 221 页）。温克勒批评任何威胁到联邦德国西化的东西，例如，据说是由东德领导的和平运动（第二卷，第 357、359、373 页），埃贡·巴尔（Egon Bahr，1922—2015）①的欧洲应与两个超级大国保持等距的思想，或是围绕政党财务的丑闻（这里温克勒特别批评了赫尔穆特·科尔）。

温克勒愿意把民主德国发生的事件描述为"民主革命"，但他也提到它缺乏"大革命"的某些特征，因此延续了德国不进行"大革命"的传统（第二卷，第 560 页）。他把民主德国的民权运动描述为针对西方价值观的表达，并强调他所见的这些西方价值观与爱国主义相一致的时刻。在一个重要的历史时刻，温克勒的叙述口吻第一次从遥远的观察者变为被迫卷入更多现场的参与者：

> 边界开放是德国统一社会党（SED）的投降书。在西德和柏林，人们与他们的东方同胞一起欢欣鼓舞。虽有国家的强制分离，但他们被许多东西团结在一起。11 月 9 日或 10 日晚上，柏林再次成为一座城市。在柏林墙上打开缺口的喜悦是属于所有德国人的，甚至超越了德国边界。全世界的自由之友都为德国人感到高兴。
>
> （第二卷，第 512—513 页）

温克勒对《基本法》的崇拜使以下内容成为一个合乎逻辑的结论：即他捍卫通过《基本法》第 23 条（民主德国只是进入了现存的联邦德国宪法框架）而不是通过启动新的宪法制定程序（《基本法》第 146 条）而实现统一的决定。②他非常反对的想法是民主德国已迈向了一个更加社会公正和民主的社会，且这一社会本来要比《基本法》所构想得更为优

439

---

① 德国社民党政治家，在东西德谈判和西德与苏联之间的谈判中曾扮演重要角色。——译者注

② 联邦德国在 1990 年就此问题进行了一场激烈的辩论——尤尔根·哈贝马斯（Jürgen Habermas）领导着那些希望通过更长时间来拟定全新宪法以实现国家统一的阵营，而包括温克勒在内的反对者则认为《基本法》已在过去 40 年里证明了自己，因此不需要进行更改。东德的新州将仅加入联邦共和国并接受《基本法》作为其宪法。

越（第二卷，第 557 页）。温克勒没有看到统一的德国有任何比联邦德国更少西化的危险。他还引用了 20 世纪 90 年代的新公民法，将之作为朝着进一步西化方向迈出的一步。

但总的来说，这是联邦德国的成功历史，它为德国人提供了在 1990 年以后尝试参与西式民族建设的另一次机会。然而，正是由于温克勒强调政治辩论和思想辩论，他才未能传达出 1945 年之后联邦德国西化的任何真实意义。我们对欧盟的影响了解甚少，而对西德人的消费文化和日常生活变化的了解则更少。

由于宪政主义是传统英格兰/不列颠宏大叙事的核心，因此戴维斯渴望破坏英格兰宪政主义早期持续发展的辉格党神话。《大宪章》（Magna Carta）被描述为"历史神话"（《群岛》，第 328 页）。取而代之的是作者强调"都铎王朝和斯图亚特王朝早期的君主专制"，使之更接近大陆专制体系，并否认了早期宪政的长期意义（第 428 页）。光荣革命更多地与宗教信仰而非宪法价值观有关。在 18 世纪和 19 世纪，戴维斯将宪政的花言巧语与腐败的实践对立起来（第 613 页），并强调英国贵族的力量。他们的"社会等级团结"（第 620 页）确保了自己在政治、社会和经济上的持续统治。尽管温克勒将宪政政治发展作为其叙述的重点，但戴维斯却试图将宪政从英格兰/不列颠民族宏大叙事的基石地位上驱逐出去。

帝国在民族形成中的作用

帝国在两种叙述中都对解释民族概念起着至关重要的作用。温克勒在引言后的第一个实质性章节以这句话开头："开端是帝国：［……］"在整本书中，他一直到 1945 年都在持续强调神圣罗马帝国的遗产如何塑造了德国的民族话语。他认为帝国是德国与西方民族国家之间的主要

分界线。他认为，施陶芬家族①的帝国理念已经包含了德国在世界上占
统治地位的观念，它在 19 世纪和 20 世纪上半叶困扰着德国民族主义
者。在关于魏玛共和国与第三帝国的章节中，温克勒强调了帝国思想在
充当保守派和民族社会主义者之间桥梁方面的作用（《走向西方的漫漫
长路》，第二卷，第 524 页）。

　　在戴维斯的书中，不列颠性之兴衰与大英帝国之兴衰密切相关。戴
维斯的书首次出版时，评论家经常评及戴维斯将两者联系起来的新颖
性。此前，学者们集中于研究新教的衰落，对敌对的"他者"缺乏重
视，如法国和德国，或是经济衰退。实际上，20 世纪 60 年代和 70 年代
英国出版的许多民族历史都是关于衰落的宏大叙事，并且主要聚焦于从
帝国荣光到"欧洲病夫"的战后下行之国内历史。在 20 世纪 80 年代，
帝国学者们一直认为帝国是不列颠性的一个组成部分，但并没有太多关
注非殖民化条件下不列颠性的遭遇。

　　然而，戴维斯对帝国的描绘远非致力于摧毁它。他认为，帝国主义
现在被视为一种"受谴责的制度"（《群岛》，第 603 页），但他重复了大
英帝国是其中最好的一种之观点："它是改良的手段，为大多数殖民地
人民带来健康、教育和增长的繁荣"（第 604 页）。他也认为帝国建立
"遍布全世界的'亲朋好友'定居点网络"（第 449 页）是积极的，并指
出拥有帝国身份的英国人的兴起。他亲切描述了帝国世界的尺度以及帝
国的道德观。非殖民化本身是用"技巧和镇定"来处理的（第 763 页）。
毕竟，在他的主要论点之一，即帝国的衰落必然导致不列颠性的解体之
后，人们会期待一个详细而系统的论点，试图表明帝国塑造不列颠性的
方式及其衰落的原因。但对此，戴维斯无疑更多是一个故事讲述者，并
且乐于选择愉快的轶事和扣人心弦的故事以代替明确的观点表达。他的
文本策略也并非没有内在的歧义。在某些方面，就像温克勒的西方思想

---

①　即霍亨施陶芬家族。神圣罗马帝国时期的皇室家族。——译者注

一样，戴维斯的帝国思想是一个有问题的结构工具，因为它在很大程度上基于假设，而非经过论证。①

戴维斯的叙述充满了一种想证明不列颠性在特定时代具有特定功能的愿望。那个时代是帝国，而且根据戴维斯的说法，它完全属于过去。但是，他还提及帝国时代之前的不列颠性，例如他写日耳曼和凯尔特在文化领域的融合是"真正不列颠性"的"试金石"（第 191 页）。他认为早该进行英国民族历史的重新评估："古老的盎格鲁紧身衣在接缝处破裂"（序言，第 26 页）。他很少在其文本中提及英国的机构。实际上，他只提到了两个：英国文职部门被称为"国家统一工具"（第 634 页）， 441 工人阶级和工人运动被称为"全英事务"（第 641 页）。

统治与征服的故事

两种民族历史都必须考虑民族对立：像德国的每位民族史学家一样，温克勒必须处理 19 世纪普鲁士—奥地利的二元性。这种二元性只有通过 1866 年普奥战争将奥地利从德意志民族中强行驱逐出去后才能得到解决。尽管人们对 1871 年后普鲁士统治德国以及俾斯麦的道德品质有些疑虑，温克勒的历史总体而言还是相当普鲁士式的。首先，他强烈反对德国沿着地方性邦国的路线发展，这与法国和英国稍早而集中的民族国家形成进程产生鲜明对比。这重复了普鲁士学派在描述地方性邦国如何阻碍沿法式和英式路线建立统一的民族国家之观点（《走向西方的漫漫长路》，第一卷，第 10—12 页）。第二，在德国统一方面，他认为普鲁士没有其他选择（第一卷，第 62 页）。温克勒认为，哈布斯堡帝国并非形成民族国家的基础（第一卷，第 179 页）。因此俾斯麦建立德

---

① 亦可参见 S. Ward, 'The End of Empire and the Fate of Britishness', in H. Brocklehurst and R. Phillips (eds), *History, Nationhood and the Question of Britain* (Basingstoke, 2002), p. 243.

国之方案是解决德意志问题的唯一现实方法，它在当时的欧洲也是合情合理与可行的——而这曾是温克勒在 20 世纪 80 年代明确否认过的观点。在历史学家之争中，他曾写道："鉴于德国在挑起两次世界大战中所扮演的角色，欧洲和德国不能也不应该希望建立一个新的德意志帝国，一个完全独立的民族国家。这是历史的逻辑［……］。"[1] 色当（Sedan）的军事胜利甚至被描述为毛奇（Moltke, 1800—1891）[2]军事天才的"主要成就"（第一卷，第 206 页）。众所周知，1946 年同盟国拆分了普鲁士，但根据温克勒的说法，普鲁士的阴影继续存在，并使 1945 年以后德国民族辩论的视野变得灰暗。最重要的是，对普鲁士主义的拒斥立场导致了西德后民族主义和反民族情绪的兴起，而这反过来又使左派无力应对 1990 年统一的挑战，并接受了"后古典民主民族国家"（post-classical democratic nation state）（第二卷，第 638 页）。

如果说普鲁士在德国民族历史上的统治地位是温克勒的重要主题，

442　那么戴维斯就广泛地讨论了英格兰在英国的统治地位。我们已经注意到，戴维斯是如何书写前 230 页的。在这一部分中，他尚未承认所谓英格兰的出现。并且他之后很快就断言群岛上居住着四种历史民族。因为英国历史通常被讲述成从一个政权一个世纪到下一个政权下一个世纪，所以戴维斯非常希望强调 16 个独立的政治实体在群岛的悠久历史中形成了不列颠群岛。他的叙事策略突显了不列颠性的脆弱，而在描述苏格兰人和威尔士人的身份认同时却没有这种束缚，他们似乎没有内部矛盾，强烈、坚定和明确。

戴维斯为爱尔兰、苏格兰和威尔士故事情节的发展留出了很大空

---

① H. A. Winkler, 'Auf ewig in Hitlers Schatten? Zum Streit über das Geschichtsbild der Deutschen', *Frankfurter Rundschau*, 14 November 1986, reprinted in *Historikerstreit. Die Dokumentation der Kontroverse um die Einzigartigkeit der nationalsozialistischen Judenvernichtung* (Munich, 1987), pp. 256—263, quote on p. 262.

② 即 Helmuth Karl Bernhard Grafvon Moltke，一般称为"老毛奇"，普鲁士陆军元帅。1870 年，他在色当战役中指挥普军决定性地战胜法军，俘虏法国皇帝拿破仑三世，从而赢得了普法战争，最终促成了德国统一。——译者注

间。这些故事情节总是通过统治和压迫的形式，与英格兰故事情节联系在一起。他在嘲笑英格兰人认为"融入英格兰是幸福的高度"时，却对苏格兰人从中受益并对联合充满热情的观点毫不在意："在使英国形成的极端痛苦之道路上的每一个阶段，苏格兰都是英格兰初级的、孱弱的以及更不情愿的伙伴"。（《群岛》，第582页）

通过给群岛不同的历史时期起不寻常的名称（午夜群岛、彩绘群岛、边疆群岛），追求使读者对其英格兰性/不列颠性的缓慢且永恒演变的概念感到异化之目的。戴维斯意识到名称对建立连续性的重要性，因此引入了许多新名称。它们通常源于他对群岛居民在某些时候可能自称的冥想。他还呼吁历史学家注意不要在早期事物中使用当代名称——"因为名称反映了意识"（第180页）。但是，按照他自己的实践，他并不总是与此要求一致。我们发现，在确定那时没有英语而人们最好说"日耳曼语"后，下一页上却有这样一句话："凯尔特民族之间没有表现出很大的团结，除了他们普遍不喜欢英语。"

与他试图建立凯尔特民族历史性问题的尝试相一致，戴维斯提到撒克逊人时已经涉及"威尔士人的土地"（第180页）。根据戴维斯的说法，威尔士在800至1100年之间形成了"内聚文化区域"（第223页）。戴维斯在其历史编撰学部分中最严厉地批评了英格兰人对岛上其他民族历史的统治："岛上所有非英格兰的历史要么被忽视，要么被嘲笑"（第181页）。启蒙运动历史学家和J. R. 格林（J. R. Green，1837—1883）[1]被挑选出来受到特别批评（第183页），但是所有19世纪的历史学家都由于他们"狭隘的英国民族主义"（第329页）而遭到责备。戴维斯着手纠正此前做法，例如描述"威尔士人对其法律的强烈拥护"（第299页），而这激起了英格兰人日益增长的仇外心理，他们对相异的法律制度、语言和文化只有轻蔑态度。亨利三世（Henry III，1207—1272）掠

443

---

① 旧译葛耘，英国历史学家。——译者注

夺了威尔士的土地（第 312 页）。戴维斯对"爱德华一世（Edouard I，1239—1307)①的威尔士战争"之"残酷性"表示遗憾（第 315 页），其中"英格兰人的反应是灾难性的，更不用说是毁灭性的"，而"威尔士生活的基础设施遭到系统性毁灭"。他对威尔士民族雄心的同情在他写下 15 世纪"摆脱英国统治的最后和最伟大的尝试"时得到了证实："格兰道尔（Glyn Dwr，约 1359—约 1415)②的计划只能说是华而不实的。"（第 369 页）。但随后都铎王朝攻击威尔士之举被描述为"语言殖民"（第 407，417 页）和"殖民性文化政策"（第 418 页）。同时，戴维斯回顾了 1602 年与 1603 年在爱尔兰的英格兰人战役是如何"毫不留情地"进行的："一个沦陷的爱尔兰在等待着她的命运。"（第 411 页）之后，卡洛登战役（Battle of Culloden)③被描述为"摧毁文明"（第 627 页）之举。凯尔特语言受到英格兰人的压制，后者的语言政策以德国在普鲁士东部各省镇压波兰语的尝试为模板（第 657 页）。

然而，压制凯尔特人的所有尝试最终都以失败告终，因为 20 世纪英国人失去了其控制力。一战后，当 1922 年英国失去爱尔兰的大部分时，"不列颠群岛很少有人注意到联合王国失去领土的比例比德国大得多"（第 760 页）。在当代世界，英国的主要机构被视为一支已耗尽的力量：贵族们被视为"濒危物种"，君主制被描述为奄奄一息，"经济相对衰退是显著的"（第 794 页）。戴维斯在此基础上补充了英格兰文化的区域化以及凯尔特反文化的复兴（第 808 页及之后数页）。他得出的结论是，不列颠性解体的真正问题是英格兰民族认同的明显缺乏（第 831 页）。戴维斯著作的 78 个附录（共 120 页）着重于展示群岛的多样性：

---

　　①　即 Edward I，原文为法语写法。爱德华一世又被称为"长腿爱德华"或"苏格兰之锤"，为亨利三世之子。——译者注

　　②　威尔士贵族，威尔士独立战争的领导人，一生致力于结束英格兰对威尔士的统治。他是最后一位持有威尔士亲王头衔的威尔士人。——译者注

　　③　卡洛登战役为 1746 年英国詹姆斯党叛乱的最后一战。斯图亚特王朝的王位觊觎者查尔斯王子率领的雇佣军与苏格兰高地部落军队同汉诺威王朝英国国王乔治二世的政府军于苏格兰卡洛登交战。结果苏格兰军大败，查尔斯王子抛弃支持者逃回法国。——译者注

歌曲、地图、照片、绘画、大事记和诗歌突出了四个共享群岛土地的独立历史民族之信息。英格兰只是其中之一。

民族叙事与宗教信仰

温克勒的普鲁士主义对天主教持消极看法，而天主教首先被认为与经济落后有关（《走向西方的漫漫长路》，第一卷，第20页）。奥地利在反宗教改革中重新天主教化被等同于永久的经济劣势和知识劣势（第一卷，第30页）。普鲁士的文化斗争（Kulturkampf）被描述为"不可避免的"（第一卷，第222页），即使这种反天主教斗争的手段受到批评。但宗教信仰和国家权威的划分是国家现代化的必要条件。根据温克勒的说法，宗教改革是德国自上而下的一系列革命中的第一次。他对宗教改革不完全持肯定态度，因为他坚持宗教改革是造成德意志土地上反西方倾向滋长的原因（第一卷，第16页）。宗教改革进一步使神圣罗马帝国制度化，并按照宗教信仰路线将其划分（第一卷，第19页）。这是三十年战争的背景，温克勒形容这是德国的民族灾难。随后，加尔文主义和虔信主义加强了普鲁士的反西方倾向（第一卷，第26页）。

戴维斯不仅对被英格兰人征服的民族非常友好，而且对英格兰人、苏格兰人和威尔士人中受到不公正待遇的团体，即天主教徒也十分友好。首先，他对宗教改革持严厉批评态度："英格兰内部事务的欧洲维度正是宗教改革摧毁的许多事物之一。"（《群岛》，第338页）它导致人们彻底否定了"国民"与教皇的长期联系（第339页），转而采用经常极端化的新教。宗教改革在"分隔和障碍"的标题下得到讨论。马丁·路德被描述为"粗俗的前僧侣"。戴维斯的结论是："从任何客观角度看，宗教改革在群岛的结果都是引起很大分歧的。"（第396页）

"一个胜利的新教英格兰"不仅是"对天主教徒的坏消息"，而且对"国际和解"而言也是个坏消息（第399页）。根据戴维斯的说法，莎士

444

比亚很可能是一个秘密的天主教徒（第 429 页）。在历史编撰学方面，他特别赞扬了约翰·林加德（John Lingard，1771—1851）神父精湛的英格兰史，但这一史书只因作者的天主教身份而被忽视（第 434 页）。戴维斯将林加德的清醒与新教历史学家的"戏剧性"且"粗俗"之风格进行了对比。他还对杰弗里·埃尔顿（Geoffrey Elton，1921—1994）[①]和 A. L. 罗斯（A. L. Rowse，1903—1997）[②]的盎格鲁中心主义感到遗憾（第 442 页，444 页）。

英格兰新教徒的偏见也阻碍了查理一世（Charles I）提出与苏格兰联盟的计划。戴维斯认为此举错过了向早期不列颠身份认同形式的发展（第 468 页）。新教的阿尔斯特是"一种残酷的殖民化形式"（第 479 页）。[③]在这里，反天主教的敌意产生了一种"社会和文化隔离制度"（第 480 页）。在他的整个历史中，戴维斯很少错过谴责"对天主教社区施加暴力迫害之举"的机会（第 535 页）。正是新教徒的偏见移除了一位天主教徒国王可被察觉的威胁，并带来了光荣革命。这种解释强调宗教信仰而非宪法问题是造成 1688 年变革的主要因素（第 604 页）。"反天主教的痼疾"（第 609 页）一直延续到现代："不应低估帝国事业中的宗教推动力。"（第 720 页）即使在第二次世界大战后，英国的"宗派仇恨［……］仍在新教的阿尔斯特之时光胶囊中兴旺发达"（第 769 页），正如戴维斯所强调的，在那里，死去的天主教徒比新教徒还多（第 772 页）。

445

阶级冲突与民族团结

对于民族历史而言，阶级冲突始终是一个严重问题，因为它威胁着

---

① 德裔英国历史学家。——译者注

② 英国历史学家。——译者注

③ 阿尔斯特是爱尔兰北部一个地区的名称，也是爱尔兰古代省份的名称。爱尔兰居民信奉天主教居多，但 17 世纪英国的种植园殖民计划向此地区输入了许多信奉新教的苏格兰人和英格兰人。这使得该地区宗教冲突严重，同时与爱尔兰其他地区情况变得不同。这些因素一直持续到今日，使得北爱冲突不断。——译者注

民族宏大叙事的统一性。①戴维斯完全不考虑将阶级作为分析范畴，而温克勒则猛烈批评那些他认为是助长阶级冲突或为阶级冲突负责的政治力量。德意志帝国的社会民主党（Social Democratic Party，简称 SPD）因为采用一种僵化的马克思主义而受到责备，但温克勒同时也指出了他们如何被致力于自上而下发动阶级战争的俾斯麦式国家所迫害。鉴于这种压迫，温克勒认为，社会民主党融入德意志帝国的结构并发展出爱国主义感情之举是值得称赞的。他关于魏玛共和国的章节以强烈的反共为特征。温克勒认为，共和国制止 1919 年至 1923 年的共产主义叛乱之举是正确的，因为它由此阻止了德国内战（《走向西方的漫漫长路》，第一卷，第 382，397 页）。德国共产党（The Communist Party，简称 KPD）被描述为"斯大林的自愿工具"（第一卷，第 481 页）。反共主题在第二卷中继续推进，温克勒把共产主义的民主德国作为联邦德国英雄历史的一种消极存根。温克勒在战后两个德国的叙述中始终将"民主与专制"并列，强调共产党的极权主义如何在东德取代法西斯主义。

在西德，针对德国共产党的禁令被描述为"根据宪法无懈可击的"（第一卷，第 184 页）。即使手段有问题，在 20 世纪 70 年代公然迫害共产党人的举动也是合理的（第二卷，第 301 页）。社会民主党《哥德斯堡纲领》（*Godesberger Programme*）被描绘为一种必要的"从马克思主义中解放之举"，这为社会民主党成为真正的全方位政党开辟了道路（第二卷，第 199 页）。社民党的反共产主义立场得到强调，以同社民党后来与东德共产主义者进行对话的尝试形成对比（第二卷，第 302、386、417、453 页）。后者误解了东柏林共产主义政权的独裁特征。

戴维斯反对马克思主义学术。早在书中，他明确批评过马克思主义者和马克思主义考古学家对物质文化的重视，却忽视了精神文化和思想

---

① G. Deneckere and T. Welskopp, 'The "Nation" and "Class": European National Master Narratives and their Social "Other" ', in S. Berger and C. Lorenz（eds）, *The Contested Nation: Ethnicity, Class, Religion and Gender in National Histories* (Basingstoke, 2008), pp. 135—170.

文化（《群岛》，第 30 页）。克里斯托弗·希尔（Christopher Hill，1912—2003）①被称为"在莫斯科的斯大林主义大学学习过的人"（第536 页）。至于 19 世纪，戴维斯坚决认为，政治不能用社会经济发展来加以解释。尽管他花很少的时间来讨论岛上的阶级分歧问题，但基尔·哈迪（Keir Hardie，1856—1915）②却因为反对英国社会主义脱离马克思主义之举而受到戴维斯赞许（第 640—641 页）。

446

作为关键性"他者"的犹太人与欧洲人

温克勒的故事情节从一开始就包括对反犹主义历史的早期关注，它被表达为 1945 年前德国反西方之特殊道路的重要证据。主要民族主义者，诸如阿恩特（Arndt，1769—1860)③和费希特的反犹主义倾向得到着重强调（《走向西方的漫漫长路》，第一卷，第 66，67 页）。诸如反犹太人暴动（第一卷，第 76 页）之类的早期迫害之举被作为反犹主义、反自由主义和反资本主义之间的重要联系（第一卷，第 227 页）而得到讨论。政党之于反犹主义的接近程度得到权衡（第一卷，第 281 页及之后数页），温克勒得出的结论是德国资产阶级社会"沉迷于反犹主义"（第一卷，第 320页）。第一次世界大战期间针对犹太人的算计（第一卷，第 344 页）和魏玛共和国期间强烈的反犹主义得到了广泛的论述。当然，这个故事情节以民族社会主义和犹太大屠杀为高潮，但它为犹太大屠杀提供了一种目的论叙事，而这是许多德国研究反犹主义的历史学家最近加以质疑之处。④

如果说犹太人是温克勒叙事中最重要的"他者"，那么欧洲在戴维斯的民族历史中将发挥这一作用。戴维斯称英吉利海峡为"袖子"（《群

---

① 指 John Edward Christopher Hill，英国马克思主义历史学家。——译者注
② 英国工团主义者与政治家，工党的创立者之一。——译者注
③ 即 Ernst Moritz Arndt，德意志民族主义历史学家、作家和诗人。——译者注
④ 也请注意关于犹太大屠杀的长期连续性辩论最近如何又因 H. Walser Smith 发人深省的文章而重新燃起，见 H. Walser Smith, *The Continuities of German History*：*Nation*，*Religion and Race Across the Long Nineteenth Century* (Cambridge，2008).

岛》，第 8 页）。他认为，在史前时期，它并没有将群岛与大陆分开，而是使之与大陆的交流更加生动活泼，因为乘船旅行比步行或坐马车更容易。在他的书中，这启动了一个突出的主题，即试图证明这些群岛自远古时代就属于欧洲大陆，并且与大陆有悠久的往来历史。铁器时代欧洲大陆向群岛的输入历史得到强调（第 23 页）。来自地中海的外来者首先"将群岛带入了文学记载和历史记载的领域"（第 25 页）。凯尔特的群岛（第 2 章）再次与海峡另一侧的凯尔特文化紧密相关。罗马治下的不列颠与大陆之间的联系非常明显。维京人和丹麦人继续了欧洲主题，再次将群岛与大陆的发展联系在一起。

第六章的标题为"海外领地之群岛"。戴维斯强调了征服者治下英格兰的法国特征，以及之后数代的法国裔（英格兰）国王可能将英格兰看作其"海外领地"。戴维斯制作了一张地图，显示英格兰是卡佩王朝（Capetian）与金雀花王朝（Angevin）法国的一部分（第 260 页）。他引用了最喜欢的民族史学家 G. M. 屈维廉的话说，那个时代的英格兰只是"法兰克—拉丁欧洲的延伸"（第 262 页）。他还强调了西蒙·德·蒙德福特（Simon de Montfort，约 1205—1265）①的法国性，这个名字与英国的一个重要奠基神话《大宪章》紧密相关（第 312 页）。

虽然戴维斯宣称的目的是显示英国与欧洲大陆的联系，但语言上的 447 不恰当之处有时暴露了作者对这种大陆关系的不适感，例如他提到"在四百年时间最好的部分里，法国的阴影笼罩着群岛"。阴影的隐喻暗示着黑暗、令人不快和不需要的东西。只有在英法百年战争中失败后，才出现"英格兰的群岛"（第 7 章）。同样，戴维斯理应强烈反对（英格兰）更少插手欧洲大陆，但事实上，他认为"百年战争的失败给了英格兰四个世纪以来第一次做她自己的机会"（第 373 页）。无论"做她自

---

①　法国出生的英国贵族，在第二次伯爵战争中率领贵族反抗亨利三世的统治。在他最初战胜王军后，他成为该国的实际统治者。其统治期间召集了两次著名的议会，其中一次由直选产生。由此，他在英国宪政史上有着重要地位，被认为是现代议会制的创始人。——译者注

己"可能意味着什么，它都有积极的含义，而另一种选择，胜利"将不可避免地使英格兰陷入开放的大陆方面之影响"。尽管戴维斯指责英格兰人在对待"作为强奸、掠夺和大胆冒险的传统游乐场之法兰西"时"源于不受惩罚的傲慢心态"，他也将斯图亚特王朝和都铎王朝描述为"本土王朝"："他们在群岛外没有大本营"。在谈到都铎文化，尤其是戏剧时，他发现很难抑制自己钦佩英格兰文化成就的感情："英格兰文化攀登到了前所未有的高度"（第 420 页）。在这一切之后，读者开始怀疑，在戴维斯鼓吹"群岛"靠近欧洲的外表下，实际上存在着对英格兰本土民族文化的自豪感。

但是，群岛与大陆的持续纠缠引起了他的特别注意。因此，他描述了 16 世纪和 17 世纪更广泛的欧洲宗教冲突大背景下群岛中的宗教冲突（第八章）。关于汉诺威王朝的君主制，戴维斯强调说，它"仅在名义上是不列颠的"（第 630 页）："前三位乔治都没有访问过苏格兰、威尔士或爱尔兰。"他使用了一幅已故威尔士王妃戴安娜（Diana，1961—1997）的肖像，副标题为："第一个嫁给英国国王的英格兰女人"。维多利亚女王（Victoria，1819—1901）和阿尔伯特亲王（Albert，1819—1861）的照片则带有副标题："拥有连续德意志血统的家庭"。

尽管英国与欧洲大陆有着种种联系，但戴维斯得出的结论是，英国对欧洲的官方态度具有"不参与"和"崇高的超然"之特征（第 688 页）："'欧洲'仍然是外国"（第 690 页）。但是，根据戴维斯的说法，英国与欧洲的持续自我隔离不可能持久。在标题为"从英镑到欧元：一个未完成的故事"（第 798 页起）的一章中，他认为，公制化是"一个缓慢变化的精神世界"的象征，并指向英国文化和贸易模式的欧洲化。

性别与民族

两种民族历史都是异常男性化的。在温克勒的故事中，除非妇女是国会议员，参与政党政治或为围绕德国民族身份的辩论做出贡献，不然她们一点都不会被提及。任何有关为德国历史做出贡献的人物之扩展列出的都是那些男性：弗里德里希大王、奥托·冯·俾斯麦、弗里德里希·艾伯特（Friedrich Ebert，1871—1925）①、古斯塔夫·施特雷泽曼（Gustav Stresemann，1878—1929）②、阿道夫·希特勒、康拉德·阿登纳（Konrad Adenauer，1876—1967）、维利·勃兰特（Willy Brandt，1913—1992）、赫尔穆特·施密特（Helmut Schmidt，1918—2015）、赫尔穆特·科尔（这绝非完整名单）③。19世纪和20世纪缓慢而不平衡的性别政治民主化并不是温克勒对民主与民族之间相互关系之探索的一部分。

在戴维斯的民族历史中，女性人数略多一些，甚至一些人扮演了重要角色，如布狄卡（Boudica）④和圣女贞德。然而他所强调的不是她们的能动性，而是她们所遭受的一切——她们为民族所遭受的苦难以及为民族所做出的牺牲。布迪卡的命运在很大程度上被描述为罗马人残暴的例证：她的抵抗被描述为植根于其个人经历的结果："她本人被捕并陷入困境。她的女儿们被强奸。"布狄卡的失败导致八万人被罗马军队杀害（《群岛》，第93页），圣女贞德被描述为"一个十七岁的年轻女孩"，她"骑马去拯救法国"。军事上的胜利只被简要提及，而她悲惨的受难则被再次凸显："她在一场小规模的冲突中被勃艮第人（Burgundian）俘虏，出卖给了英格兰人。他们以异端罪名将她在鲁昂（Rouen）的市场上烧死了。"（第372页）像之前的许多民族历史学家一样，戴维斯对苏格兰女王玛丽的故事也很感兴趣。他又花了很多时间来讨论她的家庭背景、婚姻、其个人悲剧和故事的戏剧化（第379页及之后数页，第

---

① 德国政治家，1919—1925年间任魏玛共和国第一任总统。——译者注
② 德国政治家，1923年任魏玛共和国总理，1923—1929年任外交部长。——译者注
③ 前述四人先后出任德意志联邦共和国的总理。——译者注
④ 公元初不列颠部落的一位女王，于公元60或61年领导了一场反对罗马帝国统治的起义。起义失败后不久，她服毒自杀或因受伤而死。——译者注

445 页及之后数页）。这是一个几乎完全个人化的故事，它确认了一种女性对个人领域的隶属传统。戴维斯的民族叙事没有提及妇女运动、妇女参政权论者和更普遍的妇女解放运动。总而言之，这两种历史都是以男性为中心的，都传达了由男性所打造的民族形象。某人会在戴维斯将爱德华三世（Edouard III，1312—1377）与"他可怜的双性恋父亲"作正面比较时（第 347 页），发现戴维斯在民族不幸和性倒错之间的隐含意义。当然，在这个文法结构下，不幸是否与双性恋有关还不完全清楚，但至少可以说，在这里，消极性格和性倒错之间存在着一种叙述上的联系。

结　语

在本章开头，我们已经述及温克勒和戴维斯的民族史是千禧年前后德英两国民族历史书写更广泛趋势的典范作品。在回顾他们各自代表国家的文本策略时，我们可以得出以下结论：

温克勒的叙述提出了一个具有凝聚力的故事情节，以支撑经过数十
449　年分裂之后统一的民族叙事之建构。温克勒的叙述旨在传达他认为当代德国所缺乏的共同历史意识。温克勒通过证明 1945 年结束了反西方的德意志特殊道路和 1990 年结束了后民族的西德特殊道路，试图为"民主的后古典民族国家"之历史意识的出现奠定基础。他主要关注议会政治和关于民族身份认同的知识分子辩论。他依靠高度理想化的"西方"概念，为其故事提供叙事框架。温和的普鲁士主义阻止了任何关于 1871年俾斯麦式民族国家替代方案的讨论。德意志帝国的意识形态、新教、反犹主义和反法情绪以及阶级冲突，都将德意志民族推向了一条与"西方"根本不同的民族轨道。

从表面看，戴维斯的叙事目的论并没有表现出更多不同，因为他不是在建构，而是在解构所谓的民族团结，并坚持"群岛"中的复数民族

故事情节。但是两位作者都以爱国动机来写下自己的历史：温克勒不自觉地着手为统一的德国撰写德意志宏大叙事；戴维斯旨在从伪装成不列颠性的英格兰宏大叙事中解放群岛的较小民族。戴维斯这样做，在不同的层面上创造了新的同质民族历史：他强调了不列颠性的多元性与多样性，而否认威尔士性、苏格兰性和爱尔兰性相同的多元性与多样性。为了破坏传统上构成英国民族历史的立宪主义和新教主义，他将不列颠性的兴衰与大英帝国的兴衰紧密地联系在一起——而从未为帝国与不列颠性之间联系的解析提供过分析框架。

温克勒的民族意识是一种明显的现代意识。尽管在第一章中，他赞扬了从大约1000年起促成民族意识出现的因素（特别是语言因素），但他坚信现代民族意识仅是为回应法国大革命和拿破仑而在德意志境内出现的。因此，他专注于19世纪和20世纪现代民族与西方民主思想之间的相互关系。

戴维斯的编年体框架表明，他不属于民族主义研究的现代派。尽管他小心翼翼地不把民族忠诚追溯到史前甚至罗马时代，但他的确大约从阿尔弗雷德大王时代开始谈论民族话题，并且坚信14世纪的"群岛"中存在着四个历史悠久的民族。

温克勒也显得比戴维斯更有权威。他以专业人士的身份展现自己。他的专业知识和经验使他有权谈论民族，并代表民族，为当代德国人的历史意识提供一种民族宏大叙事。只有当温克勒开始描述最近的发展时，他才承认其他观点的可能性。

戴维斯和温克勒一样，目标受众是普通大众。他的目的是影响群岛的历史意识，但他更愿意在其他人中将自己描绘成一个讲故事的人。他在英国史上的非专家地位及其对好故事的嗜好，凸显了他不自觉的当代立场。他不是在专业历史学家的权威下诉说，而是作为一个积极的当代群岛公民，希望为当代有关不列颠性的辩论做出贡献。他轻微地流露出自己的历史专业精神。

450

自我标榜的业余爱好者与骄傲的专家都需要"他者"才能将他们的民族历史更加突出。[①]于温克勒而言，直到 1945 年，"西方"的概念对于德国性的定义而言都是至关重要的"他者"。温克勒认为，反犹主义、反法情绪、共产主义和民族社会主义是这种反西方思想盛行的最明显迹象。1945 年后，对民族的否定之举被描绘为西德最重要的"他者"。通过克服德国民族历史中的这些"他者"，当代再次统一的德国将能够发展民主的民族意识。

于戴维斯而言，不列颠性的"他者"首先是"群岛"上存在着四个历史民族，其中三个在不同时期受到过英格兰人的压迫。戴维斯故事情节中第二重要的"他者"是欧洲。不管多少个世纪以来，群岛事实上与欧洲大陆有着极为密切的接触，与世隔绝的观念及其同大陆的差异性却已根深蒂固于英国的历史意识之中。尽管戴维斯明显亲欧，但他的历史有时对欧洲显露出明显的模棱两可态度，这显示出构造一部对抗占主导地位的民族宏大叙事之民族历史有多么困难。

两种叙述的文本策略都是非常传统的。如果说在后结构主义范式的影响下，最近对民族历史的反思凸显了故事情节的多样性、内部矛盾和异质性，温克勒和戴维斯的民族历史却仍然是一维的。他们围绕一种解释性框架来编织叙事。这一框架分别指向和背离民族身份认同的特定定义。温克勒的框架是一个线性发展的斗争，目的是在德国民族叙事的核心下建立一个民主的、西式理解下的民族。戴维斯对"群岛"民族历史的发展有着更为周期性的理解：凯尔特民族曾一度遭受英格兰人的压迫，但目前正在回归自己截然不同的民族历史。故事中连续、变化、能动的叙事建构，尽可能地隐藏着内在矛盾和一切不契合的事物。没有千变万化的、多重的或有趣的身份认同假设。如果按照温克勒的说法，我们宣布 21 世纪的民主民族国家是后古典主义的，那么这些 21 世纪的民

---

①　"他者"在民族历史建构中多么重要，更广泛地在以下著作的贡献中被强调，参见 S. Berger and C. Lorenz（eds），*The Contested Nation*.

族历史对它们来说有一种完全"古典"的感觉。

综上所述，温克勒和戴维斯的民族历史完美捕捉了子孙后代可能以后分别在英德两国历史中所认为的特殊时刻。对于德国的历史意识而言，这将是一种对民族的西式民主理解被接受为德国民族身份认同宏大叙事的时刻。对于英国的历史意识而言，这将是不列颠性逐渐消退，并被三种独立的民族身份认同（可能是民族国家），即英格兰、苏格兰和威尔士所取代的时刻。密涅瓦的猫头鹰只在黄昏时起飞，因此现在判断这些民族历史是否确实为此类新的民族宏大叙事奠定基础还为时过早。在21世纪初，两国的民族叙事仍存在激烈争论，未来似乎是广阔的。但是，人们不应被那些宣称民族叙事在全球化时代中的重要性正在下降的人所误导。正如对这两个示例性民族历史的分析所表明的那样，无论变好或变坏（笔者倾向于朝后者的方向发展），它们在当今身份认同建构中仍然具有话题性和重要性。

第二十一章　欧洲史书写中的神话

扬·伊弗森（Jan Ifversen）

一个政治共同体能否在未建构奠基神话的情况下建立政治秩序，这是一个需要认真思考的问题。①

欧罗巴与其说是一件"事物"，不如说是一种概念、一种想象、一种神话。②

历史、神话与身份认同

声称民族历史的书写在民族认同的构建与巩固中扮演重要角色的说法，已变得司空见惯了。共同体需要历史。历史建立了保罗·利科所谓"文化的叙事身份"。③共同体"赖以生存"的叙事是随时间推移而构成身份认同框架的。共同体尽管经历了许多变化，但它通过这种叙述，仍能作为一个实体脱颖而出。利科指出，一个共同体仅能通过叙述而存在，更准确地说是通过那些共同体接受为自身组成部分的叙述而存在。我们

① C. J. Friedrich, *Man and his Government: An Empirical Theory of Politics* (New York, 1963), pp. 96.

② P. Burke, 'How to Write a History of Europe: Europe, Europes, Eurasia', *European Review*. 14, 2 (2006), p. 237.

③ P. Ricoeur, 'Myth and History', in Mircea Eliade (ed), *Encyclopedia of Religion*, vol. 10 (New York, 1987), p. 276.

可以称这种叙述为宏大叙事。据称，宏大叙事赋予了身份认同。①"宏大叙事"这一术语用以表现在一个社会中占统治地位的过去。②然而，历史学家为了使他们的历史书写产生宏大叙事，就必须参与针对过去的公共讨论。因此，历史学家的科学讨论便不能回避公众的下列诉求，即他们需要一种能支持集体身份认同的历史。

欧洲是史学的一个研究对象。自 19 世纪末以来，历史学家使用民族历史书写范式完成了许多欧洲史。在本文中，笔者将聚焦于使用这些范式之举对欧洲史所产生的挑战。复数的欧洲史是否有助于一种欧洲身份认同的形成？欧洲史学家是否也同自己书写民族历史的同僚们一样沉迷于制造神话？③ 这些是笔者试图回答的问题。不过，为此，笔者需要阐明自己所说的"神话"这一概念。

身份认同与神话相关。安东尼·史密斯（Anthony Smith，1939—2016）④提出"神话符号情结"是任何共同体——或者用他的术语来说，是任何"种族"（ethnie）的基本结构。这一包括"神话、记忆、价值以及符号"的情结中，主要驱动力是建构性神话或者说是"mythomoteur"⑤。⑥它是形成一个政治共同体的基础。史密斯因此称建构性神话是一个共同体的"建构性政治神话"。⑦同样，博斯特拉思（Bo Stråth，

---

① J. Rüsen, 'Einleitung: Für eine interkulturelle Kommunikation', in J. Rüsen, M. Gottlob and A. Mittag (eds), *Die Vielfalt der Kulturen* (Frankfurt/M., 1988), p. 23.

② K. H. Jarausch and M. Sabrow, ' "Meistererzählung"-Zur Karriere eines Begriffs', K. H. Jarausch and M. Sabrow (eds), *Die historische Meistererzählung: Destungslinien der deutschen Nationalgeschichte nach 1945* (Göttingen, 2002), p. 16; M. Middell, M. Gibas and F. Hadler, 'Sinnstiftung und Systemlegitimation durch historisches Erzählen. Überlegungen zu Funktionsmechanismen von Repräsentationen des Vergangenen', *Comparativ* 10: 2 (2000), p. 24.

③ 关于神话在民族塑造中扮演的角色参见 G. Hosking and G. Schöpflin (eds), *Myths & Nationhood* (London, 1997); E. François and H. Schulze, 'Das emotionale Fundament der Nation', in M. Flacke (ed.), *Mythen der Nationen: Ein Historisches Panorama* (Berlin, 1998), pp. 17—33.

④ 英国社会学家。——译者注

⑤ 由法语神话和引擎两单词组成的复合词，意为建构性神话。——译者注

⑥ A. D. Smith, *The Ethnic Origin of Nations* (Oxford, 1986), p. 15.

⑦ Smith, *Ethnic Origi*, p. 58.

1943—　)①指出神话（与记忆一起）为共同体构建身份认同。②

我们常常把"神话"解释为赋予共同体以合法性的一种叙事。神话是关于起源与创造的叙事。在此意义上说，神话与历史书写有所不同。③历史书写是使事件在时序框架下相连接。神话则是告诉我们一种发生于历史之前的情况。它并不是历史的第一章，而是叙述一段历史的先决条件。正如利科所说，神话仅"在奠基性事件于历史中失去位置、却被放在所有历史之前时"存在。④这一"开始的时刻"给予神话以特殊神圣地位，将其与世俗的当下分开。⑤使用神话之举意味着指向起源与当下的分离。神话的基本职能恰恰是能超越当前的时间。用布罗尼斯拉夫·马林诺夫斯基（Bronislaw Malinowski，1884—1942)⑥的话来说，神话最重要的方面是"一种溯及既往、活在当下的特征"。⑦

当下通过神话变得相对化了。对建构性时刻的演绎成为了评估当下的标准。建构并不单纯关于起源，它也与一个共同体赖以生存的价值观相关。建构创造了一种永恒，以对抗历史中的偶然。⑧在经典的前现代神话中，起源与建构被嵌入宇宙论。这些神话既涉及宇宙论，也涉及天体演化学，亦即关于起源。现代神话是政治性的。它们使奠基性的政治行

---

① 瑞典历史学家。——译者注

② B. Stråth, 'Introduction：Myth, Memory and History in the Construction of Community', in B. Stråth (ed.), *Myth and Memory in the Construction of Community：Historical Patterns in Europe and Beyond* (Brussels，2000)，pp. 19—46.

③ 这并不等同于声称历史书写不参与制造神话。正如 Chris Lorenz 已经展示的，19 世纪早期，历史理论在叙事中发挥了神话作用，参见 Chris Lorenz, 'Drawing the Line："Scientific" History between Myth-making and Myth-Breaking', in S. Berger, L. Eriksonas and A. Mycock (eds) *Narrating the Nation：Representations in History, Media and the Arts* (Oxford，2008)，pp. 35—55. 科学话语的一大重要特征正是要使其远离制造神话。

④ Ricoeur, 'Myth and History', p. 273.

⑤ M. Eliade, *L'aspect du mythe* (Paris，1963)，p. 15.

⑥ 波兰人类学家。——译者注

⑦ B. Malinoowski, *Magic，Science and Religion and Other Essays* (Boston，MA，1948), p. 102.

⑧ C. Leggewie, 'Der Mythos des Neuanfangs—Gründungsetappen der Bundesrepublik Deutschland：1949—1968—1989', in H. Breding (ed.), *Mythos und Nation：Studien zur Entwicklung des kollektiven Bewußtseins in der Neuzeit*，vol. 3 (Frankfurt/M.，1996)，pp. 275—302.

动合法化。但与此同时，它们也保有作为确立方向的规范之责，因为它们表达出超越历史的价值观，为特定共同体指明了方向。理想情况下，当下必须与这些价值观同行。但要使神话奏效，它就必须显示出与当下的一定差距。扬·阿斯曼（Jan Assmann，1938—2024）①甚至说神话有一种"反当下的"功能。当下若与丰满的神话相比，就会显得贫乏。②在笔者看来，显然正是这种欠缺使神话起效。

神话必须在情节编织的规则下作为叙事来得到对待，但在它们的建构性功能下，它们与其他类型的叙事（比如民间传说）在共同体的建构职能中截然不同——这一点经常得到强调。③笔者建议把神话叙事视为因其特定目的而在共同体中为秩序和权威加以辩护的话语。海登·怀特认为，神话是一种在共同体面对灾难时被激活的话语。④灾难表示无法被共同体通常的认知机制和道德机制所控制的情况。怀特说，用神话话语来控制灾难性事件之举，意味着制造一种戏剧化的叙事，以引入从因果关系到道德准则的转换："一种对灾难现场的神话性再现，通过把发生在灾难现场的事件设定为一种特定的道德冲突的影响，或更确切地说是后果，使灾难现场戏剧化。"⑤当人们从道德角度来叙述事件而非以因果角度来解释事件时，事件将围绕正义性而发生转向。共同体的建构神话包含其基本道德坐标——它的核心价值观。激活神话是为共同体建构（或重构）的目的服务的。当一个事件被认为是道德上至关重要的且触及共同体的核心价值观时，重构便发生了。海登·怀特在对神话话语的研究中，更多聚焦于着手把历史事件加以道德化的悲剧时刻，较少关注这些

455

---

① 德国埃及学家，致力于记忆的研究。——译者注

② J. Assmann, *Das kulturelle Gedächtnis：Schrift，Erommeriung und politische Identität in frühen Hochkulturen* (Munich，1992)，p. 79.

③ G. S. Kirk, *Myth：Its Meaning and Functions in Ancient and Other Cultures* (London，1970)，p. 39.

④ H. White, 'Catastrophe, Communal Memory and Mythic Discourse：The Uses of Myth in the Reconstruction of Society', in B. Stråth (ed.), *Myth and Memory in the Construction of Community：Historical Patterns in Europe and Beyond*, (Brussels，2000)，p. 52.

⑤ White, 'Catastrophe'.

核心价值观如何被投入其中并发挥作用的过程。笔者则更倾向于关注神话话语中善恶分离如何对共同体产生建构（或重构）性影响。如果这一分离是成功的，神话就能使共同体得以按其核心价值观而继续存在。

　　怀特并非唯一注意到神话话语在共同体濒于崩溃状况下发挥作用的人。拉乌尔·吉拉德（Raoul Girardet，1917—2013）①已经展示了神话如何被用来在危机时刻创造秩序："感谢神话，事件中的模糊混乱再次被置于固有秩序的控制之下。"②汉斯·布鲁门伯格（Hans Blumenberg，1920—1996）③用更为普遍化的语言指出，神话的核心职能在于通过将有关不舒适与不可控的世界之感受最小化来确保本体论的稳定。④然而以一种现代视角来看，神话的这种合理化和创造秩序之功能必须被视为一种特定话语。它与不同形式的合理化和创造秩序之举相互竞争。神话的道德维度使它与科学的客观注视相分离。其他学者则突出了神话的情感维度。⑤情感通常被认为与理性相对立，比如恩斯特·卡西尔（Ernst Cassirer，1874—1945）⑥关于极权政治神话的非理性的著名研究。⑦但是，神话不受某些形式的理性的束缚，并不意味着它们是非理性的。神话的情感维度——其感染力可以说满足了它强调参与及责任的职能。

　　神话最常叙述戏剧性事件。奠基神话都是关于新开端出现的戏剧性故事。在经典的创世神话中，创世往往是暴力力量之间斗争的结果。在现代政治神话里，任何创造都必须被理解为一种**新**开端，并且是特别

------

① 法国历史学家。——译者注

② R. Girardet, *Mythes et mythologies politiques* (Paris, 1986), p. 181（由作者翻译）；关于神话在危机状况下的角色，也可参见 Stråth, 'Introduction: Myth, Memory and History in the Construction of Community', p. 32; Christopher G. Flood, *Political Myth: A Theoretical Introduction* (London, 1996), p. 77; Victor W. Turner, 'Myth and Symbol', in David Sills (ed.), *International Encyclopedia of the Social Sciences*, vol. 10 (New York, 1968), p. 578.

③ 德国哲学家与历史学家。——译者注

④ H. Blumenberg, *Arbeit am Mythos* (Frankfurt/M., 1979).

⑤ Flood, *Political Myth*, p. 76; Y. Bizeuil, 'Politische Mythen, Ideologien und Utopien: Ein Definitionsversuch', in Peter Tepe et al. (eds), *Mythos* No. 2: Politische Mythen (Würzburg, 2006), p. 14.

⑥ 德国哲学家。——译者注

⑦ E. Cassirer, *The Myth of the State* (London, 1946).

经历与旧制度发生冲突的阶段。在最极端的情况下，这个新开端意味着一个革命神话。革命的基本含义正是一个全新开端。①这一新开端会被认为是深思熟虑的强力行动或是不可避免的命运所带来的结果。米尔恰·伊利亚德（Mircea Eliade，1907—1986）②认为创世神话意味着灾难性的终结以及其后新世界的黎明。③维克多·特纳（Victor Turner，1920—1983）④在他关于阈限经验（liminal experience）的理论中，将从混沌到有序的神话表达与中间阶段的出现联系起来。在这一中间阶段里，共同体的价值观遭到质疑，随后得以重构。神话的作用是为了确保"对第一原则的回归"，而这一回归会重构共同体。⑤

中间阶段可被认为与质疑共同体奠基的激进事件互相联系。但也可以想象在不太激进的情况下出现神话重演，例如在强烈指向未来的政治行动中。神话可能有助于减少不确定性。⑥如果神话要在不同情况下得到召唤和实践，它们必须在一定程度上保持灵活性。用布鲁门伯格的名言来说，神话的作用也是"在神话上起作用"。神话在共同体中"起作用"，或者如伊利亚德所言，共同体正在实现其神话。⑦

在有关政治神话的文献中，共识似乎已经达成，即政治神话是用来使政治共同体合法化的一种特殊形式的神话。政治神话被视为围绕建构性政治行为所建立的奠基神话。⑧因此，他们把共同体的出现与建构行为联系起来。这意味着政治神话与传统的宇宙论神话不同，因为它们不会

457

---

①　H. Arendt, *On Revolution* (Harmondsworth, 1963), p. 35.

②　罗马尼亚历史学家。——译者注

③　Eliade, *L'aspect du mythe*, p. 78.

④　英国人类学家。——译者注

⑤　Turner, 'Myth and Symbol', p. 577.

⑥　Bizeuil 建立了神话和乌托邦思想间的分工。在他的观点中，神话在重新定位过去，乌托邦思想则面向未来，参见 Bizeuil, 'Politische Mythen, Ideoloien und Utopien', p. 20. 我更倾向于认为神话和乌托邦思想都是指向当下的关于非历史时间的叙事。

⑦　M. Eliade, *Myth and Reality* (London, 1964), p. 19.

⑧　Leggewie, 'Der Mythos des Neuanfangs', p. 280; Bizeuil, 'Politische Mythen, Ideologien und Utopien', p. 22; Heidi Hein-Kirchner, 'Politische Mythen', *Aus Politik und Zeitgeschichte* 11 (2007), p. 30.

将共同体的创建时间推迟到非历史、非人类的时代。政治神话不需要宇宙论思想，因此它们是现代的。

由于政治神话形成于叙事，它们呈现出事件、时间、人物和地点的基本叙述结构。集体行动者在政治神话中扮演特殊角色，但同时我们也发现存在以英雄或创始人的面目出现的个体行动者。地点（典型的象征为家园）对于政治神话同等重要。家园对于共同体而言是必不可少的。在叙事中，时间通常是把发生的事件加以排序的历时性框架。在神话叙事里，时间的性质有些不同。神话时间要么是在过去的时间之前，即在一个纯粹的开端，或是在（一种怀旧结构下）早已逝去的黄金时代。这种另一时刻的概念正是神话的时间结构之特征。

书写欧洲史

在过去的十年里，历史学家已经提出了许多关于如何书写**欧洲**史的意见。①不少批评是针对早期关于欧洲史的多卷本著作，因为它们只是简单的"容器历史"（container history）。这些书中的**欧洲**，仅仅是展开民族历史的地点。②另外，那些在 1990 年代初发起的从一体化角度撰写欧洲史的半官方尝试同样受到了历史学家的批评。③欧洲史的主题除了被描

₄₅₈

① 关于批判性反思，可参见 H. Duchhardt and A, Kunz（eds），'*EuropäischeGeschichte' alshistorigraphisches Problem*（Mainz，1997）；S. Macdonald（ed.），*Approaches to European Historical Consciousness：Reflection and Provocations*（Hamburg，2000）；G. Stourzh（ed.），*Annäherung an eineeuropäischeGeschichtsschreibung*（Vienna，2002）；S. Woolf，'Europe and its Historians'，*Contemporary European History* 12：3（2003），pp. 323—337；J. Dülffer，'Europaaber wo liegt es？Zur Zeitgeschichte des Kontinents'，*Archiv für Sozialgeschichte* 44（2004），pp. 524—564；还有 www. europa. clio-online. de 上的文章（accessed 4 May，2009）。

② R. Hohls，I. Schröder and H. Siegrist 'Einleitung：Europa und die Europäer'，*Themenportal europäische Geschichte*（2006）http：//www. europa. clio-online. de/default. aspx？tabid＝40208282（accessed 4 May，2009）；W. Schmale，'Die Komponente der historischen Europäistik'，Stourzh（ed.），*Annäherung an eine europäische Geschichtsschreibung*，pp. 119—139.

③ 这些批判 1991 年在 Fréderic Lelouches 的倡议下同时出现在 12 个不同的国家，最多指向 Jean-Baptise Duroselle 的 *L'Europe：historie de ses peuples*，以及 Jacques le Goff 编辑并以多种欧洲国家语言出版的 *Making Europe* 系列，参见 Nicolas Roussellier，'Pour une écriture européenne de l'histoire de l'Europe'，Vingtiéme Siécle：Revue d'historire 38（1993），pp. 74—89.

述为容器历史和半目的论书写之外，还被视为一种共同的结构、融合的系统、一种范式、共同体的交流和一种话语。①关于如何书写欧洲史的辩论仍在持续进行。它们显著增强了人们对该问题复杂性的认识。两种见解似乎占主导地位。一种聚焦于**欧洲**是东拉西扯建构起来的，这意味着要考虑欧洲所处的被质问的位置。另一种方法专注于欧洲已形成的各种一体化和区域化项目。人们可以补充指出历史学家和社会科学家所做出的持续努力：即在欧洲不同地理区域内的相异社会中，调查共同的结构与发展。②

在有关欧洲的历史叙事中，我们必须期待**欧洲**扮演多个角色。显然，它仍然意味着一个事件发生的或多或少存在明确限定的舞台。但是欧洲也将作为一个可被许多不同民族国家的参与者（从政治家到普通公民）调用的集体主题而出现。这一对欧洲的召唤是使其成为一种或另一种统一体的一部分。在叙事中，这些特征必须与特定的情节编织结合起来。最近，欧洲历史编撰学提出了将这一情节加以编织的各种系统化方法。约斯特·迪尔弗耳（Jost Dülffer，1943— ）③分析了有关 20 世纪欧洲史的三种宏大叙事。④第一种是关于第二次世界大战后欧洲重建和现代化的进步叙事，它称欧洲一体化发挥了特别活跃的、面向未来的作用。第二种是悲剧叙事，强调 20 世纪的各种灾难性事件，以大屠杀为绝对零点，包括第一次世界大战、帝国主义殖民战争和冷战在内。第三种宏大叙事则是一种保守天性。它把欧洲的历史描述为一种衰退。这种叙事除了包含对现代性的标准批判外，还强调了欧洲无情的"地方化"（provincializing），欧洲已从全球大国的家园沦落为被其他地区声望的阴

459

① R. Hohls, I. Schröder and H. Siegrist, *Einleitung：Europa und die Europäer* (Stuttgart, 2005)；Schmale, 'Die Komponente der historischen Europäistik', in G. Stourzh (ed.), *Annäherung an eine europäische Geschichtsschreibung* (Vienna, 2002)；M. Müller, 'Europäische Geschichte：Nur eine Sprachkonvention？', in *Themenportal Europäische Geschichte*.

② H. Kaelble, *Europäer über Europa：Die Entstehung des europäischen Selbstverständnisses im 19. und 20. Jahrhundert* (Frankfurt/M., 2001).

③ 德国历史学家。——译者注

④ J. Dülffer, 'Zeitgeschichte in Europa—oder europäische Zeitgeschichte？', *Aus Politik und Zeitgeschichte* 1—2 (2005), pp. 18—26.

影笼罩的无关紧要之地。①其他人在撰写欧洲史时也采用了类似模式，以处理欧洲的身份认同问题。除了更明显的进步或衰退叙事，哈特穆特·凯博（Hartmut Kaelble，1940—　）②为了使有关欧洲"自我意识"的论述系统化，还指出了界定欧洲主题的其他三个特征。③第一个是可以与进步联系在一起的欧洲价值观的普世化。第二个特征是强调民族的多样性。第三个特征是对抗衰退和威胁的叙事之"他者"的容忍。这些特征或者说观点可以出现在构成欧洲史书写的多种不同叙事中。于容器历史而言，对民族多样性的强调十分典型，因为容器历史中的欧洲史是民族国家间互动的产物。对普世价值的强调预计将出现在把欧洲描绘成在更大世界内的行动实体之历史中。宽容通常涉及突出欧洲多元文化遗产的历史。一些历史可能包含这些特征中的更多方面，而另一些历史则可能更严格地遵循一种特定的叙事路径。

神话的制造

在前述部分中，笔者已讨论了政治神话的一些常见特征。民族国家建立于神话之上的观点已被广泛接受；而欧洲政治共同体的表述却并非如此。实际上，学者中的主要潮流强调欧洲方案里的"神话缺失"，并批判任何与欧洲相关的共同体所拥有的特征是肤浅且偏意识形态的。④针对这种批评，笔者首先要说，神话的形成是第二次世界大战后构思和建立欧洲一体化的必要步骤；其次，新欧洲的神话从一开始就成为一体化

---

① "地方化"一词被 Dipesh Chakrabarty 使用，尽管他没有写下衰落的历史，但他看到前殖民地人民仍然表现出明显的欧洲中心主义，因而呼吁解放，D. Chakrabarty, *Provincializing Europe: Postcolonial Thought & Historical Difference* (Ewing, NJ, 2000).

② 德国历史学家。——译者注

③ Kaelble, *Europäer über Europa*, pp. 25—51.

④ 参见如 W. Schmale, *Scheitert Europa an seinem Mythendefizit?* (Bochum, 1997); A. D. Smith, *Nations and Nationalism in a Global Era* (Cambridge: Polity Press., 1995); Cris Shore, *Building Europe: the Cultural Politics of European Integration* (London, 2000).

计划所固有且重要的组成部分。

关于欧洲一体化的意识形态背景已有许多论述，关于欧洲的二战经 460
验如何促成从制度角度思考欧洲精神框架的论述就更多了。探讨泛欧思
想和联邦思想如何在饱受战争创伤的欧洲再度复兴之举也已变得司空见
惯。丘吉尔（Winston Churchill，1874—1965）1946 年在苏黎世（Zürich）
的著名演讲中主张"欧罗巴合众国"（the united states of Europe）是创
造一个和平欧洲的唯一可行选项："若要从无限的苦难与最终的毁灭中
拯救欧洲，那么欧洲大家庭必须要有这种显示信念的行动。[……]"①丘
吉尔描绘了一幅混乱欧洲的阴郁图景，而只有通过共同的和平行动才能
拯救它。这一行动将伴随着"神圣的遗忘行为"。这一点只会使他所主
张的变革更加紧迫。关于欧洲统一的联邦思想在许多地方流传，遍及饱
受战争折磨的欧洲。联邦主义者提出了欧洲民族主义过去直接导致混乱
和破坏的观点。灾难性的过去只能通过欧洲联合来得以克服，或如同成
立于 1947 年的法国首要联邦主义者组织"联邦"（la Fédération）所说
的那样，"欧洲要想不消失，就必须联合起来。"②

在 1948 年海牙大会（Hague Congress）的演讲和宣言以及为讨论
建立欧洲联邦而举行的其他会议中，一次又一次地出现了把目前的混乱
与通过超民族团结来实现欧洲复兴间的连接之举。③欧洲联邦制主张的老
一代支持者库德诺夫·卡雷尔基（Coudenhove-Kalergi，1894—1972）④
在 1948 年 5 月海牙大会上的公开演讲中，清晰地表达了这种连接："我

---

① W. Churchill, 'Winston Churchill's Speech to the Academic Youth' (1946), *Europa Informationen*. http://www.europa-web.de/europa/02wwswww/202histo/churchil.htm（accessed 4 May, 2009）.

② *La Fédération*, no. 25, February 1948, quoted in Walter Liepgens and Wilfried Lotli, *Documents on the History of European Integration*, vol. 3: *The Struggle for European Union by Political Parties and Pressure Groups in Western European Countries 1945—1950*（Berlin, 1988）, p. 42.

③ 对导致海牙大会的辩论的细致分析，参见 W. Lipgens, *Die anfänge der europäischen Einigungspolitik 1945—1950*, Part 1: *1945—1947*（Stuttgart, 1977）.

④ 即 Richard Nikolaus Eijiro, Count of Coudenhove-Kalergi, 奥日混血的政治家、哲学家，1919 年成为捷克斯洛伐克公民，1939 年取得法国籍，是欧洲一体化的先驱。——译者注

们希冀通过联合欧洲来确保其人民间的永久和平，并避免一场会招致彻底毁灭之战的恐怖图景。"①毫无疑问，正是对灾难的洞察，构成了考虑欧洲一体化的主要框架。欧洲历史征程的伟大启示性叙事对两次大战间的联邦制十分重要，但这一联邦制已在二战的火光下丧失了它的大部分吸引力。1950 年，著名的《舒曼宣言》（*Schuman declaration*）宣布了欧洲煤钢共同体（European Coal and Steal Community）的成立，同时461 也扭转了旧想法，试图建立一个和平的欧洲。宣言开始于对和平的呼吁："如果不作出与威胁世界和平的危险相称的创造性努力，就无法维护世界和平。"②虽然舒曼（Robert Schuman，1886—1963）③提及了世界和平，但他心中所想的却是欧洲："联合的欧洲过去没有实现，我们陷入了战争。"④和平看起来是**创造**欧洲的先决条件。这样的欧洲必须从混乱中得以创造出来。这就是神话所包含的所有内容。

无论从多么严格的意义上看，丘吉尔、舒曼和所有其他言及塑造欧洲的人并非神话制造者。但他们的说法是笔者所称为"神话话语"的一部分，其目的是找到道德上合乎情理的、摆脱混乱的方法。只有在欧洲联合制度实施变得合法化和稳定后，恰当意义上的神话制造才会出现。很难精确地说，这将在何时发生。人们普遍认为，欧共体及后来的欧盟一直非常积极地参与创建"官方史学"。它将欧洲一体化置于欧洲和平、民主与繁荣的叙事之中。⑤这一史学常被认为是 20 世纪 80 年代下半叶发起的更大的欧洲身份认同政策的一部分。然而，战后神话是否从一开始

① *Congress of Europe*. Produced as a co-edition with the European Union to mark the celebration of the 50th anniversary of the Council of Europe on 5 May 1999 (Strasbourg, 1999), p. 14.

② Declaration of 9 May 1950, Pascal Fontaine *The New Idea for Europe*：*The Schuman Declaration-1950—2000* (Luxembourg, 2000)，pp. 36—37.

③ 卢森堡出生的法国政治家，曾两度出任法国总理，在战后建立欧洲和跨大西洋机构方面发挥了重要作用，也是欧盟、欧洲委员会和北约的创始人之一。——译者注

④ Fontaine，*The New Idea for Europe*.

⑤ F. Larat. 'Presenting the Past：Political Narratives on European History and the Justification of QEU Integration' *German Law Journal* 6：2 (2005)，pp. 273—329.

就在这一政策中发挥了突出作用，这一点却是值得怀疑的，尽管一些学者对此给予了肯定的答案。诚然，在 20 世纪 50 年代末，战后神话被堆砌于关于欧洲崛起的另一个更纯粹的神话上。而后者源自可追溯到上古的悠久的泛欧历史。

尽管这种泛欧神话在欧盟的官方论调中得到培植，但值得注意的是，二战后欧洲通过联合而重生的奠基神话是如何在 20 世纪 90 年代重新出现的。这一发展必然很大程度上归因于巴尔干战争重现痛苦经历的作用，包括对欧洲创伤犹太大屠杀的重新关注。许多评论者注意到，从 20 世纪 90 年代开始，人们就可以观察到犹太大屠杀的欧洲化，最终在 2000 年斯德哥尔摩国际犹太大屠杀论坛上出现了建立欧洲纪念日的建议。①丹·迪纳（Dan Diner，1946—　）②甚至声称犹太大屠杀树立了其在欧洲一体化计划中作为奠基神话的地位。③因此，犹太大屠杀起到了记忆胶水的作用，提供了欧洲一体化的情感力量。④

尽管事实上犹太大屠杀在近年来的政治与学术辩论中得到了凸显，但迪纳的观点是否正确仍然是有疑问的。以笔者所见，犹太大屠杀被包含在人们有关二战更广泛的表达中，而二战正是一个**新**欧洲不得不被创造出来的混沌背景。由于过去二十年来欧盟身份认同政策得到加强，战后首个欧洲一体化项目的思想被赋予了神话般的地位。在最初有关混乱和统一的看法为一体化提供了广泛的精神框架（一种原材料）的同时，在最近的欧盟论调中，对混乱和犹太大屠杀的强调必须被视为刻意制造神话的一种努力。在 2003 年的一份文本中，时任欧盟委员会（European Commission）主席罗马诺·普罗迪（Romano Prodi，1939—　）

461 462（页边）462

① A. Assmann, 'Europe: A Community of Memory?' *GHI Bulletin* 49 (2007), pp. 11—25; J. -W. Müller, *Constitutional Patriotism* (Princeton, NJ, 2007).

② 德国与以色列历史学家。——译者注

③ D. Diner, 'Restitution and Memory: The Holocaust in European Political Cultures', *New German Critique* 90 (2003), pp. 36—44.

④ L. Probst, 'Founding Myths in Europe and the Role of the Holocaust' *New German Critique* 90 (2003), p. 96.

直接联系到战后的混乱：

> 在二战与犹太大屠杀的恐怖之后，对和平的渴望是欧洲联合的
> 首要且基本的驱动力。［……］直到今天，对和平的渴望依然是欧
> 洲理念的一个重要组成部分，也是我们欧洲人天然地看待生活与人
> 际关系的一种方式。①

在这一声明中，普罗迪毫不费力地称欧洲一体化是战后混沌的结果和解决方案。作为任何神话一部分的奠基行为正是归因于所谓的奠基者。奠基行为不过是神话的一面。另一面是其特殊的时间结构，这一结构在有关过去的双重见解中发挥了作用，即过去已被克服了，同时又仍然与我们在一起。这种二重性是通过整合记忆来实现的。正如普罗迪的著名前任之一雅克·德洛尔（Jacques Delors，1925—2023）②所说："我们被告知和平已在我们之间得到缔造。这样的说法就是忘了一件重要的事情，即不管一个人谈论他的家庭还是他的民族，没有记忆，就无法拥有远见，掌握未来。"③当过去被视为一个**学习过程**时，记忆和神话可以

463 融合在一起："我们已经为战争和种族主义的疯狂以及对他人和多元化的排斥之举付出了代价。"④为了从神话中学习，我们必须使其复苏。这样，过去就既呈现出来又被加以克服。

　　下面笔者将展示神话不仅仅在欧洲身份认同政策中"正在起作用"，同时也以其他类型出现，尤其是在专业历史学家为普通公众提供的宏大

---

① R. Prodi, *Europe*: *The Dream and the Choices*, Text in contribution to the debate on the future of Europe, published in Italy, 12 November 2003.

② 法国政治家，1985—1995 年间任欧盟委员会第八任主席。——译者注

③ J. Delors, *L'unité de l'Europe*: *Un projet pour le 21e siècle*. Exposé de Jacques. Delors prononçant la 'Lectio magistralis' ouvrant la session académique 2005/2006 du college européen de Parme, 2005. （由作者译出）

④ R. Prodi, A destiny shared, 50th anniversary of ECSC, Marcinelle, 4 February 2003, SPEECH/03/52 http://ec. europa. eu/archives/commission_1999_2004/prodi/speeches/index_en.htm（accessed 4 May, 2009）

叙事中，成为后者寻求集体身份认同的指南。

正在起作用的神话——在历史书写之中

毫无疑问，在欧洲机构内部或在公开辩论的参与者所编写的思想文本中发现正在起作用的神话，要比在专业历史写作中发现它容易得多。历史学家并没有——至少没有明确地参与创建共同体以及去证明共同体的合法性。他们不需要神话。相反，他们常认为自己的角色是在公众对历史的利用中揭示和解构神话。但历史学家没有叙述便无所作为，尤其是在他们处理长时段历史时。叙述也许不是神话式的，但如同神话一样，它们需要有开端和终结。在历史书写中寻找神话，意味着调查 20世纪欧洲史宏大叙事的叙述结构。因此笔者认为，我们能找到类似宏大叙事，并且它们还包含笔者称为欧洲神话的一些元素。

笔者已考察了相当一部分近来关于 20 世纪欧洲史的著述。笔者将自己的考察局限于特定类型，即那些旨在对整个 20 世纪或 1945 年以后的欧洲历史进行全面概述的著作。①从原则上说，这意味着涵盖欧洲社会生活的方方面面，尽管在大多数情况下政治——通常为国际政治是叙述的主要结构特征。这些著述的体裁也要求不同的地点和角色得到考虑。民族国家对建构叙述很重要。它们保证了有关多元化的表达。另一方面，我们有共同的结构和系统，以及超国家的或全球性的行动者，例如超级大国和欧洲机构。这些行动者和地点使欧洲史随时间与空间而变化。时间是按事件和时期排序的。整体而言，时间是由叙述的开端与结束所构成的。

为了在这些类型（的著述）中检查神话的踪迹，我们需要聚焦于有关叙述结构的一些一般性问题。这些问题中的第一个是关于欧洲史中二战

464

---

①　显然，我们能找到非常多著述仅探讨 20 世纪欧洲史中的局部方面，比如经济、文化，或更加具体的主题例如欧洲一体化或欧洲劳工运动。除少数例外，笔者仅考虑关于欧洲史的概览性论著，即笔者所认为试图描绘一个全面的欧洲史的论著。

的角色。如上文所显示的那样，欧洲神话将 1945 年置于一个彻底打破灾难和新开端的位置。如果神话在历史书写中起作用，我们必然期待看到 1945 年被表达为一个产生深远影响的事件。更确切地说，第一个问题是询问 1945 年在欧洲历史叙事中被赋予了怎样的角色。它是否被理解为欧洲史中一次主要的断裂？如果是，这一断裂和新的开始是如何被概念化的？

第二个重要的问题是关于情节的展开。更确切地说，是关于 1945 年以后欧洲的发展。神话包含强大的进步理念。任何新的开端都必须证明自身与导致灾难的过去是不断疏离的。如果历史叙事确实与神话相似，我们必须期待找到一种进步叙事。然而，仅靠进步不足以证实神话。进步在欧洲计划中必然是固有的。因此检查那些在叙事中推动进步的驱动力就十分重要。谁在这一进步史中担当主要领导者？既然进步必然来自欧洲，目的论可能正在叙事中发挥作用。

第三个问题则关于欧洲主题的组成。在一种欧洲史的叙事里，欧洲扮演了不同的角色。它是历史展开的舞台。在目的论的历史中，欧洲也是一个正在通过历史使自己得到执行的计划。实际上，神话正是该计划的一部分。最后，欧洲是参与该项目执行的参与者。因此我们必须追问叙事中如何处理计划和行动。行动的一个特殊试验场是欧洲一体化。因此，我们必须着重叙述欧洲一体化在叙事中的作用。欧洲一体化对于执行欧洲计划是否是最重要的？或有其他因素促进了发展？

最后一个问题关于终结。虽然历史学家几乎从不定下历史的终结，他们只是不得不结束自己的故事。终结通常以对主要事件的结论和总结，或思考历史时期的结果的形式出现。它们包含了历史学家对历史发展的思考以及——在神话发挥作用的情况下对欧洲计划是否能够实现的考虑。读者期待叙事能为历史给故事的主题带来了什么这一问题提供答案。因此我们必须仔细查看终结是如何被制造出来的。既然 1989 年的事件已作为断裂和历史的终结而获得了象征性地位，那么审视它在欧洲史的叙事中是如何得到记述的便十分必要。1989 年是否意味着最后将欧

洲从过去中解放的自然结束点，抑或它只是通往更宏大计划的一块垫脚 465
石？此外，这允许我们考察"另一个欧洲"的作用，这一术语用以表示
被排除的欧洲部分。海登·怀特将终结与对道德含义的追求联系起来。①
他脑中所想是叙事建立的秩序必须得到评估。我们可能在历史叙述中无
法找到明确的道德判断，但回顾其所涵盖的时期，这些历史叙述肯定会
包含一些有关如何看待这一时期的声明。在神话起作用的地方，终结就
必然被认为是对开端的确认。

　　让我们首先看看 1945 年在历史叙事中的作用。显然，欧洲史把 1945
年视作一种断裂看起来几乎是不可避免的。虽然很难想象叙述淡化二战在
欧洲史中的作用，但断裂的特征仍然需受到质疑。例如，当 1945 年和
二战被视为 20 世纪欧洲野蛮特性的几种表现形式之一时，②或在强调 1945
年后战争的持续影响时，就会相对化；无论是其实质性破坏还是以难忘
记忆的形式。许多作品与其说把 1945 年描述为欧洲历史的断裂，倒不
如更多将之作为其叙述的起点，甚至更多作品就是以 1945 年为首章。③

　　在神话中，1945 年象征着整个抛锚与灾难。为了符合神话，历史叙
事必须表达 1945 年是欧洲史的彻底断裂。这可以通过把 1945 年插入从
旧欧洲转变为新欧洲的过程来实现。就像在任何历史叙事中一样，人生
比喻的使用比比皆是。使用"欧洲的重生"这一说法成为惯例。有一本
书甚至在标题中使用了这种比喻：《重生：自二战以来的欧洲历史》(*Rebirth*：*A History of Europe Since World War II*，Black et al.，1992)。④

---

　　①　H. White，*The Content of the Form*：*Narrative Discourse and Historical Representation* (Baltimore，MD，1987)，p. 21.

　　②　B. Wasserstein，*Barbarism & Civilization*：*A History of Europe in Our Time* (Oxford，2007).

　　③　我所考察的著述中，只有两种没有使用 1945 年作为结构原则。Mazower 在一个单一章节中处理了 1943—1949 年，Schulze (1998) 将 1939—49 年放在一章里，参见 M. Mazower，*Dark Continent*：*Europe's Twentieth Century* (London，1998)；H. Schulze，*Siedler Geschichte Europas. Phoenix Europa*：*Die Moderne*：*Von 1740 bis heute* (Berlin，1998).

　　④　C. E. Black，et al.，*Rebirth*：*A History of Europe Since World War II* (Boulder，CO，1992).

提到凤凰自灰烬中以崭新的身躯昂首的频率几乎一样高："［……］正如凤凰一样，欧洲将会再次从灰烬中崛起，达到幸福与繁荣的新高度。"①

466 这些画面强调了变化的本质。重生以衰落和死亡为前提。二战不仅被视为断裂，同时也被视为一个时代的结束。崩溃通常由欧洲的毁灭性景观来象征。有一本书选择在标题为"废墟、重建与相互指责"的章节下书写 1945 年后的时期。②物质上的毁灭之后紧跟着是对道德腐坏的强调："欧洲也在道德和心理上深深动摇了。"③在许多叙事里，物质和精神上的崩溃标志着欧洲历史的终结。标示终结的常见方法是区分旧秩序与新秩序。威廉·希区柯克（William Hitchcock，1965—　）④用以下句子作为其 1945 年以后欧洲史著作的开头："欧战正式结束于 1945 年 5 月 8 日，这一日期标志着第三帝国的毁灭和新欧洲的诞生。"⑤许多作者为 1945 年后的时期选择新欧洲的标签。有些作者则采取了疑问的方式。布坎南（T. Buchanan）⑥以一个冠以"新欧洲？"标题的章节开始他对 1945—1950 年时期的叙述。⑦其他一些作者更少迟疑地使用"一个新欧洲的兴起"这样的表述。⑧秩序的改变当然以不同的方式表述。旧秩序下较长的时间段不得不得到较多处理。一些作者可能会声称新秩序在 1945 年后的出现标志着与之前所有历史的彻底割裂："因此，如果 20 世纪的前半部分是欧洲通常好战和自我毁灭的历史的夸张版本，后半部分便是对这种历史的长期脱离。"⑨大部分历史学家选择用不太戏剧化的表述来讲述

① Ibid. p. 48. 关于凤凰，在 Tony Judt, *Postwar: A History of Europe since 1945*, (New York: 2005) 的评论中有很多例子。或参见 W. I. Hitchcock, *The Struggle for Europe: The Turbulent History of a Divided Continent*, 1945—2002 (London, 2003) 的封底文字："从二战的灰烬到新欧洲的来临，战后欧洲重生的权威历史。"

② E. D. Brose, *A History of Europe in the Twentieth Century* (Oxford, 2005), p. 265.

③ P. M. H. Bell, *Twentieth-Century Europe: Unity in Division* (London, 2006), p. 142.

④ 美国历史学家。——译者注

⑤ Hitchcock, *The Struggle for Europe*, p. 13.

⑥ 英国历史学家。——译者注

⑦ T. Buchanan, *Europe's Troubled Peace*, 1945—2000 (Oxford, 2006), p. 61.

⑧ H. Altrichter and W. L. Bernecker, *Geschichte Europas im 20. Jahrhundert* (Stuttgart, 2004), p. 322.

⑨ D. Calleo, *Rethinking Europe's Future* (Princeton, NJ, 2003), p. 4.

欧洲历史，这部分是因为他们坚持传统的因果逻辑。然而在这种逻辑中，新时期始终被视为先前时期的结果。

类似于欧洲奠基神话结构的叙事围绕着三个时刻来得到组织：崩溃、重生与进步。重生呼吁一个新且更好的秩序的出现。词汇"重建"出现在许多章节的标题中，①这本身并不表示新颖，而是指恢复正常。尽管由历史参与者自己进行了常态化，但另一方面，谈到"奇迹"确实暗示着这种回归正常的现象非同寻常。维宁（R. Vinen，1950—　　）②在一个章节标题中使用了该词。③希区柯克有一个章节标题是"奇迹般的五十年代"。④更重要的是这种重建所处的更大图谋。许多作者使用进步叙事来表述 1945 年后的欧洲历史。希区柯克在他的引言中说一个"超凡的转变"使"欧洲比其漫长历史中的任何一个时期都更加富裕、更加自由以及更加稳定"。⑤布罗泽（Brose，1948—　　）⑥在他对 20 世纪欧洲史叙述的开头，称 1945 年后的欧洲以及 1989 年后的欧洲两次开启了一个"更加民主与和平、可能代表未来"的时代。⑦但极少有历史学家倾向于像大卫·P. 刘易斯（David P. Lewis）⑧那样开始欧洲史的叙述："然而，从一位皇帝的临终之所到《联盟条约》的发源之地，在通往欧洲之路上的旅行已经花费了十一个世纪。"⑨

在所有接受考察的书里，我们没有找到一本使用线性进步的叙事。故事都充满了障碍和挫折。通往新欧洲的道路被描绘为曲折和不确定的。在

---

　　① Buchanan, *Europe's Troubled Peace*, 1945—2000, p. 61；Brose, *A History of Europe in the Twentieth Century*, p. 265.

　　② 英国历史学家。——译者注

　　③ R. Vinen, *A History in Fragments*：*Europe in the Twentieth Century*（Cambridge, 2000）. Vinen 通过称西欧经济的领导者是"虔诚的天主教徒"来开始他的章节，但他没有进一步追求宗教内涵。

　　④ Hitchcock, *The Struggle for Europe*, p. 131.

　　⑤ Hitchcock, *The Struggle for Europe*, p. 1.

　　⑥ 美国历史学家。——译者注

　　⑦ Brose, *A History of Europe in the Twentieth Century*, p. 1.

　　⑧ 美国理海大学教授，研究当代法国与欧洲事务。——译者注

　　⑨ D. W. P. Lewis, *The Road to Europe*：*History, Institutions and Prospects of European Integration*（New York, 2004）, p. 2.

描述变化时，我们经常依靠表达过渡的概念。过渡是稳定状况间的时期；它们表示中间时期。在 1945 年后的欧洲历史中，崩溃很少被描述为完全的切断。战争的后果持续存在，新欧洲只会逐渐崛起。这与神话强调纯粹新颖的需求是不同的。尽管过渡观可以由对即将发生的事情没有很强理解的当代观察者所使用，但历史学家通常必须处理终结。因此，他们倾向于让过渡结束。表示历史时期的暂时性质的一种标准方法是在其上**附加**前缀。现在，人们习惯于将 1945 年之后的时期称为**战后**，它传达了对这一时期的一种理解，认为这是一个必须回顾性地加以解释的时期，换言之，这一时期尚未找到其适当的姿态，但仍然受到二战的影响。决定战后时期何时结束、新欧洲最终何时出现的任务被留给了某位特定的历史学家。[①]

468   正如"战后"一词所指出的那样，重点可以放在第二次世界大战的影响上。但战后也可以被理解为欧洲使其自身远离过去的一个时期。重点的不同决定了欧洲主题在叙事中的地位。使用控制的比喻是很常见的。如果重点是进步与新颖，那么叙事就围绕着欧洲重新掌控自己的命运。布拉克（Black，1915—1989）[②]和他的合作者明确地谈论欧洲逐渐"取得控制"："几十年后，欧洲才能再次坚定地宣称自己能够掌控自己的进步。"[③]同样，欧洲战后历史的特征可以说是不断失去影响力。这是通过对冷战和（一种程度较轻的）非殖民化的强调来实现的。大部分叙事很快从战争的结束跳到了冷战。布坎南以下列结束语来终结其 1945 年的章节："欧洲的命运被交到了超级大国的手里。"[④]紧接着他叙述 1945 年到 1953 年间的章节被冠以"大国之间的欧洲"的标题。[⑤]维宁则

[①]   在 Altrichter and Bernecker，*Geschichte Europas im 20. Jahrhundert* 和 Vinen，*A History in Fragments* 二书中，战后被用来构造 1945 年后的欧洲历史的叙事。这显然在 Judt，*Postwar* 中更加明显。

[②]   即 Cyril E. Black，美国历史学家，其合作者为 Jonathan E. Helmreich、Robert English 和 A. James Mcadams。——译者注

[③]   Black et al.，*Rebirth：A History of Europe Since World War II*，p. 54.

[④]   Buchanan，*Europe's Troubled Peace*，*1945—2000*，p. 35.

[⑤]   Buchanan，*Europe's Troubled Peace*，*1945—2000*，p. 36.

用"站边"这一章节开始他对战后的记述。①失去控制与对欧洲分裂和衰落的描绘是密不可分的。欧洲的分裂是关于战后时期章节的常见标题；②虽然有关这一章节应包括多少年的问题并无共识。在一些叙述中，欧洲主题几乎消失了。在布罗泽书中，欧洲被简单裁分为"西方"与"苏联人"。③大部分著作将西欧与东欧分成不同章节。一些（著作）也为非殖民化分配了章节。④贝尔（P. M. H. Bell，1930— ）⑤在其引言中声称，欧洲帝国的瓦解是欧洲丧失"主导地位"和"自信心"的最重要标志。⑥ 469
希区柯克认为这是欧洲内部刻意转变的结果。⑦

显然，对一个衰弱的、被分割的、精简的欧洲的持续关注，将能使我们远离欧洲神话。正如在下一部分中我们将看到的，我们能发现许多以悲观语调写下的叙事。但大部分作者将 1945 年以后的欧洲史表达为一种进步。这一进步包括奇迹般的增长率、福利国家的兴起、激进主义的衰退与民主的扩大化。由于显而易见的原因，东欧的转变必须以不同的方式加以讲述。如果东欧某种程度上在"繁荣"和"奇迹"的历史上占有一席之地，它将被呈现为与西方版本不相称的模仿。东欧被突出的典型特征是苏联霸权和压迫。⑧

进步可以通过不同方式得到介绍。在一种欧洲史叙事里，关键问题

① Vinen, *A history in Fragments*, p. 247.
② Bell, *Twentieth-Century Europe*: *Unity in Division*, p. 149；Wasserstein, *Barbarism & Civilization*, p. 403；Black et al., *Rebirth*: *A History of Europe Since World War II*, p. 53.
③ Brose, *A History of Europe in the Twentieth Century*, p. 288.
④ 殖民帝国的解体在各书中表现得截然不同。Black et al., *Rebirth*: *A History of Europe Since World War II*；Altrichter and Bernecker, *Geschichte Europasim 20. Jahrhundert*；以及 Vinen, *A history in Fragments* 几乎没有提及它。Buchanan, *Europe's Troubled Peace*, *1945—2000* 仅将非殖民化置于法国的环境下；同时 Brose, *A History of Europe in the Twentieth Century* 有一个短小的章节关于"帝国的终结"；还有 Hitchcock, *The Struggle for Europe* 有一个较长的章节使用同样的标题"变革之风：欧洲帝国的终结"。
⑤ 英国历史学家。——译者注
⑥ Bell, *Twentieth-Century Europe*: *Unity in Division*, p. 9.
⑦ Hitchcock, *The Struggle for Europe*, p. 162.
⑧ 一些著述使用"另一个欧洲"一词来描述东欧，例如 Altricher and Bernecker, *Geschichte Europasim 20. Jahrhundert*, p. 251；以及 Vinen, *A History in Fragments*；p. 338 参考这种模拟使用被遗忘的欧洲。

是在这一通向进步的过程中授予**欧洲**什么角色。更具体地说，问题与叙事如何处理欧洲作为行动者的方式有关。于历史学家而言，基本上有两种选择是可行的。他们可以选择将这些改变的努力与欧洲社会相联系，或是他们可以决定强调欧洲一体化的重要性。在第一种情况下，叙述将围绕繁荣和福利的主题建构。这一主题下，西欧人作为消费者出现，而国家则成为分发福利的国家。同样，这只是其中一个西欧历史的可行版本。对东欧叙述的节奏取决于苏联政策的变化及东欧对这些政策的抵制。从抵抗的角度看，东欧人在自己的历史中被赋予了积极角色，但常常以日常的视角为代价。东欧社会因此常常被描绘成处于永久的紧急状态。

　　而冷战叙事试图用西方（与共产主义的"东方"相对）来代替**欧洲**或谈论"被分割的欧洲"，紧接着对欧洲一体化的关注打开了将**欧洲**重新插入历史的可能性。虽然神话没有预设一种与欧洲共同体相连的一体化历史，但事实上它在这方面做得最为出色。可以预见，欧洲一体化是围绕欧洲统一的历史叙述中的基本结构原则。一些表述已非常接近对官方神话制造的复制："在 1945 年的废墟中，欧洲的联邦主义者不仅打算解决实现经济重建的问题，同时也打算通过建立一种新的政治联合来阻止另一场战争。"①著名的德国历史学家维尔弗里德·洛特（Wilfried Loth，1948—　　）想使用更少的赞颂性修辞，但在用以下方式介绍他的书《通往欧洲之路》（*Der Wegnach Europa*）时仍然保持相同的语气：

> 通过加强联系和建立共同机构，新的参与者进入了国际政治舞台，削弱了欧洲民族国家的作用，并以多种方式影响了欧洲人的生活。②

---

①　Lewis，*The Road to Europe*，p. 10.
②　Loth，*Der Wegnach Europa*：*Geschichte der europäischen Integration 1939—1957*，p. 5. 作者译出。

　　这句引言充分说明了与"主体性"有关的两个重要方面。首先，我们需要强调**欧洲**是怎样在欧洲机构的形成中恢复影响力的，那就是成为"一个国际行动者"。第二，欧洲的主体性意味着转变，在这种转变里，欧洲变得不同于欧洲的民族国家。我们暗中假设民族国家属于旧欧洲。为了参与神话，叙述迫切需要将二战期间的混乱经历与争取欧洲统一联系起来。在其基本形式中，欧洲觉醒的历史可以用这样一种方式来得到讲述，即欧洲联合是欧洲人生活在和平中并因此幸存的唯一可能性。但对于进步史而言，和平计划必须与**欧洲**成长的主体性相结合。在这种向主体性运动的趋势下，欧洲通常处于一个受到限制的紧张区域，一方是超级大国，特别是美国这一方，另一方是欧洲民族国家。一些历史学家希望反对使欧洲重新崛起为行动者——而不仅是一个运转正常的社会之叙述，他们通过将和平项目表述成冷战与美国霸权的产物来实现（这一目的）："最后，欧洲人在二战后享受的长时期和平并非来自欧洲的联合而是来自其分裂。"①同样，欧洲一体化可以降格为一个只有在美国保护下才能实现的计划。最后，一体化可被视为欧洲民族国家在战后时期巩固其自身的一种结果："这是因为他们（欧洲的领导者）力求促进本国的国家利益，他们旨在制定一个新的合作制度，以加强相互依存和相互依赖"，②或（将一体化）描述成设想是与欧洲人民相距甚远的精英计划。

　　总体而言，我们发现在处理欧洲历史的作品中，给予欧洲一体化多大的权重和笔墨上存在很大差异。在维宁的《碎片中的历史》（*A History in Fragments*）一书中，欧洲一体化只在冷战的宏大叙事下被短暂提及。③希区柯克主要将欧洲一体化叙述为国家领导人为其国家利益行动的舞台。瓦瑟斯坦（Wasserstein，1948—　）④把一体化与经济合作联系

471

---

① Black et al., *Rebirth：A History of Europe Since World War II*，p. 506.
② Hitchcock，*The Struggle for Europe*，p. 147.
③ 维宁甚至不打算在他对 Jean Monnet 和罗伯特·舒曼的简短介绍中提及欧洲一体化。
④ 英国历史学家。——译者注

在一起。但布坎南和布罗泽都将一体化编排为欧洲历史中的一条主要轨迹。布坎南给予一体化历史整个章节。这一章节的开头如此写道："一体化进程是欧洲在战后时代取得的最重大的成就。"①贝尔甚至更加直接地将欧盟描绘为 20 世纪欧洲的非凡本质。②布罗茨则为这一欧洲史中的主要轨迹添加了目的论的维度。在介绍欧洲煤钢共同体（European Coal and Steel Community）时，他写道："超国家的幼苗会散播它的孢子，并在五十多年的时间里成长为欧洲引以为傲的森林。"③

大部分有关欧洲史的叙述结束于对其覆盖时期的综合评价。看起来关于一点已达成了广泛共识，即欧洲转变为一个和平的大陆是最值得注意的。布拉克和他的合作者在《重生：自第二次世界大战以来的欧洲历史》（*Rebirth：A History of Europe Since World War II*）一书中的提法十分典型："战后欧洲最显著的特征正是战争的缺席。[……]这种变化是漫长的欧洲历史中最戏剧性的发展。"④宏大叙事根据决定这种转变的方式而有所不同。如果叙事转向冷战和它的结束，那么历史推动力通常会以民主或更特别地以超级大国——在某些情况下甚至是这些超级大国的领导人的形式出现。民主不仅仅可被视为推动力，它也是欧洲转型中最重要的结果："在政治中，战后年代最明显的叙事是关于民主政府的巩固和扩散。"⑤然而，只有在和平与民主同欧洲一体化联系起来时，欧洲神话才是可被检测的。阿尔特里希特（Altrichter，1945— ）和博纳克（Bernecker，1947— ）⑥在他们关于战后欧洲历史主要特征的结束语中注意到欧盟实现和平的作用：

---

① Buchanan, *Europe's Troubled Peace*, 1945—2000, p. 226.
② Bell, *Twentieth-Century Europe：Unity in Division*, p. 243.
③ Brose, *A History of Europe in the Twentieth Century*, p. 308.
④ Black et al., *Rebirth：A History of Europe Since World War II*, p. 506；可比拟 Brose, *A History of Europe in the Twentieth Century*, p. 471；Hitchcock, *The Struggle for Europe*, p. 463；Calleo, *Rethinking Europe's Future*, p. 5.
⑤ Buchanan, *Europe's Troubled Peace*, 1945—2000, p. 299.
⑥ 即 Helmut Altrichter 与 Walther L. Bernecker，两人均为德国历史学家。——译者注

首先，欧盟可以对迄今为止获得的成果感到完全满意：欧盟作为一个"和平共同体"，没有任何共同领土要求或对遥远地区的渴望；那才是真正的新奇。①

在其他书中，欧洲从一个被冲突和所有独裁类型政权所占据的嗜血大陆变为一个和平民主的大陆——这种转化被高度强调为欧洲战后历史最重要的结果。②并非所有书都相信欧洲一体化导致了这一结果。但只有维宁的《碎片中的历史》中，欧洲一体化在有关"西方民主"的叙述中完全缺席了。但确实也很难将一体化放在标题为"碎片中的历史"的叙事下，因为这一叙事强调多元化是欧洲历史的主要特征。笔者所考察的大部分著述将欧洲一体化视作理解**欧洲**的历史之中心。比如对布坎南来说就是这样："一体化的过程是战后时代欧洲最重大的成就。"③同时，这段历史也可看作是**欧洲**从过去的不当行为中学习的过程。但我们没有找到一种有关铭记之责任的强烈主张。作为职业历史学者，这些著作的作者们在认为历史是一个进步过程的同时，逐渐偏离了出发点。

欧洲历史的叙事常常被一种目的论底色驱动。即使它们没有使用这种方式给历史画上句号，它们也往往以强调欧洲在短时间内已成为宜居之地而结束。可以说，**欧洲**已经获得身份认同，并变得更好。叙事围绕这一主题构建，通过寻求联合而形成。

仅有布罗泽选择用谈论"实现"来结束他的叙事："欧洲的民主化与和平化似乎已经进入了令人振奋的实现阶段。"④总而言之，结尾倾向 473

① Altrichter and Bernecker, *Geschichte Europas im 20. Jahrhundert*, p. 391.

② Black et al., *Rebirth: A History of Europe Since World War II*, p. 506; Brose, *A History of Europe in the Twentieth Century*, p. 471; Hitchcock, *The Struggle for Europe*, p. 463; Buchanan, *Europe's Troubled Peace, 1945—2000*, p. 2.

③ Buchanan, *Europe's Troubled Peace, 1945—2000*, p. 244; 也可参见 Brose, *A History of Europe in the Twentieth Century*, p. 467; Hitchcock, *The Struggle for Europe*, p. 463.

④ Brose, *A History of Europe in the Twentieth Century*, p. 471.

于是所覆盖时期的结论。叙事必须给出我们在哪里结束和我们从多远走来的答案。有时这导致道德判断。事实上，在结束语与道德判断相关联时，目的论底色就得到了加强。这种底色可以确定转变正朝着好的方向。在他们的结尾中，叙事倾向于同神话话语为伴。而神话话语里，历史的作用正是实现神话。这种作用起效的方式是，那些储存在奠基时刻的价值观，如和平、民主与统一是被历史所创造的。但一种纯粹的神话话语不是目的论的，而是同义反复的。价值观从一开始就存在于斯，只待其重新昭明。此外，正在发挥作用的神话常常指向奠基时刻。神话因此既存在于时间又超越时间；当它在历史中实现时存在于时间，当它作为历史开始的奠基时刻时超越时间。历史叙事大部分不得不存在于时间。神话话语只在结束语中瞬间浮出水面。历史逻辑要求历史继续下去，包括在最后一章之后。

我们能在历史书写中观察到神话元素。对欧洲主题的建构由于一体化而实现正是这样一个元素。另一个元素是欧洲可以也必须从中吸取教训的灾难性过去这样的表达。在维宁的结束语中，对黑暗过去重要性的这种强调几乎变成了滑稽戏："从某种意义上说，希特勒和斯大林是 20 世纪末欧洲最重要的政治思想家，这恰恰是因为如此多的价值观来自他们的对立面。"[1]但按照历史逻辑，这些叙述大多使历史保持开放和面向未来。它们的结尾充斥着未完成的描述，例如分裂的持久性，欧洲一体化内部的民主不足，欧美之间日益加剧的竞争，精英与民众之间的冲突，关于移民或恐怖主义的分歧，（这些描述）仅提及一些未完成的事务，即那些威胁分裂欧洲主题之事务。但所有这些未完成的事务也使历史保持开放，因而任何领域的改变都可以得到想象。这正是布坎南在其最后的话中所做的："通过这些问题的解决，将决定 21 世纪会见证欧洲沦为一个奢华而无关紧要的（地区），还是见证其在不断变化的世界中以团结、坚定的声

---

[1]　Vinen, *A history in Fragments*, p. 530.

音出现。"①希区柯克以与其书名相呼应的方式总结："因此，欧洲的斗争 474
仍在继续。"②一个古老的宏大叙事认为有一个永远没有实现、永远与自己
战斗的欧洲，似乎正是希区柯克预言的潜台词。但它也为欧洲留下了打开
伟大未来的一扇门，这一未来欧洲能继续通过在世界上行动来找寻主体
性。这个关于康复之欧洲的神话般叙事，现在可以让位于一个欧洲拥有
使命的世界。希区柯克以世界呼吁欧洲和美国的共同领导作为其著作的
结尾。③在关于一个联合的欧洲执行全球使命的这种预言里，教科书看起
来几乎再现了在欧盟内部身份认同政策的官方战略中所发现的神话话语。

揭穿神话

否认欧洲共同体有任何神话般的力量之举是很常见的。直接挑战二
战在建构（或重构）欧洲中所起作用的叙述相对而言不那么常见。而这
正是托尼·朱特（Tony Judt，1948—2010）④在其 2005 年广受欢迎的著
作《战后》（*Postwar*）中所做的。这本书以批判性的方式写作，刻意提
出要挑战叙述欧洲历史的主要方式。自出版以来，该书已进入世界范围
内许多大学欧洲历史的课程和阅读清单。

托尼·朱特选择在告知读者的标题《战后》下叙述欧洲历史。在他
的叙事中，二战在许多方面表现为组织原则。在第一个也是最突出的方
面，1945 年后的历史被视为完全由战争所决定的连续时期。朱特常将战
后时期称为在二战的阴影下前行："二战漫长的阴影笼罩着战后欧洲。"⑤
为了证实这种说法，朱特直接挑战欧洲"像凤凰一样"改变自己、从嗜
杀大陆变为和平大陆之"神话"。⑥朱特在这里称神话的传统含义是错误

---

① Buchanan, *Europe's Troubled Peace*，1945—2000，p. 305.
② Hitchcock, *The Struggle for Europe*，p. 459.
③ Hitchcock, *The Struggle for Europe*，p. 474.
④ 英裔与美国历史学家。——译者注
⑤ Judt, *Postwar*，p. 10.
⑥ Judt, *Postwar*，p. 5.

的甚至是对过去伪造的展示。他选择通过将二战插入一个更大的在 1914
年爆发的"欧洲内战"来强调持续性的观点。①在这种观点里，战后时
475 期——包括冷战——被缩减为内战"扩展的结尾"。②这个原理的逻辑很
明显：战后时期持续到二战的所有后果消失。对于朱特来说，战争——
或更确切地说是多种战争的面貌仅仅在 1989 年或 1991 年随冷战的结束
而出现。这一原则在其叙事的开头几行就已得到宣布："一个时代已经
远去，而新欧洲正在诞生。"③新生的欧洲没有被描绘为 1945 年的割裂或
是此后的重建之结果。更值得注意的是欧洲一体化在新欧洲的诞生中没
有扮演任何角色。因为东欧不是重建的一部分，所以对朱特来说，谈论
一个**欧洲**的诞生没有意义。

朱特添加了一段与其战后欧洲故事相似的记忆轨迹。他认为，战后
时期的特点是重建工作必须采取蓄意的遗忘政策："对欧洲最近过去的
沉默是建设欧洲未来的必要条件。"④战后时期的结束标志着打破沉默，
这就允许集体记忆入场。朱特在欧洲公众对讨论过去罪行的新兴趣中看
到了重新理解过去的佐证——尤其是二战。正如他所说，公众的兴趣表
明这些事件不再被视为创伤，这同时意味着它们已经失去了重要性。对
于朱特来说，这是另一个声称战后结束了的原因。尽管我们在他的叙述
中面临着一个有趣而富有成效的悖论——当战争真正被记忆时，它才结
束了——他在结束语中称，欧洲的崛起是建立在对第二次世界大战暴行
的"补偿性记忆过剩"之上的，而这一点仍然难以让人接受。⑤剩下的问
题是，欧洲如何能被视为完全从第二次世界大战的后果中解放出来，同

---

① 许多历史学家使用"欧洲内战"一词将两次世界大战放在一个更大的框架下联系起
来，可能意义最重大的是 Ernst Nolte 1987 年的著作 *Der europäische Bürgerkrieg 1917—1945*，
该书中内战是有关欧洲极权主义意识形态之间对抗的一个更大故事的一部分。

② Judt，*Postwar*，p. 759.

③ Judt，*Postwar*，p. 1.

④ Judt，*Postwar*，p. 10. 朱特交替使用沉默，"错误的记忆"（ibid. p. 828）和"善意的
官方记忆正典"（Judt，*Postwar*，p. 10.）

⑤ Judt，*Postwar*，p. 828.

时又沉溺于一种道德化的记忆实践。

朱特为了让战后时期在 1989 年结束的主要手段增加了另一个层面。战后的欧洲被描述为与战前相比虚弱而衰退。朱特在介绍其组织叙事的主题时，称战后是"欧洲缩小"的历史。①从字面上理解，缩小指的是从前财产的丧失，而从更抽象的意义上来说，指的是自我控制的丧失。朱特在名为"失去的幻象"的章节下探讨非殖民化，暗示着欧洲殖民大国狂妄自大的观点仍然笼罩在先前辉煌的梦想中。②但是，最显著的缩小是冷战期间"局外人"占领了国际舞台。于是，战后欧洲出现的政治稳定被看作是欧洲丧失影响力的一种效果。重点被放在欧洲掌控自己命运能力的弱化。这种有关欧洲历史的书写与证明任何欧洲奠基神话相距甚远。与此相反，朱特提及"欧洲的美国时刻"③，并说西欧活在"幸福茧"④里，以强调美国保护对西欧发展的重要性。虽然朱特接近于接受最近通过罗伯特·卡根（Robert Kagan，1958—　）⑤之著作而重获盛名的美国救世主神话，但朱特仍然分配给欧洲一个不同的角色。在卡根的救世主神话版本中，在第二次世界大战里美国解放欧洲的基础上，美国成为自由世界秩序的核心。⑥在建立该秩序的过程里，欧洲永久沦为边缘角色。在朱特看来，欧洲历史是重获自我控制："只有经过相当大的努力并度过漫长的几十年，欧洲才恢复了对自己命运的控制。"⑦朱特将欧洲价值观的危机添加入其欧洲失去控制的历史中。欧洲人被描绘为不关心政治且对未来计划不抱有信念。20 世纪前半叶最伟大的意识形态首先在共产主义的东欧紧接着在西欧有关增长与福利的共识中丧失了其意义——1968 年对于朱特而言，无非是意识形态死亡的痛苦："欧洲意识

476

---

① ⑦　Judt, *Postwar*, p. 7.

②　Judt, *Postwar*, pp. 278—292.

③　Judt, *Postwar*, p. 8.

④　Judt, *Postwar*, p. 750.

⑤　美国学者，支持新保守主义与自由干预主义。——译者注

⑥　Robert Kagan, *Paradise and Power：America and Europe in the New World Order* (London，2003).

形态政治的一个 180 年周期画上了句号。"①这种有关没有信念的时期之
描述与对战后沉默的一般理解相结合，使人想象战后欧洲在黑暗中动荡
不安、毫无方向感的画面。朱特描绘了战后的整体情况，认为这是由
"渴望正常"所驱动的例外状态。②在东欧历史的叙述中，损失的隐喻意
义甚至更为重要。由于"苏联的侵占"——作为"半陌生超级大国"，③
477 苏联无法接入欧洲——东欧被人从其欧洲根源上剪下并且——使事情更
糟糕的是东欧从西欧的地平线上消失。

　　战后是个未结束的时期。这段时期里，欧洲在转变，为 1989 年的
到来做准备。这一年标志着一个结束、一个新的开始以及对欧洲主轨道
的回归。朱特在标题为"旧秩序的结束"的章节中处理共产主义的崩
溃。这是战后时期的旧秩序。④在书的开场白里，朱特明确地说，1989
年必须被理解为欧洲史中的分水岭。通过称战后是一个"插入语"，朱
特囊括了在 1989 年后出现的新欧洲与早先欧洲之间建立联系的想法。
他称东欧想要**回到**欧洲的"欧洲梦"在 1989 年实现了。⑤但东欧并没有
回到梦想中的世界。朱特将新欧洲描述为有着趋向一体化和解放的特
征。他看到了"欧洲模式"在 1989 年后强烈地表现出来。这是一种在
欧洲福利国家扩散而且以特殊的、与主导旧欧洲的美国方式不同的"欧
洲生活方式"为基础的模式。朱特仅在这种模式的展开中，给予通过欧
盟实现的政治一体化一个次要而消极的角色。在他的叙事中，更重要
的是释放了在模式中表现出来的欧洲独特性。章节"旧欧洲与新欧洲"
结束于下面这种逞强之语："将欧洲人团结起来的［……］是所谓的常
规——与'美国生活方式'截然不同，但又形成鲜明对比——即'欧洲
的社会模式'。"⑥因此，1989 年战后结束的特点是双重过程，即欧洲独

---

①②　Judt, *Postwar*, p. 449.

③　　Judt, *Postwar*, p. 196.

④　　Judt, *Postwar*, pp. 585—633.

⑤　　Judt, *Postwar*, p. 631.

⑥　　Judt, *Postwar*, p. 748.

特价值观的自由及从美国支配下的解放。①在朱特看来，这一新欧洲不仅重获了决定其未来和反思其过去的能力，同时也拥有了影响世界的可能性。朱特以对欧洲全球使命的前瞻结束了其欧洲历史叙述：

尽管有最近的过去所造成的恐怖——很大程度上是由于这种恐怖——使欧洲人在向世界提供一些适度的建议以避免重复他们自己的错误方面处于独特地位。②

这最后的华丽辞藻让人想起可能会在欧盟官方言论中听到的论调，但有很大的不同是，朱特只谈论欧洲人。欧洲和欧盟都在朱特的困境中不存在。 478

在朱特的欧洲史叙事中，欧洲一体化确实承担了次要角色。1945年后欧洲机构的建立在书中得到了适当的位置。第一批欧洲机构比如欧洲议会（Council of Europe）与欧洲煤钢共同体在章节"冷战的到来"中被提及。③其中后者被简化为法国手上的一种"工具"。大体上朱特将欧洲机构视为国家利益的工具。按照他的总体选择，让欧洲民族国家——及其主要政治人物在叙事中扮演中心角色，而且通常以相当传统的方式，毫无争议地作为历史进程的主体来加以表现。④跟随这一线索，朱特通过称欧洲保持了"常见的离散态国家粒子的堆积"结束了其历史叙述。⑤因此，

---

① 美国也没有对这一发展作出任何贡献："美国在1989年的梦中只发挥了很小的作用。"（Judt, *Postwar*, p. 631.）这也被几位评论者所注意到，如 M. Walker, 'Europe's New narrative' *The National Interest* (Winter 2005/06), pp. 133—137; and C. Maier, 'Europa, Europa' *The Nation*, 9—16 January 2006, pp. 23—26.

② Judt, *Postwar*, p. 800.

③ Judt, *Postwar*, pp. 129—165.

④ 在笔者所知之内，只有一个评论者注意到朱特叙事中这一十分传统的元素，参见 A. Ryan, 'After the Fall', *The New York Review of Books* 52: 17 (2005). Jarausch 指出了书写欧洲历史中欧洲被还原为一个民族国家的剧场的问题，参见 K. Jarausch, 'Featured review [of Tony Judt: Postwar]', *The American Historical Review* 112: 2 (2009), pp. 465—468. 公正地说，朱特的书分享了许多其他的欧洲历史是一个"问题"。

⑤ Judt, *Postwar*, pp. 798—799.

新欧洲究竟有多新是有限度的。欧洲机构与它们所隶属的更大一体化计划不仅仅得到了适度对待，它们也得到了十分消极的评估。这一计划被赋予了"地方的""腐败的""独占的""精英的"特征。①这与总体上认为欧盟被视为"一件好事"，即欧盟在建立成员国之间的和平方面功不可没的总体判断相悖。②但朱特仍将和平看作一体化的副作用，虽然相比美国的核保护伞不重要得多。最终重要的是欧洲模式的建立，这仅是由于欧洲民族国家的重建而成为可能。

　　正是朱特对欧洲一体化的完全漠视，及其有关战后时期欧洲人屏蔽过去的影响并在冷战的阴影下过着被保护的生活的观点，使他直接意图解构笔者所谓的欧洲奠基神话。但在当下的最后，解构看起来只不过是479　为另一个神话的建构铺路。建立一个已经适应了过去并意识到自身价值的新欧洲（的使命）刚刚被转交给了 1989 年。从某种意义上说，战争仍然被视为混乱的断裂，并赋予建立一个新的欧洲以必要性。唯一不同的是，战争以战后的形式继续进行。在战后时期，战争以"阴影"的形式出现。但由于朱特也想保卫其批判性地位，他倾向于保持对其所声称的新欧洲的解构。这个新欧洲的特点是碎片化和异质性。（其著作）全部五章中的两章叙述欧洲，将之冠以"易裂变的大陆"和"欧洲的多元化"的标题。因此，最后，新欧洲残留下的面貌看起来是旧的民族国家。

结　语

　　我们在对 1945 年后欧洲的历史叙事中没有发现成熟的神话结构。历史学家要么对神话制造太过挑剔，要么他们的风格过于实证主义而无法接受（个人风格）强烈的叙事。但我们一定能发现出现于他们叙事中的神话元素。选择 1945 年作为起点并非一定是受人瞩目的。但当二战

---

① Judt, *Postwar*, pp. 534, 533, 718, 727.

② Judt, *Postwar*, p. 732.

被作为一个浩劫与新生的历史场景时，1945 年便是引人注目的。此外，当重生是由一个共同的欧洲意志推动时，它将以欧洲主体性的身份表现出来，于是我们重新发现了神话中的元素。在通过欧洲一体化而生动起来的欧洲计划和欧洲跨国主题的故事中，意志和主体性得到了最有力的体现。与神话不同，叙事不需要针对时间的展开，它必须包括暂时的运动。欧洲主题的出现是逐渐超越时间，它常常被人用比喻或半心理学术语"获得自我控制"来表达。在叙事中，欧洲只短暂占有这些神话封存于奠基时刻的价值观。大部分聚焦于进步的历史学者强调道路中的障碍与艰险。但假如他们拥护进步的宏大叙事，他们便倾向于以欧洲几乎已实现的图景来结束其叙事；这也差不多是因为他们必须承认历史的基本开放性。

正如本章所展示的托尼·朱特的案例一样，一些历史学家更喜欢以一种批判性的视角来进行书写。他们故意颠倒神话般的叙述；1945 年不被视为一个主要的断裂。战后时期被描述为战争的延续。欧洲历史是关于失去控制和衰退的故事。欧洲一体化是完全的不合时宜之举。但朱特的批判没有走远，当他使 1989 年成为奠基时刻时，这种批判便停止了。在他的叙事里，1989 年几乎拥有一种神话般的光环。1989 年意味着准备将其模式播撒到全世界之新欧洲的真正奠基。但不同之处在于，该新欧洲建立在不同民族国家之永久存在的基础上。最后，这一反叙事依赖另一神话，即旧的民族神话。

第二十二章 《现代欧洲之崛起》中的民族、进步与欧洲身份认同

约翰·L. 哈维（John L. Harvey）

　　针对欧洲历史的学术研究并非由欧洲大陆自身学者所独占的领域。到 19 世纪，美国历史学家相信，为了解自己的政治遗产和社会遗产，需要更广泛地思考作为单一历史身份认同的欧洲。随着现代大学体系与专业学术史学的出现，美国人面临着树立一种综合的欧洲意识之挑战，因为这种意识能为北美日益多元化的人口建构出连贯的文化传统。[1]至 20 世纪初，学者们面临在全美的高等教育课程中使用一种更现代的欧洲历史概念的需求。这一概念无论是应用于当代事务还是前现代时期，都应符合美国公民的态度。[2]但是，这种针对欧洲的解释不可能只反映国内的观念。学术界必定将依赖于外国研究，而这些研究包括支离破碎的民族叙述和跨民族语言群体的文化独特性概念。与此同时，越来越多研究欧洲的专家被要求像其研究美国的同事所实践的那样，将他们的研究与"新历史"相联系，即呼吁对该国整个社会的过去进行更具包容性、跨学

　　[1]　I. Tyrrell, *Historians in Public*：*The Practice of American History*，1890—1970 (Chicago, 2005), pp. 43—61.

　　[2]　关于美国书写之欧洲近现代史的无用，参见 Gabrielle Spiegel, 'In the Mirror's Eye：The Writing of Medieval History in North America'，以及 Spiegel, *The Past as Text* (Baltimore, MD, 1997), pp. 57—82；Edward Muir, 'The Italian Renaissance in America', *American Historical Review* 100 (1995), pp. 1095—1111. (Hereafter AHR).

科和当代性的考察。①第一次世界大战的动乱只是增强了美国学术界的一 481
种兴趣，即通过跨大西洋的历史身份认同来了解本国与世界的关系。②

　　作为这些大趋势的一部分，哈珀兄弟出版公司（Harper & Brothers）
于 1928 年构想了一个关于欧洲现代史发展的 20 卷本大型项目。该公司
基于其商业上成功的《美国生活史》（History of American Life）系
列，意图将"新历史"打造成自 13 世纪以来欧洲历史成就的元叙事。
据此，这一系列书籍将取代传统的民族史，并舍弃传统民族史重视冲突
不断的国家政治之传统。③不同书籍聚集在一起形成的整个系列，成为这
样一部有关欧洲社会、文化与经济活动的"整体史"。它将通过支持广
泛的、解释性的人类活动概念，超越国王及其领导的运动所具有的片段
性外表，从而在不同的个别研究之间架起桥梁。由美国现代性所定义的
进步信念，将为历史学家协力理解欧洲的重要性树立共同的指南针，尽
管这种进步信念有着多样化的过去以及不确定的当下。美国历史学家被
假定为基于所谓"阿克顿式"客观性④之历史的天然先驱。这一客观性
源于他们具备以下优势：他们是地理上的局外人，同时仍受到欧洲"文
明"的滋养。⑤哈珀兄弟公司借助这些教学论目标和方法论工具，希望出
版有关欧洲"崛起"至冠绝全球这一过程的权威历史，其中包括一套独
特但相互关联的解释，以供学识渊博的读者、研究生和知名学者参考。

---

① E. Breisach, *American Progressive History: An Experiment in Modernization* (Chicago, 1993), pp. 100—164.

② G. A. Eakin-Thimme, 'Deutsche Nationalgeschichte und Aufbau Europas: Deutschsprachige jüdische Historiker im amerikanischen Exil', *Exilforschung* 19 (2001), p. 71; 以及作者的 'An American Annales? The Revue internationale d'histoire économique of Marc Bloch and Lucien Febvre', *Journal of Modern History* 76 (2004), pp. 528—621. (Hereafter JMH)

③ Advertising précis for the series 'The Rise of Modern Europe', located in the papers of Hamilton F. Armstrong, Box 14, Seeley G. Mudd Library, Princeton University.

④ 阿克顿（1834—1902）为英国历史学家，其在剑桥大学讲授法国大革命历史的讲稿十分出名。——译者注

⑤ 强调美国看待欧洲的客观性的作品，包括 C. Haskins, 'European History and American Scholarship', AHR 28 (1923), p. 226; E. Préclin, 'Bulletin critique: Histoiredes États-Unis', *Revue Historique* 59 (1934), 302—303; and V. Valentin, 'Postscript', in *The German People* (New York, 1946), p. 727.

　　"新历史"的主导地位以及战后美国人对欧洲事务的兴趣，使该项目对美国历史学家具有吸引力。①此外，该系列的综合目标似乎回应了随着研究主题的专业化和扩展而出现的知识碎片化现状。②这种兴趣也反映了学界的新关注，即将"西方文明"定义为欧洲文化的统一"熔炉"，认为它有助于同化不同种族、宗教和民族背景的公民。③知名大学学者的日趋成熟进一步强化了这种关注。因为他们渴望以自己在外国研究中添加美国特色之举，获得欧洲的专业认可及智识上相对欧洲的独立性。④

482

　　哈珀兄弟公司最初希望由哥伦比亚大学的卡尔顿·海斯（Carlton Hayes，1882—1964）来主持公司"美国学术历史的丰碑"⑤之撰写。他可谓是美国在欧洲史学领域的领衔"新历史学家"。但编辑过《美国生活史》的老亚瑟·施莱辛格（Arthur Schlesinger Sr.，1888—1965）却对海斯提出了警示。施莱辛格认为，海斯将被迫忍受过大的编辑工作量和相对较低的薪酬，从而付出职业上的牺牲。因此，海斯婉言谢绝了这一邀请。⑥于是，出版商转而求助于 1927 年加入哈佛大学、主攻欧洲外交史的年轻教授威廉·兰格（William Langer）。尽管兰格同意邀约的学术动机尚不清楚，但该项目覆盖整个欧洲大陆全面历史的范围和他希望书写这样一种历史的承诺，无疑接近于兰格自身的学术研究。兰格的研究也强调一种对欧洲外交全面而相互关联的理解。于是，兰格接受了这

---

　　①　参见 F. Stern, 'Europe's Past and America's Experience', *New York Review of Books*, 24 October 1965, p. 3.

　　②　编辑 William Langer 在每卷的共同介绍性段落中都强调了这一点。

　　③　关于一战对作为教学观念的"西方文明"的影响，参见 Gilbert Allardyce, 'The Rise and Fall of the Western Civilization Course', *AHR 87* (1982), 695—743；以及 L. Hunt, 'Reports of Its Death Were Premature：Why 'Western Civ'Endures'', in L. Kramer, D. Reid and W. Barney (eds), *Learning History in America：Schools, Cultures, and Politics* (Minneapolis, 1994), pp. 34—43.

　　④　尤其可参见 Journal of Central European Affairs 评论的创立者 S. Harrison Thompsonto Roland Bainton, 16 July 1927, Box 9, Folder 164, Roland Bainton Papers, Archives of the Yale Divinity School, New Haven.

　　⑤　指新构想的 20 卷本历史项目。——译者注

　　⑥　Hayes and Schleslinger exchange, 1 June and 25 June 1928 in Box 3, Arthur M. Schlesinger Sr. Papers, Pusey Library, Harvard University.

一编辑职位，并寻求与拥有公认资历的资深学者合作。他向潜在的作者们强调，该系列将"突出伟大的发展路线，并［……］使读者对所讨论时期的显著特征产生深刻印象"。①撰稿人将用新研究来改写传统解释。这些研究远离上一代的思路，"改变作为欧洲发展主要线索的概念"。②兰格对发掘新的"事实"不太感兴趣。他从理论上致力于最广阔的历史调色盘和一种通俗易懂又"不使用太多学术工具"的论述风格。③尽管他并不想让政治、外交和宪法的历史边缘化，但他解释有必要"将伟大的社会、经济、知识、宗教、科学和艺术运动编织入故事中"。④正如他向一位怀疑者保证的那样，"我看不出对好的旧（指政治的）玩意儿的翻新有多大意义。我应该无限地倾向于强调知识、文学、宗教和艺术思想"。⑤作品的报酬与预期的书籍销量挂钩，乐观预计书籍销量为每册约1万—1.5万本。⑥

　　然而，邀请兰格成为这个系列的主持者，却被证明是一个喜忧参半的选择。这位年轻、朝气蓬勃、专心致志的历史学家，在面对纷繁而不可避免的延误时，缺乏能够加快完成这一繁琐系列的经验和严肃态度。⑦

483

----

　　① William Langer to Edwin Potts Cheney of Penn, 2 January 1931, Personal Correspondence, 'Cheney', HUG 19.9, W. Langer Papers, Pusey Library.

　　② 可在 Leonard Krieger, *History* (Englewood Cliffs, NJ, 1965), pp. 283—284 中看到这种赞赏。

　　③ Langer to Frederick Nussbaum, 18 March 1934, in Box 6, Frederick Nussbaum Papers, American Heritage Center, University of Wyoming in Laramie.

　　④ Langer to Bernadotte Schmitt of Chicago, 1 June 1929, Box 3, Bernadotte E. Schmitt Papers, Madison Reading Room, Library of Congress, Washington DC.

　　⑤ Langer to Frederick Artz of Oberlin College, 7 December 1929, Box 1 of 20, HUG 19.9, William Langer Papers, Harvard University Archives.

　　⑥ 到 1950 年只有 Carlton Hayes 的 *A Generation of Materialism* 卖出了超过 1 万册。每个作者在完成手稿时得到了 1 000 美元（约相当于 1930 年教授平均年薪的 20%—25%），版权使用费率从每本书的 5%到售出的前 3 000 本书的 10%不等。到 1957 年，已经印制了 13 种书籍 9 万多册，全部是精装本。1963 年，"火炬图书"的平装本发行使销量进一步增加。参见 the table for 1950 and the letter of Cass Canfield to William Langer, 15 February 1957, in Boxes 25 and 26 respectively, Harper & Row Publishers Collection, Editorial Correspondence, Rare Books and Manuscripts, Butler Library, Columbia University.

　　⑦ 关于兰格的回忆，参见其 *In and Out of the Ivory Tower* (New York, 1977), pp. 141—144.

他易于对出版图书和担任政府职务等诉求作出新的个人承诺，由此造成自己长期怠慢编辑工作，以至于降低了项目的编写效率。①20 世纪 30 年代，他决定主持《世界历史百科全书》（Encyclopaedia of World History）的编撰，这使他在哈佛的有限时间负担沉重，尤其考虑到该时期他有关 19 世纪外交史的两卷本大部头论著同时问世。②最重要的是，兰格是哈佛传统的阿奇博尔德·柯立芝（Archibald Coolidge，1866—1928）学派的外交史学者。该学派在社会、经济和文化历史上没有实践经验。③兰格具有欧洲外交史的学术烙印。这一学术传统所注重的话题是帝国主义和公众舆论，但它往往忽略社会理论或政治理论，并常常将综合性内容埋于文献的雪山之下。④因此，事实证明，兰格对倡导将成为此系列之标志的明确主题概念不甚热情。尽管他最初支持书写一种超越精英阶层记录的历史，但他几乎没有付出长期努力，去纠正那些把有关社会史的叙述贬低到有关政治和制度的叙述之下的著作。⑤他的私人往来对象，尤其是研究近现代时期的历史学家，经常是保守派或亲德派。兰格的这些缺陷不会抑制他寻找有才能和活力的潜在作者之愿望，但它们限制了他监督完成关于两大最具争议时期——宗教改革时代和两次世界大战的文本之能力。

从理论上说，启蒙进步的线索会把这一系列批判解释性综合研究结合在一起。因此，作者之一奥伯林学院（Oberlin College）的弗雷德里

---

① 第二次世界大战使兰格成为美国战略情报局（Office of Strategic Services，简称 OSS）研究与分析部门的领导者，并参与了战后与美国中央情报局（Central Intelligence Agency，简称 CIA）的合作。

② 关于《百科全书》以及兰格由于其主持而带来的狭隘的欧洲中心主义，参见 P. Stearns, 'History's Advances: Recasting a Historical Reference Classic', *The Historian* 57 (1994), pp. 113—120.

③ 关于柯立芝及其学院，参见 R. F. Byrnes, *Awakening American Education to the World. The Role of Archibald Cary Coolidge, 1866—1928* (Notre Dame, 1982).

④ In F. Schuman, 'Paths of Empire', The Nation 141 (1935), pp. 600—601; and Hans Rosenberg to Eugene Anderson, 18 April 1936, Box 24, Hans Rosenberg Papers, Bundesarchiv Koblenz, Germany.

⑤ Langer, In and Out of the Ivory Tower, p. 142. 他在这里承认，这些书应该是"基本的政治历史"，并试图将"哲学潮流、文学、艺术和科学考虑进去"。

克·阿茨（Frederick Artz，1894—1983）赋予其论述后拿破仑时代欧洲的一册以正当性。该册明确捍卫了西欧政治自由主义和资产阶级社会哲学。①但这往往会引入大量当下主义。这种当下主义在该系列批评者面前呈现为一种解释性问题。在冷战的背景下，约翰·沃尔夫（John Wolf，1907—1996）利用他对"伟大世纪"（Grand Siècle）②的研究，比较了路易十四（Louis XIV）与"希特勒先生"（Herr Hitler），以"彰显战争在社会中的重要性以及那些准备发动战争最充分之国家的优势"。③宾夕法尼亚大学（Pennsylvania University）的爱德华·切尼（Edward Cheney，1861—1947）④在其关于中世纪晚期的一册中认为，他的作品应该通过采用欧洲无产阶级崛起及其同资产阶级冲突等概念，使该时期"成为一种前厅，人们可从那里进入现代时期更宽敞的房间"。⑤这引发了兰格的无数指责。他要求避免追溯 20 世纪 30 年代早期民族主义危机的"根源"，并且不使用不合时宜的概念来论述文艺复兴早期"新君主制"（new monarchies）的崛起。⑥撰写"新历史"的学者只是重复了这种忧虑，即在欧洲遥远的过去中嵌入当代关切。⑦

　　将欧洲理解为一个条理分明的研究对象之尝试，面临着更加深刻的概念矛盾。由于兰格和他的同僚们把欧洲历史划分为按时序排列的标准片段，他们无法调和在解释上统一的概念与其他不切实际、"无拘　485

---

　　① 参见 F. Artz's 'Preface', in Artz, *Reaction and Revolution*, *1814—1832*（New York，1934），p. vi. On Artz, see also G. Rudé, *Debate on Europe 1815—1850*（New York，1972），pp. 33—34.

　　② 法国历史名词，指 17 世纪路易十三与路易十四统治时期。——译者注

　　③ John Wolf to Walter Dorn, 13 August 1948, detailing his plan for his volume The Emergence of the Great Powers, 1685—1715 in Box 13, Walter Dorn Papers, Rare Books and Manuscripts，Butler Library.

　　④ 此处原文有误，此处 Cheney 应为 Cheyney，后文该单词都有同样错误。——译者注

　　⑤ Cheney to Langer, 28 December 1932, in Box 1, E. P. Cheney Papers, University Archives，the University of Pennsylvania.

　　⑥ Langer to Cheney, 2 May 1931, Personal Correspondence, 'Cheney', Langer Papers.

　　⑦ G. Bruun, 'Clio in the Pulpit', *The Nation* 140（1935），pp. 552—553；C. Hayes, 'History and the Present', *The Social Studies* 27（1936），75—81；and J. Hexter's review of Myron Gilmore, *The World of Humanism*, *1453—1517*, JMH 26（1954），p. 372.

无束"（dégagé）的各种概念。这些概念要么是"为适应当时的情况而设计的"，抑或是被证明无法处理因研究地区和特定主题而异的史学变化。①虽然最终贡献了其哈珀系列著作的奥伦·黑尔（Oron Hale，1902—1991）赞扬该项目全体成员的专业知识和聚焦整个大陆的视角，但其他人则声称该项目宽广的范围抑制了生动的解释，同时使历史学家跨不同研究领域而同步其解释更为困难。②正如费尔南·布罗代尔在其年鉴学派历史中所遭遇的那样，作者们发现，"自下而上"的静态历史与在欧洲新兴"现代性"舞台上穿梭的战争、政治家或文化领袖之间很难形成联系。于是，丛书编辑的参与者常常通过在实际上退回到政治—军事原则来解决问题，而这种原则本应被"新历史"观点所取代。

　　另一个困难出现了，因为出版商要求向更大的市场，即向学生和普通读者推销图书。这一要求最终模糊了简单讨论和严谨分析之间的优先级排序。专业历史学家相信，公众对简单化思想的偏好与美国学者现在希望展示严谨分析的要求不相容。弗雷德里克·阿茨担心这一系列作品将是"《剑桥现代史》（Cambridge Modern History）系列的［……］一种缩影"，对于公众消费而言过于精深。③于兰格和哈珀兄弟公司的高管们而言，里奥·格肖伊（Leo Gershoy，1897—1975）关于"开明专制"（Enlightened Despotism）的稿件虽然具有丰富的阐释性见解，但却不是"一份好的初稿"，因为它被认为"太过分析化，叙述性不足"。④尽管

---

① 尤应参见 Hexter, *The World of Humanism*, 1453—1517, JMH 26 (1954).

② Wallace Ferguson's review of Gilmore, *The World of Humanism*, AHR 58 (1953), 872—4；and O. Hale, 'The Rise of Modern Europe：The Nineteenth Century Volumes', read at the Southern Historical Association meeting, November 1949. See Box 13, Oron Hale Papers, Manuscript Department, University of Virginia.

③ Frederick Artz to Crane Brinton, 22 September 1934, in Box 1, HUG 4 237.5 C. Crane Brinton Papers, Harvard University Archives.

④ Exchange between Langer and Cass Canfield, 5 January and 10 February 1944, in Box 12, Author Files of Leo Gershoy, Papers of Harper & Bros., Rare Books & Manuscripts, Princeton University.

路易斯·戈特沙尔克（Louis Gottschalk，1899—1975）因其在现代欧洲
领域内的推进之功而享有盛名，但他惊异于杰弗里·布鲁恩（Geoffrey
Bruun，1898—1988）在有关拿破仑时代的一册中规避了细致入微的叙
述形式。戈特沙尔克认为，时间是"论述历史的唯一客观规范"，不言
而喻，"历史按时序发生，并且没有理由为此感到愧疚。"①一位杰出的法
国现代史学者拒绝阐述政治家和战争以外的其他欧洲历史，因为"通过
采用政治史的方法，欧洲的动态规律与潮流能得到比使用任何其他媒介
都更好的记录。"②他在北卡罗来纳的同僚声称，这种具有学术雄心的书
"对于外行人来说太超前了"。考虑到学生的能力，他希望年轻作者在他
们的分析中不那么"深邃、精辟和富有哲理，减少使用抽象措辞的习
惯，总之就是不要那么学术"。③

　　无论一种更通俗的叙事风格是否会有助于一般读者，评论家都严
厉批评了那些主题阐释性较弱的书。④麻省理工（MIT）的彭菲尔德·
罗伯茨（Penfield Roberts，1892—1944）是兰格的朋友，他在欧洲通史
研究上没有什么学术背景。其遗作因过分强调充满"半真半假的叙述、
不良的组织结构和事实性错误"的政治而受到嘲笑。⑤覆盖战争主导下之
现代时期的书籍中，都存在一些尖锐问题，比如忽视日常生活中的人，
或没有认识到更广泛的社会经济争论。⑥在其他地方，撰稿人抱怨说，
同伴的著作附和了欧洲学者的民族观，而这种民族观"由相同的收缩视

486

---

① Louis Gottschalk's review of G. Bruun, *Europe and the French Imperium，1799—1814*，*AHR* 44 (1939)，p. 619.

② James King's review of F. Nussbaum, *The Triumph of Science and Reason，1660—1685*，*AHR* 59 (1953)，pp. 94—96.

③ Mitchell Garrett's review of L. Gershoy, *From Despotism to Revolution，1763—1789*，*AHR* 50 (1945)，pp. 322—323.

④ Jonathan Scott's review of R. Binkley, *Realism and Nationalism，1852—1871*，*JMH* 8 (1936)，504；W. A Frayer's review of Artz, *Reaction and Revolution，1815—1830*，*JHM* 7 (1936)，p. 220.

⑤ John Murray's review of P. Roberts, *The Quest for Security，1715—1740*，*JMH* 20 (1948)，pp. 165—167.

⑥ 参见以下独立评论 Thomas Moodie and Robert S. Brown on B. Schmitt and H. Vedeler, *The World in the Crucible，1914—1919*，*The History Teacher* 20 (1986)，pp. 133—134，143—145.

野所启发"。①美国对国外研究的依赖性，也可能引发有关剽窃的尴尬。

487　在第一批出版的其中一本书中，弗雷德里克·阿茨被发现抄袭了同样论述德国三月革命前（Vormärz）时期的一本教科书中的全部段落。而该教科书由阿茨的法国同仁兼好友乔治·维尔（Georges Weill，1882—1970）所著。②

　　随着时间的推移，当越来越多的资深历史学家未能完成他们的任务，对解释连贯性的挑战变得更加明显。威廉·林格巴赫（William Lingelbach，1871—1962）、悉德尼·费伊（Sidney Fay，1876—1967）、伯纳多特·施密特（Bernadotte Schmitt，1886—1969）、罗伯特·罗德（Robert Lord，1885—1954）、哈罗德·多伊奇（Harold Deutsch，1904—1995）、埃德温·盖伊（Edwin Gay，1867—1946）和威廉·包克（Wilhelm Pauck，1901—1981）③干脆放弃了他们的稿件，有时甚至连给编辑的礼节性复函都没有。④兰格在专业上的超额承担使其知识上的局限性问题进一步加重，以致其无法在某种程度上完成自己的稿件，于是他在自己那一册截止日期前提出辞职。⑤当关于 1832 年至 1852 年时期的该分册最终面世时（在兰格签订合同的 40 年后），读者们看到的是一

---

①　Walter Dorn 特别批评了 Geoffrey Bruun 的一册，因为（在该书中）"不符合自由主义模式的所有事物都被认为是无关紧要的，或仅被看作一种（对自由主义的）挫败。［……］当像［Heinrich von］Srbik 这样的人进行真正的矫正时，他发现没有共鸣，他的作品也变得扁平。英国人和法国人以及自由的德国人应该有这样的眼界也许是很自然的。社会主义历史学家应该跟随他们的领导这一点不太容易理解。我看不到走出这条死胡同的路，除非我们回到这样的观念，即民族历史对美国历史学家而言并不构成可理解的研究领域，我们必须认真将欧洲作为一个单位，而这一点只能通过严格的比较程序来做到。除了某些中世纪历史学家以外，这实际上从未得到尝试，因为它是如此困难。"Dorn to Eugene Anderson, 14 June 1938, in Folder 14, Box 1, Eugene N. Anderson Papers, Charles E. Young Research Library. Manuscripts Division, UCLA.

②　Frank J. Manheim's devastating review of Artz in *Political Science Quarterly* 50 (1935), pp. 294—297; and Solomon Bloom, 'Two Stages of Capitalism', *The New Republic* 87 (1936), p. 358.

③　以上七人均为美国历史学家。——译者注

④　尤其是明尼苏达（大学）的 Harold Deutsch，参见 Langer to Canfield, 5 November 1959, Box 26, Harper & Row Editorial Correspondence, Columbia University.

⑤　Langer to Canfield, 23 November 1948 and 29 November 1954, in Box 25, ibid. 参见 Langer to Carl Friedrich, 23 May 1947, Box 23, Carl Friedrich Papers, Pusey Library, Harvard University.

本漫无边际、杂乱无章的大部头。该书字数几乎超过了 10 万字限制的
300％。①在每一种情况下，历史学家都承认，除了传统政治史上较为局
限的经验之外，他们在综合大量信息上无能为力。②奥伦·黑尔在代替悉
德尼·费伊撰写 1900 年到 1914 年这一册后的三十年间备受煎熬。他承
认自己直到写作此书时才发现（在已有 35 年研究经验之后）这一时期
存在外交史之外更多的内容。③五年后，他仍在尝试理解这一更广阔的历
史范围，并坚信"总的任务确实超出了我的［……］学术能力与风
格。"④E. P. 切尼对这些局限作出了最佳总结：

> 我不太擅长归纳。我从事研究生培养工作这么多年，以至于我
> 发现要自己给出任何令人信服的论据都无法为之辩护的笼统陈述非
> 常艰难。归纳很容易就变成推测，而一个人在历史问题上的推测又 488
> 与另一个人的不同，因此我们很快就有条件去解读我们在阐释中所
> 使用的极少几个事实，而这种阐释主要是主观的。另一方面，我非
> 常清楚地认识到，兴趣或归根到底可能是历史的价值，存在于我们
> 对历史客观事实的解释中，我完全愿意尽我所能以我可能拥有的这
> 种想象力，去赋予这个故事以意义。⑤

对政治的阐释，被证明是完成该系列的艰巨障碍，因为各分册的主

---

① Langer, *In and Out of the Ivory Tower*, 142—3. The reviews of *Political and Social Upheaval*, *1832—1852* by P. Amann in *AHR* 75 (1970), pp. 1446—1448, and T. Hamerow in *JMH* 42 (1970), pp. 669—670，二者均断定该书缺少充分整合研究或表达。

② Exchanges between Langer and William Lingelbach, 23 May, 10 June, 22 October 1935, in Box 24, Department of History Papers, UPB 1.9, University Archives, University of Pennsylvania; Langer to Wolf, 18 August 1950, Box 2, John B. Wolf Papers, University Archives, Andersen Library, University of Minnesota.

③ Oron Hale to Langer, 20 April 1964, Box 7, RG 21/98.911, Oron Hale Papers.

④ Hale to Langer, 11 June 1969, Hale Papers.

⑤ Cheney to Langer, 17 December 1934, Personal Correspondence, 'Cheney', LangerPapers. Cheney admitted failure at synthetic interpretation in a letter to Joseph Strayer, 8 November 1938, Box 1, Cheney Papers.

题仍然使美国公众产生分歧。美国大学体系中的宗教隶属关系，迫使兰格最初将有关宗教改革和反宗教改革的书籍分派给可靠的路德宗历史学家与罗马天主教历史学家，希望他们能够平衡双方有关宗教斗争的积极评价。但该系列发起四分之一个世纪后，这些部分却仍未得到填补。这使兰格大发牢骚，称其无法"下定决心请神学家来完成此事，同时还没有找到吸引我的非神学家"。①他仍然坚持自己的目标，即将关于宗教改革和反宗教改革的两册分别交给一位保守主义的路德宗教徒（隶属密苏里教会）和一位被授予圣职的天主教历史学家。②由于这种宗派分工造成的大规模延误，这两册仅在兰格生命的尽头才分别于 1974 年和 1985 年得以出版。③由斯坦福大学刘易斯・W. 斯皮茨（Lewis W. Spitz，1922—1999）与圣母大学马文・奥康奈尔神父（Father Marvin O'Connell，1930—2016）所著的两册得到了各自宗教拥护者的积极评价。④但除此以外，历史学家认为它们只是对宗教英雄的颂歌，回避了排犹主义与压制非传统基督教宗派的问题。它们非但没有作为一部可读性强的"整体史"而获得赞誉，反而被视为"对伟人和崇高思想的另一种（多种）叙述"，对待"所有社会和经济话题就像一个孩子在勉强吞咽菠菜那样"。⑤

　　美国撰稿人面临的一个自相矛盾的挑战是，如何在欧洲于两次世界大战中几乎自毁及其世界主导地位不可逆转的衰退之后，举例说明欧洲

---

　　①　Langer to Cheney，2 January 1931，Personal Correspondence，'Cheney'，Langer Papers. 关于兰格难以确保一个合适的路德派取向，参见他对伯纳多特・施密特的咨询，"关于芝加哥神学研究生的一个人叫 Pauck 还是 Pauk？" Langerto Schmitt，18 February 1931，Box 3，Schmitt Papers.

　　②　Langer to Cass Canfield，29 November 1954，Box 25，Harper & Row Publishers Collection，Columbia.

　　③　参见 L. Spitz，*The Protestant Reformation*，*1517—1559*（New York，1985）；and M. O'Connell，*The Counter Reformation*，*1559—1610*（New York，1974）.

　　④　Eric Gritsch of the Lutheran Theological Seminary in Gettysburg，*Church History* 54 (1985)，pp. 401—402；and William Trimble of Loyola University，Chicago，*The Review of Politics* 38 (1976)，pp. 122—124.

　　⑤　R. Richgels，*The Sixteenth Century Journal* 7 (1976)，125；E. Cochrane，AHR 82 (1977)，pp. 86—88；R. Po-chia Hsia，Renaissance Quarterly 39 (1986)，pp. 99—100；A. Fix，*Journal of theAmerican Academy of Religion* 54 (1986)，pp. 613—615；and T. A. Brady Jr.，*The Sixteenth Century Journal* 16 (1985)，pp. 410—412.

在全球崛起所产生的进步。由于自 13 世纪以来的政治性宗教性暴力似乎很难证明通向自由民主制的线性道路是正确的，除了对统一概念的艰难追求外，作者们还抓住"文化"作为大陆的身份认同和独特的发展进步舞台。20 世纪 60 年代以前的这一研究领域，其成果主要是西欧和中欧超越大众生活的高级文化的理想化视图，而南欧和东欧地区被认为与文明舞台无关。①当诸如里奥·格肖伊或卡尔·弗里德里希（Carl Friedrich，1901—1984）等撰稿人试图用"开明专制"或"巴洛克风格"（the Baroque）等术语来对欧洲单一文化加以概念化时，批评者质疑，区域趋势是否远远超出了其合理的社会地理适用范围。②通过这种共同的文化理想和政治理想来界定历史时期的文本倾向于以固定范式对欧洲进行分类，即将自由、先进的"西方"与由社会停滞和残暴专制组成的"东方"进行对比。③爱德沃德·切尼现时观念中的"进步"意识促使他摒除任何对俄罗斯的关注，他认为俄罗斯"只不过是欧洲地平线上的一片乌云"。④波兰或匈牙利的社会和政治运动将被无视，因为它们没有反映出如西班牙、英格兰和法国民族议会所形成那样的未来意义。⑤彭菲尔德·罗伯茨坦言，他对路易十四战争后欧洲稳定问题的研究，只有省略巴尔

---

① "新历史"的发展使欧洲社会或美国社会相对于其他世界文化的合法性的趋势更加恶化了。参见 D. E. Segal, 'Western Civ' and the Staging of History in Higher American Education', AHR 105 (2000), pp. 770—805.

② 可与 Frederick Nussbaum 对 Gershoy 一册的回应比较, *Journal of Economic History* 5 (1945), p. 104; 以及对 Carl Friedrich 的 *The Age of the Baroque, 1610—1660* 的书评, *Journal of Central European Affairs* 12 (1953), pp. 387—390, 和 *The British Journal of Sociology* 4 (1953), p. 94.

③ 关于斯拉夫落后思想, 参见 L. Wolff, *Inventing Eastern Europe. The Map of Civilization on the Mind of the Enlightenment* (Stanford, CA, 1994); and D. C. Engerman, *Modernization from the Other Shore: American Intellectuals and the Romance of Russian Development* (Cambridge, MA, 2003).

④ 切尼可能会在拥抱德国民族主义史学的同时批评德国对"西方"的文化傲慢，因为他的一册中引用了 Karl Hampe 庆祝德国"文明化"东欧的种族使命之论述。见 *The Dawn of a New Era 1250—1453*, pp. 301—303.

⑤ Cheney-Langer exchange of 7 and 17 December 1934, Personal Correspondence, 'Cheney', Langer Papers. 切尼仅仅简单地认为整个蒙古入侵对欧洲历史都没有任何意义, 见 Cheney to Langer, 25 July 1935, Box 1, Cheney Papers.

干半岛、德意志土地和斯拉夫的东部，才能实现概念上的统一。①

兰格的德意志崇拜症加剧了这些隐性的民族失衡。他甚至敦促中欧保守主义的拥护者在改写的稿件中反映他的文化偏见。在近代早期，这种情绪在瓦尔特·多恩（Walter Dorn，1894—1961）等撰稿人对普鲁士专制政府的崇拜中出现。而这种崇拜一如奥托·欣策（Otto Hintze，1861—1940）与格哈德·里特尔（Gerhard Ritter，1888—1967）②。③它反映了一种信念，即政治是历史综合研究的"中心主干"，其基础是"在广义上作为主要且中心文化现象的国家"。因此，多恩以"条顿人而非美国人的观点"来阐释欧洲在18世纪中叶的进步，重点是普鲁士官僚体制的伟大成功和弗里德里希大王的"国家理性"（raison d'état）。④其他撰稿人则在撰写时，反对与法西斯主义或民族社会主义构成产生问题的隶属关系。在两次大战间，兰格与纳粹历史学家如理查德·费斯特（Richard Fester，1860—1945）和埃格蒙特·策希林（Egmont Zechlin，1896—1992）有着密切的个人联系。卡尔·弗里德里希对德意法西斯政权持有所保留的赞同态度。他以此表达了自己对德意法西斯主义的回应。⑤最令人不安的是，当时在密苏里大学的约翰·沃尔夫在整个20世

---

① P. Roberts to Crane Brinton, 1 August 1941, Box 5, Brinton Papers.

② 两人均为德国历史学家。——译者注

③ W. Dorn, 'Some Problems of Contemporary Historiography', *Ohio Archaeological and Historical Journal* 47 (1938), 219—222. 多恩深受与 Friedrich Meinecke 以及尤其是 Otto Hintze 之接触的影响，多恩将自己哈珀系列的著作献给了 Hintze。参见 P. T. Walther, 'Die Zerstörung eines Projektes: Hedwig Hintze, Otto Hintze und Friedrich Meinecke', in G. Bock and D. Schönpflug (eds), *Friedrich Meinecke in seiner Zeit. Studienzu Leben und Werk* (Stuttgart, 2006), pp. 137, 144.

④ Chester Higby's review of Walter Dorn, *Competition for Empire*, 1740—1763 (New York, 1940), *AHR* 46 (1940), p. 128; Hoffman Nickerson in *Military Affairs* 5 (1941), 123; T. Pease, *The Mississippi Valley Historical Review* 27 (1940), pp. 283—284; and Hans Rosenberg, *Bureaucracy, Aristocracy and Autocracy: The Prussian Experience 1660—1815* (Cambridge, MA, 1966), p. 21.

⑤ 关于兰格，参见笔者的论文 'The Common Adventure of Mankind: Academic Internationalism and Western Historical Practice from Versailles to Potsdam' (Pennsylvania, 2003), pp. 512—520, 535—538. 关于弗里德里希，参见 Ido Oren, *Our Enemies and US: American Rivalries and the Making of Political Science* (Ithaca, 2003), pp. 83—84.

纪 30 年代与纳粹宣传机构合作。这些努力出产了一直持续到 1939 年的一系列出版物，以支持希特勒重新安排东欧疆界的呼吁。这些出版物的态度仍然存在于沃尔夫后来撰写的分册中的堕落文字里。①

在作者不偏爱德国民族主义的著作中，兰格使用其编辑之笔加以干预。早在 1969 年，他就要求奥伦·黑尔解除德国对政治危机所负之责，例如第一次世界大战前造成英德海军军备竞赛的责任。②毫不奇怪，评论家得出的结论是，黑尔撰写的分册《大幻觉，1900—1914 年》（*The Great Illusion，1900—1914*）读起来像战前德国政治领导层的老式道歉。③兰格还拒绝了约翰·沃尔夫分册中将俄罗斯归入西欧的一章。兰格认为，东欧尚不能融入英法政治和文化改革的进步式叙述中。④一种文化上的以欧洲为核心之观念使奥斯曼帝国或非洲变得无关紧要。即使在后来关于 20 世纪的分册中，世界大战占据主导位置，且它们的撰写方式与 20 世纪 60 年代激增的研究相抵触，但这些分册仍然倾向于使欧洲脱离其与全球的联系。⑤

该系列的另一个悖论是思想支柱，它对一种"正在崛起的欧洲文明"持乐观态度。而相比之下，20 世纪 30 年代美国历史学家所怀有的社会与政治上的悲观主义日益增长。在该项目的第一个十年中构想出的大多数分册，都展现出作者们热衷欧洲政治和文化独裁主义的立场。这一趋势在保守的历史学家及其进步主义的同僚中是一致的。他们中的许多人担心开明精英被"非理性的"、受教育程度低且占多数的下层阶级

491

---

① 与 DAI 等机构的通信在 Box 2，John B. Wolf Papers. 整个 20 世纪 30 年代出现的文章参见 *World Affairs* 杂志。关于这种语言，见 *The Emergence of the Great Powers*，pp. 123—125，151—153.

② Langer to Hale，15 July 1969，Box 7，Hale Papers. 黑尔回复称他几乎"要向后弯曲"以补偿兰格长期的亲德立场。

③ 对黑尔宣布首相 Bethmann Hollweg"从根本上来说，是一个有尊严，敏感与和平的人"的积极回应，参见 J. Remak，*AHR* 77（1972），pp. 780—781. 一篇无名氏的书评中有一个更具批判性的立场，见 *Times Literary Supplement* 70（1971），p. 1026.

④ Langer to Wolf，18 August 1950，Box 2，John Wolf Papers.

⑤ 参见 Paul Helmreich's review of Gordon Wright，'*The Ordeal of Total War，1939—1945*'（New York，1968），in *The Annals of the American Academy of Political and Social Science* 384（1969），p. 140（hereafter AAAPSS）.

所排斥。①这无意间产生了一种共识，即同情超越大众民族主义的传统欧洲权威和中东欧新国家的相对失败结局。因此，罗伯特·宾克利（Robert Binkley，1897—1940）对欧洲官僚联邦主义而非民粹军国主义的崇尚心理，使之去刻画拿破仑三世（Napoleon III）的英勇形象，并试图设计让君主制的"欧洲协调"正式化来对抗民族主义、自由主义或社会主义之挑战。②个人自由也可以被视为阻碍欧洲"自上而下"取得长期进步的障碍。于弗雷德里克·努斯鲍姆（Frederic Nussbaum）而言，有关 17 世纪文化的研究证实："自由在整个欧洲历史上一直是个消极因素，正如一些团体所主张的那样，他们反对协同合作方面取得必要的进展，因为这通常导致欧洲社会的复杂性不断增加。"③

作者们强调使用欧洲文化作为大陆进步的统一原动力，这也倾向于加强精英主义而非大众解放。这些撰稿人曾作为大战的参战者，或在战后时期作为学生旅行者游历过欧洲，他们成为了对法国文化、德国文化或英国文化的狂热仰慕者。然而，他们所热爱的是这样一个欧洲：它被想象为某种抽象提炼过的事物，或英雄般地优越于一个基于"大众"的极端唯物主义世界的事物。克雷恩·布林顿（Crane Brinton，1898—1968）憧憬一种"理性的"精英主义。这种思想从埃德蒙·伯克（Edmund Burke，1729—1797）④及其英雄塔列朗亲王（Prince Talleyrand，1754—1838）⑤的反革命遗产中汲取灵感。弗雷德里克·阿茨宣布美国人

---

① E. Breisach, *American Progressive History: An Experiment in Modernization* (Chicago, 1993).

② 认为欧洲君主制是反对民众非理性之堡垒的评论者热烈支持这些书。参见 reviews of Binkley by V. Puryear, *AHR* 42 (1936), 124—126; W. Littlefield in the *NYTBR*, 1 March 1936, p. 9; and H. Kohn, *AAAPSS* 186 (1936), pp. 199—200.

③ 见 Frederick Nussbaum to E. P. Cheney, 23 March 1934, Box 1, Cheney Papers.

④ 爱尔兰官员、经济学家与哲学家，著名保守主义者。他曾反思法国革命，认为革命正在摧毁良好社会的结构以及国家和社会的传统机构。——译者注

⑤ 法国政治家、外交官，他长期在法国政府的最高层工作，通常担任外交部长或其他外交职务。他的职业生涯跨越了路易十六、法国大革命、拿破仑一世、路易十八和路易-菲利普的政权，致力于通过谈判达成和平，以使法国大革命的成果永久化。在拿破仑倒台时，他支持波旁王朝复辟。——译者注

可能更"现代"或更"卫生",但"基本上不太文明"。①他提出:

> 几个世纪以来,法兰西得以被铭记,不是因为她挨饿下在找零时向一些美国士兵多付 5 美分,而是因为她热爱生活的基本价值观、一种审美、对故乡的热爱、对抗压倒一切的敌人和惨痛悲伤时的勇气、她对人类自由神圣不可侵犯的 [……] 伟大理解、从沉重而愚蠢的暴行中拯救了世界、向日益商业化的美国展示了她的职责。法兰西是上帝的战士。②

但这种对正义之道(Juste milieu)的标榜,也显示出作者对平民的不屑一顾,而后者在理论上本应是"新"欧洲历史的主要对象。作为研究法国大革命的年轻专家,里奥·格肖伊认为欧洲平民是野蛮的、不文明的,尽管他对法兰西共和国及其艺术/文学传统给予了积极评价。但他观察到:

> 法国人是一群糟糕的家伙。我认为他们无论如何都是次等人。他们充满自负和傲慢,几乎完全缺乏主动性和艺术感。他们生活在过去的辉煌中,[……] 大约又过了半年法国生活,我学会了憎恨法国人。但我要赞扬他们所做的一件事——他们使巴黎成为了外国人的天堂。如果它能摆脱法国人,那就更像天堂了。③

反动意识形态也可能会引起对跨大西洋的西方更广泛的关注,卡尔 493
顿·海斯关于 19 世纪后期的一册尤其如此。海斯与他的许多天主教(和新教)同事有着坚定信仰,即"宗派自由主义者"的唯物主义和社

---

① Artz to his parents, Thanksgiving Day, 1918, Box 2, Series III Correspondence, Frederick Artz Papers, Oberlin College Archives.

② Travel diary, entry for 5 May 1920, in Box 3, Frederick B. Artz Papers.

③ Gershoy to family, 24 April 1928 and 18 September 1927. Folder 8, Box 3, Gershoy Papers.

会主义帮助现代欧洲——并由此推断也在美国——产生了一种文化意义上的真空，而这一真空使"极权主义"崛起。[1]海斯并非唯一持此观点者。其他主题的撰稿人，如普林斯顿大学的 E. H. 哈比森（E. H. Harbison，1907—1964），同样对欧洲社会的去基督教化（de-Christianization）和研究"西方"过去之当代学者的世俗主义感到愤怒。[2]于海斯而言，一旦这些力量侵蚀了天主教所主导的基督教公共权威，人民主权便成为强大的虚假信仰之代理，其中包括大众民族主义、激进分子的煽动以及碎裂化社会团体的自身利益。[3]西方文明无法忍受"自己被切断历史上的基督教根源"。[4]出生在美国和中欧的保守主义同伴们很快集合在该书周围，批评民主的兴起是"极权主义"的前奏。[5]

　　这一布克哈特式的精致文化概念也掩盖了该项目参与者在性别和种族领域中的严重偏见。虽然历史学家维奥莱特·巴伯（Violet Barbour，1884—1968）曾是关于"专制主义的崛起"一册原计划的作者，但兰格认为在她退出后没必要再找一位女历史学家。除了对女性选举权作为美好年代（Belle Epoque）[6]政治力量的关注外，有关社会历史或文化历史

---

① 关于更多天主教背景，参见 D. W. Southern, *John La Farge and the Limits of Catholic Interracialism 1911—1963* (Baton Rouge, LA, 1996), pp. 49—62.

② 兰格为哈比森（一位虔诚的长老教会会员）争取到（撰写）《新教改革》一书，直到哈比森于 1964 年去世。见 Harbison, 'The "Meaning of History" and the Writing of History', *Church History* 21 (1952), pp. 97—107, and 'Divine Purpose and Human History', *Christian Scholar* 37 (1954), pp. 478—486.

③ 历史学家对书籍主要政治命题的教育意义表示关注。参见 Hale, 'The Rise of Modern Europe', p. 5; F. Palm, *AHR* 47 (1942), pp. 852—854; and A. Adey, *Current History* 2 (1942), pp. 61—62.

④ Hayes, *A Generation of Materialism* (New York, 1941), p. 135; and K. Pinson, 'Preface to Change', *The New Leader*, 28 March 1942. See, too, G. Bruun, 'Western Civilization', *High School Social Studies Perspectives* (Boston, MA, 1962), pp. 155—160, 170—172.

⑤ C. Brinton, 'The "Harvest" Years', *Saturday Review of Literature* 24 (1941), 12; H. Rothfels, *JMH* 14 (1942), pp. 385—387; and, more ambiguously, W. Gurian in *The Review of Politics* 4 (1942), 91—93. 纽约大学的法西斯主义者 Ross Hoffman 在对 Binkley 之作的评论中分享了这一观点，'The Watershed of the Nineteenth Century', *The American Review* 6 (1936), pp. 503—506.

⑥ 原文为法语，指法国和欧洲的历史时期，通常被定义为从 1871—1880 年之间开始，到 1914 年第一次世界大战爆发结束。这一时期正处于法兰西第三共和国时期，人民乐观、地区和平、经济繁荣、殖民扩张加剧和科学文化创新不断，被认为是欧洲的"黄金时代"。——译者注

的部分忽略了有关性别或家庭的问题。也许这些书没有用明显的反犹文字，但这种情绪仍然存在于包括海斯、多恩和克雷恩·布林顿在内的历史学家的职业生涯中。格肖伊，作为一位生于俄国、在美国学院中面临反犹主义的犹太人，都对东欧"肮脏和嘈杂"的犹太流浪者不屑一顾，说他们居住在"巴黎的贫民窟中，那里有熟悉的老式手推车和穿家用拖鞋的妇女"。① 494

除此以外，种族主义在吉姆·克劳法（Jim Crow）②时代受过教育的撰稿人中无处不在。尽管兰格对学生而言是一位杰出的绅士，但他曾说自己与担任《外交事务》（*Foreign Affairs*）杂志编辑的知己"像黑鬼一样工作"。③类似的观点影响了他的编辑工作，比如他希望奥伦·黑尔强调 1900 年后法英两国军队从帝国招募非白人士兵的要求，以便分开提出后续问题，即"莱茵兰占领行动中的塞内加尔人造成了大量的不满和批评"。④即使一位历史学家可能在一类社会边缘化倾向中感到孤立，有害的偏见也可能影响其他学术领域。推动"近代欧洲崛起"的白人高级文化的进步，可以证明现代帝国主义在关于 19 世纪之书籍中的非人性特征。阿茨作为一位世俗的、自由主义的同性恋者，是社会局外人，但他把法国的塞内加尔士兵视为：

> 您所见过最黑的黑鬼。当他们到达时，我们都把他们想象

---

① Gershoy to family，22 March（perhaps 1928）and a second undated letter from the spring of the same year. Folder 5，Box 3，Gershoy Papers，New York Public Library. 格肖伊曾一度宣称"俄罗斯人！就像您无法在布朗克斯区转身而看不见犹太人一样（愿伟大的哲学家原谅我这种反犹主义），因此在拉丁区，您将无法不听到周围的俄语而漂浮。"

② 吉姆·克劳法是在美国南部和其他地区强制实行种族隔离的地方法律。这些法律在 19 世纪末和 20 世纪初由南方民主党占主导地位的白人州立法机构颁布，旨在剥夺黑人的选举权并消除黑人取得的政治和经济利益。这些法律一直到 1965 年才被完全取消。"吉姆·克劳"一词最初来源于漫画，在使用的过程中逐渐成为表示黑人的贬义词，因此这些种族歧视法律在通过后都被称为"吉姆·克劳法"。——译者注

③ Langer to Hamilton Armstrong，4 August 1932，'Langer'，Box 40，Hamilton Fish Armstrong Papers.

④ Langer to Hale，26 July 1969，Box 7，Hale Papers.

成吃人的食人族；但事实证明，他们非常——我可以说是令人吃惊的——温顺。当然，他们在许多方面都像孩子一样，但是他们大多数会讲法语，理解法语。想到法国人能够教给他们什么真是太好了。仅在几年前，他们可能很难与其上方树上的猴子区分开。①

在最著名的哈珀丛书中，保守的政治倾向也引入了一种可能性，即欧洲学者可能利用个别著作将外国的正当化说辞带入自己的民族主义—威权主义历史观。尽管这一现象主要发生在关于第一次世界大战起源的两次大战间的辩论之中，但它也通过克雷恩·布林顿关于法国大革命一册的译本，还有难民历史学家狄特里希·格哈特（Dietrich Gerhard，1896—1985）及 1942 年去世的柏林大学编外讲师（Privatdozent）彼得·理查德·罗登（Peter Richard Rohden，1891—1942）而产生。②布林顿的一册（该系列最畅销的作品之一）综合了他对革命的批判性评论，他认为革命是现代性的非理性表现，正如奥古斯特·科钦（Auguste Cochin，1876—1916）③和埃德蒙·伯克的观点所论证的那样。④因此，曾在其他方面赞扬美国的综合研究的乔治·勒费弗尔得出结论认为，布林顿将法国大革命描述为雅各宾热是业余观点，"与泰纳不无相似之处"（n'est pas sans analogie avec celui de Taine）。⑤罗登认为该

---

①　在法国的一家野战医院服役期间，阿茨将一名马达加斯加士兵比作"一只在月球上咒骂的猴子［……］，像煤一样黑"，他更需要发光而不是洗澡。见于 his letters of 4 May and 14 July 1918, Box 2, Hale Papers.

②　关于战争罪恶修正主义，参见 E. L. Evans and J. O. Baylen, 'History as Propaganda: The German Foreign Office and the "Enlightenment" of American Historians on the War Guilt Question, 1930—1933', *Canadian Journal of History* 10 (1975), p. 186.

③　法国历史学家，主要研究法国大革命，在一战中阵亡。——译者注

④　Brinton, *A Decade of Revolution*, *1789—1799* (New York, 1934), pp. 221, 244, 302.

⑤　G. Lefebvre, 'Histoire de la Révolution et de l'Empire', *Revue Historique* 176 (1935), pp. 78—79. 关于布林顿作为"开明保守派"钦佩伯克并同情 Cochin, 参见 Eugene Curtis's review in *JMH* 7 (1936), pp. 211—212.

书是对法国领导人刻意的恐怖行为之"全新客观"理解。该书不认为这些恐怖行为源于阶级斗争、对外战争或知识分子阴谋等"机械论"因素。[①]1935年，罗登和格哈德提议将该文本翻译成德语，从而给德国提供一种针对法国大众民主传统（由激进的乌托邦或宗教所界定）的国际批评。[②]布林顿向哈珀系列的编辑透露了其获悉此事时的惊讶，"除非人们认为我的书隐藏了反纳粹宣传，否则为什么德国人对此书如此感兴趣，这对我来说是个谜。"[③]但即使在罗登博士加入了反对英法利益的纳粹学术宣传运动之后，美国方面还是授权了罗登进行翻译。[④]在罗登获得布林顿许可，删除知识文化历史的一章，删除了针对美国学生的所有参考文献，并根据格哈德自己的关切修改了译文，以消除不符合"德国读者口味"的文字后，该书于1939年战争爆发时出版。[⑤]

496

考虑到上述所有不足，在美国"西方文明"的概念下，哈珀系列的遗产是什么？尽管有其局限性，但这仍然是美国历史学家首次超越常规的本科教科书，同时是奉献给学界与普通读者有关中世纪以来的欧洲富有想象力和整体性的分析。或许根据这些目标，这一系列所力求达到的成就太高了。大多数作者在被要求通过"整体史"的所有参数来构建一

---

① 关于布林顿随后对世界革命的比较研究，参见 J. Friguglietti, 'Dissecting a Classic: Crane Brinton's *Anatomy of Revolution* after Fifty Years', *Proceedings of the Annual Meeting of the Western Society for French History* 16 (1989), pp. 428—435.

② Rohden's review of Brinton, *A Decade of Revolution, 1789—1799, Historische Zeitschrift* 157 (1938), pp. 165—167. 就布林顿的部分而言，他在1937年支持罗登翻译罗伯斯庇尔政治思想史的努力，这项工作由坦普尔大学的亲希特勒历史学家 Andreas Elviken 负责。

③ Rohden to Brinton, 19 November 1935; Brinton to Cass Canfield in 31 December 1935, in Box 1, Brinton Papers. 罗登早前与纳粹妥协的私下保证只是作为一种谨慎的职业策略，参见 Fritz Hartung to Gerhard Ritter, 30 November 1937, in Mappe 487, Gerhard Ritter Papers, Bundesarchiv Koblenz. 关于他为纳粹党服务的更完整讨论见于 K. Schönwälder, *Historiker und Politik: Geschichtswissenschaft im Nationalsozialismus* (Frankfurt, 1992), pp. 162—164.

④ 该册出版于1939年，书名为 *Europa im Zeitalter der französischen Revolution*；它的维也纳出版商在1948年特别再版了该书，也许是对更种族主义的纳粹研究的一种舒适的保守选择。

⑤ 参见 letters of the publisher, L. W. Seidel & Sohn, with Brinton, 6 and 17 November 1937; Rohden to Brinton, 5 July 1938; and Gerhard to Brinton, 17 January and 9 September 1938. All in Boxes 1 and 3, Brinton Papers.

种威严的欧洲观（将欧洲作为一个统一完整的大陆）时，遇到了令人生畏的挑战，他们无法在其学习或想象范围之外构思综合概念。进步的理念在项目中如此核心，以至于它迫使历史学家在同实际上城市化的、工业化的与（越来越）民主的美国少有相似性的时期及地区中，不合时宜地寻找西方"现代性"，以证明欧洲近代早期历史的重要性。尽管每种有关"现代性"根源的主张根据每位作者的具体著作而变化，但所有作品都倾向于通过现代国家的胜利或男性精英在"修养"艺术和文学方面的成就，来考虑当代身份认同的主根。

　　该系列的关键弱点可能是其对文明的极端衡量。随着这些书的完成，历史学家越来越回撤到"文化史"，将文化作为一种共同的时代精神，以统合一个特定时代。[①]但作者们在通过一种历史进程（该进程以一个美国同业公会令人熟悉的身份认同告终）来寻求文明的特征时，他们以无定型规模的"进步"来衡量欧洲人的共同体。中欧和西欧相比落后的东方则享有特权，而且这些分册在靠拢现代性时越接近，其对大众政治和世俗消费社会的忧虑程度就越大。至 20 世纪 60 年代，年轻一代的历史学家对公民平等和大众民主更加乐观。他们开始挑战有问题的两次大战间的观点。而这一挑战通过对哈珀系列之后版本的更为尖锐的专业批评显露出来。因此，大多数作品确实在兰格死后被视为过时著作。然而，该系列仍然保留了它作为美国史学丰碑的重要意义，而这恰恰是因为该系列证明了作者的观点与其试图研究的欧洲人思想发展趋势存在着多么紧密的关联。《现代欧洲之崛起》表明，美国学者无法作为独立观察者去自由地分析（欧洲）大陆。他们与欧洲人在易受 20 世纪资产阶级自由主义和文化悲观主义危机的影响方面相当一致，进步和文明的观念不能简单地缓和这种情绪。

497

---

① 关于这一转向的第一个美国版本，参见 C. F. Ware（ed.），*The Cultural Approach to History*（New York, 1940），pp. 3—16.

哈珀系列：《现代欧洲之崛起》

最初安排来自 1929 年 11 月 10 日威廉·兰格写给宾夕法尼亚大学现代史教授威廉·林格巴赫的一封信和纲要（précis）。标题是暂定的。最初兰格还提议由查尔斯·麦克韦恩（Charles McIlwain）撰写额外的一册，麦克韦恩是一位专门研究中世纪制宪史的枯燥的"科学"历史学家。

1.《新时代之黎明》（*Dawn of New Era*），宾夕法尼亚大学<u>爱德华·P. 切尼</u>，完成于 1935 年。[①]

2.《文艺复兴与地理大发现时代》（*Renaissance & Age of Discovery*），杜克大学欧内斯特·尼尔森（Ernest Nelson，1896—1974），哈佛大学<u>迈伦·吉尔摩</u>（Myron Gilmore，1910—1978），完成于 1952 年。

3.《新教叛乱》（*Protestant Revolt*），后主题改为第一次世界大战，芝加哥大学威廉·包克，普林斯顿大学 E. H. 哈宾森（E. H. Harbinson，1907—1964），斯坦福大学<u>刘易斯·斯皮茨</u>，完成于 1985 年。

4.《天主教宗教改革》（*Catholic Reformation*），蒙席（Monsignor）[②]罗伯特·罗德，圣母大学蒙席菲利普·休斯（Philip Hughes，1895—1967），圣母大学蒙席<u>马文·奥康奈尔</u>，完成于 1974 年。

5.《宗教战争时代，1610—1660 年》（*Era of Religious Wars，1610—1660*），哈佛大学卡尔·<u>弗里德里希</u>，完成于 1952 年。

6.《绝对主义的高歌凯旋》（*Triumph of Absolutism*），1933 年前维奥莱特·巴伯，怀俄明大学<u>弗雷德里克·努斯鲍姆</u>，完成于 1953 年。

7.《战争中的欧洲，1685—1715 年》　（*Europe at War，1685—*

---

① 带下划线者是该书的实际著者。——译者注

② 一些神职人员的一种尊称形式，他们通常是罗马天主教会的神职人员，包括名誉教士和教士。——译者注

1715），阿默斯特学院劳伦斯·帕卡德（Lawrence Packard，1887—1909），明尼苏达大学约翰·B. 沃尔夫，完成于 1951 年。

8.《商业贵族（1715—1740 年）》（*The Commercial Aristocracy (1715—1740)*），麻省理工学院彭菲尔德·罗伯茨，1947 年由克雷恩·布林顿完成。

9.《王朝野心与殖民事业》（*Dynastic Ambition and Colonial Enterprise*），俄亥俄州立大学瓦尔特·多恩，完成于 1940 年。

10.《开明专制君主 1763—1789 年》（*Enlightened Despots 1763—1789*），哈佛大学克雷恩·布林顿，后主题改为法国大革命，长岛大学（或纽约大学）里奥·格肖伊，完成于 1944 年。

11.《经济革命》（*Economic Revolution*），哈佛商学院埃德温·盖伊，该册删去。

12.《革命时代》（*Revolutionary Era*），康奈尔大学卡尔·贝克尔（Carl Becker，1873—1945）拒绝，哈佛大学克雷恩·布林顿，完成于 1934 年。

13.《拿破仑与欧洲》（*Napoleon & Europe*），明尼苏达大学盖伊·S. 福特（Guy S. Ford，1873—1962）拒绝，芝加哥大学路易斯·戈特沙尔克于 1934 年拒绝，纽约大学杰弗里·布鲁恩，完成于 1938 年。

14.《浪漫主义的抗拒》（*Romantic Reaction*），欧柏林大学弗雷德里克·阿茨，完成于 1934 年。

499　15.《资产阶级实验》（*Bourgeois Experiment*），哈佛大学威廉·兰格，完成于 1969 年。

16.《民族主义的胜利》（*Victory of Nationalism*），芝加哥大学伯纳多特·施密特拒绝于 1929 年，凯斯西储大学罗伯特·C. 宾克利，完成于 1941 年。

17.《繁荣与怀疑》（*Prosperity and Doubt*），哥伦比亚大学卡尔顿·J. H. 海斯，完成于 1941 年。

18.《大幻觉》（*The Great Illusion*），1962 年前由哈佛大学悉德尼·B. 费伊，弗吉尼亚大学奥伦·黑尔，完成于 1971 年。

19.《熔炉中的世界》（*World in the Crucible*），哥伦比亚大学詹姆斯·绍特韦尔（James Shotwell，1874—1965）拒绝于 1929 年，20 世纪 40 年代前由耶鲁大学查尔斯·西摩（CharlesSeymour，1885—1963），1968 年前由芝加哥大学伯纳多特·施密特，爱达荷大学与州部门哈罗德·维德尔（Harold Vedeler，1903—2007），完成于 1984 年。

20.《新世界 1919 年》（*The New World 1919*），哥伦比亚大学帕克·穆恩（Parker Moon，1892—1936）于 1929 年拒绝，1935 年前由宾尼法尼亚大学威廉·林格巴赫，加利福尼亚大学伯克利分校雷蒙德·桑塔格（Raymond Sontag，1897—1972），完成于 1971 年。

21. 盖伊关于工业革命一册的替代，《总体战的考验》（*The Ordeal of Total War*），20 世纪 40 年代晚期前由明尼苏达大学哈罗德·多伊奇，斯坦福大学戈登·赖特（Gordon Wright，1912—2000），完成于 1968 年。

索 引①

---

① 索引页码均为原书页码。——译者注
② 原书后一页码并无"亚琛"一词，只有"和约"一词。——译者注

---

① 原书有误，阿尔布雷希特七世为奥地利大公，娶西班牙公主，从未做过西班牙国王。——译者注

501

---

① 原书索引中并未加以区分，56 页含义为美国历史，58 页含义为美洲历史。——译者注

504

---

① 原书索引有误，此处 Cheney 应为 Chenyey。——译者注

---

① 原书索引有误，Davies 应为 Davis。——译者注

---

① 原书索引有误，Catherine 应为 Caroline。——译者注

509

① 原书索引有误，E 应为 F。——译者注

① 原书索引页码有误，447应为448。——译者注

---

① 此页原文为 KPD，即德国共产党德语 Kommunistische Partei Deutschlands 的缩写。——译者注

---

① 原书索引有误，Heinrich 应为 Hermann。——译者注

512

---

① 原书索引有误，第 443 页的亨利三世为英格兰国王并非法兰西国王。——译者注

---

① 原书索引有误，Axel 应为 Arthur。——译者注

---

　　① 原书索引有误，后一页码的历史研究所位于布拉格，与前一页码并非同一机构。——译者注

514

515

---

① 原书索引有误，Kolá 应为 Kolář。——译者注
② 原书索引有误，Korenizatsiy 应为 Korenizatsiya。——译者注

516

517

518

521

---

① 原书索引有误，此处原文为 Pennsylvania University，亦有误，实际应为 University of Pennsylvania。——译者注

---

① 原书中该词第一次出现应为 271 页，拼法略有不同。——译者注

---

① 原书索引拼写有误，正确拼写应为 Přehled československých dějin。——译者注

523

234，237—238，245—249，252，270，278，293，357，381，392—393，396，403，410，413，491，493

---

① 原书索引有误，该词出现于 495 页而非 491 页，且为单数而非复数。——译者注

---

① 原书索引有误，Sheperd 应为 Shepard。——译者注

---

① 原书索引有误，两页上的该词组都未大写。——译者注

---

① 原书索引如此。——译者注

529

后 记

　　最近二十几年来，有关 19 世纪以降民族国家历史书写中的特点、趋势与问题的研讨，已成为国际学界的热议话题。这一方面是同客观世界出现的全球化趋势及跨国文化交流日益紧密等现象有关，另一方面则是历史学作为一门学科的自我反思性不断得到人们的重视与实践，从而促进了相关讨论不断涌现出极具品质的研究成果。史学文本得到了越来越细致的分析。历史知识的生产机制也逐渐成为当代史学史研究的新焦点。作为"历史人"，我们很难同意海登·怀特等学者把史学简单等同于文学的主张，但多多少少地也受到了他们这一代后现代史学家有关文本研究的概念、理论与方法的影响。正如本书作者们在各章节中所指明的那样，那些历史知识生产者从来都不是无的放矢地安排历史叙事的开端与结尾，毫无目的地控制讲述节奏，随心所欲地安排人物行动的。正好相反，历史学家知道自己在为谁写作，需要达到怎样的目标。从这一点而言，他们在书写民族国家历史的过程中自觉或不自觉地扮演着民族国家历史意识与身份认同的建构者。

　　在一个全球化的时代，全面梳理两百年间民族史书写者的创作理念、叙事技巧及其受到的各种模仿、赞颂或批评，并不意味着全面否定民族国家作为历史研究单位的存在意义，更不是去指责这些前辈学者抛弃了"求真"的伟大使命。事实上，对于历史知识生产机制的演变加以反思，既在全球范围内进行横向比较，又进入到具体文本内部推进微观史学的研究，恰恰是为了更好地恢复民族国家历史研究的真实进程。在这一方面，本书主编之一斯特凡·贝格尔教授是世界范围内较早认识到这一点并付诸伟大实践的历史研究者与项目组织者。他和一群学者共同推进了庞大项目的落地，并在几年内连续推出了 10 本重要的史学论文集。其中一本《书写民族：一种全球视角》已由笔者翻译出版（浙江大学出版社 2017 年版），它解决的是全球范围内横向比较民族国家历史书写的问题。这一本则是深入到具体文本内部，主要针对现代史学的发源地——欧洲来进行展开的。

贝格尔教授是笔者的多年好友。这次翻译承蒙他的信任，也得到了他的多次帮助，解答了笔者的很多疑惑。由于本书涵盖欧洲各国，涉及多类语种，所以非常感谢笔者在华东师范大学历史学系的同仁好友们：肖琦博士、张锐博士。感谢他们非常及时地帮笔者解决了一些语句问题。感谢上海师范大学的陈恒教授将此书推荐给出版社。感谢责编上海三联书店的殷亚平女士。

这里，还需要特别提到合作者陆英浩。从本科课程论文到毕业论文，笔者都是他的指导教师。后来他成为笔者的硕士生。他的英语理解力和文字翻译功底都很不错。从培养角度出发，笔者便邀请他一起完成此次项目。笔者翻译了第 1—9 章，负责总校对；他翻译了前言和第 10—22 章及索引。在翻译过程中，我们互相探讨，互相批评，互相修改，真正做到了相互支持。当然，若在翻译中还存在任何问题，都由笔者承担。欢迎读者来信指正。笔者的联系方式是：dehnmeng@sohu.com。

孟钟捷

2024 年仲夏于上海三省居

图书在版编目(CIP)数据

把过去民族化:作为现代欧洲民族建构者的历史学
家们/(德)斯特凡·贝格尔(Stefan Berger),(荷)
克里斯·劳伦茨(Chriz Lorenz)编;孟钟捷,陆英浩
译.—上海:上海三联书店,2024.8
(经典历史教育理论与方法译丛/孟钟捷主编)
ISBN 978-7-5426-8203-1

Ⅰ.①把… Ⅱ.①斯… ②克… ③孟… ④陆… Ⅲ.
①民族历史-研究-欧洲 Ⅳ.①K508

中国国家版本馆 CIP 数据核字(2023)第 158665 号

把过去民族化:作为现代欧洲民族建构者的历史学家们

编　　者 / [德]斯特凡·贝格尔　 [荷]克里斯·劳伦茨

译　　者 / 孟钟捷　陆英浩
责任编辑 / 殷亚平
装帧设计 / 彭振威设计事务所
监　　制 / 姚　军
责任校对 / 王凌霄

出版发行 / 上海三联书店
　　　　　(200041)中国上海市静安区威海路 755 号 30 楼
邮　　箱 / sdxsanlian@sina.com
联系电话 / 编辑部: 021-22895517
　　　　　发行部: 021-22895559
印　　刷 / 山东新华印务有限公司

版　　次 / 2024 年 8 月第 1 版
印　　次 / 2024 年 8 月第 1 次印刷
开　　本 / 655 mm×960 mm　1/16
字　　数 / 620 千字
印　　张 / 46.5
书　　号 / ISBN 978-7-5426-8203-1/K·731
定　　价 / 168.00 元

敬启读者,如发现本书有印装质量问题,请与印刷厂联系 0538-6119360